KB184147

사이먼
샤마의 **2**
영국사

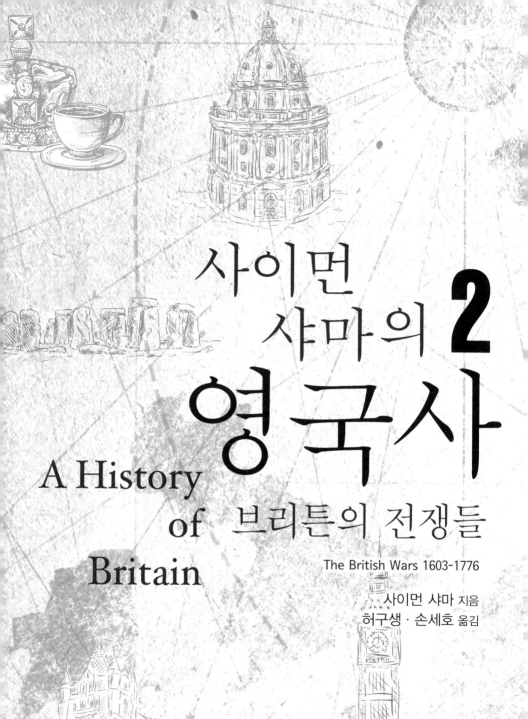

사이먼 샤마의 2 영국사

A History of Britain

브리튼의 전쟁들

The British Wars 1603-1776

사이먼 샤마 지음
허구생 · 손세호 옮김

한울
아카데미

A History of Britain: The British Wars(1603-1776)

by Simon Schama

Copyright © Simon Schama 2001

Korean translation copyright © 2023 by HanulMPlus Inc.

All rights reserved.

This edition is published by arrangement with Peters, Fraser and Dunlop Ltd. through

Shinwon Agency Co

이 책의 한국어판 저작권은 신원에이전시를 통한 Peters, Fraser and Dunlop Ltd.와의 독점 계약으로
한울엠플러스(주)에 있습니다. 저작권법에 의해 보호를 받는 저작물이므로 무단전재 및 복제를 금합니다.

차례

샤이먼 사마의 영국사 1

. . .

서술은 단선적이다. 행동은 견고하다.

아아, 우리가 그토록 부지런히 헤아릴 수 없는 전체가 넓고 깊은 방대함이고

각각의 원자는 '사슬에 묶이고' 모든 것이 완비된 때의 세월의 손바닥 너비와

평방마일을 통해 추적한 '원인'과 '결과'라는 우리의 사슬과 작은 사슬들 …

— 블라디미르 나보코프Vladimir Nabokov, 『말하라, 기억이여Speak, Memory』

비코Vico의 **판타지아**는 그의 역사 지식이라는 개념에 필수적이다.

왜냐하면 그것은 율리우스 카이사르Julius Caesar가 죽는다거나

로마가 하루아침에 세워진 것이 아니라거나 13은 소수素數라거나

일주일은 7일이라는 지식과는 다른 것이기 때문이다.

그뿐 아니라 그것은 자전거를 타는 방법이나 통계적인 연구에 참여하거나

전투에서 이기는 지식과도 같지 않다. 그것은 가난해지는 것이 어떤 것이고,

한 국가에 속하는 것이 어떤 것이고, 혁명가가 되는 것이 어떤 것이고,

사랑에 빠진다는 것이 어떤 것이고, 형언하기 힘든 테러를 당하는 것이 어떤 것이고,

예술 작업으로 즐겁게 되는 것이 어떤 것인지를 아는 것과 더 비슷하다 …

— 아이제이아 벌린Isaiah Berlin, 『잠바티스타 비코와 문화사Giambatista Vico and Cultural History』

인간은 웃고 우는 유일한 동물이다.

왜냐하면 인간은 사물이 무엇이고

사물이 어떻게 되어야 하나 사이의 차이에 감명 받는 유일한 동물이기 때문이다.

— 윌리엄 해즐릿William Hazlitt, 『영어 희극 작가들에 관한 강연Lectures on the English Comic Writers』

일러두기

1 이 책은 다음을 완역한 것이다. Simon Schama. 2001. *A History of Britain: The British Wars, 1603-1776*. Peters, Fraser and Dunlop Ltd.

2 이 책의 제1장과 제2장은 손세호가, 제3장~제6장은 허구생이 옮겼다.

3 되풀이해서 나오는 주요 고유명사는 필요하면 가장 먼저 나오는 곳에서 원어를 함께 표기했다.

4 본문에 등장하는 도서, 신문 등의 표기에서 단행본 제목에는『 』, 논문, 시 제목에는「 」, 신문이나 잡지 제목에는 ≪ ≫, 프로그램 제목, 영화 제목에는 〈 〉를 사용했다.

5 맞춤법과 외래어 표기는 국립국어원 표준국어대사전과 외래어표기법을 따랐지만 모든 교황 및 성인 이름은 한국천주교 용례를 따랐다.

서문

브리튼인이 된다는 것의 의미가 복잡한 양상의 국민적 충성 문제를 내포하는 것이 사실이라면, 이 책에서 서술되고 있는 두 세기만큼이나 그 문제가 두드러진 적이 없었다. 이 나라는 군도였을까? 아니면 제국이었을까? 이 나라는 공화정이었을까? 아니면 군주정이었을까? '그레이트브리튼Great Britain'은 스코틀랜드의 제임스James 6세이자 잉글랜드의 제임스 1세의 머리에서 거창한 환상으로 시작되어 세링가파탐Seringapatam의 피비린내 나는 성벽들에서 아주 놀라운 제국이 현실로 등장하는 것으로 끝을 맺었다.[1] 한갓 섬나라 왕국에서 전 지구적 제국에 이르는 이 믿기 어려울 만큼 놀라운 변신에 당당해진 연대기 작가들은 이러한 역사가 지리적 위치에서 비롯되는 정언적 명령들과 의회 군주제의 필연성에 대한 공감대로부터 전개되어 나가는 어느 정도 예정된 역사라고 상상하기 좋아했다. 그러나 국가의 운명이 '지리적 표시'에 의해 예측되거나 결정된다고 말하기는 결코 쉽지 않은 일이었다. 왜냐하면, 그것이 나라의 지리적 경계가 트위드Tweed강, 또는 슬라이고Sligo 해안[2]이어야 한다거

---

1 세링가파탐은 인도 남부 카르나타카(Karnataka)주 코베리(Cauvery)강 연안에 있는 작은 마을이다. 1610년부터 1799년까지 마이소르(Mysore) 토후국의 수도였다. 브리튼은 1799년 제4차 마이소르 전투를 통해 19세기 초에 인도 남부 전 지역을 브리튼령이나 보호국의 형태로 장악하게 되었다 — 옮긴이.

나, 혹은 애팔래치아Appalachia 산맥이나 벵골Bengal만이어야 한다고 말해 주는 것도 아니었고, 또한 나라의 경계를 정하는 자들이 국왕의 신하들이어야 한다거나 혹은 국민의 대표여야 한다거나 하는 것을 말해주지도 않았기 때문이다.

우리를 우리로 만들어준 것은 이러한 충성의 전투들, 다시 말하면 우리 군도 내의 국가들 사이에서 벌어졌던, 때로는 한 국가의 내부에서도 일어났던 브리튼인의 전쟁들, 그런 다음에 좀 더 광범위한 세계 너머에 있는 우리의 역사적이고 정치적인 유산에 관해 격렬히 논쟁을 벌인 서로 상이한 사상들 사이의 전쟁들이었다. 우리의 정체성을 창조한 것은 피의 세례였다.

하지만 살육자들이라고 해서 늘 아무 생각이 없는 것은 아니었다. 그들은 결정적으로 우리의 미래를 위해 종종 심지어 과도할 정도로 생각이 깊었다. 빅토리아 시대의 역사가들, 특히 브리튼 탄생의 행운이 조상들의 희생으로 얻어진 보상이라고 믿었던 매콜리Macaulay는 좀 더 근대적인 학자들이 가증스럽고 때로는 편협하게 잘난 체를 하고 자신들이 역사를 아주 잘 읽고 있다는 어리석은 생각을 하는 것에 대해, 그리고 의회 공민 과목에 대해서는 전적으로 무지한 채, 자신들만의 19세기에 사로잡혀 앞선 시대들을 재단하려는 습관에 대해 늘 질책했다. 그 책들을 읽어보라. 그러면 여러분은 역사적 자유의지와 결과의 불확실성이 결여된 세계와 프로테스탄트Protestant의 북소리, 즉 의회의 미래에 보조를 맞추어 행진하도록 명령받은 과거에 있게 된다. 그러나 전문적인 지식이 없는 독자라고 하더라도 가디너Gardiner와 칼라일Carlyle, 혹은 그 시대에서 빼놓을 수 없는 매콜리 등이 펼치는 지난 세기(19세기)의 위대한 내러티브 속에 몸을 살짝 담가본다면, 자신들이 하나의 자기충족적 예언의 세계 속에 갇힐 수는 없다는 것을 발견하게 될 것이다. 그리고 조금 더 긴 시간에 걸쳐 몸을 푹

---

2   트위드강은 브리튼과 스코틀랜드 남동부의 강으로서 트위드웰 고지에서 발원하여 북동쪽으로 흘러 잉글랜드와 스코틀랜드의 경계를 지나 북해로 흘러들어 간다. 강의 길이는 156킬로미터에 이른다. 슬라이고는 아일랜드 코노트(Connacht)주에 있는 도시이다 ― 옮긴이.

담가본다면 그것은 더욱 자명해질 것이다. 그들의 내러티브가 가장 강력한 힘을 발휘하는 지점에서도 그들의 놀랍도록 **복잡한** 텍스트들이 독자들을 안내하는 세계는 결국 테러, 혼돈, 잔학 행위 등으로 흔들리고 있는 곳이기 때문이다.

그럼에도 이들 거대한 내러티브 담론들은 그들이 말하고 있는 긴 역사가 단순히 이해관계가 상충하는 복잡다단한 역사라기보다는, 부분적일지는 몰라도, 자유주의자들이 궁극적인 승리를 거두는 역사라는 것을 상당 부분 사실로서 상정하고 있음이 확실하다. 그럴진대, 만약에 누군가 이 이야기들을 다시금 늘어놓는다면, 그리고 그것들이 대부분 사실이라고 고집한다면, 이는 그 자신이 시대착오적인 사람이거나, 혹은 다시 태어난 휘그주의자임을 스스로 드러내는 것과 다름없다.

2001년 뉴욕

A History of Britain

The British Wars

1603-1776

1

브리튼을 다시 발명하기

Re-inventing Britain

'그레이트브리튼이라고?' 그게 뭐였나? 지도 제작자이자 역사가로 변신한 재단사인 존 스피드John Speed는 어떤 생각을 갖고 있던 것이 틀림없었다. 왜냐하면 그는 1611년에 잉글랜드의 카운티들, 웨일스Wales, 스코틀랜드, 아일랜드 등 67장의 지도가 담긴 『대영제국의 무대*The Theatre of the Empire of Great Britain*』라는 고상한 제목의 지도책을 출간했다. 활기 넘치는 기회주의자인 스피드는 스코틀랜드의 제임스 6세이자 잉글랜드의 제임스 1세로서가 아니라 브리튼의 군주로 알려지기를 바랐던 국왕 제임스의 널리 알려진 욕망을 이용했다. 브리튼인의 역사라는 환상은 1607년경에 이미 6판이 나왔던 윌리엄 캠던William Camden의 위대한 지리 모음집이자 고고학적 연대기인 『브리타니아*Britannia*』로 인해 신선한 권위를 부여받고 있었다. 그 책의 표제 왼쪽 페이지 그림에는 로마화된 브리튼족British의 영웅인 아우렐리우스Aurelius가 건설한 것으로 생각되는 브리튼족 고대 유물의 상징인 스톤헨지Stonehenge와 더불어 브리튼이라는 섬나라를 의인화한 투구 쓴 넵튠Neptune과 케레스Ceres를 양 옆에 배치시켰다.[1]

그러나 캠턴의 박식한 저작은 젠틀맨의 서재 서가를 차지하는 대개의 책들이 그랬듯이 본래 라틴어로 기록되었다. 캠턴과 달리 스피드는 대중화를 추구하고자 했다. 그는 심지어 탁상 여행의 흥분까지 감지하고 있었고, 세계 속에 브리튼의 입지를 확고하게 할 필요성, 그리고 나라의 과거와 현재를 동시에 숙고할 필요성을 느끼고 있었다. 그래서 런던의 포프스 헤드 앨리Pope's Head Alley에 있는 존 서드베리John Sudbury와 조지 험블George Humble의 인쇄소에서 제작된 이 지도책은 단순히 지형적 정보의 모음집이 아니라 바쁘게 오고가는 것들로 가득 찬 만화 형식의 그림 작품이었다. 장미전쟁의 전적지들처럼 역사적 흥미를 끄는 장소들은 한껏 심한 짓을 하는 기병과 창병槍兵의 축소된 스케치로, 옥스퍼드 대학교와 캠브리지 대학교는 가운을 걸친 학자와 문장紋章으로, 논서치Nonesuch와 윈저Windsor 같은 궁전들은 공들인 삽화로 표현되었다. 켄트Kent주에 관한 지도에는 화물을 실은 배들이 로체스터Rochester성 앞에서 메드웨이Medway강을 거슬러 올라가는 삽화가 그려져 있다. 장래의 여행자들이나 자부심 넘치는 주민들을 위해 거리, 시장, 교회 등이 배치된 자체의 삽화들이 그려져 있는 50개의 타운이 처음으로 지도에 포함되었다. 새로운 왕의 치세와 새로운 세기를 위한 대중적인 지도책을 마련한 최초의 인물이 되고자 하는 이 진취적인 결정에서 전직 재단사는 자신의 큰 가위를 자기 전임자들에게 들이대는데 주저함이 없었다. 잉글랜드의 카운티들에 관한 그의 지도에서 최소 다섯 개 카운티들은 엘리자베스 시대의 위대한 지도 제작자인 크리스토퍼 색스턴Christopher Saxton(자신의 휴대용 지도책에 벌리 하우스Burghley House를 표시한 인물)으로부터 다소간 직접 조금씩 빼돌린 것이고 또 다른 다섯 개 카운티들은 잉글랜드의 지도 제작자인 존 노든John Norden의 지도책에서 훔친 것이었다. 스피드의 브리튼 지도책에 담긴 가식을 벌충해 주는 한 장짜리 스코틀랜드 지도를 위해

---

1   넵튠은 로마신화에 나오는 해신(海神)으로 그리스 신화의 포세이돈에 해당하며, 케레스는 로마
     신화에 나오는 풍작의 여신이다 ─ 옮긴이.

그는 플랑드르Flandre의 지도 제작자인 헤라르뒤스 메르카토르Gerardus Mercator
의 초기 판본뿐 아니라 (네스호Loch Ness는 결코 얼지 않고, 기병은 강에서 창으로 연어
를 잡는다는 식의) 불가사의한 정보와 ('훌륭한 용모, 강인한 신체와 불굴의 기상을 지
녔고 전쟁에서는 너무도 고결해서 그 어떤 중요한 복무를 수행한 적이 거의 없었지만 전
쟁터에서 선봉에 서고 최후까지 버티는' 사람과 같은) 창피한 줄 모르는 아첨에 의존
했다. 스피드의 아일랜드 동부 지역의 지도는 너무도 정확해 아마도 그가 직접
거기에 갔을 수도 있지만 서부 지역의 지도는 중세의 연대기 작가인 웨일스의
제러드Gerard of Wales가 쓴 판타지에서 묘사된 대로 해안에서 멀리 떨어진 곳에
는 '일부는 천사들로 가득차고 일부는 악마들로 가득 찬 섬'에 사람들이 있는
분명히 이국적인 불가사의로 그려졌다.

수많은 다양한 천과 조각들을 대충 기워놓은 것이기는 하지만 스피드의 그
레이트브리튼 지도는 전부 위조품은 아니었다. 그가 지도 뒷면에 쓴 논평은 때
때로 대기의 청결함이나 불결함에 관한, 재사용된 진부한 이야기일 수도 있다.
하지만 그 논평들은 종종 자신이 직접 경위의經緯儀를 들고 잉글랜드의 샤이어
들을 방문했던 한 사람의 실제 여행이 있었음을 말해주고 있기 때문이다. 그는
그늘져 눅눅한 몇몇 계곡에서 종종걸음으로 걸어 나와야 했고 잉글랜드의 전
경을 조망하고 있는 자신을 발견하던 시절이 있었다. 그 앞에 펼쳐진 풍경은
우리 시대의 풍경과 그다지 크게 다르지 않았을 것이다. 예컨대 (한 세기 전보다
는 훨씬 적은 수의 가늘고 긴 개별적인 농경지의 띠가 있는) 굴곡진 형상의 밭, 나무들
이 서 있는 잡목림, 멀리서 거니는 양 떼, 한 줄기 장작 때는 연기와 같은 것들
말이다. 아무리 무미건조한 성격의 스피드이지만, 그러한 곳 중 한 장소, 워릭
셔Warwickshire 남동부에 있는 레드호스Red Horse 계곡에서는 그 풍광에 감동한
나머지 목가적인 시의 과장법을 구사하기까지 했다. 워릭셔 카운티는 에이번
Avon강을 사이에 두고 남북으로 크게 나뉘어졌다. 북쪽에는 준공업 지역인 아
덴 숲Forest of Arden이 있는 데, 이곳은 사랑에 우는 로절린Rosalinds과 실리어들
Silias이 사는 곳이 아니라 폭동 직전 상태의 가난에서 숯을 굽는 사람들, 삼림지

대의 이삭 줍는 사람들, 밀렵꾼과 대장장이들이 사는 곳이었다. 그러나 남쪽의 펠던Feldon은 완만한 구릉지대로 이루어져 농사짓기에 적합한 '평원' 지대였다. 골짜기 밑 평야에서는 밀이 재배되었고, 경사가 그다지 심하지 않은 언덕에서는 양이 방목되었다. 스피드가 조야하긴 하지만 자신의 갑작스러운 깨달음에 대해 이야기한 곳은 바로 그곳, 가파르게 경사진 코츠월드Cotswolds[2] 언덕에서였다. '자신의 고통을 바라보며 미소 짓는 농부와 너무도 많은 꽃으로 수를 놓은 초록 꺼풀로 덮인 에지힐Edgehill 초원의 목초지에서 우리는 또 다른 에덴동산을 바라보게 될지도 모른다.'

존 스피드는 자신의 『그레이트브리튼의 역사History of Great Britaine』, 예쁜 지도들, 자녀 18명과 (아마도) 진이 다 빠져버린 부인 수산나Susanna를 남겨둔 채 1629년에 사망했다. 13년 뒤인 1642년 10월 23일 찰스 1세는 이 지도 제작자가 전원적인 낙원에 대한 짧은 경험을 남겼던 것과 동일한 워릭셔의 능선에 도착해 자신의 소형 휴대용 망원경을 꺼내 아래에 있는 원두당圓頭黨, Roundhead 군대를 응시했다. 찰스 1세가 서 있던 에지힐 꼭대기에는 해가 질 무렵에 사체 60구가 쌓여 있었고 찰스는 살을 에는 추위에 신음 소리를 내면서 수천 명에 달하는 부상병이 극도의 고통에 아우성치는 소리로 인해 잠을 이루지 못했다. 다음 날 아침 스피드가 꽃으로 수를 놓은 것 같다고 묘사했던 초원을 가로질러 어느 편인지 알 수 없는 3000구의 시신들이 누워 있었다. 약탈로 인해 옷이 다 벗겨진 상태였고, 반지를 빼가려고 그런 건지 손가락이 부러져 있었다. 에덴동산은 골고다 언덕이 되고 말았다.

1660년 브리튼의 전쟁 중 첫 번째 회전이 끝날 무렵에 잉글랜드, 웨일스, 스코틀랜드에서 최소한 25만 명이 사라졌다. 그들은 전투와 포위뿐 아니라 질병과 굶주림으로 말미암아 목숨을 잃었다. 남자들은 보통 전투에서 단칼에 죽임을 당하는 경우보다 상처가 감염되어 죽는 경우가 더 많았다. 항상 분주하지만

---

2   글로스터에 잇대어 있는 잉글랜드 서남부의 유명한 양 방목지 — 옮긴이.

결코 유난스럽지도 않은 피할 수 없는 죽음의 칼날은 모든 유형의 사람들과 환경, 예컨대 장교와 하사관, 기병과 머스킷 소총병musketeer, 종군 매점 상인과 주둔지 매춘부, 처음으로 머리에 투구를 쓴 견습공, 자신들의 흉갑胸甲과 더불어 실력이 예전 같지 않은 철면피한 용병, 주린 배를 채우거나 발에 신을 군화를 충분히 갖출 수 없는 병사와 그들에게 줄 것이 아무것도 남지 않은 농민, 북치는 소년과 나팔수, 선장과 요리사 등을 쓸어버렸다. 만약에 근대 인구학의 아버지인 윌리엄 페티Sir William Petty 경(찰스 2세의 아일랜드 공유지 감독관)이 추가 산정한 아일랜드 사망자 60만 명이 매우 과장된 숫자라고 치고 이것의 3분의 1만 취한다 하더라도, 이를 당시 브리튼 군도 전체 인구 500만에서 차지하는 사망률로 계산하면 우리가 제1차 세계대전에서 잃은 것보다 여전히 더 큰 숫자이다.

어쨌든 다듬어지지 않은 사상자 숫자 계산은 콘월Cornwall에서 코나하트Connacht 카운티에 이르는 그리고 요크York에서 헤브리디스Hebrides 제도에 이르는 브리튼Britain섬들의 구석구석에 미친 재앙의 심각함을 측정하지 못한다. 그것은 종교개혁의 온갖 혼란을 겪으며 누가 통치할 것이며, 그 의무를 어떻게 구현할 것인지에 대해 가까스로 합의를 이루었던 교구와 카운티 공동체들을 분열시켰다. 함께 심판해 왔던 사람들은 이제 서로를 심판했다. 교회와 의회에 대한 견해 차이에도 불구하고 애국적인 충성심을 당연한 것으로 여겨왔던 사람들이 이제는 서로를 반역자라고 불렀다. 이들은 결국 과거에는 생각조차할 수 없었던 것을 생각하고 행동에 옮겼다. 왕이 존재하는 것이 코먼웰스Commonwealth의 복지를 위한 조건이라던 사람들은 코먼웰스의 복지를 위해서는 왕을 죽이는 것이 필요하다는 것을 받아들이도록 요청받았다.

그 전쟁들은 국가, 교회, 가족, 아버지와 아들, 형제와 형제를 서로 갈라놓았다. 베빌 그렌빌Sir Bevil Grenville 경은 자신의 동생인 리처드가 의회군의 사령관(하지만 머지않아 진영을 바꾸게 된다)이라는 것을 인지하면서 랜스다운Lansdown 전투에서 전사했다. 월트셔Wiltshire의 워두어Wardour성 포위에서 죽은 힐스딘

Hillsdeane이라는 병사는 자신을 쏜 사람이 자기 형제였다는 것을 알았음에도 그가 '오직 자신의 임무를 수행하고 있다는' 이유로 그를 용서했다. 스코틀랜드 내전 기간 중 가장 잔혹한 해였던 1645년에 플로렌스 캠벨Florence Campbell은 인버로치Inverlochy 전투 이후에 승리를 거둔 맥도널드MacDonalds 씨족의 지도자가 자신의 형제인 던컨Duncan을 죽였다는 것을 알았다. 그녀의 형제는 패자였지만 왕당파 맥리언MacLeans 씨족인 그녀의 남편과 아들은 승자의 편에서 싸웠다. 하지만 비탄에 빠져 격노한 플로렌스는 캠벨 씨족Campbells의 사람일 뿐이었다. 이에 대해 그녀는 다음과 같이 썼다. '내가 만약 손에 양날 검을 갖고 인버로치에 있었다면, 나는 맥리언 씨족과 맥도널드 씨족을 갈기갈기 찢어 놓고 캠벨 씨족의 남자들을 살아 돌아오게 만들었을 것이다.'

브리튼 집안은 단순히 분열된 것이 아니라 완전히 파괴되었다. 지배계급들의 부와 권위를 분명하게 보여주고 보통 사람들로 하여금 경외심을 가지게 함으로써 그들의 우월한 권력을 따르도록 만들었던 웅장한 건물들은 주도적인 공격 형태로 자리 잡은 끊임없는 포위로 말미암아 검은색 폐허로 변했다. 햄프셔Hampshire의 베이싱 하우스Basing House와 퍼벡Purbeck섬에 있는 코프Corfe성과 같은 요새화된 성채와 주둔지로 개조된 그러한 많은 저택은 끝장을 볼 때까지 버텼다. 방어자들은 검을 손에 쥐고 백병전을 벌이다가 불타는 출입구와 창문에 둘러싸여 죽어가거나, 혹은 각자 8온스(227그램)의 곡식과 말 반 마리를 모두가 나눈 적은 몫의 고기를 가지고 포위 공격을 버티던 워두어성의 방어자들처럼 굶주림 끝에 항복하는 수밖에 없었다. 포위 공격이 행해졌을 때 무언가 다소 남은 것이 있다면, 그 저택들은 결코 다시는 위협이 되지 못하도록 (이 전쟁의 위대한 완곡 어구 중 하나를 빌린다면) '모욕'당했다.[3]

천연두와 발진티푸스 같은 유행성 전염병들이 식량 부족으로 인해 면역이 약해진 사람들 사이에서 기회감염적으로 창궐했다. 아마도 모든 군대 중에서

---

3   '완전히 파괴되었다'라는 의미이다 ─ 옮긴이.

가장 성공한 군대는 진저리가 나는 고통에 또 다른 역병의 거대한 파도를 가져다 준 쥐떼들이었다. 브리튼의 네 개 민족들 중 가장 심하게 감염된 지역들은 불과 몇 년 만에 관습, 동정심, 법 등이 완전히 무너지는 위태로운 상태에 도달했다. 1644년에 대학살을 겪었던 볼턴Bolton과 같은 타운들은 인구의 절반을 잃었다. 1643년 '"죽여라, 죽여라"라는 소리밖에는 들리지 않았던' 프레스턴Preston에서 불쌍한 사람들을 뒤쫓는 기병들은 여인과 어린이들의 애절한 비명에도 아무 상관없이 죽이고 약탈하며 사람들을 놀라게 했다. 몬트로즈Montrose 후작과 알라스데어 맥콜라Alasdair MacColla의 군대에게 애버딘Aberdeen이 함락된 이후에 형편이 더 나은 시민들은 그들의 값나가는 전리품인 의복들이 피로 물들지 않도록 발가벗겨진 다음에 난도질당해 죽었다. 일부 희생자들에게 그런 충격적인 경험은 결코 지워지지 않았다. 존 오브리John Aubrey에 따르면 당시 70대였던 레이디 조던Lady Jordan은 다음과 같이 변했다고 한다. '사이런세스터Cirencester가 포위당했을 때 거기에 있었던 것은 너무나 끔찍해서 총성과 더불어 인지능력이 망가져 아주 작은 어린아이처럼 되어버렸는데, 그들은 그녀의 놀이 상대를 자청해서 스스로 어린애 흉내를 냈다.'

브리튼의 민족들은 왜 이러한 시련을 자초했던가? 정확하게 무엇을 위해 수십만 명의 사람들이 죽어갔는가? 이런 질문이 자주 제기되어 왔지만, 아무리 많은 질문이라도 결코 충분하지 않을 것이다. 역사가들이 많은 경우 답을 마련하는 데 실패해 왔지만, 우리는 답을 찾는 일을 결코 포기할 수도 없다. 우리는 희생자들에게 그들의 불행이 의미가 있었는지 물어보아야 할 의무가 있다. 혹은 브리튼의 전쟁들은 그저 의미 없는 잔학 행위에 불과했었는지를 물어야 한다. 17세기의 아일랜드인, 스코틀랜드인, 잉글랜드인, 그리고 웨일스인들은, 빅토리아 시대의 역사가들이 믿었던 것처럼, 자신들의 후손들이 독특하게 안정적이고 자유롭고 정의로운 의회제 정치 국가에 살 수 있도록 하기 위해서 고통을 겪은 것일까? 그들의 대의는 교회와 국가의 궁극적으로 화해할 수 없는 비전들 사이의 피할 수 없는 원칙의 충돌이었는가? 또는 높고 낮은 상황 주도자들이 역사에 무지한 탓에 자신들이 절반만 이해하는, 그리고 그 결과를 예측할 수 없는 어떤 힘들에 의해 골치를 앓았던 것일까? 전반적으로 유혈이 낭자한 엉망진창의 상황은 원칙적으로 결코 전혀 일어나지 말아야 했던 터무니없는 오해였던가?

우리 역사에 넘치는 신의 섭리적 목표에 관한 빅토리아 시대의 확신은 최소한 학문적 세계에서는 오래전에 한물갔다고 말하는 것이 안전하다. 일부 근대 역사학자들은 빅토리아 시대 사람들의 교훈적이고 독선적인 관점에 대해 반발하면서 좀 더 암울하고 한층 더 복잡한 관점이 사실일 수도 있다고 주장해 왔다. 즉 브리튼의 전쟁들은 매우 예측하기 어렵고, 일어날 것 같지 않았던 사건들이었으며, 또한 막을 수 있는 사건들이었다는 것이다. 바로 최후의 순간까지, 즉 1641년 말이나 1642년까지 잉글랜드의 정치 계급은 잉글랜드가 책임 있는 의회가 돕는 가운데 신이 임명한 군주가 통치해야 한다는 조화로운 합의로 뭉쳐 있었다. 만약 논쟁이 일어난다면 그것은 억제될 수 있었다. 만약 사람들을 갈라지게 하는 일이 있었다면, 그것은 사람들을 한데 묶어주는 이해관계와 근본적인 믿음에 비하면 아무것도 아니었다. 국왕은 전제주의자가 아니었고 의회도 자유의 투사는 아니었다. 그들은 모두 대동소이했고 그러한 대동소이는 잉글랜드적인 것Englishness, 즉 건전하고 중도적인 길이었다. 역사가 S. R. 가디너S. R. Gardiner와 같은 빅토리아 시대 사람들은 스튜어트Stuart 왕조와 그 시대 의회 사이에 벌어진 모든 하찮은 말다툼을 정치적 원리를 두고 싸운 하나의 위대한 드라마로 부풀렸는데, 실상 그들은 자신들의 양당제 사고방식, 의회에서의 논쟁 소리와 격노에 대한 과도한 집중과 자신들의 창건 서사시foundation epic에 대한 필요 등으로 인해 미망에 빠졌다. 따라서 논쟁은 계속되었고 그들은 역사를 거꾸로 읽었으며, 그래서 19세기 제국의 고동치는 심장이었던 의회는 항상 진보의 도구이자 브리튼적 '차별성'의 특질이었던 것으로 생각되곤 했다. 이 브리튼적 '차별성'이란 브리튼을 유럽 대륙의 절대주의 국가들과 분리시키는 것이었다. 20세기의 마지막 50년 동안 학자들의 포화를 맞은 것은 존 핌Pym과 존 햄프던Hampden 등의 영웅들을 비롯한 잉글랜드인들이 자신들의 국가가 유럽 전제주의의 물결 속으로 빠져드는 것을 막았다는 순진할 정도로 섬나라적이고, 민족주의적이며, 의회 중심적인 내러티브였다. 우리가 지금 영국 내전들의 기원과 전개 과정에 관한 모든 역사적 서술들에 관해 말할 수 있는 것 중 최악의 것은 그 모든 해석이 휘그Whig적 망상에 의해 시달림을 받았다는 것이다. 휘그 역사에서는 '진보'와 '반동', 자유와 권위의 정당들이 확실히 분리되고 충돌하도록 설정되어 있다. 하지만 비판자들은 사실은 정반대라고 주장한다. 국왕과 의회, 궁정과 지방은 엄청난 헌정적 탈선을 향해 나아가는 필연적 충돌 과정을 달리고 있지는 않았다는 것이다. 반대로 바로 그 마지막 순간까지 그들은 부드럽게 평행선을 달리고 있었다. 신호는 파란불이었고 날씨는 맑았으며 엔진도 기름이 잘 쳐져 있었다. 1629년에 찰스 1세가 의회 없이 통치하고자 했을 때 소수의 독선적인 자칭 잉글랜드인의 자유의 '수호자들'을 제외하고 이에 대해 어느 누구도 거의 상관할 수 없었다.

그러나 누군가는 어쨌든 스위치를 누른 것처럼 보였다. 그런 다음에 전혀 예기치 않고 믿기지 않아서 뭐라 불러야 할지 명확하지 않은 불행한 일이 일어났다. 그것은 우리가 공유하는 역사에서 가장 커다란 불운에 근접한 사건이라고 나는 생각한다. 하지만 거 봐, 그렇다니까. 사고가 발생했어.

그렇지 않으면 사건이 일어났을까?

* * *

제임스 6세이자 1세인 국왕이 자신의 이름을 아서Arthur로 바꿀까 말까 한다는 소문이 한동안 돌았다. 그러면 어때? '브리튼'은 전혀 새로운 창안이 아니라, 단지 트로이의 브루투스Brutus the Trojan와 최초의 개종자인 루시우스왕King Lucius의 왕국이었던 고대 통일체의 '복원'이며, 또한 궁극적으로는 한때 영토가 아이슬란드에서 노르웨이까지, 그리고 아일랜드에서 아르모리칸 브르타뉴Armorican Brittany까지 걸쳐 있던 아서Arthur왕과 기독교 전통을 기반으로 하는 위대한 브리튼 제국의 심장부를 '복원'하는 것임을 캠든Camden 스스로가 명확하게 하지 않았던가? 확실히 제임스 자신도 끔찍하고 가차 없는 유혈 사태를 초래하면서 뚝하고 부러져버린 두 개의 왕국을 자신이 재통일하고 있다고 믿었다. 그는 궁정 설교자인 존 홉킨스John Hopkins에 의해 에스겔서Ezekiel 37장을 떠올리게 되었는데, 에스겔이 두 개의 마른 지팡이의 환영을 보게 되었으며, 그 둘을 합치라는 명을 받았다는 내용이었다. 그리고 그가 그렇게 하자, 앗, 그것들은 역시 하나가 되었고 살아 있는 것이 되었는데, 이것은 찢겨진 이스라엘과 유다 왕국의 재통일에 관한 꿈의 비유였던 것이다. 제임스 1세와 잉글랜드를 여행했으며 헤브라이 신비철학자임을 자처했던 스코틀랜드인 성직자인 존 고든John Gordon은 브리타니아의 히브리어 어원과 관련된 비전秘傳의 의미를 밝혀냈다. 즉, 히브리어로 브리탄야Brit-an-Yah는 '(신과의) 언약Brit이 있었다'라고 해석되는 바, 이는 반분된 브리튼을 원상태로 회복하라는 신의 명령을 암호화한 것이었다. 1603년 4월 뉴캐슬어폰타인Newcastle upon Tyne에 도착했을 무렵 제임스는 이미 동전을 재디자인했는데, 이는 자신의 왕국을 '그레이트브리튼'으로 칭하고, 자신을 월계관을 쓴 전형적인 로마풍의 황제로 표현한 것이었다. 통치 기간 내내 그가 차용했던 페르소나 중의 하나는 (보통 그렇게 생각되듯이) 브리튼 북부에서 출생한 최초의 기독교 황제인 새로운 콘스탄티누스Constantine 황제가 되는 것이었다.

왕국들의 통일을 촉진하기 위해 최선을 다하고자 했던 과학 철학자이자 수필가이며 정치가인 프랜시스 베이컨Francis Bacon은 제임스 1세가 '방책에 의해 적절하게 감당할 수 있는 것보다 더 빠른 속도로 왕국들과 민족들 모두의 결합에 박차를 가하지 않을까' 우려했다. 하지만 제임스 1세는 멈출 줄 몰랐다. 통일은 안정, 일체, 평화를 의미했다. 모든 것과 모든 사람은 자신이 하나로 합치게 될 왕국의 포괄적인 포옹에 안겨야 했다. 국새國璽는 자신의 세 왕국(만약 제임스가 확실히 그랬듯이 프랑스의 백합을 포함하면 네 개)의 모든 문장紋章을 포함시킨 것이었다. 제임스는 자주 그리고 지나치게 낙관적으로 왕국의 통일을 애정 어린 결혼에 비유했는데, 통일을 상징한 새로운 깃발은 세인트 조지St George의 십자가(잉글랜드)와 세인트 앤드류St Andrews의 십자가(스코틀랜드)를 결혼 생활의 축복처럼 결합시킨 것이었다. 깃발과 관련해 많은 시험적 도안이 있었는데, 그중 하나는 (청색 바탕에 흰색 X자형 십자가가 그려져 있는) 스코틀랜드의 기장旗章과 세인트 조지의 십자가를 결합시키는 것이었고, 다른 하나는 스코틀랜드 기장을 단순히 붉은색과 흰색으로 4등분하는 것이었다. 그러나 결국 푸른색과 배경에 붉은색과 흰색의 십자가를 도입한 모습으로 나타난 최초의 유니언 기旗는 1606년에 채택되었다. 스코틀랜드의 선박 소유자들은 즉시 자신들의 기장이 항상 세인트 조지의 십자가로 인해 잘 안 보이는 것 같다고 불평했다. 사실이 도안은 세인트 조지의 강렬한 빨강색이 언제나 열성劣性의 파랑색 너머로 돌출하여 투영되는 것처럼 보이게 했고, 이로 인해 스코틀랜드의 세인트 앤드류 십자가가 '배경'으로 읽히도록 운명 짓는 측면이 있었다. 두 왕국 사이의 형평성을 보여주는 어떤 외적 모습이 이렇듯 광학의 법칙에 의해 무너진다는 것은 왕국 간 결합의 전망과 관련하여 좋은 징조는 아니었다.

하지만 깃발들에 관한 얘기는 이쯤에서 접고, 이제는 통합 왕국을 위해 뛴 선수들에게로 돌아가자. 통합 왕국의 홍보 담당자와 흥행사임을 자처한 사람들에게 두 왕국 사이의 행복한 결합에 관한 판타지는 하늘이 보내준 기회였다. 예를 들면 이스트엔드East End의 빈민가 거주자이자 적은 돈을 받고 저질 극본을 쓰는 극작가이며 만성적 채무자이자 감옥을 제집 드나들 듯하는 사람인 토머스 데커Thomas Dekker는 이 순간을 하늘이 준 기회로 포착했다. 자신보다 한층 더 좋은 위치에 있는 동료인 벤 존슨Ben Johnson과 함께 데커는 런던시를 위해 『멋진 여흥The Magnificent Entertainment』이라는 작품을 무대에 올리는 책임을 맡았다. 이 작품은 제임스 1세로 하여금 왕국의 수도로부터 공식적인 영접을 받게 하는 의미가 있었다. 물론 행복한 브리타니아가 그 작품의 중심이 되었다. '수백 년 동안 서로 거부해 왔던 세인트 조지와 세인트 앤드류는 이제 맹세를 나눈 형제가 되었고 잉글랜드와 스코틀랜드는 단지 협소한 강으로만 나뉘게 되었다.' 데커는 정확히 무엇을 해야 할지 알았다. 세인트 앤드류와 세인트 조지 이 두 명의 기사들은 국왕을 환영하기 위해 형제와 같은 우호 관계 속에 함께 말을 달릴 것이다. 군중을 진정 기쁘게 만드는 사람인 데커는 이렇듯 낙관적으로 생각했다. 그리고 그는 1603년에 그레이트브리튼에 관한 이야기를 쓰게 되는데, 그것은 검은 상복을 걸치고 음습한 학질을 앓고 있던 사람들이 '선포된 왕에 의한 유익한 왕국 접수'로 인해 기적적인 치유를 받게 된다는 내용이었다. '보라! 북쪽에서 쾌적한 태양이 떠올라 영광스러운 햇살을 부채처럼 펼쳐 모든 짙고 전염성 독이 있는 구름들을 흐트러뜨리는 것을.'

그러나 그해 흑사병에 덮쳤고, 그것은 데커에게는 불행한 일이지만 그가 성공의 잔을 음미할 태세를 취하자마자 그의 입에서 그 잔을 빼앗아가 버렸다. ('하지만 아! 단명하기 그지없는 인간의 더할 나위 없는 행복이여! 아! 세상에, 깃털같이 가볍고 얇은 것이 당신의 행복이려니!') 1603년 여름 3만 명에서 4만 명의 사람들이 죽었다. 극장들은 문을 닫았고 거리는 텅 비었다. 그래서 데커는 플랜 B로 되돌아가야 했고 환희보다는 연민으로부터 약간의 돈을 짜내야 했는데, 그는 「불가사의한 해*The Wonderfull Yeare*」(1603)라는 팸플릿에서 흑사병에 관해 대부분의 내용을 할애했다.

침묵에 쌓인 거대한 납골당에서 매일 밤 갑옷을 입어야 하는 한 사람에게 그 고통은 무엇에 필적할 것인가. 움푹 들어간 어렴풋이 보이는 구석에 (더욱 흉물스럽게 만들기 위해) 어슴푸레 천천히 타고 있는 램프가 매달려 있고, 모든 보도가 푸른 골풀 대신에 빌어먹을 로즈메리, 말라 죽은 히아신스, 치명적인 사이프러스와 암양으로 뒤덮여 죽은 자의 뼈 무더기와 두툼하게 뒤섞여 있을지니. 거기에 누워 있는 것은 그를 자식으로 낳은 아버지의 살점이 떨어져 나간 갈비뼈로다. 여기에 그를 낳은 어머니의 아래턱이 없는 텅 빈 해골도 있나니. 그의 근처에는 일부는 매듭이 있는 울퉁불퉁한 시트에 싸여 똑바로 서 있고 다른 것들은 형편없는 관 속에서 절반쯤 썩어 있는 1000구의 시신들이려니. … 이들이 갑자기 콧구멍을 역겨운 악취로 가득 채운 채 크게 하품을 하고, 그의 눈에는 기어 다니는 구더기만 보이는구나.

그러나 1년 뒤에 흑사병은 결국 물러갔고, 데커와 존슨은 마침내 자신들의 야외극을 무대에 올리기 시작했나. 오히려 극을 올리는 일이 연기된 것은 반세기 전 엘리자베스 1세 여왕의 즉위식 이후 축제에 목말라 하던 런던 시민들의 욕구만을 돋우었다. 데커는 '거리는 남자들로 북적거리는 것처럼 보였고 … 좌판들은 호화로운 물건들 대신에 어린이들로 채워져 있었고, [납으로 된 유리창이 뜯겨 나간] 열린 여닫이창은 여인들로 가득 찼다'라고 자신이 보고했을 때 아마도 전적으로 자기 잇속만 차리지는 않았다. 하지만 새 국왕에게 있어서 대중의 열정은 기회라기보다는 문제를 유발했다. 왜냐하면 군중들은 제임스를 매우 불안하게 만들었고, 그로 하여금 가급적이면 말을 타고 로이스턴Royston 근처의 언덕에서 열정적으로 수사슴을 쫓아 떠나는 등 어딘가 다른 곳으로 떠나고 싶게 만들었기 때문이다. 그러나 음악과 현란한 재기로 가득 찬 우화적인 야외무대는 마침내, 최소한 일시적으로는, 국왕의 시골뜨기 같은 마음을 누그러뜨렸다. 형제 같은 앤드류와 조지에 더해 흘러내리는 수염을 가진 의인화된 템스Thames강의 신神인 늙은 아버지Old Father '테임시스Thamesis'는 도기陶器 단지 형태의 공물을 바쳤는데, '살아 있는 물고기들이 그곳으로부터 나와 달리는' 모습이 묘사된 것이었다. 스티븐 해리슨Stephen Harrison이 목재와 회반죽으로 만든 높이 27미터, 폭 15미터의 엄청난 개선 아치들에 감명 받지 않기는 힘들었는데, 이는 행렬 노선에 구두점을 찍는 중요한 장소가 되었다. 아치들 중의 하나는 녹색 나뭇잎이 무성한 세 개의 탑으로 이루어진 격자형 구조물이었는데, 이는 제임스의 왕국이 영원한 '풍요의 나무 그늘'임을 의도적으로 보여주려고 한 것이며, 또한 '양들이 풀을 뜯고, 어린 양들이 조금씩 먹이를 먹고, 새들이 하늘을 나는' 모습을 특별히 포함한 것은 '평화롭고 근심 없는 계절임을 증거'로 삼기 위한 것이었다. 프렌처치Frenchurch에 세워진 아치 위에서는 중앙에 오래된 사도 바울St Paul의 교각과 함께 20만의 인구를 가진 런던의 방대한 파노라마가 (마치 멀리 떨어진 탑에서 보이는 것처럼) 총안銃眼이 있는 흉벽을 배경으로 되살아났는데, 그것은 무질서하고 해충이 들끓는 실제의 모습보다 훨씬 더 질서 정연하게 보였다. 이 뉴 트로이New Troy의 신고전주의적 전망 아래에는 Orbis Britanniacus Ab Orbe Divisius Est(세계'로부터' 분리된 브리튼인들의 세계)라고 새겨진 제국의 (왕권의 표장으로 위에 십자가가 있는) 보주寶珠를 지닌 다름 아닌 바로 브리타니아 그 자체가 있었다. 고전을 연구하는 관찰력이 뛰어난 학자들과 아마도 군중 속의 일부 사람들은 베르길리우스Vergilius에 관한 박식한 암시, 특히 새로운 황금시대의 복귀를 예언한『네 번째 에필로그Fourth Epilogue』의 전원적인 시들에 관한 암시를 인식했을 것이다.『브리타니아』의 바로 서두에서 윌리엄 캠든은 멀리 떨어져 있는 장소로서 브리튼의 역사적 운명에 대한 인식으로 이미 베르길리우스의 시구들을 동일시한 바 있었다. 그리고 물론 일부 막연한 고전적 지리학자들은 서부 대양의 전설적인 '운 좋은 섬Fortunate Isles'으로서 브리튼 군도에 대한 이러한 동일시를 행한 적이 많았다. 1603년까지 스스로가 이 섬나라 근성이라는, 값을 매길 수 없는 선물로 축복을 받았다고 생각하길 좋아했던 사람들은 잉글랜드인이었다. 예를 들면 '전염병과 전쟁의 마수로부터 이 땅을 보호하기 위해 창조주께서 건설하신 요새'라는 셰익스피어의 비전은 브리튼이 나머지 세계가 받게 될 고난으로부터 면제받도록 신에 의해 예정되어 있다는 국민적 신념을 다시 한번 확인할 따름이었다.

하지만 이제 이 행복한 격리는 운 좋은 아일랜드와 (역사적으로 스코틀랜드는 항상 잉글랜드보다는 유럽과의 긴밀한 연결을 즐겨왔다는 사실에도 불구하고) 스코틀랜드로 확대되는 브리티시로 이해되어야만 했다. 1604년 10월 제임스 1세는 (의회의 특권은 국왕으로부터 하사된 것이라는 국왕의 고지에 이미 고개를 치켜든) 매우 의심스러운 의회를 향해 '내 혈통 속에서 이루어진 왕국 결합으로부터 나오는 모든 이익은 섬 전체를 위해 이바지할 것'을 약속했다. 자신의 왕국에 대해 언급했을 때 그는 반복해서 나눌 수 없는 '디 아일the Ile'로서의 통일을 언급했다.

그의 옹호자들은 트위드강을 사이에 두고 있는 이웃들 사이에 불행한 의견의 불일치와 심지어는 유혈 사태가 있기도 했지만, 그러한 사태의 많은 부분은 간섭하기 좋아하는 대륙 사람들(특히 프랑스인과 스페인인)의 사악한 마키아벨리즘에 기인한다는 것을 인정했다. 그들 대륙인들이 잉글랜드와 스코틀랜드가 서로의 목을 겨누고 싸우도록 부추겼다는 것이었다. 이제 잉글랜드인, 웨일스인, 프랑스인, 스코틀랜드인의 피가 흐르고 거기에다 두 명의 건강한 아들이라는 신의 축복을 이미 누리고 있는 제임스 1세의 존재로 인해서 오랜 세월에 걸친 비참한 계승 전쟁은 끝났다. 캠든은 다음과 같이 썼다. '(원래는 천하무적이었을) 이들 민족을 그토록 오랫동안 논쟁에 휘말리게 했던 음울한 불화는 〔이제〕 영원히 억압되고, 분쇄될 것이며, 달콤한 화합이 끝없는 위안과 함께 기쁜 승리를 거두게 될 것이다.' 가장무도회에 입장해 평화의 피리를 불면서 어서 스튜어트 왕조의 목가적 이상향이 시작되기를.

그러나 나중에 밝혀진 것처럼, 벤 존슨, 토머스 데커, 존 스피드, 윌리엄 캠든이 그토록 기분 좋게 기대했던 '세계로부터 분리된 세계', 즉 '떨어져 있는 브리튼'은 화합과 조화를 가져오는 것이 아니라 큰 혼란과 파괴를 불러오는 것이었다. 군주정과 공화정을 가리지 않고 역대 정부들이 브리튼의 조각들을 함께 끌어모으려고 열심히 노력하면 할수록 그 조각들은 더욱더 떨어져 나가버렸다. 제임스 1세와 찰스 1세 모두를 사로잡았던 '연합'과 '통일성'에 대한 집착은 오히려 증오와 분열을 조장하는 결과를 초래한 것으로 밝혀졌다. 제임스 1세의 재위 첫해에 (존슨이나 데커는 물론) 그 누구도 (비록 제임스 1세가 의회에 보낸 고압적인 발언은 좋은 징조는 아니었지만) 이것을 예측할 수 없었다. '브리튼의 문제'가 위험할 정도로 명백해지기까지는 시간이 좀 걸릴 예정이었다. 가장 분명한 경고는 1637년 말에 찰스 1세의 스코틀랜드인 친구이자 동맹자인 해밀턴 공 Duke of Hamilton이 했다. 그때 그는 스코틀랜드에서 일어난 폭력적 저항이 그의 다른 두 왕국에까지 퍼지지 않게 하려면 잉글랜드와 마찬가지로 스코틀랜드에 종교적 통일성을 부여하려는 그의 완강한 계획들을 철회하도록 조언했다.

그리고는 화합된 브리튼을 건설하려는 그들의 사업은 역설적으로 세 왕국 사이에서, 또한 각 왕국들의 내부에서 불화를 야기하는 자기 파괴적인 사업이 되고 말았다. 스튜어트 브리튼을 합의로 함께 묶인 본질적으로 유순한 정치 형태로 간주하고 싶어 하는 역사가들은 종교와 정치에 관한 논쟁은 늘 그렇듯이 정부와 사회의 정해진 질서라는 관습과 습관 내에서 항상 수용할 수 있다고 주장해 왔다. 이들의 견해에 따르면, 스튜어트 잉글랜드는 (브리튼 역사와 상당 부분 일치하는 점이지만) 젠틀맨들의 동의에 의해 통치되었다는 것이다. 지배계급들은 군주정의 권력과 한계에 동의했고 의회가 할 일은 국왕에게 돈을 공급하는 것이라는 것에도 동의했고 사회의 고정된 계서제에 대해서도 동의했으며 제임스 1세 치하에서 광범위하게 칼뱅주의적인 종교적 합의에도 동의했다. 의회와 국왕 사이에 의견 차이가 발생했을 때, 사람들 대부분은 그 의견 차이가 한층 더 극단화되기보다는 해결되기를 바랐다. 그런 측면이 있는 것이 사실이지만, 그렇다고 브리튼이 재앙을 향해 밀려가는 동안 그렇게 심각하게 잘못된 것은 아무것도 없었다는 일부 학자들의 주장은 지나치게 잉글랜드 중심적인 관점에서 비롯된 것이었다. 그들이 제기한 질문들이 잘못되었다는 것이 아니라, 그 질문들이 엉뚱한 나라를 향해 던져졌다는 것이다. 만약 관련된 나라가 잉글랜드이고 그 질문들이 잉글랜드의 카운티들을 통치하는 공동체들에 관한 것이라면, 내부적 갈등을 가라앉힌 사례들을 찾을 수 있을 것이다(필자 생각엔 비록 결말을 짓지 못하더라도). 그러나 문제의 나라가 브리튼이라면, 더구나 스코틀랜드와 아일랜드를 특정하여 살펴본다면, 1640년대 잉글랜드의 고요한 정치적 풍경을 깨뜨린 심각하기 짝이 없는 문제가 어느 날 갑자기 터진 일이 아님을 알게 될 것이다. 그것은 최소한 두 세대에 걸쳐서 진행된 일이었다. 폭풍우 몰아치는 켈트족 주변부의 원격지에서 벌어진 갈등으로 인해 잉글랜드의 정치적 소요가 갑자기, 그리고 뚜렷한 이유 없이 악화된 것은 아니었다는 것은 어느 정도 일리 있는 이야기이다. 그 문제는 스코틀랜드의 칼뱅주의자와 아일랜드의 가톨릭교도 그리고 스튜어트 잉글랜드에 있는 일부 분파들에 대한 그들의 독실한 종교적 호소였다. 앞으로 보게 되듯이 이들의 종교적 연루는 신학적일 뿐 아니라 정치적이고 심지어 대외 정책적 함의를 수반했다. 대외 정책적 함의란 제국주의적 확신에 찬 잉글랜드가 자체의 엄청난 위험에도 오로지 '브리튼인의' 통일성을 부과하는 것을 통해 문제를 해결하려고 시도했던 것을 말한다. 스코틀랜드와 아일랜드가 모두 강제로 복종당했을 때를 제외하고 이 두 나라가 명받은 것을 행하기를 거부했을 때 브리튼 전쟁이 일어났다. 브리튼은 잉글랜드를 죽였다. 그리고 브리튼은 스코틀랜드와 아일랜드가 들판에서 피를 흘리게 내버려두었다.

그래서 만약 우리가 되돌아가서 그 질문들을 올바른*right* 나라들에게 던진다면 오히려 재앙의 장기적 원인과 단기적 원인 사이의 서로 다른 설명이 분명해진다. 잉글랜드의 청교도들이 스스로 스튜어트 왕조를 무너뜨릴 정도로 충분히 화가 나 있었거나 강했었는지에 대해 자문해 본다면, 비록 그들이 스튜어트 왕조의 위엄과 권위에 확실히 징벌적인 손상을 끼칠 수는 있었을지라도 그 대답은 아마도 '아니다'이다. 스코틀랜드의 칼뱅주의자들이 잉글랜드의 청교도들과 짜고(양측은 모두 왕들이 자신의 신민들과 언약을 맺을 의무가 있다고 믿었다) 스튜어트 왕조를 무너뜨릴 수 있었을지를 자문하면 그 대답은 '그렇다'이다. 호전적인 스코틀랜드 칼뱅주의 '장로교 지지를 맹세한 언약도들Covenanters'중 한 사람인 워리스턴Wariston의 아치볼드 존스턴Archibald Johnstone이 제1차 주교의 전쟁Bishop's War을 끝내기 위한 1639년의 협상을 위해 스코틀랜드 베릭Berwick에서 찰스 1세를 만났다. 그가 왕에게 너무도 반복적으로 그리고 너무도 공격적으로 방해를 해서 이런 종류의 만용에 익숙하지 않고 보통 때는 말을 잘 하지 않는 찰스 1세이지만 평범한 법률가인 존스턴에게 입을 다물 것을 명했다. 스코틀랜드인들은 자신들이 끝장나기 전에 스튜어트 왕조의 찰스에게 한층 더 심한 무례함을 가하게 된다. 아일랜드계 가톨릭교도의 반란이 잉글랜드의 왕을 갑자기 교회와 국가의 방어자가 아니라 전복자라고 폭로하는 상황을 만들 수 있을까를 자문한다면, 그 대답은 이번에도 '그렇다'가 될 것이다. 말하자면 제임스가 스코틀랜드에 관해 아무런 강한 느낌이 없는 (장차 왕이 되는 사람들처럼) 네덜란드인이나 독일인이었다면, 내란이 일어났을까?

그러나 제임스는 스코틀랜드인 왕이었고, 그것이 문제였다. 여러 해 동안 돌처럼 차가운 침상을 견뎌내야 했던 스코틀랜드의 제임스 6세는 이미 나이가 30대 말이 되었고, 이제야 두툼하고 안락해 보이는 깃털과 솜털로 된 침대를 제공 받으면서 진정한 감사의 마음을 지닌 그레이트브리튼의 제임스 1세가 되었다. 이 돌처럼 차가운 침상이란 스코틀랜드의 왕으로서 제임스가 겪어야 했던 고통스럽고 오래 지속된 교육이었다. 제임스 1세의 어머니 메리 스튜어트Mary Stuart의 볼썽사납고 위험한 사례와 더불어 자신들의 마음속에 많은 것을 품고 그녀를 폐위시킨 칼뱅주의 귀족들은 그녀의 어린 아들이 반드시 엄격한 칼뱅주의 교육을 받도록 했다. 1570년 그들은 제임스가 조지 뷰캐넌George Buchanan으로부터 무시무시한 지도를 받게 했다. 그에 비해 존 녹스John Knox의 질책은 봄바람처럼 가볍게 여겨졌을 정도였다. 뷰캐넌이 국왕에게 행한 거침없는 무례한 태도는 마르의 백작 부인Countess of Mar이 어린 왕에 대한 그의 거친 태도에 항의했을 때 그가 응수한 말 속에 가장 잘 요약되어 있다. '부인, 저는 그 아이의 엉덩이에 채찍질을 했습니다. 부인께서는 원하신다면 거기에 키스하셔도 됩니다.' 그 어느 누구도 뷰캐넌 자신이 그 어떤 종류의 엉덩이에 키스하는 사람이라는 환상을 갖진 않았다. 오히려 정반대였다. 제임스의 모친 메리 여왕의 폐위를 정당화하기 위해 집필한 『스코틀랜드의 왕권에 대하여De juri regni apud Scotos』에서 솔직하게 표현된 군주들에 대한 그의 관점은 군주들이 백성에게 봉사하기 위해 임명되었다는 것이었다. 그리고 백성들은 만약 군주가 신민과 맺은 언약의 이행에 실패한다면 그들을 제거할 권한을 가졌다는 것이었다. 당연히 이러한 저항의 이론이 이어져 스코틀랜드 교회와 국왕은 분리되어 권력을 공유하고 교회 문제에 대해 국왕이 간섭하는 것 또한 제거의 명분이 되었다. 스코틀랜드 교회는 장로교도를 위해 어떤 종류의 국왕 통제에 대해서도 적대적이었다. 그것은 단일한 통일적인 교리를 지닌 국가 교회였지만, 그 교리는 교회의 많은 회중의 대표로 구성된 총회에서 결정되고 관리되었다.

그러나 제임스 스튜어트James Stuart는 뭐니 뭐니 해도 자기 어머니의 아들이었고 그는 자신의 남은 생을 장로교도들에게 당하고만 사는 사람으로 보내지 않으려고 했다. 메리와는 달리 그래도 그는 모험을 하는 쪽보다는 논쟁을 통해 통치권을 향한 길을 닦게 되었다. 그가 선택한 전술은 엘리자베스의 전술인 교묘함, 실용주의, 융통성 등에 더 가까웠다. 배움에 대한 지성과 취향이 이미 분명해진 제임스는 1587년 성년이 된 때부터 (가톨릭계 여왕 메리가 재위하는 동안 스코틀랜드 교회를 지배하기 위해 만든 기관인) 총회와 지속적으로 당쟁을 일삼는 귀족 양측 모두를 상대로 국왕의 권위를 회복하기 시작했다. 제임스는 어떤 종류의 상비군도 없는 상황에서 여론에 대한 자신의 호소는 솔로몬식 재판관의 그것밖에는 없다는 것을 알았고, 깊은 상징적인 의미가 담긴 제스처를 통해 자신의 권위를 작동시키는 방법을 알았다. 제임스는 자신이 성년이 된 것을 기념하기 위해 에든버러Edinburgh에 있는 마켓크로스Market Cross에서 기회만 있으면 싸우는 것으로 악명 높은 스코틀랜드 귀족들을 위해 자유로운 여흥을 베풀기로 마음먹었다. 제임스는 귀족들이 와인을 마시고 충분히 느슨해졌을 때 그들에게 손에 손을 잡고 하이스트리트에서 때때로 의회가 소집되었던 왕의 처소 홀리루드하우스Holyroodhouse까지 걸어 내려갈 것을 부탁했다. 그들은 왕이 의회 회기 중에 입도록 권했던 좀 더 공식적인 복장을 하고 마치 양 떼처럼 걸어갔다. 제임스는 또한 단합과 마찬가지로 분열도 자신에게 유리한 방향으로 진행될 수 있으리라는 걸 알고 있었다. 제임스는 스코틀랜드 교회에 약간의 작은 양보를 함으로써 장로교도 적들을 자신과 함께 일할 준비가 되어 있는 사람들과 스코틀랜드 교회 내에서 국왕의 어떤 간섭도 주제넘고 가증스러운 것이라고 생각한 앤드루 멜빌Andrew Melville과 같은 강경파 칼뱅주의자들로 간신히 분열시켰다. 일단 스코틀랜드 교회 내부의 '왕당파royal party'와 더불어 권력을 강화시킨 제임스는 예를 들면 총회의 소집 시기를 스스로 결정하는 등 더 멀리 나아가기 시작했다. 제임스는 심지어 잉글랜드 교회보다는 훨씬 덜 거창한 모습이기는 하지만 어쨌건 5년 만에 스코틀랜드 교회 안에 주교들의 존재를 되살리는 데에 성공했다. 1591년 그는 자신을 나타내는 표시 '내가 당신만을 두려워하나니'라는 말을 히브리어로 새긴 금화 조각을 주조하기에 충분할 정도로 강하다고 생각했다. 하지만 이것은 설익은 제스처였다. 왜냐하면 바로 다음 해 멜빌은 쉽지는 않았지만 스코틀랜드 의회를 움직여서 주교직을 폐지하도록 만드는 데 성공했고 제임스는 이에 동의하지 않으면 안 되었기 때문이었다. 제임스는 일신상 안전에 관해 완전히 편안하게 느낀 적은 결코 없었다. 제임스가 비록 뷰캐넌의 책들이 유통되는 것을 금지시켰지만, 한때 그의 교사였던 그 늙은이가 자신을 모질게 닦달하는 광경은 제임스의 뇌리에서 떠나지 않았다. 예를 들면 1622년 말 이 노인네는 제임스가 '얼음에 빠졌다가 그다음에는 불속으로 떨어지고' 그리고 '그가 빈번한 고통을 겪은 뒤에 곧 죽게 될 것이라고' 알려주기 위해 그의 꿈에 나타나기도 했다. 뷰캐넌뿐 아니라 루스벤 가문Ruthvens도 그의 뇌리를 떠나지 않았다. 권총으로 아직 어머니 자궁 속에 있던 그를 겨냥한 적이 있는 사람도 루스벤 가문의 사람이었다. 한 루스벤가의 후손은 1582년에 그를 인질로 붙잡아두기도 했다. 그리고 1600년 초에는 그 가문의 또 다른 인물인 고리Gowrie 백작은 그를 유괴해 묶어두고 또다시 그의 생명을 위협했다. 제임스가 항상 약간 조마조마해 한 것은 놀랄 일이 아니었다.

브리튼 군주정에 관한 간단한 스케치, 예컨대 유혈과 폭력의 헨리 8세, 처녀 여왕 글로리아나Virgin Gloriana(엘리자베스 1세) 등을 다루는 데 익숙한 사람들에게 제임스 1세의 성격은 하나의 단일한 성격체에는 존재할 수 없는 다양한 성격들의 혼합체처럼 보일 것이다. 예를 들면 그는 수사슴을 쫓을 때와 똑같이 강렬한 투지로써 칼뱅주의 신학자들을 추적하는 사냥에 미친 학자였으며, 끝없이 계속되는 가면극 와중에서 탁한 스코틀랜드 억양으로 춤추는 사람들, 특히 춤추는 사람들 속에서 춤추기를 사랑한 자신의 왕비 '애니'(덴마크의 앤Anne of Denmark)를 보라고 시끄럽게 요구하는 약간 술 취해 흥청거리는 사람이자, 자신의 서지학 지식을 무기로 설교자들과 의원들의 머리를 내려치는 장황하고 목소리 큰 논쟁의 달인이었다. 그러나 제임스의 가장 특징적인 성격은 (특히 성적 취향에 있어서는) 가볍게 말만 앞세우는 부류가 아니었다는 점이다. 취하건 취하지 않건, 천박하든 심오하든, 명랑하든 솔직하든, 확실히 그토록 반복적으로 자신의 통치권에 관해 이론화하지 않으면 안 된다고 느끼고 문서에도 그렇게 하도록 했던 군주는 없었다. '그는 놀랍게도 학술적인 담론을 갈망했다'라는 평가가 어울리는 제임스는 마법과 담배의 폐해를 포함한 자신이 무게감이 있다고 생각한 여러 가지 문제를 다룬 최소한 10편의 논문을 출간했다. 그중 두 권인 『군주의 선물*Basilikon Doron(Prince's Gift)*』(아들 헨리를 위해 1598년에 집필했지만 1599년에 출간된 책으로 신성로마제국의 카를 5세가 아들 펠리페 2세에게 했던 조언을 본보기 삼아 대부분 국왕의 행동에 관한 현실적인 조언으로 이루어져 있고), (1598년에 출간된) 『자유로운 군주정들의 진정한 법*The True Law of Free Monarchies*』은 그가 잉글랜드에 도착하기 직전 시기에 등장했다. 최소한 그들이 그 책들을 읽으려고 시도할 때까지 (왜냐하면 그 책들은 간결하기는 했지만 그중 어느 것도 흥미진진한 책으로서 잘 서술될 수 없었기 때문에) 그의 새로운 신민들은 제임스의 책이 왕의 성격에 관해 어떤 실마리를 제공해 줄 수 있을지 알고자 갈망했음에 틀림없었다. 왜냐하면 그 책은 그가 즉위한 지 첫 몇 달 내에 1만 3000부에서 1만 6000부가 팔렸기 때문이었다.

이 두 저작은 모두 자신의 신민들에게 굽실거림을 실행하기 시작하라는 국왕의 명령과 이론적 등가물이라고 오해되어 왔다. 제임스가 자신의 권위가 신의 임명에 입각해 있으며, 군주들은 오직 그리고 궁극적으로 신에게만 책임을 질뿐이라고 솔직히 밝힌 것은 확실한 사실이다. 그가 주지의 사실로서 삽입한 것처럼, '왜냐하면 왕들은 하나님의 왕좌에 앉아 있고 거기에서 모든 판단이 나오기 때문이다'. 이것은 의회를 오싹하게 만들고 에드윈 샌디즈 경Sir Edwin Sandys, 니콜라스 풀러Nicholas Fuller, 에드워드 코크 경Sir Edward Coke과 같이 관습법의 우위를 주장하는 사람들에게 제임스가 통치권에 관한 전제적인 유럽인의 태도에 물들었고 이제 그것이 잉글랜드 상황에 어떻게 적용될 것인가에 대한 단기적인 집중 강좌가 필요하다는 것을 설득하기 위해 계산된 발언이었다.

코크와 그처럼 생각했던 사람들은 (성년의 나이와 배심원의 규모와 같은 그 밖의 근본적인 관습들처럼) 까마득한 시간의 안개 속에서 그 기원은 잃어버렸지만 앵글로 색슨Anglo-Saxon의 7왕국 시대에 이미 확립된 '고대 잉글랜드의 헌법'이 어떠한 개별 통치자보다 우선하고 선례가 되는 관습법으로 구체화되어 왔다고 믿었다. 통치권은 나눌 수 없는 '의회 속의 왕king-in-parliament'이었고 그리고 항상 그래왔다.⁴ 잉글랜드에 가해진 것과 같은 무자비한 정복들은 일시적으로 이것을 후퇴시켰을지도 모르지만 잉글랜드다움이라는 바로 그 골수에 박힌 '고대 헌법'은 예를 들면 마그나 카르타Magna Carta 등에 다시 확고하게 자리 잡을 기회를 기다리면서 어쨌든 관습에 보존되었다. (그 자신의 기억이 시원치 않았던 것으로 생각되는) 제임스에게 '기억'을 계속 들이대는 일은, 더구나 그가 잉글랜드와는 매우 다른, 보다 로마화된 스코틀랜드 법적 전통에서 성장했다는 것을 감안하면, 논거 입증에 그다지 도움이 되지 못했다. 그리고 제임스는 스코틀랜드 왕권에 관한 자신의 설명에서 이미 군주정이라는 제도에 앞선다는 초기 의회의 우화를 거침없이 다루었다. '의회들은 … (많은 사람이 어리석게 상상해 왔듯이) [군주정들에] 앞서서 설치된 것이 아니라, 군주정들이 세워진 지 오랜 후에 의회들이 창조되었다.' 이러한 필요성들 중 그 어느 것도 심각한 문제는 아니었다. 어쨌든 『자유로운 군주정들의 진정한 법』에서 제임스는 자신이 말하는 군주정의 기원과 당시의 스코틀랜드와 잉글랜드를 가리킨 것이 분명해 보이는 '안정된' 국가a 'settled' state에서 이루어져야 할 군주정의 통치 방식 사이에는 아무런 관련이 없다는 것을 인정해야 했기 때문이었다. 자신이 관련되어 있는 한

---

4   브리튼에서는 통치권의 소재를 표시하는 전통적 내명으로서 'King in parliament'라는 용어가 사용되는데, 국왕은 단독으로 주권을 행사할 수 없고, 의회와 함께 권력의 주체가 될 수 있다는 의미이다 — 옮긴이.

에서 자신의 언약상의 의무, 즉 자신의 유일한 상급자인 첫 번째이자 가장 중요한 신에 대한 의무를 주장하고 어쩔 수 없는 현실로서 '혼합적이고' 균형 잡힌 군주정을 받아들이는 것에 관해 모순적인 것은 전혀 없었다. 이 군주정에서 정부의 어떤 일들은 전적으로 국왕의 특권이었고 그 밖의 많은 것들은 그렇지 못했다. 왕국의 '근본적인 법들'을 무시하는 것은 엄밀하게 합법적인 왕권과 폭정 사이의 선을 넘는 것이고 하나님과 맺은 언약을 존중하는 것이라기보다는 위반하는 것이었다. 책임 있는 왕의 정부가 독단적인 의지로 폭정으로 타락하게 될 때, 왕은 신에 대한 의무뿐 아니라 신민에 대한 언약을 위반하는 것으로 보일 수 있다. 비록 '그 어떤 지위와 정도를 지닌 사람보다도 신께서 왕을 선호한다 해도 … 그의 보좌보다 더 높은 것은 그들의 것 위에 있고, 더 위대한 것은 그를 만드신 분에 대한 그의 책임이며 … 그리고 가장 높은 벤치는 앉아 있기에 가장 미끄러운 법이다'.

제임스가 잉글랜드에 도착했을 때, 그가 잉글랜드 정치체제의 독특한 특질로 끊임없이 내세워졌던 왕, 귀족, 고위 성직자 그리고 평민 계급 사이의 균형이라는 상황에 아무런 영향을 받지 않았다고 생각하는 것은 오해의 소지가 있을 수 있다. 그러나 마찬가지로, 실제이건 상상된 것이건, 의회의 하원이 행한 어떤 종류의 무례함에 대항해 '왕권과 최고의 특권'을 유지하려는 그의 결심은 매우 확실한 것임에 틀림없었다. 그래도 잠시 동안 (기회가 주어진다면 고위직 임명을 아주 기꺼이 받아들일 의사가 있었던) 코크와 같은 자칭 호민관들은 차치하고라도, 보통 사람들은 물론이고, 대부분의 통치 계급 인물들마저 외국에서 들어온 전제정이 잉글랜드의 자유를 이제 막 발로 짓밟으려 한다는 것을 이해하지 못했다. 그들은 정치적·사회적 질서 모두 이 왕국의 평화를 위한 불가분의 조건이고 그것을 제공하는 곳이 국왕과 자문관들의 직무라는 것을 기본적 진리로 받아들였다. 그들은 칼레도니아Caledonia(스코틀랜드)에서 온 약탈자들에게 잉글랜드의 부와 관직들을 금 접시에 담아 넘겨주는 것에 관해 훨씬 더 속상해했다. 그런데 제임스는 사실 추밀원에 있는 탁월한 엘리자베스 1세 시대의 사람들을 유임시키기 위해 각고의 노력을 했다. 예컨대 그들은 아르마다Armada 해전의 영웅인 해군 사령장관 에핑엄의 하워드Howard of Effingham와 각별히 없어서는 안 될 자그마한 곱사등이 국무장관 로버트 세실Robert Cecil이었는데 세실은 제임스로부터 솔즈베리Salisbury 백작의 작위를 받았다. 여섯 명의 스코틀랜드인이 추밀원에 임명되었지만, 그들 중 단 두 명, (얼마 안 되어 던바Dunbar 백작이 되는) 조지 홈 경Sir George Home과 로드 킨로스Lord Kinloss만이 고위 관직에 올랐다. 그러나 제임스가 레녹스 공Duke of Lennox과 (그가 또한 아주 후한 선물과 돈을 뿌렸던) 마르Mar 백작과 같은 스코틀랜드인 친구들과 소년 시절 동무들을 비롯하여, 추밀원을 좀 더 개인적 가족에 가까운 참모진으로 채워 넣었기 때문에, 왕에 대한 접근은 확실히 이들 스코틀랜드인 조신들, 특히 궁전 경호 대장인 토머스 어스킨 경Sir Thomas Erskine을 통해서만 가능하다는 인상을 풍겼다. 국왕의 알현을 기다리며 화가 난 한 명 이상의 잉글랜드인 청원인들이 어스킨스가 감시하는 가운데 그렇게 오래 앉아서 '형편없이' 대우 받은 일에 대해 불평했다. 베네치아에서 파견된 대사는 1603년 5월에 '스코틀랜드 귀족들은 추밀원에 자유로이 출입하는 반면, 잉글랜드인은 지위가 무엇이든 간에 왕에게 불려가지 않는 한 알현실에 들어갈 수 없다'라고 보고했다. 그것은 과장이었지만 확실히 널리 공유된 인상이기도 했다.

스코틀랜드인을 향한 증오심이 일어나는 것은 불가피했다. 『맥베스*Macbeth*』(c. 1605~1606)의 마지막 부분은 맬컴 캔모어Malcolm Canmore가 오로지 잉글랜드인의 도움으로 왕위를 차지했다고 암시함으로써 스코틀랜드 역사를 더욱더 왜곡했다. 존슨의 『동방으로*Eastward hoe*』(1605)와 같은 희극은 (왜냐하면 그는 공저자들인 조지 채프먼George Chapman, 존 마스턴John Marston과 런던탑에서 적은 시간을 보냈기 때문에) 잉글랜드인의 비용으로 공짜로 얻어먹는 무일푼의 스코틀랜드 귀족을 주인공으로 내세웠다. 1612년 몇 년 전 뜻하지 않게 자신의 눈 하나를 뽑아버린 잉글랜드인 펜싱 명수를 죽이기 위해 암살자 두 명을 고용한 스코틀랜드 귀족 샌쿠하르 경Lord Sanquhar에 대한 세상을 떠들썩하게 만든 재판은 스코틀랜드인을 증오하는 독설에 찬 엉터리 시가 쏟아져 나오게 만들었고, 그에게 유죄를 선고하고 그를 마치 평민 중죄인처럼 취급하여 교수형에 처했음에도 전혀 진정되지 않았다.

저들은 우리의 땅과 우리의 상품과 우리의 삶을 구걸한다네

저들은 우리의 귀족들과 잿물을 저들의 부인들과 바꾼다네

저들은 우리의 젠트리(향사)를 착취하고 우리 법학원의 평의원들을 불러낸다네

저들은 우리의 궁정 경호원들을 찌르고 우리의 검사劍士들에게 피스톨을 쏘나니

이에 우리를 원상태로 돌리기 위해 오만한 스코틀랜드인들을 멈추게 하라

그렇지 않으면 저들이 우리에게 왔을 때만큼이나 우리가 저들을 불쌍하게 만들지니

크로이던Croydon 경마장과 런던의 법학원Inns of Court 네 곳에서는 스코틀랜드인과 잉글랜드인 사이의 싸움이 정기적으로 벌어졌다. 법학원에서는 맥스웰Maxwell이라고 부르는 스코틀랜드인이 잉글랜드인의 귀걸이를 귀 대부분이 찢겨 나갈 정도로 거칠게 떼어내면서 거의 폭동이라 할 만한 일이 시작되었다. 런던의 스코틀랜드인들은 얼마 동안 홀본Holborn과 채링 크로스Charing Cross에 있는 작은 집단 거주지 가까운 곳에 머물렀다. 그들은 특히 스코틀랜드인에게 폭력을 휘두르는 것을 전문으로 삼는 '껄떡쇠들swaggerers'이 덤벼들지도 모를 극장 근처의 뒷골목을 피해 다녔다. 좀 더 점잖다고 할 여론의 무대에서도 적대감은 격렬했다. 프랜시스 베이컨이 행한 최고의 선전에도 불구하고, 공식적인 통일 조약을 맺기 위한 제임스의 계획은 의회의 저항이라는 폭풍을 만났다. 그들의 저항은 잉글랜드인의 국적을 '브리튼'으로 바꾸는 것은 잉글랜드법과 고대 헌법의 종말이 되리라는 것이었고, 또한 잉글랜드인이 해외에 있을 때 외국인들에게 혼동을 줄 것이라는 것, 그리고 굶주리고 더러운 탐욕스러운 이민자 무리에게('역겨운stinking'과 '형편없는lousy'이 보통 선택되는 모욕이었다) 잉글랜드

의 문을 열어줄 것이라는 주장에서 비롯되고 있었다. 1607년 경 통일 조약은 비록 퇴짜 맞은 것에 어리둥절하고 화가 난 제임스가 계속해서 스스로를 '그레이트브리튼, 프랑스, 아일랜드의 왕'이라고 칭하고 (공공 비용으로) 사파이어, 다이아몬드, 루비로 장식된 새로운 '제국의 왕관'을 주문했을지라도 완전히 실패했다.

무산된 통일은 다른 방향에서 보면 어땠을까? 제임스가 반反잉글랜드적anti-English 발라드, 시, 팸플릿 등을 금지한 것은 (놀랍지도 않게) 모욕을 당해왔던 스코틀랜드인들이 상호 비방전에서 자신들이 당한 만큼 되돌려주고 있었다는 것을 말해주는 것이다. 그러나 상처받은 느낌은 차치하고라도 스코틀랜드, 특히 저지대 프로테스탄트 스코틀랜드는 종교적 독립성이 위협당하지 않는 한, 제임스가 세운 '이원 정부dual government'로 인해 불이익을 받는다고 생각할 이유가 거의 없었다. 이 최후의 결정적인 영역에서 제임스는 자신의 습관대로 대리통치자들(던바 백작과 던펌린Dunfermline 백작)이 많은 집단의 스코틀랜드 귀족층에게 협조에 따른 이득을 충분할 정도로 철저하게 보여줄 때까지 기다리면서 천천히 그리고 약삭빠르게 움직였다. 그는 자신의 지지 기반이 어느 정도 안전해지자 가장 비타협적인 장로교도들과 직접 대적하더라도 충분한 힘을 가졌다고 생각했다. 주교들은 1610년에 원위치로 복귀되었고 1607년 이래로 런던탑에 감금되어 있던 비판적인 앤드루 멜빌Andrew Melville은 1611년 마침내 유배되었다. 1618년 퍼스Perth에서 열린 총회는 (약간의 심각한 논쟁과 더불어) 머지않아 가톨릭의 우상숭배라고 비난받게 될 성찬식에서의 무릎 꿇기, 다섯 개의 축일 기리기, 성례의 관리 같은 관례에 동의했다.

제임스가 '퍼스의 5조항Five Articles of Perth'과 관련하여 그 자신 특유의 열정으로 밀어붙이지 않았음에도 불구하고 잘해낼 수 있었던 건, 에든버러나 퍼스 또는 스털링Stirling의 입장에서 볼 때 두 나라 왕관들의 결합이 스코틀랜드에 가져다 줄 비용과 이익의 대차대조표가 상당히 긍정적이었기 때문이었다. 일단 (스코틀랜드인과 잉글랜드인 양측이 관리하는) 흉포한 국경 감시활동 위원회가 배치되고, 국경 지대를 자신들의 수지맞는 영토로 만들어 암약하던 가축 도둑과 산적 패거리를 붙잡아 유죄 선고를 하고 목을 매달기 시작하자, 국경무역이 빠르게 살아났다. 어부, 가축 몰이꾼, 아마 섬유 제조업자 등은 모두 다 성공했다. 잉글랜드에서 생산된 면세 맥주는 스코틀랜드에서 너무도 인기가 좋아서 에든버러 시의회는 그 맥주와 경쟁하기 위해 자체 생산한 맥주의 가격을 낮추어야 했다. 소지주, 타운 시민, 법률가 등과 같은 서로 반목하는 귀족들의 차고 넘치는 난동이 있었던 스코틀랜드 사회의 지역들, 특히 미들로디언Midlothian과 파이프Fife의 좀 더 조밀하게 정착된 지역들은 모두 멀리서 배려하려고 애쓰는 정부에 대해 불만을 표시할 이유가 거의 없었다. 대귀족들에 관해 말하자면, 제임스가 자신이 할 수 있는 한 빠르게 잉글랜드, 아일랜드, 스코틀랜드의 토지와 관직들을 넘겨주었으므로 그들에겐 공짜 물건을 거절할 이유가 없었다.

그러나 그들이 스코틀랜드의 전부는 아니었다. 왜냐하면 (타키투스Tacitus와 더불어 시작된) 스코틀랜드의 역사가 집필되는 한, 포스Forth강과 타이Tay강의 남부와 북부 사이의 땅들, 즉 저지대Lowland와 하일랜드Highland 사이의 중대한 구분은 기지의 사실로 알려져 왔기 때문이었다. 관습, 언어, 신앙과 농업 등, 문제가 되는 모든 것에서 이 두 지역의 사람들은 서로 떨어진 세계에 살았다. 제임스 자신도 '대부분 야만적이기는 하나 그럼에도 약간의 정중함이 혼합된' 본토 하일랜드 사람들과 '어떤 종류의 정중함도 보여주지 않는 몹시 야만적인' 헤브리디스 제도 사람들 사이에 또 다른 차별을 두었다. 이 야만인들이 경건한 문명의 축복을 받지 못했더라면 그들은 뿌리 뽑힌 채 쫓겨났을 것이며, 만약 필요하다면, 모두 죽음을 당하고 말았을 것이 틀림없었다. 제임스와 관리들이 생각하기에 모든 것 중 최악의 것은 자신들의 추종자들을 불법과 약탈로 계속해서 잘못 이끌었던 서부의 맥그리거 씨족MacGregors 또는 아일랜드계의 게일Gaelic족 족장 콘 오닐Con O'Neill이었다. 그들은 가축 도둑이나 산적들보다도 나은 것이 거의 별로 없는 원시적인 스코틀랜드의 씨족 지도자들이었다. 제임스가 잉글랜드로 오기 전에 시작된 웨스턴 아일스Western Isles의 식민화에 대한 제임스의 계획은 만약 필요하다면 그 지역 사람들을 추방하고 그들을 좀 더 고분고분한 이민자로 대체하면서 평화 회복과 이윤을 위해 그 지역을 '개발'하기를 기대했던 저지대의 귀족들에게 토지를 빌려주는 것을 포함했다. 그러한 계획이 지방의 저항을 극복하는 데 실패했을 때, 제임스는 몽둥이를 들기로 결심하고 1608년에 아일랜드에 있던 잉글랜드 병력을 거병시켜 범汎브리튼 무적함대를 동원시켰으며, 루이스Lewis와 킨타이어Kintyre에서 정신없이 날뛰는 토착민들에게 그들이 결코 잊지 못할 교훈을 주기 위해 필요한 모든 것을 하라고 명령했다. 후일 스코틀랜드의 격자무늬 천과 게일어를 금지하는 것을 포함한 윌리엄 3세와 하노버Hanover 왕가가 하일랜드 사람들과 섬사람들에게 가한 가혹한 잔학 행위 대부분은 최소한 이론적으로는 모두 스코틀랜드의 제임스 6세의 선례를 따른 것이었다.

정작 제임스의 스코틀랜드인 자문관들은 칭찬할 만하게도 그 섬들에 대한 징벌적인 맹습을 망설였다. 왜냐하면 그들은 그 공격이 파멸적으로 비용이 많이 들고 비효율적이라는 것을 알았고, 스페인이나 프랑스가 이용하기 좋게 영구적으로 불만을 품은 사람들을 만들어내리라는 것을 알았기 때문이었다. 그와 동시에 그들은 고지대 씨족 지도자들을 선상船上 모임에 초대해 표면상 설교를 듣도록 설득한 다음에, 그들이 사리를 분별할 때까지 그들을 멀Mull섬에 인질로 잡아두었다. 이 과정에서 '간접적인 제국'이라는 해결책이 결과로서 창안되었는데, 이것이 바로 후일 (인도 남부에서 나이지리아 북부에 이르는) 브리튼 제국에서도 계속해서 적용되게 될 이컴킬Icolmkill 법령들의 첫 모습이었다. 로마가 정복했을 때와 같은 방식의 직접적인 총독의 통치 대신에 지방의 족장과 거물들을 분권화된 정부 체제 안으로 끌어들여 휘하 씨족 구성원들의 행실과 과세에 대한 책임을 맡게 하고, 그 대가로 지위와 토지를 수여했다. 캠벨 씨족, 매켄지 씨족MacKenzies, 고든 씨족Gordons을 비롯한 씨족들은 협력적으로 바뀌었고, 그들은 각기 방대한 영토를 안정적으로 이끌었던 씨족 지도자들에 대한 충성을 기반으로 조직화되었다. 꼭 열대 제국에서 사용될 사례처럼 거래는 표면적으로는 온갖 종류의 도덕 개혁에 대한 헌신과 함께 이루어졌다. 예를 들면 그러한 개혁은 알코올의 규제, 불화의 억제, 토착민 아동들을 본토의 대도시로 이주시키는 것 등이었다. 이주한 토착민 아동들은 그곳에서 자신의 이익과 모국의 이익을 위해 집중적으로 재교육을 받게 될 것이었다. 헤브리디스 제도는 대영제국을 위한 실험실로 판명되었고 그것은 (장차 너무도 자주 그렇게 될 것처럼) 전적으로 스코틀랜드인의 모험성 사업이었다.

이제 하일랜드와 섬들은 잠시 동안 자치를 행하게 되었고, 빈곤하지만 강인한 프로테스탄트 농부들을 인구 과밀의 스코틀랜드 저지대로부터 빼내서 산악 지대의 '이교도' 가톨릭교도들 사이에 이주시키려는 제임스의 원대한 계획은 재고再考되어야 했다. 그리고 그 해결책은 아일랜드에 있는 노스 해협North Channel 바로 건너에 있는 모든 사람을 응시하는 것이었다. 아일랜드 북부와 동부에는 이미 일부 스코틀랜드인이 있었지만 1607년에 그곳 귀족들인 티론Tyrone 백작 휴 오닐Hugh O'Neil과 티르콘넬Tyrconnel 백작 로리 오도넬Rory O'Donnell 이 반란을 일으켰다가 로마로 달아난 이후, 그들의 방대한 영지는 국왕에게 몰수되었다. 이들 재산은 제임스와 정부가 졸지에 브리튼에서 황제 노릇을 할 수 있게 해주었다.

그리고 제임스가 행한 그 역할은 엄청난 규모로 확대될 예정이었다. 1641년에 이르기까지 10만 명에 가까운 스코틀랜드인, 웨일스인, 잉글랜드인들이 아일랜드에 '식민' 되었는데, 그중 대다수는 (오늘날 북아일랜드의 6개 군을 형성하는) 얼스터Ulster의 아홉 개 카운티에 식민 되었지만 상당수의 사람들 역시 (본래 1580년대에 '식민' 되었던) 먼스터Munster에도 식민 되었다. 17세기 아일랜드에 대한 식민화는 스페인령 멕시코를 제외하면 그때까지 유럽의 그 어떤 단일 강대국이 행한 가장 큰 제국적인 정착이었고 그것은 북아메리카의 대서양 연안에서의 관련된 '식민'을 완전히 왜소해 보이게 만들었다. 물론 캠든과 같은 사람에게 하이버니아Hibernia(아일랜드)는 '브리튼의 서쪽 울타리'에 지나지 않았다. 1541년에 법이 제정된 이래로 아일랜드의 지위는 영주의 영지에서 왕국

으로 변했고, 이는 그곳의 통치자가 국왕의 '명칭, 스타일, 명예'와 '제국의 국
왕'이 갖는 모든 특권을 지닌다는 것을 의미했다. 실제로 아일랜드의 왕위는
'잉글랜드 제국의 국왕에게 연합되었고 밀접하게 결합'되었다. 엘리자베스 통
치기에 대사이자 추밀원 의원이었던 토머스 스미스 경Sir Thomas Smith과 같은
사람들이 주도했던 바와 같이 대량 이민과 정착으로 아일랜드를 프로테스탄트
로 개종시키고 문명화하고자 하는 무모한 계획들이 있기도 했다. 그리고 그러
한 사람들은 제국의 몽상가들이 일반적으로 그러했듯이 그 땅을 안성맞춤으로
비어 있거나 아니면 그토록 많은 꿀꿀거리는 캘리밴Caliban[5]들이 살고 있는 것
으로 상상했다. 그리고 그 캘리밴들이 일단 나태, 미신, 범죄 등으로부터 계몽
되고 나면 그때에는 대도시 문화의 축복을 (시작할 때는 약간 필수적으로 천한 방
식으로) 획득하기를 열망하게 될 것이었다. 그러나 아일랜드는 물론 비어 있
지도 않았고, 순전히 게일어를 말하는 농민층과 소 도둑질을 하는 영주들만
거주하는 것도 아니었다. 렌스터Leinster에는 앙주 왕조Angevins 시절에 리처드
드 클레어Richard de Clare(스트롱보Strongbow)와 함께 들어와 대부분 가톨릭교회에
충실하게 남아 있던 본래의 앵글로-노르만 정착민들, 다시 말하면, '구舊 잉글
랜드인Old English'의 후손들이 있었다. 그리고 수 세기에 걸쳐 토착 게일 사람들
과 잉글랜드의 침입자들 사이에 한때 그토록 뚜렷했던 경계들은 특히 남동부
지역에서 수많은 통혼通婚과 영지의 공유가 이루어질 정도로 완화되었다. 비록
많은 구 잉글랜드인이 국왕에 대한 충성을 통해 스스로를 규정했지만, 그들은
토착 게일인들과 일부 기본적인 공통의 대의들, 즉 공통의 종교와 잉글랜드로
부터의 대량 이민의 위협에 대한 반감을 공유하고 있었다.
 양쪽의 공동체들은 패배로 인해 무시당했고, 게일 사람들은 물론 구 잉글랜
드인보다도 더 모욕적인 잔혹 행위를 겪었다. 아일랜드에 있는 제임스의 법무

---

5   셰익스피어의 『템페스트(The Tempest)』에서 프로스페로(Prospero)를 섬기는 반인반수의 노
     예, 또는 추악하고 무도한 남자 — 옮긴이.

장관이자 시인이었던 존 데이비스 경Sir John Davies은 토착민들의 살해라는 주제에 관해 '식인食人보다 별로 나을 게 없다'라는 말로 속내를 그대로 드러냈다. 먼스터에 있는 데즈먼드Desmond 백작의 몰수된 영지는 16제곱킬로미터에서 49제곱킬로미터 사이의 방대한 구역으로 나뉘어 잉글랜드 영주 35명에게 넘겨졌다. 얼스터는 4제곱킬로미터에서 8제곱킬로미터 사이의 좀 더 작은 구획으로 세분되어 '청부인'과 군에서 제대한 '종자從者'에게 분배되었다. 이들은 토지라는 행운의 포상에 대한 대가로 아일랜드의 프로테스탄트 교회와 학교 및 칼리지에 대한 별도의 기부금을 약정했다. 이들은 이렇게 하여 아일랜드에 개혁 신앙을 굳건히 뿌리내림으로써 그 어떤 교황주의자라 하더라도 그것을 뜯어내지 못하도록 할 생각이었다. 또 다른 독특한 토지 이전의 예로는 데리Derry가 런던시의 한 신디케이트syndicate에게 넘겨진 것이었는데, 그들은 이 고대 도시의 이름 앞에 자신들의 지명인 런던을 덧붙였다. 제임스가 몰수하고 징발한 토지들을 다 써버렸을 때, 그는 모든 아일랜드인 지주에게 엄격한 잉글랜드법의 표준에 따라 부동산 소유권을 입증할 것을 요구함으로써 토지 추출 과정을 계속했다. 그것은 체계적인 기록이 만들어지고 보존되기 전에 헤아릴 수 없는 세대에 걸쳐 수여되어 온 토지로서는 불가능한 것이 아니라면 악명 높게 어려운 작업이었다. 그러나 물론 바로 그것이 노림수였다. 웩스퍼드Wexford, 롱퍼드Longford, 워터퍼드Waterford, 칼로Carlow에 있는 방대한 지역은 이런 방식으로 아일랜드인에게서 대농장주 소유로 넘어갔다.

그 사업은 뿌리내리는 일이 유감스럽게도 더디긴 했지만, 국왕의 입장에서 볼 때 전체 프로젝트는 결과적으로 엄청난 성공이었다. 아일랜드에 있는 제임스의 '청부인들'이 아일랜드인의 토지를 빼앗는 일에 지나치게 소심해 보였을 때, 제임스는 만약 한층 더 신속하고 부지런하게 퇴거를 시행하지 않는다면 그들의 토지를 도로 몰수하겠다고 위협했다. 1620년경 인구가 과밀하고 지나치게 열성적인 칼뱅주의자들이 있는 스코틀랜드 남서부 지역의 수많은 가난한 농부들이 진정으로 도전에 몰두할 수 있는 장소로 이주했고, 제임스는 이제 아일랜드에서 자신이 믿음직하게 여길 수 있는 애버컨Abercorn 백작 제임스 해밀턴James Hamilton과 같은 스코틀랜드 영주들을 위한 공간과 재산을 발견했다. 많은 대농장주와 더불어 제임스는 의심의 여지 없이 대농장이 가진 사회적으로 그리고 도덕적으로 구원적인 본성을 믿었다. 자유로이 돌아다니는 아일랜드의 양 떼와 소 떼는 겨울 축사로 몰려들게 되고 이들은 질소 성분이 부족한 아일랜드 목초지에 다량의 거름을 제공하게 될 것이었다. 또한 우유 산출량은 배가될 것이며 밀도 생산될 것이고 시장도 유혹의 손짓을 할 것이며, 이에 부응하는 농부들에게는 석조 주택, 유리 창문, 마루 등을 제공하게 될 것이었다. 윌드Weald와 월즈Wolds의 흠잡을 데 없이 완벽한 풍경은 불가사의하게 티론Tyrone과 퍼매나Fermanagh에서 재연될 것이었다. 문명의 온상인 타운들은 성장하고 번성할 것이다. 정식으로 인정되는 유일한 언어, 즉 영어를 읽고 쓸 줄 아는 능력은 들불처럼 퍼져나가고 이해할 수 없는 원주민의 뜻 모를 언어는 늪지대로 물러나게 될 것이다. 그러한 것이 새로운 아일랜드에 대한 전망이었다.

공평하게 말하면 모든 구 잉글랜드인이나 심지어 게일어를 사용하는 아일랜드인들이 민족주의 역사가 믿고자 하는 것처럼 새로운 이주민들과 그들의 혁신에 한결같이 적대적이었던 것은 아니라는 점을 언급해야만 한다. 구 잉글랜드와 게일적인 문화가 수 세기에 걸쳐 섞여왔던 것처럼 더블린Dublin과 데리와 같은 도시들 역시 새로운 이주민과 원주민들이 모든 종류의 상업적·법적·사회적 이해관계 등을 공유한 장소였다. 더블린에 있는 트리니티 칼리지Trinity College 같은 기관은 놀라울 정도로 번성하는 학문의 중심지로 변모했다. 그럼에도 불구하고 특히 얼스터에 있는 대농장은 처음부터 신경과민이라 할 정도의 방어적인 성격, 즉 로마 교황청과 마드리드에 대항한 브리튼의 변경이라는 점으로 인해 기형적으로 변질되었다. 그리고 원주민들도 계속해서 불안해졌다. 석조 주택은 대농장주와 함께 들어서겠지만 그 주택들의 담과 울타리 너머에서 아일랜드는 프로테스탄트교 신앙에 대해 막무가내로 환영하지 않는 것으로 판명되었고, 따라서 대농장주들은 가톨릭계 주민들이 스페인 세력을 불러들이지 못하도록, 그리고 아일랜드를 지속적인 브리튼 종교전쟁의 다음번 주요 전쟁터로 만들지 않기 위해서, 끊임없는 불안감 속에서 그들을 지켜보아야 했다. 제임스 1세 시대Jacobean의 아일랜드에 씨앗들은 잘 뿌려졌지만, 제임스 1세 시대의 브리튼을 창안한 사람들이 상상했던 종류의 수확물은 생산하지 못하게 될 것이었다.

만약 브리튼식 조화라는 음악 속에 강력한 불화를 표상하는 음표가 들어 있었다 하더라도, 화이트홀Whitehall에서는 아무도 그것을 깨닫지 못했을 것이다. 브리튼의 솔로몬으로서 제임스의 미덕을 기리는 이니고 존스Inigo Jones의 영광스러운 새 팔라디오풍의 방케팅 하우스Palladian Banqueting House의 천장을 장식하고 있는 루벤스Rubens의 회화들은 비록 제임스의 아들인 찰스가 1630년에 의뢰했고 제임스가 죽은 지 9년 뒤인 1634년에 완성되었지만, 그럼에도 제임스 1세 시대의 희망적인 생각을 구현한 완벽한 그림이었다. 즉, 그것은 새로운 아우구스투스Augustus가 전쟁을 신속히 해치우면서 지혜를 주재하는 동안 견고하게 성사되어 포착된 평화와 풍요와 더불어 국왕의 선한 의도들을 질탕하게 열거한 것과 다름없었다. 실제로 무슨 일이 일어났던가의 관점에서, (그리고 찰스 1세의 통치를 파멸시키기 위해 무슨 일이 일어났던 가의 관점에서) 입구에 가장 가까운 곳에 있는 그림이 가장 낙관적이었다. 그것은 새로운 브리튼의 탄생에 관한 우화로 재활용되는 온갖 것 중에서도 가장 유명한 솔로몬적 이야기였다. 아주 현명한 군주는 한 아기를 안고 있는 두 명의 어머니에게 판결을 내리기 위해 앞으로 몸을 숙인다. 그러나 그 아기를 둘로 베라는 제안은 그 분위기나 메시지에 거의 어울리지 않을 것이었다. 그 대신에 제임스는 자애로움 그 자체이고 여성들은 물론 두 개의 왕국이고 루벤스가 묘사한 통통한 아기는 다름 아닌 바로 브리튼 자체였다.

이 새로운 통치가 수여한 매우 과장된 축복에 대한 기대는 스튜어트 궁정만의 환상이 아니었다. 제임스 1세의 『군주의 선물』을 읽은 수천의 독자 중 한 명인 존 뉴디게이트John Newdigate는 워릭셔에 있는 자신의 아베리Arbury 장원에서 제임스에게 기쁨을 표현하기 위해 개인적으로 '친애하는 국왕께' 편지를 쓰기로 결정했다. 그 기쁨은 이 나라를 이제 솔로몬이 통치하게 되었고 백성들은 시바Sheba의 여왕처럼 스스로 완전한 국왕의 지혜와 위대함을 증언하기 위해 몰려들고 있다는 것이었다. 그러나 뉴디게이트는 국왕은 백성들을 따뜻하게 하면서 개혁해야 할 절박한 문제들을 갖고 있다고 말했다. 그 문제들이란 예를 들면 남자들이 여성의 옷을 입는 혐오스러운 습관, 자신들의 영지와 소작인들이 시골의 쇠퇴 속에 약화되어 가는 동안에 값비싼 소송들로 돈을 왕창 다 써버리면서 모든 시간을 런던에서 보내는 젠틀맨들, 국왕으로부터 독점권을 사들여 그것을 무방비 상태에 있는 사람들에게 바가지를 씌우기 위해 사용한 혐오스러운 기생충 같은 무리들, 외국과의 전쟁을 위해 나라에서 인상한 무거운 세금과 추가 부담금 등이었다. 뉴디게이트가 국왕에게 바란 것은 포고령과 입법이 아니라 개혁이었다. 그가 바란 것은 이 나라의 불순물, 특히 궁정 자체의 불순물에 대한 대청소였다. '저는 폐하께서 … 많은 개혁이 이루어지도록 돕기를 희망합니다'라고 낙관적인 뉴디게이트는 썼고, 제임스가 게으름을 부리는 유혹에 빠지지 않도록 경계하기 위해 '솔로몬의 온갖 지혜와 훌륭한 시작에도 불구하고 인내심은 때때로 부재했고 평화의 축복은 그를 죄짓게 만들었나이다'라고 덧붙였다.

비록 그들이 지독하게 실망하게 되겠지만, 새로운 치세에 대해 최고의 희망을 품었던 뉴디게이트 같은 사람들은 많았다. 의회파의 투사가 되고 공화정 기간까지 생존하게 될 또 다른 경건한 젠틀맨인 헤리퍼드셔Herefordshire에 있는 브램프턴 브라이언Brampton Bryan의 로버트 할리Robert Harley는 즉위식에서 (역시 바스Bath의 기사로서) 국왕으로부터 기사 작위를 받았던 젠틀맨 62명에 포함된 것에 대해 충분히 행복해했다. 물론 할리와 뉴디게이트 같은 사람들은 제임스가 청교도들을 얼마나 많이 경멸했는지에 대해서는 전혀 몰랐으며, 그것은 그가 그들을 소수로 간주할 때조차도 마찬가지였다. 그와 대조적으로 복음주의자들이 '주님의 테이블에 그리스도와 친구처럼 잭Jack'을 앉혀놓았을지라도 제임스는 그들에게 더 공감하는 편이었다. 할리와 뉴디게이트 같은 사람들은 스코틀랜드에서 경건한 스코틀랜드 교회를 보았고 제임스가 그 교회의 미덕을 잉글랜드로 가져올 것이라고 생각했다. 하지만 사실 국왕은 그 미덕을 가지고 올 생각이 없었다. '청교도'라는 말은 여전히 '보다 치열한hotter' 그리스도 교인에게 적용된 욕설적인 용어였다. 그러나 스튜어트 왕조를 몹시 괴롭힌 온갖 분열 중에서 가장 위험한 것은 국교회는 아직 완전히 개혁되지 않았고 에드워드 6세의 독실한 복음주의가 그의 누이(엘리자베스 1세)에 의해 반세기 동안 보류되어 왔다고 열정적으로 믿는 사람들과 국교회의 현상 유지에 만족하는 사람들 사이에 존재하는 분열이었다. 그 이유는 이들 두 집단이 국가의 책무에 관해 전혀 양립할 수 없는 기질과 사상을 상정하고 있었기 때문이었다. 열정적인 복음주의자들의 골칫거리들, 즉 세례식에서 십자성호, 혼배성사에서 반지의 사용, 사제가 중백의中白衣를 입는 것 등은 너무나 사소해 보일지도 몰랐지만, 그것들은 국왕의 판단에 따라 유지 또는 폐기를 결정할 수 있는 국왕의 권한 속에 놓여 있었던바, 제임스가 그들을 아디아포라adiaphora, 즉 해도 되고 안 해도 되는 일들 또는 '별것 아닌' 일들이라고 정의를 내림으로써 그들의 분노를 사기도 했는데 경건한 사람들에게 그것들은 가공할 만한 가톨릭 우상숭배의 유물이었다. 그들은 그것들이 제거되고 대신에 국왕이 경건한 설교와 가르침을 촉진해 주기를 원했다.

제임스와 불만족스러운 개혁가들 사이에 확대된 신학적 논쟁들 중에서 살아남은 유일한 지속적인 업적이 그의 이름을 딴 불후의 아름다움을 지닌 성경이었다는 것은 아이로니컬하다. 경건한 도덕성으로 자신의 가정을 완전히 밀폐시키고 그 안에서 강박적인 자기 심문이나 침묵을 강요하는 다양한 성경 해석자들로 분자화된 교회였기에, 제임스의 사고방식과 그가 특별히 좋아했던 조지 애봇George Abbot이나 랜슬럿 앤드루스Lancelot Andrews와 같은 성직자들의 사고방식은 교회와 국민의 통일과 관련하여 완전히 파괴적인 것이었다. 지금이나 이후로도 세계가 모두 검거나 흰 것, 즉 그리스도나 적그리스도 둘 중 하나인 칼뱅주의자들에게 '통일'을 호소하는 것은 기껏해야 헛된 망상이었고, 최악의 경우에 순결한 사람을 감언이설로 죄인과 더불어 난잡한 성찬식을 하도록 구슬리는 의도적인 올가미였다. 전능하신 하나님 스스로 '통일'이라는 주제에 아무런 관심이 없다는 것이 분명하지 않았던가? 칼뱅과 사도 바울 두 사람 다 잘 이해했듯이 하나님은 인류가 돌이킬 수 없이 저주받은 자와 구원받은 자로 나뉘었다고 명했으며, 도체스터Dorchester의 홀리 트리니티 교회Holy Trinity Church의 교구 목사로서 존 화이트John White는 자신의 교회 회중 중 깜짝 놀란 한 교인의 말에 따르면 다음과 같이 직설적으로 언급했다고 한다. '그리스도는 전 세계의 구세주가 아니라 자신이 선택한 사람들만의 구세주였다.' 그들은 제임스가 좀 더 '철저한' 개혁을 거부한 것은 도덕과 관계없는 줏대 없음이라고 추정했지만, 사실 그것은 깊은 생각을 거쳐 조심스럽게 마련된 신학이었다. 제임스는 그런 문제들을 논의하기 위해 1604년에 열린 햄프턴 코트Hampton Court 회의에서 진지한 숙고를 거듭했던 것이다. 의식, 성찬, 그리고 교회 '예절들decencies'에 관한 제임스의 선호는 꼭 어떤 중도中道라기보다는 가톨릭과 청교도주의 사이에서 그가 스스로 자연스럽게 도달한 위치였다. 그것은 빅텐트big tent 교회 내에 기독교인을 결합하기 위한 자신의 적극적인 바람을 구체화한 것이었다. 그것은 충성스러운 청교도와 충성스러운 가톨릭교인들 모두를 끌어들이고 좀 더 극단적인 요소들로부터 그들을 분리하고 죄스러운 인간이 아직도 선행과 종교의식을 통해 구원받을지도 모른다는 (확실성이 아닌) 가능성을 제공해 주는 것이었다. 그리고 지위와 질서의 문제가 있었는데, 그것은 제임스가 사실상 매우 진지하게 취했고 믿었던 것으로서 최상위에 세속적이고 영적인 군주인 자기 자신이 위치하고, 바로 그 아래에 대주교와 주교들이 있는 교회의 계서제로 완전히 구체화되었다. 스코틀랜드와 잉글랜드 양쪽의 전체 재위 기간을 통해 제임스는 국왕의 교회 수장권과 주교제의 결합이 로마교회에 저항하는 가장 강력한 방법이라는 (헨리 8세와 엘리자베스의 그것과 다르지 않은) 확신에서 결코 방향을 바꾸지 않았다. 그리고 그는 그 믿음을 자신의 아들에게 전달했으며, 이는 치명적인 결과를 초래하게 되었다.

그러나 복음주의자들에게 이 모든 것은 이해할 수 없는 일이었다. 왜냐하면 그들은 예정설에 관해 뭔가 토를 달거나, 선행이 구원의 가능성에 약간의 영향은 줄지도 모른다는 그 어떤 암시에 대해서도 다른 것은 볼 것 없이 로마가톨릭 그 자체라고 몰아붙이고 있었기 때문이었다. 사실 많은 가톨릭교도 역시 제임스의 그러한 관점들을 가톨릭으로 돌아가려는 은밀한 바람의 표현이라고 (행복하게) 오해했다. 제임스가 1604년 스페인과 평화를 맺었을 때, 국왕의 개종에 관한 소문과 함께, 그가 잉글랜드를 로마교회의 지배로 복귀시키고자 한다는 것은 기적처럼 임박한 일처럼 보였다. 덴마크의 앤 여왕이 이미 가톨릭교회로 개종했다는 사실도 이러한 기대를 부추겼다. 만약 제임스가 자신의 세례에 관해 행한 놀라운 설명을 그들이 읽었다면, 그의 개종 가능성에 관해 보다 나은 정보를 얻을 수 있었을 것이다. '내가 세례를 받을 때 나는 가톨릭 대주교로부터 세례를 받았는데 (어머니 메리 스튜어트는) 침을 뱉는 것을 참으라고 말했고 … 그 말은 실제로 남의 흉내를 내는 아주 더러운 속임수에 의해 지켜졌는데 … 그리고 그녀가 한 바로 그 말은 "그녀는 마맛자국이 있는 성직자가 자기 아이의 입에 침을 뱉지 않기를 바란다"는 것이었다.' 자신의 어머니처럼 (그러나 다른 고백적 입장에서) 제임스는 자신의 왕비가 왜 공식적인 국교회와는 다른 개인적인 종교를 실천하면 안 되는지 그 이유를 발견할 수 없었지만, 그는 분명한 프로테스탄트라는 것 이외에 그 어떤 것으로 자기 자신을 결코 생각해 본 적이 없었다. 그들은 비록 제임스의 진정한 입장을 잘 몰랐겠지만, 출옥한 이후 신앙을 상징화하기 위해 설계된 리브덴 뉴빌드Lyveden New Bield 소재 노스햄프턴셔Northamptonshire 저택에 다시 한번 관심을 기울일 정도를 여유를 되찾은 토머스 트레섬 경Sir Thomas Tresham 같은 충성스러운 가톨릭교도들이 이제 자신들이 박해받던 시절과 저항해 온 사람들의 곤경이 마침내 끝날 수 있을 것이라고 상상했던 것은 이해할 만하다.

그들은 곧바로 자신들이 얼마나 잘못 생각하고 있었는지를 깨달았다. 로버트 세실Robert Cecil과 리처드 뱅크로프트Richard Bancroft 대주교에 의해 열정적으로 추진된 제임스의 체제는 안도감을 주기는커녕, 저항하는 사람들과 숨어 있는 예수회원들에게 오히려 더욱 강한 철퇴를 가했다. 음모가 있으리라는 예측이 실현되어 갔다. 너무나 철저하게 기만당해 왔다는 비통함에서 국왕과 이단적인 성직자들을 제거하기 위한 음모들이 탄생했다. 신을 섬기지 않는 왕에 대한 저항은 합당한 것이라는 조지 뷰캐넌의 칼뱅주의적 가르침은 이단적인 군주의 폭정에 대항한 반란은 합법적이라는 예수회 성직자인 후안 데 마리아나 Juán de Mariana의 원칙을 제시한 가톨릭 측과 잘 어울렸다. 그러한 면죄 선언은 가톨릭 음모자들과 암살자들의 열정과 낙관주의를 키웠다. 심지어는 화약 음모 사건The Gunpowder Plot의 주동자들이 쿠데타를 모의하기도 전인 1604년에도 최소한 두 차례의 폭력적인 음모가 발각되었다. 그중 하나는 (이것은 진정한 천재의 일격이었는데) 국왕을 납치해 의회가 잉글랜드에 가톨릭 신앙을 용인하라는 요구들에 동의할 때까지 그를 인질로 잡아두자는 것이었다. 그러나 트레섬의 아들인 프랜시스Francis, 이브라드 디그비Everard Digby, 토머스 퍼시Thomas Percy, 토머스 윈터Thomas Winter, 네덜란드에서 스페인 군대에 복무했던 군인인 귀도 포크스Guido Fawkes, 예수회의 축복을 받은 토머스 가넷 신부Father Thomas Garnet 등과 함께 로버트 캐츠비Robert Catesby가 착수한 음모는 가장 극적이었다. 이른바 화약 음모 사건으로 알려지게 될 그 음모는 의회 개회에 맞추어 의회를 파괴할 뿐 아니라 국왕을 포함해 헨리 왕자 그리고 아마도 심지어 네 살밖에 안 된 찰스까지 죽인 뒤에 그들을 대신하여 그들의 누이인 엘리자베스 공주를 왕좌에 올리고자 하는 것이었다. 왜냐면 그들은 그녀가 어머니인 가톨릭교도 앤 왕비로부터 영향을 가장 많이 받았고 적어도 가톨릭에게 관용적일 것이라고 생각했기 때문이었다. 그 음모가 얼마나 성공에 근접했는지는 전적으로 또 다른 문제였다. 왜냐면 몬티글 경Lord Monteagle조차도 이전에 (아마도 레이디 몬티글Lady Monteagle의 남동생으로부터 온 것으로 보이는) 익명의 편지를 통해 1605년 11월 5일의 의회 개회식에 참석하지 말라는 조언을 받은 것처럼 보인다. 로버트 세실의 정보망이 그 음모를 간파했던 것이다. 그들은 음모자 중 한 사람인 토머스 퍼시가 임대했던 웨스트민스터 의사당 인근의 한 건물 지하 저장고를 수색했다. 그곳에서 그들은 지하 저장고 바로 위에 있는 상원 전체를 파괴하기에 충분한 약 5.7톤의 화약과 함께 포크스Fawkes를 발견했다.

공모자들에게는 섬뜩한 종말이 다가왔다. 캐츠비와 토머스 퍼시는 스태포드셔Staffordshire에 있는 그들의 안전 가옥에서 색출되어 폭행당해 살해되었는데 캐츠비는 죽어가면서 성모 마리아의 그림을 손에 쥐고 있었다. 그들의 시신은 무덤에서 다시 파내져 그들이 폭발시키려고 계획했던 의사당 건물의 구석에 제대로 전시하기 위해 머리만 제거되었다. 트레셤은 엄청난 자백을 한 이후에 일부 가공할 만한 요도 감염으로 인해 런던탑의 감옥에서 죽었다. 아마도 그의 이러한 몹시 고통스러운 상황은 그에게 가해진 관례적인 고문대를 쓸모없는 것으로 만들었을 것이다. 포크스와 나머지 가담자들은 매우 간단히 교수형을 당했고, 그런 다음에도 숨이 붙어 있는 사람들은 심장을 꺼내 이를 보고 즐기는 대중에게 전시되었다.

음모 자체보다도 더 중요한 것은 너무도 긍정적이었던 스튜어트 왕조의 장래에 끼친 영향이었다. 국왕은 비록 음모에 대한 공포심으로 인해 항상 고통을 겪었을지라도(그의 부친인 단리Darnley 역시 결국은 화약 폭발 음모의 희생자였다), 그는 반反가톨릭 광란에 휘말리지 않으려고 조심했다. 사실 그와 정부는 포크스와 같은 '광신자들'을 원로인 트레셤 같은 충성스러운 가톨릭교도와 분리시키기 위해 애를 썼고 그들이 두려운 나머지 개인적인 방식으로 자신들의 종교를 실천하는 방향으로 정착하기를 희망해 왔었다. 그러나 11월 5일은 국왕 자신뿐 아니라 잉글랜드 헌정 전체가 구조된 것을 기념하는 모닥불이 피어오르고 종소리가 울려 퍼지는 대표적인 프로테스탄트의 축일이자 새로운 국가의 '생일'이 되었다. 제임스가 상원 및 하원과 더불어 끔찍한 소각의 장면을 공유하게 되었을 때, 그는 그 어느 때보다도 잉글랜드적이고 의회주의자처럼 보였다. 캐츠비, 퍼시 그리고 가이 포크스Guy Fawkes 등이 제임스가 스스로 결코 할 수 없었던 그 무엇인가를 이룩했다. 즉, 그들은 제임스를 대중의 영웅으로 만들었던 것이다. 의회는 화약 폭발 역모Gunpowder Treason일을 공휴일로 선언하면서 제임스를 '우리의 가장 은혜로운 군주 … 역대 국왕 중에서 가장 학식이 많고 신실한 국왕'이라며 의외의 칭송을 날렸던 것이다.

물론 이것이 이후 20년이 장구한 밀월 기간이었다는 것을 의미하지는 않았다. 오히려 통치 기간이 오래 계속되면 될수록 제임스와 브리튼인 사이의 사랑은 서로 더욱더 멀어지게 되었다. 글로스터Gloucester의 주교인 고드프리 굿맨 Godfrey Goodman은 제임스 1세 시대 궁정의 윤기가 이상한 사치와 추문으로 먹칠을 하게 되자 엘리자베스를 향한 향수가 한층 더 장밋빛이 되었음을 의식한 수많은 동시대 사람 중 단지 한 사람일 뿐이었다. 그러나 명성이 흐려졌다고 해도 그것이 필연적으로 헌정적 위기의 서막으로 이어지지는 않았는데, 그 이유 중의 하나는 제임스 1세의 전체 재위 기간 22년 동안 의회가 단지 36개월 동안만 열렸기 때문이었다. 그런데 이 같은 간헐적인 의회 활동 기록은 엘리자베스 시대와 크게 다르지 않았기에 더 심각한 논쟁거리가 되는 것 같지도 않았다. 의회는 여전히 자체를 '반대파'라고 생각하지 않았고, 자신들이 정부 내의 제도적인 '파트너'라고도 생각하지 않았다. 상하 양원 의원의 대다수는 자신들의 존재가 국왕에게 국정을 행하는 데 필요한 자금을 마련해 주기 위해 주로 요구된다는 국왕의 관점을 받아들였다. 그러나 — 그리고 그것은 엄청난 권리이자 의무였다 — 그들은 자신들이 국왕에게 자문을 제공하고 세금이 신민의 '자유'나 안전을 해치는 방식으로는 걷히지 않도록 지켜볼 책무가 있다는 선대로부터 물려받은 자명한 이치를 공유했다. 이것은 국왕이 돈을 위해 자신들에게 다가왔을 때, 왕에게 불만의 목록을 제시해야 할 의무를 느꼈다는 것을 의미했다. 장황한 불평은 하나의 의식이 되었고 국왕은 자신의 특권이 침해당하는 것에 관해 트집을 잡은 이후에, 일부 덜 긴요한 공직자들에 대한 탄핵을 용인하고, 국민을 대변하는 훌륭한 의원들에 대한 약간의 일반화된 애정을 표현하는 등 양보의 제스처와 더불어 이에 부응하는 것이 기대되었다. 때때로 제임스는 그러한 제스처를 취하는 것에 의존할 수 있었지만 그는 대체로 쪼들려야만 했다. 그는 드물지 않게 집에 가서 부모님이 자신의 무책임한 못된 행동을 질책하는 동안 이를 악물고 눈을 치켜뜨면서 부모님에게 구제금융을 통해 채권자들의 손아귀에서 자신을 빼달라고 부탁하는 뚱한 청소년처럼 처신했다.

그러나 그때 제임스의 재정 문제는 자초한 것이었다. 인색하기로 유명한 엘리자베스와 비교하면 그의 낭비는 바닥이 없는 우물이었다. 재위하자마자 그는 스코틀랜드인 친구들과 조신朝臣들에게 돈을 마구 뿌렸다. 이러한 그의 처사는 한 의원으로 하여금 국왕의 금고를 가리켜 '스코틀랜드인들을 위한 폐하의 후한 행위로 인해 계속적이고 치유할 수 없는 누출을 야기하는 국왕의 물탱크'라고 특징짓도록 만들었다. 그러나 제임스는 자원이 한정된 (그럼에도 그가 부채를 쌓아가는 것을 막지 못했던) 상대적으로 가난한 나라 출신이었고, 그는 분명히 잉글랜드에서 지상 낙원에 있다고 느꼈다. 토지, 독점, 관직, 보석, 주택 등은 모두 제임스가 좋아하는 사람들에게 퍼부어졌다. 그들은 그때 국왕으로부터 자신들의 능력보다 많이, 흥청망청 써도 좋다는 신호를 받은 사람들처럼 행동했다. 전 궁정의 문화는 돈을 쓰는 데 취해 있었고 또 돈을 쓸 곳도 많았다. 예를 들면 벤 존슨과 이니고 존스가 고안한 정교한 (한 해에 평균 비용이 1400 파운드나 드는) 가면극에서는 사람들이 공중을 날아다니거나 바다에 빠지는 장면을 연출하기 위해 기묘한 기계장치가 고안되었다. 그 밖에 보통 둥글게 다듬은 석류석인 카벙클carbuncle로 외피를 덮은 환상적인 의상이 있었는가 하면, 허리 아래를 부풀어 오르게 하거나 가슴 위를 드러내는 페르시아 모조품의 멋진 여성용 드레스가 있었는데, 이들 드레스는 아주 얇고 투명하게 비치는 아마사 소재의 론lawn으로만 만들어졌다(경건한 성직자들을 경악하게 만들면서 이 패션은 궁정에서 아주 흔한 것이 되었다). 연회는 호화스러웠다. 국왕과 지방 젠트리gentry 계급 사이가 좋지 않았던 1621년에 열렸던 어느 연회는 3000파운드 이상의 비용이 들어갔는데, 꿩 240마리를 포함해 1600개 접시의 음식을 만들기 위해 8일 동안 요리사 100명을 필요로 했다. 비생산적 낭비에 대한 제임스 궁정의 집착은 나중에 칼라일Carlisle 백작이 되는 스코틀랜드의 영주 제임스 헤이 James Hay가 발명한 유별난 취향의 '저녁 식사 식전 메뉴ante-supper'에서 절정에 올랐다. 손님들은 훌륭하게 차려진 거대한 식탁을 곁눈질하면서 도착한다. 그러나 이 음식은 단지 참석자들의 침샘을 자극시키는 것으로 목적을 달성한 후 모두 버려지게 되고, 막 부엌에서 나온 동일한 음식으로 새롭게 대체되는 것이다.

과시적인 낭비의 광기는 전염되는 것이었다. (제임스가 최소한 32명의 백작, 19명의 자작 그리고 완전히 새로이 발명한 56명의 준남작을 창조해 냄으로써 상당히 규모가 더 커진) 제임스 궁정의 광범위한 서클 안에 있는 사람들 중에 그 누구라도 진정한 궁정의 일원으로 대우 받고 싶다면, 상류사회의 우아한 취향과 국왕이 요구하는 장려한 기반을 필요로 했다. 국왕은 끊임없이 사냥터 숙소들을 바꾸어 가며 급하게 오가고 있었고, 심지어 엘리자베스보다도 더 으리으리한 스타일로 접대받기를 기대했다. 제임스는 조신들 집에서 너무도 편안히 지냈지만 그 때문에 절망에 빠진 한 집주인은 국왕의 불독 같은 충견 조울러 씨Mr Jowler에게 편지를 썼다. 당신이 국왕의 총애를 받고 있으니, 혹시 왕에게 떠나기를 촉구해 줄 수는 없는지 하는 내용이었다. 아니나 다를까 엘리자베스 재위기 마지막 몇 십 년에 들어섰던 '지방 저택들prodigy houses'은 제임스의 시대에 한층 더 거대해졌다. 브리튼이 평화기에 접어들면서 귀족들은 유럽을 더욱 자유로이 그리고 광범위하게 여행했고, 건물의 전면이 돌로 덮이고 복잡하게 새겨진 실내 벽판으로 된 화려한 매너리즘풍의 설계도를 가지고 돌아왔다. 로버트 세실의 하트필드Hatfield 저택(세실의 호화로운 테오발드Theobalds와 교환하는 대신에 왕이 준 하트퍼트셔Hertfordshire 영지), 윌트셔에 있는 펨브로크Pembroke 백작의 윌턴Wilton 저택 또는 그 모든 것 중에서 가장 엄청난 괴물이라고 할 수 있는 에식스Essex에 있는 서퍽Suffolk 백작의 오들리 엔드Audley End(이에 대해 제임스는 국왕을 위해서는 너무도 크지만 재무장관을 위해서는 그런 대로 쓸 만할지도 모른다는 유명한 우회적 찬사를 던졌다) 같은 제임스 시대의 고급 귀족들의 명소는 축구장만 한 회랑들을 자랑했고, 그리고 이제 잉글랜드의 유리 산업이 완전히 확립되면서 커다란 창문들이 회랑들을 밝게 해주었다. 심지어 그 저택들의 가구, 즉 침대, 책상, 캐비닛 등은 큐피드와 같은 발가벗은 어린이상과 스핑크스, 오벨리스크 obelisk와 미니어처 사원들로 장식되었다. 휘장들은 아주 특별하게 아름답게 만들어야 했고, 자주 교체되었다. 솔즈베리 공작 부인의 (당연히 일시적인) 산후조리 방을 금으로 수를 놓고 진주로 장식한 흰색 비단으로 치장하기 위해서만 약 1만 4000파운드의 돈이 들어갔다. 모든 것이 너무 아름다워서 다른 곳으로 눈을 돌릴 수 없었는데, 특히 굉장히 아름다운 정원들은 조각상, 분수, 그리고 작은 동굴 등을 끼워 넣은 복잡한 수수께끼들과 고전에 대한 인유引喩들을 특색으로 삼게 되었기에 이제 그것들을 설계하고 유지하기 위해 드 카우스de Caus 형제와 같은 전문화된 수력학 기사들을 필요로 했다.

물론 이 모든 것은 파멸적으로 많은 비용이 들었고, 가장 야심 찬 시공자들 중 많은 사람은 예상대로 파산했다. 이 모든 사람 중 가장 낭비적이었던 인물은 (엘리자베스가 지출한 비용의 두 배 비율로 소비한) 국왕이었고, 그의 낭비를 지원할 방안을 모색하던 역대 회계 담당자들을 정신없게 만들었다. 거기에는 오래된 방법과 새로운 방법이 있었지만, 그것 중 그 어느 것도 충분한 돈을 변통해 주지 못했고 그 모든 것이 백성의 원망만 샀을 뿐이었다. 오래된 방법 중에는 표면적으로는 왕실을 위해 시장 가격 이하로 상품과 용역의 가격을 정하도록 국왕에게 부여된 권리인 '강제 매상권'과 같은 '국왕의 권리들'을 부당하게 활용하는 것이 주를 이루었다. 시간이 흐르면서 상품 그 자체보다는 강제 매상권 가격과 시장 가격 사이의 차이를 나타내는 돈의 액수로써 문제를 해결하는 것이, 특히 국왕 입장으로서는, 더 쉬운 일처럼 보였다. 국왕의 위엄에 필요한 무언가로 시작된 것이 야단법석으로 전락했다. 여전히 국왕의 권위를 나타내는 중요한 요소였던 국왕의 명예 분배권은 두당 30파운드에 새로운 기사 800명을 창조해 내는 제임스의 초라한 타협으로 인해 크게 훼손되었다. 그것은 안주인이 자기 남편의 기사 작위를 위해 필요한 돈을 마지못해 내놓았던 '파비안

스케어크로 경Sir Fabian Scarecrow'과 같은 인물들을 특별한 소재로 삼는 비방 전단과 발라드가 보여주는 모든 농담으로 볼 때 너무 빤한 것이었다.

이러한 방책 중 그 어느 것도 국왕을 신민들에게 사랑받게 하지는 못한 것같고, 그러한 경향은 기사 작위와 귀족적 계서제가 아직도 경건하게 받아들여지고 있는 잉글랜드 농촌 지역에서 특히 그러했다. 마찬가지로 정부가 '세금 징수권tax farms'(선불로 계산한 대가로 세금 징수나 세관 운영을 개인 비즈니스로 유지할 수 있는 권리)을 팔았을 때, 그것은 무력한 소비자들을 계속되는 저임금과 고물가 시대에 자신의 몫을 최대화하는 데에만 관심이 있던 사적인 개인들의 희생양으로 만드는 것처럼 보였다. 여러 면에서 그것은 엘리자베스 재위 기간 마지막 10년간에 경험했던 것보다는 나쁘지 않았다. 그러나 그때는, 지금은 사라져버렸지만, 제임스의 정부가 새로 들어섬에 따라 개선될 거라는 희망이 있었다. 1610년경에 국무장관이 되는 것에 추가해 이제는 생색이 안 나는 재무장관 자리가 주어진 로버트 세실에게는 국왕을 위해 좀 더 의존할 만한 수입의 원천을 찾기 위한 무언가를 해야 한다는 것이 분명해졌다. 그해 그는 연례 세입 20만 파운드를 보장한다는 대가로 국왕이 강제 매상권과 '후견권'(봉신封臣의 후계자가 성년이 되기까지 주군인 국왕이 그의 재산을 관리하는 권리)과 같은 봉건적인 부정한 돈벌이를 포기하겠다는 '위대한 언약Great Contract'을 의회에 갖다 바침으로써 그로서는 최선을 다했다. 제임스가 후견권 범주의 관직들을 폐지하는 것에 대한 보상을 요구하기로 결정했을 때, 때마침 의회가 그것이 과다하게 지불되었다고 결론지음에 따라, 이 거래는 완전히 실패로 돌아가게 되었다. 전반적으로 쓰라린 분위기 속에서 돈을 둘러싼 언쟁은 헌정적인 문제로 바뀌었다. 제임스는 비협조적인 의회를 해산하면서 '우리의 건강을 위험에 빠뜨리며 짜증나게 했고, 우리의 명예에 상처를 입혔으며, 심술궂은 사람들을 대담하게 만들었고, 그리고 우리의 많은 특권을 침해하고 우리의 지갑을 괴롭혀왔다'면서 하원을 비난했다. 엘스미어 경Lord Ellesmere은 '자유'에 대한 염려를 명분으로 내세우면서 국왕에게 적합한 재원을 제공하길 거부하는 하원의 주제넘는 행위는 국왕의 '지대한 특권regality supreme'을 침해하고 있는바, 이는 만약 강하게 그리고 신속하게 견제하지 않는다면 '민주주의로 내달을 때까지 멈추지 않을 것'이라고 믿었다.

1612년 위암으로 죽어가고 있던 로버트 세실은 그렇지 않았지만, 정부는 구명 밧줄도 없이 비틀거리고 있었다. 그는 프랜시스 베이컨이 행한 한 가지 매우 예리하고 격렬한 비판을 포함해 '결함Deformity'에 관한 너무 뻔한 공격이 시작되기 직전에 죽었다. 세실의 죽음과 함께 국왕에 대한 도덕적이고 실제적인 신뢰가 무너지자, 런던의 양조업자들은 (국왕에게 엎친 데 덮친 격으로) 선불을 받기 전에는 더 이상 에일 맥주를 공급할 수 없다고 선언했다. 제임스가 한 네덜란드인 금세공업자에게 그에게서 구입했던 보석들을 담보로 2만 파운드의 대출을 부탁했는데, 그 금세공업자는 다른 사람들이 그 구입 금액에 기여했다는 이유로 제임스의 부탁을 거절했다! 국왕은 이제 하워드 가문의 일원인 서퍽 백작을 새 재무장관에 임명했지만, 그 역시 오들리 엔드에서의 무분별한 낭비로 인해 즉각적으로 부적격자로 간주되었기에 이 또한 도움이 되지 못했다. 그러나 제임스는 정치 무대의 주역들은 부채가 많으면 많을수록 더욱 인상적으로 된다고 생각했던 것 같다.

이후 몇 년간 잘된 것은 거의 없었다. 1612년, 말을 타면 덕스럽고 지적이고 멋지다고 칭송되었고, (늙은 평화의 왕Rex Pacificus인 부친과 비교해) 젊은이답게 전쟁에 관심이 있었던 프로테스탄트 애국자들의 귀감인 왕세자 헨리가 죽었다. 그의 웅장한 장례식에서 터져 나온 슬픔은 진심 어린 것이었다. 프로테스탄트들의 영웅이었던 죽은 형 헨리와는 달리 그 누구도 유아기를 넘겨 생존하리라고 기대하지 않았고 심지어 다섯 살의 나이에도 사람들이 품에 안고 다닐 필요가 있던 찰스가 왕세자로 교체되었다. 그는 (부친과는 놀라울 정도로 대조적으로) 말을 잘 못했고 근엄했고 키는 매우 작았다. 헨리가 사망한 뒤에 그를 위해 만들었던 금으로 된 장식용 갑옷과 투구는 새로운 왕세자가 물려받았다. 그것은 그에게는 너무 컸다. 그의 남은 삶의 많은 부분은 제국의 치수에 맞도록 성장하기 위해 애쓰는 가운데 쓰이게 되었다.

하나의 죽음을 보상하기나 하려는 듯 다음 해인 1613년에는 두 개의 성대한 결혼식이 치러졌다. 그때는 크게 기뻐할 이유만 있는 것처럼 보였지만, 두 개의 결합 모두 제임스 왕국의 평화와 훌륭한 질서를 위해서는 지극히 나쁜 소식들로 판명되었다. 두 개의 결혼식 중 더 상서로웠던 것은 엘리자베스 공주와 라인란트팔츠Rhineland Palatinate의 선제후인 프리드리히Friedrich의 결혼이었다. 만약 제임스의 궁정이 토착 프로테스탄트 아들인 헨리의 상실이라는 고통을 겪어야만 했다면 사위인 프리드리히는 그를 대신하기에 합당한 인물로 보였다. 2월 중순에 열린 축제 행사는 여느 때처럼 소란스럽고 과도했으며, 템스강에서 '튀르크인'과 '베네치아인' 사이에서 벌어진 것으로 상정된 모의 해전이 정교하게 연출되는 동안 축제 분위기는 절정에 달했는데, 모의 해전의 중간에 종이와 판지로 만든 알지에Algiers 항구가 너무 일찍 화염에 싸이기도 했다.

두 번째 결혼은 한층 더 극적으로 충돌했으며 불태워졌다. 그 혼인은 낭비벽이 있는 재무 장관이자 서퍽 백작의 딸인 프랜시스 하워드Frances Howard와 지금 제임스의 특별한 사랑을 받는 인물인 (헤이 경Lord Hay의 스코틀랜드인 시동侍童이자 위대한 파티 개최자인) 로버트 카Robert Carr 사이에 이루어진 것이었다. 카는 마상 창 시합에서 부상당했을 때 그의 균형 잡힌 기다란 다리가 제임스의 눈에 들었던 인물이었다. 서퍽 백작이 '쭉 뻗은 다리에 잘생기고 튼튼한 어깨를 가졌으며, 일종의 교활하고 겸손한 외양을 지닌 매끈한 얼굴의 소유자로서, 신께서도 아시지만, 언제 뻔뻔스러움을 보여야 하는지를 잘 아는 사람'이라고 묘사한 카는 아찔한 속도로 출세 가도를 달렸다. 예를 들면 처음 그는 1611년에 로체스터Rochester 자작이 되어 그 옛날 헨리 2세의 웅장한 성을 물려받았으며, 그 다음에는 1613년 11월에 한층 더 위엄 있는 서머싯Somerset 백작에 올랐다. 두 사람의 결혼을 위해 벤 존슨은 그 결혼에 대한 열광적인 극찬을 담은 〈히메나이Hymenaei〉라고 부르는 가면극을 제작했는데, 그것은 사실 그 결합이 이루어지게 된 불미스러운 환경들을 가리기 위한 베일의 일종으로 고안된 것이었다.

왜냐하면 프랜시스 하워드는 이전에 1606년 13세의 나이로 당시 14세인 제2대 에식스 백작과 결혼했던 적이 있었기 때문이다. 그러나 그 결혼은 그래서 나중에 절차상 무효 주장이 제기되기도 하는 등 순탄치 못했는데, 특히 침대에서 그랬다. 제임스 1세의 궁정 세계에서는 사생활로 유지되는 것이 그리 많지 않았는데, 특히 이런 종류의 소문은 으스스한 영적 현상들과 부자와 유명인의 흥미진진한 간통 이야기들을 주식으로 삼아 생존하는 오늘날의 많은 타블로이드 신문들처럼 인쇄된 신문들courants이나 소식지를 위한 술과 안주거리였다. 그런 신문들은 프랜시스 하워드에게서 자신들의 가장 거친 꿈마저 넘어서는 이야기를 발견했던 것이다.

심지어 프랜시스가 카를 만나기 이전에도 에식스의 발기부전에 관한 이야기들은 널리 퍼져 있었는데, 이는 프랜시스가 강요조로 왕세자 헨리의 숫총각 딱지를 떼어줬다는 소문과 함께 날개를 달았다. 1613년 카는 친구이자 정치적 조언자인 토머스 오버베리 경Sir Thomas Overbury을 경악스럽게 만들면서 프랜시스와의 관계를 결혼으로 성사시키기를 원한다는 것을 분명히 했다. 그때는 하워드 일족의 권세가 절정에 달해 있었고, 국왕도 카에게 어떤 것도 거부하는 것이 실질적으로 불가능하다는 것을 알고 있던 시기였다. 비록 왕이 성적으로 왕성한 동성애자였다고 하더라도 그가 아내를 얻는 것을 거부할 수는 없는 건 마찬가지였다. 아무튼, 그는 자신이 총애하는 젊은이의 이성애적異性愛的 욕구와 관련해서 아무런 질투심도 없었던 것처럼 보였다. 그리고 일단 프랜시스가 마음을 정하자 그녀야말로 막을 수 없었다. 그녀는 에식스 백작과의 결혼에서 결코 첫날밤을 치른 적도 없었고 최선을 다하기를 원치도 않았다고 주장했다. (그녀는 나중에 에식스 백작이 발기부전이 되도록 약물을 먹였다는 혐의를 받았다.) 첫날밤을 치르지 않았다는 주장에 기초한 이혼 사례가 있었는지에 대한 판단을 내리기 위한 교회의 위원회가 임명되었다. (당황한 캔터베리Canterbury 대주교가 국왕에게 자신을 제외시켜 줄 것을 간청했지만) 이 위원회에는 잉글랜드의 고위 성직자들이 포함되었고, 이들은 고귀한 백작이 위원들에게 그 백작 부인의 호의적인 구멍에 만족스럽게 삽입하는 데 실패한 것에 관한 상세한 설명을 근엄하게 들어야 했다. 신체검사는 그녀가 실제로 숫처녀임을 발견했다. (비록 나중에 프랜시스가 검사하는 동안 자신의 얼굴을 베일로 가릴 것을 주장하고 실제로 사기 행위를 통해 고용된 처녀로 대신했다는 말이 있었고, 이후에 이어진 그녀의 풍부한 창의력을 고려하면 이를 완전히 배제할 수 없지만 말이다.) 주저하는 캔터베리 대주교가 정확한 결과를 제공하는 것에 관해 이의를 제기했을 때, 국왕은 판결에 덜 까다로운 주교들을 추가함으로써 배심원단을 늘려놓았다. 에식스-하워드 간의 혼인은 완전 무효로 선언되었고 새로운 결혼은 승인되었다.

하지만 프랜시스 하워드와 로버트 카 사이의 결혼이라는 더 없는 행복이 실현되기에는 하나의 장애물이 있었다. 그것은 바로 토머스 오버베리 경이었다. 오버베리는 계속해서 성가시게 그녀를 가리켜 '저 천한 여인'이라고 말하며 카에게 자신이 생각하기에 창녀보다도 못한 그녀와의 혼인 관계를 끊으라고 자문했다. 오버베리의 입을 다물게 만들기 위해 그에게 외국 대사직이 제안되었으나 실망스럽게도 그는 이를 거절했다. 국왕 폐하에게 모욕을 선언했기에 그는 런던탑에 갇혔고 1613년 9월 그곳에서 사망했다.

잠시 동안 프랜시스와 서머싯 백작은 연장된 밀월여행을 즐겼다. 그러나 결혼한 지 약 18개월이 지난 후인 1615년 여름에 오버베리가 런던탑에서 단순히 사망한 것이 아니라 독이 든 관장약이라는 비정상적인 방법으로 살해당했다는 것이 드러났다. 오버베리의 죽음에 관한 진상은 약제상의 조수가 죽기 전에 자신이 그 일을 하기 위해 에식스 백작 부인으로부터 20파운드를 받았다고 고백함으로써 밝혀졌다. 조사를 통해 특히 교도관 중 하나가 이미 독살을 시도한 것을 고백했을 때, 런던탑의 경위警衛는 백작 부인이 죄수를 위해 갖다 준 파이와 젤리 그리고 그 비슷한 것들이 의심스러워 보이고 이상한 냄새도 난 것을 알아챘다는 기이한 이야기가 드러났다. 이 나라에서 왕비 다음으로 가장 권세 있는 여성을 불쾌하게 만드는 것에 겁먹은 이 불쌍한 경위는 이 치명적인 양식을 가로채고 자신의 요리사가 준비한 음식으로 대체함으로써 그녀의 분노의 대상이 된 오버베리를 보호하기 위해 자신이 할 수 있는 것을 했다. 그러나 염화수은으로 채워진 관장약을 가로채는 (또는 심지어 의심하는) 일은 없었다. 서머싯 자신은 살해 계획에 대해 아무것도 알지 못했지만 일단 기정사실에 직면해 필요한 곳에는 뇌물을 주고 극히 중요한 자료들은 파괴하면서 범죄의 흔적을 덮으려고 열심히 노력했다. 오싹해진 국왕이 조사를 압박함에 따라, 그는 직접 추밀원에 나타났고 '거기에서 무릎 꿇고 하나님에게 만약 자신이 오버베리의 죽음에 동의하고 있었다면 자신과 후세에게 저주를 내려주기를 바란다'고 말하자, 그 음모는 모습을 드러냈다. 일단 폭로되자 '다이아몬드 가루', 흰색 비소, 그리고 '거대한 거미'라고 부르는 무언가를 포함한 모든 범주의 독약을 프랜시스에게 공급한 요크서Yorkshire 출신의 곱사등이 약제사, 그리고 독약들을 오버베리의 교도관에게 넘겨준, 한때 풀을 먹인 노란색 천을 유행시킨 것으로 유명한 의상 디자이너 겸 여자 뚜쟁이인 앤 터너Anne Turner 등 이 음모의 사악한 출연진은 존 웹스터John Webster의 가장 끔찍한 작품들도 이 사건과 비교하면 그리 대수롭지 않게 느껴지도록 만들었다. 유죄를 강력히 시사하는 증거에 직면한 프랜시스는 무너졌고 유죄를 인정했다. 서머싯은 일말의 양심과 함께 살해 음모를 사전에 알지 못했다는 것을 주장할 수 있었지만, 그럼에도 불구하고 적어도 그 행위에 대한 공범이었다는 이유로 유죄판결을 받았다. 사건에 관련된 평민들은 독살범에게 예정되어 있는 끔찍한 죽임을 당했다. 물론 귀족들은 제임스가 목숨을 살려주었고 런던탑에 감금되었다. 이곳에서 서머싯은 타워의 내부를 다시 디자인하는 일에 주기적으로 참여했고 스스로 거기에 만족해했다.

세상을 그리스도의 군단과 적그리스도의 대대들이 갈라져 있는 곳으로 간주하는 신학을 가진 (궁정 아닌) '지방shires' 사람들에게 가장 일차적인 죄들, 즉 간음, 살인, 진실에 대한 범죄적인 억압, 그리고 심지어 마녀사냥 등의 특징까지 개입된 것으로 보이는 하워드-서머싯 사건은 궁정이 사실상 스튜어트의 소돔Sodom, 즉 이루 말할 수 없는 사악함으로의 침몰을 보여주는 가장 뚜렷한 증거였다. 코먼웰스의 올바른 질서에 관한 청교도의 설명서는 공정하고 경건한 나라의 구성 요소로서 가부장적 가족을 강조하는 데 결코 지치지 않았다. 국왕이 극악무도한 음모의 가능성에 주목하도록 만든 주동자가 복음주의적 프로테스탄트인 국무장관 랠프 윈우드 경Sir Ralph Winwood이었다는 것은 확실히 우연이 아니었다. 윈우드와 같은 사람들은 나라의 사회적·정치적 질서의 품위와 온전함이 위기에 처했다고 판단했는데, 그 이유는 그러한 사회질서에 관한 모든 것이 사회적·정치적 피라미드의 꼭대기에 있는 주인공들이 포함된 하워드 음모 안에서 왜곡되어 있는 것을 발견했기 때문이었다. 남편에 대한 부인의 제대로 된 존중은 한심한 서머싯이 무서운 자기 아내에게 좌우되면서 명백히 침해되었다. 프랜시스와 그녀의 공모자인 앤 터너는 제임스 1세 시대의 문화에 출몰했던 여자를 혐오하는 남자들이 꾸는 악몽의 화신으로 보였다. 이들은 만족할 줄 모르는, 악마에게 사로잡힌 여자 악령succubus이며, 육욕적인 회합을 통해 파괴당한 악귀였다. 불쌍한 오버베리의 죽음과 관련된 방식이 항문 성교에 집착한 악마가 고안해 낸 것임에 틀림없다는 것에 대한 어떠한 의심이 있을 수 있을까? 제임스는 스스로 터너가 실제로 여자 마법사였다고 결론내린 것처럼 보였다.

이 점에 비추어보면 하워드 가문이 잉글랜드 정부에 대해 가졌던 것과 같은 통제력은 귀족계급의 경건함과 사내다움을 무너뜨리기 위한 사탄적인 음모의 증거로 보였다. 귀족계급의 특권들은 모범적인 전사 계급으로서의 지위를 여전히 조건으로 하고 있었다. 1617년에 글을 쓰고 있던 바나비 리치Barnaby Rich와 같은 군인들에게 귀족계급의 위축은 과거 로마인들에게 그랬던 것처럼 너무나 많이 진행되고 있었다. 하워드-서머싯 음모 배후에 있는 사악한 천재가 패션계의 여왕인 터너 부인이었다는 것은 놀랄 일이 아니었다. 그 이유는, 바나비에 따르면, '우리의 정신은 나약해지고 군사훈련과 전쟁 규율은 여성적 즐거움과 기쁨으로 바뀌고 … 우리는 막사보다는 마차에 더 적합하기' 때문이었다. 주교들 역시 오명의 당사자가 됨으로써 자신들의 직책이 죄악에서 자유롭지 못한 무가치한 것임을 보여주었다. (이것은 1608년 수많은 애인 중 한 사람과 줄 행랑을 친 장래의 코벤트리Coventry와 리치필드Lichfield 주교의 악명 높은 부인인 미세스 오버럴Mrs Overall에 관한 이야기를 중시했던 청교도에게는 놀랄 일이 아니었다.) 국왕은 이 범죄의 진짜 이유를 파악하겠다는 진심 어린 결정으로 인해 궁정을 비판하는 사람들로부터 분명히 얼마간의 신뢰를 얻었다. 그러나 그가 주요 범죄자들의 똘마니들을 사형에 처하면서도 주범들에게는 충분히 엄정한 법의 처벌을 받는 것을 금하게 했다는 사실은 잉글랜드가 이교도의 부도덕함이라는 함정 속으로 추락하는 것을 제임스가 막는 데 무능하다는 또 다른 증거처럼 보였다.

20세기의 마지막 30년을 거치면서 잉글랜드의 청교도들이, 특히 1620년 무렵에는, 매우 목소리가 큰 소수 집단이었을지는 몰라도, 여전히 작은 집단에 불과했다는 것이 널리 받아들여지게 되었다. (열렬한 스코틀랜드 칼뱅주의의 의미를 최소화시키는 것은 이보다 훨씬 더 어려운 일이 될 것인데, 그들은 물론 하워드 사건에 대해 잉글랜드인들만큼이나 많이 알고 있었다.) 그리고 하워드 스캔들과 같은 사건들이 어느 한순간에 신민들 대다수로 하여금 국왕의 궁정이 돌이킬 수 없을 정도로 타락한 것으로 생각하게 만들었다는 것은 상상할 수 없다. 그러나 그러한 사건은 결과적으로 도덕적 정화라는 대의에 이미 헌신하고 있는 사람들의 (그리고 그들의 가정과 그리고 타운이나 마을에서 그것에 관해 무언가를 하고 있는 사람들의) 신념을 보강하는 효과를 발휘했는데 그것은 선택받은 자들은, 그 정의에 의해서, 선발된, 그리고 열성적인 군대가 되어야 한다는 신념이었다. 경건한 사람들은 늘 그랬듯이 직계 가족과 더불어 시작하고 공동체로 확대시키는 지방 차원의 정화에 잠시 동안 집중해야 했다. 일부 사람들은 잉글랜드가 혐오스러운 것 속으로 너무도 많이 빠져버렸기에, 하나의 시온Zion을 별도로 창조하기 위해 자신들과 앨비언-고모라Albion-Gomorrah(잉글랜드의 고모라) 사이에 대서양만큼의 거리를 두어야 한다는 결론에 도달했다. 확실히 이것 중 어느 것에 관해서도 아직 전략이라고 할 만한 것은 없었다. 그것은 잉글랜드에 진정한 예루살렘을 창조하기 위한 일종의 시간표 중 '1단계'는 아니었다. 그러나 단지

1641~1642년 내란 발발의 즉각적인 환경들을 중심으로 하는 매우 근시안적 초점에 맞추어 이들 사건을 보려한다면, 이는 아마도 이들 경건한 청교도 세력과 그들의 영적 강도가 브리튼의 운명에 전혀 아무런 영향도 주지 못한 무가치한 것으로 볼 수 있게 할 우려가 있다. 물론 청교도들은 앞에 놓인 길이 군주정의 전복을 포함할 것이라는 것에 관해 전혀 아무런 눈치를 채지 못했다. 그러나 18세기 프랑스와 20세기 초의 러시아에서의 사건들을 포함하여, 그러한 모든 격변의 주동자들은 자신들이 위대하고 전반적인 정련精鍊이라는 어떤 더 높은 소명에 의해 움직인다고 믿는 변함없이 열성적인 종파들이다.

17세기 초에 시온의 건설은 지방적 사업이었다. 그러나 도싯Dorset의 의류 타운 도체스터와 같은 곳에서 경건한 사람들이 성취한 하나의 사건은 최소한 하나님의 도우심으로 신실한 사람들이 어둠의 주인들에 대항해 이제 승리할지도 모른다는 약간의 실질적인 증거를 제공해 주었음에 틀림없다. 하워드-서머싯의 결혼이 있던 해인 1613년 당시 단지 2000명의 인구가 살고 있던 도체스터에 끔찍한 화재가 일어나 주택 170채를 파괴하면서 타운을 황폐화시켰지만, 단 한 사람의 목숨만 앗아간 것은 하나의 기적이었다. 1606년에 도체스터에 부임했던 홀리 트리니티 교회의 청교도 교구 목사인 존 화이트에게 그 화재는 소돔으로부터의 날아온 공식 성명이었다. 그것은 뻣뻣한 목을 한 사람들의 사악함과 부당하게도 남의 비위를 잘 맞추는 치안판사들에 대한 하나님의 진노가 표출된 분명한 징표였다. 최근에 타운으로 이주한 같은 마음을 지닌 독실한 사람들과 더불어 화이트는 설교와 가르침을 통해 위대하고 성스러운 변화를 이루어내기 시작했다. 그가 목표로 한 대상들은 일반적으로는 우상숭배, 좀 더 각별하게는 간통 등이었다. 만취, 신성모독, (곰 사냥과 길거리 공연 같은) 스포츠 및 취미 활동 등도 제거해야 할 악덕들이었다. 특히나 이런 일들이 불경스럽게도 안식일에 저질러진다면 절대로 용납할 수 없는 행위로 간주되었고, 안식일이 아니라 해도 비난의 대상인 것은 마찬가지였다. 습관처럼 교회에 가지 않는 일이나, 천연덕스러운 난폭함과 폭력 등도 화이트와 동료들이 주목하는 종교적 범죄였다. 그의 일을 집행하는 자들은 범죄자들을 차꼬에 채우거나 필요하다면 교도관에게 보내야만 하는 순경들 (그들 중 셋), 시간제 야경꾼, 주간 교구 직원들과 지방 판사들이었다. 그러나 화이트와 열성적 동료들은 또한 경제적 침체기에 무리들에게 자선을 베풀 것을 권유함으로써 공동체의 관습에 적극적인 변화를 주고자 했다. 교회 모금으로 모인 기금은 타운을 개조하기 위해 사용되어야만 했다. 예를 들면 그 기금은 새 학교와 빈민의 자녀들을 위한 배움과 실습을 위한 집을 만들고 병자와 노인들을 돌보기 위해 사용되어야 했다. 도체스터는 자체의 고통 받는 사람들을 위해서뿐 아니라 도덕적으로 그럴 만하다고 확인될 수 있는 어떤 원인들, 예를 들면 케임브리지Cambridge와 섀프츠베리Shaftesbury에서의 전염병 희생자들과 서머싯주 톤턴Taunton에서 (지역 주민들이 특별한 동정심을 가졌던) 화재의 희생자들을 위한 진정한 자선의 원천이 되었다.

화이트와 동료 청교도 대다수가 타운의 자치운영위원회를 지배하게 되면서, 새롭고 신성한 개혁을 수행한다는 자신들의 목적에 동조하지 않는 (귀족과 젠틀맨들이 주도하는) 카운티 사회와 맞설 힘을 가지게 되었다는 그들의 믿음은 하나님의 일이 행해져야만 한다는 열정적인 신념을 강화해 줄 뿐이었다. (그들이 카운티의 영향력에서 상당 수준 자유로워진 것은 사실이었다.) 그리고 1613년 화재 사건과 1640년 사이에 그들이 그 작은 타운에서 이룩한 변화는 놀라운 것이었다. 도덕 경찰은 지칠 줄 모르는 열정으로 범죄자들을 압도했다. 임차농이나 채무자의 부인들이 스스로 자신들에게 오도록 강요함으로써 우월적 지위를 이용했다는 것이 드러난 지주들은 벌금형을 받거나 강력한 비판을 받았다. 잇달아 40차례의 엄청난 저주를 퍼부어댄 이유로 치안판사에게 끌려온 헨리 갤럽Henry Gallop과 같은 상습적인 저주자들은 입을 다물었다. 끊임없는 밀회 장소로 이용된 여관, 그리고 매춘굴과 맥줏집을 운영하는 여성들은 업소의 문이 강제로 닫히거나 퇴거당했다. 주취와 음탕함을 고취하는 것으로 악명 높은 전통적인 축제들은 지방의 달력에서 삭제되었다. (특히 젊은이들 사이에서) 악명 높은 예배 불참자들은 교회로 불려나와 매 주일날을 근엄하게 기다렸다. 극장은 사라졌다. 1615년에 길버트 리즌Gilbert Reason이라고 불리는 극단 책임자 겸 배우가 런던의 공연검열관Master of Revels이 발행한 공연허가증을 앞세우고 도체스터에 도착했는데, 그것은 그에게 타운 사람들 앞에서 공연할 권리를 부여한 것이다. 도체스터의 법정 관리인은 일언지하에 그의 권리를 거부했고, 리즌은 국왕이 재가한 문서를 제시했음에도 무시되었고, 따라서 법정 관리인은 반역자에 지나지 않는다고 응수했다. 덕분에 그는 추방되기 전 이틀 동안이나 감옥에 투옥되었다. 더 슬픈 것은 생계를 위해 자신의 발로 (글을 쓰고 바느질을 하는) 속임수를 쓰는 방법을 혼자서 터득했던 손이 없는 한 '프랑스 여인'도 마찬가지로 짐을 싸야 했다.

1617년에 화이트를 비롯한 남의 '흥을 깨는 사람들'은 국왕의 『체육 교서 Book of Sports』로 인해 예기치 못한 타격을 받았다. 그 교서는 곰과 소 굶리기 bull-baiting와 볼링에 관한 금지는 유지시켰지만, 일요일에 (음악과 같은) 어떤 여흥은 특별히 허용했다. 검열 완화에 대한 제임스의 요구는 그가 스코틀랜드에서 돌아가는 길에 랭커셔Lancashire에서 잠시 머무는 동안에 유발된 것이었다. 그곳에서 그는 특별히 흉포한 도덕적 제도가 무고한 게임과 여흥에 가해졌다는 것을 발견했다. 그러나 도체스터에서 『체육 교서』는 그 지방 치안판사들의 도덕적 감시보다는 상대적으로 주목을 덜 받았다. 결혼식 당시 임신한 신부들의 수는 한 무리의 거지들과 허가받지 않은 단기 체류자들이 그랬던 것처럼 극적으로 줄어들었다. 어린이들은 건전한 노동 습관과 경건함을 장려하기 위해 새로 세워진 학교들과 '병원'에 보내졌다. 그 타운에는 두 개의 새로운 빈민 구호소와 '그럴 만한 자격이 있는deserving' (구걸을 하지 않는) 궁핍한 사람들을 고용할 목적으로 자치 도시에서 자금을 댄 맥주 양조장이 있었다. 도싯의 작은 예루살렘에서의 지배적인 기풍을 요약해 주는 다음과 같은 훈계가 문에 새겨진 교도소도 건설되었다. '너 자신을 들여다보아라, 이것이 관찰경觀察鏡이다. / 죄악은 감옥을 부르고 감옥은 오랏줄을 가져다준다.'

1620년 도체스터에는 경건파에게 지갑을 비우도록 요구한 새롭고 급박한 일이 일어났다. 즉, 스페인 왕의 가톨릭 군대가 라인란트의 팔츠를 침공하자 이를 피해 탈출한 프로테스탄트 망명자들이 있었던 것이다. 심지어 이 도망자들 중 일부는 정착을 목표로 도체스터까지 찾아왔다. 그것은 화이트의 국제적인 명성에서 비롯된 것이기도 했는데, 그의 독일인 보조인은 그 타운을 확실히 유럽 대륙에서 일어난 사건들과 긴밀하게 연결시켜 주었다. 잉글랜드인과 브리튼인의 관심과는 분명히 멀리 떨어져 있는 라인란트에서 일어난 이들 사건은 즉시 수많은 논문, 설교, 팸플릿의 주제가 되어 브리튼을 변화시킬 지경에 이르기까지 이 나라의 정치적·종교적 생활에서 최고의 중요성을 지닌 주제가 되었다. 딸 엘리자베스를 분명히 우둔하지만 안전한 프로테스탄트 선제후 프리드리히와 결혼시킴으로써 제임스는 자신도 모르게 평화의 왕이라는 명성 전체를 끔찍한 위험에 처하게 만들었다. 그 결혼과 결혼이 국왕에게 끼친 곤경의 결과들은 1625년 그가 죽을 때까지 제임스를 괴롭히게 되고 아들 치세가 시작된 이후에도 기다란 그림자를 드리우게 된다.

심지어 3세기 후에 네빌 체임벌린Neville Chamberlain이 '우리가 거의 알지 못하는 멀리 떨어진 지방'이라고 주지의 사실로 묘사하게 되는 것과 같은 장소, 즉 보헤미아Bohemia에서 일어난 그 사건은 거의 예측할 수 없었던 것이었다. 1618년에 그곳의 프로테스탄트 영주들은 왕으로 지명된 가톨릭 신자(후일 신성로마제국의 황제 자리에 오를 페르디난트Ferdinand 대공)를 거부하고 프라하에 있는 헤라차니Hradčany성의 창밖으로 마티아스Matthias 황제가 보낸 사신들을 두엄더미 위로 내던짐으로써 자신들의 주장을 관철했다. 자격이 있는 프로테스탄트 후보자들에게 초대장이 보내졌고 제임스의 사위 프리드리히는 1619년 8월 왕위를 받아들였는데, 이는 분명 장인을 깜짝 놀라게 한 사건이었다. 1620년 11월에 프리드리히의 군대는 화이트 마운틴White Mountain 전투에서 신성로마제국의 가톨릭 황제에게 대패했고 그와 동시에 스페인 군대는 그의 조국 라인란트의 영토인 팔츠를 침공했다. 프라하에서의 단기간 체류로 인해 겨울 왕과 여왕

Winter King and Queen이라고 불리던 프리드리히와 엘리자베스는 잉글랜드와 프랑스를 떠돌다가 마침내 헤이그Hague에 망명 궁정을 세우고 정착하면서 당대의 가장 유명하고 유행의 첨단을 달리는 망명자들이 되었다.

런던에서 에든버러에 이르는 브리튼의 더 많은 프로테스탄트 중심지에서 (그리고 확실히 도체스터에서) 스페인과 가톨릭 세력에 대해 전쟁을 고취하는 강력한 외침이 일어났다. 경건파들에게 이것은 성자들의 왕국이 도래했음을 알리는 심판의 날Last Days 전투였다. 어느 쪽이든 편을 들어야 했다. 그리고 국왕은 어느 쪽으로든 떠밀리게 될 것이 분명했다. 그러나 제임스가 전사가 되기를 매우 꺼렸다는 것은 평화주의자로서 자신의 오래되고 성공적인 경력을 끝내는 일만의 문제는 아니었다. 그것은 또한 왕국을 파산하게 만드는 일이기도 했던 것이다. 제임스가 신뢰한 조언자이자 나중에 1622년부터 왕실 재무장관을 맡았던 인물은 라이오넬 크랜필드Lionel Cranfield였다. 그는 자신이 말하고 있는 것이 무엇인지를 아는 사람이었고, 낭비적인 지출의 시기부터 경제에 공을 들인 덕분에, 그 흐름을 역류시킬 수는 없었을지라도 국고의 손실을 최대한 막아냈던 상업적이고 재정적인 배경에서 발탁된 인물이었다. 크랜필드는 이제 재정적인 파국을 가져올 전쟁의 결과에 대해 경고하고 있었다. 그러나 제임스는 마찬가지로 딸과 사위의 면목 없는 곤경에 관해 아무것도 하지 않고, 유럽의 프로테스탄트 국가들의 평판에 관해 아무 말도 하지 않는 것이 정부의 권위를 회복시킬 수 있는 어떤 가능성마저 포기하는 일임을 알고 있었다.

제임스는 1620년 이전에 잠시 동안 아들 찰스와 스페인 펠리페 3세Philip III의 딸과의 혼인 동맹을 마드리드에서 맺은 적이 있었기에 가톨릭의 공세를 지켜보면서 자신이 그들에게 배신당했다고 생각했다. 그 혼인을 추진하는 동안 진솔함을 표현한 대가로 제임스는 팔츠 자체는 염려할 것 없다는 말을 들어왔다. 심지어 점령 이후에도 스페인인들은 엉큼하게도 자신들이 라인란트에 주둔하고 있는 것은 프리드리히를 보헤미아로부터 축출하기 위해 단지 압력을 가하기 위한 것이라고 주장했다. 그러한 갈등에 대한 제임스의 혐오감에도 불구하고 그는 지푸라기라도 잡고 싶은 심정이었기에 그 명백한 거짓말도 믿을 준비가 되어 있었다. 제임스는 새로운 총신寵臣 (레스터셔Leicestershire 출신의 한 빈한한 기사의 아들인) 조지 빌리어스George Villiers의 사주를 받아 이 한심한 자기기만에 빠졌다. 빌리어스는 서머싯 가문과 하워즈 가문이 충돌했을 때 떠오르는 별이 되었다. 빌리어스는 거푸거푸 가터 훈작사Knight of the Garter, 추밀원 의원, 남작, 백작, 후작 그리고 마침내 엘리자베스 치세에 노퍽Norfolk 공작이 처형된 이래 잉글랜드에는 어떠한 공작들도 없었기 때문에 특히 놀랄 일이었던 버킹엄Buckingham 공작으로까지 승급했다.

메리 튜더Mary Tudor와 펠리페 2세 사이에 이루어졌던 스페인 왕가와의 마지막 혼인은 그 누구에게도 좋은 결과를 가져다주지 않았기에 애초부터 스페인 왕가와의 혼인 동맹이라는 책략은 민족적·종교적 감정의 심부에 이르는 논쟁들로 가득 찼다. 헤리퍼드셔의 청교도인 로버트 할리 경Sir Robert Harley처럼 스페인의 무적함대를 기억하기에 충분할 정도로 나이 든 사람들이 있었다. 그리고 엘리자베스 치세에 관한 캠든의 엄청나게 인기 있는 역사는 스페인에 대항한 전쟁의 서사가 제임스 1세 시대의 잉글랜드에서 상당 부분 살아 있는 이야기로 남을 수 있도록 만들어주었다. 스페인 궁정과 정부는 단지 편안히 앉아서 잉글랜드 측의 불가해한 자포자기를 즐겼고, 그들이 좀 더 광범위한 유럽 전쟁에서 적수로서 참여하지 않기를 스스로 갈망한다는 사실을 두고 아주 즐거워했다. 그들의 조건은 공격적이었다. 결혼 조건으로서 그들은 (마찬가지로 기쁨에 넘친 로마 교황청으로부터 압력을 받아) 공주Infanta Maria의 예배는 개인적인 부속 예배당이 아니라 대중에게도 공개되는 교회에서 행해져야 한다고 고집했다. 그리고 두 사람의 결합에서 태어난 아이들을 그들이 청소년기에 이를 때까지 교육할 책무는 왕자가 아니라 공주에게 맡기도록 해야 한다는 것이었다. 그리고 그 모든 것 중에서 가장 대담한 것은 그들이 혼인 계약서에서 잉글랜드의 가톨릭교도들에게 이제 예배의 자유가 개방되도록 허용해야 한다고 규정했다는 점이었다. 제임스는 이러한 조건을 받아들이는 것이 잉글랜드와 스코틀랜드 양쪽에서 들불을 일으키게 되리라는 것을 알아야 했지만, 그는 엄청나게 멋진 버킹엄 공작, 즉 조지 빌리어스의 우스꽝스러운 노예일 뿐이었다. 제임스는 버킹엄 공작에게 보낸 편지들에서 그를 '스티니Steenie'라고 불렀는데, 이 말은 성 스테반St Stephen과 유사한 이미지를 가지고 있다는 것을 말하고자 하는 스코틀랜드인의 애정 표현이었다. 버킹엄은 이렇듯 자신에게 푹 빠져서 정신을 못 차리는 왕에게는 그 어떤 아첨도 질리지 않으리라는 것을 알면서, '사랑하는 아빠deare dade'에게 다음과 같이 답장을 썼다. '저는 당연히 당신을 너무도 사랑하고 너무도 좋은 경험과 지식에 입각해 당신의 다른 부분들도 완전히 흠모합니다. 그것은 그 어떤 사람도 혼자 가질 수 없는 것입니다. 만약, 모든 사람들, 그리고 모든 세상이 모두 뭉쳐 한쪽에 서고 당신 혼자만이 다른 한쪽에 선다 해도, 나는 당신을 따르고 기쁘게 할 것이며, 반대편의 그들을 불쾌하게 만들고 경멸할 것입니다.' 물론 통풍에 걸린 노인은 이 정도의 아첨을 무시하기에 충분할 정도로 세상일에 밝아야만 했다. 그러나 제임스는 분명히 비유적이건, 문자 그대로이건, 누군가 의지할 사람이 필요했고, 마치 자신이 그의 아버지나 된 것처럼 전적으로 그에 의해 '만들어진' 버킹엄에게는 완벽한 아들의 역할이 확실하게 맡겨졌다. 남성미 넘치고, 영리하고, 역동적인 아들 말이다. 버킹엄은 특히 국왕 제임스의 경이로움을 확장하는 일에 있어서는 그 어떤 잘못도 저지를 수 없었다.

찰스는 태도에서 너무도 내성적이었고 아버지의 격식 없는 친밀감과는 거리가 먼 존재였기에 버킹엄이 깨뜨리기에는 더 딱딱한 견과였을지도 몰랐지만, 버킹엄이 그에게 베푼 특별한 연회는 그의 마음을 잡을 수 있는 기회를 가져다주었다. 찰스와 버킹엄은 함께 그 결혼에 못을 박기 위한 하나의 방법은 마드리드에 가서 직접 공주에게 구혼하고 이를 기정사실로 만듦으로써 스페인 궁정과 직접 대면하는 것이 제임스에게 남아 있는 더 나은 판단이라고 그를 간신히 설득했다. 제임스는 전쟁을 피하기를 너무도 갈망한 나머지 그 말도 안 되는 계획에 동의했다. 1621년 제임스는 전쟁 발발에 대비하여 보조세를 징수하기 위해 의회를 소집했는데, 그는 그때 전 치세 기간을 통틀어 가장 격렬한 정치적 갈등에 직면했다. 머지않아 스페인에게 피해를 주려는 전망에서 1621년 초 첫 회기는 의회가 자금을 제공하기로 결정하고, 이에 화답하듯 제임스가 으레 그렇듯 장관 탄핵이라는 희생을 감수하고 (이 경우에는 뇌물을 받은 혐의로 소추된 베이컨Bacon 대법관) 그리고 자신이 처음 이 왕국에 왔을 때 '너무도 통이 컸던' 나머지 스스로 얼마간의 파멸을 자초했다는 것을 인정하면서 의회와의 관계에 있어서 사실상의 사랑 잔치에 돌입했다. 하지만 그해 말에 이르러 전쟁이 아니라 스페인과의 혼인이 진지하게 추진될 것이라는 소식은 관계를 틀어지게 만들었다. 의회는 이제 전쟁에 앞서 사전에 전쟁 비용을 지불하기를 거부했다. 이에 대응해 제임스는 왕실의 결혼, 그리고 전쟁과 평화의 문제에 대해 논의할 수 있는 의회의 권리를 부인하면서, 의회를 향해서 극도로 화를 냈다. '당신들은 우리 군주의 대권을 찬탈하고 당신들의 권한을 훨씬 넘어서는 일들에 대해 간섭하고 있다.' 이것은 사실 엘리자베스가 1566년에 의회에 대해 취했던 것과 사실상 동일한 입장이었다. 그러나 그 사이 진행된 역사에는 특별히 풍요롭게 진행된 역사적 담론이 있었으며, 그중에는 의회가 태곳적부터 그러한 일들을 논의할 수 있었다는 주장도 포함되어 있었다. 나라의 문제에 관해 자유로이 말할 수 있는 의회의 권리는 1621년 의회의 '대항의大抗議, Protestation' 의 문구 속에서 다음과 같이 선언되었다. '잉글랜드 백성의 아주 오래되고 의심의 여지 없는 생득권, 그리고 국왕과 국가, 잉글랜드 교회의 방어에 관한 험준하고 긴박한 문제들, 그리고 법을 만들고 유지하며 이 왕국에서 매일 일어나는 해악과 불만을 교정하는 것은 의회에서 자문하고 논의하는 적절한 주제이자 문제들이다.' 그러한 '특권들'이 권리가 아니라 국왕이 허여한 것일 뿐이라고 계속해서 주장했던 제임스는 의회에 비해 좀 더 정확한 역사적 근거에 입각해 있었을 수도 있지만, 그는 그 논쟁에서 이념적 패배자가 되었으며 그의 아들 역시 그렇게 될 운명이었다. 그리고 패배자들은 특히 강퍅한 스튜어트들Stuarts로 변했다. 국왕의 대응은 하원 일지에서 모욕적인 내용들을 찢어내는 것이었고 가장 모욕적인 발언자들은 투옥되었다.

버킹엄과 찰스가 모험을 진행하는 것을 제임스가 허용하게 만든 것은 아마도 전쟁 비용을 위해 의회에 갈 일 없이 스페인을 팔츠로부터 내보낼 필요성 때문이었을 것이다. 아니면 아마도 제임스는 '스티니'와 '애기 찰스'에게 그들을 '새로운 로맨스에 빠질 만한 가치가 있는 나의 다정한 소년들과 친애하는 모험적인 기사들'이라고 칭한 기이한 편지를 보낸 것이 시사해 주듯이 이제 막 통제력을 잃고 있었는지도 모른다. 애초에 그들이 (그나마도 도중에 떨어져버린) 가짜 수염으로 마무리한 '톰과 잭 스미스'라는 설득력 있는 가명을 선택했을 때부터 자신이 흠모하는 대상을 더 잘 보기 위해 마드리드에서 정원의 담을 오르기로 한 찰스의 사춘기적 결정에 이르기까지 그 사업 전체는 제임스 1세 시대의 좀 더 유치한 산물 중 하나와 닮아가기 시작했다. 스페인인들은 어쨌든 스미스와 스미스라는 잉글랜드의 장삼이사張三李四가 너무도 유치하게 스스로 판난처한 함정에 빠진 것을 보고 크게 즐거워했다. 왜냐하면 버킹엄과 찰스가 순진하게 결론을 재촉하고 있는 동안에 스페인인들은 자신들이 두 명의 외교적 인질들을 넘겨받았다는 것을 깨달았다. 그들은 만약 제임스가 그러한 일을 허용했다면 그는 이 결혼을 간절히 원하고 있음이 틀림없다고 추론했다. 그리고 만약 그가 이것을 간절히 원하고 있다면, 그렇다면 이제 그들은 그의 곤경으로부터 추출해 낼 수 있는 가장 터무니없이 높은 조건들을 이끌어낼 것이었다. 거기에는 이제 공주를 위해 창조될 왕실의 보호를 받는 공적인 가톨릭교회가 있어야 할 뿐 아니라 찰스 왕자 역시 그녀의 사제로부터 가르침을 받기로 동의해야만 할 것이었다. 그들을 놀랍게 만들면서, 왕자는 이것 역시 스페인인들이 다소간 생각할 수 있었던 그 밖의 다른 조건들과 함께 받아들였다. 그들은 잉글랜드의 관용의 한계를 시험하면서 이제 한 걸음 더 멀리 나아갔다. 그들은 이 결혼이 문서로 이루어진 것으로 간주되지만, (그 결혼의 실질적인 실현과 신혼 첫날밤 치르기를 위해) 1년간의 유예기간을 두기로 하고 이를 마드리드의 찰스뿐 아니라 부친의 정부와 왕국이 준수하는 가운데 만족스럽게 충족해야 한다고 규정했다. 만약 그 기간 중에 조약의 조건들이 제대로 이행된다면 공주와 그녀의 남편은 잉글랜드로 자유로이 돌아가게 된다. 하지만 그렇지 못하다면 그들도 갈 수 없게 된다.

이 마지막 요구 조건은 이제 자기가 사랑하는 '스티니'와 '애기'를 최소한 1년 동안 보지 못할 가능성으로 인해 진정으로 (그리고 오히려 가슴 아프게) 완전히 제정신이 아니게 된 국왕 제임스를 질겁하게 만들었다. 왜냐하면 오로지 신만이 아시겠지만, 이 기간 동안 그의 노쇠한 쑤셔대는 뼈들은 무덤으로 가게 될지도 모를 일이기 때문이었다. 제임스에게는 다행스럽게도 찰스와 버킹엄 또한 조건부 유예의 개념으로 인해 모욕을 느꼈고, 이 때문에 스페인 연애 사건의 와중에서 한때 의기양양했던 연애 감정은 차갑게 식어버렸다. 찰스의 일행 중 한 명인 젊은 버킹엄서Buckinghamshire 출신의 젠틀맨 에드먼드 버니 경Sir Edmund Verney은 한 사제가 왕자의 수행단 중에서 임종을 앞두게 된 시동에게 가톨릭교의 마지막 의식을 수행하려고 시도했을 때 사제의 얼굴을 가격했다. 구혼자라기보다는 포로가 되었다는 수모는 굴욕 그 자체처럼 보이기 시작했다. 찰스와 버킹엄은 자신들의 자유를 찾기 위해 혼인조약에 찬성하는 척했다. 물론 그것은 잉글랜드에 상륙하기도 전에 조약을 부인하겠다는 확고한 생각을 실현시키기 위한 방편이었다. 일행이 고국으로 돌아올 무렵, 수모를 당한 것에 격노한 버킹엄은 스페인의 신랑으로서가 아니라 프로테스탄트의 영웅으로서 왕자의 (그리고 자기 자신의) 역할 배역을 완전히 바꾸었다. 결혼식 대신에 이제 전쟁이 벌어질 수도 있었다. 교전국의 공격을 초래하기에 형편없는 혼전 언약서보다 더 나쁜 것은 없는 듯하다.

찰스가 여전히 프로테스탄트 총각으로 1623년 10월에 조국으로 돌아왔을 때 잉글랜드는 화약 역모 음모가 발각되었을 때 이래로는 보지 못했던 안도감이 폭발적으로 넘쳐흘렀다. 다시 한번 더 모닥불이 타오르고 종이 울렸다. 국왕에게 보조금을 마련해 주기 위해 1624년 2월에 소집된 의회의 봄 회기는 즉각적으로 국왕과 국가 사이의 화합의 장이 되었다. 또 다른 장관 한 명이 (이번에는 충분히 대가를 받았다면 상대적으로 떳떳했고 지칠 줄 몰라 했을 크랜필드 재무상 Lord Treasurer Cranfield) 희생양으로 선택되어 망신과 몰락의 대상이 되었다. 이제 이 나라는 애국적인 프로테스탄트 전쟁에 돌입할 작정이었고 의회는 왕에게 줄 전쟁 비용을 마련하고 있었다.

그것은 그들이 기대했던 그런 전쟁은 아니었다. 시간의 흐름과 역사의 윤색으로 상당히 미화되었던 스페인에 대한 엘리자베스 시대의 타격에 관한 기억은 많은 사람에게 이번에도 신속하고 치명적인 습격과 공해상에서 스페인의 보물선 나포가 있었을 것이라고 추정하게 만들었던 것이 틀림없었다. 그러나 이번 전쟁에는 용병 장군 에른스트 폰 만스필드Ernst von Mansfield 백작이 잉글랜드에서 강제 징집된 병력을 운용하여 치러낼 라인란트의 육상 전투 역시 분명히 있어야만 했다. 그 누구도 이 의심스러운 전쟁에 참전하려고 안달하지 않았다. 사람들은 강제 징집을 피하기 위해 자기 손가락을 톱으로 자르거나 한쪽 눈을 스스로 멀게 만들었지만, 손가락과 눈이 온전한 1만 2000명의 불쌍한 영혼들은 선술집과 길모퉁이에서 순경에게 차출되어 도버Dover로 행진해 갔다. 그들은 맞은편에 있는 제일란트Zeeland의 플러싱Flushing에 기꺼이 상륙시켜 줄 수 있는 항구를 발견했지만, 이미 전체 병력이 극심한 역병의 타격을 받고 있었다. 시신들이 매일 항구에 던져져야 했고, 결국에는 병력 3000명만이 남게 되었다. 이 정도의 병력으로는 어떠한 종류의 군사적 충격을 가하기에는 충분하지 않았다. 그래서 만스필드의 원정은 진행되기도 전에 수치스럽게도 실패하고 말았다.

이제 평화의 조정자였던 국왕의 마지막 위대한 군사 행동이 있어야 했다. 그러나 1625년 3월 거의 전혀 움직일 수 없을 정도로 통풍에 시달리게 된 제임스는 전능하신 하나님과 스스로 화해했다. '그리고 솔로몬은 자신의 아버지들과 함께 잠들다'라는 말은 링컨 주교 존 윌리엄스John Williams가 행한 조사弔辭 중 일부로서, 제임스 1세 시대의 전형적인 추도 연설문이 담고 있는 칙칙하고 상투적인 문구에서 따온 것이었다. 그러나 이번에는 그것이 문자 그대로 이루어졌는데, 왜냐하면 웨스트민스터에 있는 헨리 7세의 거대한 무덤이 개봉되어 제임스의 유해가 튜더 왕조 창건자의 바로 옆에 놓였기 때문이었다. 만약 제임스가 생전에 자신의 두 왕국을 통일하는 데 어려움을 겪었다면, 최소한 죽어서는 용케도 한 가지 특별히 평화로운 동거를 이루게 되었다. 왜냐하면 비록 제임스는 보이지 않게 되었지만 어머니의 무덤과 자신의 전임 군주, 한 분은 눈부시게 다채롭고 다른 분은 백옥같이 순결한, 메리와 엘리자베스의 무덤들이 그의 명령으로 같은 공간을 공유하게 되었기 때문이다. 이제 대ㅅ브리타니아에서 편히 잠드소서.

만약 제임스가 브리튼의 솔로몬이었다면 그의 아들은 브리튼의 샤를마뉴 황제가 되고자 열망할 수 있었을까? 대ㅅ브리타니아의 카롤루스 왕*Carolus Rex Magnae Britanniae*이라는 문구는 반 다이크Van Dyck의 모든 기마 초상화 중에서 가장 인상적인 초상화 속, 오래된 떡갈나무 위에 걸려 있는 방패에 새겨져 있다. 이 초상화에서 금으로 된 박차를 찬 왕은 1548년 티치아노Titian가 그린 갑옷을 입은 합스부르크 가문 출신 황제의 위대한 기마 초상화인 〈마상의 카를 5세 Charles V on Horseback〉를 틀림없이 연상시키는 자세로 말을 타고 앞으로 나아가고 있다. 그 초상화 속 찰스의 뒤에는 나무가 우거진 잉글랜드의 숲속 작은 공터가 있고 그 앞에는 로마 황제와 기독교 기사의 자격으로 자신이 주재할 새로운 황금기의 짙은 청색 하늘이 펼쳐져 있다. 왕의 체격이 너무나 왜소했기에 반 다이크는 왕과 말의 상대적 비율을 임의대로 조정하는 방식을 택할 수밖에 없었고, 이를 통해 찰스는 자연스레 위엄 있는 카이사르Caesar로 보일 수 있었다. 말을 타는 것과 통치하는 것은 하나이자 동일한 것으로 간주되었다. 전소유럽을 통틀어 가장 유명한 승마 교사였던 앙투안 드 플뤼비넬Antoine de Pluvinel은 널리 읽히는 논문을 출간한 바 있었다. 이 논문에서 그는 사나운 군마에 대한 의연하고 완벽하게 차분한 통제를 왕국 통치자의 정부에 비교했을 뿐 아니라 실제로 완전한 군주의 권위를 확립하는 전제 조건으로서 이러한 스타일의 승마 교육을 주장했다. 로마의 캄피도글리오Campidoglio에 있는 마르쿠스 아우렐리우스Marcus Aurelius의 기마 청동 동상이 말해주듯이, 무표정하고 용감하며 소리 없이 거대한 말을 호령하는 것은 진정한 카이사르의 표시였다.

찰스가 인문학 교육의 일환으로 고전들을 많이 읽었고, 스토아학파, 특히 세네카Seneca가 그러한 훈육의 핵심에 있었던 것은 확실하다. 새로이 즉위한 왕은 초기부터 스토아적인 냉정함의 아우라aura를 길렀다. 이것은 부왕의 수다스럽고 속이 트이고 당황스럽게 격식을 차리지 않는 편안함과는 놀라운 대비를 이루는 것이었다. 아마도 찰스는 그렇게 수많은 다른 사람들처럼 스페인 궁정을 지배하는 진지함에 깊은 인상을 받았을 것이다. 에스코리알Escorial[6]에는 냉철함이 지배했고, 국왕의 존재는 엄숙하고 정교한 의식이라는 울타리에 의해 통속적인 조신들의 무리로부터 차단되었다. 스페인에서 예수회 신부를 공격함으로써 자신이 너무나 점잖지 않다는 것을 보여준 바 있었던 에드먼드 버니 경은 이제 궁전의 나이트 마셜Knight Marshal of the Palace직으로 포상을 받음으로써 보답을 받았다. 그 직책은 궁정과 그 주변의 치안을 유지해야 하는, 남들이 그다지 탐내지 않는 직책이었다. 왕실 궁전들의 마당과 회랑 특히 화이트홀Whitehall을 돌봐야만 하는 사람이 버니였다. 그는 궁전의 구내를 배회하는 옷을 지나치게 차려입은 막돼먹은 놈들, 빚 독촉을 하는 장사꾼들, 수상한 병사들 그 외 잡다한 청원자들 등 셀 수 없는 무리들을 쫓아내는 일을 했다. 어쨌든 찰스의 근엄한 성향은 많은 부분 그의 (비밀주의라기보다는) 내성적이고, 고지식한 태도에서 기인하는 것이었다. 물론 찰스가 궁정으로 가져온 보다 조용한 분위기를 골칫거리로 생각하기는 어려웠다. 아우게이아스Augean 왕의 더러운 외양간을 철저히 청소하는 것은 결국 (꼭 청교도적인 것이 아니더라도) 정중한 주장을 큰 소리로 요구하는 것과 다름없었다. 그리고 찰스의 정책적 요지는 원칙적으로 부왕의 것과 그리 크게 다르지 않았다. 제임스 역시 비非의회세의 불법성을 인정하지 않았고, 의회는 적절하다고 보는지 모르지만, 그 자신은 국왕의

---

6   역대 왕의 묘소, 예배당, 수도원 등이 있는 마드리드 근교에 있는 건축물의 명칭 ─ 옮긴이.

대권에 속한다고 생각하는 영역의 문제에 대해 의회가 논의할 권리를 부인했던 것이다. 찰스가 그러한 주장을 기반으로 의회를 억눌렀을 때, 그는 주권에 관한 제임스 1세 시대의 신조 중에서 어떤 수용된 조항을 생각하면서 자신에게 용인되는 행위를 되풀이하고 있는 것에 지나지 않았다.

찰스와 잉글랜드를 곤경에 빠뜨린 것은 그가 말한 내용보다는 방식이었다. 제임스의 정치적 수습 기간 중 일어난 격렬한 부침은 그에게 때마침 실용적인 양보의 필요성에 대한 가르침을 일찍이 그리고 잘 가르쳐 주었고, 그는 스코틀랜드인 특유의 노여움과 함께 사람들의 환심을 끌어내는 매력을 교대로 분출시킬 능력이 있었다. 찰스는 반면에 일관성을 중시했다. 찰스는 헌정적으로 어떠한 문제에 관해 두 가지 (또는 그 이상) 측면을 볼 능력이 없었는데, 이는 아마도 공인公人에게 지조보다 더 큰 덕목은 없다는 세네카와 17세기 신新스토아 학파Neo-Stoic 옹호자들의 주장을 약간 과다 수용한 면이 있었기 때문인 것으로 보인다. 그가 이 왕국을 통치하는 데에서 더욱 심각했던 것은 자신의 확고한 신념에 반하는 행동을 할 능력이 특히나 부족했다는 점이었다.

예를 들면 찰스는 에드워드 3세 시절과 1376년의 '선린 의회Good Parliament' 이래로 잉글랜드의 왕들이 해온 일 중의 한 가지를 행하지 않을 생각이었다. 그것은 국왕과 의회 사이의 관계 개선을 위해 왕의 총신寵臣을 버리는 일이었다. 냉소주의와 불충은 그에게 큰 충격을 주었다. 찰스는 그 대신에 개별 사건에 따르는 개인적 업적을 지켜볼 것을 주장했다. 이것은 끔찍한 실수였다. 누군가는 헌정사에서 국민의 불평을 치료한다는 명목으로 치러지는 불명예라는 의식과 관련한 근거를 발견할 수 없을지 모르지만, 그럼에도 창조적인 속죄양 만들기는 잉글랜드의 정치에서 오랜 기간 필요불가결한 요소였다. 한 정치가의 머리에 인기 없는 (물론 결과로서 닥칠지도 모를) 정책들에 대한 증오를 집중시키는 것은 '왕은 잘못할 수 없다'라는 허구적 명분을 보존하는 데 기여했다. 그런데 찰스는 (버킹엄, 그리고 나중에는 로드Laud 대주교와 스트래포드Strafford 백작의 경우에) 명예롭게 충성을 다했지만 그것을 슬기롭게 사용하지 못했을 뿐이라면서, 국왕과 종복 사이의 관점에는 아무런 차이가 없음을 주장함으로써, 탄핵이라는 편리한 수단을 파괴하고 말았던 것이다. 그렇게 해서 국왕 폐하 자신을 제외하면 비난이 갈 곳은 없었다.

그의 총신 버킹엄 공작은 그가 일찍이 적극적으로 주장했던 전쟁의 실행보다도 개인적인 후견권을 확보하는 데 더 열을 올렸지만, 이 경우에도 이런 일은 찰스 자신에게는 일어나지 않았거나 설명될 수 없었다. 1625년 운이 다한 스페인 왕실과의 혼인 계획은 프랑스 왕실(루이 13세의 누이인 앙리에트 마리Henriette Marie)과의 성공적인 결혼으로 대체되었고, 동맹의 일환으로 잉글랜드의 군함과 병력은 스페인에 대한 프랑스의 공격에 합류할 것으로 생각되었다. 그러나 리슐리외 추기경Cardinal Richelieu은 스페인인 못지않게 사물을 능숙하게 조작한다는 것이 입증되었고 라로셸La Rochelle의 위그노Huguenot 소수 집단 거주지에 대한 공격에 잉글랜드 군대를 끌어들였다. 더욱이 앙리에트 마리가 스페인의 공주에게 보장할 예정이었던 가톨릭 예배와 동일한 조건의 자유를 누리게 될 것이 분명해지게 되고, 설상가상으로 국교 기피자 처벌법이 결혼 조건으로 연기되어야만 했을 때, 갑자기 잉글랜드는 프로테스탄트의 대의를 위해서라기보다 그에 반대하는 전쟁을 치르고 있는 것으로 보였다.

국왕 정부가 가톨릭 신앙을 다시금 국교회 안으로 끌어들이기 위한 방책으로 경건한 프로테스탄트 십자군 전쟁을 친親가톨릭 전쟁으로 전환시키고 있다는 의심은 의회와 지방 샤이어shire 양측 청교도들에게 공유되었다. 로버트 할리 경이 세 번째 부인인 레이디 브릴리아나Lady Brilliana에게 보낸 편지들은 불신과 걱정으로 가득 차 있다. (이 브릴리아나라는 멋진 이름은 네덜란드 반군이 펠리페 2세에 대항해 최초의 성공을 거둔 곳이자 브릴리아나의 아버지가 전투를 지휘했던 브리엘르Brielle 또는 브릴Brill이라는 항구에서 따온 것이었다.) 할리를 근심에 쌓이게 만든 것은 찰스가 리처드 몬터규Richard Montague를 궁정 사제로 임명한 것이었다. 몬터규는 '아르미니우스파Arminian'이고, 게다가 그가 국교회 내에 남아 있는 척했기에 더욱 악명이 높았던 터라, 할리 같은 사람들에게 그는 노골적인 가톨릭신자보다 나을 게 없었다. 사실 몬터규식의 신학은 제임스가 총애했던 랜슬럿 앤드루스와 그의 후계자인 존 버큰리지John Buckenridge가 설교하고 실천했던 것과 차이가 없었다. 그러나 청교도들은 네덜란드 공화국에서 벌어진 신학이라는 이름의 전쟁터에서 '아르미니우스파'와 그들보다 더 호전적인 16세기 말 칼뱅주의 적수들 사이의 (1618년에 진짜 내전으로 악화되었던) 투쟁은 엄밀하게는 예정설이라는 핵심적 문제를 둘러싼 것이라는 것을 알았다. 네덜란드 신학자인 야코부스 아르미니우스Jacobus Arminius의 추종자들은 구원이란 절대적으로 예정된 것은 아니고, 죄인들이 회개하고 선행을 행할 경우에 하나님께서 (필연적이 아니라 아마도) 이로써 분노를 누그러뜨릴 수 있으며, 따라서 구원받은 자와 저주받은 자 사이의 경계 또한 절대로 변치 않는 것은 아니라고 믿었다. 옳건 그르건, 그들은 홀랜드Holland에서 가톨릭교도와 별반 다르지 않은 비난을 받았는데, 몬터규를 비롯해 찰스가 런던의 주교로, 그런 다음에 캔터베리 대주교로 임명하게 될 윌리엄 로드William Laud를 포함한 잉글랜드의 아르미니우스파도 마찬가지 처지였다. 선왕인 자기 아버지처럼 찰스는 반反칼뱅주의 신학이 국교회의 기반을 확장시켜 줄 것이라 기대했고, 심지어는 종교개혁 이래 교회를 아프게 해온 상처들을 봉합해 줄 수도 있을 것이라 생각했다. 하지만 경건파 사람들에게 이것은 단지 간사한 반동反動종교개혁이었다.

1625년 6월 전쟁 자금을 마련하기 위해 소집된 찰스 즉위 이후 첫 번째 의회가 열렸을 때 — 보잘것없는 금액이 책정되고 '톤세와 파운드세tonnage and poundage'라는 통상적 관세들을 관례대로 치세 전 기간에 걸쳐 승인하지 않고 1년으로 한정하는 등, 의도적인 모욕으로 읽히는 보조세가 책정되었을 때 — 종교적인 문제들이 세입과 연동되리라는 것은 분명해졌다. 몬터규를 조사하기 위한 의회 조사위원회가 임명되었고, 그들의 목표물 목록 중 다음 차례는 버킹엄임이 명백해졌다. 왜냐하면 그는 카디즈Cadiz 공격을 너무도 심하게 망쳐놓았기에 그의 마음이 결코 거기에 있었던 적이 없다는 의심의 소리가 들리고 있었기 때문이었다. 버킹엄은 의회를 설득하기 위해 그들이 아마도 좋아할 전쟁, 그러니까 프랑스를 위한 전쟁이 아니라 프랑스를 상대로 벌이는 전쟁, 그리고 사면초가에 몰린 위그노를 지원하는 전쟁을 제시하는 쪽으로 갑자기 방향을 바꾸었다.

과거의 법적 책임의 기준에 따르면 버킹엄은 이미 세 번 이상이나 탄핵을 당하기에 충분한 일을 했지만, 찰스 즉위 후의 두 번째 의회가 열린 1626년 6월 국왕은 자신의 총신에 반대하는 일련의 행위들을 결코 지지하지 않을 것을 분명히 했다. 6월 12일, 규모가 큰 회오리바람이 잉글랜드 남부를 관통하면서 전년도에 매장되었던 전염병 희생자들의 무덤을 파헤쳤다. 경건파는 이것이 무엇을 예고하는 징조인지 알았지만 국왕 찰스는 그렇지 않은 듯했다. 찰스는 버킹엄을 탄핵하지 않으면 새로운 전쟁 비용 마련을 위한 보조세 법안을 통과시키지 않겠다는 의회에 부딪히자, 강제공채 부과로 방향을 선회했다. 이것은 강한 분노를 유발할 것이었다. 왕국의 방어를 위해 의회의 승인 없이 국왕이 돈을 요구하는 '강제공채benevolences'라는 중세의 전통은 1484년에 불법화되었고, 전쟁의 긴급성을 판단하는 국왕의 배타적 권리에 관해 심각한 헌정적 질문이 다양하게 제기되면서 1546년 이래로 포기되어 왔었다. 하지만 1614년에 제임스는 비록 그것들이 심하게 논쟁적인 것으로 남아 있음에도 강제공채들을 부활시켰다. 찰스가 음모를 꾸미는 대중 선동가들, 즉 '대중성popularity'의 조작자들이라고 믿었던 사람들이 (그가 생각했던 것처럼) 그 대여금을 불법적 사유재산 몰수라고 왜곡 전달하리라는 것은 예측 가능한 일이었다. 그러나 분노한 신민들의 저항 규모와 외연은 찰스를 놀라게 했음에 틀림없었다. 하나님을 제외하고 그 어떤 권력도 국왕을 판단할 수 없기에 하나님에 대한 복종은 아무런 이의 없이 국왕에 대한 복종으로 확대된다고 윌리엄 로드가 설교하지 않았던가? 하지만 요점을 잘 집어낸 것은 아니었다. 꼭 청교도들만 대여금이 불법이라고 비난한 것은 아니었다. 저항의 심장부는 왕이 안정적인 정부를 위해 의존했던 정치적 공동체의 특정 집단들, 예컨대 귀족과 지방 카운티의 젠트리들이었다. 비록 그럴지라도 모든 카운티가 똑같이 격분한 것은 아니었다. 강제 대여금 징수를 위한 행정적 절차를 카운티들이 스스로 마련하도록 한 것도 도움이 되었거니와, 대중의 강력한 항의에도 불구하고 24만 파운드가 걷혔다는 사실은 잉글랜드와 웨일스 전체가 반기를 든 것은 결코 아니었다는 것을 시사해 준다.

그러나 잉글랜드의 일부 특정 집단들은 사실 전에 없이 신민의 '자유'와 재산을 옹호하기 위해 호전적이 되었다. 예를 들면 충성스러운 왕당파 지역이라고 종종 생각되었던 콘월에서 하원 의원인 윌리엄 코리턴William Coryton은 대여금 징수원들에게 자신이 하나님, 자기 양심, 그리고 역사적 선례 등에 자문을 구했더니, 이 세 가지 모두가 자신에게 대여금은 단연코 불법이라고 알려주었다는 점을 분명히 했다. 코리턴은 이러한 저항으로 인해 런던에 있는 플리트Fleet 감옥에 수감되었다. 이 나라에서 가장 위대하고 가장 막강한 인물 중 일부는 저항자들이 되었다. 그들은 바로 워릭Warwick, 에식스, 헌팅던Huntingdon, 애런델Arundel 백작 등이었다. 링컨 백작이자 예상 밖의 반대파 영웅이었던 27세의 시어필루스 클린턴Theophilus Clinton은 그럼에도 링컨서의 저명한 젠트리들 70명을 저항에 동원했고, 이러한 그의 주제넘음으로 인해 런던탑에 투옥되었을 때에도 집사에게 징수원들을 방해하는 일을 확실히 수행하도록 했다. 에식스, 서퍽, 옥스퍼드서Oxfordshire, 워릭서, 노스햄프턴서, 버컹엄서 등과 같은 카운티에서 공격을 주도한 세력가들이 보여준 굉장한 구경거리는 경건한 설교자들과 정상적으로는 안정의 대들보라고 생각되는 사람들에게 자신감을 주었다. 그리고 그 위기로 인해 놀라운 반항과 호전성이 담긴 성명서들이 발표되었다. 링컨서Lincolnshire의 한 기사는 성명서에서 다음과 같이 썼다. '만약 그것(대여금)이 계속된다면 우리는 우리 자신과 후손들에게 어떠한 제한도 없이 마음대로 세금이 부과되어 회복될 수 없는 영원한 노예제에 굴복하고 말 것이다.' 그리고 요크서에서 존 잭슨 경Sir John Jackson은 다음과 같이 경고했다. '만약 그의 사람 중 어느 누가 그들이 결코 장악해서는 안 되는 그의 땅을 누군가에게 준다면 그리고 만약 내 소작인 중 어떤 사람에게 주어진다면, 하나님 맙소사! 나는 내 손으로 직접 그들을 목매달 수 있거나 목매달 것이다.'

일단 돈이 걷히자 분노의 목소리는 사라지지 않았다. 1628년 의회 의원 선거를 위한 32개 선거구의 경쟁 선거에서 강제공채에 대한 반대나 굴복이 궁정이 승인한 현직 의원들을 패배시키기 위해 자유보유농들freeholders(자작농)을 동원하는 결정적인 관건이 되었다. 코리턴과 저항으로 인해 역시 감옥에 갇힌 바 있었던 그의 친구 존 엘리엇 경Sir John Eliot은 정부로부터 콘월에서 출마하지 말라는 압력을 받았다. 그러나 그들은 투옥을 명예의 훈장으로 바꾸고, 더욱 중요하게는 자신들이 보무도 당당하게 의회에 입성할 수 있도록 자신들과 같은 생각을 하고 있는 젠트리들을 조직화했다. 그 지역은 상당히 친親왕당파 지역으로 간주되는 곳이었다. 국왕의 정치 통제 측면에서 더욱 불길했던 것은 격렬한 경쟁 선거가 있던 지역 중 일부에서는 군중의 거침없는 행동이 벌어지기도 했다. 케임브리지에서 자신의 뉴스 '별동대'를 위한 정치 정보 수집가로 활동한 조지프 미드Joseph Mead는 대여금에 저항해 투옥된 바 있었던 한 리넨linen 상인이 런던에서 당선되었을 뿐 아니라 군중도 역시 '매우 제멋대로 굴었다'라고 보고했다. 웨스트민스터에서 궁정이 후원한 후보인 로버트 파이 경Sir Robert Pye의 지지자들은 '파이! 파이! 파이!'라고 외치며 거리를 행진함으로써 파이의 기회를 추어올리려고 시도했지만 '푸딩! 푸딩! 푸딩!'과 '거짓말! 거짓말! 거짓말!'이라는 조롱조의 대응적 외침에 직면해야 했다. 1640년대 초에 의회 이데올로기 및 지방 정치 조직과 관련하여 고정적으로 이름을 올리게 되는 사람들, 예컨대 콘월의 프랜시스 라우스Francis Rous, 태비스탁Tavistock의 존 핌John Pym은 이제까지 잉글랜드의 정치 생활에서 본 적이 있었던 그 어떤 것과 달리 이들 선거에서 최초로 정치적 피를 흘렸다.

물론 잉글랜드는 아직 혁명 직전도 아니었고, 혁명이 다가오고 있는 것도 아니었지만, 강제공채 위기와 같은 순간들은 의심의 여지 없이 정치적인 변화를 초래하는 것이었다. 옳건 그르건, 그것들은 적극적이고 잉글랜드 특유의 교육을 받은 정치 공동체의 마음에 이 왕이 자신들의 재산과 관습법에 대한 의회의 방어를 파괴하기로 작정했다는 의심을 심어주었다. 예를 들면 캔터베리에서 이 도시 출신의 하원 의원인 토머스 스콧Thomas Scott은 '양심적인 청교도들 conscientious Puritans'은 — 이 말은 이제 자부심의 훈장으로 스스로 붙인 것이다 — 부당한 통치자들의 남용에 저항할 필요가 있다는 다음과 같은 성명서로 국왕에 대한 무조건적인 복종을 요구하는 지역 주임 사제의 설교에 대응했다. '만약 그것이 우리가 그에게 지고 있는 의무 이상의 것이라면 백성들은 자격이 없는 왕의 명령에 불복종하고 거부할 수 있다.'

잉글랜드 보통법이 지닌 최고의 합리성에 대한 자신들의 믿음을 견고히 유지하면서 저항자들은 이제 의회를 거치지 않은 과세의 합법성과 정당한 사유의 제시 없이 사람을 투옥하는 정부의 권리 모두를 검증하기 위해 그것들을 법정으로 가져가고 있었다. 그것은 말버러Marlborough의 법률가인 올리버 세인트 존Oliver St John이 1614년에 마그나 카르타를 위반한 것이라고 말한 것이기도 했다. 이 사건에서 법원들은 대여금의 합법성을 지지했고 따라서 저항자들을 감금하는 국왕의 권리도 지지했다. 그리고 일단 많은 사람의 격분이 누그러지자 국왕은 여전히 비록 그것이 격렬할지라도 정치적 낙진을 억제할 능력이 있어야만 했다. 그러나 둘 다 처참했던 두 가지 사건은 과세에 관한 논쟁을 다룬 책을 아직 덮어서는 안 되게 만들었다.

1627년 10월 버킹엄은 엄청난 비용을 들였음에도 대서양에 있는 프랑스 요새인 일 드 레Ile de Ré를 점령하는 데 실패함으로써 끔찍한 낭패를 자초했다. 특히 해군의 전력을 조직화하는 일에서 천재로 알려진 그가 포위 공격을 위해 보급된 성곽 공격용 사다리가 그 일을 해내기에는 4.6미터나 짧았다는 것을 사전에 깨닫지 못했기 때문이었다. 이 단 하나의 대실패가 대여금으로 모은 26만 7000파운드 중에서 20만 파운드를 먹어치웠다. 버킹엄 공작은 서투른 시인들ballad-mongers과 소식지 기고자들로부터 무자비하게 강력한 비판을 받았다. 그러나 더 심한 것이 기다리고 있었다. 1628년 3월, 강제 대여금의 합법성 여부에 대한 법원 판결의 조건을 검찰총장이 고의로 위조했으며, 더구나 국왕이 이 사정을 분명히 알고 있었고, 심지어는 이를 부추기기까지 했음이 드러났다.

판사들이 판결한 것은 특별한 군사적 긴급 상황에 한하여 강제공채가 합법적이라는 것이었다. 그런데 발표된 것은 국왕이 왕국의 필요에 적합하다고 판단할 때는 언제든 의회를 거치지 않은 세금의 추가 부담을 부과할 자격이 있다는 내용이었다. 그것은 폭탄선언이었다. 국왕을 믿었던 사람들은 신뢰가 크게 흔들리는 것을 발견했다. 반면에 찰스의 의도에 대해 가능한 최악의 관점을 가졌던 사람들은 이를 폭로하기 위한 야외 행사를 추진했다. '태곳적부터의 헌법'을 지키려는 사람들은 특정한 조치에 관한 주장을 헌정적인 원리에 관한 전면적인 전투로 바꾸었다. 그들은 어떠한 추가적 보조금 지급의 전제 조건으로서 권리장전Bill of Rights을 요구했다. 의회를 거치지 않은 모든 세금의 불법성을 선언하고, 명시되지 않은 '국가적 이유reasons of state'를 내세워 국왕이 신민을 재판 없이 투옥하는 어떠한 행위도 금지하며, 계엄령 및 강제로 군인을 민간의 임시 숙소에 묵게 하는 명령을 불법화하는 내용 등을 담고 있었다. 하지만 의회의 자유를 위해 투쟁하는 전사들은 하원과 상원 양쪽에서 여전히 소수였다. 사실상 그 위기는 온건한 비판 입장이었던 중도 정파가 주도권을 행사하는 세 방향의 대결 양상이었다. 상원에서 (두 사람 다 개인적 생활 및 종교 생활에서 진지한 청교도로 평가받는) 워릭 백작과 세이 앤드 셀 자작Viscount Saye and Sele이 꽤 상당한 지지 속에서 비교적 덜 대립적인 형태의 권리청원Petition of Right을 하기로 결정했다. 이들의 청원은 일종의 법안으로서 동일한 핵심 요점들을 구체화한 것이었지만, 결정적으로 찰스의 면목을 세워주고, 또한 제임스가 애써 되풀이했던 바, 그러한 권리들이 권리로서 수여된 것이 아니라 국왕의 은혜에 의해 부여된 것이라는 (최근에는 1621년에 재천명되었던) 원리가 존중되었다.

　이것이 그 위기의 끝이어야 했다. 1628년 8월 버킹엄의 암살은 찰스에게 커다란 충격이었지만, 그것은 크게 미움을 받고 있던 총신에 대해 자신이 무엇을 해야 할 것인가에 관한 골치 아픈 질문을 정치 방정식으로부터 깔끔하게 제거했다. 찰스는 충격 섞인 애도 속에서 의회가 공작을 악마화한 것이 직접적으로 그의 죽음의 원인이 되었다고 확신했다. (암살자인 존 펠턴John Felton은 사실상 자신이 극악무도한 괴물로부터 나라와 국왕을 구하고 있다고 상상했다.) 찰스는 전쟁에 관한 실질적인 권력을 빼앗긴 것으로 인해 마음이 쓰라렸지만, 권리청원에 명확히 명시되지 않은 문제들에 관한 자신의 통제권을 주장하면서 반격을 개시했다. 찰스가 권리청원을 이용하여 빠져나갈 구멍을 찾기로 작정하고 권리청원의 요모조모를 꼼꼼히 조사하는 데 전력을 다하고 있었다는 것은 상상하기 어렵지 않다. 그것은 합법적이지만 정치적으로는 무모한 충동이었다. 그는 두 가지 중요한 누락된 것들을 걸고 넘어졌다. 우선 그는 이제 의회의 승인을 기다리지 않고도 이들 '톤세와 파운드세'라는 관세들을 밀고 나가고 부과할 권리를 주장했다. 더욱 논쟁적이었던 것은, 그가 몬터규를 치체스터Chichester의 주교직에 그리고 로드를 런던의 주교직에 임명한 것이었는데, 이는 국왕이 영적 문제에서 지혜와 권세를 독점하는 문제와 관련하여 그 어떤 것도 양보할 의도가 없다는 것을 가능한 큰 소리로 천명하고자 했던 것이다. 찰스는 자기 부친처럼 자신이 하나님의 '지상 대리인lieutenant of earth'이라고 생각했다.

그러나 정치 규범, 그리고 군주의 권위로서 적법하게 받아들여질 수 있는 것, 또는 받아들여질 수 없는 것들에 대한 판단이 찰스의 치세하에서 변하고 있었는데, 그것은 찰스가 통치권에 관한 자명한 진리라고 생각하고 있는 것들을 반복해서 주장하고 있는 그 순간에도 진행되고 있었다. 하지만 찰스가 이들 원리를 양보할 수 없었을지라도, 정치적 갈등 관리를 위해서는 기품 있는 고집이 아닌 다른 무언가가 요구되고 있었다. 1년 전 교묘한 방책으로 갈등 상황을 대충 수습할 수 있었던 의회 내의 온건파들은 다시 한번 시도할 준비가 되었고, 그리 전망은 밝지 않았지만 국왕과의 협상을 요청받고 있었다. 그러나 그 사이 찰스는 더 이상의 공개적인 대립 없이 논의가 진행될 수 있도록 의회의 절차들을 연기할 것을 명령했다. 물론 그 명령은 강제적인 폐쇄로 해석되었고 하원의 급진파들은 그것이 자신들의 논의권을 침해하는 것이라고 소리 높이 외쳤다. 1629년 3월 2일에 하원 의장인 존 핀치 경Sir John Finch은 왕의 명령에 따라 의회의 절차들을 연기하려고 시도했지만, 자신이 하원의 종복이지 왕의

종복이 아니라는 말을 들어야 했고, 또한 '종교에서의 혁신innovations in religion'
과 의회를 거치지 않은 세금들을 공격하고 비난하는 결의안의 독회가 끝나기
전까지는 논의를 연기할 수 없다는 이야기를 들었다. 불편한 곤경에 처한 하원
의장 핀치는 차라리 애절하게 다음과 같이 대답했다. '저는 여러분의 종복이기
도 하지만, 왕의 종복이기도 합니다. 제가 그것을 표결에 부치지 않을 것이라
고 말하지는 않겠지만 저는 감히 표결에 부칠 용기가 없다고 말해야 합니다.'
그에게는 선택의 여지가 없었다. 마일스 호바트 경Sir Miles Hobart은 하원의 문을
걸어 잠그고 열쇠를 소지했다. 왕의 관리가 그 문에 망치질을 하고 도체스터의
경건파 구성원이자 (덩치가 큰) 덴질 홀스Denzil Holles가 하원 의장을 의자에 앉
히고 자신이 반드시 거기에 머물겠다고 하자, 급진파 중에서 가장 연설을 잘하
는 지도자인 존 엘리엇 경이 다음과 같이 경고하면서 발언했다. '아무도 의회
들을 파괴하려고 한 적은 없지만 결국 의회들이 그들을 파괴했다.' 그런 다음
에 다음과 같은 천명을 담은 놀랍도록 영악한 결의안이 낭독되었다. '종교의
혁신을 가져와야만 하는 사람이 누구든 … 의회가 승인하지 않은 보조금들을
취하고 부과하는 것은 왕국과 코먼웰스의 주요한 적이고 자발적으로 불법적
강제 징수금 지불에 응하는 모든 신민은 잉글랜드의 자유에 대한 배신자이자
잉글랜드의 적이라고 조언하는 바이다.' '네, 네, 네'하는 갈채의 함성이 열전
이 벌어지는 하원에 울려 퍼졌다. 이틀 후 호바트, 홀스, 엘리엇, 그리고 여섯
명의 다른 사람들이 체포되어 런던탑에 감금되었다. 3월 10일 의회는 해산되
었다.

　발언하기에서 밀치기와 고함지르기로의 이 변화가 별일 아닌가? 다른 한편
으로는 그게 전부이다. 즉, 보디랭귀지가 권위의 용적과 그 취약성을 말해주던
시대에 그것은 깜짝 놀랄 정도로 예의를 위반한 것이었다. 홀스의 난폭함과 예
의 바른 절차에 대한 그의 분명한 경멸은 존경의 붕괴를 전제로 삼는 것이었는
데, 이는 현상 유지 측면에서 참으로 불길한 것이었다. 그리고 그와 더불어 미
래의 중요한 정치적 자산들이 그 결과로서 잉태되었는데, 그것은 바로 정치의

공적 영역의 창조와 사실상의 잉글랜드 여론의 탄생이었다. 의회에서 일어난 대부분의 논쟁은 여전히 비밀로 추정되고 있었지만, 때때로 위원회에 보고하기 위해, 때때로 뉴스에 굶주린 시장을 위해 전문 대서인代書人이 장황하고 상세한 보고서들을 작성했고 이들 보고서는 다량의 복사본으로 재생산되었다. 따라서 의회 안에서 벌어지는 논쟁의 거대한 무대는 뉴스가 되었고, 처음으로 그 소식을 판매하는 것으로 생계를 유지하는 것이 가능해졌다. 지리학자이자 해외 모험가인 존 포리John Pory는 잉글랜드 전역에 걸쳐 통신원들의 네트워크를 가지고 있었고, 그가 구독자들에게 1년에 20파운드에 팔았던 소식지에 그들이 보낸 정보를 모아서 실었다. 이들 우편 주문 뉴스 사업의 선구자 중 또 다른 인물인 랄프 스타키Ralph Starkey는 종이 한 첩의 분량당 20실링에 의회 보고서를 팔았고, 가터 훈장에 관한 비밀관리기록부Black Book Proceedings of the Order of the Garter를 한 부당 10파운드에 팔면서 자신이 수집한 뉴스와 정보들을 제공했다. 이들 소문을 퍼뜨리는 사람들은 그것들을 뜨거운 화제로 유지하는 동시에 그럴 듯하게 분열을 부추기는 것이 중요하다는 것을 알았다. '별지別紙, separates' 판매인은 한 팀의 복사 담당자들을 고용함으로써 가장 최근의 논쟁들을 (종이로 된) 말로 퍼트리는 데 단 며칠 정도 걸릴 뿐이었다. 그래서 뉴스 사업은 1628~1629년 무렵 국왕과 의회 사이에 벌어진 전투 기간 동안에 눈에 띄게 근대적인 모습으로 처음 햇빛을 보았다. 수정주의 역사가들이 합당하게 주장하는 것처럼, 뉴스 사업의 갈등에 관한 강조는 잉글랜드 전체에서 일어나고 있었던 어떤 형태의 실제적인 양극화도 반영하지 못했을 수 있지만, 그들이 정치를 보도하는 척 가식을 떨 때조차도 그들 짓궂은 뉴스의 귀재들은 언제나 정치 행위를 하고 있었던 것은 사실이었다. 그리고 선과 악의 무대, 즉 지방과 궁정이라는 무대를 설정하고자 하는 17세기 초 잉글랜드 기자들의 뚜렷한 선호는 그것이 그랬다고 기사를 쓰면 그것이 실제로 일어나게 만드는 효과를 충분히 가지고 있었을지도 모른다. 소식지의 유통은 역시 다가올 미래와 관련하여 근본적인 중요성을 가진 무언가를 존재하게 만들었다. 예컨대 그것은 런던에서 일어난 사건들을 지방의 군중에게 연결해 주었다. (그리고 때때로 지방의 사건들이 '전국적' 뉴스로 바뀔 수도 있었다.) 연설에 관한 보고서는 1642년 장기 의회Long Parliament 때까지 출판되지 않았지만, 6펜스짜리 '별지'는 국왕의 특권들이라는 온갖 종류의 자유를 취하면서 왕도를 따라 유통되었다.

뉴스는 항상 영웅을 필요로 했고 국왕 정부의 엄격한 규제는 그들이 원하는 영웅을 공급해 주었다. 왜냐하면 국왕에게 호전적인 비판자들에게 나쁜 일이 생겼기 때문이었다. 덴질 홀스, 마일스 호바트 경, 존 엘리엇 경은 모두 런던탑에 갇혀 있었고 엘리엇은 1632년에 그곳에서 죽었다. 엘리엇의 운명은 스튜어트 절대주의에 대한 의회 반대파의 무리들 중에서 그를 최초의 순교자로 만들어주었다. 버킹엄서의 젠틀맨이자 하원 의원인 존 햄프던John Hampden은 엘리엇과 편지를 교환하고 런던탑에 있는 그를 면회했으며, 그의 10대 두 아들의 후견인으로 활동함으로써 저항의 횃불이 타오르게 만든 사람들 중 한 명이었다. 그러한 반대가 활동을 중단했는지 비밀리에 분해되었는지는 국왕에게 문제가 아니었다. 의회는 1640년까지 다시 소집되지는 않을 것이었다.

1950년대 교과서들은 장기간에 걸쳐 여전히 의회 없이 통치되던 시절에 정부는 상처를 치유하는 것이 아니라 곪아 터지게 하고, 현실 정치를 소리 없이 음울하게 감염되도록 조장하는, 비유컨대 벌어져 있는 상처를 지나치게 꽉 싸맨 붕대였다고 추정했다. 한편으로는 입에 재갈이 물리고 얽매인 의회의 자유를 외치는 투사들이 잉글랜드의 자유를 회복할 수 있을 위대한 날을 기다리는 동안에, 잉글랜드의 상황은 '선박세ship money'와 국교회의 의사疑似 가톨릭교화에 대한 침울한 묵인의 상황이었다고 언급되었다. 이 이야기의 많은 부분은 과감한 수정주의 해석 속에서 살아남지 못했다. 이 개인적 통치에 관한 최근의 역사 해석은 심지어 1630년대가 활력 넘치는 행정부가 근엄하면서도 공공심이 있는 국왕의 바람에 부응했던, 다시 말하면 사심 없는 왕실 정부가 이루어낸 '평온한 시절halcyon days'이었다고 주장하기까지 한다.

아마도 (비록 중간 지점에 있지는 않지만) 이 두 극 사이의 어느 곳엔가 진실이 놓여 있다. 의회 정부의 유예가 합스부르크-부르봉 왕조의 가톨릭 전제주의의 도입을 알리는 어떤 종류의 왕실 친위 쿠데타로 생각되지는 않았다. 장기간 의회가 열리지 않았던 것이 잉글랜드 체제에서 유례가 없던 일도 아니었고, 찰스는 이것을 '의회 안의 국왕'이라는 전통의 종식을 의미하는 것으로 보지 않았다는 것을 매우 분명히 했다. 의회 자체가 만약 의회가 스스로 표현한 바, '오랜', 그리고 합리적인 업무 추진 방식으로 돌아가기 원한다면, 특히 국가 방어를 위해 자신에게 돈을 제공하는 업무에서 그리 한다면, 의회는 다시 열릴 것이었다. 그리고 물론 제임스 1세 시대와 찰스 1세 시대의 의회는 아직 선출된 인민의 보호자로 생각되지 않았다. 하원 의원의 대부분은 카운티와 자치도시들을 막론하고 합의된 무경쟁 선택의 결과로 의석을 차지해 왔다. 존 핌처럼 하원의 가장 급진적인 의원들 중 일부는 베드퍼드Bedford 백작 가문이 소유한 근소할 뿐 아니라 사실상 존재하지 않는 독점 선거구에서 의석을 확보했다. 대체로 의회 의원들은 같은 부류의 사람들이었다. 즉, 그들은 치안판사, 부副주지사, 주장관 등으로서 카운티 공동체의 당연한 통치자들이었고 국왕의 특권 남용에 관해 그들이 가진 불안감의 정체가 무엇이었건 그들은 여전히 관직을 수용하는 데에 아무런 문제가 없었다. 따라서 강제공채와 국교회에 아르미니우스파를 임명하는 것에 대해 몹시 화를 냈던 로버트 할리 경과 같은 정직한 청교도가 1626년부터 1635년 그 자리를 잃을 때까지 조폐국 장관이라는 돈벌이가 되는 지위에 자기 자신을 채워 넣는 것은 완벽하게 가능한 일이었다.

반면에 1629년과 1640년 사이의 잉글랜드는 최근에 수정주의적 역사 해석을 지배하게 된 나른한 만족감과 조화의 땅 그 어느 것도 아니었다. 1628년과 1629년에 일어났던 일들은 또 다시 일어났다. 예의 바름이라는 장애물은 파괴되고 말았다. 양측에 관해 용서할 수 없고 잊을 수 없는 일들이 언급되었다. 흥분, 선동이 있었다. 사태는 물리적인 것으로 바뀌었다. 그리고 만약 그러한 폭풍의 시절에 마련되었던 극단의 무대에서 연습을 해왔던 사람들이 오로지 한 줌의 소수였다면, 그들은 장구한 기억을 지니고 소식지를 접할 수 있는 한 줌

의 소수였다. 만약 '때를 기다리는' 생각이 없었다면 (비록 이것은 확실히 존 핌을
위한 경우였지만) 1620년대 말에 풍미했던 커다란 불만과 주장 중 그 어느 것도
일종의 체념과 선의의 구름 속에서 완전하게 증발하지 않았을 것이다. 1637년
에 스코틀랜드에서 아무런 소동이 없었다면 장기 의회는 결코 일어나지 않았
을지도 모른다고 종종 회자된다. 그러나 그러한 스코틀랜드의 소동은 단순히
유순한 브리타니아라는 1630년대의 찰스 1세의 비전과는 전혀 무관한 원인들
로부터 난데없이 일어난 무언가는 아니었다. 반면에 우리가 앞으로 보겠지만
스코틀랜드에서 일어난 것은 왕실 나무의 몸통에 억세게 연결되어 있는 뿌리
와 가지였다.

찰스 스튜어트의 문제는 그의 권위주의, 그의 솔직하지 못함이나 정치적 감
각의 둔감함이 아니었다. 이 모든 것은 내란을 실제로 있었던 것보다 훨씬 더
그럴 듯이 보이게 만들고자 하는 이해할 수 있는 이해관계 속에서 과장되었다.
찰스 스튜어트의 문제는 그의 선한 의도들과 그것들을 통해 실천하고자 함에
있어 가졌던 완고한 원칙론이었다. 역으로 돌이켜보면 부친의 타고난 게으름
과 빈번한 오락 활동이 진정으로 얼마나 엄청난 정치적 자산이었는지 매우 분
명하게 잘 알 수 있다. (묘하게도 이는 루이 15세와 루이 16세에게도 똑같이 진실이었
다. 유순한 무기력감이 아마도 성공적인 왕자들을 위한 추천된 덕목들의 목록에 있었던
것이 틀림없었다.) 국가의 통치를 추밀원과 카운티의 다른 이들에게 맡기고 자신
은 로이스턴에서 사냥을 즐겼던 제임스 1세의 경향은 그가 선택했던 인물들이
우연히도 재간 많은 로버트 세실, 프랜시스 베이컨, 그리고 라이오넬 크랜필드
이었기에, 결과적으로 그는 나라를 위해 최선의 선택을 한 셈이 되었다. 반면
에 찰스 1세는 적극적으로 통치를 하고 싶어서 몸이 근질근질했다. 공정하게
말하면 그는 제임스의 엄청난 부채와 차버려야 할 전쟁을 물려받았기 때문에
그 문제에 관해 선택의 여지가 별로 없었다. 잉글랜드와 스코틀랜드는 국왕이
직면해야 했던 재정적인 자금 압박과 정치적 반대로 인해 전쟁 아닌 평화를 택
할 수밖에 없었지만 그렇다고 찰스가 여생을 사냥이나 초상화를 그리기 위해

반 다이크에게 자세를 취하는 (비록 그가 자신의 방식대로 두 가지 일 모두 부분적으로 하기는 했지만) 일로 보낼 인물은 아니었다. 찰스는 작가에게 의뢰해 아우구스투스, 콘스탄티누스, 그리고 알프레드Alfred 대왕 등의 전기를 쓰도록 의뢰했는데, 그 인물들, 특히 알프레드가 그랬던 것처럼, 그 또한 임무를 부여받았던 것이다!Duty Called!

그리고 그 임무는 좋든 싫든 특히 종교에서 가장 분열된 것처럼 보였던 그의 왕국을 조화로운 마그나 브리타니아로 만드는 것이었다. 찰스는 자신의 왕권을 (제임스가 이론화한) 최고 행정관과 최고 재판관의 지위라기보다는, 세 가지 소명, 즉 기사-사령관-겸-현세의 지배자(카이사르, 황제), 정신적 통치자, 그리고 국부國父의 관점으로 이해했다. 우선 찰스는 세인트 조지St George의 축일을 국경일로 바꾸고 가터 훈장에 엄청난 중요성을 부여하면서 세인트 조지를 맹목적 숭배의 대상으로 만들었다. 그가 매일 달고 있던 훈장은 (프랑스의 생테스프리Saint Esprit 훈장을 본떠서) 은으로 된 엄청난 광배를 특별히 포함하도록 개인적으로 재도안 되었는데, 이는 신의 존재를 느끼게 해주는 신성한 상징을 표현한 것이었다. 찰스는 이러한 기사도적 기독교인의 소명의식을 넘어 (바로크 시대 유럽의 수많은 동시대인처럼) 한 사람의 플라톤주의자로서 자신의 위치를 그가 원하는 상황 속에서 분명히 이해하고 있었다. 보통 사람들의 도달 범위나 세속적 표현 너머에 있지만, 안목이 있는 소수, 즉 보호자들에 의해 아름다움을 통해 이해될 수 있는 형언할 수 없는 이데아들과 진리들이 지배하는 거룩하게 질서 잡힌 우주의 통일이라는 플라톤의 비전은 사제직에 대한 참신한 정당화를 창조하기 위해 기독교 신학에 이식되었다. 찰스는 의심의 여지 없이 자기 자신을 그레이트브리튼의 최고 보호자이자 힘든 수양을 한 플라톤적 보호자라고 생각했다. 이 플라톤적 보호자란 (애석하게도 그의 선친이 갖지 못한 자질들로 빈번하게 거론되었던) 개인적인 엄격함, 지칠 줄 모르는 헌신, 정서적이고 감각적인 자기부정을 지닌 인물로서 자신이 항상 유지하고 체현하려고 노력했던 자질이었다. 자신이 왕위에 오른 첫해의 불행한 경험을 생각한다면 잉글랜드와 스코틀랜드에 그들이 좋아하든 싫어하든 화합을 가져다주는 것보다 더 좋은 목적이 찰스에게 있을 수 있을까?

찰스가 수집하기를 좋아한 (그리고 그가 놀랄 만하게 뛰어난 안목을 가졌던) 네덜란드와 플랑드르의 회화 속에 등장하는 가족들이 종종 음악을 연주하면서 상징적으로 대변하고자 한 것이 바로 화합이었다. 가족이 축소판 코먼웰스이자 동시에 코먼웰스의 적절한 통치를 위한 하나의 유형이라는 것은 자명한 이치였다. 그리고 다시 부친 가정의 단정치 못한 혼돈과는 대조적으로 찰스는 자기 가족이 견고하지만 자애로운 정부의 모범적인 이미지가 되기를 원했다. 매끄럽지 못한 출발 이후에 왕과 왕비의 관계는 진정으로 서로 푸근해졌고, 앙리에트 마리를 향한 찰스의 헌신은 나중에 그가 이 눈먼의 대가로 매우 커다란 비용을 치를 정도로 열정적인 것이었다. 왕실 가족을 그린 반 다이크의 초상화들이 비록 단지 사적인 기록들이었을지라도 왕조적 정서의 역사에서 독특한 것이 될 것이었다. 그러나 화이트홀과 햄프턴Hampton 궁정의 공적 공간에 펼쳐졌던 초상화들의 눈길 끄는 전시가 분명히 보여주듯이 그것들은 또한 찰스 자신의 이데올로기를 충실하게 시각적으로 번역한 것이기도 했다. 즉, 그것은 남편과 아내 사이의 관계를 엄격하지만 다정하게 규정하는 가운데, 가부장적인 가정 안에서 부모와 자녀들은 모든 선량한 질서의 초석을 까는 것이다. 다른 많은 측면에서도 그렇지만, 바로 이 점에서 그의 관점은 놀라울 정도로 청교도들의 관점과 가까웠고 워릭과 같은 청교도 귀족들이 그토록 고통을 겪으면서도 국왕과 단절하지 않은 이유 중 하나는 국왕에게서 자기 자신들처럼 가족과 코먼웰스의 도덕적 전망에 깊이 헌신하는 그 누군가를 보았기 때문이었다.

그러나 그가 필요로 했던 것들은, 특히 그것이 계속 반복되는 자금상의 필요가 문제가 되었을 때는, 화합을 향한 찰스 1세 시대의 탐색을 방해해야만 하고 또 방해할 수 있었다. '선박세'는 이 나라에 부과된 가장 악명 높은 과세로 매도되고, 자의적이고 고압적인 통치의 고전적인 사례로 곧잘 거론되지만, 본래 그것은 스페인 및 프랑스와의 전쟁에서 고통스럽게 노출되었던 바, 네덜란드 사략선과 해적들의 위협에 대한 잉글랜드 해상 운송의 취약성이 고스란히 드러나는 등, 해군에 관해 광범위하게 인정되었던 소홀함에 대응하기 위해 도입되었던 것이었다. 본래 선박세는 선박이나 (대부분의 해안 카운티에는 더욱 현실적이었던 것처럼) 그에 상응하는 비용 중 하나를 공급하기 위해 해안의 카운티들에만 요구되었다. 그래서 찰스는 의회의 적법한 동의 없이도 자신의 선박세 부과를 옹호하는 것이 가능했다. 왜냐하면 선박세는 왕국의 방어를 위해 부과되어 왔기 때문이었다. 그러나 해군의 재무장 필요성과 관련하여, 당시 상황이 잉글랜드가 제2의 무적함대에 직면한 것과 같은 긴급한 상황은 아니었기에 이 선박세를 단지 또 다른 형태의 강제공채라고 생각하는 일부 사람들이 있었다. 그래도 반대 세력에 의한 협력적 저항이 탄력을 받기 시작한 것은 단지 추가 부담금이 1635년 내륙의 카운티들까지 확대되었을 때이기도 했다.

돈은 걷혔다. 지방 정부 기구들은 국왕과 협력했다. 주지사에서 부지사, 그리고 주장관, 치안판사, 순경, 교구 직원 등에 이르기까지 잉글랜드와 웨일스를 실질적으로 경영하던 사람들은, 비록 그들이 1620년대의 언쟁이 오가는 시절에는 국왕에 비판적이었을지라도, 사계四季 법원을 주재하고, 사냥을 이끌고, 교인들의 좌석을 지배하면서 공동체의 정치적·사회적 지도자의 역할로 되돌아가 있었다. 하지만 이러한 지방 지도력의 재개가 진정으로 의미하는 것은 무엇인가? 그들의 비판 의식이 이제 자신들의 이기심으로 인해 잠잠해지게 된 것일까? 또는 궁정에 관한 자신들의 강력한 의구심을 포기하지 않고서도 별 커다란 어려움 없이 사법과 행정을 관리할 수 있었던 것일까?

그들 중 일부는 근대적 개혁과 개선이라는 찰스의 의제에 동반자가 된 것도 사실이다. 그 의제는 도체스터와 같은 타운에서 시행되고 있던 청교도적 프로그램, 즉 확대된 빈민 구제, 허가받지 않은 맥줏집의 억제, 학교와 대학의 설립, 1630년대 펜스Fens에서 시행되었던 베드퍼드 백작의 유명한 배수 시설처럼 농업 향상을 위해 고안된 사업 등과 똑 닮은 것이었다. 그러나 네덜란드식 배수 시설 프로그램에 대해 충격을 받은 펜랜드Fenland 주민 측의 격렬한 적대감은 아무리 좋은 의도라도 자신들의 뒷마당에 정부가 과도하게 개입하는 것에 대한 일부 지방 공동체들의 반작용을 보여주는 좋은 사례이다. 그리고 그러한 '개선들'이 수행되는 방식은 코먼웰스의 복지를 고양한다는 정부의 웅대한 선언 아래 신용 사기의 냄새를 풍기는 무언가가 도사리고 있다는 의혹들을 가라앉힐 정도로 늘 계산된 것은 아니었다. 펜스에서는 중세의 배수구 법원Court of Sewers이 그곳 늪지대 주민들을 이주시키기 위해 갑자기 부활했다. 일단 주민들의 퇴거가 간편하게 이루어진 후 그 땅은 배수 신디케이트에 이전되었고, 그들은 배수된 땅의 엄청난 자본의 가치 상승을 통해 이익을 취할 수 있었다.

이러한 종류의 오명을 피하기 위해 찰스 1세의 행정부는 그 프로젝트에 카운티 젠트리와 귀족을 끌어들이기 위해 최선을 다했다. 그러나 정부의 간섭이 정부의 선한 의도보다 한층 더 예민하게 느껴지게 될 계획들이 반드시 있게 마련이었다. 그리고 그것이 화약의 전략적 보급을 위해 정부가 이의 생산 및 관리에 적극적으로 개입한다는 악명 높은 프로젝트보다 더 예민하게 느껴진 사업은 아마도 없었을 것이다. 이것은 사소한 문제가 아니었다. 화약 부족은 끊임없는 전쟁의 시대에 유럽 전역에 걸친 문제였고 화약 비축량은 승패를 가름할 수 있었다. 그렇다면 무엇이 좀 더 기특하고 필연적인 애국적 사업이 될 수 있었을까? 아무튼 실제로 계획에 수반되었던 것은 전국적으로 초석硝石(질산칼륨)의 저장소를 만드는 것이었다. 그리고 가장 저렴하고 가장 손쉽게 이용가능한 아질산 초석을 만들 수 있는 재료는 동물과 인간의 배설물이었다. 아마도 찰스 1세처럼 근엄하고 유머 감각이라고 하나도 없는 군주만이 백성에게 국방을 위해 커다란 기여할 수 있게끔 진심으로 1년간 소변을 보존해 달라고 부탁할 수 있었을 것이다. (사실 이것은 신체 노폐물을 탄약으로 바꾸기 위한 가장 터무니없는 시도는 아니었다. 1640년대와 1650년대 아일랜드인의 반란과 연합 전쟁 기간 중 시신이 화약으로 재활용되었는데, 이는 자급자족 산업의 가장 완벽한 사례였다고 생각한다.) 그러나 '초석인들petre-men'에 대한 찰스 1세의 바로 그 에너지가 그들을 자유와 사유재산의 적들로 만들었다. 왜냐하면 그들은 귀하고 전략적으로 중요한 비둘기 똥과 양의 배설물의 퇴적지를 손에 넣기 위해 만약 필요하다면 영장으로 무장해서 바닥을 파면서 농가 마당과 개인 가정집으로 밀고 들어갔기 때문이었다. 이러한 과업의 특이한 작업 조건들을 생각한다면, 허락을 요청하지도 않고 남의 집 바닥을 파헤치는 행위에 당연히 불쾌해했을 가정들을 직면했을 때, 초석인들이 그들을 달래기 위해 그다지 큰 노력을 기울였을 것 같지는 않다.

마찬가지로 국교회를 위한 로드 대주교의 프로그램에 대한 찰스의 지원은 완벽하게 잘 의도된 것이었지만 쉽게 오해를 살 수 있었다. 로드파 신조의 핵심은 제임스 1세와 자신이 총애했던 장관들 그리고 랜슬럿 앤드루스를 포함한 주교들이 확실히 옹호했던 의식과 성례를 인정한 것에 지나지 않았다. 그러나 제임스 1세가 스코틀랜드에서 받은 제왕 수업은 그를 원칙적인 다원주의자, 혹시 그것이 아니라면, 최소한 실제적인 다원주의자로 만들었다. 제임스 1세는 통일성을 역설해 왔지만 (그리고 스코틀랜드에서는 그것이 1618년에 추진되었지만) 잉글랜드 국왕으로서의 그는 더욱 신중했고 용의주도했다. 반면에 찰스는 국교회의 질서 잡힌 체계 안에서 기독교인들의 화합을 가져올 방법을 로드의 신학에서 발견했다. 설교와 설교술에 대한 집착, 성서의 개인적 독해의 특권화, 구원받은 자와 저주받은 자 사이의 메울 수 없는 아주 깊은 틈에 관해 계속 지껄이기 등은 그가 심하게 분열적이라고 느꼈던 현상이었다. 1640~1641년에 로드주의의 붕괴와 더불어 어쨌든 그것은 토착 국교회의 몸에서 자라난 외래적인 성격의 것으로 생각되었다. 그러나 1630년대에 파멸적으로 방치되고 세속적으로 되어버린 세인트 폴 성당의 보수와 복구를 위한 로드의 세금 부과를 국가적 책무로 보았던 수많은 지지자가 있었다.

헤리퍼드셔는 브램턴 브라이언Brampton Bryan을 근거지로 하는 할리 가문의 고향이었을지도 모른다. 그들은 자신들의 성을 청교도 교사와 설교자들을 끌어들이는 하나의 자석으로 만들고, 로드파 국교회의 집행자들로부터 고통을 당하는 사람들을 위한 피난처로 만들었다. 하지만 그곳은 또한 홈 라시Holme Lacy의 스쿠다모어Scudamores 가문의 고향이기도 했다. 스쿠다모어 가문은 제임스의 치세에 왕이 주재하는 마상 창 시합을 위해 기사들을 공급하는 사업에 종사했고 그들은 자신들의 말을 꼭 사냥을 위한 것이 아니라 국왕 마음대로 이용할 수 있게 하는 것에 특별한 자부심을 느꼈다. 헤리퍼드셔의 부주지사로서 스쿠다모어 제1대 자작은 헤리퍼드셔 젠트리들에게 국왕용으로 가져갈 수 있도록 말의 품종과 수량을 개선하라는 공개적인 충고를 했다. 아서왕 시대의 기사도는 웨일스의 접경 지방에서는 완전히 사라지지 않은 것처럼 보인다. 그러나 스쿠다모어는 충성스럽고 용감한 기사였을 뿐 아니라 또한 옥스퍼드에서 교육받은 정말로 박식한 지방 젠틀맨이었다. 그리고 베이컨 이후 세대의 그렇게 많은 사람들처럼 그는 열정적인 아마추어 과학자, 즉 자연의 조종자manipulator였다. 스쿠다모어의 자부심과 기쁨은 잉글랜드에서 최고이자 상업적으로 가장 인기 있는 사과주를 생산한다고 회자되는 레드 스트릭Red Streak 사과였다. 스쿠다모어의 열정의 모든 것, 즉 과거에 대한 숭상, 기독교 군주정에 관한 그의 비전, 아름다움에 대한 그의 본능적 느낌 등은 그가 헤리퍼드셔의 산하에서 자신의 권위를 정당화하려고 했음이 거의 틀림없는 하나의 프로젝트, 그러니까 도어 수도원Abbey Dore의 복구와 맥을 같이 하는 것이었다.

원래 그곳은 시토 수도회에 속했던 한 수도원의 폐허였다. 스쿠다모어 가문은 16세기 중엽에 수도원 부지와 더불어 그 수도원을 취득했고 수도원 건물을 다시 봉헌했지만 자작이 수도원을 구하기 위해 왔을 무렵에 수도원은 브리튼 전역에 걸쳐 있는 너무도 많은 수도원의 잔해들처럼 붕괴 직전의 상태였다. 지붕은 너무도 심하게 낡아서 어느 보좌신부는 기도서에 떨어지는 빗물을 피하기 위해 아치형 구조물의 피신처에서 기도서를 읽지 않으면 안 되었다. 그리고 스쿠다모어가 오래된 돌로 된 제단 판을 찾으러 갔을 때 그것이 고기를 절이고 치즈를 압착하는 데 사용되고 있는 것을 발견했다.

의심의 여지 없이 헤리퍼드의 주교이자 가장 열렬한 로드 추종자 중 한 사람이었던 매튜 렌Matthew Wren의 격려를 받은 스쿠다모어는 분명히 자기 자신을 헤리퍼드셔의 히스기야Hezekiah라고 생각했다. 히스기야는 하나님의 더 큰 영광을 위해 파괴된 성전을 재건하고자 한 후원자였다. 퇴락한 교회와 수도원을 복구하는 일은 카운티들의 호고적好古的 공동체 사이에서 하나의 열정이었던 것처럼 보인다. '고딕 리바이벌Gothic Revival'의 최초 시작이 1640년대까지 충분히 소급될 것으로 보이는 가운데, 청교도가 지배하는 워릭셔의 한가운데에서 골동품 전문가이자 족보학자인 윌리엄 더그데일William Dugdale은 잉글랜드의 모든 교회 기념물을 서술하고 연대순으로 기록하는 기념비적인 작업을 시작했다. 더그데일은 또한 세인트 폴 대성당에 관한 최초의 위대한 화보 역사를 출간했다. 그 역사책은 더러워진 건물과 (구덩이로 된 야외 화장실로 자유로이 이용되던) 교회 마당을 청소하고 복구하는 등 웨스트민스터 대성당만큼이나 국가적인 성전으로 생각되는 교회의 본모습을 찾으려던 로드의 캠페인에서 매우 유용한 무기로 활용되었다.

스쿠다모어는 로드가 전국적으로 분주한 것만큼이나 지방에서 바빴다. 훼손된 제단은 도어 수도원으로 돌아왔다. (지방에서 전해지는 이야기에 따르면 그 제단을 갖고 급하게 달아나려고 했던 한 하인이 제단의 표면을 피로 물들이며 으스러졌다고 한다.) 농장들과 아주 작은 마을들 주변에 흩어져 있던 중세 교회의 아름다운 초록색 유약을 바른 타일들이 가능한 곳에서는 다시 사용되었고 그렇지 않은 곳에서는 대체되었다. 또한 스쿠다모어는 헤리퍼드셔의 장인인 (또한 레오민스터Leominster에서 멋지게 장식된 타운 홀을 설계한 바 있는) 존 아벨John Abel에게 의뢰하여 오래된 수도원 교회 내부 십자형 교차로 원 위치에 남아 있는 구조물을 활용, 진정한 팔라디안Palladian 부흥기의 양식으로 경이로운 성단소 스크린을 만들도록 했으며, 이오니아식Ionic 원주들로 마감 처리했다. 이 공간의 성별을 위해 선택된 1635년 종려 주일은 교회력에서 가지는 의미도 있었겠지만, 그날은 스쿠다모어의 세례 기념일이기도 했다. 그날 도어 수도원은 하루 종일 많은 사람이 무릎을 꿇고 절을 하고, 또한 기도와 행진이 이어지는 가운데 봉헌되었고, 회중은 이후로 도어가 '신성한 거주지Holie Habitation'로 간주되어야만 함을 기억하도록 명받았다.

이때 로버트 할리 경과 아내 레이디 브릴리아나 할리Brilliana Harley는 헤리퍼드셔의 다른 한쪽 브램턴 브라이언에서 시토 수도원의 재봉헌 과정을 지켜보며, 이를 교황파의 적그리스도가 이미 잉글랜드를 성공적으로 정복했고, 그의 로드파 똘마니들이 잉글랜드를 다시금 로마의 굴종적 노예로 만들기 위해 직위를 남용하고 있는 가장 끔찍하고 빌어먹을 증거로 보았을 것이다. 그러나 로드파에게 스쿠다모어 등이 행하고 있는 일은 어떤 의미로 보든 영적 예속도, 교회조직상의 예속도 아니었다. 그와 반대로 그들은 구경거리와 신비스러운 것의 복구를 그동안 말씀에 대한 국교회의 집착으로 인해 소외되어 온 사람들을 국교회로 다시 불러들이는 방법으로 보았다. 귀를 피로하게 하지 않고 눈을 즐겁게 하는 것은 칼뱅주의자들이 말하기를 저주받았거나 구원받은 사람들 모두를 대상으로 그들 죄인들이 언젠가는 구원을 받을 무리 중에 포함되어 있다고 희망을 주는 방법이었다. 따라서 옛 수도원 자산의 복구는 허식이 아니라 진심 어린 사명이라고 그들은 생각했다. 자신들의 모자를 놓아두는 데 익숙한 곳이자, 개들이 성찬식용 제병을 물고 급히 달아나는 상스러운 작은 테이블에 앉아서 어떻게 신도 회중이 구세주가 죄악으로부터 구해주시는 희생을 제대로 상기할 수 있을 것인가? 숭배, 질서 그리고 복종이 신앙인의 회중을 전부 다시 만들어줄 것이다.

포괄성에 관한 로드파의 강조는 국왕이 신민 전체를 위한 직위라는 군주정에 관한 찰스의 순수한 개념과 깔끔하게 딱 들어맞았다. 그런데 문제는 전체라는 말로 그가 의미한 것에는 잉글랜드뿐 아니라 스코틀랜드도 포함되어 있었다는 것이었다. 왜냐하면 만약 로드파의 개혁 목적이 잉글랜드 국교회 내에 질서 정연한 화합을 창조해야만 하는 것이었다면, 그것의 통일성에 대한 어떤 종류의 예외도 통일이라는 정의 자체에 어긋나는 것으로서 전체 프로젝트를 파괴하는 것이었다. 따라서 자신의 신념이 옳다는 것을 철저히 확신한 찰스는 로드의 기도서를 스코틀랜드에 도입하기로 계획을 세웠다. 찰스가 에든버러에서 즉위한 지 1년 뒤인 1634년 그것은 그에게 훌륭하고 필요한 프로젝트로 보였음에 틀림없었다. 그것이 종말의 시작이라는 것을 찰스가 어찌 알았겠는가?

옮긴이 _ 손세호

A History of Britain

The British Wars

1603–1776

2

카이사르의 것은 카이사르에게로?

Give Caesar His Due?

브리튼인의 전쟁들the British wars[1]은 1637년 7월 23일 아침에 시작되었고 최초로 발사된 것은 발을 없는 받침들이었다. 그것들은 에든버러에 있는 세인트 자일스 대성당St Giles's Cathedral의 신도석으로 날아와 떨어졌고 그들의 목표는 그곳의 주임 사제와 주교였다. (세인트 자일스 교회는 그곳에 새롭게 주어진 권위에 걸맞은 규모로 대성당을 확장하기 위해 동쪽과 서쪽 벽이 제거된 상태였다.) 이들 성직자는 이제 막 국왕이 새로이 재가한 기도서를 여기저기 골라 읽기 시작한 참이었다. 사실 발받침들이 던져지기 전에 이미 사달은 벌어지고 있었다. 기도문을 읽으려는 성직자들의 시도에 맞서서 귀를 먹먹하게 하는 회중들의 함성과 울부짖음이 터져 나왔던 것인데, 특히 여성들의 목소리가 개중 컸다. 이 가증스러운 대상을 가리키며 '잉글랜드와 스코틀랜드의 가톨릭쟁이들을 위한 미사 및 예배서this Popish-English-Scottish-Mass-Service-Book'라고 불렀던 존 로우John

---

1   17세기 중반 잉글랜드, 스코틀랜드, 그리고 아일랜드 등지의 다양한 세력이 상황에 따라 독자적으로 또는 다른 세력과 연합 또는 대적하면서 벌인 여러 가지 전쟁 상황을 가리킨다 — 옮긴이.

Row 목사는 '우, 우'하며 그들이 슬퍼 울부짖었으며, '그들이 우리들 사이에 망할 가톨릭교회의 망령을 들여오는 이 우울한 날의 슬픔이여, 슬픔이여'라는 외침이 교회 안에 울려 퍼지고 있었다고 묘사했다. 겁에 질린 주임 사제와 주교는 황급히 달아났지만, 그때는 이미 사람들이 그들의 등에서 중백의中白衣를 벗겨버린 뒤였다. 세인트 자일스 가까이에 있는 올드 커크Old Kirk와 같은 그 도시의 다른 교회들에서 목사들은 신도들의 야유 때문에 침묵하는 수밖에 없었다. 그리고 그레이프라이어스Greyfriars에서 아가일Argyll 주교 지명자는 폭풍같이 밀려오는 욕설에 항복했다. 오후에 주교들과 사제들이 나타나자, 마치 그것이 하나의 신호라도 되듯이 어디선가 불쑥 군중이 몰려들더니 불안해하는 성직자들을 둘러싸고 거칠게 밀치면서 '그 망할 가톨릭의' 기도서에 대한 그들의 끊이지 않는 증오심을 함성으로 토해냈다.

물론 이 기도서 폭동들the Prayer Book riots은 분노한 스코틀랜드의 보통 사람들이 일으킨 자발적인 저항은 아니었다. 왕실 자문위원회는 이미 몇 달 전에 기도서가 1637년 부활절에 도입될 것이라고 예고한 바 있었다. 이는 기도서의 반대자들, 즉 칼뱅주의 설교자들과 영주들에게 집단적 시위를 조직할 수 있는 시간적 여유를 제공하는 결과를 가져왔다. 기도서의 인쇄가 지체됨에 따라 날짜는 더 뒤로 연기되었다. 7월에 이르러 칼뱅주의자들의 함정은 잘 준비되었고, 로드 대주교와 그의 휘하 주교들, 왕실 자문위원회, 국왕 등은 천진난만하게도 그 함정에 빠졌다. 그들은 완전히 의표를 찔렸다. 찰스의 계획은 스코틀랜드를 포함한 브리튼 전역에 걸쳐 하나의 아르미니우스파 교회를 창조하는 것이었고, 스코틀랜드는 자신의 이러한 계획에 철저하게 복종할 것이라고 생각하고 있었다. 스코틀랜드의 의회는 (웨스트민스터에서 즉위한 지 8년 후인) 1633년에 찰스가 자신의 즉위식을 위해 에든버러에 왔을 때에도, 마지못해서이건 아니건, 아무튼 자신에게 복종하지 않았던가? 확실히 1626년에 찰스가 스코틀랜드 귀족의 토지 소유권과 증서를 취소했을 때에도 약간의 야단법석이 있었지만, 매 25년마다 새로운 군주가 봉토와 관련된 제반들을 명백하게 공표하는 가운데 토지들을 재수여하는 것은 관례였다. 찰스가 알아차리는 데 실패한 것은 종교개혁으로 인해 교회에서 세속인들에게 넘어갔던 토지증서 일부가 이제 주교들을 위한 기본재산을 마련하기 위해 다시금 교회로 되돌려지는 것이 분명해졌을 때 발생한 격한 억울함이었다. 그리고 국왕은 설교를 제한하고 주교에게 지배적인 권한을 부여하는 1636년에 도입된 '신앙 법규집book of canons'에 대해 별 뚜렷한 저항이 없었다는 점에 너무도 득의만면해하고 있었다.

그러나 그때 찰스는 완전히 잘못된 장소에서 완전히 잘못된 사람들에게 말하고 있었다. 자신의 뿌리가 아닌 런던에 머물고 있던 실크 코트 입은 스코틀랜드 귀족인 해밀턴 공작, 혹은 에든버러에 있는 완고한 성격의 재무장관 트라쾌어Traquair 백작이 찰스의 대화 상대였는데, 이들은 대부분 찰스가 듣기 원하는 것만을 말해주었다. 찰스는 오래된 왕실 수도원 타운인 던펌린Dunfermline에서 태어났지만 실제로는 스코틀랜드의 현실에 관해서는 아무것도 몰랐고 스코틀랜드의 열정적인 칼뱅주의의 깊이와 폭을 결정적으로 오판했던 부재 군주였다. 그가 스코틀랜드의 상황을 제대로 알고자 했다면, 월요일 장날에 어바인Irvine처럼 남서부의 작은 회색 화강암 타운에 가서 로버트 블레어1Robert Blair나 데이비드 딕슨David Dickson 같은 설교자들의 열정적인 설교를 들었어야 했다. 그들은 로드 대주교와 부패하고 폭정을 일삼는 그의 하인들, 즉 주교들이 경건한 스코틀랜드 교회를 상대로 저지른 부당한 파괴 행위에 대항해 우레 같은 설교를 퍼붓고 있었다. 로마교회가 (아르미니우스파들이 주장한 것처럼) 때로는 오도되기도 했지만 '진실한' 교회이고, 가공할 만한 적그리스도의 조직은 정말 아니라는 단순한 개념은 그들로 하여금 노여움이 폭발하게 만들었다. 공식 교회로부터 받은 강한 핍박에 더해 때로는 생계를 빼앗기기까지 한 그들은 노스 해협 건너 얼스터Ulster로 건너가 자신들과 마찬가지로 격렬한 장로교 신앙을 가진 스코틀랜드 동포들에게서 피신처를 구하면서 돌아다니는 떠돌이 설교자들이 되었다. 그들은 거기에서 같은 생각을 지닌 찬송가 가수들과 성서 읽어주는 사람들의 공동체에 포용되었다. 스튜어트 왕국에 실망한 일부 경건파 목사들은 대서양 건너 매사추세츠Massachusetts에 자신들의 예루살렘을 건설하기로 결심하고 뉴펀들랜드Newfoundland까지 갔지만, 도중에 폭풍을 만나는 바람에 되돌아왔다. 그들은 되돌아오게 된 것에 대해 두말할 필요도 없이 자신들이 결국 하나님의 일을 고국에서 해야 한다는 하나님의 계획으로 해석했다. 그들은 스코틀랜드로 돌아와 예레미야Jeremiah와 에스겔Ezekiel의 수많은 분신이 되었다. 그들은 고국의 신자들을 향해 중백의中白衣와 무릎 꿇기, 그리고 돌 제단 등이 마치 소돔의 신성모독이거나 한 것처럼 이들 혐오스러운 것에 저항할 것을 외쳤다.

하지만 찰스는 위대한 정화를 요구하는 스코틀랜드 칼뱅주의의 명쾌한 나팔 소리가 가진 영향력을 이해하는 것이 불가능했다. 국왕이 생각하기에 스코틀랜드는 잉글랜드와 전혀 다르지 않았고, 만약 어느 한쪽이 선의의 굳은 결의로 왕의 의지에 굴복해 왔다면 다른 쪽도 그래야 한다고 생각했다. 그러나 주지하다시피 스코틀랜드의 종교개혁은 프로테스탄트 신앙을 향해 느리고, 띄엄띄엄 간헐적으로 진척되는 과정을 거쳤던 잉글랜드와는 전혀 달랐다. 스코틀랜드의 칼뱅주의는 교사, 강사, 목사 등의 지원을 받아 매우 열광적인 폭발 속에서 카리스마적인 개종 과정을 겪었다. 이를 지켜보았던 제임스 1세는 자기 아들과는 달리 멈춰야 하는 순간을 경험적으로 알고 있었고, 따라서 이러한 과정을 마지못해 간헐적으로나마 수용할 수밖에 없었다. 1637~1638년, 국왕과 스코틀랜드 칼뱅주의 교도들 사이에서 벌어진 종교적 헤게모니 싸움에서 양측 모두가 자신들이 변화가 아니라 연속성을 대표한다고 상상했다는 것은 하나의 아이러니였다. 찰스와 로드는 자신들이 1618년 퍼스의 5조항Five Articles of Perth을 기반으로 하고 있고 저항자들이야말로 교회에 대한 온전한 국왕의 최고감독권을 전복시키려고 하는 장로교 반란자들이라고 생각했다. 반면, 안워쓰Anwoth에서 행한 설교가 너무나 공격적이라고 해서 갤러웨이Galloway의 주교 시드서프Sydserf에 의해 확실하게 보수적인 애버딘 지역으로 추방되었던 새뮤얼 러더퍼드Samuel Rutherford와 같은 목사들은 자신들이 단지 스코틀랜드와 하나님

사이에 맺어진 한층 더 오래된 언약을 옹호하고 있다고 믿었다. 이 언약은 하나님과 이스라엘 사이에 맺어졌던 것과 모든 면에서 동일한 내용이었지만, 이는 (허구지만 엄청나게 영향력 있는) 기원후 3세기에 스코틀랜드에서 일어났던 개종의 역사에 특별한 기원을 두고 있는 것이었다. 이들 역사에 따르면 스코틀랜드 공동체community는 최초의 왕 퍼거스Fergus가 310년에 치세를 시작하기도 전에 이미 교회를 받아들였다. 그의 통치권은 스코틀랜드와 하나님 사이에 맺어진 언약을 수용한다는 조건으로 주어졌으며, 그렇게 해서 성립된 최초의original 경건한 국가godly nation는 잉글랜드는 물론, 로마보다도 먼저였다.

이것이 블레어, 딕슨, 러더퍼드와 그 밖의 헤아릴 수 없이 많은 목사가 설교한 것이고 그들의 무리가 열렬하게 믿었던 것이다. 그들이 보기에 로드와 주교들은 자신들과 전능한 분이 맺은 언약 사이에 틈입해 온 것으로 추정되는 사악한 신 바알Baal의 아주 더러운 사제들이었다. 국왕에 대해서는 로드와 주교들의 '사악한 자문'으로 인해 잘못된 길을 걷고 있다고 생각했는데, 이는 그가 이른바, '의심의 혜택the benefit of the doubt'[2]을 누리고 있다는 이야기였다. 1637년 7월의 기도서 반란과 그 뒤에 이어진 더욱 놀라운 사건들이 스튜어트 왕가의 전복을 알리는 신호는 아니었다. 오히려 그와는 반대로, 그 사건들은 스코틀랜드에서 스튜어트의 통치권을 재차 확인하고자 의도된 것이었지만, 그들이 생각하는 통치권은 스코틀랜드 왕국이 단순히 잉글랜드의 부속물로 취급될 수도 없거니와 취급되지도 않을 것이라는 전제하에서 이해되어야 하는 성격의 것이었다. 특히 좀 더 온건한 귀족들 사이에서는, 기도서의 강제 시행이 불가능한 작금의 상황이 국왕으로 하여금 현명한 조언에 귀를 기울이게 만들고 '혁신'이라는 정책에서 후퇴하도록 설득할 것이라는 희망이 있었다. 트라퀘어를 대신해 스코틀랜드에서 새로이 국정 최고책임자가 된 해밀턴 공작은 1638년 6월

---

2   형사재판에서 적용되는 무죄추정의 원칙처럼 범죄가 의심되는 사람에 대하여 일단은 당사자에게 유리한 방향으로 생각한다는 의미 — 옮긴이.

국왕에게 더 이상 그들과 대립하지 말 것을 권유했다. 해밀턴은 심지어 만약 찰스가 고집스럽게 정책을 밀고나간다면 문제는 스코틀랜드에 국한되지 않고 불가피하게 그의 세 왕국 전체로 확산될 것이라고 경고하는 등 그 나름대로 앞을 내다보는 안목을 갖고 있었다.

해밀턴이 스코틀랜드에 도착한 이래 목격한 것은 17세기 브리튼 최초의 혁명적 격변이었다. 심지어 기도서 폭동을 조직했던 사람들조차도 그 저항의 힘과 압도적인 인기에 깜짝 놀라서 어쩔 줄 모르고 있었다. 타운의 관리들은 가장 커다란 소음을 내는 소수의 여성 하인들과 견습생들을 잠시 구금했을 뿐, 폭도들을 체포하는 일은 전혀 하지 않았다. 그러나 1637~1638년의 겨울을 온통 사로잡았던 것은 주교들에 반대하는 거대한 청원 운동이었으며, 이는 목사, 귀족, 지주, 읍민을 가리지 않고 많은 사람을 십자군적 열정 속으로 몰아넣었다. 스코틀랜드에서 국왕 자문 회의에 반대하는 집단은 국왕에게 로드파 교회를 포기하고 경건한 장로교파로 대체할 것을 촉구하는 '탄원Supplication'을 올렸다. 이에 대한 찰스의 대응은 이 무모한 사건의 배경에 프랑스 등 어떤 해외 세력의 영향이 있었을 것이라고 추정하는 것, 계속해서 소란이 벌어지는 에든버러 밖으로 자문 회의를 나오게 하는 것, 그리고 끊임없이 저항을 계속하는 사람들은 반역자로 취급할 것이라고 위협하는 것뿐이었다.

그의 이러한 대응은 저항 세력에 겁을 주기는커녕, 저항을 혁명으로 변화시켰다. 1638년 2월 28일, 경건파에게 새로운 이스라엘이 되기를 권고하는 기도와 찬송과 설교로 가득 찬 네 시간에 걸친 엄숙한 의식이 에든버러의 그레이프라이어스 교회에서 진행되는 가운데, '국민 언약National Covenant'이 서명되었다. 언약서는 카우게이트Cowgate의 테일러스 홀Tailors' Hall에 그날 늦게 도착했고, 목사들과 각 타운에서 온 대표자들이 먼저 서명을 마쳤다. 다음 날 상당수의 여성을 포함한 보통 사람들이 서명을 추가했고 스코틀랜드 도처에 보내기 위해 복사본들이 만들어졌다. 비록 그 언약은 일견 국왕의 안녕을 주장하는 보수주의의 언어로 작성된 것처럼 보였지만, 그것은 부분적으로는 타협할 줄 모르는 칼뱅주의 법률가인 아치볼드 존스턴Archibald Johnston이 초안을 쓴 것이었다. 존스턴은 우울하고 화를 잘 내며, 난행고행難行苦行을 즐기는 광신자의 부류에 속하는 사람이었다. 그는 자신이 가진 한 톨의 음란함이라도 선민the Elect의 자격을 부정할 수 있다는 생각에 밤에 일어나 스스로에게 고문을 가하고, 10대의 부인인 진Jean과 함께 침대에 들면서 즉시 자신이 그녀의 얼굴보다 하나님의 얼굴을 선호한다고 (소리 내어) 하나님에게 확약하는 인물이었다. 존스턴에게 그 언약은 자신의 '왕국이 하나님과 영광스러운 결혼을 하는 날'이었다. 그는 새뮤얼 러더퍼드처럼 왕들에게 적법하게 책임을 추궁할 수 있으며, 만약 왕들이 그that 혼인 침대를 더럽힐 경우에는 필요에 따라 제거할 수 있다고 추정하는 데 추호의 망설임이 없었다.

헤아릴 수 없이 많은 스코틀랜드인에게 언약에 서명하는 것은 단지 스코틀랜드 교회 내에서 하나님과 자신들을 '묶어주는banding' 맹세의 외연을 확대하는 것이었지만, 문서 자체는 누가 진정한 기독교인인지 아닌지, 그리고 누가 진정한 스코틀랜드인인지 아닌지를 결정해 주는 하나의 방법으로서 일종의 애국적 문서의 지위를 빠르게 획득하고 있었다. 해밀턴은 뒤늦게 온건한 대응책의 하나로 '국왕의 언약King's Covenant'을 조직하려고 시도했고 가까스로 약 2만 8000개의 서명을 확보했다. 이것은 스코틀랜드 역사에서 나타났던 다른 수많은 결정적인 전환점과 마찬가지로, 이는 나라가 어떤 상황에 대응함에 있어서 통일되었다기보다 분열되었다는 증거였다. 그러나 찰스 자신은 스코틀랜드인들을 굴복하게 만들기 위해 충분한 군대를 동원하는 동안에 '국왕의 언약'을 전술적 책략 이상의 것으로 생각한 적이 있는 것처럼 보이지 않았다. 그리고 1638년 말경에 스코틀랜드 대부분의 지역은 이미 회오리바람에 휘말렸다. 존스턴이 서기장을 맡고 있던 글래스고Glasgow 총회는 당당하게 고무되어 있었는데, 이들은 잉글랜드 정부와 스코틀랜드 교회 사이의 모든 관계를 효과적으로 끊으면서 갈 때까지 갈 태세였다. 총회는 주교직과 로드파 체제의 다른 잔존물을 폐지했다. 그런 다음에 1639년 8월에 처음 모이고 1640년 6월에 왕의 허가 없이 다시 열린 스코틀랜드 의회는 국왕의 소집 여부와 관계없이 매 3년마다 의회를 열기로 결정했다.

언약도들Covenanters 중 그 누구도 글래스고 총회에 대한 찰스 1세의 대응이 어떤 것이 될지에 관해 착각에 빠질 사람은 없었다. (비록 반동 종교개혁에 대항한 칼뱅주의자들의 국제적인 방어책의 일부로서 자신들이 국경 남쪽의 장로교도들을 위한 본보기를 세울 수도 있을 것이라고 희망할 수밖에 없었지만) 그들의 관점은 잉글랜드의 문제에 관해 자신들이 아무런 간섭도 하지 않았고 아무것도 위협하지 않았다는 것이었다. 그럼에도 불구하고 만약 찰스가 잉글랜드의 국왕으로서 자신들의 경건한 종교개혁을 원상태로 돌리기 위해 무장을 하고 온다면, 물론 목숨을 걸고 그것을 지킬 것이었다. 그리고 그러한 방어를 준비하기 위해 1638~1639년 겨울과 봄에 걸쳐 완전한 예방적 조처가 재빨리 취해졌다. 유럽 종교전쟁의 노련한 참전 용사였던 알렉산더 레슬리Alexander Leslie 장군이 군대 사령관이 되었고 네덜란드로부터 군수품과 화약을 구입하기 위해 은행가인 윌리엄 딕William Dick으로부터 돈을 빌렸다. 그리고 성채와 요새들도 왕실에서 언약도의 수중에 넘어갔다. 또한 청원과 언약을 위해 서명했던 스코틀랜드의 타운과 마을의 지방 네트워크는 이제 자금과 인력을 마련할 준비를 했다. 찰스와 로드의 정책은 본의 아니게 매우 독특한 사건 하나를 이루어내는 데 성공했는데, 그것은 늘 서로 다투는 데 더 익숙했던 스코틀랜드 교회와 영주들의 두 집단을 통일시킨 것이었다. 그리고 스코틀랜드 교회와 씨족이라는 두 충성심의 원천은 경건한 군대를 마련하기 위해 이용될 수 있었다. 1639년 봄에 이르러 군대의 수는 최소한 2만 5000명에서 아마도 3만 명에 달할 만큼 많았다.

국경의 다른 쪽에서는 스코틀랜드인들의 심장부에 확실하게 공포를 안길 수 있는 (또는 최소한 그들에게 언약을 포기하도록 설득할 수 있는) 군대는커녕, 군대 자체를 일으키는 일이 어렵다는 사실이 드러났다. 이제는 왕의 조신이라기보다는 한결 더 시골의 젠틀맨에 가까워진 에드먼드 버니 경은 버킹엄셔의 클레이던Claydon에 있는 영지를 돌보면서 아내인 메리, 그리고 빠른 속도로 늘어나고 있던 가족들과 지내는 시간을 즐기는 인물에 불과했다. 그러나 그는 궁정 사실私室, Privy Chamber의 한 구성원이자 여전히 공식적으로 궁내 사법관Knight Marshal이었고, 따라서 마지못해서라도 요크로 집결하라는 국왕의 소집에 응해야 할 의무가 있었다. 그는 왕과 로드의 정책이 지닌 지혜와 속성에 관해 커다란 의혹을 품고 있음에도 불구하고, '알맞게 사육되고 훈련된 종마와 함께 적갈색 무장을 한 흉갑 기병으로서' 응했던 것이다. 그의 장자인 랠프는 (어떤 경우든 건강이 좋지 않았던) 아버지가 스스로 인정하지도 않는, 그리고 신학자들에게 맡겨 철저한 논증을 요구하는 것이 최선인 논쟁적인 교리를 집행하기 위해 목숨을 걸고 모험하는 것이 행복하지 않았다. 랠프는 아버지가 클레이던을 떠나기 전에 유언장을 꾸몄다는 사실, 그리고 그에게 도착하기도 전에 개봉될지도 모른다고 우려하면서 부친이 보낸 편지에서 묘사한 바, 진행되고 있던 군사적 참사로 인해 불안했다. '우리의 군대는 약하고, 우리의 재정은 더 약하다. 그리고 만약 우리가 이들 군대와 싸운다면 올해 일찍이 우리 목이 잘려 나갈 것이다.' 박식을 자랑하던 문장원紋章院 총재이자 아룬델Arundel 백작 토머스 하워드Thomas Howard는 군대를 이끄는 것보다는 미술품과 고대 유물을 수집하는 데 더 소질이 있는 것처럼 보였는데, 왜냐하면 그는 부대의 끔찍한 상황에 관해 왕에게 경고하지도 않고 국왕을 싸움에 임하도록 이끌었기 때문이었다. 에드먼드 경은 아룬델의 기를 죽이며 다음과 같이 썼다. '나는 감히 전투에 임해 그토록 경험이 없고 너무도 서투르고 너무도 의지가 없는 군대는 결코 없었다고 말하려 한다.'

나는 감히 문장원 총재는 안전할 것이고 그런 다음에 그분은 다른 사람들이 어떻게 될 것인지에 대해서는 상관하지 않으리라는 것을 말하고자 한다. 진정 여기에는 많은 용감한 젠틀맨이 있어서 자신들의 명예를 걸고, (아룬델)을 제외한 모든 사람들의 가슴을 진정 울릴 만한 위험을 감수하려고 할 것인바, 이는 그가 그들을 고의적으로 파멸시키는 결과를 가져올 것이다. 나의 경우에는 고통과 근심거리가 그것을 꺼리게 만들 때까지 살아왔다. 그리고 올 수 있는 최악의 것은 나에게서 환영받지 못할 것이다. 그러나 만약 왕의 군대를 증가시키기 위해 국왕의 심장에 그것을 두는 것이 신을 즐겁게 하거나 그들이 한 것을 알 수도 있을 때까지 머물지 않는다면 여기에서 살해당한 것처럼 여겨지는 사람들을 보는 것은 유감스러운 일이다. 왜냐하면 아직은 그들이 동료를 적처럼 죽일 것 같기 때문이다.

에드먼드 버니는 과장하고 있는 것이 아니었다. 잉글랜드군을 구성하기 위해 잉글랜드 중부 지방과 북부의 카운티 지역에서 훈련된 병사들을 동원하는 시스템 자체가 임박한 붕괴의 조짐을 보여주는 것이었다. 내륙 카운티 지역까지 확대하여 선박세를 거두는 것은 어려운 일이라는 것이 입증되고 있었고, 일부 지역의 경우에는 아예 불가능한 일이었다. 병력 충원 책임자들과 선박세를 징수해야 할 주 장관들이 사라지고 있거나, 자금을 산출하는 것이 불가능하다는 항변을 내놓는 데 급급해하고 있었다. 의류상과 같이 문해 능력이 있는 장인들의 훈련된 무리를 포함하여 병력 충원 대상자들은 빈번하게 소집 장소에 나타나지 않았고, 모병관들이 그들을 발견할 수 없는 곳에서는, 그곳이 어디건 그들을 대체할 사람들이 잡혀 와야 했다. 그들 역시 자신들이 왜 이 '주교들'의 전쟁에서 싸우기 위해 소집되었는지 이유를 이해할 수 없었다. 훈련된 무리는 엄밀히 침략에 대항해 왕국을 방어하기 위해 소집되는 것으로 생각되었고, 스코틀랜드인들, 특히 언약도들은 이미 국경의 남쪽에서 회람되고 있는 선전물을 통해 침략 의도를 노골적으로 부인했다는 것은 잘 알려져 있었다. 훈련된 무리의 거부감은 그들의 사회적 상급자와 장교들에게도 공유되었다. 찰스 1세는 이 부자연스러운 상황을 인지하고 있었지만 그럼에도 장교들에게 충성의 맹세를 요구함으로써 사태를 악화시켰다. 청교도 귀족인 (각각 옥스퍼드셔와 워릭셔의) 세이 앤드 셀 자작, 로드 브룩Lord Brooke 등은 이를 단도직입적으로 거부했다. 국왕의 명령을 충격적으로 거부한 이들 귀족은 그 대가로 요크에 투옥되었지만, 경건파들 사이에서는 영광으로 덮인 사람들이 되었다. 에드먼드 버니 경이 기록했듯이 요크에서 국경을 향해 북쪽으로 오랫동안 힘들게 행군해야 했던 일반 사병들은 제대로 보수도 받지 못하고 (많은 경우 아예 보수를 전혀 못 받고), 무장도 제대로 갖추지 못한 채 가엾게 이끌렸던 병력이었다.

스코틀랜드 영토 바로 안에 있는 켈소Kelso에서 에드먼드 버니의 비관주의가 옳았음이 입증되는 것처럼 보였다. 에드먼드 경 자신을 포함한 홀랜드 백작이 이끄는 소규모 기병 부대는 처음에는 다루기 쉬워 보이고 그다지 대단하지 않아 보이는 스코틀랜드 병력과 맞섰다. 그러나 홀랜드가 병사들에게 전투 명령을 내리는 순간부터 스코틀랜드 군대는 눈앞에서 그 수가 증가하는 것처럼 보였고, 창병, 총을 가진 기마병, 그리고 말의 숫자가 점점 더 많아지면서 어떤 종류의 교전도 재앙 수준의 완패로 끝나게 되리라는 것이 소름 끼치도록 명백해졌다. 홀랜드는 서둘러 임시 주둔지로 부대를 철수시켰으며 (어쩔 수 없이) 대기하고 있는 적의 규모를 과장할 수밖에 없었다. 불만과 탈영 소식에 찰스의 기분은 남을 얕보던 자만심에서 암울한 격앙 상태로 바뀌었고, 이제는 격렬한 작전이 더 낫겠다고 생각하게 되었다. 이때 스코틀랜드 병력은 (그들은 한시도 자신들이 반란자들이라고 생각하지 않았기에) 자신들의 입장을 명확하게 밝히겠다는 요구를 해왔고, 이것이 받아들여짐에 따라 1639년 6월, 베릭온트위드Berwick-on-Tweed에서 대표들의 회합이 조직되었다. 찰스도 이 모임에 참여했고 그곳에서 분노로 이글거리는 칼뱅주의자 아치볼드 존스턴의 충만한 적개심과 처음 마주할 기회를 가졌다. 늘 그렇듯이 외교에 관한 국왕의 생각은 '자칭pretened' 총회와 관련해 스코틀랜드인들을 책망하고, 기대하건대 전쟁터에서라기보다는 스코틀랜드 의회의 소집을 통해 그곳에서 논의되고, 혹은 해결될지도 모를 문제들을 제외하고는 아무것도 인정하지 않았다. 그리고 그러한 해결책을 기다리는 동안 양측의 군대는 해산되어야 할 것이었다. 존스턴은 이것이 단지 시간을 벌기 위한 국왕 측의 계략이라고 의심했고, 그는 거의 면전에서 그렇게 말할 수 있는 버릇없는 태도를 갖고 있었다. 그러나 의심스럽건 그렇지 않건 간에 '강화 합의Pacification'가 때맞춰 서명되었다. 그러나 잉크가 거의 마르기도 전에 찰스가 글래스고의 모든 개혁을 무효로 돌릴 새로운 총회의 소집을 기대하고 있음이 알려짐으로써, 존스턴의 회의주의는 정당함이 입증되었다.

그해 7월 스코틀랜드에 강화 합의 조건이 알려지자 거의 폭동에 가까운 상황이 일어났다. 왜냐하면 그로 인해 국왕을 패배시킬 기회가 사라져버렸을 뿐 아니라, 이제는 휴전 상태에 갇혀서 또 한 차례의 좀 더 심각한 전쟁을 기다려야 하는 상황이 합리적이라고 느껴지지 않았기 때문이었다. 그리고 아마도 잠시 동안 찰스는 자신이 전술적으로 스코틀랜드인들을 능가했고, 곧 군사적으로도 역시 그들을 능가할 것이라고 상상하면서 착각의 미소를 짓고 있었을 것이다. 왜냐하면 그는 이제 의심의 여지 없이 자신을 위해 승리와 명예 회복, 그리고 언약도들에 대한 응징을 가져올 것이라고 믿고 있는 아일랜드 총독Lord Deputy 토머스 웬트워스Thomas Wentworth의 말에 귀를 기울이고 있었기 때문이었다. 웬트워스는 국왕에게는 일종의 기적이었다. 의회에서 찰스에 대한 가장 공격적인 비판자 중 한 사람에서 출발한 그는 가장 지칠 줄 모르고 타협할 줄 모르는 왕권 절대주의의 지지자가 되었다. 심리학적으로 볼 때, 찰스는 무뚝뚝하고 무정한 웬트워스가 진정 자기 사람 중 하나라고 느꼈을 것이 틀림없었다. 예를 들면 그는 왕권의 운명이 신앙고백으로 상처받은 국민에게 국왕의 사법적 정의라는 연고를 발라주어야 하는 것이라고 이해했던 인물이었다. 그것을 제외하고 웬트워스의 약은 언제나 국민의 상처에 따끔한 침을 쏘는 것이었다. 총독과 다른 의견을 간청한 사람들은 자신들이 가혹할 정도로 불리해지는 것을 발견했다. 예를 들면 그들은 토지 문서를 조사당했고, 재산을 빼앗겼으며, 투옥되었다. 그러나 그의 '철두철미한' 정책은 아일랜드를 침묵하게 만들었고, 그리고 그 사실이야말로 그가 구舊잉글랜드의 가톨릭교도들, 얼스터의 장로교도들, 게일어를 쓰는 아일랜드인들 등 아일랜드의 종파들 사이에서 일어나는 모호하고 격렬한 전쟁을 이해하는 첩경이 되었다. 찰스의 시야에서 볼 때, 웬트워스는 궁정 가면극에서 하늘에 떠 있는 모종의 갤리온galleon 범선처럼 국정이라는 이름의 왕실의 배를 정쟁에 닿지 않을 정도로 높은 위치에서 항해하고 있었다. 그러므로 그가 스코틀랜드의 위기에 관해 국왕에게 조언했을 때, 찰스는 주의를 기울였다. 웬트워스는 의회를 소집하라고 조언했다. 그는 의회 없이는 폐하의 군대는 결코 잘 보급 받지 못하게 될 뿐 아니라, 국민들도 전쟁에 제대로 임하지 않을 것이라고 조언했다. 그리고 두려워하지 말라는 조언이 이어졌다. 의회는 아무리 반항적으로 보여도 다루어질 수 있으며, 특히 왕국의 방어가 합법적인 요건으로 제기되면 그만큼 쉽게 다룰 수 있는 상대가 된다는 이야기였다. 1640년 3월, 웬트워스는 의회에서 무엇이 행해질 수 있는지를 국왕에게 보여주기 위해 더블린에서 아일랜드 의회를 소집했다. 의회는 마치 순한 양처럼 행동했고 구舊잉글랜드인들은 견고한 다수 의석을 만들어내고 왕권을 위해 적지만 넉넉한 보조세를 마련하기 위해 충분한 수의 신新잉글랜드인과 함께 투표했다. 두 번째 전략은 인정하건대 약간 더 다루기 힘든 것이었다. 웬트워스는 스코틀랜드인의 반란에 대처하기 위해 아일랜드 군대를 이용할 것을 제안하고 있었다. 유일한 문제는 스코틀랜드 전쟁에 여하한 충격을 가하기에 충분한 수의 훈련된 부대를 어떻게 신속하게 양성할 수 있는가 하는 문제였다. 말할 필요도 없이 모두 언약에 동조하는 사람들인 얼스터 식민지의 신잉글랜드인과 스코틀랜드 장로교도들로부터 병사들을 끌어오기는 거의 불가능했다.

  하나의 해결책은 찰스의 오른손이라고 할 앤트림Antrim 후작 랜들 맥도넬 Randal Macdonnell이었다. 그는 토착 아일랜드계 가톨릭교도로서 북아일랜드에서는 독특한 인물이라 할 수 있었지만 웬트워스와의 거래에서 이익을 취하기도 했던 인물이었다. 이 거래로 그는 방대한 영지에 농장주들을 끌어들일 수 있을 정도로 부를 증대시켰다. 그와 동시에 앤트림은 전적으로 신뢰받은 것은 아닐지 몰라도 찰스 궁정의 핵심층 내에서 친숙한 인물이 되었다. 그래서 그가 자신의 토착 아일랜드 군대를 거병하여 국왕의 처분에 맡기도록 하겠다고 제시했을 때, 비록 웬트워스는 자신이 '전체 의석을 놀라게 할 만큼 수많은 "O들"과 "Mac들"이 있는' 저질스러운 야만적인 가톨릭 군대라고 간주하는 자들이 국왕의 일을 하겠다며 전체 의회를 떠들썩하게 만들 것이라는 의심을 지우지 못했지만, 그럼에도 찰스는 그 제안을 매우 진지하게 받고 싶어졌다. 그는, 만약 그 도박이 성공을 거두지 못할 경우, 경건한 언약도들을 상대로 전개된 준♯사적 semi-private 가톨릭 군대라는 개념이 잉글랜드에서 어떻게 받아들여질 것이며, 또한 어떤 결과를 초래할 것인지를 알기나 했던 걸까!

그러고는 웬트워스조차도 왕의 전략에 들어 있는 두 개의 무기, 즉 의회와 대부분이 토착 가톨릭교도인 아일랜드인 군대가 상호 확연한 모순으로 판명 날지도 모른다는 것을 처음부터 알아차렸다. 그러나 국왕은 논리적으로 생각하지 않았다. 사실 그는 전혀 생각이라는 것을 하지 않았고, 단지 명예의 옹호와 승리라는 꿈을 꾸고 있을 뿐이었다. 그것은 거의 손안에 들어온 브리타니아의 웅대한 화합에 관한 꿈이기도 했다.

1단계는 1640년 4월에 의회를 소집하는 것이었다. 찰스는 웬트워스와 로드에게 고무된 나머지, 잠시 교착상태이지만 아직 미완의 문제로 남아 있는 스코틀랜드 위기 상황으로 인해, 아일랜드 의회가 그랬던 것처럼, 잉글랜드 의회도 반드시 국왕이 제시한 문제들만을 논의하게 될 것이고, 그러한 논의 이후에는 군대를 위한 충분한 비용을 마련해 줄 것이라고 확신하고 있었다. 그는 또한 의회 없이 행한 11년에 걸친 개인적 통치 기간 동안 의회의 태도가 상당히 유순해졌을 것이라고 생각하는 것 같았다. 왜냐하면, 그의 생각으로는 이 나라는 그동안 자신의 통치권이 보여준 지혜, 활력, 관용 그리고 불편부당한 정의 등에 노출되어 왔기 때문이었다. 그리고 그는 스코틀랜드의 언약도들이 프랑스 왕과 접촉해 왔다고 믿었기 때문에, 자신이 해야 할 일은 오직 이 악명 높은 '낡은 동맹'(스코틀랜드-프랑스)의 부활에 관한 증거를 풍부하게 모으고 이 나라가 왕국의 방어를 위해 일어서게 하는 것이었다. 플랜태저넷Plantagenets 가문과 브루스Bruces 가문의 (비록 스코틀랜드의 독립을 위해서라기보다는 반대해 싸우는 스튜어트 왕조의 이상한 결과가 있었을지라도) 그늘이라니!

그러므로 새로이 소집된 의회가 오래된, 그리고 사실이 아니라 상상에서 비롯된 그들의 불만을 없애버리기는커녕 즉각적으로 그것들을 부활시켰을 때, 이는 찰스에게 불쾌한 충격으로 다가왔을 것이 틀림없었다. 사실상 그날 의회의 첫 의제는 존 엘리엇 경에 대해 행해진 법적 절차들에 대한 기록을 소환하는 것이었다. 런던탑에서의 엘리엇의 죽음은 잊힌 적이 없었고 인민의 자유를 위해 고통을 겪은 순교자로서 어김없이 기억되어 왔다. 아무리 극단적이라고 해도 이것은 엄밀히 엘리엇의 운명과 로드가 주재하는 특설고등법원과 성청星廳, Star Chamber재판소에서 희생된 사람들의 판테온Pantheon 전체가 지방에 배포되는 신문과 '별지別紙'에 등장하는 방식으로 기억되어 왔다. 소문을 퍼뜨리는 사람들에게 엘리엇은 신문의 놀라운 기삿거리가 되었고, 그와 합류하려는 희생자들과 영웅들이 꾸준히 공급되고 있었다. 이들의 이야기는 경건한 자유에 관한 경전에 장章들을 추가하면서 신문을 통해 기념되었다. 완고하고 강철 같은 법률가인 윌리엄 프린William Prynne 등 몇몇 사람들은 박해를 자초하기 위해 할 수 있는 모든 것을 다 했다. 프린의 『히스토리오-매스틱스Histrio-Mastix』는 궁정과 특히 왕과 왕비가 춤을 추는 사람으로 등장하기를 좋아했던 가면무도회에 관한 가차 없는 공격이었다. 프린은 더 위험하게도 논쟁의 과정에서 (극단적 가톨릭교도와 칼뱅주의 이론가들 양측이 모두 공유하고 있던) 군주가 대놓고 자기 의지에 따라 신의 법을 어길 경우 제거될 수 있다는 저항의 원칙을 강하게 주장했다. 프린은 이러한 선동으로 인해 1634년에 귀가 잘렸을 뿐 아니라, 5000파운드의 벌금과 함께 여생을 런던탑에서 보내야 하는 형을 선고받았다. 런던, 그리고 도체스터와 같이 청교도들이 지배하는 공동체에서, 이 성마르고 제지하기 힘든 프린은 즉각적으로 성인 반열에 올랐고, 그의 서한은 경건파의 네트워크를 통해 얼스터에서 스코틀랜드에 이르기까지 널리 배포되었다. 1637년에 정부는 그의 인기를 강화해 주고 영속화하는 어설픈 조치를 취했다. 정부는 프린을 런던탑에서 끌어내 가톨릭의 음모와 국교회의 사악함에 관해 설교한 런던 프라이데이 스트리트에 있던 세인트 매튜St Matthew 청교도 교구 목사인 헨리 버튼 박사Dr. Henry Burton, 그리고 마찬가지로 침묵하기를 거부한 또 다른 적극적인 동조자인 존 배스트윅John Bastwick과 함께 칼을 쓴 채로 서 있게 했던 것이다. 이 새로운 죄수들은 둘 다 귀가 잘렸지만 이것이 버튼을 멈추게 하지 못했다. 그는 피가 철철 흐르는 동안에도 저항적 설교를 계속했으며, 그의 이야기는 청교도 외경Puritan Apocrypha에 수록되었다.

이스트칩Eastcheap의 세인트 앤드루스 허바드St Andrew's Hubbard 교구에 살던 독실한 목재 선반공인 니어마이어 월링턴Nehemiah Wallington은 프린을 좇아서 복음서의 모든 말씀을 믿었고 귀가 없는 순교자들인 버튼과 배스트윅에 대한 찬사를 포함한 당대의 죄악과 사건들에 관한 2000쪽의 보고서 작성을 시작했다. 월링턴의 빽빽한 작은 우주에서는 신의 섭리가 개입되지 않고서는 거의 아무것도 일어날 수 없었다. 보트 사고도 안식일을 어긴 신성모독에 대한 하나님의 벌이었다. 그리고 교회의 스테인드글라스 유리창을 깨뜨린 폭풍도 천박한 우상숭배에 대한 하나님의 심판이었다. 프린, 버튼, 배스트윅은 분명히 당대의 부정함에 반대하는 설교를 하도록 부르심을 받았고, 그들의 고통은 위대한 심판의 날이 머지않았음을 보여주는 징표였다. 이 과열된 세계의 기적들 속에 징조와 징표는 풍부했다. 월링턴의 책에 적힌 한 대화는 그와 청교도 장인들이 하나님의 자녀들과 적그리스도의 군단들 사이의 전투가 도래할 것임을 얼마나 강하게 느끼고 있었는지를 잘 암시해 준다. 이들 이단자 중 한 사람이 이들 세 사람을 가리켜 문제를 일으켰으므로 교수형을 당해야 마땅하다며, 이들을 '비열한 종파 분립의 개뿔들base schismatical jacks'이라고 비난하는 말을 마치자마자, 그는 갑자기 귀에서 피를 쏟으면서 엄청난 땀을 흘렸다는 것이다. 프린, 버튼, 배스트윅 등이 선한 싸움을 싸우고 있다는 월링턴의 생각은 그가 프린 등 다른 세 사람과 함께 선동적인 비방 혐의로 기소되고 1639년 성청재판소 앞에서 이에 대한 답을 하도록 명령받았을 때 가장 통렬하게 느껴졌다. 그러나 그의 귀는 그 시련에도 살아남았고, 그는 1640년 말 의회의 명령으로 석방된 배스트윅을 환영하기 위해 런던 거리에 마련된 승리의 기념행사에 함께할 때까지 살았다.

저항 영웅들의 자리는 모든 사회적 유형과 신분을 아우르고 있었다. 그들 중에는 더럼Durham 성당에서 성직록을 받던 사제 자리에서 쫓겨나고 니일 주교Bishop Neile가 행하던 의식의 혁신을 공격했다는 이유로 벌금 500파운드를 선고받았던 피터 스마트Peter Smart와 같은 반대파 하위직 성직자가 있었는가 하면, 자신의 영지 중 하나에 부과된 선박세 평가액 20실링의 지불을 거부하고 이의 합법성을 검증하기 위해 법원으로 가져갔던 버킹엄셔의 젠틀맨이자 하원 의원인 (엘리엇 자녀들의 보호자인) 존 햄프던도 있었다. 잉글랜드 고등법원King's Bench은 1638년에 햄프던에 반하는 판결을 내렸지만, 이는 단지 7 대 5의 근소한 표 차이로 결정되었고 변호사 올리버 세인트 존의 열정적인 주장과 조지 크로크George Croke 판사의 소수의견 판결은 그들로 하여금 당시 하나의 도덕적 법률로 자리 잡아가고 있던 존 화이트의 설교 한 대목을 체현시키는 사람들로 예시되도록 만들었다. 존 화이트는 도체스터의 홀리 트리니티에서 행한 설교에서 '하나님의 의지에 복종하는 것은 통치자의 의지를 행하는 것에서 사람을 해방시키는 것'이라고 말했다.

프린이나 화이트와는 달리 존 햄프던은 다소 거칠거나 세상 경험이 없는 성급한 사람이 아니었으며, 의회를 거치지 않은 세금의 불법성에 관해 힘 있고 명확한 주장을 한 매우 존경받는 카운티의 인물이었다. 따라서 그는 버니처럼 같은 카운티 출신의, 본질적으로 온건한 젠틀맨들이 국왕에 대한 복종을 위해 지불해야만 하는 헌정적인 대가에 관해 매우 진지하게 생각하게 만들었다. 1640년 의회에 선출된 버킹엄셔 출신 의원들은, 카운티 출신 의원parliamentary knight과 타운 출신 의원burgess을 가리지 않고, 더 이상 지역적인 사건들을 가장 중요한 관심사로 삼으면서, 국정에 관해서는 충성스럽게 국왕의 뜻을 따르고자 했던 과거의 한 무리 시골 오지 의원들처럼 보이지 않았다. 불스트로드 화이트로크Bulstrode Whitelocke와 같은 호전적인 청교도에서 햄프던 자신과 버니 가문에 이르기까지 그 집단의 핵심에는 나라의 정치에 열성적인 관심을 가졌으며, 높은 수준의 글을 읽고 쓸 줄 알고, 정치적인 의사를 분명히 표현하는 집단이 있었다. 그들에게 카운티의 사건들과 국가적 사건들 사이에는 전혀 아무런 차이가 없었다. 물론 그들 사이에도 여러 가지의 견해가 있었다. 에드먼드 경은 시대가 개혁을 요구하고 있다는 것을 느꼈지만 아들 랠프보다는 개혁에 대해 덜 조급해했다. 랠프는 장기 의회의 활동에 관한 연대기를 만들게 될 인물인데, 그는 이 나라의 역사에서 가장 위대한 순간 중 하나가 목전에 와 있다고 분명히 느끼고 있었다. 그러나 아버지와 아들은 (아직) 소원해지지는 않았다. 햄프던의 사례는 의회의 승인 없는 세금의 합법성에 관한 법전의 내용을 하나도 바꾸어 놓지 않았을 수도 있지만 수많은 사람의 마음을 바꾸어 놓았다. 의회 없이 이루어지는 국왕의 개인적 통치라는 바로 그 상황은 국왕과 그의 자문관들을 당시 잉글랜드에서 진정한 여론이 형성되고 있던 많은 다양한 방식에 관해 무지한 채로 내버려둘 것이 확실했다. 그리고 너무나 많은 잉글랜드 정치의 급진화 과정이 그랬던 것처럼, 변화의 기폭제는 스코틀랜드의 정의로운 언약도들이 인쇄소에서 분주하게 만들어 남쪽에 회람시키고 있던 단면쇄單面刷 형태의 팸플릿들이었다. 정치의식을 가진 독서 대중이 얼마나 빠르게 형성되고 있었는가에 관한 다큐멘터리들이 종종 있다. 에식스 카운티의 래드윈터Radwinter에서 한 신원 불명의 남자가 로드파 교회의 부목사에게 다가서더니 다음과 같이 말하며 책상에 청교도 팸플릿 하나를 던졌다. '거기에 당신을 위한 읽을거리가 있으니 그것을 읽어보시오.' 1640년 스텝니Stepney에서 또 다른 목사는 교회 마당에서 한 남자가 인쇄된 의회 회의록을 읽고 있는 것을 발견했다. 그러나 1641~1642년 겨울, 국왕 정부는 이 무력한 보통 사람들의 천박한 험담을 그저 잠깐이면 사라지고 말 '단명한 것ephemera'으로밖에는 생각하지 않았다. 이후 이것의 심각성에 대해 깨달았다면 그것은 너무도 늦은 것이었다.

그들은 치명적으로 기만당했다. 수다스럽고, 소문이 자자하고, 설교하려 들고, 불가사의하게 의심스럽고, 가십거리가 많은 뉴스의 세계는 이미 여러 세대

동안 정치적으로 무기력했던 제도들에게 거친 활력소를 주고 있었다. 사람들의 살아 있는 기억 속에서, 카운티 출신 의원들을 위한 선거들이 경쟁 선거로 치러졌으며, 때때로 그 경쟁은 열을 뿜었다. 정부는 더블린에 있는 웬트위스의 아일랜드 의회만큼이나 다루기 쉬운 의원들을 뽑기 위해 선거에 미칠 수 있는 모든 영향력을 동원했지만, 완강한 반대 세력이 있는 곳에서는 돈과 영향력에 밀린 덕분에 정부의 의도는 거의 예외 없이 실패했다. 예를 들면 도싯에서 덴질 홀스 자리에 헤이그의 네덜란드 궁정에 파견된 잉글랜드 대사의 아들인 더들리 칼턴Dudley Carleton을 선출하기 위해 대단한 선거 운동이 치러졌지만 실패했고, 홀스는 자리로 되돌아와 '지방country'의 대표들 면전에서 궁정과 자문위원회에 심판을 가하기 위해 이전보다 더 굳은 결의에 찼다. 자치 시읍이라고 정부의 형편이 더 나은 것은 아니었다. 국왕에 대한 충성심이 대체로 강렬하다고 생각되었던 콘월에서 정부 지원은 정부가 추천한 후보자 여덟 명 모두에게 죽음의 키스였다. 그리고 1640년 4월 선출된 의회와 그해 11월 선출된 의회는 모두 의원들의 사회적 구성 측면에서 확연한 차이가 있었다. 즉, 과거에는 전형적인 젠틀맨 유형의 사람들이 하원의 절대다수를 점했다면, 이 두 의회에서는 한층 더 광범위한 사회적 집단 (그리고 당파적인 종교적 색채를 한층 더 강하게 띤) 출신의 사람들이 나타나기 시작했다. 워릭셔와 옥스퍼드셔와 같은 카운티에서는 로드 브룩과 세이 앤드 셀 자작과 같은 청교도 귀족들 상당수가 선박세에 대한 유명한 지방의 저항자들인 경건파 구성원들의 선출을 확실히 하기 위해 함께 자금을 지출하고 인사를 하고 다녔다. 1639년 12월에 브룩은 확고한 언약도 설교자인 새뮤얼 러더퍼드를 워릭으로 데려오기 위해 애쓰는 담대함마저 갖고 있었다. 만 5년 뒤에 출간된 러더퍼드의 『법과 군주Lex, Rex』는 그가 정치적 권위에 관해 다음과 같이 생각하고 있음을 분명히 했다. '정치적 권위는 인민으로부터 빌려온 인민의 생득권이다. 그들은 자신들의 선을 위해 그것을 빌려줄 수도 있지만 어떤 사람이 그것에 취할 때는 원위치 시킬 수도 있다.'

1630년대 무렵에 청교도주의는 그저 하나의 예배 양식은 아니었다. 그것은 가정생활의 요람에서 시작하여, 경건한 세계관 안에서 남성, 여성, 어린이를 포용하고 둘러싸며, 또한 그들이 정치 세계를 보는 방법을 결정하는 데에 이르기까지 하나의 온전한 하위문화였다. 결정적으로 브리튼의 미래를 위해 그러한 비전의 통일은 사회적 지위 또는 경의의 위계질서의 오래된 경계에도 영향을 미쳤다. 브룩과 같은 청교도 귀족들은 동료 귀족들보다는 자신들이 겸손한 설교자들이나 교사들과 훨씬 더 많은 공통점이 있다고 생각했다. 이들 가정은 공통의 문헌을 통해 자녀를 키웠고, 동일한 부류의 학교와 케임브리지의 임마누엘Emmanuel과 시드니 서식스Sidney Sussex와 같은 모범적이고 경건한 칼리지에 자녀를 보냈으며, 그들이 희망하기를 자신들의 견고한 작은 세계의 화합을 영속시켜 주고 세속적인 실용주의와 유혹에의 감염을 봉쇄해 주길 희망하면서 반드시 경건한 결혼을 하게 만들었다. 그리고 가장 중요한 것은 그들이 확실히 배타적인 것은 아니었지만 자주 결정적으로 사업을 함께 했고, 그러한 사업들은 때때로 단순히 돈을 넘어서는 무언가를 싹트게 만들 수 있었다는 점이었다. 사실 그들은 돈을 잃을 수도 있었지만, 그럼에도 여전히 하나님의 자녀라는 공통의 대규모 사업을 위해 상당한 결실을 거둘 수 있었다. 예를 들면 1630년대 내내 사실상 의회에서 정치적 청교도주의의 운명을 형성하게 될 모든 사람, 즉 존 핌, 존 햄프던, 변호사인 올리버 세인트 존, 아서 하셀릭 경Sir Arthur Haselrig, 로드 브룩, 세이 앤드 셀 자작, 베드퍼드와 에식스의 백작들, 그리고 어디에나 있으며 엄청나게 중요하고 막강한 워릭 백작 로버트 리치Robert Rich 등은 모두 카리브Carib해와 뉴잉글랜드New England에 정착지를 건설하기 위한 모험에 관여했다. 종국에는 스페인인에게 파괴되었던 (따라서 그리스도와 적그리스도 사이의 십자군이라는 청교도의 세계관을 더 분명하게 해주면서) 프로비던스 아일랜드 회사 Providence Island Company는 그들의 모험이 가장 철저하게 조직된 것이었다. 세이 앤드 셀 자작, 그리고 로드 브룩은 롱아일랜드만Long Island Sound에 세이-브룩 정착지를 세웠고, 그들 청교도 명망가들 대부분은 (특히 워릭은) 매사추세츠만에 세워지고, 1630년 3월 이주민들을 보충하면서 최소한 도체스터 경건파 12

명을 포함시켰던, 그리고 모든 식민지 중에서 가장 전도유망했던 식민지와 정기적으로 서신 교환을 했다. 플리머스Plymouth의 '뉴 호스피탈New Hospital'에서 작별 설교를 했던 사람은 존 화이트였다. 뉴잉글랜드 정착지들에서 전개된 식민지 정부 형태에 관한 숙고는 건설자들이 고향으로 돌아갔기 때문에 정치 이론에 관한 세미나와 유사했고, 기독교인의 공유된 삶의 가능성에 관한 학문적 가늠이었다. 대서양 건너 더 깨끗하고 더 경건한 세계에서 학교와 대학들은 번성할 것이고 진정한 시온의 씨앗이 뿌리내릴 것이었다. 그리고 여러 날과 여러 해에 걸친 원격 관리만이 그들로 하여금 잉글랜드 자체 내에 세우는 것과 같은 방식으로, 하나님께서 그 일을 원하신다면 그곳에 새로운 예루살렘을 세우는 것에 관해 생각하도록 만들 것이다.

이들은 아주 소수였지만, 스스로 무리들의 구원을 이끌 소수의 선민Elect 역할을 자임할 생각이었다. 그들은 마치 자신들을 (그들이 자주 언급한 비유처럼) 기드온Gideon 군대의 자기 정화적 부대로 생각하고 수적으로 미약함을 오히려 대단히 기뻐했다. 근대사는 자의식이 강한 순교자 콤플렉스와 집단적인 자기 홍보를 위한 재능을 지니고, 열정적인 동기가 부여된 소수 집단들로 가득 차 있었다. 완전히 독립적인 역사적 조건들하에서 그들과 대립적인 체제들이 취약성을 노출할 때, 작지만 의로운 부대는 산이라도 옮길 수 있는 법이다. 그리고 그것은 정확하게 1640년과 1642년 사이 스튜어트 군주정의 믿기 어려운 와해 과정에서 일어났던 일이었다.

'단기 의회Short Parliament'는 1640년 4월 13일에서 5월 5일까지 회기가 지속되었다. 의회가 개회되자마자, 적그리스도로부터 이 나라를 구하기 위해 하나님으로부터 임명받았다고 생각한 의원들은 자신들의 생각을 행동에 옮기기 시작했다. 이는 신민의 자유가 위험에 처했다는 관점이 역사적으로 정확하다는 것을 상원과 하원 양원에 포진해 있던 훨씬 더 많고 한결 온건한 의원 집단에게 설득하는 것이었다. 그들 모두가 열렬한 장로교도는 결코 아니었지만, 귀족과 젠트리 출신 할 것 없이 당시 의원들이 주고받은 일기와 서한들은 이 왕국이 걸어 나갈 수 있도록 왕국의 발아래 가시들을 제거해야 하고, (정치적) 신체를 치유하기 위해 궤양에 걸린 정맥을 정화할 필요가 있다는 공통된 의견들로 가득 차 있다. 나중에 완고한 왕당파의 일원이 될 클래런던Clarendon 백작 에드워드 하이드Edward Hyde, 그리고 그의 친구이자 후원자인 그레이트 튜Great Tew의 포클랜드Falkland 자작, 그리고 법학자인 존 셀든John Selden 등은 당시 수많은 동료 의원들과 마찬가지로, 개혁의 긴급한 필요성과 더불어, 의회의 신뢰에 의존할 수 있는 정부를 긴급하게 회복해야 할 필요성에 대해 공감하고 있었다. 그리고 비록 언약도들을 추종하면서 주교 제도를 전면적으로 폐지하자는 주장은 잉글랜드에서 여전히 놀라울 정도로 급진적인 제안이었지만, 그럼에도 로드 대주교의 고상함을 받쳐주고 있는 말뚝들을 이제는 빼낼 필요가 있다는 것에는 놀라울 정도의 공감이 있었다. 링컨의 존 윌리엄스John Williams와 같은 주교들은 로드의 전임 캔터베리 대주교였던 조지 애벗George Abbot의 전통에 따라 항상 제네바보다는 로마를 적으로 간주하고 있었다. 이 주교들은 자신들이 튜더 개혁의 진정한 관리인이라고 주장했고 솔직함으로 인해 기소되어 투옥되었던 사람들이지만, 이제는 사람들이 그들의 말을 경청하고 있었다.

이런 상황이었으므로, 국왕이 스코틀랜드 전쟁을 재개하고 무례하고 반항적인 언약도들을 진압하는 데 필요한 자금을 요청한다 한들, 의회가 온순하게 넘겨줄 공산은 엄밀하게 말해 제로였다. 찰스는 통 크게 만약 의회가 보조세 12개를(나중에는 4개로 줄어듦) 걷어주도록 투표한다면, (1639년경에 사실상 징수하는 것이 불가능한 것으로 입증되었기 때문에 결코 큰 양보라고 할 수 없었던) 선박세를 포기하겠다고 제안했다. 이것은 즉각적으로 짓궂은 농담으로 취급되었다. 버니 가문의 절친한 친구인 하보틀 그림스턴 경Sir Harbottle Grimston과 같이 상대적으로 온건한 하원 의원들은 자금 관련 논의가 이루어지려면 먼저(특히 성청재판소와 특설 고등법원의 지위에 관한) 불만들이 시정되어야 한다고 주장했다. 4월 17일, 존 핌은 특히 로드파의 '혁신들'로 인해 종교에 가해진 모욕에 집중하면서, 11년간의 사적 통치 기간 동안 행정부에 의해 영속화되었던 악행들에 관한 지루한 정면 공격을 개시했다. 1640년 4월, 그리고 11월에 또 다른 의회가 소집되었을 때, 가톨릭과 전제주의의 연합 세력이 잉글랜드 신민들의 자유에 위협을 가할 계획임을 폭로하며 어떤 국가적 비상사태 같은 것이 임박했다는 생각을 하원의 민중 지도자 중 어느 누구보다도 가장 열렬하게 외친 사람은 핌이었다. 그리고 존 핌은 하원 내부에서, 그리고 니어마이어 월링턴과 같은 사람들이 이목을 끌고 있었던 런던의 길거리에서 점차 신뢰를 얻고 있었다.

찰스 1세는 낭패감으로 씩씩대면서 의회가 소집된 지 채 3주도 되지 않아 이를 해산시켜 버렸다. 이것은 기념비적 균형에 대한 전술적 실수였다. 왜냐하면 높은 기대치를 갑작스레 가로막는 것만큼이나 그토록 아주 강한 분노를 일으키는 것은 아무것도 없었기 때문이었다. (의회 소집을 찰스에게 건의했던) 웬트워스와 에드워드 하이드는 둘 다 즉시 의심의 여지 없이 그 결정을 정치적 재앙으로 이해했다. 찰스는 의회 속의 왕이라는 주권 개념이 허락하는 전통적인 논의의 틀 안에서 문제들을 해결할 수 있는 정말로 소중한 기회를 아무 생각 없이 던져버렸던 것이다. 그러나 찰스는 1629년에 이미 온갖 고함지르기와 고래고래 소리 지르는 것을 경험한 바 있었고, 그것은 의회 해산과 함께 사라져버렸었다. 그는 여전히 맹목적으로 자신의 진정한 문제는 웨스트민스터가 아니라 에든버러이고, 만약 언약도들을 무너뜨리지 않는다면, 그것도 신속하게 제압하지 않는다면, 칼뱅주의라는 전염병과 군주정에 관한 명백하게 계약적인 개념들이 역병처럼 잉글랜드를 향해 남쪽으로 퍼질 것이라고 생각했다. 사실 그는 매우 옳았다. (핌 역시 세이 앤드 셀 자작처럼 언약도 지도자들과 반역적인 서신 교환을 하고 있었다.) 그러나 그는 모든 가능한 선택지 중에서 최악의 것을 택했다. 즉, 그는 (전년도에 그리도 불안해 보였던) 군대가 그의 뜻을 따라 충실히 의무를 다할 수 있는 상황에 있는지에 대한 아무런 생각도 하지 않은 채 스코틀랜드 반역도들에게 맞서기로 한 것이었다. 물론 찰스의 심중에는 만일의 사태에 대비해서 아일랜드 병력을 이용하여 그를 지원한다는 웬트워스의 계획이 있었으며, 스코틀랜드와 맞붙은 여름 전투의 와중에서 그는 웬트워스를 총사령관으로 임명했다. 이미 찰스는 1640년 1월에 웬트워스를 스트래퍼드Strafford 백작으로 올려주었는데, 이 명예는 결국 독이 든 성배로 바뀌게 되었다. 스트래퍼드의 아일랜드 활용 전략이 런던 전역에 걸쳐 빠르게 확산되고 있던 반가톨릭 선동에 어떤 영향을 미치게 될지를 고려하지 않은 것은 국왕 측의 숨 막히는 무지를 입증하는 것이었다. 찰스는 1638년에 스코틀랜드에서 분별 있는 사람들의 말에 귀를 기울이지 않았던 것처럼, 지금도 분별 있는 사람들의 말을 듣지 않고 있었다. 자기 자신 이외에 찰스가 귀를 기울인 유일한 사람은 가톨릭교도 왕비였다.

1640년 여름에 즉각적으로 뒤따른 것은 무서울 정도로 '복종심'이 무너져 내린 것이었다. 머지않아 봉급 지불도 제대로 안 되고 수중에 아무것도 없게 되자, 미들랜드Midlands와 북부에서 소집되었던 병사들은 임시 숙소에서 기분 나쁘게 배를 쫄쫄거리면서 머무르고 있었다. 헤리퍼드와 같은 수많은 타운에서는 분노한 시민들이 그들을 타운 밖으로 쫓아냈다. 현실적인 고충과 관련하여 비난할 대상을 찾던 일반 사병들은 장교들, 특히 가톨릭교도나 아일랜드인이라는 오점을 지닌 장교라면, 누구에게든 대들었다. 험악한 장면들이 일상이 되었다. 서머싯주의 웰링턴에서 가톨릭교도로 의심되는 한 중위는 난자당했고 시신은 약탈당했다. 옥스퍼드셔의 패링던Faringdon에서 또 다른 장교는 도싯에서 온 (도체스터에서 온 수많은 사람을 포함한) 군인들에게 맞서서 인사불성이 되었고, 치료를 받고 있던 중에 또다시 그들에게 발견된 그는 거리로 끌려나온 뒤에 맞아 죽었다. 심하게 훼손된 시신 중에 남은 것은 사후 학대를 위해 비축되었다. 반反칼뱅주의 군대라는 자신들의 종교적 정체성과는 다르게, 이 군대는 성찬식용 식탁의 가로대, 제단, 스테인드글라스 유리창 등을 박살내고 눈에 띈 성직자들의 중백의를 찢어버림으로써 자신들의 종교적 성향을 분명하게 보여주었다. 청년 에드먼드 버니는 부친에게 보낸 편지에서 병사들에게 가톨릭교도가 아니라는 것을 확인해 주기 위해 하루에 세 번씩이나 교회에 갔어야 했다고 증언했다. '하지만 언젠가 그런 날 저는 교회에서 잠깐 졸았고, 그것은 정말로 1분 남짓이었는데 그때 저는 모욕을 당했다고 생각했습니다. 왜냐하면 병사들이 저에게 지나치게 손가락질을 했기 때문입니다.' 어느 외국인 관찰자에게도 잉글랜드 병사들이 언약도들의 적이 아니라 협력자들로 보일 것이 틀림없었다. 니어마이어 윌링턴은 다음과 같이 기록했다. '우리의 병사들이 스코틀랜드에 대항해 나갈 것이라고 하지만, 지금 이 땅에서 내가 아는 그 누구도 이를 행하지 않을 것이다.'

무질서는 통제에서 벗어나 빠르게 확산되고 있었다. 훈련된 무리들은 제복과 장비 보급을 위한 세금coat and conduct 지불을 거부했던 사람들이 갇혀 있는 감옥의 문을 열었다. 그들과 마찬가지로 정부로부터 소외되었던 사회의 다른 영역에 속한 사람들도 공유지에 울타리를 치거나 공유림에서 자신들을 쫓아냈던 사람들에 대항해 자신들의 주장을 폭력적으로 관철할 수 있는 기회를 가졌다. 이들 고통당하는 사람 중 어느 누구도 논리적으로 연결되지는 않았지만, 그들 모두가 누군가 탓할 사람을 찾고 있었기 때문에 그것은 문제가 되지 않았다. 그리고 그들은 함께 법과 질서를 온전히 유지하는 책임이 있는 사람들, 즉 치안판사와 순경들에게 지난 11년에 걸쳐 구성되어 온 국왕 정부는 부러진 갈대라고 설득하고 있었다.

그러한 상황에서 그 전쟁이 잉글랜드인들에게 수치스러운 참패로 귀결되었다는 것은 그리 놀랄 일이 아니었다. 언약도들의 사령관인 레슬리 장군은 잉글랜드의 대도시 심장부로 들어가는 석탄 공급을 끊기 위해 뉴캐슬Newcastle을 겨냥하며 8월 20일에 트위드를 가로질러 잉글랜드로 들어가고 있었는데, 그때 그는 자신이 무엇을 하고 있는지를 정확하게 알고 있었다. 레슬리는 이제 방어적인 전쟁을 치르고 있다는 스코틀랜드인들의 주장이 거짓임을 보여주었다. 그것은 갈등의 현실을 무시한 교묘한 언변에 지나지 않았다. 잉글랜드 군대가 타인Tyne강의 강둑에서 저항을 시도하고 있던 뉴번Newburn에서, 레슬리의 군대는 더 높은 북쪽 강둑을 장악하고 잉글랜드군을 훑듯이 사격을 가함으로써 뉴캐슬, 그다음에 더럼을 점령했고, 살아남은 잉글랜드 병사들은 휘청거리면서 요크로 돌아갔다. 뉴번에서의 수치스러운 패배 다음 날 올리버 세인트 존, 핌, 세이 앤드 셀, 워릭, 브룩 등 의회 내부의 핵심적인 집단, 그리고 에식스 백작과 베드퍼드 백작이 런던에 있는 베드퍼드 하우스Bedford House에 모였다. 귀족 12명의 이름으로 새로운 의회를 요청하는 청원서 초안을 작성하기 위해서였다. 필사본 사본들이 도시와 지방에서 광범위하게 회람되었다. 찰스는 의회를 소집하지 않고 또 다른 전쟁에 필요한 자금을 마련할 수 있는 방안을 찾기 위해 온갖 노력을 다했지만, 귀족들의 회합은 그가 전쟁에서 패했다는 것을 깨닫게 해주었다. 왜냐하면 스코틀랜드인들은 잉글랜드에서 철수하고 석탄 공급을 풀어주는 대가로 배상금을 요구했는데, 그러한 자금을 오로지 의회만이 공급해 줄 수 있었기 때문이었다. 1640년 9월 24일, 국왕은 또다시 의회 소집을 요구할 것이 확실한 다른 대규모의 귀족들 모임을 미연에 방지하기 위해 의회 소집에 동의했다. 이 의회는 11월 3일에 소집될 예정이었는데, 찰스 1세와 잉글랜드의 군주정이 생을 마감할 때까지 형태의 변화는 있지만 이 의회는 계속해서 개회 상태를 유지하게 될 운명이었다.

니어마이어 윌링턴에게 1640년의 가을은 로즈메리의 계절이었다. 정복자의 월계관과 함께 여러 다발의 그레이-그린색grey-green 허브가 버튼, 프린, 배스트윅, 그리고 윌리엄스 주교Bishop Williams 등의 — 배스트윅은 실리Scilly에서 나머지 사람들은 런던탑에서 석방되었다 — 머리 위로 비 오듯 쏟아졌고 이들은 사람들이 꽉 들어찬 런던의 거리를 의기양양하게 행진했다. 로즈메리는 추모를 위한 것이었는데, 의회는 어떻게 그것을 기억했던가! 의회는 거의 즉각적으로 불법적이고 자의적인 행위들에 책임이 있는 기관들을 조사하기 위해 조사위원회 40개를 조직함으로써 지난 4월 의회에서 파기되었던 기억들을 소환했다. 선박세와 특권적인 성청재판소, 그리고 국교회의 고위 성직자 회의 등이었다. 그러나 의회가 탄핵을 위해 분노를 집중했던 두 명의 지정된 악당들은 따로 있었는데, 바로 스트래퍼드와 로드였다. 몇몇 자문관들을 대상으로 삼아 국왕의 대리인들을 공격하는 행위는 국왕 통치권의 위엄과 독립을 온전히 유지하는 가운데 국왕의 정책을 거꾸로 돌리는 예로부터의 방식이었다. 1640년 의회의 양원에서는 로드파 교회와 수년에 걸친 사적인 통치를 돌이킬 수 없게 끝장내는 것을 표시하는 방법으로서 이들 두 사람뿐 아니라, 국새상서Lord Keeper 핀치Finch와 같은 다음 서열의 자문관들과 일리Ely의 렌 주교Bishop Wren와 같은 궁정 조신들을 같이 탄핵하자는 의견이 확실한 다수를 점하고 있었다. 그러나 그것 너머에는 의견 분열이 있었는데, 특히 스트래퍼드에 대한 탄핵으로 무엇을 얻을 수 있을 것인가 하는 데에는 심각한 분열이 있었다. 포클랜드 자작과 에드워드 하이드 같은 사람들에게 그의 탄핵은 본질적으로 치유적이고 원기 회복의 측면이 있었다. 그렇게 인기 없는 정부에 대해 증오를 집중시킴으로써, 국왕에게는 통치와 관련하여 개혁적 비전을 포용할 기회가 주어졌는데, 그것은 책임 있는 의회와 더불어 그리고 의회의 신뢰를 누리는 자문관들을 통해 통치하는 것이었다. 그들의 개혁 프로그램은 이전에 잘못된 것을 바로잡는 것이었다. 예를 들면 프로그램은 (로드파 교회가 장악한 정부 또는 의회를 거치지 않은 과세 등) 자신들이 생각하기에 경솔하고 생경한 혁신이나 권력과 이익을 위해 부끄럽게 남용되어 온 (특권적인 법원, 삼림 제도, 기사 작위 벌금 등의) 쓸모없는 제도들을 제거하는 것이었다. 그것들을 일소해 버린다면 찰스의 군주정은 새 출발을 할 수 있을 것이다.

처음부터 의회의 의제를 장악했던 핌, 올리버 세인트 존, 레스터셔 출신의 아서 하셀릭, 브룩, 세이 앤드 셀 등의 눈에 잘 띄고 목소리 크고 활력적인 집단에게 이것은 충분하지 않았고 결코 충분하게 될 수도 없었다. 오로지 시온만이 충분한 것이었다. 로드의 파멸은 주교 제도를 완전히 제거하고, 그것을 이제는 공개적으로 동맹으로 취급하는 스코틀랜드인들이 했던 것처럼 경건한 장로교회로 대체하지 않는다면, 결코 실익이 없는 승리가 될 것이었다. (국왕이 의회의 개회 시에 그들을 '반역자들'이라고 경솔하게 언급했는데, 그는 그 금지된 단어를 일주일 뒤에 하는 수 없이 취소해야 했다.) 12월 11일에 주교 제도를 '철저히root and branch' 폐지할 것을 요구하는 하나의 청원이 런던시를 대표하여 의회에 제출되었다. (청원은 여론을 동원하는 주요 무기가 되어가고 있었다.) 핌은 하원에서 그 의제를 막무가내로 밀어붙이는 방식은 현명한 처사가 아님을 알고 있었다. 왜냐하면 그는 그 문제가 얼마나 큰 의견 분열을 가져올 것인지를 알았고, 따라서 우선은 스트래퍼드를 탄핵하기 위한 전술적인 다수를 확보할 필요가 있었기 때문이었다. 하원을 지배하고 있는 급진적 소수는 또한 왕권과 의회 사이의 헌정적 관계를 재구성하면서 마음속에 훨씬 더 큰 구상을 가지고 있었다. 그 구상은 사실상, 잉글랜드를 위한 스코틀랜드의 프로그램이라고 할 3년 기한법으로 시작하는 것이었는데, 이는 매 3년마다 의회가 자동적으로 소집되도록 규정하는 것이었다. 찰스는 1641년 2월 15일 3년 기한법the Triennial Act에 서명했는데, 이는 그에게 정치적으로 정말로 무익했던 한 바퀴의 선회운동을 마치는 순간이었다. 스코틀랜드에서의 언약과 그 작동을 억압하기 위해 그가 시작한 전쟁은 언약을 잉글랜드로 이식시켰을 뿐이었다. 핌과 같은 생각을 지닌 동료 의원들은 또한 의회가 행정부의 각료들에 대해 거부권을 행사하는 데 만족하지 않고, 상원과 하원에 대해 직접적으로 **책임을 지도록**accountable하고, 의회 다수의 의견에 반하는 행동을 할 수 없도록 규정하기를 원했다. 의회는 단지 세금을 승인하거나 거부하는 기관에 머물러서는 안 되는 것이었다. 이후로 상원과 하원은 국왕 못지않게 의제를 설정할 것이었다. 이후로 의회는 입법자가 될 것이었다. 아직은 아무도 의회가 국왕 없이도 입법을 할 수 있다고 감히 주장하지는 못했지만, 아무도 국왕이 의회의 뜻에 반하여 입법을 하거나 자문관들을 뽑을 수 있을 것이라고 상상하지도 않았다. 핌은 (만약 찰스가 조금이라도 판단력이 있다면) 장차 추밀원의 구성원이 될 것이라고 사람들의 입에 회자되고 있었다.

이러한 종류의 변화는 결코 혁명을 구성할 수 없다는 것을 주장하기 위해 엄청난 양의 잉크와 종이가 사용되어 왔다. 그러나 그것을 단순히 조정adjustment이라고 취급하는 것은 그것이 지닌 엄청난 참신함에 대해 터무니없이 부당한 대우를 하는 것이다. 새로운 세대의 수정주의 역사가들이 용감하게 역사

거꾸로 읽기의 효용성과 휘그주의식 해석의 위험함에 대해 상기시켜 주었듯이, 우리는 17세기 그들의 분열 상황에 대해서도 그에 상응한 관심을 주어야 한다. 이러한 중요한 변화들을 주도한 사람들과 기관들이 최후의 순간까지 변화가 가져올 장기적인 결과에 대해 거의 눈치 채지 못했다고 해서, 결코 그것들의 중요성 자체를 희석시키는 요인이 될 수는 없다. 혁명은 언제나 보수적이고 향수를 불러일으키는 소리를 내면서 시작하고, 혁명의 주창자들은 자신들이 혁신의 고삐를 풀어주는 것이 아니라 억제하고 있다고 확신하는 법이다. 덕과 정의로 가득 찬 하나의 상상된 왕국으로의 복귀를 요구하는 것만큼이나 더 선동적인 구호는 없다.

장기 의회의 활동과 발언 그리고 런던의 거리와 인쇄소에서 전개된 엄청난 정치적 격변을 살펴보면, 그것의 주창자들이 국교회와 국가 양쪽에 대한 경쟁적 원리들을 앞세우고 전투를 하고 있고, 그 결과는 그들이 자주 언급하는 문서인 마그나 카르타를 만들어낸 위기만큼이나 중대한 것이 될 것이라는 그들의 믿음이 옳았다는 것을 확신시켜 준다. 이것은 물론 의회 민주주의의 탄생은 아니었다. (심지어 빅토리아 시대의 가장 휘그적인 역사가들조차도 그렇게 생각하지 않았다.) 그러나 그것은 의심할 바 없이 브리튼에서의 절대 군주정의 파괴였다. 그리고 그것에 대한 전망이 워릭 백작, 로버트 할리 경, 올리버 세인트 존과 하원 의원 올리버 크롬웰Oliver Cromwell과 같은 사람들의 가슴을 벅찬 흥분으로 채웠던 것이었다.

1641년 11월 대간의서Grand Remonstrance, 大諫議書가 제출될 때까지 이 혁명은 아무런 선언문이 없었다. 그 대신에 이 혁명에는 하나의 재판이 있었다. 커다란 정치적 격변들 대부분이 그렇듯이, 이제 새로운 공동체의 주역이 된 사람들은 그들이 말하는 정의의 실현을 위해 한 사람의 최고 악당을 지목할 필요가 있었다. 또한 자신들의 군대가 북부 잉글랜드의 많은 지역을 점령하고 있음에도 잉글랜드 의회 지도자들로부터 따뜻하게 받아들여지고 있던 스코틀랜드의 평화 협상가들은 아일랜드 가톨릭교도의 침략으로 인해 혁명이 위협 당했다는 이유로 스트래퍼드의 머리를 원한다는 것을 분명히 했다. 상대적으로 온건한 스코틀랜드인 칼뱅주의자였던 로버트 베일리Robert Baillie조차, 로드와 스트래퍼드를 만약 자유롭게 두거나 살려둔다면, 이들은 이 나라를 가톨릭교회의 전제주의로 전락시킬 때까지 결코 멈추지 않을 '선동가incendiaries'가 될 것이라고 말하기를 주저하지 않았다. 그리고 핌 자신 또한 스트래퍼드의 어마어마한 능력을 인정했고, 따라서 자신이 생각하는 잉글랜드 정치의 재건이 안전하고 순조롭게 이루어지려면 스트래퍼드 백작이 영구적으로 제거되어야만 한다는 것을 알고 있었다. 더욱이 세 개의 아일랜드 공동체들을 완벽하게 상호 소원하게 만드는 데에서 스트래퍼드가 거두었던 각별한 성공은 (그가 한때 자랑스러워했던 것이지만) 이제 그에게 아무런 친구도 없게 만들었다.

그렇지만 그는 고분고분한 희생양이 되지는 않을 터였다. 스트래퍼드를 찰스의 개인적 통치 기간을 대표하는 폭력적 불량배, 즉 '검은 톰 폭군Black Tom Tyrant'이라고 정형화하는 것은 끔찍한 실수를 범하는 것이었다. 그는 어디까지나 1620년대 말 강제 대출에 열정적으로 저항한 경력이 있으며, 최소한 법정 변호사인 존 핌만큼이나 법에 대해 깊은 이해를 갖고 있었던 토머스 웬트워스였다. 스트래퍼드 백작 토머스 웬트워스는 핌이 폭력에 대한 정의의 우월성을 입증하기 위해 법의 절차를 준수하는 완전한 보여주기식 공개재판을 필요로 한다는 것을 알았고, 또한 기소 검사들이 자신의 아일랜드 통치에 대한 비판을 반역죄로 바꾸는 데 매우 큰 어려움이 있으리라는 것을 알고 있었다. 스트래퍼드는 런던탑에서 홀로 앉아 자신에게 남은 기회를 모색하면서, 자신에 대한 비방자들이 그가 그토록 일관되게 남용해 왔다고 주장한 법과 잉글랜드식 정의의 불편부당함에 대한 감동적인 믿음을 가슴속에 소중히 품고 있었다. 그는 스스로에게 물어보았을 것이 틀림없었다. 국왕의 표명된 의지와 완벽하게 일치하는 방향에서 이루어진 국정 행위와 관련하여, 그가 행했을 당시에는 존재하지도 않았던 법률에 위배된다고 자신을 기소하는 것이 가당키나 한 일인가?

1641년 3월부터 4월까지 7주간에 걸친 상원에서의 재판을 통해, 스트래퍼드는 '폭군 톰'의 모습은 전혀 없이 회색 구레나룻으로 얼굴이 덮인 병색이 완연한 모습이었고, 머리에는 안에 털가죽을 댄 모자를 쓰고 있었는데, 기소 검사가 제시한 증거의 모순과 약점 모두를 완전히 쳐부수면서 설득력 있는 논리로 자신을 방어하고 있었다. 그가 아일랜드에서 온갖 종류의 사람들과 이해관계를 마구 함부로 다루었었다는 것을 보여주는 것은 매우 쉬운 일이었다. 예컨대 그는 (잉글랜드 의회에 있는 그 누구도 마음에 두지 않았던) 아일랜드의 가톨릭교도들의 땅을 빼앗는 것을 계속했으며 구舊잉글랜드인에게는 식민 대농장을 코노트Connacht 지역으로 확대하고 페일Pale 지역을 무단 침범하도록 허용했으며, 그리고 가장 해롭게는 얼스터-장로교 스코틀랜드인과 잉글랜드인에게는 아일랜드에서 감독 교회를 강화하고 무역을 규제함으로써 온갖 유린 행위를 했지만, 그들 중 어느 것도 반역에 이르는 것은 아니었다. 반대로 이는 모두 총독으로서 합법적인 권한 내에서 국왕의 권위를 유지하기 위해 충성스럽고 공명정대하며, 그리고 단호하게 행해진 것이었다. 모두 스물여덟에 이르는 기소 항목 중에서 조금 거리가 있기는 하지만 그나마 반역 사건으로 만들 수 있는 유일한 기소 조항은 23번이었다. 그것은 스트래퍼드가 발설했다고 전해지는, '이 왕국을 축소하기 위해' 아일랜드 군대를 보낼 것이라는 발언에 근거한 것이었다. 이것이 스코틀랜드인에 대해 승리를 거두기 위한 전략의 일부였다는 것은 결코 비밀이 아니었다. 스트래퍼드는 또한 1640년 봄과 여름 당시에 두 나라가 여전히 전쟁 중에 있었음을 타당하게 주장했다. 앤트림 출신의 신新잉글랜드인 대농장주인 존 클로트워시 경Sir John Clotworthy이 작성한 기소장에서 가장 중요한 점은 스트래퍼드가 '이 왕국'이라고 말한 것은 스코틀랜드가 아니라 실제로는 잉글랜드를 의미했다는 것이고, 그가 무장 쿠데타를 통해 의회와 인민의 자유를 파괴하려고 했다는 것이었다. 그것이 사실이라면 이는 정말로 반역죄를 구성하게 될 것이었다. 스트래퍼드는 잉글랜드를 위해 그러한 일을 의도한 적이 없다면서 계속해서 이를 부정했고, 구두 증언의 신뢰성을 공격했다. 하지만 그때 동일한 불길한 구절이 포함된 글로 된 메모가 소小 해리 베인Harry Vane

에 의해 증거로 제출되었다. 그것은 베인이 국왕 자문 회의의 장관the Secretary to the Council인 아버지의 문서 중에서 발견한 것이었고, 그중에는 스트래퍼드가 아일랜드 군대를 데리고 오는 것을 제안했던 모임에 관한 기록들이 있었다. 그러나 그것은 스트래퍼드가 직접 쓴 것도 아니었고 단지 말 그대로 당시의 기록이라고 주장된 메모일 뿐이었다. 그리고 4월 중순 무렵까지의 상황으로만 보면, 재판이 평상시의 탄핵 전통에 따라 계속해서 진행되는 한, 베인의 메모는 그 자체로 유죄 판결을 내리기에는 불충분한 증거였다.

그러나 스트래퍼드의 재판은 물론 정상적인 사법적 사건이 결코 아니었고, 대중을 위해 망신과 응징을 주제로 연출되는 공연장이었다. 매일 웨스트민스터에 있는 상원과 그 주위의 거리와 뜰은 그날의 사건에 관한 뉴스에 굶주린 엄청난 수의 군중으로 빽빽이 채워졌다. 광고 전단, 글로 된 공격문, 즉석에서 지은 청원서 등이 종이의 바다를 이루어 군중은 그 속을 헤치며 걸어야 했다. 발라드 노래가 들려왔고, 교황에게 우호적인 스트래퍼드에 반대하는 설교가 행해졌다. 스트래퍼드의 죽음을 청원하기 위해 5월 초에 상원으로 몰려든 엄청난 인파 사이에 있었던 니어마이어 월링턴은 생전에 그토록 많은 사람을 결코 본 적이 없다고 하면서 다음과 같이 말했다. '그리고 그들이 어떤 상원 의원이라도 오는 것을 보았을 때 그들은 모두 한 목소리로 "정의! 정의!"라고 외쳤다.' 월링턴이 증언하고 있던 것은 또다시 그가 인식하지 못하는 사이에 출현하고 있던 근대 정치의 또 다른 요소, 즉 군중의 열기였다.

그러한 개념에 대해 어떠한 조숙한 이해가 없었지만, 핌, 세인트 존, 하셀릭 그리고 나머지 사람들은 '혁명적 정의revolutionary justice'의 필요성을 직관적으로 이해하고 있었다. 그것은 군중을 즐겁게 해주기 위해 보여주는 누군가의 정치적 절멸을 뜻하는 불길한 완곡어이기도 했다. 그래서 4월 중순에 핌은 기소의 형식을 결정적인 입증 책임을 요구하는 사법적 과정인 탄핵에서 사권私權 박탈법으로 바꾸었다. 사권 박탈이란 의회 입법에 의해 진행되는 것으로서, 이는 유죄가 추정되는 일단의 의심스러운 증거만으로도 가능했다. 사권 박탈은 재판을 국가의 안전에 관한 청문회로 효과적으로 전환시켰다. 아주 묘하게도 사권 박탈법은 실제로 포클랜드 자작 같은 일부 사람들에게 양심의 문제를 해결해 주었다. 포클랜드 자작은 스트래퍼드에 불리한 증거들이 그에 대한 반역죄 유죄 선고를 위해 요구되는 엄격한 표준에까지 이른다는 데에 동의할 수 없었는데, 이제는 의심에 무게를 두고 사권 박탈에 찬성하는 투표를 할 준비를 하고 있었다. 포클랜드와 그와 같은 부류의 사람들은 스트래퍼드가 사실 이 나라의 자유에 반대하는 음모자가 되었다고 믿었고, 그들은 엄밀하게 어떻게 이런 일이 일어나게 되었는가 하는 문제를 풀어야 하는 성가심에서 벗어난 것을 행복해했다.

사권 박탈법의 유일한 문제는 국왕의 서명을 필요로 했다는 점이었다. 그 법이 하원에서 204 대 59로 통과된 다음 날, 찰스는 스트래퍼드에게 자신이 그를 포기하지 않을 것이며, 그의 생명, 명예, 재산의 손실을 허용하는 것으로 그의 충성심에 보답하지는 않을 것이라고 약속하는 편지를 썼다. 그리고 1641년 5월 1일, 절차가 진행되는 내내 스트래퍼드를 향해 과시적으로 다정하고 친밀하게 대했던 찰스는 상원 의원들에게 자신의 양심은 그것에 자신이 서명하도록 허용하지 않을 것이라고 말했다. 국왕은 다시 한번 자기 자신의 최선의 이익에 반하는 행동을 직접 하고야 말았다. 스트래퍼드를 향한 모든 절차의 요점은 국왕 자신에 대한 (그리고 가톨릭 측근들로 인해 반가톨릭 로비의 일상적 타깃이 되고 있는 왕비에 대한) 대중의 증오와 격렬한 분노의 방향을 바꾸고, 군주정이 새로운 시작을 할 수 있도록 헌정적 뒷받침을 마련하고자 하는 데 있었다. 그러나 찰스와 특히 앙리에트 마리는 돌릴 수 있는 다른 카드를 자신들이 갖고 있다고 믿었다. 그 카드는 우선 베드퍼드 백작이 제안한 온건 노선의 전략으로서 핌을 추밀원에 참여시키는 것을 포함한 것이었고, 다른 카드는 강경 노선의 전략으로서 군대의 일부 장교들을 부추기고 충성스러운 군대를 런던탑에 파견하는 등 필요하다면 무력을 써서라도 스트래퍼드를 풀어주는 것이었다. 결국 이 것이 향하고 있는 것이 혼돈과 유혈 사태라는 것을 분명히 인식하고, 선제적인 자기희생의 비범한 행동을 결심한 사람은 스트래퍼드 자신이었다. 그는 5월 4일에 국왕에게 그 법안에 서명해 줄 것을 부탁하는 편지를 썼다.

신성한 폐하께서 이 편지를 기쁘게 용납해 주시기를 바랍니다. … 저는 폐하께서 군주의 의견으로서 저의 반역 혐의가 유죄가 아니며, 그 법안이 통과된 것에 대해 폐하의 양심으로 만족하지 않으신다고 선언했음에도 불구하고 사람들의 마음이 점점 더 저에 대해 격분하는 것을 이해합니다.

이것은 저를 매우 큰 곤경 속으로 밀어 넣었으며, 이제 제 앞에는 이제까지 그 어떤 역겨운 범죄로 … 훼손되지 않았던 제 자식과 가족의 파멸이 놓여 있습니다. 여기 제 앞에는 재난들이 많이 있는바, 그것들은 국왕과 왕국의 보존을 위해 폐하와 의회 상호 간에 어떤 합의에 이르지 못한다면, 폐하의 신성한 인격체와 전체 왕국 모두에 닥치게 될 것입니다. 여기 제 앞에는 영원히 살 수 없는 인간들이 가장 소중하게 생각하고 가장 두려워하는 것, 즉 삶과 죽음이 있습니다.

말씀드리건대, 저에게는 아무런 갈등이 없었고, 신께서 알고 계시듯이, 갈등이 아니라 저의 병약함이 저를 나약한 사람으로 만들었습니다. … 그리고 저 자신과 저의 어린아이들에게 파괴를 불러오는 것은 … 육신과 피로부터 쉽게 동의를 받지 못할 것이고 … 그래서 이제는 폐하의 양심을 자유롭게 하시고, 폐하께서 거부하시는 경우에 일어날지도 모르는 해악들을 예방하기 위해 이 법안을 통과시켜 주시기를 가장 겸손하게 간청하옵나이다.

5월 10일 찰스는 그 법에 서명했는데, 눈물이 그렁그렁한 눈으로 자신이 무엇을 하고 있는지 거의 아무것도 깨닫지 못한 채 그 앞에 놓인 한층 더 혁명적인 또 다른 법안에 서명했다는 말이 전해진다. 그것은 의회 자체의 동의 없이는 의회의 해산을 금하는 법안이었다. 이와 동시에 그는 '정의의 시혜자로서 국왕에게 내재하고 떼어놓을 수 없는 것으로서 존재하는 자비'라는 관대한 처분과 스트래퍼드를 남은 생애 동안 감옥에 남아 있게 할 것을 촉구하는 편지를 상원에 보냈다. '만약 그것이 내 백성의 불만 없이 행해질 수도 있다면 이것은 나에게 이루 말할 수 없는 만족이 될 것이다.' 왕세자가 다음 날 그 편지를 전달했고 이튿날인 5월 12일 스트래퍼드는 다음과 같이 항변하면서 단두대로 갔다. '나는 모든 영광 속에서 폐하를 섬겼으며, 또한 나는 내 가슴에 어떠한 의도를 가져서가 아니라 국왕과 백성의 공동의 그리고 개별적 번영을 위해 일했다.' 런던탑 감옥의 창을 통해 로드는 그의 처형을 지켜보았다. 그는 일기에 그 왕은 '위대하게 되는 방법이나 위대해지는 방법을 몰랐다'라고 기록하면서 결코 찰스의 배신을 용서하지 않았다. 그러나 그 뒤에 찰스도 결코 자기 자신을 용서하지 않았다. 그는 정말로 8년 후에 자기 자신의 처형을 두고 충성스러운 종복의 죽음에 동의한 것에 대해 하나님의 진정한 심판이 자신에게 내려진 것이라고 믿었다.

자신의 죽음이 국가적인 카타르시스가 될 것이라고 생각한 점에서 스트래퍼드는 옳았다. 즉, 그의 죽음은 이 나라로 하여금 적절한 희생양을 통해 분노를 발산시킬 수 있는 기회였을 뿐 아니라, 국왕 입장에서도 만약 그가 상황 판단이 빨랐다면, 손실을 줄이고 자신의 지위를 안정시킬 수 있는 기회였다. 사권 박탈이라는 인정사정없는 사건이 본래 정부의 가장 격렬한 비판자들 사이에 있던 일부 사람들을 상당히 불편하게 만들었다는 것은 의심의 여지가 없었다. 한 종류의 자의적 권력이 또 다른 것으로 교체된 것은 아니었을까?

일단 스트래퍼드 백작과 구체제의 제도적 상징들, 예컨대 특권적 법원들, 선박세, 영성체 대臺 등은 모두 1641년 여름에 일소되었고, 상원과 하원의 의석에 앉아 있던 많은 의원들뿐 아니라 젠트리와 치안판사들로 이루어진 지방 카운티 공동체의 많은 사람들 또한 핌과 같은 사람들이 왜 호민관 역할을 자임하면서 폭정과 음모에 관해 끈질기고 거칠게 공격을 가했는지 그 이유를 자문하기 시작했다. 주교 제도를 폐지하기 위한 뿌리와 가지 청원Root and Branch Petition은 하원에서 (레이디 브릴리아나에게 자랑할 만한 큰 기쁨을 주면서) 로버트 할리 경에 의해 제2차 독회까지 진척되었지만, 상원에서는 안타깝게도 멈추고 말았다. 할리는 (불길한 조사인) 교구 교회들의 상황에 관한 조사를 감독하고, 헤리퍼드셔에서는 1641년 9월에 위그모어Wigmore의 지방 교회 십자가를 철거하면서 새로운 토머스 크롬웰Thomas Cromwell이 되는 것에 스스로 만족해야만 했다. 십자가는 '산산조각 나도록 두들겨졌고 심지어는 가루가 되어 들것에 의해 옮겨졌으며 그러고는 사람들이 밟고 지나가도록 교회 마당 보행로에 ⋯ 놓이게 되었다.' 상원의 반대를 돌파하기 위해 타협이 이루어졌지만, 그것은 더욱더 칼뱅주의적이었던 스코틀랜드인들을 실망시키는 일이었다. 만약 이 타협의 결과를 장로교라고 한다면, 그 장로교는 매우 잉글랜드다운 것이었다. 주교들을 대체하는 속인 아홉 명으로 구성된 위원회가 교회를 운영하는 것이었는데, 이는 귀족과 젠트리 등 이른바 '사냥 계급들hunting classes'에 의한 교회 정부를 의미하는 것이었다. 그렇다 하더라도 사냥 계급들 중에는 여러 부류가 있었다. 어떤 이들은 그 어떤 것도 원하지 않는 사람들이 있었고, 어떤 이들은 중백의와 무릎 꿇기가 완전히 사리지기를 원하고 있었으며, 심지어는 교회 마당에서 십자가상들이 짓밟히는 것을 볼 준비까지 하고 있었다. 그러나 어떤 이들은 주교들, 오만하고 과도하게 장식하고 신학적으로는 모호하고 철학적으로는 거창하기만한 로드파 주교들이 아니라, 평범하고 수수한 주교들을 국교회의 참된 부분이라고 생각했다.

우상 파괴주의에 대해 극심한 공포를 느끼는 사람들도 있었다. 워릭셔의 골동품 상인이자 족보학자였던 윌리엄 더그데일William Dugdale이 곧 끔찍한 소멸이 닥칠 것이라고 확신하게 된 것은 1641년 여름이었다. 그는 세인트 폴 대성당에 관한 자신의 놀라운 역사서의 서문에 다음과 같이 썼다. '통탄스러운 경험에 의하면 곧 비참하게 느껴질 슬픈 결과를 조심스럽게 내다보니, 이것은 내가 발견할 수 있는 기념비적 건물들 — 파괴의 순간이 임박한 왕국의 대표적 교회들을 빠른 시간 안에 끝까지 조망하도록 자꾸만 그리고 진정으로 나를 부추기는 바, 그것은 잉크와 종이로써 그들의 그림자들과 명문銘文들을 후대를 위해 기록 보존하는 일이었다.' 그리고 더그데일은 공식 기록물과 특허장 대장臺

帳을 스케치하고, 글로 기록하고, 꼼꼼히 읽어보았다. 그리고 무덤의 조상彫像들과 스테인드글라스 유리창 앞에서 은밀한 아침을 보내면서 그가 '그 건물의 또 다른 곳에 돌 하나라도 남지 않은 것을 보기를' 희망했던 세인트 폴 대성당에 대한 로드 브룩의 위협이 아른거리는 성상聖像 파괴자들을 앞지르기 위해 자신이 할 수 있는 한 빠르게 일하면서 떠났다.

모든 사람이 그렇게 아주 극성스럽지는 않았다. 12월경에 주교 12명을 탄핵하기로 한 결정을 포함, 반反주교 운동이 진행되고 있었지만, 이에 대한 반발의 움직임도 일어났다. 이것을 알아챈 에드워드 하이드를 포함한 온건한 개혁가들 집단은 찰스가 그 분열을 이용할 수 있는 값진 기회를 갖고 있다고 보았다. 국교회와 군대의 통치자인 국왕이 자체적으로 정부를 구성할 권리 및 의회를 소집하고 해산할 권리 등 합법적인 특권을 여전히 소유한, 절대주의적이지는 않지만, 그렇다고 무력화되지도 않은 군주정이 정치적 공동체의 구성원 대다수의 희망을 대표한다는 것이 그들의 직감이었다. (그리고 20년 뒤에 일어난 사건으로 인해 직감이 옳았음이 입증되었다.) 그리고 ─ 이제까지는 스튜어트 왕가의 모순어법이었던 ─ 입헌적 왕정주의가 탄생한 것은 그들이 가진 확신의 명료함과 견고함으로부터 온 것이었다.

그러나 찰스는 군주제가 어떻게 가장 잘 갱신될 수 있는가에 관한 목적의 명료함이나 견고함 그중 어느 것 하나도 생각하지 않았다. 그가 조금이라도 생각한 것이 있다면, 그것은 어떻게 하면 군주정의 완전한 통치권을 회복할 수 있을까에 대한 것이었다. 그가 가장 신뢰하던 조언자들은 그로부터 격리되었거나, 자기 보존을 도모하기 위해 떠났다. 스트래퍼드는 죽었고, 로드는 런던탑에 갇혀 있었는데 아마도 그 역시 스트래퍼드의 뒤를 따를 것이 명확해 보였다. (1629년의 격렬한 논쟁 기간 중 하원 의장이었던) 국새상서 핀치와 국무장관 윈드뱅키Windebanke는 둘 다 체포를 피해 유럽으로 도망쳤다. 찰스는 조언을 구하기 위해 왕비에게 이전보다 더 의존했지만, 그녀는 본능적으로 호전적이어서 타협에 반대했다. 짐짓 온건한 척하던 찰스의 가식도 거기까지였다. 그는 신의 임명을 받은 왕권은 자신에게 완전한 권력 행사에 충실할 것을 요구한다는 뿌리 깊은 신념을 한순간도 포기하지 않았다. 그에게는 작고 보잘것없는 왕위가 그 이름에 어울리지 않았고, 의회가 무엇을 제안하든지 간에 예라고 말하는 왕위는 부친으로부터 받은 왕관에 걸맞지 않을 뿐 아니라 극도의 뼈아픈 수치심과 배신감 없이는 아들에게 물려줄 수도 없는 것이었다. 그래서 찰스가 언약도들과 표면상 평화 합의를 타결하기 위해 1641년 8월에 스코틀랜드를 여행했을 때, 그는 실제로 언젠가 스코틀랜드인들에 대항해 잉글랜드인들을 이용하기를 희망했던 것처럼 잉글랜드인들에 대항해 스코틀랜드인들을 이용하기 위한 모종의 방법을 획책하고 있었다. 하지만 거기에서조차 찰스는 설득과 음모 사이에서 결단을 내릴 수 없었다. 다시 말하면, 몬트로즈 백작 제임스 그레이엄James Graham과 같은 귀족 장군들을 자기편으로 끌어들이는 조직적 활동도 펼치지 못했고, 제8대 아가일Argyll 백작 아치볼드 캠벨Archibald Campbell과 같은 언약도 지도자들을 물리적으로 구금시키는 용단도 내리지 못했다. 어떤 경우든 그것은 모두 고려할 가치가 없는 것이었다. 왜냐하면 찰스가 자신의 왕국들 중 하나에서 발생한 무질서를 해결하기 위해 다른 왕국의 정세를 활용할 수 있다고 상상하는 동안에 세 번째 왕국인 아일랜드가 이제 폭력적인 반란으로 폭발하고 있었기 때문이었다.

그것은 4년 전에 있었던 언약도들의 반란만큼이나 가슴을 크게 철렁하게 만드는 충격이었다. 찰스와 잉글랜드 의회 양측 모두 스트래퍼드의 '철저한' 정부가 몰락했기에, 그에 따라 아마도 아일랜드에서 사람들이 불평해 온 대부분의 불만 사항이 제거되었을 것이라고 생각했음이 틀림없었을 것이다. 그러나 스튜어트 치하의 브리튼 정치에서 일상적이었던 것처럼, 모든 사람은 다음에 닥칠 위기가 아니라 마지막 위기의 문제에 고심하면서 잘못된 길을 쳐다보고 있었다. 아일랜드의 가톨릭 공동체들, 특히 토착 아일랜드인에게 웬트워스(스트래퍼드) 체제의 파괴는 즐거워할 일이 아니라 우려의 근원이었다. 비록 그의 행정부는 약자를 괴롭혔고, 탐욕스러웠으며, 폭력적이긴 했지만 행정부의 냉정한 독립은 (그리고 토착 아일랜드인들을 행정부의 계획에 매우 자주 끌어들이려는 열의는) 아마도 그것을 대체하는 것처럼 보였던 것, 즉 신新잉글랜드인과 스코틀랜드계 장로교도들의 무제한적 지배보다 이루 말할 수 없을 정도로 더 나았다. 1639년까지만 해도 웬트워스의 '블랙 법Black Acts'은 가톨릭 공동체라기보다는 프로테스탄트 공동체를 겨냥한 것이었다. 이제 그가 사라지고 나자 상황은 얼스터의 가톨릭 젠트리에게 특히 불길한 것처럼 보였다. 그들은 노스 해협 건너편을 보았고 아가일 백작이 행한 서부 하일랜드와 섬들에 대한 언약도의 정복과 정착을 알았기에 다음이 자신들의 차례가 되리라는 것만 상상할 수 있었다. 여러 해 동안 한층 더 많은 수의 프로테스탄트 신잉글랜드인들과 스코틀랜드인들이 정착하도록 권장되는 동안 그들에게는 토지 보유 증대를 금지시키는 조치가 내려진 바 있었다. 거기에다 자신들의 영지를 '개선improvement'의 본보기로 변화시키라는 웬트워스의 의욕에 호응하는 과정에서, 웅장한 잉글랜드식 주택을 건설하고 우량 가축과 경작지를 도입하려고 시도한 결과, 엄청난 부채를 끌어안게 된 것이 저간의 사정이었다. 이제 스트래퍼드의 처형으로 너무도 극적으로 상징화된 국왕에 대한 잉글랜드 의회의 희한한 승리는 급격하게 변화하는 아일랜드에서 자신들의 지위를 확보함으로써 이 모든 힘든 일의 열매와 돈을 수확하려던 모든 기대를 그들로부터 앗아가 버렸다. 그 대신에 그들은 장로교도들의 포위라는 악몽에 직면하고 있었다. 그리고 그 순간 갈등의 와중에서 구잉글랜드인 가톨릭교도들은 본향인 잉글랜드를 향한 충성심을 바꿀 생각이 전혀 없다는 것을 보여주었다. 그래서 9년 전쟁의 위대한 지도자인 티론Tyrone 백작 휴 오닐Hugh O'Neill의 후손이라고 주장한 펠림 오닐Phelim O'Neill과 같은 얼스터의 영주들은 이제 최후의 자기 방어선으로서 무장 저항을 선택했다. 펠림 오닐은 반란 초기에 찰러몬트Charlemont성을 함락시켰고, 그곳에서 주된 채권자인 미스터 풀러턴Mr Fullerton을 죽임으로써 온갖 것을 청산했다.

그리고 역설적으로 아일랜드 반란의 지도자들은 1641년 10월 말을 향해 가는 동안 더블린Dublin성을 포함한 성채들을 점령할 계획을 세움으로써 포위된 것이나 마찬가지인 왕을 실제로 돕고 있다고 생각했다. 그들의 행동은, 최소한 처음에는, 원原민족주의적 반란이라기보다는 열렬한 친왕파적인 반란으로 드러났다. 오닐은 11월 4일 심지어 국왕으로부터 군사적 행동을 위한 위임을 받았다고까지 주장하기에 이르렀다. 그것은 아마도 아직까지 그 반란에 거리를 둔 채로 있는 (항상 세 공동체 중에서 가장 순수하게 충성스러운) 구舊잉글랜드인들을 겨냥하여 터무니없이 꾸며낸 거짓말이었다. 오닐은 자신이 국왕을 돕는 일을 한다고 주장함으로써 구잉글랜드인들 중에서 가장 막강한 (프로테스탄트이지만 아주 분명히 장로교인은 아닌) 오먼드 Ormonde 백작을 반란에 끌어들일 수 있을 것이라고 기대했을 것이다. 그 대신에 그 계략은 잉글랜드에서 찰스의 신뢰성에 엄청난 타격을 가했다. 그는 이제 수많은 경건파들의 눈에 의심의 여지 없이 아일랜드계 가톨릭교도들의 음모를 묵인하고 있는 것처럼 보였다.

피해망상은 혁명의 산소다. 그러나 1641년 11월, 할리와 월링턴, 핌과 세인트 존과 같은 사람들에게는 걱정할 일이 상당히 많은 것처럼 보였다. 국왕은 아직 스코틀랜드에 있었고 그가 쿠데타로 언약을 뒤엎으려고 했다는 소문이 돌았다. 짓밟히고 있는 성과 요새에 관한 것들뿐 아니라, 더욱 어두운 일들, 즉 신잉글랜드인들이 살고 있는 고립된 프로테스탄트 타운과 마을에 가톨릭 반도들이 가한 학살 소식이 아일랜드해Irish Sea를 가로질러 쏟아져 나오기 시작했다. 가톨릭을 겨냥한 잔학 행위 전파 전술은 그것이 아일랜드 반란 사태를 위해 재활용될 무렵에 이르러 유럽을 분열시키는 문화 전쟁의 정형화된 부분이 되었다. 네덜란드에서 벌였다는 스페인인들의 행태, 또는 독일에서 벌였다는 발렌슈타인Wallenstein 부대의 행태를 묘사하기 위해 사용된 바 있었던, 목판화와 '목격자들'의 증언으로 아주 생생하게 묘사되었던 바로 그 폭력적 외설물이 처음부터 다시 반복되고 있었다. 그것은 창에 꽂힌 아기들, 임신한 여성의 잘려서 열린 자궁과 찢겨낸 태아들, 꼬챙이에 꿰인 할아버지들, 목이 잘린 설교자들 등이었다. 가공할 살육이 실제로 일어나지 않았다고 말하는 것은 아니다. 포타다운Portadown에서는 의심의 여지 없이 끔찍한 도살이 벌어졌다. 신잉글랜드인 100명이 다리 쪽으로 떼를 지어 끌려갔고, 거기에서 옷이 벗겨진 뒤에 강으로 던져져 익사 당했다. 수영을 하고 있는 것처럼 보이는 사람들은 피로 물든 강물 속으로 사라질 때까지 몽둥이로 맞거나 총에 맞았다.

이 사건이 반란군 지도부의 동의를 받은 것은 아니었다. 반란군 지도부는 가톨릭교도들이 거주하는 일부 농촌 지역에 대해서만 미약한 통제권을 행사하고 있었다. 그리고 이들 가톨릭교도는 수세대 동안 대농장주들의 수중에서 고통을 겪었고, 아일랜드의 일부 지역에서 이제 피로 자신들의 주장을 입증할 기회를 잡았다. 예를 들면 먼스터와 같이 대농장이나 마을로부터 더 많이 떨어진 외딴 지역일수록 더욱더 목표물이 될 공산이 컸다. 거의 4000명의 사람이 직접적으로 이 폭력의 결과로 목숨을 잃었고, 헤아릴 수 없이 더 많은 사람이 발가벗겨진 채 퇴거당해 춥고 습한 아일랜드의 겨울에 아무런 보호도 없이 내몰렸고 굶주림에 시달렸다. 그들 중에는 니어마이어의 형수 가족인 월링턴 가문과 퍼매나의 부유한 농부들인 람페인Rampaigne 가문의 친척들도 있었다. 그들은 해안으로 탈출하려고 시도했지만 추적당했고, 재커라이아 람페인Zachariah Rampaigne은 자식들이 보는 앞에서 살해당했다. 생존자들은 할 수 있는 모든 수단을 동원해서 스스로를 보호해야만 했다. 주지하다시피, 머지않아 살기등등한 보복이 죄 없는 가톨릭교도들에게 가해지게 될 것이고, 아일랜드 역사를 얼룩지게 한 지독스레 끊임없는 살육과 그에 대한 대응 살육의 악순환이 거칠 것 없이 진행될 예정이었다.

잉글랜드에서는 즉각적으로 아일랜드인의 봉기가 궁극적으로는 잉글랜드 자체를 겨냥한 범브리튼적인pan-British 음모의 구성 요소로 여겨졌다. 월링턴은 공책에 다음과 같은 속담을 인용했다. '잉글랜드가 승리하려면 / 먼저 아일랜드와의 승리로 시작해야 한다.' 그것보다 훨씬 더 심각한 것은 그 반란이 아일랜드가 과거 가톨릭 열강의 무장 동맹이 잉글랜드를 침략하는 뒷문으로 이용되었던 엘리자베스 시대의 기억을 소환했다는 것이다. 잉글랜드가 아일랜드를 좋아하건 좋아하지 않건, 아일랜드의 운명은 이제 국제적인 종교전쟁과 얽여 있는 것처럼 보였다. 그리고 이러한 의심은 1607년에 로마로 도망쳤다가 스페인 왕의 군대에서 30년 동안 복무했던 티론 백작의 조카 오언 로 오닐 Owen Roe O'Neill이 1642년 봄에 플랑드르에서 건너와 반란군의 지휘를 맡았을 때 확인되었다. 그리고 머지않아 로마 교황 대사인 지오반니 리누치니Giovanni Rinuccini 추기경이 반도들에게 전면적인 반동 종교개혁 의제를 재촉하기 위해 도착했다. 그것은 헨리 8세가 행했던 종교개혁 이전으로 교회를 되돌리는 것이었다.

  이것은 아일랜드에 있는 구잉글랜드인 가톨릭교도 공동체의 삶에서 비극적인 전환점이었다. 그들은 1580년대에 스페인과 교황의 공세 중에 선조들이 충성의 향배와 관련하여 겪어야 했던 너무도 참담했던 상황과 똑같은 진퇴양난에 처하게 되었던 것이다. 이제 오언 로 오닐과 같은 사람들에게는 신앙을 조용히 실천하고 자신들이 폭동 선동과 멀리 있는 한 암묵적으로 관용되면서 국왕에 충성하는 가톨릭교도의 삶을 사는 것이 특히 스트래퍼드하에서는 역사적으로 실현 가능했던 삶이라는 것을 인식하기가 불가능해 보였다. 왕권이 가진 보호적 권위의 붕괴가 갑자기 이 같은 필수적인 삶의 공간을 빼앗아가 버렸던 것이다. 그들은 이제 로마가톨릭교회와 장로교도들 사이에서 진퇴양난에 빠졌다. 그래서 1641년 12월 주도적인 일부 구잉글랜드인은 아일랜드 반도들과 협정에 돌입했다. 이듬해 봄에 이르러 그들은 좀 더 화급히 인력과 자금을 기여해 달라는 부탁을 받았고, 얼마간의 두려움과 더불어 많은 구잉글랜드인 귀족이 (비록 프로테스탄트 오먼드Ormonde는 아니지만) 적극적으로 반란에 가담했다. 그들 중 한 사람인 존 프레스턴John Preston은 렌스터에서 연합 세력의 사령관이 되었다. 그들은 심지어 1642년 봄과 다가올 몇 해 동안, 연합의 공식적 노선이 그들의 깃발들을 통해 확인된 것처럼 찰스 1세에 대한 열렬한 충성심이었다는 생각으로 스스로를 위로했을 것이다. 그러나 잉글랜드에서는 아무도 그렇게 생각하지 않았다. 국왕이나 그의 반대파들도 그 점에서는 마찬가지였다. 그리고 30년 전쟁에 참전했던 스코틀랜드 장로교파 군인인 로버트 먼로

Robert Monro가 프로테스탄트 색채가 강렬한 스코틀랜드 의회가 위임한 프로테스탄트 군대의 지휘를 맡게 되면서, 두 개의 무장한 종교 진영으로 나뉜 아일랜드의 양극화는 비극적으로 완성되었다. 남녀 60명과 성직자 두 명이 살해된 뉴어리Newry에서의 잔학 행위 이야기에 상당히 영향을 받은 바 있던 먼로는 자신이 포타다운만큼이나 추악하게 학살을 자행할 능력이 있다는 것을 보여주었다. 윌링턴은 '적그리스도가 맹렬히 행군했다'라고 썼고, 이것은 좋은 소식이었는데 왜냐하면 이는 오래전에 예고된 바 있는 천사와 악마 사이의 인정사정 없는 전투가 마침내 시작될 수 있다는 것을 의미했기 때문이었다.

찰스는 실제이면서도 허구적인 아일랜드인의 살육에 관해 매일 전날보다 분명히 더 유혈적이라는 소식이 도달하고 있을 때인 1641년 11월 말에 런던으로 돌아왔다. 민병대를 의회의 수중에 두고 통제한다는 내용을 담고 있는 법안이 이미 하원에서 한 차례 독회를 가질 정도로 진척된 상황에서, 핌은 이제 아일랜드 반란이 국왕에서 의회로의 권력 이전이라는 중차대한 과업을 불가역적으로 완성하도록 작용할 것이라고 생각했을 것이 분명했다. 온갖 종류의 요구 사항, 즉 가톨릭교도들을 군대에서 축출하고, 의회가 이제 외교 정책에서 결정적인 목소리를 내야 한다는 요구 사항들이 들리고 있었다. 그리고 통치권을 잡기 위한 서막으로서 호전적인 사람들이 초안을 잡은 대간의서는 역사 전쟁의 승기를 잡아야 했다. 그 문서는 당대와 후세를 위해 찰스 1세 치세의 역사를 완전히 다시 쓴 것이었다. 대간의서는 찰스가 처음부터 신민들의 자유를 침해하고 그들에게 도저히 말도 안 되는 가증스러운 폭정을 할 계획을 세웠다고 기록했다. 또한 대간의서는 인민의 대표자들이 그러한 음모에 저항하기 위해 지금까지 무엇을 해왔으며, 아직도 이루어져야 할 필요가 있는 일들에 대해 개관하는 것이기도 했다.

대간의서는 이미 정치적 과열이 일상화된 런던의 삶 속에서 또 다른 엄청난 공적 사건이 되었다. 윌링턴은 에식스, 켄트, 서식스Sussex에서 온 젠트리와 자영농 무리들이 말을 타고 달그락거리면서 런던 거리를 지나 웨스트민스터를 향해 달려가서는 의사당을 에워싸는 모습을 매일같이 지켜봤다. 선전문의 종이 세례가 거의 눈사태나 다름없이 쏟아졌다. 그러나 상원과 하원 양원에 있는 상당수 의원으로 하여금 대간의서에 반대하도록 만든 것은 바로 자신들이 — 지방에서 올라온 젠트리와 농부들, 그리고 런던의 장인들과 견습공들 등 — 인민들에게 인질로 잡혀 있다는 느낌이었다. 켄트 출신 에드워드 데링 경Sir Edward Dering은 여러 사람에게 '의회에서 인민으로의 하강'에 대해 다음과 같은 놀라움을 표현했다. '대간의서에 관해 처음 들었을 때, 나는 이내 충직한 자문관들처럼 국왕 폐하에게 잔을 들어야만 할 것이라고 상상했다. … 나는 우리가 아래쪽을 향해 불만을 말하고, 사람들에게 이야기들을 해주고, 국왕을 3인칭으로 하여 그에 대한 이야기를 한다는 것을 꿈에서도 해보지 못했다. 나는 그들 보통 사람들이 우리의 불만에 대한 치유책을 내놓을 것이라고 기대하지 않거니와 또한 우리가 그들에 의해 치유 받을 것이라는 기대도 하지 않는다.' 대간의서에 포함된 불필요하게 모욕적인 어조가 국왕과의 합의를 어렵게 만들기 위한 의도적 계산 때문이라는 의심을 받으면서, 대간의서는 단지 11표 차이의 다수결로 하원을 가까스로 통과했다.

핌의 곤란한 상황은 자연스럽게 온건파에게 기회를 양보했고, 타고난 통솔력을 지닌 에드워드 하이드를 포함한 이들은 개혁 마인드를 가진 비장로교 정파들을 움직여서, 그가 믿게 된 바, 잘못을 깨달은 국왕을 위해 지지를 결집시키고자 했다. 따라서 하이드는 대간의서에 대한 응답문의 초안을 작성했다. 초안에 담긴 논조는 내전 기간 내내 유지될 왕당파의 이데올로기와 맥을 같이하는 것이었는데 전체 인민의 복리와 이익을 진정으로 대표하는 것은 소수의 청교도 열성파가 아니라 국왕이라는 것이었다. 또한 진정한 개혁자는 그들이아니라 국왕 자신이라는 내용이었다. 국왕을 로드파도 아니고 절대주의적 군주정도 아닌 다른 어떤 외피로 포장하기를 희망했던 하이드와 같은 사람들은 찰스가 부당하다기보다는 부당한 취급을 받은 사람으로 사람들에게 비쳐지고, 또한 그가 스코틀랜드에서 런던으로 돌아가는 여정에서 따뜻한 환대를 받았다는 사실에서 용기를 얻었다. 대간의서의 통과를 둘러싼 적은 표 차이는 하이드에게 호전적인 물결이 뒤로 밀쳐질 수 있을 것이라는 낙관주의를 확인시켜 주었다.

그러나 국왕의 운을 다시 살려줄 만한 기막히게 좋은 정치적 상황의 부재 속에서, 찰스는 힘의 중재에 관한 자신의 궁극적 믿음으로 인해 여전히 그에 대한 기대를 약화시킬 수는 없었다. 찰스는 하이드와 신임 국무장관인 포클랜드 자작의 말, 그리고 대간의서에 관한 투표 결과로 인해, 핌과 동료들이 하원 내에서 정말로 소외된 집단에 불과하다는 생각을 하게 되었다. 이제 하원이 무력화된다면, 찰스가 다룰 수 있는 기관으로 돌아가 아일랜드 원정군을 위한 전쟁 경비를 마련해 줄 것이었다. 그런데 여기서 그가 무력화라고 말한 것은 단순한 의회의 패배 이상의 그 무언가를 의미하는 것이었다. 그래서 1641년 12월 찰스는 로드 조지 디그비Lord George Digby에게 열정적으로 사주 받아 체계적으로 쿠데타 계획을 세우기 시작했다. 서본Sherborne에 있는 디그비의 가족 성채는 도체스터의 청교도 성채로부터 단지 몇 킬로미터 정도 떨어져 있었다. 대부분 런던 출신의 훈련받은 무리로 구성되어 의회로의 접근로를 경비하고 있던 에식스 백작의 병력들은 신뢰할 만한 왕당파인 도싯 백작의 연대에서 차출된 웨스트민스터 병력으로 대체되었다. 역사상 처음으로 (떠나가는 견습공들을 지칭하는) '원두당Roundhead'과 (들어오는 경비병들을 지칭하는) '기사당Cavalier'이라는 상호 간 경멸적인 별칭이 상호 간의 증오를 표현하는 어휘의 일부가 되었다. 일종의 내전이 이미 시작되고 있었다. 런던의 가장 극도로 친親의회적인 거리 중심부 오른쪽에 있는 런던탑의 경비 병력 또한 런스퍼드Lunsford 대령의 잔인한 것으로 악명 높은 연대 병력으로 대체되었다.

그리고 이 모든 것은 물론 정확하게 핌이 원했던 것이었다. 찰스가 스코틀랜드로부터 돌아온 이래 수세에 몰렸던 것은 국왕이 아니라 핌이었다. 대간의서의 실패는 이것을 악화시켰다. 그러나 이제 의회 자체의 온전함에 타격을 가하려는 찰스의 속이 뻔히 들여다보이는 수고스러운 계획들은 기적적으로 핌의 손에서 놓아나게 되었다. 만약 국왕이 갑자기 합리적인 개혁가가 아니라 군사적 음모자로 드러나게 된 그 대본을 자기 자신이 썼다면 핌은 찰스의 연기를 능가하기 어려웠을 것이다. (항상 그렇듯이 왕비가 그를 도왔다.) 1642년 1월 3일, 핌, 햄프던, 홀스, 하셀릭, 그리고 윌리엄 스트로드William Strode 등 하원 의원 다섯 명은 맨더빌Mandeville 자작과 함께 상원에서 검찰총장에 의해 공식적으로 탄핵소추를 당했다. (스트래퍼드와 로드를 상대로 사용되었던 절차를 주의 깊게 따라) 그들에 대한 즉각적인 체포가 요구되었다. 의회의 양원은 기소된 사람들을 넘겨주지 않을 것이라는 사실을 분명히 했지만, 그들 6인이 왕국의 근본적인 법들을 무너뜨리고 있다는 내용을 담은 기소장이 공표되었다. 만약 그때까지도 핌, 홀스 등이 자신들에게 무슨 일이 다가오고 있는지를 제대로 알지 못했다면, 상하 양원에 대한 강제 수색은 그것을 확실하게 알려주었다. 찰스는 의회와 런던탑 양쪽 주변 지역에 대한 통제와 더불어 모든 것이 자신이 타격을 가하기에 적절한 곳에 위치하고 있다고 확신했음이 틀림없었다.

궁정에 있는 첩자들로부터 미리 경고를 받은 핌과 그의 친구들은 스스로 불장난을 하고 있었다. 그들은 1월 3일에서 4일로 이어지는 밤에 안전하게 사라질 수도 있었지만, 그들은 실제로 국왕이 와서 자신이 의회 독립의 침탈자라고 분명하게 드러내 주기를 원했다. 그래서 1월 4일 아침에 그들은 국왕이 화이트홀에서 출발했다는 소식을 레이디 칼라일Lady Carlisle과 그 밖의 첩자들이 알려준 것을 듣고서도 하원에 있었다. 그리고 국왕이 근접했다는 것을 확신한 후에야 자리를 떠났다. 마지막 순간에 윌리엄 스트로드가 때와 장소를 잘못 가린 대담한 연출 속에서 자신은 남아서 국왕을 직접 대면할 것이라고 선언함으로써 그들의 전략을 하마터면 망가뜨릴 뻔했다. 그는 의원들을 런던의 하류로 실어다 주기 위해 기다리고 있는 바지선으로 끌려가야만 했다.

유명한 장면들이 연출되고 있었다. 자의적으로 침범하는 폭군 대 부재중인 인민의 챔피언들 사이의 승부였다. 예전에 그 어떤 왕도 무장한 군대를 전개하는 것으로 하원을 위협하려고 생각한 적이 없었다. 국왕은 소규모 개인 경호원과 함께 도착했고 조지 디그비는 밖에서 지키고 서 있는 군인들이 분명히 보이게끔 문을 열어놓는 것을 잊지 않았다. 머지않아 의회 건물 밖 뜰은 불안해하는 군중으로 채워졌다. 찰스는 존경의 표시로 모자를 벗으면서 예상대로 자신에게 넘겨진 하원 의장의 의자에 앉아도 되는지를 예의 바르게 물어보았다. 그런 다음에 그는 기소된 자들을 넘길 것인지에 관해 물어보았다. 침묵이 흘렀다. 찰스가 렌설Lenthall 하원 의장에게 핌과 그 밖의 사람들을 지목할 것을 부탁했을 때, 렌설은 덴질 홀스가 1629년에 겁먹은 핀치에게 강요했던 바로 그 용어로써 대답했다. 그는 '이 자리에서 볼 수 있는 눈이나 말할 수 있는 혀 중 그 어느 것도 갖지 못했지만, 하원이 기꺼이 저로 하여금 그렇게 하도록 만드네요'. 항상 그랬듯이 이것은 장구한 정치적 기억의 드라마였다. 찰스는 자신이 혼자 힘으로 볼 수 있는 눈을 가졌고 자신이 본 것은 '새들이 날아간 것'이었다고 대답했다. 침묵의 분노, 어리석음과 불길한 예감 등으로 가득 찬 커다란 중간 휴지休止가 건물을 감돌고 있었다. 당혹스러워진 왕은 분통이 터진 채 자신이 왔던 곳으로 떠났고 '특권, 특권'[3]이라는 외침이 문을 통해 뒤를 따라가고 있었다.

그것은 완전한 낭패였다. 그 도박은 오로지 찰스가 절대적으로 성공을 확신할 수 있을 때에만 가치가 있는 일이었다. 절망적인 실패 속에서 찰스는 이제 (핌이 꼭 원했던 대로) 폭군, 그것도 서투른 폭군으로서 발가벗겨진 채로 노출되어 서 있었다. 하원 의원들의 체포가 무산됨과 더불어 개혁적이지만 최고 권력을 지닌 군주정sovereign monarchy을 위한 온건한 합의 같은 무언가를 구축할 마지막 가능성마저 사라졌다. 국왕이 런던시에 기소된 자들을 내놓을 것을 요구했을 때, 의회는 런던의 민병대를 지휘하게 하기 위해 전문적인 군인이자 유럽의 전쟁에서 역전의 용사였던 필립 스킵폰Philip Skippon을 임명하고, 의회와 의원들에 대한 공격을 지원하는 자는 누구든지 반역죄를 범하는 것이라고 선언

---

3   회기 중 체포당하지 않는 의원의 특권을 말한다 ─ 옮긴이.

하는 것으로 응수했다. 어쨌든 런던은 소란 상태에 있었다. 1월 11일 핌, 홀스, 그리고 나머지 사람들은 축제 분위기의 템스강 위 바지선에서 군중들이 환호 속에 벌이는 열광적인 축하 행사에 모습을 드러냈다. 궁정과 정부는 신속히 자기청산 절차에 들어갔다. 궁정과 관련성이 있다고 여겨지는 사람에게는 그가 누구든 '특권'이라는 야유가 따라다니며 괴롭혔다. 찰스는 이미 던져버렸던 온건한 입장으로 되돌아가기 위한 길을 찾으면서 햄프턴 코트, 윈저, 그리니치Greenwich 등 런던 주변부의 궁전들을 살금살금 돌아다니고 있었다. 그러나 되돌아갈 길은 없었다. 전면적인 갈등에 대비한 긴급사태 대책은 이제 사실상 가동되고 있었다. 왕비는 왕실 보석을 저당 잡혀서라도 군자금을 마련하려는 생각으로 헤이그로 갔다. 국왕의 스물두 살짜리 조카이자 상황을 즐기고 있던 왕당파인 라인 왕자 루퍼트Prince Rupert of Rhine는 보이Boy라고 부르는 토이 푸들견犬을 데리고 갑자기 궁정에 나타났다. 핵심적인 무기고와 항구를 지키기 위한 준비가 이루어졌다. 국왕은 군대를 결집할 수 있는 최선의 기회가 있다고 믿는 북쪽으로 머리를 돌렸다. 뉴마켓Newmarket에서 그는 제한된 시간 동안 민병대를 의회의 통제에 두도록 하는 데 동의할 것인지에 대한 질문을 받았다. '하나님에 따르면, 한 시간도 안 된다'는 것이 대답이었다. 그는 이어서 다음과 같이 말했다. '당신은 국왕에게는 결코 물어서도 안 되고 그런 말이라면 내 아내나 아이들이 했더라도 신뢰를 깨뜨릴 그런 질문을 내게 했다.'

그리고는 무장 충돌의 가능성을 가속화시키는 사건들이 이어졌다. 국왕이 계속해서 민병대 법안Militia Bill의 서명을 거부했기 때문에 그 법안의 조항들은 일방적으로 조례 형식으로 대체 입법되었다. 이 조례에 따라 인력과 군수품을 징발할 권리는 의회로 이양되었고, 각 카운티에서 이 명령들을 집행할 지사와 부지사를 의회가 임명할 수 있게 되었다. 국왕은 요크로 옮겨간 궁정에서 그러한 불법적인 관료들에게 복종하는 사람은 누구든 반역죄를 범하는 것이라고 선언하는 것으로 응수했다. 그런 다음 그는 옛날 랭커스터Lancaster 왕조 시대에 시행되었던 형태의 봉건적 동원을 들먹이면서 왕실을 지키기 위한 사람들을 징발하기 위해 각 카운티에 자신만의 '배치위원회Commissions of Array'를 임명했다.

의회는 국왕에 대한 선언을 통해 처음으로 그가 백성들에 대항해 '내전civil war'을 일으키려는 음모를 꾸미고 있다고 공식적으로 비난했다. 말들이 퍼져 나왔다. 그 말들은 말해지지 않을 수 없었다. 사실상의 유혈 사태가 이제 너무도 임박한 것처럼 보였기에, 불스트로드 화이트로크와 같은 청교도 의회주의자들조차 순간적으로 불안한 느낌을 가지지 않을 수 없었다. 그는 의회에서 이렇게 말했다. 이 나라는 '우리를 이토록 멀리 데려다 준 바다의 파도처럼 예기치 않게 이어지는 사고들로 인해 눈에 띄지 않을 정도로 서서히 이러한 내란의 시작으로 미끄러져 들어가게 되었다. 그리고 우리가 어떻게 여기에 이르게 되었는지는 선언, 대간언서, 저항, 투표, 메시지, 대답과 응답 같은 종이 전투들을 통해 간신히 알 수 있을 뿐이다. 우리는 이제 군대를 거병하는 문제에 도달하게 되었다.' 의회가 요크에 있는 국왕에게 '19개 제의Nineteen Propositions'를 전달했을 때 한 차례 마지막 해결의 기회가 있었다. 그러나 거기에는 협상에서 유리한 위치를 차지하기 위한 어떤 책략보다는 잉글랜드 정부의 장래에 관한 의회의 생각이 더 명확하게 담겨 있었다. 왜냐하면 거기에는 자신들이 생각하기에도 국왕이 양보할 수 없는 항목들을 포함하고 있었기 때문이었다. 국왕 자녀들의 교육과 결혼에 관한 의회의 통제, (왕비까지도 포함하게 될) 모든 가톨릭 교도에 대한 적극적인 소추, 그리고 그들이 임명한 지방 책임자들에게 모든 항구, 요새, 성채 등을 인계하라는 것 등이 그것이었다. 핌과 더불어 의회는 이제 찰스가 아일랜드인들과 함께 잉글랜드의 반동 종교개혁을 도모하고 있다고 정말로 믿었다. 그래서 그들은 마치 찰스가 정신 이상이 되어버린 것처럼 취급하면서, 권력을 위원회들을 통해 행사하도록 강제하는, 사실상의 의회 섭정 체제를 창출해 냄으로써 군주정의 작동을 중지시키고자 했다. 그러한 체제는 찰스가 국익에 무해한 존재가 될 때까지 지속될 것이었다.

그 일과 더불어 마지막 희망이 사라지자, 앞으로 다가올 몇 달은 전투가 실제로 시작되었을 때 공급이 적재적소에서 이루어질 수 있도록 하기 위해 식량, 자금, 총포, 화약, 말, 건초 등과 같은 전쟁 자산을 확보하기 위한 쟁탈전이 상황을 지배했다. 그와 동시에 마음을 결정하지 못한 사람들을 흔들어놓기 위한 시도들이 행해졌다. 선전물 세례는 이제 폭우가 되었다. 왕립 인쇄소는 북부에 영향을 주기 위한 작업이 빠른 속도로 진행될 수 있도록 신중하게 요크로 옮겨졌다. 머큐리라는 공통의 제목을 지닌 신문들의 전투는 의회파의 신문인 ≪머큐리우스 시비쿠스Mercurius Civicus, The City Mercury≫에 대해 왕당파의 ≪머큐리우스 아우리쿠스Mercurius Aulicus≫가 응답하고 풍자하면서 발발했다. 그리고 상호 악담과 경쟁적 징발이 이루어지는 가운데, 상당히 슬픈 현상 하나가 일어나고 있었는데, 바로 잉글랜드의 발칸화였다. 이는 잉글랜드가 일관성 있는 전쟁 지역들로 분열된 것이 아니라(왜냐하면 거기에는 실제로 그런 일은 거의 일어나지 않았기 때문이었다.) 서로 다른 감정과 종교적 믿음에도 불구하고, 지역의 평화와 정의라는 공동의 이익 속에서 그러한 갈등을 억제해 왔던 교구와 카운티 같은 공동체들과 기관들이 붕괴하고 있었다는 의미였다. 의심할 바 없이 충성의 선택이 생각 없이 이루어졌거나, 심지어 자발적이지 않은 많은 장소가 있었음에 틀림없었다. 남자들과 여자들은 습관과 편견을 따랐고, 지주나 설교자를 따랐다. 그리고 거기에는 확실히 한쪽에는 로버트 할리와 브릴리아나 할리 부부와 다른 한쪽에는 스쿠다모어 자작과 같은 사람들이 있었는데, 그들에게 선택이란 처음부터 정해져 있는 결론일 뿐이었다. 물론 그들이 그것에 관해 정확하게 어떤 행동을 취했는지는 또 다른 문제였다. (놀랍게도 스쿠다모어는 행동을 취할 시간이 되었을 때, 자신이 차라리 열의 없는 왕당파라는 것을 보여주었다.) 그리고 거기에는 노퍽의 지주인 불쌍한 토머스 니벳Thomas Knyvett처럼 목적의식이 분명하지 않아 곤경을 겪는 사람들이 더 많이 있었음에 틀림없었다. 그는 아내에게 다음과 같이 썼다. '사랑하는 당신에게, 나는 이제 무엇을 해야 할지와 관련하여 큰 곤경에 처해 있다오.' 그는 웨스트민스터를 걸으며 의회를 위해 일개 중대를 거병하라는 워릭 백작의 위임장을 제시했던 존 포츠 경Sir John Potts

에게로 달려갔다. '나는 그것을 받을 것인지 아니면 거부할 것인지, 그것을 어찌해야 할지 몰라 생각이 아연해졌다오. 그것을 논할 자리는 아니라서 그것을 들고 얼마간 그에 관한 조언을 듣기를 바랐다오. 여러 시간 동안 그에 대한 답을 듣지 못했지만, 국왕으로부터 그것에 반대하는 단도직입적인 선언에 직면했다오.' 당시 22세였고 의회파의 영향력이 강했던 글로스터에 살고 있던 리처드 앳킨스Richard Atkyns는 스트래퍼드의 재판에 관해 들은 사람이라면, 그리고 국왕이 행한 양보들을 저울질해 본 사람들이라면, 누구도 국왕에게 반기를 들수 없다고 믿었다. 그러나 '두려움과 질투가 왕국 전체를 완전히 사로잡고 있어서 어느 누구도 국왕에 찬성하는지 의회에 찬성하는지에 관해 답을 하지 않고는 어떤 시읍이라도 통과하여 여행하기가 어려울 정도이다'라고 말했다.

1642년의 봄과 여름에 관련해 진정으로 예사롭지 않은 것은 수많은 사려 깊은 영혼들이 자신의 삶에 관한 가장 무거운 질문들을 던지며 숙고해야만 했던 일이다. 충성의 향배에 관한 그들의 극심한 고통과 쓰라린 고초를 증언하는 풍부한 증거들이 남아 있다. 그들은 또한 얼마나 진지하고 솔직하게 친구, 가족 그리고 자신에게 자신의 결정을 정당화하기 위해 노력했는가를 증언하고 있다. 장기 의회 개회 이래로 세력을 늘려왔던 각기 다른 남녀들은 커다란 위기 속 각기 다른 순간에 이미 뒤로 물러설 수 없는 단계에 도달했다. 특별하게 화합적인 공동체로 간주되어 온, 그리고 그것이 사실에 어느 정도 부합되었던 콘월은 정확히 반으로 두 조각나고 말았다. 평화적인 개혁을 낙관적으로 기대하며 런던으로 향했던 콘월 출신 의원들 중에는 두 명의 주도적인 인물들이 있었는데, 그들을 갈라서게 만든 것은 스트래퍼드의 사권 박탈에 대한 그들의 반응이었다. 베빌 그렌빌 경은 해적이자 애국자인 바다의 선장 리처드 그렌빌Richard Grenville의 손자였지만, 옥스퍼드 대학교의 엑시터 칼리지Exeter college에서 공부한 이후에 아내, 자녀 그리고 토지에 (순서대로) 헌신한 학식 있고 활력적인 지방 젠틀맨의 귀감이 된 사람이었다. 또한 그는 새로운 주석 제련 기법의 실험자, 바르바리Barbary 종마의 사육자, 그리고 평생에 걸친 고전적 역사,

전투가 벌어진 곳

0   50 miles
0   100 km

올던
알퍼드
애버딘
인버로치
티버모어
킬시스
던바
에든버러
북해
필립호그
뉴번
칼라일
힐튼
마스턴 무어
태드캐스터
시크로프트 무어
요크
애드월튼
드로이다
아이리시해
프레스턴
게인즈버러
윈스비
더블린
앵글시섬
로튼 히스
낸트위치
유톡시터
홉튼 히스
그랜섬
몽고메리
네이즈비
웩스퍼드
리플
우스터
에지힐
크롭프레디 브리지
포윅 브리지
스토우
하이남
찰그로브 필드
라운드웨이
세인트 파간스
다운
뉴버그
런던
랜스다운
알턴
메이드스톤
랭포트
체리턴
토링턴
스트래턴
론서스턴
로스트위디엘
브래독 다운
잉글랜드 해협

영국 내전(1640~1651년)

철학, 시의 열렬한 지지자이기도 했다. 1626년에 그는 강제대부에 대한 가장 격렬한 콘월 출신 비판자 중 한 사람이었고, 존 엘리엇 경과 윌리엄 코리턴을 위해 자신 소유 토지의 자유보유농들을 움직였으며, 런던탑에서 엘리엇이 죽자 비탄에 빠지기도 했다. 그러나 1641년에 그는 스트래퍼드의 사권 박탈에 질겁했다. 그것이 과거 그가 비난해 왔던 법원에 의한 사법 정의의 노골적인 조작과 동일한 절차를 행하고 있음을 알아차렸기 때문이었다. 그렌빌은 '반대' 표를 던지고 알렉산더 커루 경Sir Alexander Carew에게 자신들의 뜻을 따라달라고 설득하려고 애썼던 (코리턴을 포함한) 콘월 출신의 여덟 명 하원 의원 중 한 명이 었다. 그렌빌은 커루에게 다음과 같이 썼다. '경이시여, 다음과 같이 기도합시다. 우리 카운티의 어느 구성원도 이 불길한 일에 손을 댔다는 말이 들리지 않게 하옵고, 따라서 당신이 그 법안에 반대하는 쪽으로 표를 던지기를 기도합니다.' 커루의 응답은 다음과 같은 (그리고 1644년 그의 처형 이전까지 이어졌던 몇 해 동안 그를 따라다니게 될) 중의적 표현으로 오히려 명확해졌다. '만약 내가 똑같은 도끼로 처형되는 처형대에 서게 될 다음 사람이 확실하다면 나는 그 법안의 통과에 동의할 것이다.'[4] 오랫동안 친구였고 상호 간에 사이좋게 존경하며 살아왔던 콘월의 다른 사람들은 이제 분열되었다. 예를 들면 고돌핀Godolophin의 프랜시스 고돌핀 경Sir Francis Godolphin은 (그리고 그의 아들인 시인 시드니Sidney도) 국왕 편에 섰고, 트레브니어규Trevneague의 프랜시스 고돌핀 경Sir Francis Godolphin 은 의회 편에 섰다.

비록 로드 포클랜드Lord Falkland(포클랜드 자작)의 그레이트 튜 서클 소속 친구들 중 어느 누구도 사권 박탈과 관련하여 문제가 있었던 사람은 없었지만(어떤 사람은 그들 중 어느 누구도 음침하고 무뚝뚝하기까지 했던 스트래퍼드를 많이 좋아한 사람은 없었을 것이라고 추정한다.) 그들은 처음에는 주교들에 대한 공격에 관해서, 그리고 다음에는 다시 의회의 민병대 조례Militia Ordinance에 대한 공격을 둘러싸

---

4   그는 결국 법안에 찬성표를 던졌다 — 옮긴이.

고 갈라졌다. 에드워드 하이드와 포클랜드는 그 조례가 군주의 합법적인 특권을 명백히 불법적으로 찬탈하는 것으로 보았다. 실제로 그것은 어떤 형태이건 국왕에게 특권이 부여된 것 자체가 맞는지를 따져볼 시험적 사례였다. 그러나 법을 중시하는 그들의 친구이며 하원 의원인 존 셀든John Selden은 실제로 왕국이 명백하게 외국의 침략으로 위협 받을 때를 제외하고는 국왕에게 백성 중 어느 누구도 강제 징모할 권리가 주어지지 않았기에, 불법적으로 행동한 사람은 국왕이었다고 믿었다. 따라서 셀든은 의회 편에 충성스럽게 남았다. 역으로 로드 몬터규Lord Montagu와 같은 사람들도 있었는데, 그는 어떤 종류의 배타적이고 초월적인 통치권이 의회에 부여되지 않는 선에서, 가장 의회주의적인 군주정을 지지하는 사람으로 인정받기 위해 많이 애쓰고 있었다. 몬터규는 자기 아들 윌리엄에게 다음과 같이 썼다.

> 그가 국왕, 귀족, 평민으로 구성된 의회의 유지와 보전을 위해서 뭇 생명과 그가 가진 모든 것을 함부로 사용하지 않을 진정한 잉글랜드 사람이 아니라는 것은 너무나도 확실하다. 그러나 국왕의 동의 없이 모든 백성을 잉글랜드로 묶어줄 조례를 갖는다는 것은 가장 위험한 결과이자 의회의 모든 특권과 백성의 공통 자유를 침해하는 것이다. 따라서 나는 상원과 하원이 그것을 주장하지 않기를 하나님께 빌 것이다. 내 가슴과 손 그리고 삶은 의회를 지지하겠지만 상원과 하원에 의해서만 제정된 조례를 지지하지는 않을 것이다.

에드먼드 버니 경에게 그 선택은 단순했지만 그 또한 상당히 힘든 것은 마찬가지였다. 왜냐하면 그의 도덕적 감정과 지성은 자신에게 그 명분이 가치 없는 것이라고 말하고 있었지만, 그럼에도 그는 매우 엄격하고 명백한 의무감에 의해 지배되고 있었기 때문이었다. 에드워드 하이드는 두려워하는 왕당파 군인들의 사기를 북돋우기 위한 더 나은 방법으로 친구인 버니에게 공개적으로 유쾌한 표정을 지으라고 부탁했을 때, 버니가 요크에서 우울한 상황에 놓여 있음을 발견했다. 버니는 하이드에게 웃으면서 다음과 같이 답장을 보냈다.

나는 할 수 있는 최선을 다해 기꺼이 당신과 함께 할 것이지만 그것을 매우 야비하게 행할 것입니다. … 당신은 당신의 양심에 만족하기에 당신은 도리에 맞습니다. 국왕이 자신에게 요구되는 것을 허용하지 않아야 한다는 것이 당신의 생각이니, 따라서 당신은 당신의 소임과 일을 함께 하는 것입니다. 그러나 내 경우에는, 나는 말다툼을 좋아하지 않습니다만, 국왕이 그들이 원하는 것에 양보하고 동의해 주기를 진심으로 바랍니다. 그러므로 내 양심은 단지 주군을 따라야 한다는 명예와 감사의 도리에 구애될 뿐입니다. 나는 그가 베풀어준 양식을 먹었고 거의 30년 동안 그를 위해 봉직해 왔기에 그를 버리기 위해 그렇게 야비한 일을 할 수 없을 것입니다. 그러므로 나는 보존하고 지키는 것이 양심에 반하는 그러한 일들을 보존하고 지키기 위해 (내가 그렇게 하리라는 것을 확신합니다만) 내 목숨을 잃는 길을 택할 것입니다.

다정하고 사랑스러운 젠트리 가정의 본보기였던 버니 가문은 이제 해체되었다. 1640년 의회에서 아버지 옆에 앉아 있었던 랠프는 그들의 대의에 대한 지지를 표명했을 뿐 아니라 민병대 조례가 통과된 이후에 모든 구성원에게 요구되었던 엄숙한 충성의 맹세를 했다. 맹세는 17세기에 특히 청교도에게 가벼운 일은 아니었다. 그러한 행동은 자기 아버지뿐 아니라 동생 에드먼드와의 사이 또한 뚜렷하게 갈라놓았다. 에드먼드는 랠프가 자기 아버지뿐 아니라 왕에 대한 의무를 저버리는 것을 이해할 수 없었다. 어쨌든 그들은 여전히 한 가족이었다. 초여름에 클레이던에 있던 에드먼드 경의 집사는 요크에 있던 에드먼드로부터 기병총, 화약, 탄환 등으로 집을 방어할 준비를 해달라고 부탁하는 편지들을 받고 있었다. '왜냐하면 나는 악당들이 그러한 집들에서 약탈물을 찾을 수도 있을 때가 올까 봐 두렵구려. 따라서 준비에 만전을 기해주시오. 그러나 그에 대해서는 아무 말도 하지 마시오. 왜냐하면 그럴 경우 예기치 못한 더 많은 피해를 불러올 수도 있기 때문이라오. 전속력으로 당신이 빌릴 수 있는 만큼의 온갖 돈을 모아주시오, 왜냐하면 우리는 확실히 커다란 전쟁을 치르게 될 것이기에 말이오. 추수를 돌봐주시오. 그러면 하나님께서 그에 대한 축복과 보답의 감사를 받을 수 있도록 우리에게 보내주실 것이라오. 이제 더 이상 할 말이 없구려 – 당신의 사랑하는 주인으로부터.' 그러나 그 집사는 또한 런던에 있는 랠프로부터도 편지들을 받고 있었는데, 부친의 가장 좋은 권총과 기병총을 찾아서 요크에 있는 부친에게 보내달라는 것이었다! 왕과 의회가 잠정적으로 서로 속을 떠보고 있던 때인 1642년 늦은 봄, 버니 가문과 그들의 친구들은 잠시나마 아직도 평화가 있을지도 모른다는 희망에 매달리고 있었다. 그러나 6월 1일 의회의 양원은 잉글랜드의 미래를 위한 19개 제안들Nineteenth Propositions을 통과시켰다.

놀랍지도 않게 순응에 대한 희망은 점점 줄어서 없어져버렸다. 8월 말에 이르러 버니 가문의 아버지와 장남은 서로 적으로 만나게 될 것이 확실해 보였다. 이 가족의 오랜 친구이며, 또한 지지와 확신의 측면에서는 의회파이지만 사회적으로는 양쪽 세계와 매우 친했던 레이디 서식스(엘리노어)는 9월 9일 랠프에게 편지를 썼다. 자신이 그의 부친으로부터 편지를 받았는데, "당신에 관한 그분의 말이 다음과 같다는 것이 매우 슬프다"고 했다. "'부인, 그 녀석이 늘 내 마음 가까이에 있었는데, 정말로 그 녀석은 여전히 거기에 있답니다." 그러면서 그분은 많은 고통을 겪어왔는데 그것은 당신이 그분을 몰인정하게 이용했기 때문이랍니다.' 그녀는 에드먼드 경이 '격정적으로 되었고 크게 괴로워하고 있는데, 내가 믿기에는 당신이 스스로 의회 편이라고 선언했기 때문이라고' 말했다. '내가 확신하는 모든 것을 이해하기에는 시간이 조금 걸릴 것 같군요.' 그리고 그녀는 랠프에게 그가 할 수 있는 최대한으로 아버지의 기분을 달래주기를 부탁했다. '당신을 가장 진심으로 사랑하는 친구로서 제발 간청하오니, 당신의 아버지에게 곧바로 격노하지 말고 친절함으로 그를 이겨내세요. 친구여, 내가 믿기에 당신들 사이에 있는 차이들 이외에도 수많은 다른 일로 인해

그분이 대단히 우울하다는 것을 나는 압니다.'

이미 내전을 예상하기라도 하는 듯 1642년 여름에 잉글랜드 전역에 걸쳐 종종 '비정상적인unnatural' 것으로 묘사되는 일들이 일어나고 있었다. 이른바 이탈과 분리의 현상이 그토록 오랫동안 관습, 영토, 믿음 등을 공유해 왔던 공동체들에서 일어나고 있었던 것이다. 카운티는 물론, 심지어 타운에서조차도 충성의 향배를 논리상 당연한 귀결이나 공동체의 명백한 이해관계에 따라 결정할 수 있을 정도의 정치적인 동질성을 유지하고 있는 곳은 드물었다. 에식스는 압도적으로 의회파였고 웨일스의 많은 지역은 충성스러운 왕당파였지만, 그레빌 가문처럼 강력한 파당적 파벌이 있는 곳인 워릭셔와 같은 샤이어들에서조차 충성도의 향배는 복잡했고, 워릭셔의 경우 북부 지방에서 훨씬 더 혼합적이었다. 그리고 열심히 중립을 유지하려고 노력했고 의회파나 왕당파 그 어느 쪽 군대로 징발되는 것을 회피하려고 했던 컴벌랜드Cumberland와 웨스트모얼랜드 Westmorland와 같은 일부 지역들이 있었다. 실제로 행해지는 병력의 소집과 그들이 카운티나 시읍들에서 받는 반응은 울타리 반대편의 사람들에게는 일종의 경고였기에 그들은 더 안전한 영토로 옮겨가거나 할 수 있는 한 최선을 다해 집과 농장을 지킬 준비를 해야만 했다.

레이디 브릴리아나 할리는, 나중에 자신이 말한 것처럼, 가족 영지와 경건한 종교를 지키기 위해 죽음을 무릅쓰는 한이 있더라도 이동하지 않기로 결정한 사람 중 하나였다. 멀리 웨스트민스터에서 의회 위원회들을 주도하고 있던 그녀의 남편 로버트 경은 그녀에게 그대로 있으라고 조언했다. 그가 생각하기에 북동부 헤리퍼드셔 같이 멀리 떨어진 곳에 있는 그녀에게 위해가 닥치리라 상상하기 어려웠고, 더구나 그 카운티에서 할리 가문은 종교적 갈등으로 거리가 생기기는 했지만 그럼에도 동료 젠트리들과 우호적 유대를 지켜왔기에 더욱 그러했다. 그러나 1642년 여름과 가을, 브릴리아나는 자신의 가정이, 비유하자면, 왕당파라는 대양에 고립된 의회파 청교도의 섬이라는 것, 그리고 상류층 사회에서 맺어졌던 오랜 신뢰의 유대 관계라 하더라도 다가오는 충돌 앞에서는 쓸모없는 것으로 전락할지도 모른다는 평범한 사실을 알아차렸다. 그녀는 이미 대중적 학대의 대상이었고, 그중 일부는 정말로 위협적인 것이었다. 그녀는 러드로Ludlow에서 아들 에드워드에게 편지를 썼다. 메이폴maypole(5월제 기념 기둥)이 세워졌으며 '그 위에 머리 같은 것이 올려졌는데 … 그리고 그 주위에 엄청나게 많은 사람이 모여서 원두당원들을 조롱하면서 그것에 총을 쏘았다'라고 편지에 썼다. 그리고 그들의 오랜 친구인 윌리엄 크로프트 경Sir William Croft은 개인적으로는 여전히 레이디 브릴리아나를 존경하면서도, 그 어떤 것도 국왕의 충성스러운 종복으로서 자신이 행하는 공적 행위에 관해서는 아무런 효과를 발휘할 수 없을 것이라는 사실을 공공연히 밝혔다. 머지않아 브릴리아나와 그녀의 가정은 브램프턴 브라이언Brampton Bryan의 마당에서 러드로의 시장으로 가고 있던 '엄청나게 무례한exceeding rude' 시골 사람들이 가하는 학대를 견디고 있었는데, 그들은 '브램프턴에 있는 모든 청교도와 원두당원들이 교수형을 당하기를' 원한다고 외치고 있었다. 그해 말 왕당파 군인들이 그녀의 하인 중 두 명을 감옥으로 데리고 갔을 때, 그녀는 세상이 바뀐 것도 잊은 채 스쿠다모어 자작에게 다음과 같이 호소하면서 선처를 부탁했다. '때로는 동맹에 의해서, 그리고 오랫동안 그의 공개적이고 진정한 우정에 의해서, 로버트 할리 경이 이 지역 대부분의 젠틀맨들과 맺어온 모든 피의 유대 관계에 비추어볼 때, 그리고 저로 말할 것 같으면, 이 지역에 들어온 낯선 이에 불과한 제게 베풀어준 정중한 예의에 비추어볼 때, 저는 제가 너무나 선한 것이라고 믿었던 그 모든 것이 어떻게 이 모든 의무를 파괴해야만 하는지 잘 모르겠습니다.' 그러나 겁에 질린 설교자들과 학교 교장들, 그리고 청교도 교우들이 피난처를 찾아 이 집으로 오면서, 서서히 브램프턴 브라이언은 청교도들을 위한 하나의 방책防柵이 되고 있었다. 그곳이 얼마나 오래 남아 있게 될지는 누구도 알 수 없는 일이었지만, 헤리퍼드셔뿐 아니라 북쪽으로는 슈롭셔Shropshire, 남쪽과 서쪽으로는 웨일스에서까지 왕당파가 강세를 보이면서 브릴리아나는 전능하신 분의 도움을 구하는 추가적인 기도 시간을 가져야 했다.

1642년 8월 셋째 주에 찰스 1세는 자신의 깃발을 올리기로 결정했다. 그는 아직 진짜 전쟁이라기보다는 의전적인 전쟁에 상당하는 것을 치르는 것 이상의 일을 할 입장이 아니었다. 의회 측에 비해 훨씬 더 적은 수의 카운티들이 그를 위해 인력, 자금, 식량 등을 제공하고 있었다. 해군은 의회에 대한 지지를 표명했고 국왕은 헐Hull의 총독인 존 호담 경Sir John Hotham으로 인해 헐에 들어가지 못하는 수모를 겪었다. 랭커셔주의 작은 타운 맨체스터Manchester에 있는 무기 창고를 점령하려던 로드 스트레인지Lord Strange의 시도는 분개한 무장한 퍼스티언fustian⁵ 직조공들이 그의 기마 병력을 타운에서 쫓아냄으로써 끝났다. 그럼에도 국왕은 웨일스와 슈루즈베리Shrewsbury로부터 수천 명의 병력과 말을 약속받고 있었기에, 우수한 자질을 갖춘 장교들을 활용하고, 젊은 루퍼트 왕자를 비롯한 전문적인 군인들을 동원하여 기병들에게 신속한 훈련을 제공한다면 숫자상으로 우위에 있는 의회군에 승리할 수 있을 것이라고 확신하고 있었다. 당시 의회군은 네덜란드 전쟁에 참전 경력이 있는 시무룩한 표정의 에식스 백작이 지휘하고 있는데, 그는 악명 높은 프랜시스 하워드의 첫 남편이기도 했다. 그렇게 해서 깃발은 올라가야 했고 루비콘Rubicon강은 건너져야 했다. 이를 행하는 명예를 안게 된 사람은 새로이 임명된 기수이며, 나이트 마셜Knight Marshall인 52세의 에드먼드 버니 경이었다. 그것은 문자 그대로 힘든 임무였는데, 왜냐하면 노팅엄Nottingham성 바로 밖에 있는 들판에서 그것을 똑바로 세우기 위해서는 사람 20명이 필요한 일이기 때문이었다. 어느 골동품 전문가가 기억하기를 '로드 메이어의 쇼Lord Mayor's Show에서 사용되는 기旗드림⁶들과 비슷한 형상의' 몇 개의 깃발이 거대한 장대 위에 걸렸는데, 꼭대기에 걸린 것은 손 하나가 왕관을 가리키고 있고, 그 아래에는 오만하고 낙관적인 좌우명인 '카이사르의 것은 카이사르에게로'라는 문구가 있는 국왕의 개인적

---

5   과거에 옷감으로 쓰던 두껍고 질긴 면직물을 말함 ─ 옮긴이.

6   중요한 깃발 위에 달던 좁고 긴 띠 ─ 옮긴이.

문장이 있었다. 기마병 세 무리와 보병 600명이 깃발 주변을 뽐내며 돌아다녔다. 트럼펫이 소리를 울리고 전령관이 왕의 포고문을 막 읽기 시작하려는 순간, 갑자기 찰스가 여전히 말을 탄 채로 종이, 깃펜, 그리고 얼마간의 잉크를 부탁하더니 이른바 마지막 순간의 수정을 가하기 시작했다. 그가 그 일을 마쳤을 때 전령관은 힘차게 문서의 수정된 부분과 전체를 읽으려고 시도했고, 군모軍帽들과 더불어 왕의 깃발이 공중 높이 올라갔다. 깃발은 성으로 되돌아갔고, 몇 킬로미터 밖에서도 볼 수 있도록 높이 들어 올려졌다. 그러나 그날 밤 강력한 폭풍이 불어닥치더니 깃발이 쓰러지고 말았다. 이틀 뒤에야 깃발을 다시 세울 수 있을 정도로 바람과 비가 잦아들었다. (징조를 찾으려는 습관이 있는 사람들은 많았지만) 조장될 일은 아니었다. 하지만 에드먼드 버니 경에게, 주사위는 매우 분명히 던져진 것이었다. 그의 임무는 다음과 같은 것이었다. '하나님의 은총으로 그의 손으로부터 깃발을 강제로 빼앗으려는 자들은 먼저 그의 몸으로부터 영혼을 강제로 빼앗아야만 할 터이다.'

왕당파 군대가 워릭셔의 에지힐에 집결하고 있을 무렵, 전쟁의 전망이 바뀌고 있었다. 찰스의 군대는 이제 2만 명 이상으로 막강했고, 그중 약 1만 4000명은 10월 23일 이른 아침에 능선에 집결해 있었다. 언덕 꼭대기에는 찰스가 (하이드가 주의 깊게 경계하는 가운데) 아들들인 왕세자 찰스와 아홉 살의 요크 공작 제임스, 그리고 토이 푸들 견犬 보이를 안고 있는 루퍼트 왕자와 함께 하면서, '망원경prospective glass'을 들고 의회군이 레드 호스Red Horse 계곡 아래에서 다가오는 것을 내려다보고 있었다. 국왕은 자신이 나무도 없고 단지 약간의 산울타리가 몸을 숨길 곳을 제공하는 경사가 매우 심한 지형이라는 엄청난 이점을 갖고 있을 뿐 아니라, 또한 에식스 백작의 군대가 심지어 사격이 시작되기도 전에 이미 기진맥진해 있다는 것을 알았다. 찰스는 슈루즈베리로부터 재빨리 이동하면서 워릭과 코벤트리에 있는 의회군의 근거지 사이를 빠져나가는 데 성공했다. 에식스는 너무 늦기 전에 런던으로 가는 길을 가로질러 군대를 배치하려고 했지만, 그것에 실패하면서 뒤늦은 따라잡기를 해야만 하고 말았다. 양측 군대 사이에 일어났던 최초의 교전 또한 에식스 입장에서는 전혀 고무적이지 않았었다. 전달인 9월 23일 우스터Worcester 근처에 있는 포윅 브리지Powick Bridge에서 벌어졌던 소규모 접전이 당혹스러운 완패로 끝나고 말았던 것이었다. 그때 에식스의 경호병은 루퍼트 왕자의 기병 공격에 직면해 "방향을 바꾸라"는 명령을 분명하게 이해할 수 없었고 더구나 이를 수행할 수도 없었기에 자기들끼리 도망가기에 급급했다.

붉은 코트를 입고 (휴대하기 쉽게 크기를 많이 줄인) 깃발을 든 왕실 경호대에 둘러싸인 국왕 가까이에는 에드먼드 버니 경이 있었다. 그는 완전한 흉갑을 착용할 경우 이것이 자신의 움직임을 방해함으로써 국왕을 보호하기보다는 그를 죽게 할 가능성이 더 크다고 확신하면서 투구 이외에 아무런 갑옷을 입지 않았는데, 만약 이 사실을 가족들이 알았더라면 충격을 받았을 것이다. 그의 가장 가까운 친구 중 일부도 역시 그곳에 있었다. 이를테면 하이드는 국왕과 함께 있었고 포클랜드는 기병 속 어딘가에 있었다. 그곳에는 북, 펄럭이는 연대의 깃발, 전투 중에 아군을 식별하기 위해 갑옷에 어깨띠처럼 묶어놓은 형형색색의 스카프가 있었다. 그곳에는 이미 병력 배치를 둘러싸고 심각한 문제가 있었다. 포스Forth 백작과 보병 사령관인 린지Lindsey 백작은 머스킷 소총병들을 스웨덴 방식처럼 창병槍兵 내에 배치해야 할 것인지, 또는 린지가 바라는 대로 더 오래된 '네덜란드'식 별개 부대들로 운용할 것인지에 관해 격렬한 언쟁을 벌였다. 린지의 의견으로는 경험 없는 병사들에게는 네덜란드식이 더 적합하다는 것이었다. 국왕과 루퍼트 왕자는 요령 없게도 스웨덴 방식에 표를 던졌다. 그때 모욕을 느낀 린지는 지휘봉을 내던지고 뿌루퉁해져서 연대를 이끌고 행진해 갔다. 기병들도 그와 같았다. 여전히 국왕에 대한 상당히 분명한 애착이 있었다. 국왕은 가터 훈장의 은으로 된 별 모양의 광채가 유일하게 밝게 번쩍이는 가운데, 북방족제비의 털로 손질된 검은색 벨벳 코트를 입고 행렬을 따라잡고 있었다. 그는 병사들에게 '여러분의 왕이 여러분의 대의이며, 여러분의 싸움quarrel이고, 여러분의 선장'이라고 말하면서, 그들의 복무를 고마운 마음으로 기억하겠다고 약속했다. 그는 자신의 습관대로 너무도 조용히 말했다. 그럼에도 어쨌든 만세의 함성이 있었다.

의회군의 중심이 있는 계곡 자기 자리에서, 무장한 도체스터의 하원 의원이자 지난 1월 5인의 '새들birds' 중 한 명이었던 덴질 홀스는 능선에 집결한 왕당파 군대의 어마어마한 전투대형 배치 상황을 잘 지켜볼 수 있었을 것이다. 그는 수많은 친구나 동료와 마찬가지로 런던의 훈련받은 무리와 견습공들 가운데에서 자신의 보병 부대를 일으켰으며, 이용 가능한 염료 중에서 가장 저렴한 색인 붉은색 코트를 그들에게 입혔다. (잉글랜드 내전에 관한 가장 진부한 신화 중 하나는 색이 있는 군복이 없었다고 말하는 것이다. 로드 브룩의 군인들은 밝은 자주색 복장을 갖추었는데도 말이다!) 존 햄프던은 오는 도중에 있는 것으로 생각되었고, 아서 하셀릭은 자신이 미들랜드 동부에서 국왕의 군대에게 사로잡힐 뻔했던 것을 간신히 피했다는 것을 알았다. 홀스는 의회군의 명분이 전쟁터에서 궤멸될 경우, 자신에게 닥칠 일들이 무엇인지 분명히 알고 있었다. 웨스트 컨트리West Country[7]를 가로질러 왔다 갔다 행군하는 동안, 병사들은 이미 일종의 잔인한 일상을 만들어내고 있었다. 예를 들면 그들은 가질 수 있는 것을 필요에 따라 취했고, 자신들이 '교황파papist'라고 단정한 교회나 성직자 또는 마을을 학대했으며, 때때로 기도문을 말하면서 영성체 대臺를 박살내고 불태웠다. 다행히 그때는 추수기였고, 그들은 먹거리가 풍부한 미들랜드 서부를 통해 행군하고 있었다. '우리 음식은 그것을 얻을 수 있는 사람들을 위해 준비된 과실이었다.' 견습공에서 군인으로 변신한 니어마이어 워턴Nehemiah Wharton은 이렇게 적었다. '우리가 마시는 것은 물이었고, 우리의 침대는 땅이었고, 우리의 덮개는 구름이었지만, 우리는 산울타리, 울짱, 문짝 등을 잡아 뜯어내 불을 피웠다. 〔에식스〕 각하께서는 우리에게 만약 이 지역이 다음 날 우리를 안도하게 해주지 않는다면 자신이 타운들을 불태울 것이라고 약속했다.'

---

7   영국 잉글랜드의 남서부 지역을 말함 ─ 옮긴이.

행군 과정에서 조우한 루퍼트 왕자의 기병들은 그들을 겁에 질려 허둥거리게 만들었고 이는 보병의 사기에 좋은 영향을 끼칠 수 없었다. 그러는 사이 그들 기병은 다시 언덕의 등성이에 포진해 있었다. 아무튼 의회군은 이제 최소한 몇 문의 대포를 갖고 있었다. 그리고 크고 무거운 5미터 길이의 창들이 배치된 전열 사이에 흩어져 있던 머스킷 소총병들은 이제 무기의 도화선으로 작동하게 될 타르를 바른 로프를 점검하기에 바빴다. 또한, 목표물을 타격할 기회를 잡기 전에 머스킷 소총과 화승총을 받쳐줄 한쪽 끝이 두 갈래로 갈라지고 홈이 있는 지지대를 견고하게 박느라 분주했다. 일부 야포들이 중앙부 전면에 배치되었지만, 언덕의 경사와는 반대되는 방향으로 상향 포격하는 것은 정말 쉬운 일이 아니었다.

그리고 그것은 정말로 그렇게 판명되었다. 3시경에 에식스는 왕당파의 보병 중심지에 연속 포격을 가함으로써 지형적 불리함을 보상받으려고 생각했다. 대부분의 대응 연속 포격은 아래쪽 경사면 너무 먼 곳에 자리 잡은 대포들에서 발사된 것이었기에 상응하는 파급효과를 거두기에는 역부족이었다. 루퍼트에게 기병 공격을 개시하도록 만든 것은 이 같은 포병 공격에 대한 실망과 함께, 의회군 장교 페이스풀 포테스큐 경Sir Faithful Fortescue이 그의 이반을 보여주는 극적인 제스처로서 오렌지색 스카프를 찢으며 갑작스레 나타난 일이었다. 의회군은 말 위에 앉아 있거나 기병들 앞에서 긴 창을 들고 선 채 적의 기병들을 지켜보고 있었는데, 적 기병들의 전진 속도가 점차 더 빨라지는 것을 보면서, 그리고 머스킷 소총과 기병총의 사격이 진격해 오는 기병에게 아무런 효과를 발휘하지 못한다는 것을 분명하게 알게 되면서, 진실의 순간이 다가왔고, 전쟁의 현실이 그들에게 꽝하고 충돌했다. 적 기병들의 파도가 광범위한 각도에서 겁에 질린 의회군에게 밀려왔다. 이는 그들이 완전히 머스킷 소총의 사격에 무방비로 노출되었다는 사실을 확실하게 보여주었다. 극심한 공포가 의회군을 제대로 덮쳤다. 의회군의 기병과 일부 보병은 진용이 무너지면서 달아났다. 루퍼트의 기병은 곧바로 길을 뚫어 돌진을 시작했고, 수많은 사냥꾼이

여우를 쫓듯이 달아나는 의회군을 향해 기세 좋게 달려서 추격을 감행했다. 그들의 추적은 키네턴Kineton 마을에 이르는 4.8킬로미터의 길을 따라 쭉 이어졌다. 그곳에는 의회군의 군용 행낭들이 보관 중이었는데, 루퍼트의 기병들은 시끌벅적한 승리감 속에서 그것들을 챙겼다. 1.6킬로미터 더 떨어진 곳에서 자신의 부대와 함께 들판을 행군하던 존 햄프던은 토끼들처럼 숨을 곳을 찾아다니는 탈주병들과 마주쳤다.

루퍼트와 기병들은 이미 전투에서 이겼다고 생각하고 있었다. 신에게 바칠 술을 준비하라. 어느 순간, 루퍼트 왕자는 소탕 작전을 마무리하기 위해 자신이 에지힐로 돌아가는 것이 더 나을 것이라고 결정했다. 그가 발견한 것은 대학살이었다. 왕당파의 기병 예비부대는 도망치는 적군에 대한 경멸과 함께 혈기가 들끓는 바람에 그만 명령을 따르지 않고 루퍼트의 뒤를 따라갔으며, 그에 따라 왕당파의 나머지 부대는 완전히 무방비 상태로 남겨졌다. 탤리-호 Tally-ho![8]

그것은 파멸적인 실수였다. 의회군 중앙부에 있는 모든 보병은 비록 붕괴에 가까운 상태에 있었지만 결코 붕괴된 적이 없었다. 이번에도 잉글랜드의 운명에 결정적인 영향을 미친 사람은 스코틀랜드인이었는데, 그는 노령의 언약도 윌리엄 발포어 경Sir William Balfour이었다. 토머스 발라드 대령Colonel Thomas Ballard이 보병의 틈을 메워주는 동안, 발포어는 허둥지둥하는 혼전 속에 예비 기병을 재규합시켰다. 그들 예비 기병은 왕당파 보병을 공격했다. 제이콥 애스틀리 경Sir Jacob Astley은 다음과 같은 기도로써 왕당파 보병들을 전투로 이끌었다. '주님! 주님께서는 제가 이날 얼마나 분주한지 아실 겁니다. 제가 만약 주님을 잊는다 해도, 주님께서는 저를 잊지 말아 주시기 바랍니다.' 홀스의 런던 견습공들을 포함하여 적의 공격에 흔들렸던 의회군을 받쳐줄 충분히 길고 충분히 견고한 세움대가 세워졌고, 이후 부대는 대열을 좁히면서 무방비 상태

---

8   여우 사냥 때 사냥개들에게 여우가 목격되었음을 알리며 재촉하는 소리 — 옮긴이.

인 왕당파 군대의 왼쪽 측면을 공략하기 시작했다. 그들은 적이 포진한 언덕을 향해 서서히, 그리고 힘겹게 올라가기 시작했다. 왕당파의 추가적인 공격은 창병 무리의 창에 찔려 꼼짝 못하게 되었다. 두 개의 느릿느릿 움직이는 포식성의 괴물처럼 마주친 창병과 머스킷 소총병의 두 부대는 백병전을 벌이면서 각기 다른 편의 웅긋쭝긋한 큰 못들 속에 갇힌 형국이 되었다. 그리고 그들은 매 시간 맹렬한 전투를 벌였다. 어린 요크 공작은 찰스가 안전을 위해 더 멀리 뒤로 이동시켜 놓았지만, 그래도 여전히 아래에서 벌어지는 끔찍한 살육을 볼 수 있었고, 그는 양측이 기진맥진해질 때까지 어느 쪽도 물러나지 않았던 광경을 경이롭게 생각하며 평생토록 기억했다. 그는 나중에 다음과 같이 썼다. '보병들이 그토록 열띠고 근접한 교전을 치르는 가운데, 한쪽이 돌진하면, 다른 한쪽이 혼란에 빠지는 것을 상상하는 것은 합당한 일이었다. 그러나 그것은 달리 일어났는데, 왜냐하면 쌍방이 마치 서로 동의한 것처럼 각기 몇 걸음 거리에서 물러섰기 때문이었다. 그리고 그들은 심지어 밤이 될 때까지 서로에게 계속해서 사격을 가하면서 서로의 깃발들을 꿰찔렀다. 따라서 그 일은 너무도 매우 보기 드문 것이어서, 거기에 있던 수많은 목격자들만이 그것이 진실이었음을 증언해 줄 것이다.'

이 모든 창, 연기, 불이 있는 공격과 금속의 부딪히는 소리의 한가운데에는 에드먼드 버니 경이 있었다. 물론 그가 손에 쥐고 있는 깃발은 그를 가장 눈에 띄는 적의 목표물로 만들었다. 그를 예찬하는 사람들은 그가 하인인 제이슨이 눈앞에서 죽는 것을 보고 적의 병사 16명을 죽인 뒤에야 다가오는 부대의 무리 속으로 사라졌다고 말하곤 했다. 깃발은 빼앗겼지만 한 경호병이 다시 빼앗아 왔다. 그 경호병은 의회군의 오렌지색 스카프로 변장하고 깃발을 되찾아 국왕에게 다시 가져다주었다.

전투를 끝낸 것은 10월 해 질 무렵에 찾아온 어둠과 손가락 하나 까딱할 수 없는 기진맥진함이었다. 왕당파의 군대는 그 들판을 장악했다. 의회군의 에식스는 국왕이 런던으로 이동하겠다고 결정할 경우 벌어질지도 모를 두 번째 교전을 위해 남아 있는 군대를 함께 유지할 필요가 있다고 생각하고, 안전을 위해 로드 브룩의 워릭Warwick성으로 퇴각했다. 그러나 왕당파의 군대는 비록 형식적이나마 승리를 축하하려고 시도하고 있었지만 사실 갈기갈기 찢겨 있었다. 비록 그것이 정확하게 후퇴가 아니었다 하더라도, 자신감의 몸짓 또한 아니었다. 약 3000명이 워릭서 계곡에 죽은 채 놓여 있었고, 헤아릴 수 없이 많은 병사가 심하게 부상당했다. 추위는 지독하고 매서웠다. 다음 날 아침에 살아 있는 채로 발견된 소수의 병사는 영하의 추위가 그들의 상처를 지혈해 주었기에 살아남을 수 있었다. 양측 군대의 사령관들, 특히 유럽에서 그런 유혈 참사를 본 적이 없던 사령관들은 충격에 빠졌다. 탤리호tally-ho 전쟁은 끝났다.

왕당파들은 로드 브룩과 세이 앤드 셀 자작의 임차농들로 가득 찬 그곳 시골에서 도움을 거의 기대할 수 없었다. 찰스로서는 그 순간을 포착해 런던으로 신속한 행군을 시도할 수 있었지만, 수가 격감하고 심하게 훼손된 군대는 회복과 보강이 필요했다. 그래서 국왕은 싸우지도 않고 항복한 요새인 밴버리Banbury로 향했고, 그런 다음에는 전쟁이 지속되는 동안 수도 역할을 할 지조 있는 왕당파의 도시 옥스퍼드로 갔다가 마침내 레딩Reading으로 향했다.

하원에서 랠프 버니Ralph Verney는 에지힐 전투(당시에는 키네턴 전투로 알려졌던)가 승리였다면서 낙관적인 주장이 담긴 에식스 장군의 긴급 공문을 읽으며 앉아 있어야 했다. 이는 '기병당 군대와 이번 23일 일요일에 폐하를 자신의 충성스러운 신민들을 상대로 벌이는 위험하고 피비린내 나는 전투에 밀어 넣은 저들 사악한 인간들those Evil Persons에게 거둔 신의 축복에 의한 승리였다'. 그러나 랠프는 슬픔의 소용돌이에 빠졌다. 적군인 자기 부친이 국왕의 깃발을 들고 전사했던 것이다. 그에게 무슨 일이 일어났던 것인지 또는 그의 시신을 어디에서 발견할 수 있는지에 대해 아무도 정확하게 아는 사람이 없는 것처럼 보였다. 레이디 서식스는 랠프에게 다음과 같은 위로의 편지를 보냈다. '고백하건대, 그는 내 생애 가장 큰 위로를 주시던 분이었기에, 저는 지금 어떤 피조물도 가진 적이 없는 가장 슬픈 마음과 가장 깊이 상처받은 영혼을 가지고 있습니다.' 이에 대해 랠프는 다음과 같은 답장을 보냈다.

부인, 어젯밤 저는 에식스 장군 부대에서 온 하인으로부터 저의 친애하는 부친의 시신을 찾을 가능성이 없다는 이야기를 들었습니다. 왜냐하면 에식스 장군, 로드 브룩 … 그리고 다른 저의 지인 20명이 부친이 결코 포로가 된 적이 없고, 그들 중 어느 누구도 부친의 시신을 소유한 적이 없다고 그에게 확언했기 때문입니다. 그러나 부친이 평범한 병사에게 죽임을 당했다고는 합니다. 이 말을 듣고 저는 전투에서 죽은 시신을 묻었던 몇몇 교구의 모든 성직자에게 사람을 보냈지만 그들로부터 시신에 관한 어떤 정보도 얻을 수 없었습니다. 그런데 그중 한 사람에 따르면 로드 오비니Lord Aubigney의 경우, 들판에 그냥 묻힐 뻔 했지만, 우연히 그를 아는 사람이 나타나 그를 교회로 데려갔고, 거기에 그에 관한 종이 한 장 없이 그를 눕혔는데, 높은 신분을 가진 수많은 다른 사람들이 그냥 들판에 묻혔다고 합니다. 성직자들은 매장된 모든 사람의 기록을 적었는데 그들은 거의 4000명이나 된다고 합니다. 부인, 당신께서는 제가 모든 면에서 불행하다는 것을 아실 겁니다. 당신이 저를 위해 기도해 주실 것을 간청합니다.

에드먼드 버니 경은 다시 나타났다. 그러나 그는 (한 성직자와 치안판사를 포함한) 일부 마을 사람들에게만 나타났는데, 그들은 몇 달 후에 밤하늘에서 싸우고 있는 유령 군대의 끔찍한 교전에 관한 환영을 보았고 그 가운데에 국왕의 깃발을 꽉 움켜쥐고 있는 기수가 있었다고 맹세했다. 또 다른 사람들은, 어떤 사람들이 어디에선가, 손가락에 국왕의 초상이 새겨진 반지를 낀 채 여전히 깃대의 한 부분을 움켜잡고 있는 에드먼드 경의 절단된 손을 발견했다고 주장하기도 했다.

이러한 이야기 중 어느 것도 랠프 버니에게는 아무런 위로가 되지 않았다. 부친의 죽음은 전쟁에 대한 그의 신념을 흔들어놓았다. 그는 다음 해인 1643년에 만약 필요하다면 국왕에게 타진해 봄으로써 무언가 전쟁을 끝낼 방법을 찾으려고 했던 (덴질 홀스를 포함한) 여러 사람 중 하나였다. 옥스퍼드에서 왕실과의 잠정적인 협상이 실패로 돌아간 이후, 잉글랜드 의회와 스코틀랜드 사이에 전쟁에서의 완전한 승리를 목표로 엄숙 동맹Solemn League and Covenant[9]이 체결되었고, 이에 대한 서명이 사람들에게 요구되었다. 랠프 버니는 서명할 수 없었다. 그 대신에 그는 사라졌고 가족을 데리고 프랑스로 망명했다.

런던을 장악함으로써 의회에 타격을 가하려는 국왕의 시도가 1642년 11월에 수도의 서쪽 변두리인 턴햄 그린Turnham Green에서 멈췄을 때, 이 전쟁이 길고, 암울하며, 끝도 없이 계속되리라는 것은 이미 분명해졌다. 일주일 전, 병력이 많이 줄어든 왕당파 군대는 레딩과 옥스퍼드에 있는 주둔지를 떠난 뒤에 덴질 홀스의 레드코트들을 포함한 훈련된 무리와 브렌트퍼드Brentford에서 마주쳤다. 하지만 루퍼트의 또 다른 기병 공격이 그들의 전선을 뚫었고, 그들 부대의 발을 헛딛게 만들면서 템스강 쪽으로 들어가게 밀어붙였다. 그곳에서 그들 다수는 허우적거리며 자신들의 갑옷에 짓눌려 익사했다. 그러나 런던을 엄습한 공포는 왕당파의 보복을 막아야겠다고 결심한 엄청난 수의 자원병이 나오게 만들었다. 11월 11일 일요일, 2만 4000명의 의회군, 그리고 그들에게 식량을 공급하고 성원을 보내는 수많은 여성과 민간인은 1만 2000명의 왕당파 군대와 마주쳤다. 이들 방어자들의 다수는 곤봉이나 쇠스랑에 지나지 않는 것으로 무장했지만, 그들은 수가 많았다. 그리고 턴햄 그린에서 하루 동안의 초조한 교착 상태를 보낸 찰스는 부대를 위험한 상황에 빠뜨리지 않는 것이 우선이라고 생각하고 그들을 옥스퍼드로 되돌려 보냈다.

에지힐은 찰스에게 전쟁이 단일한 서사시적 전투로 끝나지 않을 것이라는 것을 가르쳐주었다. 하지만 턴햄 그린은 그에게 체계적이지 못하고 아마추어적인 의회지만 자신의 군대와 동등하거나 우세한 군사적 자원을 동원할 능력이 있다는 것을 가르쳐주었다. 상황이 그럴진대, 그에게는 젠트리의 지원이라

9　1643년 잉글랜드와 스코틀랜드의 두 의회 사이에 장로주의 옹호를 맹약한 동맹 ― 옮긴이.

는 견고한 토대에 의존할 수 있고 주민들이 전쟁 수행 비용과 관련 중과세에 한결 더 수용적일 수 있는 선택된 지역에서 자산을 관리하고 강화하는 것이 긴요한 방책이었다. 그 지역들은 기본적으로 서부와 북동부 그리고 웨일스로 압축될 수 있었다. 일단 군사적 토대가 견고해지면, 왕국의 주변부에서 점차 전략적인 중심을 향해 이동하여, 마침내 런던의 목 주위에 올가미를 씌울 수 있게 될 것이었다. 반면에 의회는 동부와 남동부 잉글랜드에 있는 핵심적 병참보급 지역이 안전하게 유지되어야 수도가 식량을 보급 받을 수 있고 무장할 수 있다는 것을 알고 있었다. 의회군의 입장에서는 지금까지 그래왔듯이 국왕의 북부와 서부의 권력 근거지 사이에 전선을 펼쳐서 왕당파 군대가 이스트 앵글리아East Anglia와 미들랜드 동부로 침투하는 것을 막는 것이 매우 중요한 과제가 되었다. 1643년 지금은 맨체스터 백작이자 의회에 남아 있는 소수의 귀족 중 한 사람인 로드 맨드빌Lord Mandeville의 통일된 지휘하에서 각 카운티의 방어위원회들을 연결하는 동부 연합Eastern Association의 설립은 크롬웰의 보병 및 대포, 그리고 말들을 필요로 하는 적재적소로 보다 더 효율적으로 빠르게 전개할 수 있다는 것을 의미했다.

그해의 전쟁은 특히 요크서와 잉글랜드 서부에서 벌어진 지역적인 전장들로 세분되었다. 전장은 역시 끔찍하거나 피비린내 나는 곳이었고, 그러한 전투가 지방적 사건들이 되었기 때문에 타운과 농촌 지역이 느낀 충격은 역시 그만큼 파괴적인 것이었다. 그리고 그것들은 양쪽 다 매우 예측 불가능한 것이었다. 군대의 규모는 병사들을 전쟁으로 이끌었던 젠트리들의 열정과 충성심에 따라 차고 기울었고, 그들은 전투에서 승리하든 패하든 전투가 끝나면 평범한 보병과 기병들이 대규모로 탈영함에 따라 계속해서 어려움을 경험했다. ("집으로, 집으로"는 칩사이드Cheapside와 서더크Southwark로부터 너무나 멀리 떨어져 있다는 것을 새삼 깨닫게 된 데번Devon 및 콘월에 있는 런던 견습공들의 반복적인 외침이었다.) 그리고 그 병사들은 마침내 젠틀맨 장교들이 당혹스러울 정도의 규칙적인 패턴으로 편을 바꾸는 것을 보았다. 그리고 최소한 1643년 동안은 대체로 편 바꾸기의 방향이 그해 확실히 운이 상승세에 있었던 국왕을 향해 있는 것처럼 보였다. 요크셔에서는 국왕을 헐에 들어오지 못하게 막았던 존 호담 경과 선박세 등록원인 휴 첨리 경Sir Hugh Cholmley이 모두 편을 바꾸었다. 콘월에서는 스트래퍼드의 참수를 그토록 완강하게 주장한 바 있었던 알렉산더 카류 경Sir Alexander Carew이 플리머스를 왕당파에게 넘겨주려는 음모를 꾸몄다가 하인 중 한 사람에게 노출되어 체포된 후 런던으로 옮겨져 즉결 처형되었다. 베빌 그렌빌 경의 동생인 리처드 그렌빌 경Sir Richard Grenville은 서부에서 벌인 군사 작전이 계획대로 잘 진행되지 않자 갑자기 종교가 결국 '반란을 위한 은폐물'이었다는 것을 발견하고 자신의 충성을 변경해 모든 왕당파 장군 중에서 가장 무자비한 냉혈한 사람 중 하나가 되었다.

특히 전쟁 초기에 둘 중 어느 쪽에 속하든 장군들 중의 다수는 사회적·문화적 특성 면에서 너무도 비슷했고, 실제로 의회에서건 지방에서건 서로가 잘 아는 사이였으며, 또한 사심 없이 애국적이라는 동일한 성격의 언어를 사용한 사람들이었다. 이 사실은 그들 충성심의 강도를 약화시켰거나, 아니면 최소한 계속해서 시험해 왔음에 틀림없다. 웨스트 컨트리West Country의 잔인했던 작은 전쟁에서 서로 마주쳤던 두 명의 장군들, 즉 각각 글로스터셔Gloucestershire와 서머싯 출신이자 둘 다 직업 군인이었던 윌리엄 윌러 경Sir William Waller과 랠프 홉턴 경Sir Ralph Hopton은 심지어 종교까지 포함하여 거의 모든 면에서 상호 대체 가능한 유형의 인물들이었다. 왜냐하면 왕당파인 홉턴은 윌러만큼이나 상당히 진지한 청교도였고, 스트래퍼드의 사권 박탈뿐 아니라 심지어 왕당파 명분의 근심거리였던 대간언에도 찬성하는 표를 던졌기 때문이었다. 홉턴이 충성을 바꾼 것은 단지 의회가 민병대에 대한 권력을 횡탈했기 때문이었다. 그러므로 그는 자기 적들의 사고방식에 상당히 가까웠다. 군사 작전이 짧은 소강상태에 빠져 있을 때, 홉턴은 윌러에게 만남을 요청하는 편지를 썼다. 윌러는 그를 거절해야만 했지만, 자신들의 우정이 깨진 것으로 인한 괴로움이 얼마나 큰가를 암시하는 견지에서 다음과 같이 편지를 썼다.

웰스Wells에 있는 나의 고귀한 친구 랠프 홉턴 경에게

지금 우리 사이에 놓인 거리를 바라다보면, 자네의 가치를 체험했던 나의 경험과 그대와의 우정 속에서 누려왔던 행복감이 나를 아프게 하는 생각들로 다가온다네. 확실히 자네를 향한 내 애정은 너무도 만고불변의 것이어서 적대감 자체가 자네를 향한 내 개인적 우정을 파괴할 수 없지만 나는 내가 복무하는 대의에 충실해야 하네. 제단까지 함께 할 오래된 한계는 여전히 유지되고 있고, 신앙에 관한 문제는 다른 모든 책무들에 우선하는 것이네. 자네의 바람에 따르면 나는 가장 기꺼이 자네를 기다려야 하지만 나는 자네가 어떤 후퇴의 가능성도 없고, 따라서 그 어떤 설득으로도 마음을 바꿀 수 없을 정도로 그 당파에 참여하고 있다고 간주하고 있네. 그리고 우리 사이의 만남은 더할 나위 없이 친밀한 것이 될 수 있겠지만, 그것이 바람을 타고 퍼져서 내게 불명예를 안겨 주리라는 것을 나는 안다네. 내 마음을 속속들이 아시는 위대하신 하나님은 내가 이 일을 계속해야 하는 슬픈 마음과 한 명의 적도 없는 이 전쟁을 몹시 싫어하는 완전한 혐오감에 대해 알고 계신다네. 그러나 그것이 주님의 작품이기에 내 안에 있는 모든 열정을 침묵시키기에 충분하다고 생각하네. 좋은 시절에 평화의 하나님께서 평화의 축복을 보내주실 것이고 머지않아 우리가 그것을 받기에 적합할 것이라네. 우리는 모두 무대 위에 있고 이 비극에서 우리에게 할당된 역할을 연기해야만 한다네. 우리 그것을 명예로운 방식으로 개인적 적대감 없이 해보세. 그 문제가 무엇이 되든지 간에, 나는 결코 자네의 가장 애정 어린 친구이자 충실한 종이라는 소중한 칭호를 포기하지 않을 것이라네.

윌리엄 월러가

3주 후에 바스 근처의 랜즈다운Lansdown에서 홉턴의 군대는 언덕 꼭대기에 있는 월러의 부대에 공격을 가해 그곳을 점령하고 대포와 포로들을 포획했지만, 그 스스로도 엄청난 대가를 치렀다. 그 언덕으로 말을 타고 올라간 병사 2000

명 중 단지 600명만이 살아남는 엄청난 희생을 치렀다. 같은 공격에서 죽은 보병 200명 중에는 윌러의 또 다른 친구인 베빌 그렌빌 경이 있었는데, 그는 정상에서 전투용 도끼에 찍혀 죽었다. 홉턴 자신도 팔에 심하게 자상을 입었다. 다음 날 홉턴은 포로들을 심문하는 동안에 탄약 마차가 폭발해 화상을 입었고 일시적으로 눈이 부상을 당했다. 가마에 실려 가면서도 걱정해야 했던 건, 윌러의 부대가 비록 패하기는 했지만 바스에서 휴식을 취한 후에는 전투로 지치고 구중중해진 자신의 부대를 상대로 역공을 펼칠 수도 있다는 것이었다. 일주일 뒤에 데비즈Devizes 밖에 있는 라운드웨이 다운Roundway Down에서, 홉턴의 군대는 지휘관인 홉턴 자신이 얼마간 보는 것도, 말을 타는 것도 불가능한 상태에 있었음에도 불구하고 다시 승리를 거두었는데, 이번에는 압도적인 승리였다. 2주 뒤인 7월 26일, 홉턴의 콘월 출신 군대는 난공불락이라고 여겨졌던 브리스톨Bristol의 성벽들을 급습했고, 세이 앤드 셀 자작의 아들인 나다니엘Nathaniel의 지휘하에 있던 그 도시는 루퍼트 왕자에게 항복했다.

브리스톨의 함락은 남서부에 있던 모든 경건파 저항 집단에게 충격파를 던져주었다. 윌리엄 스트로드는 그 모든 집단 중에서 가장 경건했던 도체스터가 6미터 가량의 성벽을 넘는 일 따위는 예사로 여기는 왕당파 군대에 포위되었다는 충격적인 뉴스를 전했다. 그가 보기에 도체스터의 방어물은 그 타운을 약한 시간 반 정도만 안전하게 해줄 정도였다. 언약으로 죽고 살기로 맹세했던 사람들은 이제 갑작스러운 마음의 변화를 겪고 있었다. 존 화이트는 런던으로 달아났다. 윌리엄 화이트웨이William Whiteway는 웨이머스Weymouth를 벗어나는 배를 타려고 애쓰다가 왕당파 순찰대에게 도중에서 붙잡혔다. 도체스터 시민들은 8월 2일 신속한 항복만이 자신들을 약탈로부터 보호해 줄 것이라고 확신하면서 그 도시의 성문을 왕당파 부대에게 열어주었다. 하지만 그럼에도 그들은 약탈당했다.

이제 왕당파가 서부의 대다수 성채와 타운을 차지하게 되자, 브램턴 브라이언에 갇혀 있던 레이디 브릴리아나 할리는 최악의 사태에 대비해야 했다. 그녀는 극심한 위험에 처했다. (그녀가 헤리퍼드셔에 남아 있어야 한다는 자신의 충고를 뒤늦게 재고했던) 로버트 할리 경은 집에까지 갈 수 있는 어떤 방법도 없이 여전히 런던에 남아 있었다. 그녀의 아들들인 네드Ned와 로버트Robert는 윌러의 군대에 있었고, 그녀는 그저 그들이 안전하기만을 바랐다. 경건파의 성직자와 가족들 내부분은 오래전에 달아났고, 그중 다수는 왕당파의 포위에 대항해 저항을 계속하고 있던 글로스터로 갔다. 그녀 친구들의 버려진 집들은 내부가 파괴되고 외부도 파손되었고, 가축은 끌려가 도축되었으며, 임차농과 노동자들은 테러를 당했고, 토지는 국왕에게 몰수당했다. 14세기에 지어진 정문 관리실 뒤에서 브램턴을 지키고 있는 것은 그녀의 가족 의사와 소수의 경건파 여성 친구들, 그녀의 어린 세 자녀 토머스Thomas, 도로시Dorothy, 마가렛Margaret을 포함한 50명의 또 다른 민간인들, 그리고 그들을 지키려고 하는 머스킷 소총병 50명이었다. 7월 말에 이르러 700명의 보병과 기병이 브램턴 주위에서 야영을 하고 있었는데, 그들은 그녀의 정원 가까운 곳에 흉벽을 쌓음으로써, 그녀의 집을 향해 포탄을 발사하고 머스킷 소총을 사격할 수 있도록 대비했다. 브릴리아나는 기도하고, 기다리고, 또한 방어를 점검하는 것 이외에 할 수 있는 일이 별로 없었다. 본격적으로 시작된 포위 공격은 6주 반이나 계속되었다. 매일 포격이 있었고 방어자들은 빵을 만들기 위해 곡물을 밀가루로 가는 작업을 하느라 맷돌을 사용하는 처지가 되었다. 홀의 지붕은 포격으로 부서져 구멍이 났지만, 끈질기게 규칙적으로 가해지는 포격에도 브릴리아나의 요리사 한 명과 또 다른 하인, 그리고 여자 친구 중 한 명이 희생되었을 뿐, 놀라울 정도로 적은 사람이 죽었다. 포위 기간 내내 그 자리에 있었던 의회파의 대위인 프리엄 데이비스Priam Davies의 믿을만한 증언에 따르면, 브릴리아나가 '정원과 산책로에 있는 흉벽'에서 들려오는 끊임없이 계속되고 시끄러운 적의 저주로 인해 가장 속상해했다고 하는데, '거기에는 독이 든 총알보다도 우리를 더욱 짜증나게 만드는 그들의 형편없고 해로운 언어가 있었다'고 했다.

포위 기간 내내 브릴리아나는 포위자들과 규칙적인 접촉을 가졌다. 포위자

들은 집을 급습하기보다는 협상을 통한 해결을 기대하고 있었고, 브릴리아나
는 의회군의 구원을 기대하면서 하나의 술책으로서 대화를 계속 유지했다. 마
침내 9월이 되자, 왕당파들은 글로스터의 포위를 보강하라는 소환을 받았고,
브릴리아나를 여전히 브램턴 브라이언의 여주인으로 남겨놓은 채 떠났다. 그
녀는 토루earthworks를 평평하게 만들고 정원과 과수원에 나무를 다시 심기 시
작했다. 그녀는 또한 몹시도 영지를 소들로 다시 채울 필요가 있었기에 이웃들
에게서 소를 빼앗아옴으로써 그들을 적으로 돌렸다. 경건한 브릴리아나는 이
제 약탈자 브릴리아나가 되었지만 그녀는 하나님이 자신의 역경으로 인한 충
동을 이해하시리라는 것을 알았다.

사실 신은 브릴리아나 할리를 위해 다른 계획들을 갖고 있었다. 그녀는 10
월에 듣자하니 매우 갑자기 폐의 체액 누출로 인한 병으로 몸져눕게 되었고,
끔찍한 각혈을 동반한 기침으로 경련을 일으키더니, 1643년 10월 31일 일요일
일반의 충격과 비통 속에 사망하고 말았다. 로버트 경이 이 소식을 들었을 때
그는 칼뱅주의자였기에 전능하신 분의 헤아릴 수 없는 계획 앞에 무릎을 꿇었
다. '주님께서 저의 사랑하는 아내를 데려가셨다는 슬픈 소식을 들으면서, 그
분의 섭리의 현명한 손길을 향해 저는 감수하는 심정으로 겸손하게 복종하기
를 원하옵니다.' 브릴리아나의 죽음에 충격을 받은 브램턴 브라이언의 방어자
들은 1644년 4월까지 추가적인 공격에 대항해 계속해서 저항을 이어나가다가,
헤리퍼드의 총독이자 스쿠다모어 자작의 형제인 바나바스 스쿠다모어Barnabas
Scudamore의 이름으로 활동하는 부대에 그 저택을 마침내 넘겨주고 말았다.

1643년 가을은 의회파의 대의와 관련해서 아마도 가장 암울한 시기였을 것
이다. 1642년 하원에서 저항의 깃발을 올렸던 '새들birds'은 이반과 사망으로
털이 뽑혔다. 1643년 6월 햄프던은 찰그로브 필드Chalgrove Field의 전투에서 치
명적인 부상을 당했다. 덴질 홀스는 그해의 역경으로 인해 너무도 흔들린 나머
지, 국왕과의 평화 협상에 도달하고자 가장 눈에 띄게 애쓰는 사람 중의 하나
가 되었다. 그들이 입은 갑옷과 붉은색 코트로 인해 '바닷가재 등껍질'이라고

알려진 하셀릭의 흉갑 기병 부대는, 비록 하셀릭은 이후 훨씬 더 많은 정치적 전투에서 싸울 때까지 살아남았지만, 7월에 라운드웨이 다운에서 홉턴의 위대한 승리로 인해 파괴된 부대에 속했다. 존 핌은 대장암으로 끔찍하게 죽어가고 있었지만, 그가 어떤 다른 단일 사건 이상으로 의회파의 입장을 구출해 주고 전쟁의 궁극적인 결과를 결정하게 될, 즉 스코틀랜드인들과의 엄숙 동맹을 만들어낼 때까지는 죽지 않았다.

1637년에 스코틀랜드는 찰스 1세의 절대주의에 저항하기 시작했고 7년 후 결성된 엄숙 동맹은 그를 죽음으로 이끈 원동력이 되었다. 올리버 크롬웰이 첫 번째 내전에서 혼자 찰스 1세를 패배시킨 장본인이라는 일반의 인상은 오로지 잉글랜드 중심의 영웅사관만이 설명할 수 있다. (비록 때로는 결정적이었고 언제나 성공적이기는 했지만) 그의 역할은 뒤늦은 것이었고 제한적이었다. 크롬웰은 위대한 언약도 장군인 (스코틀랜드 의회의 요청으로 찰스가 1641년에 레븐Leven 백작으로 승격시킨 바 있었던) 알렉산더 레슬리Alexander Leslie의 개입 없이는 그러한 승리들을 축하할 기회를 결코 갖지 못했을지도 모른다. 역설적이게도 요크셔에서의 결정적인 전투에 대군을 보내주었던 언약도들과 잉글랜드 의회 사이의 동맹은 제임스 6세(스코틀랜드)이자 1세(잉글랜드)의 무산된 노력 이래로 브리튼 연합British union을 만들기 위한 최초의 합심된 시도였다. 그 동맹에 날인하기 위해 핌을 비롯한 상원 및 하원의 경건파는 사실상 잉글랜드, 스코틀랜드, 웨일스 교회들이 장로교로 단일화될 것이라고 약속해야만 했다. 아일랜드에는 그곳에서 격렬하게 (야만적이라고 말하는 것은 아니고) 군사 작전을 벌이고 있는 먼로 휘하의 스코틀랜드 군대가 있었기 때문에, 아일랜드 역시 그 울타리 안으로 들어오는 것은 단지 시간문제로 보였다. 그래서 1643년 9월 25일 상원과 하원이 웨스트민스터의 세인트 마가렛 채플St Margaret's Chapel에서 엄숙 동맹과 언약에 대한 충성 선서를 하기 위해 모였을 때, 스튜어트 왕조가 꿈꾸었던 연합의 꿈, 그러나 놀랍게도 그와 역의 버전, 즉 경건한 그레이트브리튼, 다시 말해 칼뱅주의로 연합한 브리튼 통합 왕국이 경이롭게도 곧 손에 닿을 것처럼 보였다.

1월 19일 레븐은 보병 1만 8000명, 기병 3000명, 총기병 500명, 그리고 16문의 대포를 거느리고 트위드강을 건넜다. 노섬벌랜드Northumberland는 5년의 기간 동안 두 번째로 스코틀랜드의 점령하에 들어갔다. 뉴캐슬은 타인강을 지키기 위해 보병 500명과 기병 300명을 보유하고 있었다. 왕당파의 재앙은 분명히 곧 닥칠 것처럼 보였다. 병사들은 찰스가 그들을 모을 수 있는 곳이라면 어디서든, 특히 남쪽과 서쪽에서 서둘러 몰려들었지만, 1644년 3월 체리턴Cheriton에서 월러가 홉턴과의 두 번째 전쟁 게임에서 승리를 거둠으로써, 그러한 자원들 중 하나를 앗아가 버렸다.

국왕의 북부 수도로서 그토록 오랫동안 난공불락인 것처럼 보였던 요크는 이제 11주간의 엄청난 포위 공격의 목표가 되었고, 도시는 사방이 의회군과 스코틀랜드 부대로 에워싸였다. 도시의 외딴 마을들은 황폐화되었고 농장에 있는 모든 것은 포위자들이 가져가 사용했다. 당시 도시 안에서 파괴의 현장을 목격한 시므온 애쉬Simeon Ashe는 다음과 같이 썼다. '어젯밤 당신의 눈이 나와 함께 요크가 불타고 있는 것을 보았다면 당신의 마음도 무거웠을 것입니다. 주님께서는 소모적인 전쟁의 슬픈 열매로 우리에게 강한 충격을 주셨고 커다란 죄와 엄청난 황량함으로 계속된 우리의 연소燃燒를 신속히 자비롭게 끝내주셨습니다. 진정으로 제 가슴은 때때로 여기에서 본 것으로 부서질 준비가 되어 있답니다.'

점차 요크의 운명, 그리고 그 운명과 더불어 잉글랜드 북부는 양측 모두에게 전쟁 전체의 운명을 가를 지렛목으로 보이게 되었다. 국왕은 남서부에서 에식스 백작과 월러의 의회군을 붙들어둘 만큼의 군대를 보유하고 있었고, 다른 한편에서는 뉴캐슬Newcastle 공작과 루퍼트 왕자가 엄청난 공을 들여 적의 포위망을 깨뜨리기에 충분한, 그리고 스코틀랜드 언약도 및 의회의 연합군과 동등한 조건으로 맞붙을 수 있을 만한 대규모 병력을 모았다. 후덥지근한 7월 2일 아침 일찍 요크에서 몇 킬로미터 떨어진 마스턴 무어Marston Moor에서 4만 명의 양측 군사가 서로 마주쳤다. 격렬한 폭풍우가 몰아쳐 요크셔의 황야를 수렁처럼 만들었고, 거기에는 양측 군대를 가르는 폭넓은 도랑이 있었는데, 그들은 약 800미터의 거리를 두고 마주 서 있었고, 갑옷 안에서는 땀을 흘리고 있었다. 루퍼트는 일단 무엇인가를 시작해야겠다는 생각이 별로 없었고, 전투에 돌입할 생각은 더더욱 없었다. 그날 오후는 상대의 허점을 노리는 추격전이 벌어지는 가운데 저물어가고 있었고, 루퍼트는 상대방 기병이 조급하게 공격할 때를 기다렸다가 그들이 도랑에 채어 넘어지면 하나씩 골라서 사격할 준비를 하고 있었다. 그러나 루퍼트가 알아채지 못하는 사이, 크롬웰의 기병들이 의회군의 왼쪽에서 나와 도랑을 급습했고, 후방 쪽으로 길을 내며 루퍼트의 병사들을 향해 돌진해 나가고 있었다. 광란의 돌격 와중에서 크롬웰은 목과 머리에 부상을 당해 전장을 떠나야만 했다. 이때 왕당파의 좌측 진영은 토머스 페어팩스 경Sir Thomas Fairfax의 부대를 크게 이겼기 때문에, 그들은 이제 창병과 머스킷 소총병들의 사격을 앞에 내세워 적의 중앙으로 쇄도할 차례였다. 그런데 바로 이때, 크롬웰이 언약도 군대의 장군인 데이비드 레슬리David Leslie[10](c.1600~1682)를 데리고 전장으로 돌아왔다. 이는 크롬웰의 경력에서 결정적인 순간이 되었다. 크롬웰은 휘하 기병에 대한 전투 적응 훈련으로 이미 적절한 명성을 얻은 지휘관이었는데, 그는 기병이 적군의 군용 장비 수송 마차 대열을 파괴하며 휘젓는 데 소중한 시간과 에너지를 낭비하게 하는 대신에, 급히 방향을 돌려 이제 무방비 상태에 놓인 왕당파의 오른쪽 측면 후방을 공격하게 했다. 지형의 이점을 이용하고 있는 부대는 이렇듯 신속하게 이동하는 의회군의 기병이었고, 이들은 포위되다시피 되어 자포자기 상태에 놓여 있던 왕당파의 중앙으로 말을 몰았다.

세 시간 후에 마스턴 무어에는 시신 6000구가 쌓였다. 국왕의 정예 보병은

---

10   스코틀랜드 기병 지휘관으로서 30년 전쟁에 참전했고, 잉글랜드 내전에서는 알렉산더 레슬리
      (레븐 백작) 휘하에서 엄숙 동맹 및 언약도 군대의 장교로 활약함 ― 옮긴이.

전멸하고 말았다. 찰스에게 군대를 제공하기 위해 금고를 비웠던 뉴캐슬 공작은 군대의 완전한 궤멸을 목격했고, 더 이상 누군가를 지원할 수 있는 돈은 남아 있지 않았다. 그는 이제 남아서 궁정의 웃음소리를 듣기보다는 차라리 자기 이름으로 딱 90파운드만 가지고 망명하는 것이 더 나을 것 같다고 말했다. 하지만 올리버 크롬웰에게 그 승리는 만군의 주님께서 자신의 경건한 병사들과 함께 싸우고 계신다는 것을 보여주는 틀림없는 징표였다. 처남인 발렌타인 월턴 대령Colonel Valentine Walton에게 보내는 편지에서 '하나님께서 그들을 우리 검 앞의 그루터기로 만드셨다'고 선언했다. 그리고 그의 편지글은 곧 환희에서 우울조로 변했다. '경이시여, 하나님께서는 한 발의 포격으로 당신의 장남을 데려가셨습니다. 그는 다리를 부러뜨렸습니다. 우리는 그것을 잘라야 했고, 그 와중에서 그는 죽었습니다. 경이시여, 경은 내 시련도 이런 방식이라는 것을 아십니다. 〔크롬웰도 아들인 올리버 주니어가 군대에서 복무하는 동안 병으로 죽었다.〕 그러나 주님께서는 이 일을 해내도록 도와주셨나이다. 주님께서는 우리 모두 몹시 원하고, 또한 우리 삶의 궁극적인 목표인 행복 속으로 그를 데리고 가신 것입니다. 거기에 죄나 슬픔을 더 이상 알지 못하는, 영광으로 가득 찬 당신의 귀한 자식이 있습니다.'

그달 말경에 이르러 요크는 항복했다. 국왕에게 유리하게 돌아가고 있는 지역은 콘월이 유일했다. 그곳에는 (월러를 대신해 지휘권을 가질 것을 주장했던) 의회군의 에식스 백작이 로스트위디엘Lostwithiel과 포위Fowey 사이의 8킬로미터 정도의 띠로 이루어진 땅에서 절망적으로 발이 묶인 1만 명의 군대를 가까스로 유지하고 있었다. 그곳에서 직접 군사 작전을 지휘하고 있던 (그리고 그것을 즐기고 있던) 찰스는 에식스 백작에게 북쪽에서 스코틀랜드인들을 몰아내기 위한 자신과의 연합 군사 작전에 이제 합류할 수 있는가를 떠보았지만 에식스 백작은 이를 거절했다. 왜냐하면 그는 일단 기병이 포위망을 뚫고 탈출하면, 자신은 보트를 타고 군대를 떠날 생각을 하고 있었기 때문이었다. (찰스가 왕당파의 군대에 자리를 주겠다고 제안했지만 그것을 거절한 또 다른 사람인) 필립 스키폰

Philip Skippon은 포위의 대참사 속에 남겨져 자신의 보병이 명예롭게 퇴각할 수 있도록 협상을 진행했지만, 이는 결국 병참과 인적인 면에서 악몽으로 변했다. 후퇴를 지켜보던 왕당파 병사 중 한 사람은 '양처럼 모두 하나의 무더기로 대기하고 있는 오합지졸 병사 무리들은 … 보기 드물 정도로 너무도 더럽고 기가 꺾여 있었다'라고 했다. 식량, 의복, 부츠, 피신처를 빼앗기고 시골 사람(특히 여성)으로부터 공격을 받은 스키폰의 병사들은 흠뻑 젖은 들판에서 잠을 잤고, 물웅덩이와 도랑의 물을 마셨다. 그들 중 한 사람은 '비인간적으로 다뤄지고 학대받고 매도되고 조롱당하고 찢기고 발에 차이고 약탈당하면서 군의 상례와는 매우 상반되게 가진 모든 것을 많이 빼앗긴' 것을 회상했다. 질병, 기아, 그리고 간호 받지 않은 상처 등이 군대를 빠른 속도로 해체시켰고, 포위를 떠났던 6000명 중 단지 1000명만이 발을 질질 끌며 풀Poole까지 갈 수 있었다.

그해 말에 이르러 의회는 잉글랜드와 웨일스의 57개 카운티 중에서 37개와 브리스톨, 엑시터Exeter, 그리고 체스터Chester를 제외한 인구가 많고 전략적으로 중요한 타운의 대다수를 지배하고 있었다. 그러나 국왕은 아직도 패배하지 않았다. 10월 뉴버리Newbury에서의 두 번째 전투에서 그는 월러와 에식스의 군대가 가한 어쩌면 치명적인 양면 협공 작전을 가까스로 피했고, 그날 지칠 대로 지친 채로 무승부에 이르기는 했지만 그런대로 맞짱 승부를 벌였다. 뉴버리에서의 소모전은 찰스의 돌파를 막았지만, 그를 제압할 수는 없었다. 그리고 찰스는 한편으로는 월러와 에식스 사이에, 다른 한편으로는 맨체스터와 크롬웰 사이에 점차 증대되고 있는 험악한 관계를 의회만큼이나 알고 있었다. 그들 사이의 관계는 거의 말을 하지 않는 정도가 아니라 서로가 너무도 의심하고 경멸하는 사이였다. 국왕의 코를 납작하게 만들려고 시도하는 것은 특히나 성가시고 날렵한 파리를 찰싹 때리려고 하는 것과 같았다. 그리고 비록 군사적 산술로 따지자면 찰스는 모든 면에서 토대를 잃고 있었지만, 의회파 측의 군사령관들 사이에는 그가 단지 소멸을 피한다는 것만으로도, 최소한 정치적으로는 승리하고 있는 것이 아닌가 하는 불길한 생각이 있었다. 맨체스터 백작은 다음과 같이 말했다. '만약 우리가 국왕을 99번 패배시킨다 해도 그는 여전히 왕이고 그의 뒤를 이어 그의 후손도 왕이 될 것이다. 그러나 만약 국왕이 우리를 한번 이긴다면 우리는 모두 교수형을 당할 것이며 우리의 후손도 노예가 될 것이다.' 올리버 크롬웰은 맨체스터의 타성과 무기력이 문제라고 생각하면서 그를 즉시 경멸하게 되었고, 그를 의미심장하게 쏘아붙였다. '만약 그렇다면 우리가 처음에 무기를 든 이유는 무엇이었소?'

이제 막강한 동부 연합Eastern Association의 군대를 어떻게 하면 가장 잘 활용할 수 있는가에 관한 맨체스터와 크롬웰의 논쟁은 단순한 전술적 말다툼 이상의 것이었다. 크롬웰은 맨체스터가 공개적으로 푸념한 것이야말로 그가 모든 가능한 활력과 격정으로 전쟁을 추진하길 꺼린다는 것을 보여주는 것이라고 의심했다. 크롬웰이 보기에 그것은 맨체스터가 정부에 너무 큰 빈 공간이 생길 것을 염려하여 국왕을 너무 완전하게 파괴하지 말아야 한다고 잘못 생각한 데서 비롯된 것이었다. 맨체스터는 크롬웰이 위험스러운 비정통적 종교적 주장을 지닌, 그리고 사회적으로 열등한 사람들로 연대를 채우고 있다고 비난했다. 맨체스터가 보기에 이들은 스코틀랜드 국경의 북쪽과 남쪽을 가리지 않고 그들이 전쟁 명분으로 삼고 있는 장로교 지배에 동의할 것 같지 않았다. 시간이 지나면 알게 되듯이 올리버 크롬웰은 사회적 평등주의자가 아니었고, 그는 군대를 정치적 급진주의의 학교로도 보지 않았다. 그러나 그는 장교와 사병들이 공통의 도덕적 목적이 있을 때, 즉 서로를 결합시켜 주는 이데올로기가 있을 때 더 잘 싸운다는 믿음을 지닌 근대적 군인이었다. 그가 생각하기에 젠틀맨이 이끌고 충성스러운 병사들이 따르는 오래된 기사도의 이상은 더 이상 시대에도, 자신들의 대의에도 적합하지 않았다. 그것은 물론 왕당파의 기풍이지, 자신들의 것은 아니었다. 이것이 크롬웰이 에지힐 전투가 끝난 뒤에 존 햄프던에게 다음과 같이 말했을 때 그가 의미했던 것이었다. '귀하의 부대원들은 … 대부분이 노쇠한 머슴과 급사들이나 그러한 부류의 동료들이고 … 저들의 부대원들은 젠틀맨들의 아들들입니다. … 귀하는 젠틀맨만큼 멀리 갈 수 있을 것 같은 … 그런 기백이 있는 사람들을 구해야 하고, 그렇지 않으면 나는 여전히 귀하가 패배하게 될 것을 확신합니다.' 그리고 그가 서퍽 위원회에 '저는 당신이 젠틀맨이라 부를 뿐 그 이상의 것은 아무것도 없는 사람을 부하로 두기보다는, 차라리 무엇을 위해 싸우는지를 알고, 자신이 아는 것을 사랑하는 평범한 적갈색 코트를 입은 대위를 원합니다'라고 말했을 때, 그는 민주화된 군대를 요청하기보다는 차라리 도덕적으로 그리고 이데올로기적으로 동기가 부여된 경건파 군대를 요청하고 있었다. 1645년 겨울까지 계속되었고 하원에서 공개적으로 토의되었던 맨체스터와의 격렬한 논쟁을 통해 크롬웰은 경건파 군대가 (언약도들이 생각하는 것처럼) 엄격하게 장로교도일 필요가 없다는 것을 확실히 했다. 그는 침례교도 또는 또 다른 종파의 비공식적 프로테스탄트라는 이유로 기소된 초급장교 등을 한 번 이상 옹호한 적이 있는데, 그 근거는 올바른 대의를 위해 죽을 준비가 된 사람들을 단지 스코틀랜드인들을 달랜다는 명목으로 무시해서는 안 된다는 것이었다. 크롬웰이 생각한 브리튼이 무엇이었던지 간에, 그가 싸우고 있는 것은 장로교로 통일된 왕국을 위한 것은 아니었다.

1645년 즈음하여, 맨체스터, 에식스, 할리와 같은 장로교인들, 그리고 예배에 대해 좀 더 포괄적이고 관용적인 자세를 취한 사람들, 자칭 '독립파들 Independents'은 최소한 당시 전쟁 상황과 관련하여, 최대한의 병력을 이끌고 국왕을 밀어붙일 필요가 있다는 점에는 동의하고 있었다. 그러한 목적을 위해 의회는 상원 및 하원의 모든 의원이 군사적 지위에서 물러나거나, 아니면 반대로 의회를 떠나 군에 전념하도록 하는 자기부정 조례Self-Denying Ordinance를 제정함으로써, 정치와 군령軍令을 분리하려는 시도를 감행했다. 이것은 에식스, 맨체스터, 윌러를 비롯한 대부분의 주인공을 효율적으로 군에서 제거하면서, 한편으로는 토머스 페어팩스 경Sir Thomas Fairfax의 지휘하에 통일된 신형군New Model Army의 창설을 가능하게 만들었다. 페어팩스 경은 (이제까지) 그 누구도 그에게 나쁜 말을 한 적이 없고, 으레 정치적으로 중립을 지키는 유일한 원로 지휘관이었다. 비록 페어팩스는 어떤 정파에도 관련되지 않았지만, 이 핵심적인 의회군을 어떻게 운영해야 하는가에 관한 생각은 크롬웰과 같았다. 그들은 열성적이고 경건한 (찬송가를 더 많이 부르는) 부대가 되어야 했고, 훈련에서도 모범적이어야 했다. 병사들의 긴장을 풀어주는 기술의 표준, 즉 음주, 욕하기, 매매춘 등은 『병사들의 교리문답서*The Souldiers Catechisme*』와 더불어 묵상의 시간으로 대체되었다. 약탈은 잔인하게 처벌받게 될 것이었다. (그것은 어쨌든 이상적인 생각일 뿐이었다. 원칙적으로는 모두 매우 훌륭하고 기독교적이었지만, 특히 끔찍하고 오래 지속된 포위의 여파 속에서는 자살행위가 될 수도 있었다.) 병사들이 술에 취하지 않은 상태를 유지하고, 열정적인 자기희생을 치르는 것에 대한 대가로 그들에게는 자신들의 장군들, 사실 모든 장교가 진정으로 자신들의 복지를 돌보고 있다는 것을 느낄 수 있어야 했고, 부츠, 식량, 피신처 등이 공급되리라는 것도 느낄 수 있어야 했으며, 자신들의 팔이 톱으로 잘려나가는 동안 비명을 지르며 누워 있을 때, 그 모든 것에는 이유가 있다는 것을 알게 해주어야 했다. 크롬웰과 페어팩스는 절대적으로 그것 모두의 이유를 의심하지 않았다.

그러한 확실성을 총체적 승리로 바꾸는 것은 또 다른 문제였다. 비록 1645년 봄 무렵에 찰스가 잉글랜드에서 (이기는 것이 불가능하거나) 이길 수 있을 것처럼 보이지는 않았지만, 그는 이제 브리튼을 위해 그리고 브리튼 안에서 싸우고 있었다. 왕국 어느 한 곳에서 발생한 차질이 언제나 또 다른 곳에서 이루어낸 성공으로 보상을 받을 수 있는 것처럼 보이는 상황에서, 피곤하고 짜증난 의회파의 장군들에게 그는 적들이 모두 늘 서로 못 잡아먹어서 안달 날 때까지 이 군사적 협잡을 무기한으로 계속해서 할 수 있는 것처럼 보였다. 왜냐하면 이제 브리튼의 네 개 국가 모두가 내란에 처해 있었기 때문이다. 국가들은 이 전쟁에서 별개의 전장들을 차지하고 있는 것이 아니라, 모두가 서로의 운명과 뒤엉켜 있었다. 찰스는 웨일스에 있는 쉽게 파괴할 수 없는 자신의 요새들로 인해 먼 플랜태저넷가家의 조상들에게 고마워할 수 있었다. 그곳에서 일어난 일들, 특히 더 마치스the Marches 지역에 있는 쳅스토Chepstow와 몬머스Monmouth와 같은 성채들에서 일어났던 일들은 궁극적으로 잉글랜드에서 벌어지고 있던 전쟁에 대해서도 영향을 끼치게 되었다. 웨일스의 병사들은 이미 서부에서 싸우고 있는 왕당파 군대의 주축을 이루고 있었다. 스코틀랜드 언약도들의 부대는 아일랜드에서 게일 연합에 대항해 장로교파의 얼스터를 보호하는 데 급급했을 뿐 움직이지 못했다. 그들에게서 교황권과 오언 로 오닐이 가지는 중심적 중요성을 고려해 볼 때, 그들이 믿었던 것은 적그리스도의 임박한 침공으로부터 스코틀랜드와 잉글랜드를 보호하는 것과 같은 일이었다. 그러한 우발성은 결국 먼로가 오언 로 오닐과 맞섰다가 티론주County Tyrone에 있는 벤버브Benburb에서의 결정적인 전투에서 패했을 때인 1646년 6월에 더욱 가까워진 것처럼 보였다.

그리고 언약도와 가톨릭교도 사이, 그리고 스코틀랜드인과 아일랜드인 사이에 벌어지고 있던 전쟁이 1644년 가을에는 스코틀랜드 자체로 되돌아왔다. 그때 알라스데어 맥콜라Alasdair MacColla가 자신의 도널드 씨족 친척인 앤트림Antrim 백작이 제공해 준 2000명의 아일랜드 군대와 함께 서부 하일랜드에 상륙했는데, 그들은 거의 전적으로 가톨릭계 얼스터 출신이었다. 가톨릭계 얼스터 부대는 심지어 몬트로즈 후작Marquis of Montrose인 제임스 그레이엄James Graham의 소규모 군대와도 동맹을 맺었다. 그레이엄의 야심은 북부와 서부 스코틀랜드에서 찰스를 위해 제2전선을 열어주는 것이었다. (잉글랜드 의회군 지휘부가 그들을 놓아줄 형편이 되지 않았기에) 여전히 언약도의 대규모 부대가 여전히 잉글랜드에 주둔하고 있는 상황에서, 몬트로즈는 동력을 공급하기 위해 뒷문을 열어 하일랜드(고지대)와 섬들을 집결시킨 뒤에, 약화된 로우랜드(저지대)를 가로질러 에든버러까지 내쳐 달리려는 도박을 생각하고 있었다. 그러고는 에든버러에서 언약도들을 무너뜨리고 스코틀랜드에 왕당파 정권을 세우려고 했다. 그리고 군대를 이끌고 잉글랜드를 침공해 거기에서도 마찬가지로 형세를 일변시킬 계획이었다.

어쨌든 그것은 스코틀랜드 전체를 위한 범汎브리튼적인 반反언약도의 해결책이었고, 처음에는 약화된 언약도의 로우랜드 군대에 대항해 일련의 경이로운 군사적 성공을 거두는 축복을 받았다. 그러나 몬트로즈와 맥콜라가 1644~1645년의 가을과 겨울에 승리한 이유는 몬트로즈의 브리튼적 전략이나 언약도들로부터의 개인적 소외와는 거의 아무런 관련이 없었고, 스코틀랜드의 오래된 적대적 세력들 사이의 불화와 긴밀한 관련이 있었다. 첫 번째는 칼뱅주의자들의 로우랜드와 주로 가톨릭계로 이루어진 북서부 하일랜드 사이의 끊임없는 전쟁이었다. 그러나 스코틀랜드 전쟁들의 터무니없는 살육은 심지어 하일랜드 내에서도 일어났는데 (아일랜드와 스코틀랜드 양쪽에 지파를 가지고 있던) 도널드 씨족과 아가일의 캠벨 씨족이라는 철천지원수 사이의 증오심에서 동력을 얻었다. 군사 작전이 살육의 언덕에서 멀어지면 멀어질수록 몬트로즈에게는 군대를 함께 유지하는 것이 더욱더 힘들어졌고, 오로지 퍼스와 애버딘 같은 도시들에 대한 약탈의 유혹만이 도움이 되었을 뿐이다. 애버딘에서의 살육은 특히 가학적인 것이었다. 그것은 3일 이상 지속되었는데, 예컨대 변호사, 상인, 병원과 빈민 구호소의 원장 등 어떤 종류의 공직이나 권위를 행사한다고 생각되는 사람들, 그리고 그 밖의 수많은 민간인에 대한 무자비한 살해가 이루어졌고, 이는 아일랜드인과 스코틀랜드인 사이에 뿌리 깊은 원한이라는 유산을 남겼다. 동시대의 애버딘 사람은 다음과 같이 말했다. 거기에는 '그들 마음대로 이 타운에 대해 살인, 도둑질, 약탈 등을 자행했다. 그리고 모든 거리에서 애처로운 울부짖음, 울음소리, 방송대곡weeping, 애도 이외에는 거의 아무것도 들리지 않았다. 일부 여성들은 슬퍼할 준비가 되어 있었고 그 밖의 일부 여성들은 캠프의 필요에 의해 봉사해야 했다.'

심지어 아일랜드인-하일랜드 군대의 전술적 스타일은 근대 전쟁의 예상을 거스르는 것이었다. 언약도 보병은 잉글랜드 동맹군처럼 효과적인 '역진countermarch' 전술을 수행할 것으로 생각되는 6열의 머스킷 소총병 소대를 진영의 중앙에 보유하고 있었다. 이것은 일단 제1열의 무기들이 발사되면, 그다음 열이 그들을 대신하여 앞으로 나오고, 제1열은 제6열 뒤로 가 줄지어 서는 것을 포함했다. 본래의 열이 전면으로 되돌아올 무렵에 그들은 나무랄 데 없이 극도로 빠른 재장전을 완료할 것으로 추정되었다. 그러나 강도 높은 훈련 없이는 이러한 움직임은 사실 많은 결점을 드러내는 경우가 많았고 움직임도 둔했다. 바로 이 순간, 하일랜드와 아일랜드 병사들은 머스킷 소총을 내려놓고 검과 방패로 공격하면서 허둥대는 적의 머스킷 소총병과 창병 사이로 혈로를 뚫게 되는 것이었다. 이른바 (이미 게일-가톨릭교도 군인들이 아일랜드 전쟁에서 사용했던) '하일랜드' 공격방식은 원시적이었지만 놀라울 정도로 효과적이었다. 그리고 몬트로즈와 맥콜라의 군대에는 규칙을 따르는 것을 불편한 방식으로 거부하는 다른 방법들이 있었다. 특히 캠벨 씨족의 땅에서는 마을들이 완전히 파괴되었고, (1645년 내내 그리고 1646년까지 남아 있게 되는 관행으로서) 병사로서 단 하루라도 복무했을지 모른다고 생각되는 그 어떤 성인 남자나 소년들도 무차별적으로 살해당했다. 얼마 가지 않아서 전략은 사라지고 오직 씨족 청소만이 남았다. 맥콜라에게는 가능한 많은 수의 캠벨 가문 사람들을 죽이는 것이 군사작전의 핵심이 되었고, 아가일의 백작인 아치볼드 캠벨Archbald Campbell에게는 도널드 씨족과 동맹인 맥린MacLean 씨족 사람들을 가능한 많이 죽이는 것이 마찬가지로 만족스러운 일이었다. 그래서 계절이나 풍경에 상관없이 대학살이 자행되었고, 눈밭, 야생화 헤더heather 들판, 그리고 소나무 숲을 가리지 않고 계속되고, 또 계속되고, 또 계속되었다. 그중에는 한 가지 소름 끼치는 또 다른 잔학 행위가 들어 있었다. 수백 명의 캠벨 씨족의 남자, 여자 그리고 어린이들이 어느 헛간으로 무리 지어 이동했는데, 결국 그 헛간은 불이 붙어 잿더미가 되고 말았다.

몬트로즈는 결국 언약도의 로우랜드로 깊숙이 도달하는 데 성공했는데, 당시 끔찍한 전염병의 파도에 휩싸여 있던 에든버러가 아니라 글래스고에 자리를 잡았다. 1645년 필립호그Philiphaugh에서 그의 군대는 최초의 심각한 패배를 당했지만, 1646년 초 무렵 그는 여전히 왕당파의 대의를 위해 스코틀랜드에서 커다란 피해를 가할 위치에 있었다. 그러므로 1646년 5월 초에 찰스가 스스로 당시 뉴어크Newark 타운을 포위하고 있는 언약도 군대로 가서 스코틀랜드인의 수중에 스스로 들어갔을 때, 그것은 그에게 틀림없이 충격이었을 것이다.

그러나 당시 몬트로즈의 군사 작전은 (아일랜드에서의 벤버브 전투와 함께) 1645년과 1646년 초에 국왕에게 잘되었던 유일한*only* 일이었다. 1645년 4월에 신형군新型軍이 전개될 무렵 의회는 스코틀랜드 동맹군과 함께 야전에 병사 5만 명을 배치할 수 있었고, 더 많은 숫자의 병사들을 요새에 보유하고 있었는데, 이는 브리튼에서 볼 수 있었던 가장 큰 군사력 규모였다. 국왕은 기껏해야 그 숫자의 절반을 야전에 배치할 수 있었다. 옥스퍼드에 틀어박힌 국왕은 선택의 여지가 거의 없었다. 첫 번째는 손실을 줄이고, 그해 초에 억스브리지 Uxbridge에서 조정된 평화 협정 조건에 긍정적으로 응답하는 것이었다. 그러나 엄숙 동맹 및 언약도들은 국왕에게 『공통 기도서*Book of Common Prayer*』를 대신해 이미 배포된 새로운 『예배지침서*Directory of Worship*』와 더불어 주교가 없는 장로교 체제를 받아들일 것을 요구해 왔다. 그리고 이것은 찰스 자신이 늘 그래왔던 것처럼 아주 혐오스러운 것으로 여겼던 일이었다. 첫 번째 선택지는 옥스퍼드에서 계속 머무는 것인데, 그것은 필연적으로 다가올 적의 포위를 앉아서 기다리는 꼴이 될 것이고, 계속해서 싸우려면, 서부나 북부 중에 하나를 선택해서 이동해야 했다.

루퍼트 왕자가 찰스를 위해 추천한 두 번째 선택지는 서쪽으로 이동해 엑시터에서 브리스톨과 카디프Cardiff를 통해 칼라일까지 이어지는 일련의 성채를 따라 군사적 세력 기반을 유지함으로써 자신의 장점을 발휘하는 것이었다. 그럼으로써 찰스는 여전히 패하지 않은 고링 장군General Goring의 군대와 합류해 의회군을 적대적인 영토 깊숙이 끌어들이고, 아일랜드를 향한 결정적인 바닷길들을 유지할 수 있을 것인바, 그렇게 되면 아일랜드로부터 약간의 도움을 기대할 수도 있는 일이었다. 그렇지 않으면 세 번째 선택지는 몬트로즈를 향해 북쪽으로 이동하는 것이었다. 몬트로즈가 거두고 있는 승리들이 전염성이 있는 것으로 입증되고, 자신의 군대를 결속시켜 주기를 기대하는 것이기도 했다. 상당한 시간을 망설인 끝에, 몬트로즈의 성공에 매료되고, 통치 기간 중 모든 결정적인 사건은 모두 스코틀랜드에서 일어났다는 짐짓 이해할 수 있는 기분에 이끌린 찰스는 북부로의 이동을 선택했다. 1645년 5월 말에 그의 군대는 레스터Leicester를 점령해 약탈하고 북동쪽으로 이동하고 있었다. 이는 의도했던 것처럼 페어팩스로 하여금 옥스퍼드 포위 작전을 중단하게 만들었고, 크롬웰이 이스트 앵글리아를 지키기 위해 동쪽으로 서둘러 이동하게 하는 효과를 가져왔다. 그러나 이것은 또한 이들 두 개 부대가 함께 국왕과 맞부딪치게 하는 기대하지 않았던 결과를 가져왔다. 그렇게 해서 노샘프턴셔Northamptonshire의 네이즈비Naseby 마을 근처에서 매우 결정적인 전투가 벌어지게 되었던 것이다.

심지어 신형군의 세력 없이도 찰스는 페어팩스에 비해 중과부적衆寡不敵이었다. 그러나 찰스는 다시 루퍼트의 경고를 무시하고 어쨌든 전투를 치르기로 결정했다. 그들이 늪이 많은 작은 계곡을 사이에 두고 서로 마주 보는 두 개의 언덕 위에 배치되었을 무렵, 두 군대는 엄청나게 불균형했다. 크롬웰과 페어팩스는 약 1만 4000명의 부대를 보유하고 있었지만 국왕은 그 절반밖에 안 되는 군사를 가지고 있었다. 그리고 숫자들이 헤아려졌다. 루퍼트는 마스턴 무어에서 있었던 자신의 실수를 기억하면서 이번에는 주도권을 잡고 곧바로 언덕을 내려가 공격을 가하기 시작했다. 가속도에 의해 경사면에 도달한 그는 장차 크롬웰의 사위가 될 헨리 아이어튼Henry Ireton이 지휘하는 왼쪽 측면의 기병들을 갈라놓았다. 아이어튼은 이 맹습으로 부상을 입었다. 그러나 아이어튼의 기병세력 중 단지 절반가량만이 이 첫 번째 타격으로 붕괴되었다. 하지만 다시 루퍼트의 기병은 곧 왕당파의 보병이 페어팩스의 보병과 스코틀랜드 병력을 중앙에서 창으로 밀어붙이도록 남겨두고, 군용 장비 수송 마차를 약탈하기 시작했다. 페어팩스의 병사들이 불가피하게 타격을 받을 것처럼 보였던 바로 그 순간, 크롬웰은 왼쪽 측면에 남아 있는 왕당파의 기병에게 견고한 기병 대열을 충돌시키면서 돌격했다. 그 결정적인 순간에 찰스는 금박을 입힌 갑옷을 입고 근위병과 함께 막 승리를 거두고 있던 크롬웰의 부대를 공격하려고 애쓰고 있었다. 겁에 질린 그의 보좌관들이 국왕의 플랑드르산 말의 고삐를 쥐고는 끌고 가버렸다. 이것은 야전에서 전술적인 철수 명령으로 잘못 이해되는 행동이었다. 흔들리던 전열은 곧 붕괴로 이어졌다. 두 시간 안에 모든 것은 끝났다. 병사들이 살육에 노출된 것을 보면서, 애스틀리는 보병 4000명 및 장교 500명과 함께 항복했다. 그뿐 아니라, 왕당파의 포병 종렬縱列 전부와 수많은 머스킷 소총과 화승총이 적에게 넘겨졌다. 사실상 네이즈비의 들판에 버려진 시신을 제외하고 왕당파의 군대에게 남은 것은 아무것도 없었다. 포획된 군용 장비 수송 마차에는 10만 파운드 상당의 보석, 마차, 접시, 그리고 국왕이 교환했던 개인적·군사적 서신들이 있었다. 승리한 병사들이 '아일랜드 창녀들'이라고 불렀던 한 무리의 웨일스 여인들은 말할 것도 없이 무자비하게 살해되거나 팔다리를 절단 당했다.

한 달이나 두 달 사이에 잉글랜드에는 왕당파의 군장비나 군수품이 거의 아무것도 남지 않게 되었다. 서머싯에 있는 랭포트Langport에서 로드 고링Lord Goring을 상대로 페어팩스가 거둔 또 다른 결정적인 승리는 왕당파에게 그나마 남아 있던 서부 지배권을 파괴했다. 왕당파의 주요 중심지들, 즉 브리스톨, 카디프, 칼라일은 차례차례 함락되었다. 버티고 있는 요새들은 극도의 흉포한 행동과 더불어 포위되었다. 그해 10월, 엄청난 포위 작전을 벌인 끝에 크롬웰의 군대가 마침내 가톨릭교도인 (그리고 메리 1세 때 재무대신을 지낸) 윈체스터 Winchester 후작이 세우고 그의 상속인이 여전히 소유하고 있던 엄청나게 요새화된 베이싱 하우스Basing House를 장악했을 때, 그들은 추잡한 우상숭배의 보금자리를 자신들이 발본색원하고 있다고 확신하고 있었고, 불타고 있는 폐허에서 발견할 수 있는 모든 사람을 군인이건, 민간인이건 가리지 않고 칼로 벴으며, 어떠한 저항의 움직임이라도 있으면 여성들까지도 살육했다. 궁정 가면무도회의 위대한 설계자이며 악곡작곡가였던 이니고 존스는 알몸을 드러내는 치욕을 모면하기 위해 낡은 담요만 걸친 채 도망쳤다. 그림과 책들은 런던으로 옮겨져 엄청난 규모의 공개적 모닥불 속에서 불태워졌고, 가구 안에 남겨진 것들이나 거기에서 발견된 보석들은 무엇이든지 병사들이 챙겨서 팔아 넘겼다.

1646년 4월 26일 찰스는 옥스퍼드를 떠났다. 그는 머리를 자르고 가짜 수염을 달았으며, 젠틀맨의 형색이 전혀 느껴지지 않는, 더구나 국왕이라고는 누구도 생각할 수 없는 옷차림을 했다. 단지 사제 한 명과 단 한 사람의 남자 하인만이 그와 함께 갔다. 잠시 동안 그는 바다로 탈출해 아마도 프랑스에서 왕비와 합류할 수 있을지 모른다는 희망을 아직 품고 노픽에서 변장을 하고 숨어 있었다. 그러나 그곳은 크롬웰 본거지의 심장부였고, 항구들은 감시당하고 있었다. 그의 보다 나은 기회는 스코틀랜드인들과 함께 하는 데 있었으며, 그중에는 심지어 언약도들도 포함되어 있었다. 왜냐하면 그들이 장로교도들이기는 하지만 그들 미래의 비전 속에는 왕이 계속해서 존재하고 있음을 알고 있었기 때문이었다. 하지만 그 왕이 정확하게 어떤 종류의 왕인지에 대해서는 분명히 논란의 여지가 있었다.

그리고 또 다른 3년 동안 브리튼의 민족들이 말과 불로써 벌이게 될 논쟁은 지난 3년 동안 일어났던 일들과 거의 마찬가지로 파괴적이고 또한 확실히 분열적인 것이 될 것이었다. 만약 1646년에 평화가 왔다면, 그것은 단지 포위와 전투가 잠시 동안 끝났다는 의미에 불과했다.

새로운 잉글랜드라고 간주될 수 있는 것이 무엇인지, 새로운 브리튼이라고 간주될 수 있는 것이 무엇인지, 그리고 그토록 많은 사람이 어떤 소중한 가치를 위해 자신의 목숨을 내놓았는지는 아직 규명되지 않았다. 1642년에 의회가 전쟁을 시작하면서 내세웠던 수많은 원칙은 전쟁이 만행으로 변형됨으로써 쓸모없는 것이 되고 말았다. 변하지 않은 한 가지 사실은 국왕이 헌정의 필수 불가결한 요소라는 생각을 의회의 대다수가 확신으로 공유하고 있었다는 것이다. 물론, 그들이 필요로 했던 왕은 잘못을 깨닫고, 약화되고, 절제되고, 그리고 개혁된 왕이었다. 그래서 국왕이 사악하고 악의에 찬 '냉혈한들'에 의해 전쟁이라는 '잘못된 방향으로 이끌리게 되었다'는 전통적인 정치적 허구가 유지되었고, 그것은 국왕으로부터 영구적이고 제도적인 죄책감을 씻어주기 위한 더 나은 방안이었다. 같은 이유로 내전이라는 범죄에 대한 책임이 있는 사람들과 어떠한 종류의 사면과 배상금에서 제외된 사람들, 그리고 따라서 재판을 받을지도 모를 사람들은 루퍼트 왕자를 필두로 73명에 지나지 않았다. 마찬가지로 왕당파를 위해 싸웠거나, 혹은 어떤 인식 가능한 방법으로 그들을 방조한 사람들은 누구라도 어떤 종류의 지방 관직이나 어떤 책임 있는 직책에서 영원히 배제되어야 했다. 이것은 사실상 1642년에 나타났던 통치 및 법률 공동체의 고통스러운 분열을 영속화하는 것이었다. 그리고 의회가 국왕에 대한 규제와 관련하여 5년 전에 제시했던, 돌이켜보면 온건하기 이를 데 없는 그 제안에 대해 왕이 경멸을 표했음에 비추어, 이번에는 그에게 강철로 된 족쇄를 채워야만 했다. 민병대와 군대의 통제권은 20년 동안 의회로 이양되어야 했고, 의회의 동의 없이는 국가의 고위 각료나 국왕의 자문위원회도 임명될 수 없으며, 외교 정책 행위도 의회의 승인 없이는 취할 수 없다는 조항들은 말할 필요도 없었다. 장로교주의가 당대의 질서이기는 했지만, 그럼에도 잉글랜드 교회의 궁극적인 운명은 그럴듯한 정치적 이유로 인해 장래의 조정에 남겨지게 되었다.

이것이 예고하는 브리튼은 어떠한 모습이었을까? 아가일 후작 자신은 마침내 스코틀랜드와 잉글랜드의 '진정한 연합'이 이제 가까이에 왔다고 믿었다. 그것은 경건한 우호 속에서 자연스럽고 호의적으로 이루어지는 연합으로서, 제임스 6세이자 1세가 생각했던 고교회高敎會들 사이의 연합에도 반대되고, 또한 분명 찰스의 아르미니우스적 강제에도 반대되는 연합이었다. 그러나 물론 그때 도널드 씨족이 여전히 마을에 불을 지르고 자신의 친족들을 살해하고 있었으며, 그리고 여전히 정복되지 않은 채, 새로운 군대를 공급하여 백성을 비참하게 만들 능력이 있는 가톨릭교도-아일랜드인 연합Catholic-Irish Confederacy이 존재함에도 불구하고, 아가일에게는 그토록 형제애적인 연합을 이야기해야 할 만큼 매우 현실적인 이유를 갖고 있었다. 처음에는 브리튼 군도의 몇몇 국가들을 따로 떼어놓은 채 벌어졌던 전쟁은 이제, 비록 상호 간에 빈번하게 상충하는 조건이기는 하지만, 이제 그 국가들을 묶는 양상으로 전개되고 있었다. 가톨릭에 의한 반동 종교개혁이라는 책무로서 일어났던 아일랜드 반란이지만 이제 그들은 과거에 오직 적들이 가지고 있던 판타지의 관점 하나를 받아들였다. 그것은 오래된 교회의 회복이 잉글랜드와 스코틀랜드에서 이단을 파괴하기 위한 서막이었다는 것이었다. 역으로 얼스터의 장로교도인들은 이제 나머지 프로테스탄트 브리튼의 적극적인 군사적 개입 없이는 아일랜드에서 자신들을 위한 어떠한 평화나 안전이 결코 없을 것이라고 생각했다. 우리는 여전히 그러한 생각이 낳은 결과들과 함께 살고 있다.

정말 이상한 일이지만 1646~1647년에 차라리 홀로 있기를 원했고, 국왕을 뒤에 남겨둔 채 스코틀랜드 군대를 철수시키기 위해 40만 파운드를 지불한 것은 잉글랜드였다. (찰스가 암울한 반어법으로 논평했던 것처럼 스코틀랜드인들은 오히려 그를 저렴하게 돈과 맞바꾸었다.) 하지만 홀로 남는다는 것은 평화 속에 남겨지는 것과 같은 것은 아니었다. 군사적으로는 평화가 찾아온 잉글랜드이지만, 정치적으로는 엄청난 논란으로 가득 찬 공백 상태였다. 종교개혁 이래로 지배해온 법과 정부의 오래된 예의 바른 공동체는 산산조각 났고, (잘못된 것으로 판명났지만) 일부는 수리할 수 없을 정도라고 생각되었다. 전쟁으로 황폐해진 카운티들에서 치안판사들은 부분적으로 자금과 무기를 동원할 수 있는 권한을 부여받은 카운티 위원회로 대체되었지만, 그럼에도 치안판사들은 전통적인 행정과 범죄를 맡기 위해 살아남았다. 카운티 위원회들은 군인들을 민간의 임시 숙소로 보내고 세금을 부과하는 것으로 인해 민간인들의 증오를 샀고, 또한 카운티 위원회들은 군대에 적절하게 봉급을 지불하지 못하고 군인들을 거지나 도둑 중 하나가 되도록 궁지로 몰아간 것으로 인해 미움을 받았다. 하지만 1646~1647년경에 잉글랜드 전역에 걸쳐 의회파의 통제가 확립되면서 사방팔방에 있던 치안판사들이 돌아오기 시작했다. 잉글랜드에서 이제 권력의 행사자는 전쟁이 시작되었을 때 모든 사람이 상상했던 의회가 아니라 군대였다. 이는 브리튼에서는 이전에 그 비슷한 것도 결코 목격된 적이 없었던 거대한 군사 기구였다. 그리고 전쟁이 어느 정도 진행됨에 따라, 이 굶주리고 화가 나고 빈약한 보수를 받는 군대의 남자들은 반란을 일으키고 장교들을 체포하고 허가 없이 새로운 숙소로 행군해 가거나 퇴진을 거부할 준비가 완벽하게 되어 있었다. 전쟁의 마지막 몇 해에 최소한 신형군은 1645년 이전에 가능하다고 생각되었던 어떤 것보다도 훨씬 더 광범위하고 위계서열 면에서 더 낮은 사회 집단 출신의 장교단으로 구성되는 등 사회적인 변형을 경험하고 있었다. 그렇지만 이것은 필연적으로 군대가 좀 더 급진적인 의견을 가지게 되었다는 것을 의미하지는 않았다. 존 릴번John Lilburne과 같은 놀라울 정도로 원原민주주의적proto-democratic 수평파들Levellers은 여전히 영향력 있는 소수에 불과했다. 그럼에도 그것은 잉글랜드 정부 형태와 관련하여 무언가 새로운 요소가 해방된 것을 의미했다. 예를 들면 의회의 급여 담당자와 셈을 청산하려는 강한 욕구를 지닌, 글을 읽고 토론할 줄 아는 군인들이 등장한 것을 의미했다. 그리고 그들이 그 일에 열중하는 가운데, 군대 안에서는 크롬웰과 아이어튼Ireton과 더불어 하나의 극도로 중요한 집단이 형성되고 있었는데, 이들은 엄숙 동맹에 의해 잉글랜드에 강요되어 왔던 '스코틀랜드인들의' 장로교주의에 대해 점차 적대적으로 되어가고 있었다. 독립파들Independents은 스코틀랜드인들로 하여금 스코틀랜드 교회를 갖게 하자, 그리고 잉글랜드에서는 경건파 잉글랜드인 회중들이 이해하는 믿음에 따라 사제들을 선출하고, 그들이 바라던 바의 예배 형식을 갖게 하자고 말했다.

1647년 여름에 이 위험스럽게 불안한 종교적 적대감과 경제적 분노의 혼합물은 잉글랜드를 또 다른 내전에 매우 근접하게 만들었는데, 이번에는 쌍방의 당사자가 의회와 군대였다. 그러나 그것은 오직 한쪽만이 총포를 갖고 있는 다툼이었다. 군대와의 갈등 문제를 처리하겠다는 의회의 생각은 국왕과 타협을 보기도 전에 군대를 해산시키자는 방향으로 귀결되고 말았다. 군대로서는 자신들의 불만이 적절히 해결되기 전에는 군대의 해산에 동의할 가능성이 거의 없었다. 명령이 준수되지 않고 있는 것에 분개한 의회의 지도자들, 특히 덴질 홀스는 부쩍 헌법을 따지기 시작했다. 그들은 (몇 가지 이유로) 의회의 권위를 보호하는 것이 우선 그 전쟁이 치러졌던 이유이고, '인민의 대표들'의 보전과 독립에 대한 위협은 국왕의 그것에 못지않게 유해한 일종의 폭정이라고 주장했다. 그러나 1647년에 군대는 총포만 가졌던 것이 아니라, 비록 항상 동일한 이데올로기를 공유했던 것은 아니지만, 그들에게는 아이어튼이나 레인버러 대령Colonel Rainborough과 같은 이론적 지도자들이 있었다. 이들은 의회가 사실 '부패한' 기관이고 군대는 웨스트민스터에 있는 그 고상한 기관보다도 인민을 상당 부분 더 많이 대표한다고 과감하게 주장했다.

6월 3일 통치 주권을 둘러싼 이론적 다툼은 코넷 조지 조이스Cornet George Joyce가 이끄는 페어팩스의 파견대가 노스햄프턴서에 있는 홈비 하우스Holmby House에서 국왕을 붙잡았을 때, 문자 그대로 주권 쟁탈전이 되고 말았다. 이틀 전 그들 부대는 자신들의 해산을 염두에 두고 엄청난 양의 금을 장악했다. 같은 주에 페어팩스는 신형군의 총회General Council라는 전례 없는 기관의 설립에 동의했는데, 장교들과 각 연대에서 선출된 병사들을 양 축으로 하여 구성되는 기구였다. 돈과 군사력 그리고 국왕을 수중에 둔 군대는 이제 말 그대로 지배할 수 있었다. 군대는 홀스와 그 밖의 하원 의원 열 명에 대한 탄핵을 요구했다. 탄핵을 요구받은 사람 중에는 로버트 할리 경의 아들인 에드워드 할리Edward Harley도 포함되어 있었다. 그는 군대의 불만들, 특히 군인들의 봉급 체불, 전쟁 기간 중 행해진 행위에 대한 보상금과 적절한 연금의 미지급 문제 등 모두 전장에서 단련된 군인들의 생사가 달린 문제들을 시정하는 데 반대한 인물이었다. 군대는 또한 크롬웰에게 소중한 바로 그러한 종류의 종교적 정권을 원했는데, 그러한 정권은 오히려 장로교의 강요에 굴복하는 것이라기보다는 회중이 선호하는 것의 독립성을 존중하는 정권이었다.

이 유감스러운 마지막 결전에는 어떤 영웅들도 (그리고 아마도 어떤 악당들도) 없었다. 1647년 여름은 무력으로 종교적 자유를 부과할 준비가 되어 있는 고도로 정치화된 군대와 (병사들의 복지를 위해 양심적으로) 그들을 이끄는 공공연하게 정치에 무관심한 페어팩스라는 지휘관이 제공하는 특별한 구경거리를 목격했다. 만약 그것이 충분히 역설적이지 않았다면, 그들이 증오한 사람들, 즉 장로교파 의원들이 잉글랜드에 칼뱅주의 교회를 강요하기 위해 표를 행사하면서 선출된 국민의 대표로서의 권리를 옹호하고 있었다는 것은 또한 얼마나 역설적인가! 홀스와 에드워드 할리를 포함한 그의 친구들, 즉 군대에 대항해 의회 주권을 주창하던 사람들은 (그들이 5년 전에 국왕에 대항해 그랬던 것처럼) 만약 필요하다면, 다시 한번 자신들*their*만의 길을 확보하기 위해 (1642년부터 부활한 또 다른 전술인) 군중의 압력을 사용할 준비가 되었다. '괴물 청원들monster petitions'이 작성되자, 군중은 흥분했다. 신형군 이외의 부대에 복무하다 이미 동원 해제된 런던의 견습공들과 병사들이 그들을 보호하기 위해 동원되었다. 7월 말, 어마어마하게 중무장한 시위대가 상하 양원을 향해 홀스의 장로교 계열을 지지하도록 압력을 가했을 때, 유혈 사태는 불가피한 것처럼 보였다. 맨체스터를 포함한 패배한 쪽에 속한 의회 의원과 귀족들은 런던에서 탈출하여 페어팩스 진영으로 갔고, 사령관 페어팩스는 만약 런던이 성문을 열지 않는다면 자신이 그 문들을 박살 내버릴 것이라는 점을 분명히 하면서 런던으로 행군하기 시작했다. 8월 2일 신형군은 평화로이 입성이 허용되었다. 런던과 더 나아가 잉글랜드는 이제 군대 아래에 놓이고 말았다.

군대는 이제 건의요목Heads of the Proposals에 내용을 담아 국왕에게 해결책을 제시했다. 말할 필요도 없이, 찰스는 특히 군대가 제시한 조건이 의회가 최근에 협상 테이블에 올려놓은 것보다도 훨씬 더 관대한 것으로 밝혀지자, 서로 싸움을 붙여 덕 보는 재미에 아주 즐거워했다. 73명이 아니라 단지 네 명의 왕당파들이 일반 사면에서 제외되었다. 2년마다 소집되는 의회는 20년이 아니라 단지 10년 동안만 군대에 대한 통제권을 행사할 것이고, 왕당파들은 5년 뒤에는 지방 관직으로 복귀할 수 있었다. 찰스는 이제 자신의 서명을 기다리는 점점 깎아내리는 경매Dutch auction를 지켜보는 예기치 못했던 기분 좋은 상황을 맞았다. 그는 훨씬 더 낮아져 가는 호가를 기다렸다.

* * *

잉글랜드라는 국가의 잔해로 에워싸인 곳에서 삶의 조각들을 필사적으로 다시 조립하고자 애쓰는 생존자들이 있었다. 그들은 자신, 그리고 자신의 믿음과 자신의 나라에 무엇이 일어났었는지를 이해하려고 시도했다. 일부 사람들에게 이것은 불가능에 가까웠다. 1647년 니어마이어 윌링턴의 처남이자 친구인 재커라이어의 미망인인 도로시 램페인Dorothy Rampaigne은 작고한 남편의 영지를 회복할 수 있는가를 알아보기 위해 잉글랜드로 돌아왔다. 그러나 윌링턴 가문은 재커라이어가 사망한 이후 도로시가 어느 아일랜드계 가톨릭교도를 연인이자 보호자로 취해왔다는 사실을 알고 충격을 받았다. 이것은 윌링턴 가문이 이전에 믿어왔던 모든 것을 뒤엎는 것이었다. 니어마이어는 다음과 같이 넋두리를 늘어놓았다. '오 자매여, 당신의 불쌍한 영혼과 관련해 … 당신의 슬프고 비참한 상황을 생각하면 내 가슴은 아프고 떨린다오.' 도로시는 '바로 그 아일랜드인 반도와' 동침하고 임신을 숨겼을 뿐 아니라, 하늘로부터 반드시 끔찍한 심판을 받을 만한 그러한 뻔뻔스러움으로 자신의 '죄업과 사악한 행동들'을 계속해 왔다는 것이 니어마이어의 판단이었다. 니어마이어의 부인인 그레이스Grace는 새언니에게 재커라이어의 남아 있는 유일한 자녀인 찰스라고 부르는 아들을 적그리스도의 감염으로부터 보호하기 위해, 그리고 완전히 경건파 가정에서 자라날 수 있도록 런던으로 보낼 것을 간청했다. 어찌된 영문인지 도로시는 실제로 찰스를 윌링턴 가문으로 보냈다. 그곳에서 찰스는 니어마이어로부터 견습 선반공으로서 훈련을 받았고 1655년에 스스로 장인이 되었다.

랠프 버니의 삶 역시 1647~1648년에 잉글랜드의 상황만큼이나 극적으로 그리고 고통스럽게 변했다. 비록 그가 왕당파였던 적은 결코 없었지만, 그의 도주와 프랑스 블루아Blois에서의 생활로 인해 계속된 부재는 그를 공식적으로 '금융 부채를 이행하지 않은 자delinquent'로 만들었고 결국 영지를 가압류당하게 되었다. 그는 상당한 숙고 끝에 1647년에 그것들을 회복하기 위해 무언가를 할 수 있는가를 알아보기 위해 자신의 유능한 아내 메리를 잉글랜드로 보냈다. 그는 레이디 서식스와 자신의 관련성을 이용하기를 희망했다. 그녀는 그의 부친이 사망했을 때 그의 대의를 진전시키기 위해 그토록 배려했지만, 이제는 바로 청교도 워릭 백작으로 판명된 연로한 그녀의 남편 옆에 있었다. 메리 버니의 모습에서 자신의 과거를 당혹스럽게 상기하게 된 워릭 백작 부인은 갑자기 그녀의 제안을 듣는 것이 힘들게 느껴졌다. 그럼에도 불구하고 카운티 위원회, 그리고 랠프와 메리가 자신들의 은밀한 암호로 그녀를 불렀던 '노인들의 부인Old Men's Wife'과 끈기 있게 접촉을 유지했던 메리는 본분을 다했다. 1648년 1월에 가압류는 해제되었다. 그러나 메리는 지칠 줄 모르는 노력에 대한 끔찍한 대가를 치렀다. 그녀가 마침내 클레이던에 도착했을 때, 그들의 저택은 비록 군인들의 막사로 사용되었고 또한 쥐와 좀이 가구와 벽걸이를 상당 부분 갉아먹었지만 그럼에도 기적처럼 남아 있었다. 그중 쥐와 좀이 '터키의 작품' 양탄자를 갉아먹은 것은 랠프에게는 특히나 고통스러운 일이었다. 그러나 그들의 저택이 황폐화된 것은 이어진 개인적 비극에 비하면 아무것도 아니었다. 로비 활동을 벌이는 내내 임신 중이었던 메리는 마침내 랠프라는 세례명을 붙인 아들을 낳았지만, 아직 유아일 때에 죽고 말았다. 같은 주에 그녀는 어린 딸 페그Peg 또한 죽었다는 이야기를 남편으로부터 들었다. 슬픔으로 가득 찬 가운데에도 랠프는 스토아Stoa적 기독교도의 태도를 유지하면서, 완전히 정신이 나가 있는 아내에게 용감하게 편지를 썼다. '그들이 우리를 떠났다는 것은 사실이지만, (그리고 그것이 그들의 행복이지만) 우리는 그들을 따라갈 것이라오. (그리고 그것이 우리의 위안이 되어야 한다오.) 그리고 그들이 우리의 불행을 함께 하기 위해 지상으로 내려오는 것보다 차라리 우리가 그들의 영원한 축복을 함께 하기 위해 하늘나라로 올라가야만 하는 것이 우리와 그들 모두에게 더 나은 것이 아니겠소?' 그러나 그는 사실 슬픔으로 흐트러져서 조카인 덴턴Denton 박사에게 프랑스를 떠나 자신이 죽을 만한 장소를 찾을 수 있는 이탈리아나 '바르바리 barbary 사막'과 같은 어딘가로 여행을 떠날 것이라고 말했다. 일단 사라진다면 그는 미망인과 남아 있는 자식들이 자신의 정치적 과거에 오염되지 않은 홀가분한 새로운 삶을 시작하기에 자유로워질 것이라고 생각했다. 하지만 메리의 도움으로 영지를 회복한 것이 절망의 구렁텅이에서 그의 영혼을 구해냈고, 결국 그들의 문제들도 해결됨으로써 부부는 1648년 봄에 파리에서 재회했다. 그들은 메리가 폐 질환으로 사망할 때까지 프랑스에서 2년 더 함께 살았다. 랠프는 아직 돌아가기에 안전하지 않았으므로, 어쩔 수 없이 그는 관에 담긴 그녀의 시신을 배에 실어 버킹엄셔로 보내야 했다. 그녀의 관은 미들 클레이던 Middle Claydon 교회에서 적은 무리의 친구들이 지켜보는 가운데 매장되었다.

종반전이 시작되었다. 1647년 11월에 찰스는 신형군의 구금으로부터 탈출했지만, 얼마 안 가서 와이트Wight섬에서 잡혔으며 그곳 캐리스브룩Carisbrooke 성에 유폐되었다. 그럼에도 불구하고 이는 일종의 정치적 자유를 수반하는 것이었는데, 왜냐하면 그는 여전히 최저가 응찰자가 내놓는 제안을 기다려서 서명한다는 자신의 게임을 계속할 수 있었기 때문이었다. 찰스가 기다리는 응찰자 중에는 이제 스코틀랜드인들도 포함되어 있었다. 그들은 물론 (그의 접근으로 질려버린) 가장 순수한 언약도들은 아니었다. 그들은 종교적으로 덜 열성적인 귀족들로 이루어진 중요한 집단으로서, 의회를 거세한 막강한 잉글랜드 군대가 다음 목표로 자신들을 겨냥할 것을 두려워하고 있었다. 신형군의 지배를 받는 스코틀랜드는 분파들의 난장판이 벌어지는 스코틀랜드가 되고 말았다. 그것은 생각했던 것이 아니었다. 스코틀랜드인들도 지금 찰스가 곤경에 빠져 있지만, 그가 권좌의 절정에 있었을 때보다도 오히려 더 인기 있다는 것을 역시 알고 있었다. 그래서 그들은 와이트섬에 왔고, 그에게 지금까지 제안들 중에 최선의 것을 제시했다. 이는 첫 3년에만 국한되는 장로교적 해결책과 자발적인 언약의 인정이라는 조건이었다. (또한 스코틀랜드 내전을 끝내기 위한 방법으로 보였던) 이 '공적 약속Engagement'에 명시된 조건하에서, 스코틀랜드 군대는 북부 잉글랜드에서 새로이 거병된 왕당파 군대와 함께 만약 필요하다면 강제로 이 약속을 부과할 것이었다.

찰스, 해밀턴 공작 그리고 어찌어찌하여 마스턴 무어와 네이즈비에서 살아남았던 마마듀크 랭데일Marmaduke Langdale과 같은 충직한 왕당파들은 제1차 내전의 결과를 잘하면 뒤집을 수 있을지도 모른다고 상상할 수도 있었다. 왜냐하면 1647년 12월 이래로 남부 잉글랜드와 웨일스의 전 지역이 반란을 일으켰기 때문이었다. 반란이 응집성 있는 군대로 변화할 수 있기를 기대했던 사람들에게는 유감스러운 일이었지만, 그들이 반란을 일으킨 명분은 (비록 그가 엄청나게 인기가 있었지만) 찰스가 아니라 산타클로스Father Christmas였다. 메이폴과 세인트 조지의 날을 기리는 것, 그리고 물론, 찰스의 즉위 기념일 등은 그 밖의 이교도적 또는 선동적인 축연들과 더불어 이미 장로교도가 지배하는 의회에 의해 불법화되었다. 그러나 가장 오랜 역사를 지닌 축제적인 기념행사이며, 주장하건대 모든 사람이 한 해의 가장 어두운 시기에 필요로 했던 크리스마스는 달력을 깨끗하게 하는 것을 목표로 삼고 있던 사람들에게 남은 마지막 표적이었다. 그들에게는 주님의 안식일인 일요일과 가톨릭의 폭정으로부터 구원받은 것을 기념하는 축제인 11월 5일만이 유일하게 허용되는 기념행사였다. 그러나 상점 주인들에게 크리스마스 날에 가게 문을 열도록 강요하는 것은 경찰대에게도 어려운 일이었다. 경찰대는 이미 베리 세인트 에드먼즈Bury St Edmunds와 입스위치Ipswich 같은 타운에서 시민들이 의도적인 반항으로 거리를 장식했던 호랑가시나무와 담쟁이덩굴을 떼어내느라 분주했다. 가장 큰 크리스마스 폭동은 켄트에서 일어났고 전면적인 무장 반란으로 빠르게 확산되었다. 그 반란은 피비린내를 풍기면서 진압되었지만, 반도 3000명은 템스강을 건너 에식스로 탈출했다. 그곳에서 그들은 콜체스터Colchester의 거대한 로마 시대 성벽을 배수진 삼아 수개월 동안 페어팩스에 대항해 저항했다.

하지만 진정한 왕당파의 부활을 위한 유일한 실질적인 기회는 브리튼의 나머지 지역에 있었다. 그리고 1648년 여름에 그 브리튼의 나머지 지역은 찰스의 기대를 등졌다. 웨일스 남부와 중부에서의 반란은 박살났으며, 크롬웰은 쳅스토우Chepstow와 펨브로크를 공격하여 패잔병을 소탕했다. 이전에는 포위자들은 항복한 사람들에게 상대적으로 너그러운 조건들을 제시했던 반면에, 두 번째 회전은 크롬웰에게 엄청난 고난을 겪게 만들었기에, 그는 종종 병사들이 한껏 심한 짓을 하도록 내버려두었다. 그는 마치 과거의 에드워드 1세처럼 웨일스를 휩쓸었고, 그러고는 스코틀랜드 쪽으로 방향을 바꾸더니 1648년 8월 17일과 19일 사이에 처음에는 프레스턴Preston에서, 그다음에는 윈윅Winwick에서 그들을 전멸시켰다.

비록 1648년 봄 의회는 잉글랜드 정부가 여전히 국왕, 귀족, 평민으로 이루어져야 한다고 계속해서 선언하는 결의안을 통과시켰지만, 크롬웰과 한층 각별하게 점차 호전적이 되어가는 그의 사위 헨리 아이어턴Henry Ireton은 실제로는 그렇게 생각하지 않았다. 과거 제1차 내전이 끝났을 때에는 그들은 찰스가 '피에 굶주린 사람들men of blood'에게 잘못 인도되어 왔다는 허구를 믿을 준비가 되어 있었다. 그리고 그들 중 살아남은 수많은 장본인들이 약식으로 재판을 받고 처형되었다. 그러나 이번에는 비난이 갈 곳이 어느 곳에도 없었다. 피를 좋아하는 주요 인물은 찰스 스튜어트 자신이었다. 1년 전 수평파Levellers의 『인민협정Agreement of the People』은 이미 입에 담기 민망한 단어들, 즉 왕도 없고 주교도 없는 브리튼에 대해 상세히 설명한 바 있었다. 이는 군대의 일반 사병들이 한 요구로서 아이어턴과 같은 사람들이 당시에는 관용하지 못하는 것이었지만, 이제는 제2차 내전의 쓰디쓴 후유증으로 인해 그들은 그것을 자신들의 것으로 만들고자 했다. 그들은 어떠한 헌정적 실험이라는 망상에서 이러한 결론에 도달한 것은 아니었고 오히려 의회 자체가 스트래퍼드가 '국가의 안전에 관한 이유들'을 위해 죽어야만 했다고 결론지었던 극심한 비관주의와 더불어 여기에 도달한 것이었다. 어느 편인가 하면, 스트래퍼드는 찰스 1세보다는 훨씬 더 비난받을 여지가 적었다. 아이어턴은 이제 찰스의 탈출과 제2차 내전으로 인해서, 아직 굴복하지 않은 아일랜드 연합은 말할 것도 없이, 국왕과 또다른 조약을 협상하는 것은 완전히 고려 바깥의 선택이 되어버렸다고 판단하고 있었다. 그는 국왕과의 조약이 어떤 조건으로 이루어지건 그것들을 성심껏 따를 생각이 없었으며, 그러는 사이 그는 특히 치솟는 물가와 역병이 창궐하는 아주 힘든 시기에 불만을 품은 사람들의 구심점이 되었다. 그리고 아마도 최소한 올리버 크롬웰에게 이 모든 것보다도 더 결정적인 것은 찰스가 마스턴 무어와 네이스비 전투를 통해 그토록 분명하게 확인되었던 섭리의 심판에 거역하고 있다는 분노에 찬 자기 확신이었다. 아마도 그다음에는 (크롬웰은 여전히 이것을 할 수 없었다.) 군주정이 사라져야만 했다. 찰스가 죽어야만 하는가, 아닌가는 아주 또 다른 문제였다. 결국, 건강하고 어린 스튜어트 가문의 잠재적인 계승자들이 프랑스와 네덜란드에 줄지어 서 있는 상황에서, 이것이 의미하는 바가 무엇이었나?

의회의 장로교도들이 국왕에 대한 재판이 이제는 분명히 가능하다고 인식했을 때 그 재판에 선수를 치기 위해 서둘렀다. 1648년 9월 대표단은 국왕과 마지막 대화를 하기 위해 와이트섬의 뉴포트Newport로 갔다. 그러나 찰스 자신은 이제 교활한 책략과 경건한 신앙 양쪽 모두에서 특별한 희열에 빠져 있었다. 어느 날 그는 자신이 계속해서 의회와 군대 사이의 깊은 갈등을 이용할 수 있고, 그들 어느 한쪽은 다른 쪽을 이기기 위해 자신을 필요로 할 것이라고 상상했을 것이다. 그리고 그다음 날에는 자신에게 다가오는 순교에 관해 명상을 하고 있었을 것이다. 그의 할머니 메리 스튜어트도 파서링게이Fotheringhay에서 정확하게 똑같은 방식으로 느끼고 처신했었다. 메리는 자신의 순교는 확신했지만, 자기 아들 제임스의 충성이 어느 편에 서게 될지는 잘 모른 채 죽었다. 한편 찰스는 왕세자에 관해 그러한 염려를 하지 않았다. 반 다이크가 그린 가족 초상화들 속의 모든 사람은 그 나름대로 진실 그 자체였던 것으로 판명되었다. 스튜어트 가문의 사람들은 다른 많은 성격적 결점에도 불구하고, 다정하고 충실한 가족이었다. 그래서 찰스는 점차, 그리고 심지어는 열심히, 자신을 운명에 맡길 준비를 하면서, 자신의 죽음이 자신이 저지른 죄와 어리석은 행동을 깨끗하게 지워줄 것이며, 또한 대중의 공포감을 불러일으킴으로써 아들의 왕위를 보장해 줄 것이라고 확신했다. 그는 왕세자에게 '잉글랜드 국민은 냉철한 사람들이지만, 현재는 약간 미혹된 상태에 있다'라고 편지를 보냈다. 그는 조만간 그들이 이 불행한 망상으로부터 회복될 것이라고 확신했다. 그러므로 그런 그에게 장로교의 포로 상태에서 벗어나기 위해 자신이 이미 거부했던 조건들에 동의하고 싶은 생각이 어떻게 들 수 있을까? 그는 아마도 그들의 명백한 절망을 은밀히 즐기고 있었을지도 모른다.

1648년 11월 16일 군대판 '건의요목'에 서명하도록 국왕을 설득하는 데 실패한 페어팩스는 이제 주로 헨리 아이어턴이 쓴 격렬한 '간언Remonstrance'에 동의하는 수밖에 없었다. 간언은 국왕의 재판과 함께 군주정의 폐지를 요구했다. 그러나 이제는 이들 중 그 어느 것도 찰스에게는 커다란 충격이 될 수 없었다. 찰스는 자신이 가장 분명하게 무능력해진 그 순간에, 만약 자신의 즉각적인 운명에 관한 것이 아니라면, 자신이 마침내 후손에 관한 통제권을 가지게 되었다는 기이한 생각을 하게 되었다. 그의 최악의 순간은 그의 최선의 순간이 되었고, 그의 처형은 그의 정당성을 입증하는 것이 되었다. 그는 자신에게 행해질 모든 것이 의회가 전쟁을 하게 된 이유라고 주장해 온 원리들, 즉 신민의 자유를 보호한다는 원리들을 허튼수작으로 만들어버림으로써만 가능하다는 생각에 만족하고 있었음이 틀림없었다. 그들이 아니라 자신이 백성의 방패, 즉 인민의 수호자라고 내내 주장해 온 찰스 스튜어트에게 그것은 이제 단지 작은 발걸음이었다.

그래서 그것은 어긋나고 말았다. 토머스 프라이드 대령Colonel Thomas Pride이 뉴포트Newport 조약에 찬성표를 던지기 위해 들어오는 의원들을 멈춰 세우고, 또 다른 사람들을 체포하기 위해 검을 휴대한 용기병龍騎兵들과 함께 12월 6일 하원의 문에 서 있을 때, 그는 엄밀하게 전쟁의 명분이었던 의회의 독립을 침해하고 있었다. 그 결과로 생겨난 몸이 줄어든 '잔부Rump'의회는 스튜어트 왕조가 이전에 열거나 해산했던 그 어떤 의회보다도 우롱의 대상이었다. 원래 장기 의회에서 충직한 민중 지도자로 활동했던 사람들 중에서 올리버 세인트 존Oliver St John과 소小 헨리 베인Henry Vane the younger만이 어느 정도 열정을 갖고 군사 쿠데타를 포용했다. 관리자 격이었던 아이어턴이 꾸리고 준수하도록 절차를 진행했던 '고위 법원high court'은 장기 의회가 폭정의 도구라고 폐지했던 어떤 특권적 법원들보다도 더 익살맞게 독단적이었다. 크롬웰은 오랫동안 이런 속이 뻔히 들여다보이는 합법성의 조작을 고통스러울 정도로 알고 있었고, 재판에 대한 전망으로 인해 심하게 애를 먹었던 것처럼 보인다. 1648년 12월 말, 그는 여전히 찰스를 반역자로서 폐위하기 위한 '계획을 수행'했던 사람들에게 문의했다. 그러나 그다음 몇 주에 걸친 어느 시점에 그는 하늘의 섭리가 결국 틀림없이 '피를 부른 사람man of blood', 즉 시민적 불행을 '만든 사람author'에 대한 처벌을 요구하고 있다고 결정하고 말았다. 특별 고위 법원의 135명 위원들은 신중하게 선택된 사람들이었다. 그들은 아주 큰 어려움과 함께, 지주, 군 장교, 하원 의원 등 잉글랜드 명사 계층의 횡단면cross-section이 포함될 수 있도록 선발되었다. 재판 절차에 스스로 불참한 한 위원은 페어팩스였다. 그의 이름이 명단의 바로 앞부분에서 호명되었을 때, 의회의 방청석에서 베일을 쓰고 앉아 있던 레이디 페어팩스가 다음과 같이 대답했다. '아니요, 그는 여기에 있지 않을 것입니다. 그는 여기에 있기보다는 더 많은 분별력을 갖고 있습니다.' 올리버 세인트 존도 마찬가지로 출석하지 않기로 결정했다. 어떤 예방 조치들이 행해져야 했다. 재판을 주재하는 판사인 존 브래드쇼John Bradshaw는 "타격을 피하기 위해" 특별한 금속 안감을 댄 모자를 썼고 죄수, 즉 찰스는 방청석으로부터 아주 멀리 떨어져 있도록 했다.

16세기 역사에 대해 일별의 지식이라도 있는 사람이라면 스튜어트 가문의 사람을 재판에 회부하는 것이 나쁜 생각이라는 것을 알았을지도 모른다. 위엄 있는 순교를 위한 준비에 뒤이어 까다롭고 영리한 법적 꼼꼼함을 보여주는 것이 그들의 장점이었다. 찰스는 윈저에서 웨스트민스터로 옮겨졌고, 그곳에서 최고 통치자에게 수반되는 그 어떤 서비스와 정중함도 없이 단지 '찰스 스튜어트'로서 숙식을 했다. 그것은 마치 그가 법적으로 이미 죽은 것이나 다름없는 상황이었다. 그러나 거기에는 거쳐야 할 형식상의 절차가 있었다. 1월 20일에 웨스트민스터 홀에 있는 리처드 2세의 거대한 외팔보hammerbeam 아래에서 검은색 모자를 쓰고, 회색 수염이 난 핼쑥하고 초췌한 얼굴을 하고 있던 키 작은 인물, 즉 찰스 스튜어트는 변호사 존 쿡John Cook으로부터 그가 '이 나라에 끼친 모든 반역죄, 살인, 파괴, 방화, 약탈품, 황량함, 손상, 피해 등'에 주요하고 일차적인 책임이 있기에 고발되었다는 고지를 받았다. 그는 변명하기를 요청받았지만 거절했고, 대신에 다음과 같은 것을 알려주기를 요구했다. '짐이 어떤 권력에 의해 여기로 불려 왔는가. … 짐이 의미하는 것은 그 권한이 합법적인 것인지를 알고자 하는 것이다. 〔왜냐하면〕 세상에는 수많은 불법적인 권한과 도둑과 노상강도가 있기 때문이다. 짐이 당신들의 국왕, 당신들의 적법한 국왕이라는 것을 기억하라, 그리고 당신들의 머리에 가져온 죄악들과 이 땅에 가해지는 하나님의 심판을 기억하고, 당신들이 하나의 죄에서 더 큰 죄로 나아가기 전에 … 그것에 관해 잘 생각하라.'

찰스는 증인이 완비된 그 법원이 여론 조작을 위한 공개재판이라면서 진정성을 부인했으며, 그의 습관적인 말 더듬기도 없이 법원의 재판 관할권 인정을 거듭해서 거부했다. 1월 22일 그가 법정에 다시 출두했을 때, 그는 자신이 변명을 거부하는 이유를 적은 서면 설명서를 읽게 해달라고 했다. 자신은 국왕으로서 어떠한 지상의 판사들에게도 해명할 책임이 없고 왕, 상원, 양원이 함께 구성하는 불가분의 입법 통치권에서 어느 일방이 제거된 기관에서 나온 그 어느 것도 합법적이지 않다는 주장이었다. 왕을 배제한 의회의 합법적 권한에 대한 유일한 근거는 잔부의회가 1월 4일에 '인민은 하나님 아래에서 모든 정당한 권력의 출처이다'라고 단언했던 것 같은 혁명적인 주장뿐이었다. 찰스는 무화과 잎 이면에 있는 강압을 노출시키는 것을 망설이지 않으면서, 인민을 대표한다는 의회의 주장은 수많은 다른 대표가 구금되고 배제되었기에 이미 거짓임이 드러났다는 것이 상식이라고 항변했다. 여기에 군대나 사기를 치는 의회가 아니라, 자신이야말로 인민의 복지와 자유의 진정한 보호자라는 주장을 사실상 만들고 있는 찰스 스튜어트가 있었다. 그것은 물론 에드워드 하이드 같이 가장 논지가 분명하고 사심 없었던 그의 대변자들이 줄곧 그가 말해주기를 원했던 내용이기도 했다. 말할 필요도 없이, 그 재판의 기획자들은 찰스가 이러한 일들에 관해 크게 말하는 것을 허용하지 않을 예정이었다. 그는 진술을 제대로 하기도 전에 침묵을 강요당했고 커다란 저항을 한 뒤에 법정을 떠났다. 다음 날 브래드쇼가 찰스에게 '당신이 그것을 이해하지 못할 것임에도 불구하고 ⋯ 정의의 법정 앞에서'라고 책망했을 때 똑같은 언쟁은 끝났다.

'나는 내가 어떤 권력 앞에 있는 것을 안다'라는 것이 찰스의 정확하면서도 간결한 응답이었다. 법적 절차의 나머지를 마무리하기 위해 법정은 단순히 1월 27일 궁극적으로 판결을 통과시키고 찰스에게 '머리를 몸으로부터 잘라냄으로써 죽이는' 형을 선고하는 하나의 위원회로서 앉아 있었다. 다음 날 찰스는 자신의 운명에 관해 듣기 위해 다시 법정에 출두했다. 찰스가 다시 발언하기를 요청했을 때, 위원 중 한 사람인 존 다운즈John Downes가 그의 발언이 허용되어야만 한다고 이의를 제기했지만, 크롬웰로부터 '어디가 아프냐?'라는 위협적인 질책을 받으면서 찰스의 추가 진술은 거부되었다. '폭군, 반역자, 살인자, 잉글랜드 코먼웰스에 대한 공적公敵이며 화해할 수 없는 적'이라는 선고가 그에게 내려지는 순간, 그에게는 최후의 우스꽝스러운 웃음을 짓는 것이 허용되었을 뿐이었다. 다시금 그는 발언을 요청했지만, 이는 그가 '하나의 법정으로서 우리를 소유하지 않는다'라는 그다지 불합리해 보이지 않는 근거에 의해 또다시 거부되었다. 그는 다음과 같이 저항하며 끌려 나갔다. '나에게는 말하는 것이 허용되지 않았다. 다른 사람들이 어떤 정의를 갖게 될지 기대하라.' 법정에서 단지 구성원 59명만이 사형집행 영장에 서명했고 크롬웰과 아이어턴은 그중 눈에 띄는 인물이었다.

엘리자베스 1세는 메리 스튜어트의 처형이 공중의 눈길을 피해 극도로 비밀리에 처리되기를 원했었다. 크롬웰과 아이어턴은 가능한 한 많은 사람이 찰스의 목이 베어지는 것을 보아야만 한다고 확신했다. 이들 두 사람은 왕에 대한 어떠한 구출 시도도 이루어지지 않도록 해야 하고, 또한 하나님의 일을 하는 데에는 부끄러움이나 망설임으로 인한 최소한의 떨림조차도 없어야 한다고 확신했던 것이다. 그래서 처형대는 화이트홀에 세워졌고, 1월 30일 추운 아침에 엄청난 인파가 모였다. 찰스는 브리타니아와의 애정 어린 교감을 기념하는 왕실 가면무도회에서 앙리에트 마리와 춤을 추었던 곳인 거대한 홀을 통해 인디고 존스Inigo Jones의 연회실 뒤쪽 계단을 걸어 올라갔다. 그 궁전의 팔라디오Palladio풍의 창문들은 오랫동안 판자로 막아왔기에 머리 위 천장에 있는 루벤스의 위대한 그림들은 그가 그 방을 가로지르며 죽음이 기다리고 있는 연단으로 난 창문을 통해 걸어 나갈 때, 이 작은 왕에게는 거의 보이지 않을 수도 있었다. 그럼에도 그 위에는 스튜어트 왕가의 권력과 지혜를 의기양양하게 표현한 위대한 그림들이 걸려 있었다. 번영을 움켜쥔 평화, 수성과 미네르바Minerva의 보호, 푸토putto[11]를 포옹하는 것으로 구현된 왕관들의 황홀한 연합을 묘사한 그림 등이었다. 이 행복하게 연합한 브리튼이라는 집요하지만 비현실적인 비전, 그리고 스코틀랜드와 잉글랜드라는 어울리지 않는 동반자들을 결합시키려는 충동이야말로 스튜어트 왕가를 지속시켰으며 (마지막은 아니었지만) 이 왕가를 파멸시킨 것이었다.

더할 나위 없이 담담한 모습의 찰스는 몸의 떨림이 두려움으로 인한 것으로 오해받지 않도록 두 장의 셔츠를 입었는데, 단두대가 목재로 된 연단에 비해 너무 낮다는 것을 의식해 조금 높여줄 수 있는지 물어보았다. 분명히 어떠한 이유도 주어지지 않았지만, 그것은 받아들여질 수 없었다. 그리고 마침내 그에게는 발언할 기회가 주어졌고, 종이에 써온 글을 처형대 위에서 개봉했다. '나는 결코 의회의 양원과 전쟁을 시작하지 않았고, 하나님을 증인으로 청하여 간결하게 설명을 드려야 하는바, 나에게는 그들의 특권을 침해할 의도가 결코 없었으며, 그들이 나의 특권을 침해하기 시작했다'는 내용이었다. 그런 다음에 즉석 역사 강연이 이어졌는데, 이는 1642년의 대간언에 대한 상당히 지연된

---

11   르네상스기의 장식적인 조각으로 큐피트 등 발가벗은 어린이의 상 ─ 옮긴이.

그의 개인적 응답인 셈이었다. 그러나 그것은 입헌 군주정에 관한 에드워드 하이드식의 용의주도한 정치 이론이라기보다는 개인적 슬픔과 분노의 표현이었다. 찰스는 민병대의 권력을 빼앗긴 것에 대해 분개했고, 하나님이 지금 자신을 적절히 응징하고 있는 일의 근원인 스트래퍼드의 부당한 죽음과 관련하여 자신이 결탁한 것을 깊이 후회했다. 그는 다음과 같이 선언하면서 발언을 끝냈다. '인민들을 위해 … 나는 그 어떤 사람만큼이나 진정으로 그들의 자유권Liberty과 자유Freedom를 바라는 바이다. 그러나 나는 반드시 그대들에게 말해야 하는바, 그들의 자유권과 자유는 정부와 법률들을 가지는 데 있는 것이며, 그렇게 해서 그들의 생명과 재산이 비로소 최대한 자신의 것이 된다는 점이다. 〔자유권과 자유는〕 그들과는 아무런 관련이 없는 정부 안에서 자신들의 몫을 공유하는 것이 아니다. 신민과 군주는 너무나 다른 존재이다.'

아무도 찰스 1세가 대중을 이용하는 것을 비난한 적이 없었다. 처음부터 끝까지, 근시안적인, 그러나 야비하지는 않았던 그의 경력을 통해 취해졌던 모든 전술적 전환 및 방향 전환에도 불구하고, 그는 왕권이 신에 의해 이루어졌다는 믿음을 극도의 일관성과 함께 견지했다. 루벤스의 그림 중 천상의 호산나들The celestial hosannas은 그와 같은 사람들이나 그만을 위한 것이었다. 그는 깊고 조용한 목소리로 '나는 부패할 수 있는 왕좌에서 부패할 수 없는 왕좌로 간다. 아무런 소란도 있을 수 없고, 이 세상의 소란이 없는 곳으로'라고 말했다. 헝클어진 머리카락을 흰색 모자 뒤로 밀어 넣은 채, 그는 낮은 단두대 앞에 목숨을 내놓았다. 그러자 망나니인 리처드 브랜던Richard Brandon은 단칼에 그의 목을 베었다.

크롬웰은 '그의 머리에 왕관을 씌운 채 머리를 벨 것'이라고 통보한 바 있었다. 국왕의 머리가 유혈이 낭자한 바구니에 떨어지고 나서, 브랜던이 다시 그의 머리를 높이 들었다. 이때 국왕의 머리를 맞이한 것은, 그 유명한, '그때 그곳에 참석한 수천 명 사람들의 신음 소리'였는데, 이것이 사람들의 불안감을 완전히 없애주지는 못했다. 왜냐하면, 군주정의 당사자가 그 제도와 따로 떨어뜨릴 수 있는 존재라는 것이 그 일로써 입증되었던 것이다. 찰스는 말년에 고도의 통치권을 행사하지는 못했지만, 자기 입을 막으려는 온갖 시도에도 불구하고, 하나의 교훈을 사람들에게 설파할 수 있었는데, 그것은 만약 그가 7년 전에 그것을 깨우쳤다면 그가 좀 더 상황에 잘 대처할 수 있도록 해주었을 만한 내용이었다. 그 교훈이란 무력이 잉글랜드라는 국가의 파괴된 정통성을 다시 만들어낼 수 없으며, 하물며 스코틀랜드는 더욱더 아니라는 것이었다. 그 점은 잘 이해되었다. 그러나 만약 찰스 재위기 동안의 비극적 경험으로부터 배운 어떤 것이 있다면, 이후로는 신으로부터 통치권을 부여받았다는 단순한 주장만으로는 정치적 평화를 확보하는 충분조건이 될 수 없다는 사실이었다. 정치적 평화는 단지 잉글랜드와 스코틀랜드를 모두 통치하는 한 명의 군주가 원과 면적이 같은 정사각형을 만들어낼 정도로 각고의 노력을 경주해야 하고, 왕권의 권위가 의회와의 동반자 관계에 의해 약화되는 것이 아니라 실제로는 오히려 더 강화되는 것임을 인식해야 하며, 또한 잉글랜드와 스코틀랜드의 정부 조직체들이 만들어내는 격렬한 진자 운동이 자신들의 균형을 발견하는 것을 지켜보아야만 이루어질 일이었다. 이는 악명 높게 시대착오적이었고, 휘그적이었으며, 자축하는 성향을 가졌던 빅토리아 시대 사람들이 믿었던 것이었다. 그리고 사실대로 말하자면, 그들이 옳았다.

옮긴이 _ 손세호

A History of Britain

The British Wars

1603-1776

3

리바이어던을 고대하며

Looking for Leviathan

단호하고 흔들림 없는 사람들의 관점에서 보면, 때는 바야흐로 지나간 역사의 얼룩으로 오염된 나라를 다시 한번 깨끗하게 씻어내야 할 시점이었다. 헨리 마튼Henry Marten은 의회에서 다음과 같이 외쳤다. '우리의 조상들이 어떤 사람들이었건, 그들이 무엇을 하고 무엇으로 고통을 받았건, 혹은 그들이 복종을 강요받은 것이 무엇이었건, 우리는 오늘을 살아가는 사람들이며, 모든 종류의 부당함, 간섭, 그리고 자의적 권력으로부터 절대적으로 자유로워야만 합니다.' 1649년의 첫 몇 달 동안 과거의 얼룩을 지우려는 크고 작은 행동들이 전국적으로 벌어졌다. 콜체스터 인근의 아이작 아처Isaac Archer라는 젊은이는 장식용 비단 조각들을 날염된 천에 접착하는 직업에 종사하며 별 생각 없이 살고 있었는데, 어느 날 그의 아버지 윌리엄이 '무슨 까닭인지 모르지만 칼로 그림 하나를 오려내는' 것을 보았다. 찰스 1세의 초상화였다. 국왕의 처형이 행해진 지 몇 주 만에 잔부의회殘部議會는 의회 내 상급기관인 귀족원(상원)을 '쓸모없고 위험스럽다'는 이유로 폐지했다. 군주정 또한 '불필요하고 짐스러우며, 인민의 자유와 안전, 그리고 공적 이익에 위해하다'는 비난 속에서 귀족원의 운명을 뒤따랐다. 국왕의 모습을 담았으며, 의회의 의사 결정에 법적 효력을 부여하는 역할을 해온 국새는 폐기되고 평민원(하원)의 압인으로 대체되었는데, 여기에 는 '신의 축복으로 1648년에 복원된 자유의 원년에'라는 낙관적인 명문銘文이 새겨졌다. 과거 국왕의 이름으로 법을 집행하도록 요구했던 영장은 이제 '잉글 랜드 자유 수호자들의 이름in the name of the Keepers of Liberty of England'으로 발부되 었다.

그리하여 그곳에는 '코먼웰스Commonwealth'가 있었다. 그런데 그것이 의미하 는 것은 어떤 것의 부재였을까, 아니면 어떤 것의 존재였을까? 지금 이 시간 주권이 정확하게 어디에 존재하는지에 대해 대중의 불확실성과 혼란이 존재했 고, 이 문제를 미봉으로 가리려는 고도의 수사적 기교들이 공식적으로 펼쳐졌 다. 수많은 제안이 쏟아진 것은 당연했다. 충실한 청교도군 지휘관의 아내였 던 루시 허친슨Lucy Hutchinson은 '당시에는 모든 사람이 각자 나름대로의 바람 직한 정부 형태를 그리고 있었다'라고 기록했다. 문제는 누가 그 대안들을 판 단하고 선택할 것인가, 하는 것이었다. 누군가의 중재를 기대하는 것은 빈 공 간을 응시하는 것과 마찬가지였다.

실제로 그 '빈 공간'은 자연철학, 정치철학 가릴 것 없이 철학자들을 강박적 으로 끌어들이는 주제가 되었다. 자연 속에 정말로 진공 상태가 일어날 수 있 는지에 관한 지적 논쟁이 봇물 터지듯 급속하게 전개되었다. 만약 그것이 존재 할 수 있다면, 그것이 완전한 공백을 의미하는 것인가? 아니면, 불가시적이고 뭐라고 쉽게 규정할 수 없는, 어떤 모호하게 '미묘한 상태'의 존재를 말하는 것 인가? 1644년 이탈리아의 물리학자 에반젤리스타 토리첼리Evangelista Torricelli는 그러한 토론을 격발시키는 유명한 실험을 단행했다. 토리첼리는 유리관의 한 쪽 끝을 밀봉하고 수은을 채운 뒤, 거꾸로 세운 다음, 역시 수은으로 채운 수조 水槽 안에 집어넣었다. 그는 사실상 초기적 형태의 기압계를 창안했던 것이다. 수은은 기압으로 인해 유리관 아래쪽으로 내려왔지만 끝까지 내려가지는 않았 다. 수은과 밀봉된 유리관 끝 사이에는 어떤 공백이 존재하고 있었던 것이다.

그렇다면 그 공백 속에는 무엇이 있었을까? 무엇인가가 그 속에 존재하는 것일까, 아니면 정말로 아무것도 없는 것일까? 논자들은 이 문제를 두고 '배큐이스트vacuists'와 '플레니스트plenists'로 나뉘었는데, 전자는 자연 속에 진공이 존재할 수 있다는 입장이었고, 후자는 '자연은 진공을 싫어한다'는 것을 하나의 지고한 진리로 받아들이고 있었다.

철학자 토머스 홉스Thomas Hobbes는 플레니스트의 입장에 섰는데, 그에게 진공은 자연 상태뿐 아니라 국가 통치에 있어서도 존재하면 안 되는 혐오스러운 존재였다. 1649년 1월 찰스가 처형되던 순간 파리에 거주하고 있던 홉스는 마랭 메르센Marin Mersenne과 같은 프랑스 철학자들과 함께 토리첼리의 공백이라는 수수께끼에 관해 논쟁을 벌이며 글을 쓰고 있었다. 그때 쓴 글 중의 하나는 주권의 공백에 관한 그의 생각이었다. 2년 뒤인 1651년 출판된 『리바이어던Leviathan』은 홉스를 당연히 자신들 편이라고 생각하고 있던 왕당파 인사들에게 엄청난 충격을 안겨주었을 것이다. 왜냐하면, 그의 책은 국왕의 죽음으로 남겨진 빈 공간에 뛰어들어 권력을 자임한 자들에 대한 복종, 그것도 무조건적인 복종을 권유하고 있는 것으로 읽혀졌기 때문이었다. 그들의 입장에서 더욱 나빴던 것은, 그해 홉스가 당시 의회와 국가평의회Council of State에 의해 통치되고 있던 잉글랜드로 돌아와서 자신의 신념을 행동으로 옮기기 시작한 것이었다. 두 통치기관은 모두 뉘우침 없는 '왕을 죽인 자들regicides'로 채워져 있었다. 사회적 지위, 일자리, 신변 안전 등 그에게 주어진 모든 것이 캐번디시Cavendishes 등 왕당파 가문들의 후견에 의한 것이라고 믿고 있던 사람들에게 홉스의 행동은 결코 용서하지 못할 배신으로 받아들여졌다.

홉스는 월트셔에 있던 한 교구 사제의 아들이었는데, 그를 옥스퍼드에서 공부할 수 있도록 지원한 사람은 잘나가는 장갑 제조업을 하고 있던 그의 숙부였다. 나중에 홉스는 장차 제2대 데번셔Devonshire 백작이 될 윌리엄 캐번디시William Cavendish의 가정교사가 되었다. 그는 후일 자신의 것을 갖추기가 무섭게 낭비함으로써 홉스를 실망시킨 인물이다. (타의 추종을 불허하는 17세기 입담꾼이었던) 존 오브리John Aubrey라는 홉스의 친구 말에 따르면 가정교사 시절 홉스는 '돈을 벌기 위해 동분서주'하는 바람에 구두가 해어지고 발이 젖어 감기에 걸리기도 했다고 한다. 홉스는 1628년 윌리엄 캐번디시가 죽은 뒤에도 데번셔에서 '강제대부'라는 비의회세의 징수 업무와 조세 거부자들의 집을 군인들의 임시 숙소로 배정하는 일을 계속할 수 있었다. 1640년에는, 비록 성공하지는 못했지만 국왕의 특권과 개인적 통치를 적극 옹호하면서 데번셔를 지역구로 의회 의원 선거에 나서기도 했다. 아마도 이 선거에서의 패배는 (명철한 통찰력을 자부하고 있던) 홉스로 하여금 자신의 정치적 상황이 어떻게 귀결될 것인가를 예단할 수 있게 해주었을 것이다. 그래서 그는 내전이 일어나기 훨씬 전에 파리로 향하는 망명길에 올랐던 것이다. 그의 후원자였던 캐번디시 가문은 내전에 패배하여 재산을 모두 잃은 뒤에야 파리 행을 선택, 그곳의 망명 궁정에 합류했다. 홉스는 망명지에서도 여전히 신망을 잃지 않았으며 그곳에서 왕세자, 그리고 장차 너무 이른 나이에 유명을 달리 할 운명을 가졌던 그의 친구 제2대 버킹엄 공작의 수학 개인 교사를 맡았다. 홉스가 몇 안 되는 반박 불가의 우주적 실체들 중 하나로 받아들였던 기하학도 그들을 위한 강의 과목이었다. 오브리에 따르면, 버킹엄은 홉스의 강의가 주는 나른함을 느슨한 자위행위로 달랬고, 왕세자 찰스는 자신의 개인 교사를 '만나본 사람 중 가장 이상한 사람'이라고 생각했다.

『리바이어던』의 출판은 그랬던 왕세자를 다시 한번 어리둥절하게 만들었을 뿐이었다. 이 책은 잉글랜드 내전의 결과를 인정해야 한다는 논리를 담았을 뿐 아니라, 아예 기운을 쏙 빼버릴 정도의 회의적 시각으로 제도권 기독교를 비판하는 것으로 읽혀졌기에, 망명 궁정 인사들은 홉스를 무신론자나 다를 바 없는 사람이라고 생각했다. 스코틀랜드 그레이트 튜에서 포클랜드 자작의 서클에서 친구들과 즐기고 있던 에드워드 하이드는 다음과 같이 말했다. '잉글랜드 교회가 붕괴 위협에 맞서서 간신히 버티고 있는 차에 교회를 향한 엄청난 적의와 악감정을 숨기지 않은 『리바이어던』 같은 책을 출판하다니, 이는 홉스 씨

의 교육 수준에 미치지 못하는 것이며, 비열하고 비도덕적이기까지 하다.'

홉스는 유물론자였고 이성주의자였다. 만약 기적과 성스러운 영혼들로 가득 찬 복음을 읽는 것이 기독교인을 의미하는 것이라면, 그는 진정한 기독교인이라고 할 수 없었다. 다만, 홉스는 아무리 절대적인 권한을 갖는 군주라 할지라도 어떤 신적 존재에 대해서는 책임을 져야 한다는 생각을 확실하게 하고 있었으므로, 그런 의미에서 그는 어떤 한 가지 유형의 신은 믿고 있었다고 말할 수 있다. 홉스의 신은 리바이어던이 늘 정직하게 행동하도록 만들기 위해서도 필요한 존재였다. 그리고 홉스는 국왕에 대한 반란을 부정적으로 비판하는 견해를 확실하게 견지했다. 그가 후일 내전에 관해 저술한 역사책 『비히머스 Behemoth』(1679)는 '이 세상에 존재할 수 있는 온갖 종류의 불의와 그리고 온갖 종류의 어리석음'으로 가득 찬 악마의 산에서 가져온 가상의 조망과 함께 시작한다. 그러나 1650년의 그는 그런 도덕적 저주가 주권의 공백 상황과 직면한 채 중차대한 문제에 대한 답을 구하고 있던 그 어떤 사람들에게도 전혀 도움이 되지 않을 것이라고 믿고 있었다. 만약, 당신이 우연히 그때 그 시간에 파리에 있었다면, 당신 또한 '왕이 죽었다'라는 통탄이 '왕이여, 오래 사소서'라는 외침으로 이어지는 것을 자연스레 받아들였을 것이다. 왜냐하면, 그곳은 실제로 새로운 왕이 탄생할 수 있는 곳이었으니까. 그러나 당신이 그때 그냥 월트셔에 박혀 있었다고 가정한다면 이야기는 달라질 것이다. 그때 당신을 사로잡고 있었을 문제는 사회적 행위의 적절성에 관한 문제가 아니라 자신의 생존에 관한 문제였을 테니 말이다. 그 외에 어떤 다른 상황을 가정한다는 것은 자기기만적 박하사탕과 다름 없을 것이다. 어찌 보면 단순한, 그러나 피할 수 없는 불안감이 모든 이성적인 사람들을 파고들고 있던 상황이었다. 나는, 그리고 나의 것들은 어떻게 될 것인가? 누구에게 복종해야 하는 걸까? 안전에 관한 기본적 필요를 확보하기 위해 우리는 누구에게 의지해야 하는가? 홉스에 따르면 세상에는 옳고 그름을 쉽게 판단할 수 없는 입장의 차이들이 항상 존재한다는데, 그렇다면 그러한 의견의 차이들과 종교의 차이들이 끊임없이 남을 해치려는 전쟁으로 치닫는 것을 과연 누가 막을 것인가? 병사들이 가옥들을 불 지르고, 가축들을 훔치고, 힘없는 백성들을 공격하지 않도록 만들 사람은 누구인가? 정의의 시금석이라고 할 계약의 이행을 담보할 수 있는 사람은 누구인가? 우리들을 침대에서 편히 잠잘 수 있게 해줄 사람은 누구인가? 우리는 그러한 보호자를 어떻게 식별할 수 있을까? 믿음에 의해서? 아니면 이성에 의해서?

그러한 물음들은 아버지이자 통치자였던 이가 눈앞에서 죽어가는 것을 목격했던 고아들의 공포와 다름없었다. 그들은 또한, 내전이 휩쓸고 간 지방에서 그동안 오랫동안 심판관 역할을 해오던 주교들과 그 밖의 사제들이 권위의 바깥으로 추방되는 것을 지켜보았다. 1660년 찰스 2세가 왕좌에 복귀하여 옛 수학 교사(홉스)를 궁정에서 다시 영접하고, 옛 주교들과 판사들이 복귀했을 때에도 그들의 불안은 완전히 가셔지지 않았다. 왜냐하면, 왕정복고라는 사건은 종결되었는지 몰라도, 그렇다고 내전이 정치적 통일체에 입혔던 자창刺創들을 아물게 하지는 못했기 때문이었다. 피부 아래에는 여전히 손상된 세포조직들이 있었고, 이는 불운이 겹칠 경우 다시금 활성화되어 피를 뿜을 수 있었다. 역병, 화재, 좌절, 그리고 피해망상증 같은 상처들이 왕권의 보호적 권위에 대한 잉글랜드인들의 신뢰를 뒤흔들 수 있었고, 충성의 문제를 다시 한번 논쟁과 불확정성의 대상으로 만들 수도 있었다. 참수된 왕의 국새가 훼손된 지 40년이 지난 뒤에 그의 아들 제임스는 비뚤어진 자기 파괴적 행위 속에서 그것을 템스강에 던져버렸다. 정치적 바로미터는 대기의 압력을 감지하는 법이다. 자유라는 이름의 수은水銀이 팽창하고 있었다. 바야흐로 유리관 상부의 진공상태가 선언될 참이었다.

홉스는 이러한 진공상태가 자연스러운 것이며 인간에게 주어진 보편적인 조건임을 솔직하게 인정하는 것이 공포를 극복하는 하나의 방안이라고 생각했다. 홉스는 공포에 관한 모든 것을 알고 있었다. 존 오브리에 따르면, 홉스는 1588년 조산아로 태어났는데, 홉스는 그 이유를 당시 스페인 무적함대의 침공을 앞두고 어머니가 놀랐기 때문이라고 말했다 한다. 홉스는 미지에 대한 공포, 즉 '공적으로 허용된 이야기들로부터 상상된 보이지 않는 힘에 대한 두려움'이야말로 거의 모든 종교적 경험의 원천이라고 용감하게 주장했다. 그는 기적, 계시, 혹은 영혼의 존재 그 자체 등, 증명하기도 어렵고 부정하기도 어려운 신앙적 허구들은 불안해하는 사람들에게 어떤 위로를 제공해 줄 수는 있겠지만, 만인의 만인에 대한 무자비한 투쟁이 벌어지고 있는 자연 상태에서 그들이 자신의 운명을 벗어날 수 있도록 하는 데에는 아무런 소용이 되지 못한다고 주장했다. 무정부 상태에서 벗어날 수 있는 유일하고 진정한 피난처는 오직 전능한 주권자이며, 모든 개인의 포괄체인 리바이어던에게 자유를 양도함으로써 얻어질 뿐이었다. 이 같은 상호적, 자기 파괴적 자유에 집착하는 견해의 요점은 결국 무엇인가? 정부에게 개인들의 복종을 요구할 수 있는 권리를 부여하는 것은 종교도, 전통도, 도덕적 혈통도 아니다. 만약 리바이어던이 개인들에게 안전과 정의를 제공할 수 있다면, 만약 리바이어던이 믿음을 둘러싼 논쟁들이 폭력적 행위로 변질되는 것을 방지할 수 있다면, 그때서야 리바이어던은 정당성을 갖는 것이다.

이것이 무신론적 답안은 아니라고 하더라도, 그것이 충격적이고 비도덕적이며 불경한 답안인 것만은 확실했다. 그리고 이는 왕당파에게 하나의 모욕이었다. 왜냐하면 찰스 1세의 죽음이 가져온 후유증 속에서 그들이 가진 것은 종교적 경건함밖에 없었기 때문이었다. 홉스는 '실체가 없는' 것들을 무시했다. 그러나 그들 절절하게 충성스러운 왕당파 사람들에게 무형적인 왕의 존재는 위안이자 희망이었으며, 또한 그들은 자신들이 얻게 된 성유물이라고 알려진 모든 것에 간절한 위안을 담아 애착하기도 했던 것이다. 어느새 순교자의 지위를 가지게 된 국왕의 피가 묻었다고 전해지는 갈색 옷의 작은 천 조각들, 그리고 참수된 왕의 머리에서 나왔다고 알려진 리본에 묶인 머리카락 등이 그들이었다. 또한 그들은 무엇보다도 찰스의 명상록인 『왕의 성상 _the Eikon Basilike_』에 담긴 그의 마지막 말들에 집착을 보였다. 이를 금지하려는 코먼웰스 정부의 시도에도 불구하고 이 '왕의 책 the King's Book'은 출판계에 즉각적인 선풍을 일으켰다. 1649년 한 해 동안에만 35개에 달하는 판본들이 쏟아져 나왔는데, 그중 첫 번째 판본은 그가 참수된 지 딱 일주일 만에 나왔다. (그때까지 점령되지 않고 있던 아일랜드에서는 또 다른 판본 25개가 나타났다.) 1649년 3월에는 왕의 기도문들과 처형장 연설까지 수록된 매우 인기 있는 증보판이 나왔다. 찰스가 사후에 벌인 설득의 전쟁은 그가 생전에 벌인 그 어떤 것보다 성공적이었다. 잉글랜드와 스코틀랜드, 그리고 아일랜드에서, 죽은 그는 살아생전보다 훨씬 더 편재적 遍在的이고 구체적인 존재로 느껴졌다. 그리고 이것은 찰스가 정확하게 의도한 바이기도 했다. 물론 이 책의 성공에는 성직자인 존 고든 박사의 천재적 편집이 일조하기는 했지만, (그의 할머니 스코틀랜드의 메리와 마찬가지로) 스스로를 교회(그의 경우에는 잉글랜드 교회)의 순교자로 표현하기 위해 엄청난 고통을 감내한 것도 사실이다.

『왕의 성상』은 군주정의 부활이라는 확실하고 경건한 믿음 속에서 기획된 왕의 영적 유산이며, 성 찰스St Charles의 복음서이기도 했다. 복잡한 구석이 있기는 했지만, (당대의 지식인들이 보기에) 기독교적 상징주의가 지배하고 있는 권두 삽화는 윌리엄 마셜William Marshall이 도안하고 바츨라프 홀라Wenceslaus Hollar가 새겨 넣은 것으로서, 이는 왕이 후세에 관해 제안하는 내용들과 확실하게 조화를 이루고 있다. 삽화들이 가지고 있는 주제는 '위안'이었다. 상실감에 빠진 이들에 대한 위로였으며, 혼란 속의 견고함이었고, 어둠 속의 빛이었다. 결코 죽지 않으며, 따라서 부활의 오랜 상징이었던 종려나무는 군주적 덕성이 주는 중압감에도 불구하고 여전히 계속해서 자라고 있었으며, (진정한 교회의 상징이기도 했던) 믿음의 바위는 폭풍이 휩쓸고 간 바닷속에서도 흔들림 없이 여전히 그 자리를 지키고 있었다. 순교자인 왕에게 주어진 신의 은총은 빛의 영접이라는 채식彩飾으로 표현되었다. 어두운 하늘로부터 내려온 장엄한 빛의 화살이 무릎 꿇은 왕의 머리를 때리고 그의 시야를 환영으로 가득 채운다. 천상의 시력을 가지게 된 왕은 그가 작별사에서 약속한 것과 같이 부패하기 쉬운 세속의 왕관은 발아래 내려놓고, 그에 대한 보상으로 영광스럽고 별들이 빛나는 하늘의 왕관을 바라볼 수 있게 된 것이다.

코먼웰스 원년이 끝나갈 무렵, '왕의 책'은 통제하기 어려운 유령처럼 온갖 곳에 다 출몰했으며, 심지어는 비밀스러운 휴대가 용이한 축소판까지 만들어져 등장하기에 이르렀다. 부정할 수 없는 이 책의 인기는 자신들이야말로 '정직하고' '경건한' 사람들을 대표하고 있다는 신념에 정통성의 근거를 두고 있던 새 정부의 관리인들을 당황하게 만들었다. 국민들 중에는 옛 전제주의의 노예로 길들여져 있는 사람들이 그들이 생각했던 것보다 많았던 것이다. 거기에다 존 크라우치John Crouch가 발행하는 조악한 주간지 ≪달 속의 사람The Man in the Moon≫ 같은 왕당파 신문들은 자신들이 사악한 코먼웰스에 '광명을 비추는' 역할을 한다고 자처하고 있었고, 그들의 충실한 개 타우처Towzer는 잔부의회의 포고령 위에 뻔뻔스럽게 발을 올려놓고 있었다.[1] 새 정부로서는 이러한 가증스러운 세력에 대처할 수 있는 방안이 절실했다. 상황이 이러했으므로, 이미 의회파의 입장을 대변하는 헌신적인 선전가로서의 입지를 확보하고 있던 존 밀턴John Milton이 망상에 빠진 자들을 깨우쳐주기 위해 전면에 나섰다. 당시 밀턴은 빠르게 시력을 잃어가고 있었다. 『실락원Paradise Lost』, 『투사 삼손Samson Agonistes』 등 그의 가장 위대한 작품들은 오랜 기간에 걸친 그의 실명과 좌절 속에서 탄생한 걸작들이었다. 1645년 밀턴은 시집 한 권을 출판했는데, 그는 여기에서 산문 쓰는 일을 '왼손이 하는 일' 정도로 낮게 평가했다. 그러나 다른 한편에서는, 자신의 수사학적 능력을 국가에 대한 봉사에 사용하기 위해 그런 '한가한' 취미를 포기했던 키케로Cicero와 마찬가지로, 밀턴은 자신이 덕스러운 공화주의자의 전통을 잇고 있다고 생각했다. 그는 날이 갈수록 시력을 잃어갔

---

1   존 크라우치는 대중에게 잘 알려져 있는 셰익스피어의 희곡 〈한 여름 밤의 꿈〉(1596)의 등장 인물 중 하나인 로빈 스타블링(재봉사)이 극중극(劇中劇)에서 펼치는 캐릭터(the man in the moon)를 차용하여 자신의 신문 제호로 삼았다. 그는 신문을 통해 이를 좀 더 적극적인 의미를 가지는 캐릭터로 발전시켰으며, 그의 충실한 개 타우처에게는 코먼웰스 및 의회 지도자들과 맞서 싸우는 역할을 부여했다 ─ 옮긴이.

지만 그럼에도 그는 민중들의 '눈먼 고통', 다시 말하면 딱히 애석할 것도 없는 옛 전제군주를 감상적으로 갈망하고 있는 그들의 근시안을 치료하는 의사가 되고자 했다.

그렇게 해서, 밀턴은 왕당파들의 찰스 칭송이 한창이던 1649년 2월, 그가 가장 존경하는 사람임을 숨기지 않았던 올리버 크롬웰을 비롯하여, 왕당파의 여론 공세에 포위되어 있던 코먼웰스 지도자들의 눈길을 사로잡는 에세이 하나를 발표했다. 그의 책 『왕들과 고위 관료들의 재임권 *The Tenure of Kings and Magistrates*』은 국왕의 재판과 처형에 대해 못마땅하게 생각하게 되었거나 심지어는 분개하게 된 의회파 사람들을 공격함으로써 정확하게 '진공-불안 vacuum-anxiety' 문제를 겨냥하고 있었다. '정당하고 신념에 찬 원정으로 추구되어야 할 실체적 행위들의 결여로 코먼웰스가 거의 빈사 상태에 이른 지금' … 이들은 '마치 그들이 커다란 죄 속으로 새롭게 끌려들어가기라도 한 것처럼 … 방향을 바꾸고 거의 부들부들 떨기' 시작했다는 것이다. 만약 그들이 지금 우리가 성취한 올바르고 합법적인 결과를 회피하고자 하는 것이라면, 그들이 애초에 왕에 대한 저항운동에 참여했던 이유는 무엇이었던가? 그들은 왕이 무력에 의지하여 신민들과의 계약을 일방적으로 파기하는 것을 보지 못했다는 말인가? 국왕의 권위는 그 계약을 기반으로 비로소 성립하는 것이었다. 그러므로 그가 노팅엄에서 깃발을 들었을 때, 그는 스스로를 폐위한 것이다. 신神과 의회는 그가 신의 은총을 잃었다는 것을 단지 그의 패배로써 확인했을 따름이었다. 밀턴에게 잠 못 자고 걱정할 만한 권위의 공백 같은 것은 존재하지 않았다. 권위는 항상 주권자인 국민 속에 존재하고 있으며, 왕은 단지 그들 주권자가 조건부로 임명한 행정관일 뿐이었다. 따라서 그렇게 국민과 공유되는 제한된 권력을 박탈당한 찰스 스튜어트는 다른 중죄인들과 마찬가지로 자신의 범죄에 대한 재판을 받아야 마땅했던 것이다. 오직 신만이 자신에게 책임을 물을 수 있다는 그의 주장을 받아들이는 것은 위험스러울 정도로 어리석은 일이었다. 이는 그가 서명했던 모든 법과 조약, 또는 (대관식 선서를 비롯하여) 그가 하지 않겠다고

한 약속들에 대해 세속적 책임을 묻지 않는 것을 의미하기 때문이었다.

이는 또한 역사를 완전히 역행하는 것이었다. 1642년 내전이 시작되었을 때, 이는 찰스를 제약하려 한 것이지, 그를 제거하고자 한 것이 아니었다. '인민the people'은 직접 당사자가 아니었고, 단지 의회에 있는 대표자를 통해 참여했을 뿐이었다. 그러나 1648년 발발한 잔혹한 제2차 내전은 진정 (최소한 크롬웰에게는) 생사를 가르는 투쟁이 되었고, 그 안에서 모든 것이 달라졌던 것이다. 크롬웰은 이 같은 밀턴의 글을 마치 '취업지원서'처럼 다루었는데, 이는 어느 정도 사실이었다. 『왕들과 고위 관료들의 재임권』 출판 직후 밀턴은 코먼웰스 정부의 외국 문서 담당 비서관으로 임명되어 라틴어와 다른 유럽어 문서들을 영어로 옮기거나 영어를 다른 언어로 옮기는 일을 맡게 되었던 것이다. 그러므로 밀턴이 1649년 10월, 또다시 커다란 망치를 집어 들고 『왕의 성상』과 격전을 벌인 것은 크롬웰 정부의 신뢰할 만한 공격형 선전가로서 수행한 일이었다. 그의 책 『성상 파괴자Eikonklastes』(1649)는 『왕의 성상』의 내용 중에서 밀턴이 생각하기에 가장 기만적으로 자기 잇속을 도모하고 있는 대목들을 추려냄으로써 면밀하게 구축된 '성상聖像'의 이미지를 형해화하고자 한 것이었다. 그러나 '왕의 책', 즉 『왕의 성상』을 잘게 써는 일은 왕을 잘게 써는 일보다 깔끔하지 못했고, 그리 인기 있는 일도 아니었다. 밀턴은 나중에 이 일이 정부의 지시에 의해 이루어진 것이라고 고백하기도 했는데, 이는 곧 그가 (마치 자신이 찰스를 심판한 재판정에 앉지 못했던 것이 한스럽거나 하듯이) 바늘 찌르기를 방불케 하는 신랄한 사자死者 심문과 한바탕의 서사적 비난 터뜨리기를 번갈아 하면서 보여준 위협적 논조와 문체를 설명해 주는 것이기도 했다. 밀턴은 또한 '새들은 날아갔다'라는 찰스가 하원에서 행한 유명한 논평과 관련해서는 썩어가는 시체를 상식하는 육식동물을 연상시키는 왕의 이미지를 만들어내기도 했다. '만약 산속의 어떤 독수리가 부리를 벌려서 의미가 통하는 말을 할 수 있었다면, 그가 먹잇감을 놓치면서도 언명할 수 있는 그보다 더 적당한 단어들이 무엇이었을까?'

밀턴의 독설은 그의 정치 이론에 비해 좀 더 큰 설득력을 발휘했을지도 모른다. 왜냐하면, 정부의 권위는 인민의 동의에서 비롯되며, 그것은 언제나 주권자인 인민의 의지에 따라 존재하고 그에 의해 제약된다는 용감하기 짝이 없는 그의 선진적 정치 이론은 재발견된 자신들의 정치적 권리를 어떻게 행사해야 하며, 그것을 누구에게 안전하게 맡길 수 있는가 하는 문제와 관련하여 사람들에게 광범위한 고민거리를 만들어주었기 때문이었다. 물론, 의회가 그 답이 되어야 했다. 그러나 전통적인 지배계급에 속하는 사람들은 – 심지어는 의회라는 깃발 아래에서 싸웠던 사람들조차 – 숙청으로 인해 '잔부의회the Rump'라는 조롱적인 이름으로 알려지게 된, 그리고 단원單院으로 이루어진 1649년의 의회에 대해 과거 국민의 자유를 지키기 위해 앞장섰던 1642년 당시의 대의기관과는 전혀 다른 기구라고 생각하고 있었다. 국왕의 재판에 반대한다는 이유로 1648년 '배제된' 사람들에게 잔부의회와 행정부격인 국무회의는 단지 권력을 찬탈한, 정통성이 결여된 기관들과 다름없었다.

국왕의 부재에 의해 비롯된 공백을 잔부의회 및 국무회의 구성원들이 채운 것에 대한 비난은 이들의 행위가 너무나 소극적이라고 생각하는 사람들뿐만 아니라, 이들 행위의 뻔뻔스러움을 문제 삼는 사람들로부터도 나왔다. 주교들이 사라진 잉글랜드에서 마음껏 말할 수 있었던 가장 열광적인 프로테스탄트교도들에게 있어서 '국왕 찰스'를 이을 수 있는 단 하나의 적합한 후임자는 '국왕 예수', 즉 성인이었다. 머지않아 새로운 천 년이 시작될 것이며, 적그리스도의 파멸과 최후의 심판이 임박했다는 예언들이 넘쳐나고 있었다. 『다니엘서』와 『계시록』 같은 책들이 세밀하게 탐색되었고, 가장 열렬한 자들은 이집트, 페르시아, 그리스, 그리고 로마라는 네 개의 왕정에 이어서 이제 경건하고 가시적인 성인들이 다스리는 '다섯 번째 왕정the Fifth Monarchy'이 시작될 것이라고 선언했다. 이 같은 황홀한 열정에 사로잡힌 사람들은 국왕의 처형을 단지 정치적인 행위가 아니라 신이 잉글랜드를 만인구원을 위한 약속의 도구로 선택하셨다는 신호로 받아들였다. 새롭게 축성된 나라는 기존의 다른 어떤 나라와도 다를 것인바, 그곳에서 권세 있는 자들은 낮추어지고 미천한 자들은 일으켜 세워질 것이기 때문이었다. 또한 성인들의 통치 아래에서 '의식주 없이는 외형적 축복도 없다'라는 주장도 부인될 것이었다.

이들 '제5왕정파the Fifth Monarchist' 무리, 그리고 이들만큼이나 열정적인 다른 몇몇 종파 사람들에게 폐위된 왕에 의해 남겨진 공백은 진정한 공백이 아니라 영광으로 향하는 대기 공간이었다. 그들 전도사들과 예언가들은 거리를 돌며 그것을 말했으며, 그들에게 완전히 몰입한 견습공들과 장인들로 이루어진 신도 회중들에게도 그것을 전했다. 그런데 이들의 메시지가 특별한 힘을 얻으며 반향을 불러일으킨 곳이 있었는데, 바로 군대였다. 그들은 이미 설교의 불길로써 칼을 연마하고 있었다. 1647년 이래 군대는 여전히 국가의 지배적 기구로 존재하고 있었는데, 그 이유 중의 하나는 왕당파가 비록 잉글랜드에서는 패배했지만, 브리튼의 다른 지역에서는 여전히 왕성한 세력을 지니고 있었기 때문이었다. 찰스의 처형 소식을 들은 스코틀랜드의 장로교 정부는 곧바로 그의 아들을 잉글랜드와 스코틀랜드의 왕 찰스 2세로 선언했다. 아일랜드의 가톨릭 연맹은 패배하지 않았을 뿐 아니라, 오먼드 공작이 이끄는 공공연하게 친왕파적인 군대에 의해 오히려 세력이 보강되었다. 더구나 지난 10년간 잉글랜드에서 벌어진 권력투쟁의 향방이 스코틀랜드와 아일랜드라는 외부적 상황에 의해 결정되었음에 비추어볼 때, 잉글랜드의 군대가 이 상황에서 경계를 늦추고 거짓된 평화 유혹에 넘어갈 리 만무했다.

따라서 잉글랜드는 기병과 군마, 그리고 병기창과 무기고가 공간을 차지하는 하나의 병영국가로 남아 있었다. 잉글랜드는 이름만 그렇지 않을 뿐, 피점령국이나 다를 바 없었다. 법은 법정뿐 아니라 군대의 칼끝에서 집행되기 일쑤였다. 더구나 군대는 지난 10년간 역사적 사건들을 통해 몰라보게 달라진 집단이기도 했다. 군의 장교들, 특히 초급 장교들은 좀 더 젊어졌으며, 전통적인 교육을 덜 받은 집단이기도 했다. 그들은 사회적으로 더 낮은 계층에서 충원되었고 종교적으로 열정적이었다. 당시 제화공, 방직공, 통 제조공, 무두장이 등

등 장인 계층의 70%가량이 글을 읽고 쓸 수 있었음을 감안할 때, 군의 일반 병사들도 군과 국가의 운명에 관한 정치적 인식이 있었을 것이고, 또한 그 운명을 만들어가는 데 있어서 자신들이 맡은 역할이 무엇인지를 자각하고 있었을 것이다. 이러한 현상은 잉글랜드 역사에서 완전히 새로운 것이었다. 1647년 가을, 군의 각 연대는 군 최고회의에서 자신들의 뜻을 대변할 두 명의 대표들을 선발했는데, 그들은 퍼트니Putney에서 국가의 정치 및 사회제도들의 미래와 관련하여 크롬웰, 그리고 아이어턴과 더불어 대담하게 토론을 벌였다. 임금 및 수당 체불과 관련하여 의회에 불만을 제기하던 그들의 목소리는 장차 잉글랜드의 정체政體를 대의적 민주정에는 못 미칠지라도 17세기라는 시대적 기준에서는 충격적으로 급진적인 것으로 변모시키려는 본격적인 운동으로 불이 붙게 되었는데, 여기에는 존 릴번, 리처드 오버턴Richard Overton, 그리고 윌리엄 월윈 William Walwyn 등 수평파 작가들과 선동가들의 고무가 일조했다. 수평파는 스물한 살이 넘는 모든 남성 가장들에게 참정권을 주어야 한다고 주장했다. 의회는 매년 열려야 하며 의원들의 중임重任은 금지되어야 한다는 것도 이들의 주장이었다. 이들은 또한 성직자들을 위한 십일조(1/10세)와 식품에 대한 소비세는 폐지되어야 하고, 법률은 평이해야 하며, 모든 사람이 다가갈 수 있도록 만들어져야 한다고 주장했다.

　릴번과 수평파 동료들의 입장에 따르면, 그들은 천체 속의 달을 요구하는 것이 아니라, 단지 '노르만의 족쇄the Norman Yoke'에 의해 압살되기 이전, '태생부터 자유롭던' 앵글로 색슨인들이 누리던, 그리고 마그나 카르타에 의해 부분적으로만 복원된 자연적 권리들의 완전 복원을 요구하는 것이었다. 그런데 잉글랜드의 성인 남자 중 20~30%는 사실상의 참정권을 이미 가지고 있었고, 수평파도 하인, 견습공, 극빈층은 이 제안에서 제외시키고 있었으므로, 그들의 주장은 캠브리지와 엑시터 등의 몇몇 타운에서 행해지고 있던 사실상의 '호주 참정권household suffrage'을 나라 전체로 확대하자는 것과 크게 다르지 않았다. 월윈, 오버턴, 릴번 등은 대체로 자신들의 주장이 사회적 평등주의라는 비난을 받지 않도록 애를 쓰고 있었다. 그들에게 '수평파'라는 딱지가 붙은 것도 적대적인 비난으로부터 비롯된 것이었다. 자신들이 발행하는 신문에 '온건파the Moderate'라는 이름을 붙인 데에는 어떤 이면적인 역설도 개입되지 않았다. 사실, 그들은 계급을 인정한다고 주장했으며, 질서 있는 정부를 신뢰한다고 말했던 것이다.

그럼에도, 그들은 급진파라는 인상을 피하기 어려웠다. 이는 그들이 실제로 그런 측면이 있었음을 부인하기 어려웠기 때문이었다. 그들이 광범위한 사회적 평등 운동을 추구하지 않았다 하더라도, 적어도 빈민들의 정당한 불평에 대해 모종의 배려가 취해지길 원한 것은 사실이었다. 수평파는 거리의 굶주린 사람들이 순경이나 판사들이 흔히 생각하듯 떠돌이 구걸 집단이 아니며, 또한 채찍질을 한다고 그들이 거리에서 또는 마음에서 멀어질 존재가 아니라는 점을 그들보다 형편이 나은 시민들에게 인식시키려고 노력했다. 새롭게 등장한 빈민들은 종종 농업노동자들이거나 장인들이었으며, 심지어는 소작농 등 정주민 인구 집단에서도 출현했다. 그들은 밭이 불에 타거나 우마차와 가축들이 (도둑 맞은 것과 진배없이) 군대에 징발되는 등 내전으로 인해 고통 받고 궁핍함에 처해진 사람들일 뿐이었다. 그들의 십일조 폐지 주장은 소작농들을 돕기 위한 것이었다. 수평파는 더 나아가 코먼웰스 정부가 빈민들을 낡은 엘리자베스 빈민법 아래 방기하는 대신, 지속 가능한 새로운 구제 프로그램을 시행할 것을 요구했다. 그보다 더 대담한 주장은 극빈층 바로 위의 차상위 계층도 정치적 사회의 활동적 구성원으로 편입되어야 한다는 것이었다. 퍼트니 논쟁에서 해군 장교이자 의회 의원이었던 토머스 레인스버러Thomas Rainborough 대령은 '가장 가난한 자라 하더라도, 잉글랜드에 있는 한, 가장 위대한 사람과 동일한 삶을 살아야 한다.'고 선언하면서, 누구라도 자신이 개인적으로 명시적 동의를 표하지 않은 법률들 아래에서 살아갈 필요가 없다고 주장하기도 했다.

이는 진정 혁명에 필적하는 대담성을 담은 주장이었으며, 이는 릴번이 '군대판 고위 귀족들grandees'이라고 조롱성 공격을 퍼붓던 대상이었던 아이어턴과 페어팩스, 그리고 크롬웰 등의 고위 장교들을 질리게 만들었다. 그들은 수평파와 그들에 대한 군 내부의 동조자들이 군대의 엄격한 규율, 그리고 더 나아가서 모든 사회적·정치적 질서를 뒤엎을 작정을 하고 있다고 믿었다. 아이어턴은 인민주권론에 대한 레인스버러의 자의적 주장에 대응하여 '재산 주권론the sovereignty of property'을 제기하기도 했다. '항구적인 고정 수입이 없는 자들은 왕국의 문제들을 처리하는 데 어떤 이해관계나 몫을 가질 권리가 없으며, 그런 것이 있는 사람들만이 이 왕국을 적절하게 대표할 수 있다'는 주장이 그것이다. 다른 말로 옮긴다면, 어떤 사람에 대한 투표권 부여 여부를 가리는 기준이 그 사람의 재산이라는 뜻이다. 법률가들로 가득 채워진 의회 또한 법을 민주화시키자는 수평파의 제안을 반길 리가 만무했다. 사회적 계급을 중시하는 올리버 크롬웰의 태도는 그가 후일 언급한 격언에 잘 요약되어 있다. '귀족, 젠틀맨, 그리고 요먼(자작농). 이러한 구분은 국가의 중요한 이익이며, 또한 위대한 이익이다.'

올리버 크롬웰과 존 릴번은 격렬하게 싸우는 적대적 관계가 되고 말았지만, 그럼에도 그들은 같은 역사를 공유하고 있었다. 당대인 17세기보다 오히려 19세기에 더 이름이 오르내리게 될 릴번은 크롬웰과 마찬가지로 농촌 젠트리 가문 출신이었는데, 한시도 가만히 앉아 있지 못하는 영혼을 가진 인물로서 국외자의 삶을 운명으로 타고난 사람처럼 보였다. 그는 20대 나이에 캔터베리 대주교 윌리엄 로드와 주교들을 공격하는 팸플릿을 유포한 죄로 체포되었는데, 1637년 그에게 내려진 야만적인 판결은 스타챔버Star Chamber, 즉 성청재판소가 악명을 날리는 데 일조하면서 당시 하나의 중요한 쟁점 사항으로 떠올랐다. 릴번은 플리트 감옥에서 팰리스 야드Palace Yard까지 가는 도중 길에서 채찍질을 당했고, 도착해서는 칼을 쓰고 앉아 있어야 했다. (그는 그 상황에서도 관중들을 향해 장광설을 늘어놓았다.) 그리고는 런던 타워에 투옥되어 심각한 박탈과 규제 속에 2년 이상을 보냈다. 그런데 이러한 릴번의 역경을 장기의회의 관심사로 만들고 석방을 이끌어냈던 사람이 다름 아닌 크롬웰이었다. 내전 중 브룩 경이 이끄는 연대에 소집되어 대위로 임관한 릴번은 브렌트퍼드 전투에서 궤멸적인 참패를 당하고 (제임스 1세의 손자이자, 보헤미아의 왕자인) 루퍼트 왕자 휘하 병사들에게 포로가 되었으며, 대역죄 혐의로 옥스퍼드에서 열린 본보기 재판에 넘겨졌다. 만약, 그때 의회가 왕당파 포로들에게도 똑같은 응징을 하겠다는 입장을 명확하게 밝히지 않았다면, 그는 아마도 그곳에서 처형당했을 것이다. 에식스 백작은 그가 감옥에서 보인 당당한 태도를 포상하기 위해 300파운드를 주겠다고 제안했는데, 이는 만성적인 빚에 허덕이던 그의 가족으로서는 거절하기 힘든 금액이었다. 그러나 릴번은 주지하다시피 '잉글랜드에 자유와 평화가 정착될 때까지 하루에 8펜스씩을 받으면서 싸우겠노라'면서 그 제안을 거절했다. 동부 연군의 장교로서 크롬웰과 조우했을 것이 거의 틀림없는 릴번은 맨체스터 백작의 지휘 능력에 관한 크롬웰의 부정적 의견에 자신도 동의하고 있음을 숨기려 하지 않았다. 1645년 무렵, 웨이크필드Wakefield 전투에서 팔에 관통상을 입은 릴번은 반복되는 절도와 약탈, 그리고 임금 체불 등으로 설상가상의 곤경에 처하게 되자, 크롬웰에게 연락하여 의회에 편지 한 장을 써달라고 부탁했다. 그가 과거 성청재판소에서 당한 부당한 처우와 관련하여 그에게 주기로 가결되었던, 그러나 그가 아직 받지 못한 특별수당을 받을 수 있도록 추천해달라는 것이었다.

그러나 이런 일은 어디까지나 그들 사이의 동지적 관계가 지속된다는 전제하에서만 가능한 일이었다. 과연 크롬웰은 1646년 릴번이 두 차례 구금 위기에 처해졌을 때, 이와 관련하여 아무런 항의성 이의를 제기하지 않았다. 릴번은 첫 번째는 뉴게이트Newgate에서 구금되었고, 두 번째는 런던 타워에 구금되었다. 두 번째 경우는 상원에 의해 구금 조치된 것인데, 여러 가지 이유 중 하나는 그가 '압제, 강탈, 위증, 부당, 그리고 그들에게 주어진 신뢰의 파기 등'을 들어서 귀족들을 비난한 것이었다. 릴번이 상원에 출두했을 때 모자 벗기를 거부한 것도 그에게 불리하게 작용했다. 그가 그런 행동을 의도적으로 취한 것은 그들에게는 '자유롭게 태어난 잉글랜드인'을 재판할 권리가 없다는 것을 말하기 위한 것이었다. 뉴게이트에서 그는 스스로 감방 안에 방어벽을 치기도 했고 자신에 대한 심리와 기소를 회피하기 위해 손가락으로 귀를 틀어막기까지 했다. 그가 풀려나기까지 2년이 넘게 걸렸다. 감옥에서는 필기도구까지 압수당하는 일도 있었다. 그럼에도 그의 입에 재갈을 물릴 수는 없었으며, 타워 감옥에서 작성된 그의 팸플릿은 길거리에서, 그리고 견습공들이 일하는 상점에서 읽혀졌고, 군의 요새들과 침례파 교회들로 전해졌다. 1647년이 되자, 수평파는 대중청원 형식의 군중 동원을 시작했다. 때로 이들의 집회는 해록색海綠色 리본 등을 두르는 등 수평파임을 내세운 떠들썩한 군중에 의해 주도되었다. 크롬웰은 직접적인 정치적 대의권을 요구하는 수평파의 선동이 군의 규율을 약화시킬 것이라고 확신하고 있었다. 군의 최고사령부가 군대의 '총회합a general rendezvous'을 금지했지만, 허트퍼드셔Hertfordshire 인근 코크부시 필드Corkbush Field에서 열린 모임에는 당초 일정에 포함되지 않았던 두 개의 연대 병력이 수평파 선전물을 들고 선동가들의 말을 듣기 위해 무단으로 참석했다. 그들이 들고 온 선전물과 모자에 두른 해록색 리본들이 뜯겨나가는 등 그들의 회합은 무력으로 해산되었으며, 항명자 한 명은 사살되었다.

'군대판 고위 귀족들grandees'에 대한 수평파의 위협이 이로써 끝난 것은 아니었다. 제2차 내전 기간 동안 신문 ≪온건파the Moderate≫는 그들이 1년 전 제안했던 '인민협약' 프로그램들을 위해 계속해서 목소리를 냈을 뿐 아니라, 의회 내 타락자들과 모사꾼들에 대한 비판도 계속하고 있었다. (놀랍게도 일부 수평파 지도자들은 국왕과 접촉하여 그들이 제안하는 호주 참정권에 기반을 둔 민주정치의 후원자가 되어줄 것을 설득하기도 했다.) 찰스의 패배 이후 헨리 아이어턴은 공식적인 공화정부 수립 계획안에 귀족원(상원)과 군주정의 폐지와 의회의 연례 소집 등 수평파의 핵심 주장 일부를 수용하고자 했다. 그러나 1649년에 이르러 오버턴, 릴번, 월윈 등은 코먼웰스 정부가 어느 모로 보나 탐욕스럽고 자기잇속만 차리고 있다는 점에서, 또한 대중의 요구에 관심을 두지 않는다는 점에서, 과거 정부 사람들과 다를 바 없는 과두 집권층에 의해 장악되어 버렸다고 확신했다. 1646년 상원의 귀족들을 향해 일갈을 날렸던 릴번의 힐책이 3년이 흐른 지금 하원(잔부의회)을 향해서도 터져 나왔다. '당신들이 우리로 하여금 전장에 임하게 했을 때, 그대들이 의도했던 바가 고작 옛 기사들과 폭군들을 말에서 떨어뜨리거나 내리게 하는 것이었다면, 이제 당신들이 일어나서 그 자리를 대신하시오.'

릴번은 새 정부가 하는 모든 일이 마음에 차지 않았다. 그는 찰스의 처형에 반대했으며, 그에 대한 재판도 보통법 속에 내재된 모든 형평의 원칙들을 위배했다는 이유로 지지를 거부했다. 찰스 스튜어트라 할지라도 자유롭게 태어난 일반 시민과 마찬가지로 배심원단에 의한 재판 등 마그나 카르타가 주는 똑같은 혜택을 누릴 권리가 있다고 그는 믿었다. 스코틀랜드의 해밀턴 공작, 홀랜드 경, 그리고 아서 카펠Arthur Capel 경 등 체포된 왕당파 지도자들이 재판을 기다리는 동안 그들이 스스로를 변호하는 데 도움이 될 수 있도록 법률 서적들을 감옥으로 보내기도 했다. (그들은 왕의 처형 직후에 의회 의사당 앞에서 참수되었다.) 수평파는 군대 내의 정치적 토론을 금지하는 공식적 조치에 대응해서 '잉글랜드의 새로운 속박England's New Chains'이라고 이름 붙인 2부로 구성된 팸플릿을 발행, 그들이 보기에 정통성 없는 정부가 요구하는 모든 형태의 복종에 대해 의문을 제기했다. 1649년 3월 28일, 릴번, 오버턴, 월윈, 그리고 또 다른 동료인 토머스 프린스Thomas Prince는 체포되어 국무회의 앞으로 끌려갔다. (릴번에 따르면) 그들과 국무회의 위원들은 올리버 크롬웰의 폭발적인 분노 세례와 직면하게 되었다.

들어보시오. … 그대들이 이들을 다루는 방법은 단 하나, 이들을 끝장내버리는 것이오. 그렇지 않으면 그들이 당신들을 끝장낼 것이오. 그렇소, 그러고는 이 나라에 흘려진 모든 피와 낭비된 재물에 대한 모든 책임을 그대들의 머리와 어깨 위에 올려놓을 것이고, 나아가서 그토록 오랜 시간 동안 그대들이 근면과 힘든 노동, 그리고 고통으로 쌓아올린 모든 성취를 좌절시키고 무효로 돌릴 것이며,

그럼으로써 이 세상에서 가장 이성적인 그대들의 존재를 이 땅에서 가장 어리석고 보잘것없는 세대라는 경멸의 대상으로 만들고 말 것이오. … 다시 한번 말하건대, 당신들은 그들을 끝장낼 필요가 있소.

그러고는 국무회의의 권위를 인정하기 거부한 수평파 인사들이 타워 감옥으로 이송되었는데, 이는 결코 놀라운 일이 아니었다. 그러나 바로 그 대목에서 매우 놀라운 사건이 일어났다. (경직된 사고를 가진 '군대 귀족'들로서는 이해하기 어려웠겠지만) 런던에서 그들의 석방을 탄원하는 운동이 즉각적으로 터져 나왔는데, 그것을 조직한 것은 다름 아닌 수평파의 여성들이었다. 릴번은 일찍이 1646년 출판물 등을 통해 여성들은 '자연적으로 평등하며, 힘, 존엄성, 권위, 그리고 위풍당당함에 있어서 [남성과] 동일하다'고 주장했는데, 이는 당시 거의 모든 가정에 비치되어 있던 (청교도적) 편람 기준에 어긋나는 것이었다. 수평파 여성들은 언제나 수평파 운동 유세에 직접적으로 참여해 왔다. 엘리자베스 릴번은 무모한 남편 덕분에 이 감옥에서 저 감옥으로 뛰어다녀야 했는데, 어떤 경우에는 쉽게 예상할 수 있듯이 눈물 젖은 호소를 하기도 하고, 또 어떤 경우에는 예상을 벗어나 남자와 여자의 권리를 주장하기도 하면서, 일찌감치 정치 문제에 개입하게 되었다. 메리 오버턴Mary Overton은 처음부터 상당히 급진적 성향을 가슴에 담아두고 있었던 것처럼 보인다. 그녀는 남편의 소책자들을 출판하고 배부한 혐의로 혹독한 처벌을 감수해야 했다. 그녀는 생후 여섯 달 된 아들을 가슴에 안은 채 수레에 끌려 런던의 거리들을 관통하는 동안, 마치 길거리 매춘부처럼 공격당하고 욕설을 들어야 했다. 그러나 수평파 여성들 중에 가장 똑 부러지고 열정적이었던 사람은 설교사 출신의 캐서린 치들리Katherine Chidley였다. 그녀는 코먼웰스 정부를 향해 여성들이 겪고 있는 특별한 고통을 인식해 줄 것과 여성들을 대상으로 하는 빈민구제 프로그램의 시행을 촉구했다.

우리가 코먼웰스 내에서 남성과 동등한 지분과 이해관계가 있음을 고려할 때, (지금처럼) 여성을 황폐하게 하거나, 나라 안에서 가장 극심하고 무력한 피해자로 만들 수는 없는 일입니다. 또한 빈곤, 고통, 기근이 강력한 급류처럼 우리를 덮치고 있는 지금 … 우리에게는 빵을 달라고 보채는 아이들을 보살필 힘도, 그들을 먹일 수 있는 능력도 없음을 생각하면, 우리는 그것을 견디느니 차라리 죽는 것이 나을 것입니다.

자신들의 고충에 대해 목소리를 내는 여성들의 대담하기까지 한 배짱은 청교도 주류 문화에 강한 충격을 주었다. 그들이 충실하게 따르고 있는 매우 엄격한 성별 역할 구분에 따르면, 여성의 몫은 복종하면서 조용히 헌신하는 아내의 역할이었기 때문이었다. 엘리자베스 릴번과 캐서린 치들리가 여성들의 대중 시위를 이끌면서 수평파의 지도자들을 석방해 달라는 대의회 청원을 감행했을 때, 돌아온 반응은 예상대로 칙칙한 것이었다. '그대들이 청원한 그 문제는 당신들이 이해하는 것보다 훨씬 중요한 문제로서, 의회는 그에 대한 답을 그대들의 남편들에게 전할 계획인바, 그대들은 집으로 돌아가서 그대들의 본업과 영역인 가사나 돌보고 있기 바라오.'

그러나 수평파 여성들은 집으로 돌아가지 않았다. 그들은 수감된 모든 수평파 인사들의 이름으로 감옥 안에서 발행된 『표명the Manifestation』이라는 소책자를 런던에서 광범위하게 배포하는 일을 주도했다. 수평파가 감내해야 했던 고통들을 예수와 제자들에게 가해졌던 그것에 비교하는 등, 『표명』에 나타나는 준신학적 수사는 이 글의 저자가 주교의 손자인 윌리엄 월윈이었을 가능성을 시사해 준다. 『표명』은 하나의 논문이라기보다는, 그동안 감내해야 했던 엄청난 박해와 박탈, 그리고 좌절에도 불구하고, 그리고 앞으로 감내해야 할 더 큰 시련이 예상되는데도, 자신들이 왜 그토록 무정한 길을 계속해서 가야만 하는지에 대한 설명이었다. 『표명』은 이것에 담긴 그들의 의지와 암울한 파토스pathos에 비추어 명백하게 근대적이었던 지식인들의 직업적 선언, 즉 혁명적 소명이라고 할 수 있었다.

우리가 잘 알고 있듯이, 이 세상을 살아가면서 늘 투쟁하고 분투한다는 것, 그리고 우리가 가진 몇몇 조건만으로도 충분히 누릴 수 있는 어떤 만족조차도 멀리 해야 한다는 것은 대단한 불행이다. 만약 우리가 다른 사람들을 생각하지 않는다면, 만약, 우리가 오로지 우리의 안락함만 생각한다면, 우리가 지금껏 행동한 바와 같이 코먼웰스를 위해 일을 벌이지는 않았을 것이다. 그러나 우리가 지금까지 자유를 되찾기 위해 많은 일을 이루어냈으며, 또한 우리가 바라오던 것, 그러나 얻을 수 없었던 것, 즉 진정으로 행복하고 완전하게 자유로운 나라를 만드는 일을 이룰 수 있도록 신께서 가호해 주심을 목격하면서, 우리가 이 세상에서 가장 위대한 책무들에 묶여 있다는 생각을 하게 되는 바, 그것은 이 기회가 헛되이 버려지는 것을 방지하는 것이며, 또한 우리가 흘린 피가 땅바닥 위의 물처럼 흩어지거나, 혹은 온 나라 구석구석이 대재앙을 겪은 후에도, 심지어는 군주정이 공화정으로 바뀐 뒤에도, 그 변화가 단지 관념적·명목적·상황적인 것에 그치고, 실체적 짐과 고충, 그리고 속박이 지속되는 상황을 막기 위해 우리 안의 거짓을 억누르는 일이다.

그럼에도 이들 네 사람의 수평파 지도자들은 자신들이 '공익을 추구함에 있어서 조급해 한다거나 지나치게 폭력적'이라는 것을 부인했다. 그들은 또 하나의 '자유인민협정'을 통해 목적을 달성할 수 있기를 희망했는데, 이것은 1649년 5월 1일, 그들이 '이유 없는 감금 상태'에 있는 동안 발간되었다. 이 문서는 진지했지만 그렇다고 실행 불가능한 것도 아니었다. 구걸 빈민, 왕당파, 하인들을 제외한 스물한 살 이상의 모든 남성이 '자연법에 따라' 선출한 대표 400명을 구성원으로 하는 새로운 입법기구를 구성하자는 것이 그 핵심 제안이었다. 이 의회의 동의 없이는 군대를 일으키거나, 과세할 수 없도록 할 것이되, 다만, 의회의 권한 및 한계는 확실하게 열거하여 규정되어야 한다는 입장이었다. 이 의회는 양심의 자유를 침해하지 않을 것이며, 그 누구도 본인의 뜻에 반하여 군대에 징집하지도 않을 것이고, 보통법에 근거하지 않은 어떠한 법적 절차를 만들지도 않을 것이었다. 또한 의회는 무역을 제한하지 않을 것이고, 살인을 제외한 어떠한 범죄들에 대해, 특히 '사소한 범죄들'에 대해 사형이나 신체 절단을 수반하는 형벌을 가하지 않을 것이었다. 그리고 교황수장권首長權을 고집하는 가톨릭 신자들을 제외한 그 누구도 종교를 이유로 관직에서 배제되지 않을 것이었다. 그러나 코먼웰스 정부가 정치적으로 허용할 수 있는 기준에서 평가하자면, 이 (세 번째이자 최종판이 될) '[자유]인민협정'은 출발부터가 불가능한 것이었다. 그렇다고 해도, 이것이 수평파들이 펼쳐온 가설과 주장이 한낱 유토피아적인 것에 불과하다는 의미는 아니었다. (토지와 재물의 공동소유를 주장한 제라드 윈스턴리Gerrard Winstanley를 비롯한 '땅 파는 사람들the Diggers'과 확실하게 차별화하려는 수평파들의 필사적인 정체성 확립 노력도 그러한 오해를 피하기 위한 것이었다.) 사실을 따져보자면, 수평파들이 주장했던 원칙들은 언젠가는 실현될 것이었으며, 그것은 비단 아메리카에 그치지 않을 것이었다.

그렇다고 릴번, 오버턴, 그리고 윌윈 등의 글을 꾸준하게 읽고 있던 (그리고 아마도 캐서린 치들리를 알고 있었을) 수평파 병사들이 그러한 미래만 바라보고 허송세월할 수는 없는 노릇이었다. 1649년 4월, 임금체불과 관련하여 런던에서 일어난 한 반란 사건은 그로 인해 처형된 어느 반란자의 장례식을 계기로 대규모 시위로 발전했다. 5월 중순, 독실한 청교도 타운인 옥스퍼드셔 밴버리 요새를 통과하고 있던 일부 병력 중에서 또 다른 반란이 일어났다. 솔즈베리 근처의 또 다른 두 개 연대도 반란을 일으켰으며, 이들은 옥스퍼드셔 반군과 합류를 시도했지만 실패했다. 5월 13일, 크롬웰과 페어팩스는 추격대를 보내 단 하루만에 50마일을 행군하게 했는데, 이들은 반군을 코츠월드 언덕 직전에 있는 버퍼드Burford에서 따라잡았다. 700명 내지 800명이 도주하고 나머지 400명이 체포되었는데, 그중 네 사람에게는 총살형이 선고되었고, 셋은 실제로 처형당했다. 다음 날, 크롬웰은 옥스퍼드 대학교에서 수여하는 법학 분야 명예학위를 받기 위해 자리를 떴다. 수평파의 호소력 있는 성명서들이 브리스톨에서 계속 간행되었지만, 이 또한 군대의 철퇴를 맞고 무력화되었다. 릴번이 군대의 반란에 직접적으로 관련되었다는 증거는 없지만, 그럼에도 불구하고 그해 8월 「올리버 크롬웰과 헨리 아이어턴을 대역죄로 탄핵함An Impeachment of HighTreason against Oliver Cromwell and Henry Ireton」이라는 논문을 간행함으로써 그 나름대로 상황 타개를 위해 최선을 다한 것은 사실이었다. 릴번은 그해 10월 반역죄로 재판을 받게 되었는데, 런던시 길드홀Guildhall에서 열린 재판에서 릴번은 판결을 내릴 수 있는 권한은 오직 배심원들에게만 있으며, 판사들은 인민의 의지를 읽지 못하게 훼방 놓는 '하찮은 사람들cyphers'에 불과할 뿐이라고 주장함으로써 멋진 호응을 끌어냈다. 릴번은 결국 무죄를 선고 받고 조건 없이 석방되었으며, 타워에 갇혀 있던 다른 수평파 인사 세 명도 당시 모든 시민에게 요구되던 코먼웰스에 대한 충성 선서를 조건으로 석방되었다. 월윈, 오버턴, 그리고 프린스는 이에 동의했다. 그러나 크롬웰을 비롯한 모든 사람은 충성 선서가 이들보다는 오히려 릴번에게 요구되었어야 한다는 것을 잘 알고 있었다.

군주정의 폐지로 인해 만들어진 공백이 무엇으로 채워졌건, 수평파들은 1649년 가을에 접어들면서 자신들이 꿈꾸어오던 코먼웰스는 아니라는 것을 확신하게 되었다. 수평파의 핵심 구성원들은 매수되거나, 협박당하거나, 구금됨으로써 뿔뿔이 흩어지게 되었다. 의심을 받는 일반 병사들은 아일랜드로 보내졌는데, 그곳에서 자신들의 못 다한 열정과 좌절감을 (자신들이 생각하기에) 몽매한 그곳의 반도叛徒들을 향해 폭발시켰다. 수평파의 지도자들은 각기 다른 길을 걸어갔다. 철학적인 성향의 월윈은 의학 분야에서 권위 있는 아마추어가 되었고, 존 와일드맨John Wildman은 왕당파 몰수 재산을 대상으로 투기를 벌여 떼돈을 벌었으며, 오버턴은 프랑스로 건너갔다. 릴번은 다양한 사회 문제의 논점과 불만을 제기하다가 1651년 종신추방 처분을 받았다. 그는 네덜란드에서 망명생활을 하는 동안 리비우스Livius와 살루스티우스Sallustius 등 로마 공화주의에 입각한 고전문학을 깊이 연구하면서 지나간 시간들의 의미를 이해하고자 했다. 그러나 그가 읽은 문헌들은 잉글랜드가 과두정이나 전제정으로 흘러가고 있다는 비관적 전망을 확인시켜 줄 뿐이었다. 1653년 잉글랜드로 돌아온 그는 또다시 저작물 간행을 감행했다가 감옥에 갇혔고, 퀘이커Quaker 신도가 되어 생을 마감했다.

수평파가 쏘아올린 불은 퀘이커의 빛으로 점화되었지만 그 빛은 생각보다 그리 밝지 않았다. 그것은 그들뿐 아니라 공화국의 무자비한 탄압에 직면한 다른 정치적 열성분자들도 진리와 해방을 위한 탐구의 방향을 종교 쪽으로 돌렸기 때문이었다. 그리고 이들의 정신적 이주는 단순히 좌절당한 인민주의자들이 스스로를 위로하기 위함이 아니었다. 만약, 수평파의 목표가 실패했다면, 신이 그것을 원하셨기 때문이었다. 신께서는 믿는 자들이 '육욕적인' 세상에서 벗어나 다른 곳에서 구원을 간구하길 원하셨던 것이다. 그 '다른 곳'은, 다른 무엇보다도 식욕, 말, 야망 등 육욕적인 것에 의해 덮어씌워진 그들 존재의 깊숙한 곳을 의미하는 것이었다. 그 모든 세속적 배설물 아래에 묻혀 있는 것, 그리고 가장 내면적인 정신에 존재하고 있는 것은 어린아이의 때 묻지 않은 심장과 영혼이며, 그곳은 언젠가는 세상의 온갖 육욕적 속박에서 풀려나 신의 은총이 내리는 빛을 영접하기 위해 열릴 것이었다.

이러한 개인적 구원론의 첫 주창자들은 그들이 언젠가 광명의 시간 속을 걷게 될 것이라고 확신하고 있었으며, 그 믿음은 그들이 냄새나는 지하 감옥에 갇혀 있을 때에도 변함없었다. 신께서 끔찍한 전쟁들을 통해 원하신 것은 의회나 공화정 같은 세속적 제도들의 교체가 아니라, 거짓된 권위에서 비롯된 모든 제도가 사라져야 한다는 것이었다. 주교들이 사라졌으며 장로회가 사라졌다. 이제 남은 것은 자유이며, 이는 그들로 하여금 스스로의 길을 찾도록 해줄 고귀한 자유였다. 인노첸시오 10세Innocentius X 로마 교황은 1650년 희년jubilee을 맞아서 나보나Navona 광장에 빛을 상징하는 오벨리스크를 세우고 있었다. 그러나 신의 은총을 갈구하는 사람들에게 있어서 때는 바야흐로 기적의 시대였다. 코먼웰스 정부와 장군들은 무력의 독점과 정치적 주장의 통제에 관해 강경한 입장을 취하고 있었지만, 그럼에도 그들은 (특히 크롬웰은) 공적 안녕에 위협이 되지 않는다는 전제 아래 종파와 종교적 신념을 가리지 않고 (물론 여기에서 가톨릭은 당연히 제외되지만) 종교의 자유를 허용하는 것이 중요하다는 생각을 여전히 가지고 있었다. 만약 그것이 공적 안녕에 위협이 된다고 판단되었을 때 그에 대한 처분은 종종 지방의 판사들에게 맡겨졌는데, 그들의 분노 한계점은 크롬웰보다 훨씬 낮은 경우가 많았다. 특히 퀘이커파 신도들은 이를 곧 발견하게 될 참이었다. 아무튼, 이런 점잖은 무시가 적용되던 짧은 시기는 종교적 열정을 종교개혁 이후 (또는 이 문제에 관한 그 이전 시기부터 따지더라도) 가장 생산적으로 확산시키는 계기가 되었다. 침례파 등 일부 종파는 교회 형태로 조직화되었으나, 다른 종파들은 아비제 코프Abiezer Coppe 또는 렌터파the Ranters의 로렌스 클락슨Laurence Clarkson 같은 카리스마 갖춘 설교가들의 개인적 매력에 끌려든 추종 집단에 불과한 경우가 많았다.

이들 집단은 상당한 상호 차별성을 가지고 있었다. 예컨대 (일부 렌터파 및 퀘이커파 신도들의 경우, 성경을 단지 역사적 기록으로 간주하는 등) 성경의 권위에 대한 생각이 달랐으며, (퀘이커파 신도들의 경우, 교회 혼례를 외적 표현 중심의 다른 성사들과 마찬가지로 배격하는 등) 세례나 교회 혼례의 중요성에 대한 견해도 달랐다. 그럼에도 그들 모두는 하나의 공통점이 있었는데, 종류를 막론하고 형식적인 종교적 권위와 제도적 규율을 강하게 혐오했다는 것이다. 그들은 예정설이라는 칼뱅주의의 도그마마저 즉각적으로 거부했는데, 선택받은 자들과 저주받은 자들에 대한 불가역적 분리가 신의 사랑과 완전히 모순된다고 생각했기 때문이었다. 신의 은총을 향해 마음을 연 그 누구라도 신의 사랑을 받을 수 있다는 것이 그들의 생각이었다. 로렌스 클락슨을 비롯한 그들 무리 중 가장 극단적인 생각을 가진 인사들은 신은 완벽하므로 죄, 또는 이로 인해 발생하는 부끄러움 같은 관념들은 신이 아닌 인간에 의해 만들어진 것이라고 가르쳤다. 그러나 이들이 공개적으로 여러 명의 첩을 두는 등 자신들의 생각을 요란하게 실험한 것은 다른 기독교인들을 더욱 분노하게 할 뿐이었다. 종교의 형식적 권위에 대한 퀘이커와 랜터파의 거부는 논리적으로 극단에 이르게 되었는데, 이들에 따르면, 신은 인간들 모두의 가슴 하나하나에 개별적으로 존재하고 있으며, 단지 그들 믿는 자들의 변화된 순간을 기하여 데려가고자 기다리고 있을 뿐이라는 것이다.

그들에게 구원이란, 성직자들의 기만적이고 불필요한 권위와는 아무런 관계없이, 또한 여자이건 남자이건 가릴 필요 없이, 단지 자신의 행위가 무엇을 의미하는지 이해할 수 있는 나이에 이른 모든 사람의 자유롭고 자발적인 행위로써 이루어질 수 있는 것이었다. (침례파 신도들이 유아세례를 지지하지 않는 것은 이 때문이다.) 교구 또한 자의적으로 획정된 지리적 부조리일 뿐이며, 교회를 가장한 행정 편의적 관할권에 불과한 것이었다. 우연히 같은 지역에 살게 되었을 뿐인데, 단지 그 하나만의 이유로 그리스도 안에서 형제자매가 되어야 하는가? 퀘이커파 신도들은 교회 건물을 '첨탑의 집들steeple houses', 즉 세속적 찬양을 표하기 위해 지어진 돌무더기에 불과하다고 조롱했다. 노예 상태에 놓인 무리들이 빛의 자식들로 바뀌기 위해서는, 실제로 그것이 아니라면 최소한 영적인 측면에서, 이들 돌무더기의 해체가 필요하다는 것이 그들의 생각이었다.

이들 종파는 국가의 정체가 왕정에서 공화정으로 넘어가는 불완전한 변화와 관련하여 매우 다른 두 개의 미래상을 내놓으면서, 각기 매우 동떨어진 방향에서 앞으로 나아갈 바를 제시하고 있었다. 성서적 예언에 몰두하고 있던 존 로저스John Rogers, 베버소 파월Vavasor Powell, 그리고 토머스 해리슨Thomas Harrison 소장少將 같은 제5왕정주의자들의 입장에서 볼 때, 새로운 '마지막 날들'이 국왕의 참수와 함께 새벽을 맞고 있었다. 따라서 그들이 해야 할 일은 국가로부터 등을 돌리는 것이 아니라, 국가를 성자들의 통치 체제로 전환시키는 것이었고, 이는 곧 예언을 완결시킬 수 있는 코먼웰스를 마련하는 것이었다. 코먼웰스 공동체의 병사들, 판사들, 그리고 설교가들은 공적 세계를 포기할 것이 아니라, 오히려 그 안으로 들어가 신의 명령에 좀 더 잘 따를 수 있는 코먼웰스를 건설해야 할 의무가 있었다.

　그러나 퀘이커파 교도들, 그리고 그들과 의견을 같이 하는 사람들은 이들처럼 세속적인 문제에 고집스럽게 집착하는 것은 오히려 문제를 키울 뿐이라고 생각했다. 정치적 조직체들은 그 본성상 영적 변화를 기대하기 어렵고, 따라서 회피해야 할 대상에 불과하다는 것이었다. 그러므로 사람들은 좀 더 중요한 문제, 즉 신이 주시는 빛을 잘 영접할 수 있도록 개개인의 성격을 변화시키는 일에 집중해야 한다는 것이었다. 사람들을 지도자로 만드는 '자기주장self-assertion' 이라는 자질보다 '자기포기self-nullification'라는 자질이 더욱 중요하다는 것이 그들의 입장이었다.

　이제 그들의 삶은 달콤한 부존재를 향해 가는 여행이 되었으며, 이는 필연적으로 익숙한 습관들과의 결별로써 시작되었다. 막 열아홉 살이 된 청교도 직물공 아들 조지 폭스George Fox는 (아버지에게 큰 실망을 안기면서) 래스터셔 Leicestershire의 드레이턴-인-더-클레이Drayton-in-the-Clay에 있는 그의 집에서 멀지 않은 곳에서 방랑을 시작했다. 1643년 그는 회색빛 가죽 코트를 걸치고 내전으로 마구 망가져버린 풍경 속을 헤치고 나가면서, 군대와 군수품 적재 마차들의 통행로를 따라 터벅터벅 끈기 있게 길을 걸었다. 베드퍼드셔Bedfordshire와 버킹엄셔의 경계에 위치한 요새 도시 뉴포트 패그널Newport Pagnell에서, 그는 새뮤얼 루크Samuel Luke 경 휘하의 병사들이 교회 건물들로부터 조각상을 뜯어낸 뒤에 길거리에서 박살내는 것을 목격했다. 그리고 대위 계급장을 단 재단사 출신의 폴 홉슨Paul Hobson이 병사들에게 설교하는 것을 들었는데, 그는 '첨탑의 집들'에 투영된 허영심을 맹렬하게 비난하면서, 교회는 단지 믿는 사람들의 집합체일 뿐이라고 강조했다. 그로부터 2년이 흐른 뒤 폭스는 래스터셔에 있는 과수원을 배회하고 있었는데, 그곳에서 자신을 빛에 노출시키는 '열림의 행위 과정들openings'을 경험하기 시작했다. 1649년이 되자, 그는 본격적인 방랑을 시작할 준비가 되었다. 그는 별로 대단할 것 없는 유산을 물려받았지만, 그럼에도 그것은 그가 길 위에서 필요로 하는 그야말로 소박한 쓰임새를 충당하는

데 도움이 되었다. 그는 국왕도, 의회도 별 소용이 되지 못한, 그래서 여전히 굶주린 납 광산 노동자들이 거주하고 있는 더비셔Derbyshire의 가난한 마을들을 돌아다니면서 십일조에 반대하는 설교를 행했으며, 아무도 청하는 이 없어도 잠재적 개종자들에게 다가가 그들의 '회심回心'을 설복했다. 좀 더 위험스럽게도, 그는 나가올 고난과 기다리고 있는 빛에 대해 소리를 높이면서 장로교의 설교를 방해하기 시작했다.

폭스는 곧이어 사람들로부터 최대치의 관심을 끌어내기 위한 자신만의 계획을 실천하기 시작했는데, 그는 특히 장로교도들에게, 처음에는 골칫거리, 나중에는 참기 어려운 위협이 되었다. 겁 모르는 무모함으로 인해 그는 더럽기 짝이 없는 감옥에서 여섯 달을 지내야 했다. 그러나 (릴번과 마찬가지로) 그의 구금은 그의 명성만 올려주었을 뿐, 그를 침묵시키는 데는 전혀 도움이 되지 않았다. 사실은, 그는 자신의 말에 귀를 기울여주는 방문자들을 맞이하기 시작했다. 1650년 더비Derby에서 6개월 징역형에 처해졌을 때, 그곳 간수 한 명이 폭스를 찾아와서는 가르침을 받고 싶다며 하룻밤 그의 방에서 같이 지낼 수 있는지를 물어왔다. 이후 그 누구도 억누를 수 없게 된 폭스는 북부의 랭커셔와 요크셔로 옮겨갔으며, 그곳에서 빈곤층뿐 아니라 부유층에서도 개종을 이끌어냈다. 멋진 이름을 가진 노팅엄의 주 장관 존 레클러스John Reckless[2]와 랭커셔 출신 의회 의원의 독실한 아내였던 마거릿 펠Margaret Fell은 폭스의 피난처 겸 개종자 모집 본부로 사용할 수 있도록 자신들의 집을 개방해 주었다. 폭스는 웨이크필드에서 전직 직물공이자 신형군 병참 장교인 제임스 네일러James Nayler를 끌어들였다. 그는 이미 재능 있는 설교자였는데, 이는 폭스에게 축복인 동시에 저주가 되었다.

흔들림이 시작되었다. 폭스 자신은 '성수 살포'와 '첨탑의 집들'을 공격하면서 언어들words을 자유롭게 사용했지만, 자신을 따르는 신도들에게는 그 언어

---

2   '무모한', '신중하지 못한'이라는 뜻을 가지고 있다 – 옮긴이.

들을 경멸하고 불신할 것을 가르쳤다. 이성은 빛의 적이었기 때문이었다. 그들이 자칭한바 '빛의 자식들'이 빛에 뒤덮이게 되면, 마치 영혼이 열리는 것처럼 땅의 전율을 느낀다는 것인데, 그들은 그 순간 스스로 몸을 젓고 흔들거나 기쁨의 노래를 불렀다. 그들은 이러한 은총의 순간에 중요한 것이 공동체의 존재라고 생각했다. 공동체야말로 그들이 직면하고 있는 세속 세계의 신랄하고 현실적인 위협과 형벌로부터 자신들을 어느 정도 보호해 줄 수 있을 것이라고 생각했기 때문이었다. 퀘이커파 교도들이 정치적 무관심과 기존 권력에 대한 충성을 지속적으로 천명했음에도, 코먼웰스 정부와 호국경(크롬웰)은 의심의 여지 없이 그들을 하나의 위협으로 느낄 수밖에 없었다. 그들은 교회에서 모자 벗는 것을 거부했고 정숙을 거부했다. 더 정확하게 말하자면, 그들은 실제로 지독한 소음을 내기 위해 교회에 갔다. 폭스는 요크 민스터York Minster에서 주먹질을 당했으며, 요크셔의 틱힐Tickhill에서는 성경으로 얼굴을 얻어맞고 교회 밖으로 끌려 나가 산울타리 위에 던져졌다. 그는 국왕 찰스의 재판을 다룬 법정의 재판장이자 국무위원이며, 또한 마거릿 펠의 남편 토머스 펠Thomas Fell의 친구이기도 했던 존 브래드쇼로부터 약간의 보호를 받았음에도 불구하고, 반복적인 체포와 구금, 그리고 차꼬와 칼이 채워지는 수모를 겪어야 했다.

그럼에도 그는 무릎 꿇지 않았다. 1652년 봄, 폭스는 서부 요크셔와 랭커셔 경계에 있는 펜들 힐Pendle Hill 언덕 꼭대기에 올라섰다. 그러고는 아일랜드해海를 향해 서쪽으로 뻗어 있는 녹색의 리블 밸리Ribble valley를 온 나라가 함께 모일 날을 기다리고 있는 약속의 땅이나 되듯이 내려다보았다. '주의 날을 입에 담으면서 나는 감동했다'라고 그는 적었다. 그는 그 빛 속에서 몸을 씻었다.

토머스 홉스에게 이 빛은 단순히 '뇌의 작용으로 인해 만들어진 정신적 상상'에 지나지 않았다. 인간 세상의 다른 모든 것과 마찬가지로, 이는 신비스러운 현상이 아니라 올바른 논증으로 설명이 가능한 물질적 현상일 뿐이었다. 종교적 문제들은 그들이 원래 있어야 할 곳, 즉 형이상학적 추론의 세계 속으로 보내져야 한다는 전제를 깔고 있는 『리바이어던』이 세상에 나온 것은 폭스가 자신의 빛 속에서 진통을 경험하고 있던 바로 그 시간이었다. 정치와 정부는 냉정하고 탄탄한 논리에 의해 결정되어야 할 문제였다. 도덕적인 혐오는 그 어느 곳에서도 존재하지 않았다. 주권자가 누구이건, 평화와 정의를 제공할 수만 있다면, 이성은 그에 대한 복종을 요구하고 있었다.

1651년 홉스가 잉글랜드로 돌아왔을 때, 그토록 떠들썩한 고함과 떠드는 소리들 속에서도, 그는 충성의 범주에 관해 자신과 견해를 같이 하는 사람들이 있다는 것을 발견했다. 그중의 하나가 의회 측 저널리스트들 중에서 가장 많은 글을 쓰고 또한 재주가 뛰어났던 마차먼트 네드햄Marchamont Nedham이었다. 당시 그의 신문 ≪메르쿠리우스 브리타니쿠스Mercurius Britannicus≫는 라이벌인 왕당파 신문 ≪메르쿠리우스 아울리쿠스Mercurius Aulicus≫와 논쟁을 벌이고 있었다. 네드햄은 1640년대 후반 잠시 입장을 바꾼 적이 있었지만, 내전이 끝난 후 다시 코먼웰스 편으로 돌아와 그쪽의 주도적인 선전가로 활동하고 있었다. 네드햄은 당시 코먼웰스 정부가 모든 시민을 대상으로 요구하고 있던 공식적인 '서약engagement'에 자신도 선뜻 동의했을 뿐 아니라, 잉글랜드 내 수천을 넘는 수많은 왕당파 사람과 화해를 모색하고 그들이 잔부의회와 정부의 현실적 권력을 인정할 수 있도록 하는 데 도움이 될 어떤 공적 명제를 발전시키고자 했다. 네드햄은 홉스와 같은 전제에서 출발했다. 즉, 형태를 불문하고 사람들이 정부를 만들고 이에 대해 복종하는 가장 중요한 이유는 그것이 무정부 상태에서 자칫 희생자가 될 수도 있는 사람들을 보호할 힘을 제공한다는 것이다. 이런 네드햄의 주장은 홉스에 의해 힘을 받으면서 '이것이 적절한가?' 하는 물음을 '이것이 작동하는가?'로 바꾸어놓았다. 좋건 나쁘건, 간단해 보이는 이 같은 관점의 변화와 함께 근대적 정치과학이 탄생했다.

* * *

리바이어던은 모든 사람이 그 안에서 부인할 수도, 논박할 수도 없는 하나의 주권으로 결합되어 있는 인조인간이었다. 그렇다면 올리버 크롬웰이 리바이

어떤이었나? 후일 그가 호국경이 되었을 때, 그의 시종인 존 메이드스톤John Maidstone은 그의 외모를 마치 1인 국가기념물a one-man national monument처럼 묘사한 적이 있었다. '그의 머리가 그렇게 만들어졌기에, 여러분은 거기에서 창고와 상점 … 자연스러운 부분들이 합쳐진 거대한 보고를 보는 것입니다.' 그러나 그 같은 아부가 아무리 비굴한 것이라 하더라도, 크롬웰이 그런 것에 결코혹하지 않았다는 것은 그가 가진 장점이었다. 제왕적인 것이건, 아니면 또 다른 종류의 것이건, 코먼웰스 출범 이래 크롬웰이 개인적으로 어떤 패권을 추구했다는 확실한 증거도 없다. 그럼에도 에드먼드 러들로Edmund Ludlow를 비롯해 그를 미워하게 된 사람들은 그가 반복적으로 고위 공직에 대한 혐오감을 천명한 것은 위선이며, 자신의 편집광적인 야망을 가리기 위한 것이라고 믿었는데, 이들의 생각이 진심이었을 것으로 볼 만한 상당한 근거가 있기는 하다. 크롬웰이 몇 가지 절대주의적 성향을 보인 것은 확실하기 때문이다. 엄청난 독선, 오만한 편협성, 깜짝 놀랄 정도로 낮은 분노 임계치, 어떠한 반대도 극복하고 나아가려는 거친 본능 등이 그것이었다. 그러나 크롬웰은 진정한 독재자가 되기에는 하나의 결정적인 자질을 결여하고 있었다. 그것은 권력 그 자체를 향한 욕망이었다. 크롬웰에게 권력의 행사는 즐거움이 아니라 어쩔 수 없이 행하는 일일 뿐이었다. 그리고 개인적 만족을 위해 취해진 일도 아니었다. 그의 많은 결점에도 불구하고, 허영심은 그 안에 포함되어 있지 않았다. 그는 자신의 '무사마귀들', 즉 결점들을 어떤 정상 참작도 없이 또렷하게 볼 줄 알았는데, 그 결점들은 얼굴에만 있는 것이 아니었다. 그럼에도 크롬웰은 공적 인물로 활동하는 내내 자신을 전능하신 신의 섭리에 의해 신이 뜻하신 대로 브리튼의 역사를 만들어 가는 데 사용되는 미약하고 불완전한 도구라고 생각했다. 그는 종종 고집 센 하느님에 의해 자신의 일을 대신 행할 사람으로 선택된 '말 더듬는 모세'처럼 행동하기도 했다.

그러나 그는 1648년 올리버 세인트 존에게 쓴 편지에서 밝혔듯이 어떠한 소명도 회피하려 하지 않았다. '그러므로 주께서는 내게 강한 손을 내밀어 말씀하시면서 지시하셨소'라고 적었던 것이다. 이후 크롬웰은 자신이 신을 위해 일한다고 믿었다. 진정한 독재자들은 스스로를 신이라고 믿는다. 찰스 1세와 헨리 마튼과 아서 하셀릭 경 등 잔부의회 공화파의 과두집권층 인사들은 스스로를 작은 신으로 믿고 싶어 했으며, 크롬웰은 그런 이유로 이들을 가장 경멸했다. 그는 권력을 좇는 자들이나 개인적인 제국을 추구하는 자들을 믿지 않았고, 그들의 행위 동기에 관해 끊임없이 의심의 질문을 던졌는데, 그 의심의 대상 중에는 자기 자신도 들어 있었다. '소박함simplicity'은 그가 자신과 자신의 행동에 관해 반복적으로 사용한 단어였으며, 가장 높은 도덕적 찬사였다. 언제나 그렇듯이, 부정적인 방향에서 세련된 것으로 보이는 것보다는 순진한 것으로 비쳐지는 편이 좋았다. 크롬웰은 교묘한 조종자도 아니었고, (아이어튼과는 달리) 새로운 브리튼의 이념적 신봉자도 아니었다. 주장하건대, 그가 공화정의 생존을 위험에 빠뜨린 것은 폐지된 왕정을 대신할 수 있는 새로운 코먼웰스 문화 창조에 대해 무관심했기 때문이었다. 결론적으로 말하면, 크롬웰은 '정부의 세속적 형태'가 어떠하건, 거기에는 하등의 본질적 가치가 내재하지 않는다고 믿은 점에서, (그가 매력적으로 느끼면서도 한편으로는 싫어했던) 폭스와 크게 다르지 않았다. 사도 바울의 말을 따라 크롬웰이 말하길, 그들(정부의 세속적 형태들)은 모두 '그리스도와 비교하면 찌꺼기이며 똥이었다'. 이러한 영적 고결함은 개인적으로는 존경할 만하지만, 공화국의 영속화라는 정치적 목표에는 치명적이었다. 공화국의 생명을 연장시키기 위해 호국경 체제는 크롬웰 자신이 미처 소화해 내지 못할 정도로 좀 더 무자비한 통치자, 다시 말해 리바이어던이 될 것을 요구하고 있었다. 이것은 면책 사유이기도 하지만 동시에 그의 실패를 설명해 주는 대목이기도 하다.

카이사르, 나폴레옹Napoleon, 그리고 모든 운명의 총아들과 함께 그의 이름이 의례적으로 영웅들의 전당에 올라 있지만, 크롬웰의 경이로운 점은 생의 대부분을 통해 자신의 앞에 무엇이 기다리고 있는지에 대해 어떠한 예감도 표현한 적이 없으며, 예외적이라고 간주될 만한 어떤 조숙한 갈망 또한 입 밖에 내뱉은 적이 없다는 것이다. 그는 59년 생애의 상당 부분을 중부 앵글리아에서 땀 흘려 일하면서 그야말로 무명의 농촌 지역 젠틀맨-농부로 살았다. 궁극적으로 브리튼의 정책 결정자가 될 운명이었지만, 놀랍게도 그는 경력 대부분을 통해 이를 인지하지 못했다. 마찬가지로, 그는 당대의 가장 위대한 장군이었지만, 전쟁의 기술을 배운 적도, 연습한 적도 없었다. 이렇게 본다면, 크롬웰은 자신이 언젠가 권좌에 오를 것임을 본능적으로 알고 있던 사람이 아니었다. 오히려 그는 자신을 사회적·정치적, 그리고 영적 측면에서 3중 추락을 당한 피해자라고 생각했다. 그가 높은 자리로 올라선 것은 연옥의 험악한 돌 표면을 기어올라가는 볼썽사나운 등정과 다름없었다.

크롬웰은 부친이 차남이었기에 생애 초기의 대부분을 사회적으로 존중 받는 집단에 완벽하게 속하지 못하고 그 언저리에서 경계인으로 지냈다. 그에게 실제로 재물을 움켜쥘 수 있는 기회가 없었던 것은 아니지만, 감질나는 수준이었다. 조부 헨리 경은 헌팅던셔Huntingdonshire와 캠브리지셔Cambridgeshire의 주 장관이었고, 엘리자베스 여왕 치하에서는 의회 의원으로 활동했는데, 여왕이 그를 가리켜 '황금기사golden knight'라고 부를 정도의 호사스러운 여흥 정도는 즐길 수 있는 사람이었다. (역시 올리버라는 이름을 가졌던) 그의 장남은 궁정과 이스트 앵글리아에서 나름 멋진 모습을 연출해 냈다. 그는 제임스 1세의 장례식에서 전령관을 맡았으며, 네덜란드 및 제노바의 금융 가문 출신 여자를 아내로 맞았다. 형에 비해 훨씬 소박하긴 했지만 올리버의 부친인 로버트Robert의 생활수준이 눈에 띄게 빈약해 보였던 것은 형과 재산이 비교되었기 때문이다. 백부 올리버의 재산은 동생 로버트가 파산을 당하지 않을 정도로 지원하는 데 사용되었고, 또한 (동생의 7남매 중 유일하게 생존한 아들이었던) 조카 올리버를 런던의 법학원에 보내 공부시키는 데에도 사용되었다. 조카 올리버는 런던의 부유한 모피 무역상의 딸 엘리자베스 부시에Elizabeth Bourchier와 결혼함으로써 돈을 모을 기회를 잡은 듯했다. 그는 성공 가도를 달리는 듯 보였다. 법학 교육과 손에 잡은 약간의 자금을 무기로 그는 1628년 의회에 입성했는데, 권리청원을 내세워 극적 투쟁을 벌이게 될 바로 그 의회였다. 그러나 국왕의 특권과 보통법이 충돌하면서 우레와 같은 소리가 쏟아지는 한판 논쟁전이 벌어지는 동안, 올리버 크롬웰은 평의원석에 앉아서 침묵을 지켰다. 단 한 가지, 제네바 출신의 국왕 주치의였던 테오도르 데 마욘Theodore Mayerne이 그가 심각한 우울증의 일종인 발데 멜란콜리쿠스valde melancholicus에 걸려 있다고 진단한 기록만이 그가 정치적 소동의 한가운데에 있었음을 증명할 뿐이다. 이 병은 여러 차례에 걸쳐서 그를 다시 찾아왔다. (사실, 적을 완전하게 궤멸시켜 주신 신을 찬양하면서 좌중을 당황스럽게 할 정도로 한바탕 웃음을 터뜨리다가도 언제 그랬느냐는 듯 짙은 침울함 속으로 침잠하는 등, 수시로 왔다 갔다 하는 그의 극적인 기분 변화는 임상 우울증의 전형적인 징후를 보여주었다.)

원인이 무엇이었는지 몰라도, 1629년과 1630년 사이 크롬웰은 경제적 파국을 맞은 듯 보인다. 1631년 무렵 그는 매우 위태로운 상황에 직면했고, 거의 모든 토지를 팔아서 헌팅던셔의 세인트 아이브스St Ives로 이주할 수밖에 없었다. 그곳에서 17에이커의 땅을 경작했는데, 이는 장원의 대지주로서 그런 것이 아니라, 캠브리지의 몇몇 칼리지들로부터 임차권을 얻어 자신이 고용한 노동자들과 함께 농사를 짓는 임차 자작농yeoman-tenant의 신분으로 행한 것이었다. 크롬웰의 이 같은 신분 하락과 농촌 생활의 어려움은 그에게 평범한 사람들의 언어와 관습들을 익히게 해주었는데, 후일 이것이 군사적 지휘의 카리스마로 전환되는 등 대단히 귀중한 자산이 되었다. 그는 r음音을 진동시키는 이스트 앵글리아 특유의 부드러운 악센트를 결코 잃은 적이 없는데, 그가 '소박한 적갈색 코트를 입은 지휘관들', 즉 그가 군대의 핵심 기반이 되어주길 원했던 '정직한' 사람들에 대해 말할 때면, 크롬웰은 자신이 무엇에 대해, 그리고 누구에 관해 이야기하고 있는지 정확하게 알고 있었다. 그는 또한, 젠틀맨의 안락한 삶을 상실하기 이전에도 또 다른 패배를 경험한 적이 있었는데, 국왕 정부의 헌팅던 특인장 변경 방침을 놓고 벌어진 정치적 논쟁에서 지는 편에 섰던 일이었다. 크롬웰은 특인장 변경으로 곤혹스럽게 된 지방 젠틀맨 중의 한 명이었으며, 그는 생애 처음으로 — 그것이 마지막은 아니었다 — 자만심 뻗치던 그 싸움의 승자들이 자신의 거칠기 짝이 없는 말투를 경험하게 만들었다. 그의 상대방 중의 한 사람은 크롬웰이 헌팅턴 시장과 기록관을 향해 뱉었던 '수치스럽고 부적절한 언설들'에 대해 불평을 늘어놓았는데, 크롬웰의 이 언설은 추밀원에 보고가 올라갈 정도로 공격적이었다.

정치적으로 소외되고 사회적으로는 신분이 격하되어 마치 물이 가득 담긴 소택지에 수면 이하로 잠겨 있는 상태였던 크롬웰은 어느 순간 갑자기 절망의 구렁텅이에서 빠져나오며 재탄생하는 계기를 맞게 되었다. 그는 자신이 구원의 길을 걷도록 만든 것은 (독신이었던 어느 삼촌으로부터 시기적절하게 물려받은 유산이 아니라) 이 같은 전환적 경험이었다고 믿었다. 그가 후일 1638년 사촌이자, 올리버 세인트 존의 아내에게 자신의 구원을 상기시키면서 쓴 유명한 편지는 그의 정신적 지주가 사도 바울에서 칼뱅주의로 흐르는 환기의 전형적인 예였다. '오, 나는 어둠 속에서 살면서 어둠을 사랑하고 빛을 미워했네, 나는 죄인 중의 죄인이었네. 사실대로 말하자면, 나는 신의 뜻에 순종하기를 거부했지만, 그럼에도 신께서는 나를 긍휼히 여기셨네. 오, 그분의 자비로우심의 풍부함이여!'

그가 1640년 옥스퍼드를 출신구로 해서 단기의회 및 장기의회에 참여하도록 선출된 사건은, 그를 신 앞으로 나아가게 하고 그럼으로써 신의 명령을 이행할 수 있도록 선택받은 사건과 비교하면, 그다지 중요하지 않았다. 더 정확하게 말하면, 올리버 크롬웰에게 정치적 삶은 신의 명령을 이행하는 영적 직무일 뿐이었다. 그가 자신을 뽑아준 지역 주민들이나 국왕에 대해 가지고 있던 명목상의 의무가 무엇이었건, 그가 신에 대해 가지고 있던 의무에 비하면 아무것도 아니었다. 그는 다시 어느 정도 자산을 가지게 되었고 일리에 거주하게 되었지만, 그는 여전히 자신을 귀족들이 지배하는 세계에서 살아가는 주변적인 인간으로 여겼다. 과두적 집권층 및 귀족들과의 거리 두기, 그리고 그들에 대한 깊은 회의적 시각은, 비록 그들이 의회 편에서 목소리를 내는 사람들이라

해도 예외가 아니었으며, 그들이 종종 결여하고는 했던 확고한 결단성을 그가 발휘하게 만든 것은 바로 그의 이러한 태도였다. 그럼에도 그는 기존의 지배적 사회질서를 존중했고 항상 그렇게 하고자 했다. 다만, 국왕의 주장들에 도전한다고 해서 질서가 무너질 것이라고는 믿지 않았다. 오히려 그 반대로, 왕의 잘못된 주장들과 부패한 궁정의 오만함에 거리낌 없이 저항하는 것만이 오래되고 본질적으로 자애로운 잉글랜드의 계서 제도를 안전하게 보전하는 길이라고 믿었다. 1640년~1642년 사이, 의회 안팎에서 목소리를 냈던 다른 많은 이들과는 달리, 크롬웰은 그것이 신의 뜻이라면 언제든지 싸울 준비가 되어 있었다. 그는 대부분의 사람들보다 훨씬 이른 시간에 정의의 세력과 불의의 세력 사이에 커다란 투쟁이 불가피할 것을 확신하고 있었으며, 그럼에도 그렇지 않은 것처럼 가장한다는 것은 거짓된 위안에 불과하다고 생각했다. 오히려, 크롬웰은 불가피한 투쟁을 예견했기에 이를 앞장서서 수행하기로 했다. 그가 하원 안에서 주지사Lords-lieutenant[3] 임명 및 민병대 소집 권한을 국왕에서 의회로 이전하라고 주장하는 가장 강경한 목소리의 주인공이 된 것은 그 때문이었다. 크롬웰 입장에서 보자면, 내전은 국왕의 깃발이 노팅엄에서 올라가는 순간에 시작된 것이 아니라, 그보다 훨씬 이전, 아일랜드 반란의 배경에 피에 굶주린 스튜어트 왕가의 술책이 개입되어 있음을 크롬웰이 간파하는 순간에 시작된 것이었다. 크롬웰은 정부가 나라를 '방어적 체제a posture of defense' 속으로 밀어 넣는 것은 단지 시기적절하게 취해진 자기보호 행위에 불과하다고 주장했는데, 그 주장의 명료함은 홉스도 인정해 주어야 할 정도였다.

그렇게 해서 다른 사람들이 주저하고 망설이는 지점에서 크롬웰은 행동했다. 캠브리지서에서 60명의 기병을 일으킨 크롬웰은 이들을 의회군의 캠브리지성 점령 작전에 투입했으며, 또한 칼리지와 대학의 근거지가 왕의 금고로 편

---

3 카운티(주)에서 국왕의 대리인 역할을 수행하는 관리로서, 민병대를 조직하는 권한을 가졌다
  — 옮긴이.

입되는 것을 막는 데 사용했다. 옆으로 눈길 하나 주지 않는 결단성은 내전 기간을 통틀어 그의 화려한 경력을 견인하는 특징적 요소가 되었다. (이는 그가 후일 순전히 정치적인 세계에서 보여준 우유부단함과 대조된다 할 것이다.) 그는 의심스러운 인물들, 예컨대 완전한 승리를 추구하기보다는 언제나 협상을 염두에 두고 싸운 덴질 홀스와 맨체스터 백작(에드워드 몬태규 Edward Montagu) 같은 인물들을 싫어했으며, 그가 생각하기에 교전을 꺼리는 에식스 백작 등도 마찬가지였다. 애매한 태도는, 그가 믿는바, 신의 가호를 받는 여호와 Jehovah의 군대에 어울리지 않는 것이었다. 축약판 성경을 휴대하고 신을 찬송하는 신형군 내부에서 크롬웰은 기드온처럼 경건한 군대의 지도자가 되었다. 그는 자신의 이러한 역할에 온 힘을 경주했는데, 이는 만군의 주께서 당신의 지휘관들과 병사들을 이끌 사람으로 자신을 선택했음을 믿어 의심하지 않았기 때문이었다. ≪더 팔라먼트 스카우트 The Parliament Scout≫의 편집자인 존 딜링햄 John Dillingham이 장군으로서의 크롬웰의 명성을 자신의 신문 지면을 빌려 널리 알리게 된 데에는 그의 이런 태도가 작용했다. 또한, 크롬웰은 자신들이 추구하는 대의의 정당성, 그리고 궁극적인 승리에 대해 추호의 흔들림도 드러내지 않는 지휘관이 되어야 병사들이 잘 따를 것이라는 점을 이해하고 있었다. 이러한 영적 무기의 장착을 차치하더라도, 크롬웰의 역량은 여느 지략적인 전술가에 못지않았다. 군사적 경험도 없었고 훈련 한 번 받지 않은 그였다. 그가 마스턴 무어 전투와 네이즈비 전투에서 준비한 것이라고는 (에지힐 전투의 패배로부터 배운 것을 바탕으로) 적의 공격력을 무력화시킬 수 있는 강력한 기병, 그리고 미전개 예비 병력을 증원하여 때맞춰 반격 부대로 재편성할 수 있는 신축성을 가진 기병뿐이었다. 거기에다 그는 만약 그러한 자질이 없다면 모든 도상 작전이 무위로 돌아갈 수도 있었던 , 천부적 자질 하나를 가지고 있었다. 그것은 시기를 선택하는 절대적인 감각이었다. 크롬웰은 굉음 소리, 숨 막히는 연기, 그리고 어떤 혼돈 상황 속에서도 전투를 제대로 '읽을' 수 있었고, 전세의 흐름에 대해 어떻게 대응해야 하는지를 판단하는 불가사의한 감각을 가지고 있었다. 그렇다고 이것이 그가 전투 현장에서 멀리 떨어진 곳에서 망원경을 통해 대살육의 장면을 조망하고 있었다는 뜻은 아니다. 오히려 그 반대로, 크롬웰은 대부분 공격을 직접 지휘하면서 창병 부대와 기병들의 공격을 독려하는 등 가장 격렬한 전장에서 부상을 무릅쓰고 싸웠다. (실제로 종종 부상을 입기도 했지만) 그는 언제나 살아남았다. 전투의 열기 속에서 그가 개인적으로 보여준 용감함과 강철 같은 평정심은 위험 속에 몸을 맡겨야 했던 병사들의 마음을 얻었다. 그들이 어떻게 무패의 장군을 믿지 않을 수 있었겠는가? (결정적인 결과를 얻지 못했던 뉴버리에서의 두 번째 전투조차, 불만족스럽기는 하지만, 가장 부정적으로 평가하더라도 그것은 무승부였다.) 새로운 승리를 거둘 때마다 크롬웰의 병사들은 특별히 신의 가호를 받고 있는 지휘관에 의해 자신들이 보호받고 있다는 징표로 받아들였다. 그러나 병사들이 진정으로 신이 뜻하신 바를 행하고 있다는 크롬웰의 믿음이 곧 의회가 아닌 군대가 국가의 정치적 운명을 결정해야 한다는 가정으로 곧바로 연결되지는 않았다.

오래된 헌정 질서를 믿는 사회적 보수주의자 크롬웰, 그리고 열정적인 복음주의 개혁가 크롬웰, 이 두 개의 인격체는 여전히 그 자신의 내부에서 조화를 이루지 못하고 있었다. 로버트 할리 경 같은 진정한 청교도들이 의회 내에 포진하고 있기는 했지만, 크롬웰은 아이어튼과 마찬가지로, 의회가 진정으로 종교적 개혁에 매진하고 있다는 확신을 가지지 못하고 있었다. 그럼에도 불구하고, 1647년 여름과 가을을 관통하는 위기를 겪는 동안 군대가 의회 논쟁을 무력으로 해결한 방식도 그를 불편하게 만든 것은 마찬가지였다. 장군들이 지배하는 체제는 아무리 경건한 것이라 할지라도, 그가 투쟁해 온 목표는 아니었다. 그러다가 다시 1년이 지나 제2차 내전의 흉포함을 겪으면서 무력 사용에 대한 그의 의구심은 상당 부분 사라져버렸다. 장로교는 이제 순수한 개혁 세력의 전위부대라고 할 수 없었으며 기껏해야 후위부대에 불과할 뿐이었다. 덴질 홀스를 비롯한 의회 내 장로파 투사들은 진정한 종교의 자유가 주창되기 시작하는 현상에 놀란 나머지, 스코틀랜드인들이 그랬던 것처럼 교파의 편협한 이익을 지키기 위해 국왕과 값싼 흥정을 벌일 준비가 되어 있었던 것이다. 크롬웰은 그들을 가리켜 '세속적인 이유들로 인해 하느님의 일에서 자신들의 어깨를 뺐냈다'라고 적었다. 그러므로 크롬웰이 프라이드 대령 숙청 사건 때 아이어튼에게 악역을 맡기고 자신은 거리를 두는 척했지만, 그는 장기의회가 더 이상 신성불가침적 특권을 누려서는 안 된다고 생각하고 있었다. 그는 이미 법치주의의 가면을 쓰는 것에 회의를 품고 있었다. 그는 (1656년 호국경 체제하에서 열린 두 번째 의회에서) 또 다른 숙청을 실행하기에 앞서서 '오직 적법한 절차에 따를 뿐 다른 일을 할 수 없다면, 우리가 사람들을 보내 법을 만드는 동안 나라가 절단되고 말 것이다'라고 말하기도 했다. 이는 모든 쿠데타를 합리화시키는 말이기도 했다.

그러나 1649년 공화정 체제하 국무회의에 합류할 때까지만 해도, 크롬웰은 후일 자신이 의회 국가를 군사적-신정주의에 입각한 독재 국가로 전환시키는 역할을 담당하게 될 것이라고는 상상도 하지 못했다. 그때 그가 제거해야 할 대상으로 생각한 것은 단지 모호함과 불신이 팽배한 구태의 의회일 뿐이었다. 그리고 1649년 3월 15일, 크롬웰이 아일랜드 반란 진압을 위한 원정 부대 지휘를 수락했을 때, 그는 자신의 위치를 당시 잔부의회가 명명한 '국민의 자유를 보호하는 자들the Keepers of the Nation's Liberties'의 주인이라기보다는 하인이라는 생각으로 임했다. 당시 크롬웰의 지위는 부사령관으로서 최소한 이론적으로는 코먼웰스 군대의 총사령관인 페어팩스보다 여전히 아래였다. 직책과 권위에 관련된 문제들이 다른 많은 사람에게는 중요한 일이었겠지만 크롬웰에게는 요점을 벗어난 일이었다. '군대의 사령관으로서 전장에 나아가 그것을 우리 정책이나 국정 기반의 일부로 만들고자 한다면, 우리가 가건, 가지 않건, 지나치게 개인적인 고려 사항들을 염두에 두는 군대여서는 아니 됩니다. 하느님이 가시면 우리도 가는 겁니다.' 크롬웰이 국무회의 석상에서 던진 말이었다. 당시 그의 마음속에는 이번 기회에 아일랜드를 완전히 예속시키지 않는다면 그곳이 두고두고 잉글랜드 침공의 발판 노릇을 할 것이라는 생각이 확고하게 자리 잡고 있었다. 아일랜드는 이미 찰스 2세를 국왕으로 선언한 스코틀랜드와 함께 잉글랜드를 협공하는 한 축이 될 수도 있었다. 어떤 사람들은 1649년의 상황을 놓고 조금 뒤로 물러앉아 코먼웰스 정착에 힘쓸 시점이라고 판단할 수도 있었겠지만, 크롬웰에게 그 시점은 여전히 긴박하기 이를 데 없는 전시 비상시국의 한가운데에 놓여 있었다.

비상시국이었건, 그렇지 않았건, 올리버 크롬웰이 1649년 아일랜드에서 자행한 일은 브리튼 역사를 통틀어 가장 악명 높은 잔학 행위로 기억되고 있다. 그 극악무도한 범죄행위는 너무나 가공할 만한 일이었기에, 이는 그 이후의 브리튼 역사에서 앵글로-아이리시 공존 가능성에 깊은 그늘을 드리우게 되었다. 우리가 다 알고 있는 바와 같이, 소름이 돋을 정도의 잔악한 사건들이 일어난 곳은 드로이다Drogheda와 웩스퍼드Wexford였다. 그러나 그곳에서 정확하게 무슨 일이 일어났으며 누구를 향해 자행된 것인지를 규명하고자 하는 노력은 몇 가지 오해의 개입과 함께 수 세기에 걸친 숙제로 남아 있다. 드로이다 출신의 톰 라일리Tom Reilly 같은 아일랜드 역사가들이 용기와 학자적 진실성을 가지고 이야기를 바로잡기 시작한 것은 최근에 들어서였다. 역사를 바로잡는다는 것은 면죄부나 정상참작의 빌미를 주는 것과 전혀 다른 일이다. 그것은 본질을 설명하자는 것이다.

그들이 처음에 바로잡으려고 한 것은 드로이다의 희생자들이 과연 누구였느냐 하는 문제였다. 희생자들의 절대다수는 가톨릭계 아일랜드인도, 게일계통 아일랜드인도 아니었으며, 또한 희생자들 중에는 1883년 출판된 머피Murphy 신부의 (대체로 허구적 창작에 기반을 둔) 역사물에 나오는 것과는 달리, 비무장 민간인들, 그리고 여자들과 어린아이들도 없었다. 우선, 크롬웰이 국무회의와 잔부의회로부터 받은 임무는 1641년 봉기를 일으켰던 가톨릭 동맹과 대적하라는 것이 아니라 오몬드Ormonde 공작 지휘하에 있던 왕당파 군대를 상대하라는 것이었는데, 그들 대부분은 신교도들이었다. 이들은 오언 로우 오닐이 이끄는 가톨릭 반군과 상호 협력한 것이 아니라, 왕의 처형이 이루어지기 전까지는 오히려 오랜 시간에 걸쳐 상호 전투를 벌인 사이였다. 처음부터 지조 있게 왕당파 편에 섰던 오랜 잉글랜드계 타운이었던 드로이다는 1641년 펠림 오닐이 이끄는 가톨릭 반군의 도시 점령 작전에 맞서기도 했다. 거기에다, 크롬웰과 함선 130척으로 구성된 35개 함대가 1만 2000의 병력을 싣고 밀퍼드 헤이븐Milford Haven을 출항했을 때, 당시 아일랜드에는 최소한 넷이 넘는 별도의 군대 조직들이 존재하고 있었다. 오언 로우 오닐과 리누치니가 지배하는 게일 계통의 아일랜드 동맹 병력, 오몬드 공작의 왕당파 군대, 처음에는 친親의회파 성향을 보였으나 스코틀랜드가 찰스 2세를 왕으로 선언한 이후 잉글랜드의 잠재적 적으로 떠오른 먼로 장군 휘하의 얼스터 주둔 스코틀랜드 장로파 계열의 군대, 그리고 마지막으로 마이클 존스Michael Jones 중령이 지휘하고 있던 잉글랜드 의회군 병력이었다. 왕당파 군대와 아이리시-가톨릭 군대 사이의 휴전 협상은 크롬웰 입장에서 볼 때 군사적 4각 관계를 좀 더 간명하게 만들어주는 효과가 있었지만, 실제 문제는 그리 간단하지 않았다. 크롬웰의 입장에서 보자면, 일단 그는 로마가톨릭 신앙을 진정으로 혐오하고 있었고, 따라서 아일랜드 반란을 스튜어트 왕가뿐 아니라 로마 교황청과 스페인을 위한 트로이의 목마라고 믿고 있었다. (그는 이 점에서 뼛속 깊이 엘리자베스 시대 사람들과 닮아 있었다.) 그럼에도 불구하고, 크롬웰은 다른 한편으로 자신이 아일랜드에서 대적해야 할 가장 만만찮은 적은 아일랜드 가톨릭이 아니라 왕당파라고 생각하고 있었다. 만약 그에게 적에게 무자비한 맹격을 가해야 하겠다는 계획이 처음부터 있었다면, 아직 종결되지 않은 제2차 내전을 철저하게 수행해야 하겠다는 의지가 그만큼 확고했기 때문이었다.

크롬웰이 아일랜드 원주민들에 대한 경멸적 태도를 숨기려 하지 않았던 것은 사실이다. 다른 많은 당대의 청교도들과 마찬가지로, 그는 1641년 가톨릭 반란 당시 잉글랜드에 광범위하게 전해졌던 그들의 잔학 행위를 믿었다. 크롬웰 등의 믿음에 영향을 미친 건 얼스터와 랜스터에서 칼에 찔린 장로파의 어린 아이들과 신체가 절단된 가장들의 이미지였는데 사실, 이는 선전 목적으로 만들어진 외설적 과장이었다. 크롬웰은 1650년 아일랜드의 주교들에게 보낸 편지에서 다음과 같이 썼다. '그대들은 정당한 이유 없이 잉글랜드인들에게 (남녀노소를 가리지 않고) 가장 유별난 방식으로, 그것도 태양이 줄곧 내려다보는 가운데, 가장 야만스러운 대학살을 자행했다.' 거기에다 그는 아일랜드인들의 수간獸姦에 관한 소문까지 쉽게 믿었다. 이런 것들이 그로 하여금 전투의 결과로써 아일랜드인들에게 가해질 수도 있는 고통에 대해 둔감해지도록 만들었으리라는 것에는 의심의 여지가 없다. 그럼에도 이것이 그를 인종 대학살로 이끌지는 않았다. 그의 분노의 대상은 군인이었지, 민간인이 아니었다. 사실, 그는 과거 잉글랜드에서 벌어졌던 전투들과 마찬가지로 비무장·비저항의 민간인을 공격하는 행위가 발견되면 누구라도 강력한 처벌의 대상으로 삼겠다는 공개적인 경고를 자신의 부대에 보내는 등 스스로의 원칙을 지키고 있었다. 실제로 드로이다 점령 작전이 시작되기 전, 부대원 두 명이 바로 그 명령을 어겼다는 이유로 교수형에 처해졌다. 거기에다, 크롬웰은 불가피하게 발생할 수 있는 유혈 사태에 대해서도 별 흥미가 있지 않았다. 그가 전투를 최대한의 폭력으로 수행한 것은, 후일 셔먼Sherman 장군[4]이 말한 '전쟁은 지옥이다'라는 격언과 일맥상통하는 의미에서, 전쟁은 짧을수록 더 좋은 것이라는 생각 때문이었다.

만약 적의 방어 요새를 위협하여 인명의 손상 없이 적의 항복을 받을 수 있는 기회가 있다면, 그는 언제나 그 목적을 달성하기 위해 모든 수단을 동원했다. 드로이다에서 그의 군대가 더블린과 얼스터 사이의 기간 도로를 장악했을 때에도 그는 자신이 그런 기회를 얻었다고 믿었다. 왜냐하면, 왕당파의 베테랑 지휘관 (그리고 왕당파 군대 내에서 몇 안 되는 가톨릭 신자이기도 했던) 아서 애스턴 Arthur Aston 경이 지휘하는 부대는 병력 숫자에서 절망적인 열세에 놓여 있었을 뿐 아니라, 다량의 박격포 공격으로 다양한 공세적 압박을 가할 수 있는 중

---

4   미국 남북전쟁 때의 북군 지휘관이었던 윌리엄 테쿰세 셔먼(William Tecumseh Sherman, 1820~1891) — 옮긴이.

포병 부대를 보유하고 있던 크롬웰 군대와 비교하여 화력에서도 절대 열세에 놓여 있었기 때문이었다. 9월 10일 아침, 애스턴으로부터 평화적인 항복을 얻어내려는 시도 속에서 크롬웰은 으스스함이 느껴지는 최후통첩을 그에게 보냈다.

경이여, 잉글랜드 의회에 속한 군대를 이곳에 데리고 오면서 유혈 사태를 방지하기 위해 그들을 명령에 복종하게 했는바, 나는 그대가 그대의 군대를 내 손에 맡겨주도록 요구하는 편이 적절하다고 생각했소. 만약 이것이 거절당한다면, 그대는 나를 비난할 어떤 이유도 얻지 못할 것이오. 그대의 응답과 휴식을 기대하면서. 그대의 하인, O. 크롬웰

물론, 애스턴은 즉각적으로 최후통첩을 거부했다. 과거 그토록 오랫동안 버텨냈던 1641~1642년의 포위 작전 응전 경험, 그리고 누가 보아도 인상적인 드로이다의 성벽은 그로 하여금 드로이다가 크롬웰의 군대가 가하는 첫 번째 충격을 견뎌낼 수 있으리라는 믿음을 가지게 해주었으며, 최소한 오몬드 공작의 부대에 의해 구원될 때까지는 버틸 수 있을 것이라 믿게 했던 것이다. 그러나 결과적으로 보면 그는 비참하게도 두 번이나 속은 것으로 드러났다. 드로이다의 성벽은 견뎌내지 못했고, 오몬드 공작의 군대는 그 전날 소수의 증원 병력만 요새로 보냈을 뿐, 그날은 어느 곳에서도 시야에 나타나지 않았다. 크롬웰 군의 대포들이 외곽 성벽을 때려 의미 있는 틈새들을 만들어내는 데에는 불과 몇 시간이 걸리지 않았다. 다만, 보병 병력이 그 틈새들을 뚫고 타운 내로 진입하는 데에는 조금의 시간을 더 필요로 했는데, 랠프 버니의 동생 에드먼드 버니를 포함한 왕당파 군대가 맹렬한 기세로 막아냈기 때문이었다. 그 틈새들은 부상자들과 죽어가는 자들로 채워졌고, 크롬웰은 그 틈새를 뚫기 위한 세 번째이자 마지막이 될 공격 작전을 직접 지휘했다. 방어군은 밀 마운트Mill Mount 위에 있는 빈약한 방책 지대로 물러났고, 그들 중 일부는 성 베드로 프로테스탄트

교회 첨탑 주변으로 후퇴했다.

그다음에 일어난 사건들은 17세기 전쟁사에서 전례가 없지 않았던 장면들이었는데, 특히 아일랜드 전장에서는 드물지 않은 장면들이었다. 예컨대, 스코틀랜드 장로파의 먼로 장군은 매기Magee섬에서 3000명을 학살했다. 1647년 녹나누스Knocknanuss 전투가 끝난 뒤 마이클 존스 대령은 포로 600명을 아무렇지도 않은 듯 죽였고, (조카를 비롯한) 자기편 탈영병들을 교수형에 처했다. 그러나 이들의 이야기 역시 외설적 과장이긴 마찬가지였다. 자신이 저지른 행위에 대한 크롬웰 본인의 설명은 놀랍도록 당당하며, 어떠한 주저함도, 완곡함도 없었다. '그들(애스턴과 부하들)을 추격하던 우리 군인들은 그들을 모두 베어죽이라는 나의 명령을 받고 있었다. 그리고 전투가 한창일 무렵, 정말로 나는 이 도시의 무장한 자는 단 한 명도 살려두지 말라고 명령했으며, 그날 저녁 그들은 내가 생각하기에 2000명 정도를 칼로 베었다.' 드로이다에서 최소한 3000명의 왕당파 병사들이 학살당했는데, 그들 대부분은 의회군과 격렬한 전투를 벌이다가 죽은 것이 아니라, 그들이 전투를 포기하고 항복하거나 비무장 상태에 있을 때 죽음을 맞았다. 이미 전투에 패배하여 저항을 포기한 이들에게 자비를 베풀길 거부한 것은 계산된 살육이었다. 크롬웰은 성 베드로 교회 첨탑 부근에 은신한 적군 병사들을 나오게 할 목적으로 첨탑 아래에 위치한 신도석을 불태우도록 명령했는데, 그 결과 많은 병사가 불길 속에 떨어져 죽어갔으며, 교회의 종들과 석조 부분들이 그들과 함께 부서져 내렸다. 이 같은 살육 행위는 너무나 비인간적이었기에 크롬웰 휘하의 장교들 중에는 명령을 따르려 하지 않는 자들도 있었고, 그들 중 일부는 실제로 위기에 빠진 적군을 구하기 위해 비상한 노력을 기울이기까지 했다.

상대방에게, 그것도 아일랜드인이나 가톨릭 신자가 거의 포함되어 있지 않았음에도, 이 같은 잔학 행위가 가해졌다는 사실은 크롬웰이 의도적이건, 또는 수동적이건, 민간인까지 학살 대상에 포함시켰다는 허구적 이야기를 동원하지 않더라도, 그를 비난하기에 충분한, 그리고 용서받지 못할 일이었다. 그럼에도 불구하고, 라일리가 지적했듯이 여자와 아이들이 강간당하고 신체를 절단 당했다는 이야기는 순전히 비목격자들로부터 나온 것이었다. 사실을 따져보면, 그 이야기들의 출처는 모두 왕정복고 후 공화파를 상대로 벌어진 마녀사냥의 와중에서 (고서 전문가인 앤서니 우드Anthony Wood를 포함한) 열성적인 왕당파 인사들에 의해 출판되었거나, 사건 이후 최소한 1~2세기가 경과한 뒤에 출판된 책들이었다. 앤서니 우드의 형 토머스 우드Thomas Wood는 처음에 왕당파로 참전했다가 나중에 의회 쪽으로 편을 바꾼 인물인데, 왕정복고 뒤에는 또다시 충성의 대상을 바꾸었다. 그는 어릿광대 놀이와 과장된 이야기에 탐닉하는 것으로 이름이 났으며, 내전 기간 중 있었던 자신의 행동에 스스로 면죄부를 주려고 무던히 애쓰던 자였는데, 그가 바로 가장 흥미진진한 이야기들의 원천이었다. 그가 먼저 이야기하고, 그다음에 동생 앤서니에 의해 반복된 드로이다 전투의 이야기들 중에는 애스턴이 본인의 나무 의족으로 맞아서 죽음에 이르렀다는 내용도 있다. (애스턴이 그를 죽인 살인자들에 의해 복부 부근 벨트에 차고 있던 금을 강탈당한 사실은 맞다.) 그리고 최상급의 옷과 보석을 두르고 고통을 호소하던 신비스러운 '처녀'가 사냥감을 찾아다니던 병사들에 의해 '배 또는 궁둥이'를 찔려 죽었다는 내용도 있다. (그런데 전투의 와중에서 그들은 그녀가 처녀라는 걸 어떻게 알았을까?) 아무튼, 이 외전外傳이 전하는 이야기들의 진실성 여부와 관련해서는 크롬웰에게 따져 물어볼 필요조차 없다. 그에게 가장 비판적인 목격자는 바로 크롬웰 본인이었기 때문이다. 그는 끔찍한 학살을 자행할 것임을 의도적으로, 그리고 거침없이 밝힌 바 있으며, 또한 그럼으로써 적군의 다른 요새들이 드로이다의 실수를 되풀이하거나 평화적인 항복 제의를 거부하지 못하도록 만들고자 했던 것이다.

공포를 이용하는 전략은 효과가 있었다. 뉴 로스New Ross의 예가 보여주듯, 드로이다의 운명은 크롬웰의 부대가 행군했던 많은 곳에서 유혈 없는 항복을 이끌어냈다. 드로이다와 달리 병사들과 주민들이 가톨릭 신자들이며, 또한 아일랜드 동맹 편에 서 있던 도시들조차 항복 대열에 동참했다. 종국에는 또 다른 끔찍한 학살의 대상이 된 웩스퍼드이지만, 10월 11일 폭력 사태가 시작되기 전까지는 항복을 명시적으로 거부한 것은 아니었다. 크롬웰은 그곳 총독인 시노트Sinnott 대령에게 그가 늘 하던 방식대로 최후통첩을 보냈다. 통첩이 거부될 경우 어떤 일이 일어나게 될 것이라는 것을 명백하게 밝히는 한편, 만약 항복한다면 다시는 무기를 들지 않을 것과 상교늘을 포로로 넘긴다는 것에 동의하는 조건으로 하사관과 일반 병사들을 평화적으로 떠나게 해주겠다는 제안이었다. 그는 이렇게 적었다. '그리고 주민들과 관련하여 그들의 재산에 대해 어떠한 폭력도 행사되지 않을 것을 내가 약속하며, 이 타운을 약탈로부터 보호할 것 또한 내가 약속하오.' 그러나 시노트는 이 통첩을 영원히 받지 못했다. 협상이 여전히 진행되고 있는 상황에서 우발적인 발포가 일어났고, 이에 따라 의회군은 순식간에 도시의 내부와 외곽에서 그들이 벌일 수 있는 최대한의 살육을 자행하기 시작했던 것이다. 엄청난 숫자에 달한 웩스퍼드의 피살자들 중에 민간인이 아주 많지는 않았다는 사실을 상기하더라도, 그 참상이 야기하는 공포감이 경감되지는 않는다. 민간인들이 가장 많이, 그리고 가장 비극적으로 죽음을 당한 곳은 부둣가 근처였는데, 비극은 공황 상태에 빠진 사람들이 계류 중이던 배들을 향해 뛰어가면서 시작되었다. 하중이 초과된 배들은 뒤집힐 수밖에 없었고, 사람들은 졸지에 물에 빠져 죽었다. 그날 웩스퍼드에서 성직자들과 군인들을 포함, 최소한 2000명이 졸지에 목숨을 잃었는데, 그중 300명은 익사했다. (죽은 성직자들 중에는 무장한 사람들도 있었을 것이다.)

크롬웰이 이들 성직자의 죽음을 슬퍼했을 것 같지는 않다. 그는 그 사제들을 내전 갈등과 무관한 방관자적 존재로 보지 않고 오히려 적그리스도 세력의 공범자로 간주하고 있음을 굳이 숨기려 하지 않았다. 1649년 말, 아일랜드의 고위 가톨릭 성직자들이 크롬웰을 향해 의도적으로 자신들의 종교를 '절멸'시키려고 한다고 비난하자, 크롬웰은 1650년 1월, 이에 대해 우레처럼 격렬한 비난을 공공연하게 퍼붓는 장문의 글로써 응수했다. 이는 자신의 강렬한 열정과 편견, 그리고 신교적 신앙에 뿌리를 둔 선택적인 앵글로-아이리시 역사관을 가장 비범한 방식으로, 그리고 여실하게 드러낸 것이었다.

> 여러분은 당신들의 조직이 공동의 적에 대항하고 있다고 말합니다. … 나는 여
> 러분에게 약간의 약쑥을 씹으라고 드릴 것인데, 이로써 신께서 그대들과 함께
> 하지 않으심이 드러날 것입니다. 이 공동의 적을 만들어낸 사람들이 누구입니
> 까? 추측건대, 여러분은 잉글랜드인들이라고 말할 것입니다. 잉글랜드인들! 그
> 대 위선자들이여, 기억하시오. 아일랜드가 이미 잉글랜드에 통합되었음을. 잉
> 글랜드인들은 훌륭한 유산들을 가지고 있으며, 이들 중 많은 부분은 그들의 돈
> 으로 산 것이오. 그들 또는 그들의 조상들이 당신들 중 여러 사람으로부터, 또는
> 당신들의 조상들로부터 … 그들은 당신들 사이에서 평화롭게, 그리고 정직하게
> 살아왔소, … 그대들이 이 결합을 깬 것이오.

자신들은 부와 사회적 지위 등 온갖 혜택을 다 누리면서, 불쌍한 사람들을 신
학적 사기의 덫에 빠뜨려 기망한 책임은 다름 아닌 그 사제들에게 있다고 그는
강하게 주장했다. 크롬웰은 이어서 자신은 미사 봉행을 용인하지 않을 것이라
며, '당신들 교황주의자들이 사람들을 미혹하거나 공공연한 행위로써 기존의
법률들을 위배할 때'에는 분명하게 고통을 줄 것임을 직설적으로 공언했다. 다
른 말로 하자면, 아일랜드의 가톨릭 신자들을 잉글랜드의 가톨릭 신자들과 마
찬가지로 엄격하게 다룰 것이라는, 그렇다고 더 심하게 다루지는 않겠다는 의
미였다. 그러나 개인적인 경우는 문제 삼지 않을 작정이었다. '인민들의 경우,
종교와 관련하여 각자 가슴에 무슨 생각을 담고 있는지에 대해서는 내가 알 수
없는 노릇이오. 다만, 그들이 평화롭고 정직하게 처신한다면, 그로 인해 결코
어떠한 고통도 받지 않도록 하는 것이 나의 의무라고 생각하고 있고, 또한 나
자신도 참을성 있게 그들을 향한 사랑 속에서 살아가려 하오. 그들에게 다른
혹은 더 나은 생각을 주는 행위가 언제이건 신을 기쁘게 해드릴 수 있는지 지
켜보려 하오.' 그가 대학살, 파괴, 추방 등을 통해 가톨릭 신자들을 절멸시키려

한다는 혐의 제기에 대해서는 이렇게 말했다. '내가 아일랜드에 들어온 이후, 무장하지 않았음에도 학살당하거나, 죽음을 당하거나, 추방된 예가 한 사람이라도 예가 있다면 우리에게 가져와 보시오. 앞의 두 경우는 정의가 아직 실현되지 않았거나 실현하고자 하는 노력이 이루어지지 않은 것이오.' 증거들이 보여주듯, 그의 말에는 일리가 있었다. 그러나 그의 긴 글이 끝으로 향해갈수록 그의 이성이 아니라 그의 열정이 해일처럼 높게 일기 시작했다. 잉글랜드인이 아일랜드인의 토지를 강탈하려고 왔다는 주장을 경멸조로 부정하면서도, 반도 叛徒로 확정된 자들의 몰수 토지를 병사들에게 보상하기로 약속한 사실은 선뜻 인정했다.

> 잉글랜드군대가 이곳에 오게 된 좀 더 좋은 근거를 당신들에게 말해주겠소. 잉글랜드는 어떤 값을 치르더라도, 그리고 어떤 위험을 무릅쓰더라도, 정의롭고 정당한 명분을 행사하여 왔으며, 그 속에서 신의 가호가 있음을 경험해 왔소. 설사 사람들이 올바른 세상사에 참여한다고 해도 이는 이 일에 비하면 그다지 중요하지 않소. 우리는 무법자인 반도 집단의 세력을 깨뜨리기 위해 이곳에 왔는바, 그들은 잉글랜드의 권위를 뿌리치고 인간 사회의 적으로 살아가고 있으며, 그들의 원칙이라는 것은 (세상이 알고 있는 바와 같이) 그들에게 순종하지 않는 모든 사람을 파괴하고 예속시키려는 것이오. 우리는 (신의 도우심을 받아) 잉글랜드의 자유가 가진 빛과 영광을 전하고 유지하기 위해, 그것을 행할 확고한 권리가 있는 이 땅에 온 것이오.

이는 속속들이 크롬웰다운 연설이었으며, 오늘날까지 감당하기 어려운 읽을거리를 주고 있다. 이것은 집단 학살을 초래한 한 사람의 정신병자가 부지불식간에 내뱉은 고백이라기보다는 고집 세고, 편협한 프로테스탄트이며, 제국주의자인 사람이 자기도 모르는 사이에 내뱉은 고백이었다. 그리고 이것은 그 자체만으로도 나쁜 것이었다.

그러나 신은 자신에게 가장 헌신하는 전사에 대해서도 가끔은 보호를 소홀히 하는 경우가 있다. 크롬웰의 공격작전을 실패로 돌아가게 만든 티퍼레리Tipperary주 클론멜Clonmel의 경우를 제외하면, 그의 가차 없는 정복 작전을 저지하기 위해 왕당파와 아일랜드의 잔존 병력이 할 수 있는 일은 그리 많지 않았다. 남쪽 먼스터의 근거지 대부분은 크롬웰 군대의 수중에 떨어졌다. 그러나 크롬웰의 군대라고 해서 굶주림과 질병에 면역이 된 것은 아니었으며, 그 굶주림과 질병이라는 적들은 1649년에서 1650년 사이의 끔찍한 겨울에 인정사정 없는 공세를 펼치기 시작했다. 이로 인한 군의 인명 상실이 그야말로 파괴적 수준에 도달했고, 크롬웰 본인마저 중증 환자가 되었을 정도였다. 크롬웰은 병사들에게 제멋대로 원주민들의 것을 훔치거나 약탈하는 것을 금하는 매우 엄격한 금지령을 내렸지만, 그 상황에서는 지켜지기 어려운 명령이었다. 이들의 약탈에 의해서, 그리고 전쟁으로 황폐해진 아일랜드를 설상가상으로 덮친 전염병과 이질성 열병으로 죽어간 사람들의 숫자는 십중팔구 잉글랜드군의 직접 공격으로 죽은 사람들보다 수십만 명은 더 많았을 것이다. 이것 역시 하나의 공포이긴 마찬가지였는데, 이는 계속해서 일어나고 또 일어났다.

크롬웰이 1650년 4월 국무회의에 소환됨에 따라 아이어튼이 그를 대행하기 위해 임명되었지만 아일랜드가 평정된 것은 결코 아니었다. 아이어튼은 다음 해 벌어진 전투에서 전사했고, 루드로우Ludlow가 미래에 대한 어떤 그럴 만한 두려움을 가진 채 임시 사령관직을 맡았지만 1652년 7월, 찰스 플리트우드Charles Fleetwood로 교체되었다. 강제적으로 잉글랜드에 병합된 아일랜드는 토지 소유 구조에서 또 한 차례의 커다란 변화를 겪었다. 동부, 중부, 그리고 남부에서 반란에 연루된 귀족과 젠트리 계급 인사들은 토지를 몰수당하고, 농지 크기가 작고, 비옥도가 떨어지는 서부의 돌투성이 땅 코나하트Connacht로 강제 이주 당했다. 웩스퍼드 등 전장에서 포로가 된 장교들과 병사들은 포상용 동산動産처럼 취급당했으며, 거의 노예처럼 팔려서 연한年限 계약과 함께 카리브해海의 바베이도스Barbados로 실려 가는 운명이 되었다.

크롬웰은 청교도 버전의 카이사르가 되어 잉글랜드로 귀환했다. 마스틴 무어, 네이즈비 또는 프레스턴 전투보다 그를 더 영웅으로 만든 결정적인 사건은 그토록 소름 끼치는 추악함 속에서 벌어졌던 아일랜드 원정이었다. 그는 아일랜드에서 이주 잉글랜드인들을 상대로 벌어졌던 1641년 학살 사건의 원수를 갚았다. 그는 야만인들에게 채찍을 휘둘렀다. 그는 월계관들 속에 파묻혔고, 환호 소리와 함께 개선했다. 수천의 관중이 하운즐로우 히스Hounslow Heath에서 그를 환호했다. 젊은 앤드루 마벌Andrew Marvell은 그 승리자에게 호라티우스Horatius풍의 송시를 선물하면서, 그가 개선에도 불구하고 여전히 순수한 사람으로 남을 것을 믿어 의심치 않았다.

> 그는 얼마나 선량한가? 얼마나 정의로운가?
> 또한 가장 높은 신뢰에 걸맞은 사람.
> 지휘함에 있어서 여전히 뻣뻣해지지 않았으며,
> 여전히 공화국의 손안에 있네.
> 그는 얼마나 마음을 흔들기에 적합한가?
> 순순히 복종할 만하네.

이렇듯 요란스러운 찬사로 인해 크롬웰이 속으로는 우쭐해지기 시작했는지 모르지만, 그는 여전히 자신이 신과 코먼웰스의 하인이라는 주장을 계속해 댔다. 그리고 아일랜드에서 얻은 병으로 인해 심신이 약화된 상태에서도, 그는 자신이 종종 언급한 바대로 '치유와 안정'의 과업을 완성하기 위해서는, 끝없이 이어지는 브리튼 전쟁에서 최소한 또 한 차례의 결정적인 원정이 있어야 한다는 것을 알고 있었다. 마블도 이에 동의했다.

> 그대 전쟁과 행운의 아들이여
> 행군은 지칠 줄 모르고 계속되리라

다음 전쟁은 북쪽에서 일어났다. 1650년 스무 살의 찰스 2세가 왕관을 쓰기 위해 스코틀랜드에 도착했기 때문이었다. 이곳이 그가 반격의 무대로 애초에 선택했던 첫 번째 장소는 아니었다. 어떤 측면에서 살펴보더라도 (크롬웰이 이미 예상했던 대로) 오먼드 공작이 있는 아일랜드가 훨씬 바람직한 작전 근거지였지만, 1649년 후반의 사건들이 그의 희망을 망치고 말았다. 그러므로 찰스가 네덜란드에서 스코틀랜드 협상단을 접견했을 때 그는 의기양양함을 잃은 절망스러운 상태였고, 따라서 '국민서약the National Covenant'에 서명해야 한다는, 그의 입장에서는 당황스러울 정도로 가혹한 조건에 동의하지 않을 수 없었다. '국민서약'은 부친에 대항하는 정치적 슬로건으로서 탄생한 바로 그 문서였다. 물론 1637년 이후 많은 일이 일어났으며, 부왕인 찰스 1세조차 큰 곤경에 처한 상황에서 스코틀랜드의 지원을 얻기 위한 방편으로 '국민서약'을 인정한 적도 있었다. 스코틀랜드 사람들도 다 알고 있는 사실이었지만, 찰스 2세는 그의 부친보다도 장로교회와 더 잘 어울리지 않는 사람이었으며, 칼뱅주의적 회개에 대해서도 별 관심이 없는 사람이었다. 그는 이제 겨우 스무 살의 나이였지만 그에게 사생아 몬머스 공을 안겨준 루시 월터Lucy Walter를 시작으로 수많은 정부를 취하는 등, 오히려 회개를 필요로 하는 죄업들을 쌓는 데 열중하고 있었다. 찰스는 아직 젊었음에도 그가 평생토록 몸에 지니게 될 자질들을 이미 다 갖추고 있었다. 그는 노력 없이도 매력이 넘쳤으며, 지적이었고, 나른했으며, 섹스에 굶주린 듯 탐닉했다. 이 점에서, 그는 소박하고, 금욕적이며, 공공연하게 성실했던, 그리고 신경증으로 인해 내성적이었던 부친과 극과 극이었다. 하루는 찰스 2세가 동생 제임스를 여자로 변장시켜 잉글랜드를 탈출할 수 있게 도와준 레이디 앤 머리Lady Anne Murray를 소개 받았다. 그는 만약 그렇게 할 수 있는 힘을 가지게 된다면 그에 마땅한 보상을 그녀에게 하리라고 약속했다. 그녀는 다음과 같이 적었다. '그리고 그 말과 함께, 왕께서는 손을 마치 내 가슴 위에 올려놓듯이 내 손 위에 올려놓으셨다.' 찰스로서는, 좋건 나쁘건, 자연스레 나오는 몸짓의 일종이었다. 그런 그를 좋아하지 않기는 거의 불가능한 일이었고,

그를 진지하게 받아들이지 않는 것 또한 마찬가지로 힘들었다. 그런 그이지만 스코틀랜드에 있는 동안은 아가일 후작 등 서약파의 지도자들이 그에게 취한 경계 조치에 짜증을 내고 있었는데, 그는 언젠가 몬트로즈가 이끄는 진정한 스코틀랜드 왕당파 군대에 의해 자유롭게 될 날을 고대하고 있었다. 그러나 하필이면 그때까지 용케 패배를 면하고 남모르게 은신 중이던 몬트로즈가 스코틀랜드 의회의 배신에 의해 체포되어 에든버러로 끌려왔다. 그는 교수와 함께 사지 절단형을 당했고, 시신 조각들은 스코틀랜드 각지로 보내졌다. 그와 함께 찰스의 희망도 물거품이 되고 말았다.

서약파 인사들은 자신들의 군대가 왕당파에 의해 오염되었을지도 모른다고 의심하면서 그들이 보기에 국민서약에 잠재적으로 불충실하다고 판단되는 장교들과 부대를 숙청하기에 이르렀다. 그 결과 스코틀랜드가 보유하게 된 것은 데이비드 레슬리 장군이 이끄는, 규모는 크지만 통제하기 힘든 비전문적 병력이었다. 크롬웰이 1650년 9월, 던바Dunbar 전투에서 맞닥뜨려 박살낸 것이 바로 그 부대였다. 크롬웰은 (서약파들과 같은 편에서 싸운 적이 있었고, 그래서인지 그들을 도저히 적으로 간주할 수 없었던) 페어팩스가 북부 원정군 지휘를 거부함에 따라 지휘를 맡게 된 것이었다. 크롬웰은 수적으로는 불리했지만, 동 트기 한 시간 전, 스코틀랜드 병력이 제대로 집결하기 전에 기병을 앞세워 적의 심장을 향해 저돌적인 맹습을 가함으로써 수적 불리를 상쇄했다. 잠깐 동안의 활극이 끝날 즈음, 스코틀랜드 병력은 수천 명이 죽었고, 다른 수천 명은 포로가 되었다.

스코틀랜드군은 과거에도 종종 그랬듯이 미들로디언과 포스Forth만 건너편의 파이프에서 벗어나서 스털링으로 퇴각했고, 찰스는 1651년 1월 1일 스쿤Scone에서 정식으로 왕위에 올랐다. 크롬웰은 끔찍한 날씨와 지나치게 연장된 보급선에도 불구하고 추격전을 벌이며 포스만을 건넜다. 1651년 여름, 찰스 2세와 레슬리는 크롬웰의 군대를 비와 진창 속에서 허우적거리게 놓아둔 채, 병력을 서쪽과 남쪽으로 움직여 잉글랜드로 진군하기 시작했다. 자신들이 생각하기에도 제법 대담한 작전이었다. 그들은 (훗날 1745년 찰스의 종손 보니 프린스 찰리Bonnie Prince Charlie, 즉 찰스 에드워드 스튜어트Charles Edward Stuart도 그랬듯이) 일단 잉글랜드 안으로 들어가면 스튜어트 왕가를 향한 불타는 충성심을 가진 국민이 자신들의 깃발 아래로 몰려들 것이라는 희망이 있었다. 그리고 그런 일은, 1745년과 마찬가지로, 일어나지 않았다. 온 나라가 새로운 코먼웰스에 너무나 헌신적이었기에 찰스에게로 결집한다는 것은 생각하지도 못할 일이었기에 그런 것일까? 그것은 아니었다. 공화정의 군대가 여전히 막강한 세력을 유지하고 있는 상황에서, 맹목적인 골수 왕당파를 제외하면, 스스로의 안전을 위태롭게 할 그토록 무모한 도박에 가담할 사람은 없었다. 이렇게 해서, 그들은 크롬웰이 예상하고 있던 바와 같이 과거 내전이 시작되었던 우스터를 향해 서부 잉글랜드를 가로질렀지만, 그들의 행군은 오롯이 스코틀랜드인들만의 외로운 과업이 되고 말았다. 크롬웰은 물러날 곳을 주지 않으려고 그들을 잉글랜드의 심장 속으로 몰아넣었다. 하나의 대단한 모험으로 시작된 전쟁은 찰스를 향해 조여 가는 강철제의 올가미로 변해가고 있었다. 상당한 규모의 다른 잉글랜드 부대들도 크롬웰에게 합류하기 위해 북쪽과 서쪽 방향으로 이동하고 있었다. 우스터 외곽에 결집한 2만 8000명가량의 코먼웰스 군대는 많아야 그들의 절반 정도에 불과한 스코틀랜드 왕당파 군대와 맞붙기 시작했다. 우스터 시가지 도로에서 서로를 난도질하면서 황혼 무렵까지 계속된 전투의 결과는 그야말로 유혈의 참사였다.

올리버 크롬웰은 아일랜드 원정 때보다 더 요란스러운 개선 행사 속에 런던으로 귀환했다. 찰스는 감금 상태에서 벗어나 여섯 주의 시간 속에 놀라운 탈출을 감행했는데, 이는 그가 벌인 일 중에서 가장 멋지고, 또한 가장 용감한 것이었다. 그는 일단 파리의 망명 궁정으로 돌아간 뒤에, 탈출 과정에 관해 많은 구체적인 이야기를 '창안'해 냈다. 일설에는 그가 자신을 도운 조력자들이 소추되지 않도록 하기 위해 그런 것이라는 이야기도 있는데, 그럴 수도 있지만 그가 그 이야기를 하는 것을 즐겼던 것이 확실한 점에 비추어볼 때 그 과정에서 자연스레 생긴 일일 수도 있다. 찰스는 곱슬곱슬 길게 자란 데다 숱이 많았던 검은 머리카락을 짧게 자르고, 얼굴을 견과류 즙으로 어둡게 칠해서 마치 햇볕에 타서 거칠어진 것으로 보이도록 꾸몄으며, 거기에다 거친 가죽제의 더블릿doublet을 입는 등 지방 요먼 차림으로 변장한 후 길을 나섰는데, 추적자들보다 영리했으며, 그들보다 빨리 달렸다. 웨스트 컨트리 지역 왕당파 인사들의 상당수는 가톨릭이었으며, 또한 그 이유로 인해 순간적 은폐에 능했는데, 찰스는 그들의 네트워크에 의지하면서 처음에는 팬더렐 형제의 집인 보스코벨 하우스Boscobel House 근처에 있는 스태퍼드셔Staffordshire의 숲에 은신했다. 그러고는 웨일스로 가기 위해 세 번 강을 건너려다 실패하고 그곳에 있는 어느 건초다락에 숨었다가 빗속을 걸어 보스코벨로 돌아갔다. 그는 그곳 공원에 있는 큰 오크 나무 속에서 지쳐 잠들었는데, 그 시간 군대가 보스코벨 하우스를 뒤지며 그를 찾고 있었다. 왕당파의 전설을 만들고자 했던 사람들에게 이것은 완벽하게 상징적인 순간이었다. 미래의 젊은 희망이 '오랜 잉글랜드 나무'의 자애로운 품에 안전하게 안겨 있던 순간이었으니 말이다. 찰스는 그 후 제인 레인Jane Lane의 하인인 '윌리엄 잭슨William Jackson'으로 변장하고 말을 달려 들판을 가로질렀다. 그는 브리스톨, 그리고 도싯의 브리드포트Bridport에서도 웨일스로 가는 안전 통행로 확보에 실패했다. 그곳 부두와 여관 모두 채널Channel 제도로 가는 배에 승선하려는 코먼웰스 군대의 병사들로 그득 차 있었기 때문이었다. 남쪽 해변을 떠돌면서도 통행로를 확보하지 못해 애를 태우던 찰스는 마침내 서식스의 쇼어햄Shoreham에서 믿을 만한 선박 서프라이즈Surprise호를 구하는 데 성공했다. 그의 목에 1000파운드의 현상금이 걸려 있었으며, 또한 그가 (마치 즐거운 게임이나 하듯이) 신중하지 못하게 '불한당 찰스 스튜어트'에 대한 농담을 던지는 등 자신의 변장술을 한계치까지 시험하고 다녔음을 감안하면, 그가 실제로 밀고당하거나 들키지 않은 것이 차라리 놀라운 일이었다. 찰스의 기적에 가까운 생존은 리바이어던(크롬웰)에 대한 복종을 잠정적으로 감수하고 있던 왕당파들에게 그들을 우울하게 만들었던 크롬웰의 상승常勝 기록과 경쟁할 수 있는 위안적 전설 하나를 안겨주는 효과가 있었다.

많은 조력자의 도움에 힘입은 찰스 2세의 탈주극은 바로 잉글랜드 혁명 그 자체에 대해 무엇인가 중요한 문제 하나를 말해준다. 그것은 혁명이 공화국의 생존에 필요한 경찰력과 편집증이라는 두 가지 요소를 본질적으로 결여하고 있었다는 것이다. 에드먼드 러들로 같은 매우 열성적인 공화주의자의 입장에서 보건, 존 릴번 같은 선지자적 입장에서 보건, 혹은 존 에블린John Evelyn 같이 지난날을 아쉬워하는 왕당파의 입장에서 보건, 코먼웰스가 축출된 군주정을 대체할 수 있는 공화주의적인 독립 문화를 발전시키는 데 실패했다는 것은 너무나 분명한 사실이었다. 18세기 프랑스 또는 20세기의 러시아나 중국의 경우를 포함하여, 그 어떠한 혁명도 충성의 방향 전환을 겨냥한 의식적인 문화 프로그램 없이는 오래 생존할 가능성이 별로 없다. 위에 언급한 혁명들의 경우에는 그 과정에서 특정한 문화적 프로그램들을 채택했고, 그것들은 새로운 국가의 이익을 위해 충성을 조직화할 수 있도록 공격적으로, 심지어는 야만적으로 실행되었다. (홉스는 이런 측면을 잘 이해하고 있었다.) 혁명의 필요에 의해 요구되는 충성은 노래, 서약, 구호, 그리고 공포에 의해 강화된 열정으로 공개적으로 표출되기 마련인데, 이는 정치적 중립을 불가능하게 만들 뿐 아니라 심지어는 범죄로 만들어버린다. 이 정도는 되어야 과거로 돌아가는 일이 불가능해진다.

그러나 1650년대의 브리튼에서 그 같은 일은 일어나지 않았다. 이러한 의미에서 찰스 1세의 참수라는 충격적인 드라마는 코먼웰스 및 크롬웰 체제의 진정한 본질을 오해하게 만들 소지가 있다. 왜냐하면, 당시 국정을 운영한 사람들은 연통형 모자를 쓰고 폴링 칼라(주름 옷깃)를 착용한 자코뱅Jacobin이 아니었고, 하물며 볼셰비키Bol'sheviki는 더욱 아니었다. 그들은 '자유'에 대한 오랜 생각들을 그저 습관적으로 내뱉을 뿐, 현실적인 실용주의자들이었다. 예컨대, 그들은 법의 절차와 같은 문제에서 (수평파가 요구했던 바와 같은) 급진적인 변화를 수반하는 어떠한 체계적 프로그램에 대해서도 수용을 거부했으며, 그만큼 그들의 자유 개념은 모호한 것이었다. 그들 나름의 가지치기 수준의 변화가 있었고, 그것만 하더라도 전무후무한 일이기는 했다. 국왕, 궁정, 귀족원(상원), 그리고 주교들이 사라진 것이 그것이었다. 그럼에도 잉글랜드의 많은 부분은 여전히 흔들리지 않고 남아 있었다. 헨리 마튼과 아서 하셀릭 등 당시 국가 경영을 맡고 있던 대부분의 중요 인물들이 더불어 성장하고 몹시 좋아했던 바로 그 잉글랜드였다. 1649년의 모든 외침과 분노에도 불구하고, 누군가가 상상한 새로운 예루살렘의 이름으로 자신들의 잉글랜드를 버린다는 것은 그들로서는 꿈도 꾸지 못할 일이었다. 그들의 시온은, 대단히 감사하게도, 판사석에, 카운티의 여우 사냥터에, 그리고 도시의 회계 사무실 속에 여전히 안락하게 자리 잡고 있었으며, 더구나 1650년대는 그것이 잘 작동되고 있는 때였다. 상황이 이러했으므로, 존 에블린처럼 부끄러운 줄 모르는 왕당파 인사들조차 (프랑스 혁명 때 정치적 망명자들의 운명과는 사뭇 다르게) 런던과 파리의 스튜어트 망명 궁정을 오가며 여행하는 것이 가능했으며, 더구나 에블린은 존 브래드쇼가 직접 그에게 내준 여권까지 지참하고 다녔는데, 브래드쇼는 과거 찰스 1세를 심문하고 그에게 사형을 선고했던 재판정을 관장하던 판사였다! 같은 해인 1649년, 에블린은 지방의 토지를 새로이 사들였고, 1652년 2월, 그는 귀환자 중 한 사람이자, 친구였던 홉스가 말하는 '리바이어던'이라는 선택적 대안을 사실상 받아들이면서 영구 귀국의 길을 택했다. 이는 '더 이상 잉글랜드를 떠날 생각을 하지 말고, 이곳[뎁트퍼드Deptford], 또는 완전히 반도들의 수중에 넘어가는 바람에 개선의 여지가 거의 없어 보이는 또 다른 어느 곳에서 안정된 삶을 살도록 노력해 보겠다'는 의미였다.

사실, 에블린이 혁명적 폭력에 휘말릴 가능성이 있는 것도 아니었다. 그는 실제로 전통적인 국가의 법과 질서를 유지하고자 하는 공화국의 헌신적 노력을 인상적으로 보여주는 사건을 직접 경험하게 되었다. 그가 어느 날 (각각 에메랄드와 오닉스를 장식한) 두 개의 반지와 '루비와 다이아몬드가 세팅된' 한 쌍의 죔새buckle를 차고 브롬리Bromley 숲속에서 말을 달리다가 두 명의 강도를 만나 칼로 위협을 당한 뒤에 풀려난 사건이었다. 에블린이 말을 타면서 그런 반짝거리는 금속 제품들을 차고 나갔다는 사실 자체가 그 자신이 코먼웰스 체제를 사회적 혼돈과 무질서의 불구덩이로 생각하지 않았음을 보여준다. 그리고 그런 그의 생각은 옳았다. 오크 나무에 두 시간을 묶여 있는 동안 '파리, 개미, 그리고 햇볕에 의해 고통을 당하다가' 묶인 줄을 푸는 데 성공한 그는 자신의 말을 찾은 다음 '당시 뛰어난 판사인 블라운트Blount 대령에게 달려갔고, 그는 즉시 추적대를 파견했다'. 그리고 에블린은 런던에서 노상강도를 알리는 전단지가 인쇄되어 배포되는 것을 목격했는데, 그러고는 단 이틀 만에 강탈당했던 보석들에 대해 모든 상황을 정확하게 알게 되었고, 그것들은 절차에 따라 그에게 돌아왔다. 그는 한 달 뒤에 강도들 중 한 명에 대한 재판에 참석하라고 연락을 받았지만, '그 친구를 교수형에 처하게 하고 싶지 않아서 … 참석하지 않았다'. 에블린은 보석들이 신속하게 돌아온 것, 그리고 악당들을 체포해서 본때를 보여준 것에 관해 '구세주 하느님께 감사드릴 영원한 의무를 지게 되었다'. 그러나 이와는 별도로 왕을 죽인 잉글랜드에서 법이 순조롭게 작동되고 있음을 어느 정도 인정하게 되었을 것이다. 그 이후로도 8년 동안 계속된 국왕 부재 기간 동안에도 그는 마치 왕이 왕좌에 앉아 있는 것과 다를 바 없는 나날을 보냈다. 의미 있는 예외가 있다면, 훌륭한 설교를 듣기 어려웠고, 크리스마스 축하 의식이 금지된 것이었는데, 이 조치는 (특히 비밀리에 행하고 있던 미사가 현장 급습을 당했을 때) 그를 매우 격동시켰다. 그럼에도 불구하고, 그는 토지 재산을 둘러보고, 지인들 및 학식 있는 동료들, 그리고 젠트리 계급 인사들을 대상으로 조경과 수목재배법에 관해 충고를 하는 등 자신의 일을 계속할 수 있었다.

1654년 여름, 에블린은 옥스퍼드에 장기간 체류할 기회가 있었다. 그곳은 과거 찰스 1세 때에는 윌리엄 로드 대주교의 근거지였지만, 그가 방문했을 당시에는 호국경 승인하에 워덤 칼리지Wadham College 학장 윌킨스Wilkins 박사를 비롯한 칼리지 학장들에 의해 지배되고 있었다. 복종적이건, 그렇지 않건, 옥스퍼드는 어쨌거나 학문과 과학에 적합한 공간이었으며, 에블린은 그곳에서 후일 왕립협회 동료가 될 많은 영재를 알게 되었다. 그중에 '젊은 영재학자 크리스토퍼 렌Christopher Wren'도 있었는데, 에블린은 그에 대해 '그는 매우 선명한 붉은색을 [아마도 반암斑岩을 흉내 내어] 착색시킨 흰 대리석 하나를 내게 주었는데, 이는 마치 자연석처럼 아름다웠다'라고 적었다. 웨스트 컨트리를 거쳐 이스트 앵글리아와 크롬웰의 근거지 캠브리지에 이르는 등, 에블린의 여행은 사실상 잉글랜드를 관통한 것이었는데, 그의 여행은 전쟁으로 인한 피해가 복구되고 있었고, (약간의 경제적 혼란이 있던 시기임에도 불구하고) 농업은 번창했으며, 젠틀맨들은 집과 정원을 '아름답게 꾸밀 것'을 계획하는 등, 눈에 띄게 정상적인 활동으로 돌아가고 있는 나라에 대한 기록으로 가득 차 있었다. 그곳은 더이상 충격에 빠져 있는 나라는 확실히 아니었다.

그리고 그 나라는 세상을 온통 뒤바꾸려 하는 사람들이 아니라 실용주의자들에 의해 경영되고 있었다. 미들 템플Middle Temple 소속 변호사 출신으로 버킹엄셔의 젠틀맨이었으며, 의회 의원과 국새장관을 역임했으며, 또한 크롬웰의 친구였던 불스트로드 화이트로크Bulstrode Whitelocke 같은 사람들의 일기를 읽어보면, 잉글랜드인들은 군주의 처형에도 불구하고 쉽게 동요되지 않는 사회적 지속성과 함께 다시금 정상적인 삶을 회복하고 있었음을 알게 된다. 1649년 화이트로크를 충격에 빠뜨렸던 사건은 찰스 1세의 죽음이 아니었다. 그는 종교의 자유와 관련하여 독립파적 견해를 가지고 있었던 확실한 의회파이자 온건한 청교도였지만, 그럼에도 그는 왕의 재판에 반대했으며, 재판에 위원으로 참여하는 것도 거부했었다. (이런 행위는 자코뱅 치하의 프랑스 혁명 때라면 언제라도 단두대로 보내질 만한 일이었다.) 그러나 당시 화이트로크에게는 훨씬 더 충격적인 하나의 사건이 있었는데, 두 번째 아내 프랜시스Frances가 죽음을 맞은 것이었다. 그는 그로 인해 커다란 정신적 외상을 입었고 거의 심신이 무너져 있었다. 이제 개인적 안정을 찾은 화이트로크이지만, 코먼웰스가 장차 어떤 국가가 될 것인지에 대한 불안감을 가지고 있었던 것이 사실이었다. 그는 어떤 경우이건 '군주와 유사한 어떤 것'을 가져야 한다는 생각을 가지고 공적인 삶 속으로 차분하게 걸어 들어가기로 했다. (그는 찰스 1세의 막내아들인 글로스터 공작 헨리 스튜어트가 정치적 덕목과 사려를 갖출 수 있도록 재교육이 가능한 연령임을 감안하여 그를 잠재적 후임자로 생각하고 있었다.)

화이트로크와 같은 사람들, 그리고 국무회의와 잔부회의 중요 인사들은 급진적 변화를 추구하기보다는 오히려 그것을 막는 데 더 많은 시간과 힘을 쏟았다. 그들이 권력에 앉아 있는 동안 보여준 활동들을 살펴보면, 만약에 찰스 1세가 1641년 소수의 형식적인 반대파 인물들을 추밀원에 앉히는 대신, 존 핌 같은 인물들을 자기편으로 끌어들이는 데에 성공했더라면, 어떤 종류의 실용적인 정부가 들어섰을지 짐작하게 해준다. 그렇게 되었더라면, 찰스는 자신이 두려워했던 선동가들 대신, 헨리 마튼, 헨리 베인, 그리고 아서 하셀릭 같은 인물들이 국가 경영자, 중상주의자, 자금 관리인 등으로 각각 활약하는 정부를 가질 수 있었을 것이다. 또한 그들의 당당한 걸음걸이와 예리한 눈을 통해 열성적인 애국자들도 확보할 수 있었을 것이다. 만약, 스튜어트 왕가의 부적절하고 의심스러운 정책을 대체할 수 있는 어떤 공화주의적 이념이 있었다면, 그리고 그것을 중심으로 (브리튼인들이 아니라) 잉글랜드인들이 실제로 힘을 합칠 수 있었다면, 국민적 이익을 적극적으로 추진할 수 있었을 것이다. 우리는 우스터 전투 이후의 코먼웰스 상황을 경건한 평화 속에 영위되는 삶이었을 것으로 너무나 쉽게 생각하는 경향이 있다. 그러나 코먼웰스는 사실 처음에는 네덜란드, 그다음에는 포르투갈, 또 그다음에는 스페인을 상대로 세속적인 전쟁을 벌이고 있었다. 이들 전쟁의 결과에 의해서, 벅찬 감명으로 성처녀 여왕을 기억하던 일군의 통치자들이 마땅한 책무로 생각했던 그대로, 엘리자베스 사후, 특히 공해를 무대로 활약하는, 가장 성공적이었던 전사 국가를 이루었으며, 이는 불운했던 스튜어트 왕가가 당했던 일련의 군사적 참패들과 현저한 대조를 이루는 것이었다. 블레이크 제독은 버킹엄 공작이 실패한 곳에서 성공을 거두었다. 크롬웰은 에식스 백작에 실패한 곳에서 그의 모든 전투를 통틀어 가장 무자비한 승리를 거두었다. 그의 공화국은 (제임스 1세와 찰스 1세가 가장 가슴 아린 실패를 맛보았던) 브리튼뿐 아니라, 북해North Sea와 발트해Baltic Sea를 넘어, 적도 양쪽을 아우르는 대서양을 포함하는 제국을 건설했다. 상업적으로는 탐욕스럽고, 군사적으로는 잔혹한, 그야말로 감상적인 맹목적 애국주의가 국가의 지도 원리로 정립되어 있는 제국이었다. 이러한 브리튼에서 국왕의 처형보다 더 나은 지침은 1651년 만들어진 항해법이었을 것이다. 이는 브리튼의 무역과 관련하여, 브리튼 국석의 선박들, 그리고 원산지 국가에서 화물을 적재하고 브리튼으로 오는 선박들을 제외한 모든 선박의 항행을 금지했는데, 이는 네덜란드의 해상 패권을 정조준한 것이었다. 이것은 국가가 나서서 필요하다면 전쟁을 통해서라도 어떤 사업을 극대화시키고자 했던 역사상 첫 사례였다. 종종 실제로 전쟁이 벌어지기도 했다.

그렇다면, 그 목적은 이루어졌을까? 거의 20만 명에 가까운 사람들이 전투에서 목숨을 잃고, 또한 그보다 더 많은 사람이 질병과 빈곤 속에서 죽어가야 했던 까닭이 농촌 젠트리와 도시 상인들이 공동의 연대 속에서 경영하는 브리튼을 건설하기 위한 것이었을까? 헨리 베인이나 아서 하셀릭, 또는 잔부의회 멤버들이라면 '그렇다'라고 대답했을지도 모른다. 왜냐하면 브리튼은 새로운 예루살렘은 아니었지만, 그렇다고 이곳에서 사익 추구의 자유와 종교적 양심의 자유가 하찮은 가치인 것은 아니었기 때문이었다. 아니, 그것은 큰 것이었다. (그리고 1776년 필라델피아에서 이 문제가 다시 한번 제기되었을 때도 그것은 의심할 여지 없이 큰 것이었다.) 그러나 경건한 카이사르 크롬웰에게 이는 그렇게 큰 것은 아니었다. 그는 이 (사람들이) '마음 내키는 대로 하는 브리튼'은 그동안 희생된 모든 피의 배상금으로는 너무나 보잘것없는 가치라는 생각에 사로잡혀 있었다. 공위空位 시대에 행해진 그의 길고 두서없는 의회 연설들은 듣는 사람들에게는 거의 고문에 가까운 것이었는데, 이는 잉글랜드의 내전의 역사를 가차 없이, 그리고 샅샅이 훑어 내리면서 그 갈등의 본질적, 그리고 보충적 의미를 정의하려고 했던 그의 희망 없는 노력에서 비롯된 것이었다.

크롬웰은 자신을 만족시킬 수 있는 어떤 분명하고 이론의 여지가 없는 근본적 원리를 확립하지 못했다. 그가 나라를 '치유하고 안정시킬' 것을 희망했던 바로 그 시간에, 그 자신의 인격체 속에서는 또 하나의 내전이 다시금 싸움을 벌이고 있었기 때문이었다. 잉글랜드의 정치적 평화 구축이 계속해서 좌절된 것은 그의 마음속에 재연된 바로 그 갈등 때문이었다. 그것은 신에 대한 복종과 정연한 사회질서 사이의 갈등이었다. 그리고 그 싸움의 결과는 크롬웰에게도, 코먼웰스 입장에서도 불투명한 것이었다.

그는 질서 유지를 옹호하는 사람들과 일정 부분 생각을 공유하고 있었다. 그들이 스튜어트 왕가와 싸운 까닭은 그들이 오기 전까지 잉글랜드가 누리고 있었다고 생각되는 자유를 지키기 위한 것이었다는 강력한 믿음 때문이었다. 그것은 군주라 할지라도 보통법에 의해 통제 받고, 의회의 동의 없이는 인민에게 세금을 부과하지 못하는 잉글랜드였다. 농촌 젠틀맨 출신의 크롬웰의 자아는 이러한 사회적 보수주의를 존중하고 지지하고 있었다. 그러나 그의 의회 연설들을 인내하며 듣고 있노라면, 그 누구라도 크롬웰의 내면에 도덕적 개혁을 절실하게 원하는 종교적 열정이라는 또 다른 자아가 도사리고 있음을 알아차릴 수 있었다. 이렇듯 종교적으로 열정적인 자아를 가진 크롬웰에게 내전이 어떻게 시작되었는지는 중요하지 않았다. 중요한 것은 어떻게 종결되느냐 하는 문제였다. '처음에 종교는 논쟁의 대상이 아니었지만, 신께서 마지막에 이 문제를 가져오셨고, 마침내 이는 우리에게 가장 소중한 것임이 드러났다.' 신께서는 일을 에둘러서 행하신 바, 그로써 스튜어트의 파라오Pharaoh들을 거만하고 고집스럽게 만드셨고, 그럼으로써 선택받은 자들이 떨치고 거사를 시작하게 만드셨다는 것이다. 그러나 그 약속의 땅은 처음 출발할 때에는 아무도 상상할 수 없었던 하나의 계시로 크롬웰에게 다가왔고, 이제 그것을 사람들에게 알려주는 것이 크롬웰에게 주어진 책무였다.

그러므로 그는 더 이상 기드온이 아니었다. 그는 이제 모세였다. 그리고 그는 갈수록 잔부의회 의원들을 금송아지, 즉 부富를 숭상하는 사람들로 간주하게 되었다. 그는 몰수 재산을 놓고 벌어지는 부도덕한 거래를 차가운 눈으로 바라보았다. 그가 술 취한 난봉꾼 취급하며 경멸했던 헨리 마튼 같은 공화주의

자들이 천박하게 으스대는 것도 못마땅하기는 마찬가지였고, 신의 관인한 은혜를 오용하는 행위에 분개했다. 크롬웰이 가지고 있던 정부관은 본질적으로 목회자적인 것이었으며, 또한 그가 후일 말한 것과 같이 경찰적인 것이었다. 신으로부터 권위와 행운을 부여받은 자들의 의무는 맡은 일에 대해 사심 없이 정의를 베푸는 것이었다. 크롬웰이 잔부의회에서 목격한 것은 인민들에게는 선량한 법에 대한 접근이 허용되지 않고, 그럼으로써 법률가들이 자신들의 사사로운 주머니를 채울 수 있게 허용하는 현실이었다. 그는 토지와 상업에서 재산이 축적되는 것을 목격했으며, 네덜란드와 싸우도록 사람들을 보낸 것이 결국은 상인들의 곳간을 불리고 지갑을 채워주는 것으로 귀결되는 것을 지켜보았다. 그의 군대가 마스틴 무어와 던바의 전장에 팔다리를 남긴 채 돌아온 결과가 고작 이들의 세속적 욕구를 만족시키기 위한 것이었던가? 크롬웰은 1653년 7월에 행한 연설에서, '나라 방방곡곡에서 인민들은 약속된 것들, 그리고 의무로서 실행되어야 할 것들이 불이행되고 있는 것에 실망하고 있다'고 말하면서, 자신이 잔부의회를 상대로 벌인 일을 정당화했다.

그를 가장 화나게 만든 것은 본인들의 필수 불가결성을 내세우는 잔부의회 정치인들의 태도였다. 사실, 그는 1649년 체제를 코먼웰스에 걸맞은 헌법을 정착시킬 때까지만 존속하는 임시 조치로 간주해 오고 있었다. 그리고 그는 잔부의회 의원들의 기회주의적 행동과 미루기에 급급한 작태는 더 이상 용납할 수 없을 정도로 장기간 지속되어 왔다고 판단하게 되었다. 잔부의회에 대한 청산 작업을 서두를 필요가 있었다. 그럼에도, 어떤 문제이건 무력으로 강행하는 것을 정말로 싫어했던 크롬웰은 최소한 1년 동안은 잔부의회 지도자들 스스로가 코먼웰스를 적절하게 '안정된' 형태로 탈바꿈시키는 문제에 전념할 수 있도록 돕기 위해 군 최고회의 동료들과 함께 노력했다. 또한 질서와 신앙의 문제를 둘러싼 각 정파 간 갈등을 조정하는 데 많은 열정과 시간을 쏟았다. 1651년 12월 초, 크롬웰은 화이트로크, 올리버 세인트 존, 하원의장 윌리엄 렌트홀 William Lenthall 등을 포함한 저명한 의회 구성원들, 그리고 고위급 장성들이 공동으로 참여하는 회의를 소집했는데, 장군들 중에는 토머스 해리슨처럼 세속적인 코먼웰스를 새로운 예루살렘으로 변모시키려고 조바심을 내는 사람들도 포함되어 있었다. 그들은 한자리에 앉아서 새로운 국가가 갖추어야 할 바람직한 정부 형태에 관해 논의했다. 장군들 대부분은 '완전한 공화정'을 원한다는 의견을 냈고, 의원들은 '혼합 군주정'을 선호했다. 그런데 장군 중의 한 사람, 올리버 크롬웰만은 군주정이 잉글랜드에 가장 적합한 정체일 수 있음을 말하고 있었다.

거의 1년이 지난 뒤에 국새장관 불스트로드 화이트로크는 크롬웰이 그렇게 말한 이유를 발견할 수 있었다. 그가 크롬웰과 함께 세인트 제임스St James 공원을 산책하고 있을 때였는데, 크롬웰이 갑자기 질문을 던졌다. '만약 어떤 사람이 스스로 왕의 책임을 맡는다면 어떨까?' (그의 말에 따르면) 화이트로크는 '그런 해법은 질병보다 나쁠 수 있다'라며 상대방을 무장해제 시킬 정도의 솔직함으로 응수했다. 이미 남부러워할 필요 없이 '충분히 왕다운 권력'과 그 직책의 장려함을 즐기고 있는데, 무엇 때문에 그런 현명치 못한 행동을 해야 하는가, 하는 것이 그의 이어진 설명이었다. 그러나 이런 찬물 끼얹기 식의 대답을 크롬웰이 기대했던 것은 아니었다. '우리 동지들 대부분은 자유 국가 안에 안착된 정부를 세우자는 희망으로 우리와 함께한 것이며, 이를 실현시키기 위해 온갖 위험을 무릅썼던 것'이라는 말은 그의 신경을 건드리는 불쾌한 사실이었고, 더더욱 듣기 싫은 말이었을 것이다. 화이트로크는 개인적인 소견으로는 그들이 적절하게 통제된 군주정보다도 코먼웰스 체제에서 더 많은 자유를 누릴 수 있다는 신념을 가지고 있으며 그로 인해 상황을 잘못 판단하고 있다고 서둘러 말했지만, 동시에 군주정에 준하는 그 어떠한 정체도 그의 권력 기반을 흔들 수 있는 위험이 내재하고 있다고 경고하는 것을 잊지 않았다. 크롬웰은 이에 대해 '그대가 나의 상황에 대해 그토록 충분하게 사려하고 있음에 감사하고, 이는 나에 대한 사랑의 증표라네'라고 말했다. 그러나 화이트로크는 크롬웰이 자신을 불쾌하게 만드는 사실을 들을 준비가 되어 있지 않음을 알아차렸다.

이와 함께 장군[크롬웰]은 말을 멈추고, 다른 무리들에게로 가서 화이트홀로 향했는데, 그의 얼굴 표정이나 행동으로 보아서는 아까 얘기했던 것[특히 찰스 2세를 만나라는 화이트로크의 충고!] 때문에 화가 난 것 같았다. 그럼에도 그는 그 이후 어떤 공개적 만남에서도 [내게] 이와 관련하여 이의를 제기한 적이 없었다. 단지 [나를 향한] 태도가 그 이후 변했으며, [나에] 대한 그의 충고가 이전처럼 잦지도 않았고, 친밀하지도 않았다. 그리고 얼마 지나지 않아 그는 [내가] 그의 야심적인 계획에 방해나 장애가 되지 않도록 치워버리기 위해 [주스웨덴 대사관에] 명예로운 일자리를 찾아 [나를] 보내버릴 기회를 찾았다.

크롬웰은 (아직은) 왕이 될 생각이 없었다고 해도, 그는 자신이야말로 시대적 '혼란들'을 종식시키고, 브리튼 민족들의 정치적 운명을 해결하라는 신의 선택을 받은 몸이라는 당당한 자기 정체성을 갖추어가고 있는 중이었다. 구세주께서 지상의 관리인인 자신을 내려다보시기 위해 오시는 중이었다. 이즈음 그의 마음과 입술을 가장 많이 차지한 것은 시편 제110편이었다. '주께서 시온으로부터 당신의 권능의 규를 내보내시면서 주는 원수들 중에서 다스리소서.' 크롬웰과 군의 장교들은 일단 행동을 먼저 취한 후에, 온 나라가 잔부의회 폐지를 간절히 원하고 있었던 것처럼 꾸미기로 했다. 아마도 네덜란드와의 전쟁, 그리고 스코틀랜드와 아일랜드 주둔 병력에 대한 경비 충당을 목적으로 한 징세 때문인지, 의회와 국무회의는 사실 인기가 없었다. 그러나 잔부의회 입장에서 보면, 만약 적절하게 군대를 빼내어 감축시키고 시민의 권력에 복종시킨다면, 조세 부담을 경감시킬 수 있을 것이고, 국가의 구원자로 보이게 만들 수 있었다. 물론, 군의 고위 장교들의 입장에서 보면 코먼웰스가 앓고 있는 질환에 대해 잔부의회가 내린 이 같은 처방은 자신들의 생각과 정확하게 거꾸로 가는 것이었다. 잔부의회가 아니라 자신들이야말로 인민의 이익을 지키는 진정한 수호자가 되어야 했기 때문이었다. 만약 군대가 아니라면, 그 누가 있어서 과두 집권 세력에게 보통 사람들의 곤경을 제대로 살피지 못하고 있다고 질책할 것이며, 소박한 정의를 외면하고 있는 책임을 물을 것이며, 또한 좋은 성직자의 공급을 요구할 수 있을 것인가? 다른 말로 하자면, 그들은 각기 상대방을 가리켜 시민의 등 뒤에서 영구 집권을 획책하고 있다고 의심하고 있었다. 쌍방 모두가 상대방을 제거하는 것을 코먼웰스 안착의 전제 조건으로 간주하고 있었다.

차분히 숙고하는 가운데 이루어질 상황은 아니었지만 어쨌거나, 언제나 그렇듯 이 문제에 대해 결정을 내릴 사람은 올리버 크롬웰이었다. 그는 군인인 동시에 정치인이었으며, 그런 이유로 얼마동안은 각기 자신들이 진정한 인민의 대표라고 주장하는 쌍방의 주장 속에 담겨진 진실을 이해하고자 하는 입장을 지켰다. 그러나 크롬웰은 1653년 초에 이르러 그동안의 중립적 태도를 버리고, 그가 그토록 자주 그들의 복지를 지켜주겠다고 맹세했던바 군대의 편에 섰다. 특별히 그의 마음을 상하게 한 것은, 군대를, 그동안 국가를 위해 많은 공을 세웠던 바로 그 군대를, 그것도 체불 봉급 및 연금을 달라는 요구에 제대로 된 처분도 없이 군대를 해산하겠다는 잔부의회 측의 오만함이었다. 그럼에도 그는 여전히 의회를 설득에 의해 유도할 수 있다고 생각하고 있었고, 만약 조용히 해결하는 것이 필요하다면 그렇게 할 수 있는 다른 방책도 있었다. 그것은 의회 해산에 동의하고 선거에 의해 그들을 교체할 수 있도록 적절한 조치를 취하는 것이었다. 그러나 그의 의심의 문턱은 낮았다. 토머스 스콧, 베인, 하셀릭 같은 잔부의회 지도자들이 의원들을 일거에 교체하는 것이 아니라, 개별 의원들의 은퇴 시에 해당 지역구 의원들만을 새로 선출하는 점진적 교체안을 내놓자, 크롬웰은 이를 두고 부끄러움도 모르는 영구 집권 책략이라고 생각했다. 만약 이 점진적 교체안을 받아들일 경우, 의회가 장로파 또는 '중립파'로 채워질 가능성이 매우 높다는 것이 크롬웰의 판단이었고, 이것이 더욱 상황을 꼬이게 했다. 이들은 크롬웰이 생각하기에 코먼웰스의 존재를 정당화하는 핵심 명분인 종교적 개혁 과제에 대해 적대적인 자들이었기 때문이었다. 그는 이 나라 어딘가에는 언젠가 웨스트민스터(의회)로 소환되어 신께서 잉글랜드를 위해 의도하신 바를 수행할 수 있는 영혼이 순결한 기독교인들이 기다리고 있다는 확신하고 있었다. 그런데 그들이 오는 길을 오염되고 권세 있는 자들이 방해하고 있으니, 웨스트민스터에서 성자들의 공화국을 실현할 수 있도록 그들 앞에 놓인 방해물을 치워주어야 할 필요가 있었다. 크롬웰은 자신이 소집한 의회 및 군부 지도자들의 연석 토론회에서, 의회를 해산하고 새로운 선거를 실시하는 동안 관리자 역할을 담당할 행정자문위원회를 창설할 것을 제의했다. 그는 이 기구를 통해 주제넘게 의회에 진입하려고 시도하려는 자들이 없는지 후보자들의 자격을 면밀하게 조사해 볼 작정이었다. 사실, 잔부의회는 1648년 프라이드 대령의 숙청 덕분에 명맥을 이어온 의회이지만, 5년이 흐른 지금에는 군부의 위협에 대항하여 의회주의적 자유를 수호하는 것이 자신들의 명분임을 자연스럽게 내세우고 있었다.

그러나 여전히 무력은 무력이었다. 군대는 적대 세력을 손보기 위해 칼집을 만지작거리고 있었다. 군사적 개입을 암시하는 은근한 협박이 그것이었다. 그리고 그것은 효과가 있는 듯했다. 크롬웰은 4월 19일 저녁까지만 해도, 잔부의회의 해산 및 새로운 선거에 관해 양측 간 합의가 거의 이루어졌다고 확실히 믿고 있는 것 같았다. 의회 지도자들이 그의 제안에 대해 하룻밤 자면서 생각해 보겠다, 그리고 제안에 대해 충분히 숙고할 때까지 계획하고 있던 토론을 일시 중지하겠다고 말했기 때문이었다.

그런데 그다음 날 아침, 크롬웰은 잔부의회 지도자들이 자기들 안을 폐기한 것이 아니라, 오히려 그에 대한 독회讀會를 서둘러서 진행하고 있는 것을 알아차렸다. 걸핏하면 화를 내곤 했던 그이지만 이번에는 폭발하고 말았다. 그들이 합의된 의사 과정을 어긴 것은 크롬웰이 어떤 수치스러운 속임수를 설사 필요로 했다 하더라도, 그것을 쓰지 않았다는 결정적인 증거이다. 만약 그랬다면, 잔부의회 정치인들이 자신들의 사익 추구에 도움이 된다고 생각했을 (속임수) 제안을 거절하지 않았을 것이다. 크롬웰은 1653년 7월 행해진 연설에서 '우리는 그러한 자질을 가진 사람들이 그것을 할 수 있으리라 믿지 않았다'는 말로써 그날의 사건을 설명했다.

크롬웰은 총사 중대의 호위를 받으면서 화이트홀을 들이닥쳤다. 그렇지만 그는 총사들을 의사당 출입문 바깥에 남겨둔 채 의사당 안으로 들어와 자리에 앉았으며, 그다음에는 하원의장에게 발언권을 요청한 뒤에 모자를 벗고는, 잔부회가 '공공의 이익을 배려한 것'에 대해 칭찬을 하는 등, 한동안은 의회의 관례를 존중하는 듯이 보였다. 그러나 이는 상찬이 아니라 부고에 다름없었으며, 크롬웰이 자신이 행하고자 한 일을 본격적으로 행동에 옮기면서, 그런 우아한 절차 따위는 사라져버렸다. '마치 정신이 나간 것처럼 대단한 격정과 마음의 동요를 표출하며' 이야기를 이어가던 크롬웰은 이제 놀라서 말문을 닫은 의원들을 공격하기 시작했으며, 정의와 경건함에 대한 그들의 무관심을 꾸짖었다. (크롬웰에게 강박관념을 안겨줄 정도로) 법률가들을 교묘하게 편드는 그들의 타락한 술책, 그리고 압제를 선호하는 장로파에게 추파를 던지는 사악한 수작도 도마 위에 올랐다. 기록에 따르면 그는 단도직입적으로 다음과 같이 말했다고 한다. '아마도 여러분들은 이것이 의사당에 어울리는 언어가 아니라고 생각할 것이오. 고백하건대, 나도 아니라고 생각하고, 여러분들도 내게서 이런 말이 나올 것을 기대하지 않았을 것이오.' 크롬웰은 모자를 다시 쓰고 (그것은 언제나 좋지 않은 징조였다) 자리에서 일어나 의사당 중앙에서 이리저리 왔다 갔다 하며 소리를 질렀는데, (그때 그 자리에는 있지 않았지만 해리슨을 통해 구체적인 이야기를 전해들은) 루드로우에 따르면, 그는 다음과 같이 말했다고 한다. '주께서는 그들의 쓰임을 다 끝내셨으며, 이제 그들보다 더 고결하게 그분의 일을 수행할 다른 도구들을 선택하셨소.' 그런데 그의 연설이 정점에 달했을 때, 연설을 멈추려는 무모한 시도들이 있었다. 워릭셔 출신의 피터 웬트워스Peter Wentworth 경이 용감하게 일어나더니, 크롬웰을 향해 그의 언어가 '부적절할 뿐만 아니라, 그것이 하인으로부터, 그것도 자신들이 가장 깊이 신뢰하고 지지하던 하인으로부터 나왔다는 점에서 더욱더 진저리가 난다'고 한 것도 그중의 하나였다.

그러나 이제 완전히 '학살 천사'의 모습으로 변한 크롬웰은 특별한 분노의 대상이 된 자들을 쏘아보며 그들의 기세를 압도하고 있었다. 주제를 넘어선 예의 웬트워스를 비롯하여, 헨리 베인과 헨리 마튼이 그들이었는데, 크롬웰은 이들을 가리켜 (이름을 특정하여 거명하지는 않았지만) 주정뱅이와 포주에 비유했다. (이 또한 루드로우에 따르면) 마침내 그는 '당신들은 의회가 아니다. 내가 말하건대, 당신들은 의회가 아니다'라고 말하면서 총사들을 의사당 안으로 불러들였다. 군인들이 요란스럽게 무리지어 들이닥쳤다.

의회 주권의 상징적 존재와도 같았던 사람들이 이제 쓰레기 취급을 받고 있었다. 하원의장은 토머스 해리슨 소장의 '도움을 받아' 자리에서 내려왔다. 그의 앞에 놓여 있던 직장職杖은 '어릿광대의 싸구려 장식'이라는 조롱을 받으면서 군인들에 의해 치워졌다. 의원들의 면책특권은 웃음거리가 되어버렸다. 그 자신이 군대의 회계 책임자이기도 했던 런던 출신 의원 앨런Allen은 군대를 의사당 바깥으로 빼달라고 크롬웰을 설득하다가 공금 횡령으로 몰려서 무장 병력에 의해 감치되기도 했다. 의회의 기록들은 압수되었으며, 의사당은 비워졌고, 출입구는 폐쇄되었다.

이것은 근대 정치의 음울한 어휘 목록에 있는 교과서적 의미의 쿠데타에 해당되는 사건이었다. 국민의 대의 기구를 무력으로 파괴한 것이었다. 사실, 크롬웰이 협박과 독재 사이의 경계선을 넘어선 것은 바로 1653년 4월 20일 아침, 언어에 의한 논쟁이 무력에 의한 해결로 전환된 바로 그 순간이었다. 그럼으로써, 그는 국왕의 비非의회주의적 원칙과 행동에 대항하며 싸워온 전쟁의 명분과 스스로의 정통성을 단박에 무너뜨리고 말았다. 크롬웰은 잔부의회를 축출한 자신의 행위에 대해 그들의 '야망과 탐욕'에 철퇴를 가한 것이라고 생각하고 싶어 했다. 그러나 그로 인해 치명적인 상처를 입은 것은 코먼웰스 그 자체였다. 코먼웰스의 권위는 (그것이 순전하게 홉스가 말한 권력에 근거를 두지 않는 한) 완전한 상태의 의회를 전제로 하는 것이었기 때문이었다. 물론, 잔부의회는 5년 전 동료들이 의사당 밖으로 축출되는 와중에 일부 남은 자들이 프라이드 대령의 휘하 병사들에게 자신들의 안내역을 맡도록 허용했을 때 이미 그 순수성을 상실한 것이 사실이었다. 그리고 만약 의원의 자질을 강직하고 독실한 신앙심에 두었다면, 마튼이나 그와 동류의 인간들은 그 일을 맡을 자격이 없다는 크롬웰의 말은 확실히 맞는 것이었다.

그러나 크롬웰이 그 4월 아침에 자행한 바와 같이, 변명의 여지 없이 의회의 독립성을 말살한 그 행위는, 지금도 하원 의사당 바깥에 서 있는 그의 동상을 허허로운 농담의 대상으로 만들 뿐이다. 1642년 봄 의회가 국왕 찰스에 대항하여 싸우기로 결정했을 때, 크롬웰이 그들 중 가장 전투적인 주창자 중 한사람으로서 의회가 군을 통제해야 한다고 외쳤던 것은, 바로 의회의 자유에 대한 이 같은 공격에 저항하자는 뜻이 아니었던가? 과거의 그 일과 이번 사건은 무슨 차이가 있는가? 잉글랜드가 국왕을 참수했던 것이 기껏 그들 스튜어트 왕들보다 더욱 부당하리만치 의회의 가치에 무관심한 우두머리를 가지기 위함이었던가?

오, 그런데 1653년 7월 4일, 새로이 구성된 의회[5]가 개회를 맞은 첫날, 크롬웰은 연설을 통해 이번 일은 과거의 것과 판이하게 다르다는 주장을 펼쳤다. 잔부의회를 해산시킨 자신의 결정은 의회 정부에 종지부를 찍으려 한 것이 아니라, 새로운 활력을 되찾게 하려는 의도였다는 것이다. 그의 가장 간절한 소망은 코먼웰스를 죽이는 것이 아니라, 구제하려는 것이라고도 했다. 만약 잔부의회를 마음대로 움직이도록 방치했다면, 그들 세력은 종교적 양심의 자유와 인민을 위한 정의의 분배라는 공화국의 본질적 가치에 근본적으로 적대적인 자들로 의회를 채우는 일을 서둘렀을 것이라는 게 그의 주장이었다. 이제, 암암리에 자유의 말살을 획책한 이들 파괴자를 대신하여, 선거가 아닌 지명에 의해, 신뢰할 만한 의인들로 새롭게 구성된 의회가 앞으로 16개월 동안 정부가

---

5   이 의회는 선거가 아닌 지명에 의해 구성되었기에 '지명 의회(Nominated Parliament)'라고 하고, 때로는 의원 중 한 사람의 이름을 따서 '베어본즈 의회(Barebone's Parliament)', 또는 '성인들의 의회(Assembly of Saints)'라고 부르기도 한다 — 옮긴이.

추진하는 적절한 제도들이 정착할 때까지 경건한 관리자로서 그 역할을 담당하게 될 것이라고도 했다.

진실은, 크롬웰은 언제나 그랬듯이 자신의 직무에 대해 배우고 있었다. 장기의회의 유물을 궁극적으로 대체할 수 있는, 또는 대체의 당위성을 만족하는 그런 입법기관이 과연 있을 수 있는지, 만약 있다면 어떤 종류의 것이어야 하는지에 대해 그는 아무런 명확한 개념을 가지고 있지 않았다. 그의 신은 디테일 속에 존재하지 않았고, 그런 것들은 그의 주의를 집중시키기에는 너무나 하찮은 것이었다. 그 대신에 그는 아리송한 종교적 언사를 통해 (새로이 구성된 의회의) '전체 무리를 보살펴 주시고' … '모든 양을 사랑해 주시고, 어린 양들을 사랑해 주시고, 모든 것을 사랑해 주시고, 모든 것을 소중하게 대해 주소서.' … '예수 그리스도께서는 오늘 그대들의 부름에 응하셔서 여기에 임하시며, 그대들이 기꺼이 여기 있고자 함에 따라 그를 뵙는 것'이라 말했는데, 그 어느 것도 구체적인 헌정 제도를 숙고하는 데에는 하등의 도움이 되지 않았다. 한편, 목사의 입에서나 나올 법한 그의 뜨거운 연설은 제5왕정파의 해리슨 소장, 그리고 크리스토퍼 피크Christopher Feake, 존 로저스John Rogers, 베버소 파월 Vavasor Powell 같은 전투적 설교자들을 비롯하여, 상황을 가장 낙관적으로 보고 있던 '성인파'들로 하여금 오래전부터 예고되어 오던 '성인들'의 임명이 마침내 이루어지는 순간이라고 믿게 했다. 그래서 그들은 (종교적 신념을 같이 하는) 70명의 '산헤드린Sanhedrin'[6]이 '브리튼-이스라엘'을 어서 빨리 구원해 줄 것을 재촉하는 심경이 되었다. 특히 해리슨은 다가오고 있는 환희의 순간을 기대하며 잔뜩 들뜬 나머지, 진홍색 코트를 걸치고 거드럭거리면서 다녔는데, 그의 붉은 얼굴은 '술을 잔뜩 마신 사람처럼 활기와 민활함이 드러났다.' 흥분된 순간으로 점철된 몇 주 동안의 짧은 시간이 흐르는 동안, 크롬웰은 그들의 의기양양한 기운을 공유하고 있는 것처럼 보였다. 신께서 그들에게 말씀하시길 '약속과

---

6   고대 이스라엘의 의회 겸 법원 ― 옮긴이.

예언의 가장자리'에 서 있으라고 하지 않았던가? 크롬웰은 자신이 이미 고대하던 휴거의 황홀감 속에 들어가 있는 것처럼 시편 110편을 다시 한번 불러들였다. '주의 권능의 날에, 당신의 백성들이 아침의 자궁으로부터 나온 거룩한 옷을 입고 기꺼이 주 앞으로 나아갈 것이며, 당신께서는 새벽이슬 같은 젊은이들을 맞으실 것입니다.'

그러나 그곳은 예루살렘이 아니었다. 그곳은 잉글랜드였으며, 휴거와 정치가 좀처럼 공존하지 않는 곳이었다. 어쩌다 한다 해도 그것이 그리 쉽지 않은 곳이었다. 그들의 열정이 조금씩 잦아들고 크롬웰 또한 어느 정도 냉정함을 되찾을 즈음, 헌팅던셔 농촌 젠트리 출신이라는 크롬웰의 정체성, 다시 말하면, 무질서한 열정을 경계하는 그의 보수적인 정치적 태도가 다시금 수면 위로 떠오르게 되었다. 그런가 하면, 장교 평의회가 선출한 새 의회의 구성원들을 일별해 보니, 역대 다른 의회의 구성원들과 비교하여 계시적 황홀감에 좀 더 쉽게 빠져들 사람들이라고 볼 수 있는 어떤 근거도 없었다. 사실, 그들은 크롬웰 같은 설교가라기보다는 지방 명사들에 가까운 사람들이었다. 전체 의원 140명 중에 약 3분의 2는 지주 계급에 속했으며, 115명은 치안판사 출신이었다. 그들 중에는 준남작 총 네 명, 각 샤이어별로 네 명씩의 기사, 귀족 한 명(필립 시드니 Philip Sidney - 라일Lisle 경), 그리고 이튼Eton 스쿨의 원로 학장이자 직전 의회 의원이었던 프랜시스 라우스Francis Rous가 포함되어 있었다. 그들 대부분은 아도니야Adonijah나 히스기야가 아닌, 길버트, 윌리엄, 찰스 같은 이름들을 가지고 있었다. 이 의회가 피혁 상인이자 비국교도(제5왕정파)인 런던 출신 프레이즈갓 베어본Praise-God Barebone의 이름을 따서 '베어본즈 의회Barebone's Parliament'로 불리기는 했지만, 전체적으로 볼 때 이는 몽상적인 천년왕국설 지지자들의 집회라고 할 수는 없었다. 그 외에 어떤 다른 선택이 있을 수 있었을까? 군 고위층들이 선거권을 확대하자는 수평파의 프로그램과 보다 치열한 변화를 요구하는 종파들의 주장에 등을 돌렸던 저간의 상황을 감안하면, 군 장교 평의회에 의해 새로운 의회 구성원으로 선택 받을 수 있는 유일한 사회집단은 (여느 때에 비해 조금은 더 눈에 띄는 경건함을 가지기는 했겠지만) 언제나 웨스트민스터의 의석을 거의 독점적으로 채워왔던 '말 타고 사냥하는' 바로 그 집단이었다. 그러므로 후일 왕정복고 시대 의회에서도 강인하게 정치적 생명을 이어가게 될 인물들, 예컨대 새뮤얼 핍스Samuel Pepys의 후견자이며 후일 샌드위치Sandwich 백작의 자리에 오르게 될 에드워드 몬태규Edward Montagu, (홉스 및 오브리와 같은 맘스버리 Malmesbury 출신으로서) 한때 도싯의 왕당파 지휘관이었으며 후일 섀프츠베리 Shaftesbury 백작이 될 앤서니 애슐리 쿠퍼Anthony Ashley Cooper 등이 자칫하면 우리가 청교도 교회당으로 착각할 수도 있는 바로 그 의회를 통해 정치에 첫발을 내딛었다는 사실은 그리 놀라운 일이 아니었다.

베어본즈 의회 또는 '성인들의 의회'의 대다수 구성원들이 샤이어 출신의 흔한 대지주 출신에 그쳤으며, 따라서 그들이 장차 종교적 열성분자들이 소중하게 생각하는, 예를 들면 십일조의 폐지 같은 목표들에 저항할 것이 확실해지자, 토머스 해리슨 같은 가장 열렬한 '성인파들'은 격분한 나머지 그곳을 떠났다. 처음에 새 의회를 마치 그리스도의 통치가 도래한 것처럼 환호하며 맞이하던 피크나 파월 같은 전투적인 설교자들도 광야에 남겨져서 부르짖는 처지가 되었다. 그들의 야망은 이제 기껏해야 웨일스 정도에서 복음전파 운동을 목표로 할 정도로 축소되었다. 베어본즈 의회의 구성원들이 극적 합의에 도달한 경우가 종종 있기는 했는데, 종교적인 것이라기보다 오히려 그 반대의 경우였으며, 가장 극적인 예는 교회 결혼의 폐지였다. 1653년 이후 3년 동안은 치안판사 앞에서 엄숙하게 거행된 결혼만이 합법적이었다. 그러나 판사들에 의한 혼인 증명은 제5왕정주의자들이 고대하던 바와 같은, 복음으로 재탄생한 코먼웰스는 아니었다. 크롬웰은 그들이 원하는 열정으로 네덜란드와의 전쟁을 수행하는 대신, 평화를 공모하는 것처럼 비쳐졌는데, 그 이유는 알 수 없었다. 그들의 꿈은 좌절되었고, 그들은 이제 크롬웰을 '그리스도의 적'이나 '늙은 용'으로 비난하는 등 욕을 하기 시작했으며, 온건파들을 향해서는 '성자의 자격을 박탈당한 자'라며 저주했다. 그 같은 책망에 지치고, 또한 코먼웰스로부터 기대했던 실용적 정부에 대한 희망도 잃어버린 윌리엄 시드넘William Sydenham과 앤서니 애슐리 쿠퍼 등 온건파 지도자들은 1653년 12월 12일, 크롬웰을 찾아가서는, 지난 4월 일어났던 사건과는 역으로 자발적인 폐원을 청하기에 이르렀다. 그들은 크롬웰 앞에 무릎을 꿇고 사임의 뜻을 표하면서 그에게 청하기를, 지독하게 말꼬리나 붙들고 늘어지는 그 기구를 차라리 안락사 시켜 달라고 했다. 크롬웰은 기꺼이 그 청을 수락했다.

베어본즈 의회는 형식만 본다면 '브리튼'에 존재했던 정체 중에서 가장 신정국가 체제에 가까운 것이었다. (왜 브리튼인가 하면, 이 지명 의회에는 아일랜드와 웨일스, 그리고 스코틀랜드의 대표들까지 참석했기 때문이다.) 그러나 이 기독교판 물라들mullah(이슬람의 율법학자)로 구성된 입법기구의 실체는 신정국가와는 거리가 멀었다. 의인들의 통치가 임박했다는 크롬웰의 경건한 우레 소리에도 불구하고, 그들이 내놓은 안건들과 태도는 어쩌면 괴짜의 광란에 비유할 만한 것으로서, 이는 크롬웰이 그들 '성인들'과 이른 결별을 고하게 만드는 이유가 되었다. 크롬웰 입장에서는, 종교적으로 경건한 의회를 만들겠다고 발부한 인가증이 결과적으로는 떠돌이 메시아들에게 각기의 풋내기 무리들을 하나의 회중교회 a gathered church로 참칭할 수 있는 기회를 제공한 것 같아서 정말로 충격 받은 것 같았다. 각 종파들은 코먼웰스에 의해 확고하게 주어진 신앙의 자유를 누릴 수 있어서 행복했는지 모르지만, 크롬웰은 그들 종파가 영혼의 전쟁을 벌이는 동안 다른 경쟁자들에게 관용을 베푸는 데에는 인색하다는 것을 깨닫지 않을 수 없었다. 그러므로 크롬웰이 그들의 편협에 대해 편협으로 대응하기 시작한 것은 어찌 보면 자연스러운 일이었다. 크롬웰은 크리스토퍼 피크와 존 로저스가 가증스럽게도 자신과 찰스 1세를 비교하자, 지난 세기 그와 성씨가 같았던 토머스 크롬웰이 자신의 의견에 동조하지 않는 자들을 투옥했던 바로 그 램버스Lambeth궁의 지독히도 더럽고 공기도 통하지 않는 굴속에 가두어버렸다. 로저스는 크롬웰과의 전시성 토론을 위해 감옥에서 끌려 나왔는데, 그는 자신이 죄수처럼 보이는지, 아니면 자유인으로 보이는지를 물었다. 크롬웰은 이에 대해 빈정거리는 말투와 독실한 척하는 태도가 반씩 섞인 특유의 반응을 보이면서, 그리스도가 우리 모두를 자유롭게 하셨으므로 자유인이 틀림없다고 대답했다. 그러나 가시적인 게임이 끝난 후, 그 '자유인'은 다시 감방 안에 쓰레기처럼 버려졌다.

성인들의 의회가 연옥처럼 불투명한 상황에 놓인 지 나흘 뒤인 1653년 12월 16일, 올리버 크롬웰은 로드 챈슬러의 법정Chancery Court에서 그 나름의 격식을 갖춘 의식을 통해 호국경Lord Protector에 취임하는 선서를 행했다. 과거 에드워드 6세의 미성년기에 서머싯 공작 에드워드 시모어Edward Seymour가 사용했던 그 직책이었다. 서머싯이 참수대에서 생을 마감했던 것을 생각하면, 그리 상서로운 전례는 아니었다. 그렇지만 17세기 역사 읽는 재미에 푹 빠진 독자들의 입장에서 볼 때, 1540년대는 호국경 서머싯이 잉글랜드의 프로테스탄트 개종을 총괄하고 있던 때로서, 로마가톨릭교회의 폐단을 대신한 토머스 크랜머의 복음주의 신앙이 꽃피던 시절이기도 했다. 그리고 크롬웰은 (이 국면에서) 자신에게 귀족적인 분위기를 더하는 것이 그리 좋을 것 없다는 것을 잘 알고 있었다. 그는 런던 시장이 그로우서즈Grocers홀에 마련한 연회에 참석하기 위해 런던의 거리들을 지나는 동안 모자도 쓰지 않는 등 겸손한 모습을 보이려고 애썼다.

새로운 정권의 제도적 정비와 관련하여 일일이 크롬웰까지 귀찮게 할 필요는 없었다. 좀 더 현실적이었던 군 장교 평의회의 구성원들은 지명 의회Nominated Parliament(성인들의 의회)의 붕괴를 촉진 내지는 예측하면서, '통치장전Instrument of Government'이라는 헌정제도를 사전에 기획해 놓고 착수 시기만을 기다리고 있었다. 이를 주도한 인물은 지적이며 야심이 매우 컸던 존 램버트John Lambert 장군이었다. 그는 헨리 아이어튼 이래 그 누구보다도 크롬웰이라는 사람을 잘 이해하고 있는 것처럼 보였으며, 또한 그를 계시로부터 해방시켜 현실적 권력으로 복귀시켜야 할 시기가 언제인지에 대해서도 잘 알고 있는 듯했다. 그는 중앙집권적 권력과 권위야말로 크롬웰이 언제나 말하던 '치유와 안정'을 실현시킬 최선의 수단이라고 크롬웰을 설득했으며, '통치장전'을 통해 자유의 희생 없이 크롬웰의 목표를 성취하겠다고 다짐했다. 이제 나라는 '한 사람과 의회'에 의해 통치될 것이며, 이 공식은 호국경의 남은 생애 내내 지속될 헌정적 목표이기도 했다. 사실상 정부의 일상적 기능을 수행한 것은 호국경의 국무회의Council of State였다. 국무회의는 15~20명 정도의 인원으로 이루어진 초기 형태의 내각으로서, 구성원들의 상당수는 성인들의 의회에서 가장 실무적인 관리역할을 맡았던 사람들이었다. 크롬웰의 오랜 동지이자 사촌 매부인 올리버 세인트 존을 비롯하여, 에드워드 몬태규, (그리고 1654년 12월 국무회의를 떠나게 될) 앤서니 애슐리 쿠퍼가 그들이었다. 존 설로John Thurloe는 국무장관이자, 사실상의 경호 책임자였다. 그렇다고 호국경 시대의 의회가 겉치레 기구로 존재했던 것은 아니다. 적어도 서류상으로는 그렇지 않았다. 그들은 매 3년마다 선거를 통해 구성되었고, 브리튼의 4개 민족 모두가 대표들을 파견했으며, 1년 중 최소한 5개월의 회기를 가지도록 규정되어 있었다. 다른 말로 하자면, 호국경 시대의 의회는 1640년대 가장 선진적 의회주의자들이 주장하던 것에 상응하는 것이었으며, 이는 또한 장차 1688년과 1690년 사이 도래할 제2의 혁명적 국면에서 실현될 모습이기도 했다.

헌정적 청사진을 그리기는 쉬웠다. 다시 창안된 '왕 없는 국가'가 미래에 가지게 될 진정한 문제는 설계의 형식이 아니라 정치적인 작동의 문제였다. 홉스가 인지하고 있었듯이, 왕을 상대로 거둔 외견상의 완벽한 승리에도 불구하고, 새로운 브리튼은 소극적 동의를 적극적 충성으로 전환시키는 데에 여전히 현실적인 어려움을 겪고 있었다. 이 문제는 호국경 정부가 (인기가 있거나 또는) 효율적이고 사회적으로 용납되는 수준에 다가가면 갈수록 군주정과의 차별성이 줄어든다는 점에서 복합적 성격을 띠게 되었다. 물론, 여기에서 말하는 군주정이란 옛 스튜어트 군주정을 말하는 것이 아니라, 덕스럽고 책임 있는 군주에 의해 체현되는 군주정으로서, 일정 수준 보통법을 존중하고, 제한적이나마 종교의 자유를 보장하는 정체를 말하는 것이다. 사실, 이러한 군주상은 크롬웰의 자기 인식과 동일한 것이었으며, 또한 이것은 1642과 1647년 의회가 원했으나 둔감하고 자기 파괴적이었던 찰스 스튜어트가 일축했던 종류의 군주상像이기도 했다. 크롬웰이 자신이 왕이 되면 안 되는 이유를 생각해 내는 데 그토록 많은 어려움을 겪어야 했던 것도 이 때문이었다. 군주정은 그와 나라에 대한 신의 의도와 관련하여 크롬웰이 가장 최근에 가지게 된 신념이기도 했다. (어쨌거나, 이스라엘의 모든 왕이 한 가문 출신이었던 것은 아니었다. 다윗David은 사울Saul의 아들이 아니었다.) 이러한 신념을 가슴에 품은 채, 그는 왕권을 향해 조금씩 다가갔다. 그런 그의 모습은 호국경 인장에도 표현되었다. 1655년에는 반 다이크가 그린 찰스 1세의 기마 초상 위에 그의 얼굴 이미지가 덧씌워지기도 했다. 또 다른 판화도 있었다. 잉글랜드, 스코틀랜드, 그리고 아일랜드 왕국이 무릎을 꿇고 각기 감사의 읍소를 올리는 장면이 새겨진 기둥들이 세워져 있고, 그들 사이에 크롬웰이 서 있는데, 월계관 덮인 그의 이마 위로 (신학적 입장에 따라 성령으로 해석될 수도 있는) 평화의 비둘기가 날갯짓을 하고 있다. 그는 여기에서 전형적인 황제의 모습을 취한 무장한 평화중재자로 그려졌다.

같은 판화에서, 크롬웰은 또한 스킬라Scylla 바위와 카리브디스Charybdis의 소용돌이라는 두 개의 난관 사이에서 국가라는 배를 안전하게 몰고 나가는 근대판 율리시스Ulysses의 모습으로도 그려졌다. 그러나 사실을 따져본다면, 이 그림에 묘사된 스킬라와 카리브디스는 크롬웰이 정부의 기반으로 삼을 수 있는 두 개의 집단, 즉 공화주의적 열성파와 관리형 실용주의자, 또는 옛 크롬웰의 생각을 반영하는 집단과 새로운 크롬웰을 반영하는 집단을 의미하는 것으로서, 이들은 여전히 서로 대립하고 상호 위협적인 위치에 있는 권력의 두 기둥을 대변하고 있었다. 만약 크롬웰이 배를 실용주의자들에게 너무 가까이 몰고 가면, 이는 그가 군의 장교들, 그리고 자신을 결코 용서하지 않고 있을 것이 분명한, 축출당한 잔부의회의 공화파 정치인들을 치명적으로 소외시키는 위험을 각오해야 함을 의미하는 것이었다. 반대로 그가 만약 배를 열성파들을 향해 너무 독단적으로 움직인다면, 이는 무정부 상태를 자초할 위험도 있으려니와,

위대한, 그리고 포괄적 중재자로서의 자신의 권위를 훼손시킬 수도 있는 것이었다.

역설적으로, 만약 크롬웰이 스스로의 권위와 관련하여 좀 더 오만하고 독단적인 확신이 있었다면, 아마도 그는 왕이 되어달라는 사람들의 반복된 요청을 받아들였을 것이고, 또한 그럼으로써, 국가의 안정을 확보하는 데 최선의 수단을 제공할 수 있는 제3의 길을 창출할 수도 있었을 것이다. 그러나 사실 올리버 크롬웰은 진정한 리바이어던이 되기에는 적합한 인물이 아니었다. 거의 3년 동안 그는 정부의 실제적 운영을 램버트와 설로에게 맡기고 뒷자리에 물러나 있었으며, 열성파와 실용파 사이에서 그가 취한 정치적 행위는 그저 그때그때 일어나는 위협적 사건들에 대한 대증요법에 불과할 뿐 이었다. 그는 전쟁에서는 유능한 전략가였지만, 평상시에는 전술적 함정조차 제대로 피해가지 못했다. 예컨대, 1654년 9월에 개원 예정이었던 첫 번째 호국경 시대 의회 선거에서 (토머스 스콧이나 아서 하셀릭 등) '통치장전'을 받아들일 의도가 전혀 없는 잔부의회 출신들이 잇따라 선출되는 상황이 벌어졌는데, 이에 대한 크롬웰의 대응은 '승인Recognition' 선서에 서명할 준비가 되어 있지 않은 자들을 쫓아내는, 그러니까 또 한 번의 숙청을 허가한 것뿐이었다. 이로써 열성파들은 소임을 다했다.

그런데 크롬웰이 정말로 그 말을 했는지는 모르지만, 아무튼 '천우신조'로 종교적 신념과 애국적 실용주의가 완벽하게 맞아떨어진 적이 있었는데, 잉글랜드 안에 유태인 공동체가 재건된 일이다. 크롬웰 치하에서 다양한 사건이 많이 일어났지만, 그렇다고 이것이 단지 그중의 하나로서 가볍게 다루고 넘어갈 만한 사건은 아니었다. 비록 크롬웰의 동기가 복합적인 것이었고, 심지어는 혼란스럽기까지 했지만, 그럼에도 그의 행동은 주목할 만한, 또한 완벽하게 자애로운 결과를 만들어냈기 때문이었다. 유태인들과 그들의 후손에게 호국경이라는 칭호는 실질적인 의미가 있었다.

이는 유태인들을 다시 잉글랜드로 불러들이려는 크롬웰의 의도가, 그들의 이민을 주도한 학자이자 랍비로서 당시 암스테르담에 거주하고 있던 므낫세 벤 이스라엘Menasseh ben Israel이 낙관적으로 평가한 것처럼 오로지 그의 '다정지심'에서 비롯되었다고 말하려는 것이 아니다. 다른 수많은 동시대 복음주의자와 마찬가지로 크롬웰은 무엇보다도 적그리스도의 결정적 파멸을 명령한 메시아적 시간표에 응답한 것이며, 따라서 유태인들의 개종은 절대적인 전제였다. 이와는 반대로, 므낫세의 히브리 신비 철학 프로그램은, 일단 유태인들이 지구상에 있는 모든 민족 사이에 흩어져야 하고, 그때서야 구세주가 출현하시어, 그의 백성들로 하여금 시온 땅을 되찾고 사원들을 다시 세우도록 하실 것이라는 생각에 바탕을 두고 있었다. 크롬웰의 입장에서 볼 때 앞에서 언급한 그의 의도 자체가 좋은 동력이 되기는 했지만, 좀 더 실용적인 다른 동기들이 작용하지 않았다면, 유태인들의 재입국이 실제로 이루어질 수 있을 정도로 진척되기는 어려웠을 것이다. 그리고 그 다른 동기들 속에는 구원의 문제가 아니라 돈과 권력의 문제가 놓여 있었다.

사실을 따지자면, 이미 런던에는 유태인 공동체가 존재하고 있었다. 그들은 과거 스페인과 포르투갈에 거주하던 유태인들로서 기독교로 개종한 것으로 알려진 마라노Marrano 공동체였으며, 런던 시내에 불법적으로 거주하며 상업 활동을 하고 있었는데, 이들은 크리처치Creechurch가街에 비밀스럽게 유태교 회당을 세울 정도였다. 런던 상인들의 입장은 둘로 나뉘어 있었는데, 하나는 히스패닉과 네덜란드 무역 세계 안에 흩어져 살면서 광범위한 네트워크를 구축하고 있을 뿐 아니라 유태교라는 공통의 신앙을 가진 세파르디Sephardi 유태인들(스페인 및 북아프리카 유태인들)이야말로 소중한 가치를 가진 상업과 정보의 원천이라고 믿는 입장이었다. 다른 하나는, 만약 그들이 잉글랜드에 정착하게 되면 다른 경쟁 상대들을 불식시켜 버릴 것이라는 우려의 입장이었다. 존 설로는 장차 잉글랜드가 스페인, 포르투갈, 그리고 네덜란드를 몰아내고 하나의 상업 제국을 건설한다는 야심 찬 계획 안에서 그들이 일익을 담당하게 될 것이라고 믿는 사람들 중의 하나였다. 유태인들에게 잉글랜드 재입국 절차를 밟도록 권한 사람도 그랬다. 그렇지만 1655년 초에 유태인 재입국 절차와 관련된 안건이 국무회의에 상정되었을 때만 해도 분위기가 매우 냉랭했던 것이 사실이었다. 크롬웰이 세인트 폴 성당을 유태인들에게 팔아넘길 계획이며 그들이 그곳을 유태교 회당으로 바꿀 것이라는 소문이 나돌았고, 또한 선량한 잉글랜드 상인들이 탐욕스럽기로 악명 높은 히브리 상인들 때문에 빈곤의 나락으로 떨어져버리고 말 것이라는 소문도 돌아다녔다.

그럼에도, 크롬웰은 계획을 밀어붙였다. 1655년 10월, 크롬웰은 호국경 관저 근처 스트랜드Strand가에 묵고 있던 므낫세와 개인적인 만남을 가졌다. 이들의 조우는 성경, 혹은 그것이 아니라면 최소한 외경外經의 서사 구조를 갖춘 회합이었다. 므낫세가 생각하기에, 크롬웰은 예루살렘 귀환 및 재건설이라는 그들의 신성한 목표를 앞당겨줄 키루스Cyrus 2세[7] 같은 존재였다. 또한, 기독교측의 좀 더 자기만족적인 기록에 따르면, 므낫세는 크롬웰이 과연 인간의 존재인 것이 맞는지를 확인하기 위해 그의 몸을 손으로 눌러보았다고 한다. 므낫세의 주술적 매력은 경건함과 지적 능력이 결합된 것으로서, 당시 암스테르담에서는 그의 학문 수준과 종교적 열정에 필적할 수 있는 사람을 찾아보기 어려웠다. 아무튼, 그날 두 사람이 성경, 고대 역사, 예언, 그리고 과학에 대해 수준 높은 의견을 교환했으리라는 것은 쉽게 짐작할 수 있는 일이다. 그리고 두 사람 사이에는 어떤 중요한 공감대가 형성되었을 것이다. 국무회의 다수가 재입국 안건에 반대했기에 유태인 재입국 조치를 공식적인 정책으로 밀어붙이지는 못했지만, 크롬웰은 개인적 권위를 이용하여 이미 런던에 거주하고 있던 기존의 유태인 공동체 및 새로이 은밀하게 입국하는 유태인들을 보호하는 조치를 강구했다. 그러나 그것은 므낫세가 희망해 오던 바는 아니었다. 공식적 재입국 허가가 아니라면, 이를 유태인들의 전면적 분산에 관한 예언 실현이라고는

---

7 기원전 6세기 페르시아 제국의 건설자로서 바빌론(Babylon)에 잡혀 있던 유태인들을 예루살렘으로 돌아가게 해주고, 예루살렘에 성전을 짓도록 허용해 줌 — 옮긴이.

보기 어려웠기 때문이었다. 실의에 빠진 데다 돈까지 떨어진 그는 크롬웰을 찾아가, 런던에서 죽음을 맞은 자신의 아들과 함께 암스테르담에 돌라갈 수 있도록 여비를 지원해 줄 것을 부탁했다. 얼마 되지 않아 그는 세상을 떠났다.

그리고 하나의 공동체가 재탄생하게 되는 사건이 일어났다. 1656년 발발한 스페인과의 전쟁으로 인해 잉글랜드에 거주 중인 스페인 국왕의 신민들 재산이 압류 대상이 되었다. 그렇게 재산을 압류 당할 처지가 된 상인들 중에 안토니오 로드리게스 로블레스Antonio Rodrigues Robles라는 사람이 있었는데, 자신은 스페인 사람이 아니라 유태인이라면서 자기 재산에 대한 몰수 조치를 무효로 해달라는 청원서를 정부에 제출했다. 그의 청원이 암묵적으로 받아들여지면서, 유태인들은 무려 3세기 반 만에 처음으로 드러내놓고, 또한 대체로 큰 어려움 없이, 런던에서 거주하고, 장사도 할 수 있게 되었으며, 게다가 종교 활동도 할 수 있게 되었다. 유태인들이 처음으로 자신들의 엉덩이를 맡겼던 크리처치가의 유태교 회당 안 오크 나무 벤치들은 훗날 베비스 마크스Bevis Marks에 있는 훨씬 큰 규모의 신전으로 옮겨졌지만 오늘날까지 그대로 보전되어 있다. 그 의자들은 좁고 등받이도 없었으며, 불편함에 있어서 주객이 하나의 가구를 공유하는 청교도 교회의 벤치들과 다르지 않았다.

유태인들의 재입국 문제에 관해 개인적 감정의 온도 차이는 있었겠지만, 실용적 입장의 국가 경영자들은 그래도 그것이 국익에 도움이 될 것이라는 결론에 이르게 되었는데, 그들의 세계관은 (그리고 그 세계에서 브리튼이 점하게 될 위치에 관한 생각은) 복음주의적이라기보다는 그 본질에 있어서 기계론적이고 상업적이었다. 그들은 기독교적 선지자가 아니라, 권력을 가진 기술자이며, 정보 수집자이고, 수익계산기였다. 만약, 호국경 정부의 목표가 새로운 예루살렘의 건설이었다면, 이들의 첫 번째 관심사는 거기에 투입될 벽돌의 비용이었다. 이 시기 몇 년 동안 일어난 사건들이 브리튼 역사의 이례적인 부분으로 간주될 수도 있지만, 최소한 이 대목에서, 왕이 있건 없건, 좋건 나쁘건, 브리튼 제도 안에서 근대적 정부의 기원을 연 사람들이 바로 그들이었음을 확인할 수 있다.

브리튼이 대서양 노예제도에서, 때로는 부도덕한 군사적 침략과 비인도적인 악랄한 수단을 통해, 하나의 상업 제국을 건설한 것도 바로 이 무렵이었다. 또한, 뉴잉글랜드 해변 매사추세츠에서는 경건하면서도 경제적 타산이 맞는 또 하나의 코먼웰스가 장려한 역사를 막 시작하고 있었다. 그러나 다른 한편으로는 또 다른 의미의 제국 하나가 건설되고 있었는데, 그것은 지식의 제국이었다. 그 지식은 순수한 지식 그 자체가 아니라, 권력의 재료가 될 수 있는 지식, 바로 과학적 지식이었다.

과학적으로 습득된 정보와 정부의 효율적 통치 사이에 어떤 자연스러운 연관성이 있다는 것을 알게 된 사람들은 훗날 자신들을 가리켜 '정치적 산술가들political arithmeticians'이라고 불렀다. 그런 관용어를 만들어낸 윌리엄 페티는 그들 중에서도 발군이었다. 의류업자의 아들이었던 그는 바다로 나섰다가 프랑스 해변에서 발이 부러졌는데, 동료 선원들로부터 버림받은 일이 있었다고 한다. 캉Caen의 예수회 학교, 그리고 거칠기로 이름난 왕립 해군 학교에서 수학한 그는 당시 파리에 체류 중이던 홉스가 채용할 만큼 수학과 자연과학의 영재였다. 내전이 끝난 후, 아마도 홉스와 같은 생각을 가지고 잉글랜드로 돌아온 그는 아직도 20대의 나이였다. 그는 일군의 과학자들과 교유하게 되었는데, 그 중에는 확고한 왕당파이지만 '자연철학자'로서의 본분에 더욱 충실했던 로버트 보일Robert Boyle도 포함되어 있었다. 그들 과학자는 모두가 대중의 주목을 받을 만한 경이로운 업적을 추구하고 있었는데, 당시 자격을 갖춘 의사였던 페티는 1650년 무렵, 앤 그린Ann Greene이라는 여자로 인해 사람들의 주목을 받게 되었다. 그녀는 자신의 사생아를 살해한 죄로 교수형을 당했던 사람이었다. 분명히 죽었다고 선언된 뒤에 관에 넣어졌던 그녀는 해부 절개 직전에 아슬아슬하게 페티에 의해 구조되었다. 그는 그녀의 피를 뽑아 치료하고 돌보았으며, 나중에는 그녀의 결혼을 위해 지참금을 모으기까지 했다. 격렬한 정치적 열망으로부터 잠시나마 벗어날 수 있는 위안거리 일화를 찾고 있던 언론들이 반색할 만한 이야기였다. 이 사건은 페티를 유명하게 만들었고, 덕분에 그는 옥스퍼드 대학교 브레이즈노즈 칼리지Brasenose College의 선임 연구원이 되었다.

페티가 왕정복고 후에 왕립협회 설립을 주도하게 될 일군의 핵심 과학자들과 처음 조우한 곳도 이곳 옥스퍼드 대학교였다. 워덤 칼리지 학장 존 윌킨스John Wilkins, 그리고 젊은 크리스토퍼 렌Christopher Wren과 로버트 보일이 그들이었다. 올리버 크롬웰은 그들을 호의적으로 지켜보고 있었다. 보일은 왕당파였지만, 그의 형 브록힐Broghill 경(로저 보일Roger Boyle)은 크롬웰의 가장 가까운 친구 겸 조언자였다. 올리버 크롬웰이 어느 날 딸 엘리자베스, 그리고 사위이자 의회 의원이며 통상위원회 소속이던 존 클레이폴John Claypole이 머물고 있던 윌킨스의 기숙사를 방문한 적이 있었는데, 그는 그곳에 전시되고 있던 광학 및 기계장치에 아주 큰 관심을 보였다. 그런데 윌리엄 페티는 동료 학자들보다도 야망이 더 큰 사람이었다. 1652년, 그는 (의료 지원을 절실하게 필요로 하던) 군의 의무감으로 아일랜드로 파견되었는데, 그곳에 있는 동안 이후 수년간에 걸쳐서 자신의 통계학적 감각을 활용할 곳을 찾았다. 그것은 1654~1656년 시행된 토지조사를 통해 확인된 상당량의 몰수 토지들을 지도에 올리는 사업이었다. 그 지도 제작은 사심 없이 이루어진 것이 아니었다. 페티의 토지조사는 올리버 크롬웰의 아들이자, 종교적 열성파에 속하는 군 장교들에 의해 적으로 간주되고 있던 헨리 크롬웰Henry Cromwell에게 ('측정된', 그리고 '신중한'이라는) 두 가지 의미가 모두 담긴 설계도measured design를 제공하려는 의도에서 추진된 것이었는데, 이것의 목적은 패배자인 아일랜드 지주들의 토지를 정복자인 군대로 이전하고자 하는 것이었다. 그는 이제 의사가 아니라 훼손된 아일랜드 국토 해부를 주도하면서 과업 완성을 위해 속기사들을 밤낮으로 닦달하고 있었다. 그는 사실상 토지 몰수를 관장하는 과학자가 되고 말았지만, 군이 무질서하고 탐욕스럽게 토지를 장악하는 모습으로 거칠게 정의를 실현하기보다는, 정밀성에 기반을 둔 자신의 방식이 훨씬 더 바람직한 것이라고 스스로를 위안했다. 그는 종국에는 '축출'뿐 아니라 '이주' 사업에도 관여하게 되었는데, 그것은 아일랜드 유민들이 재정착할 수 있도록 코나하트 지방에 토지를 물색하는 것이었다.

1년간의 작업 끝에 헨리 크롬웰에게 넘겨진 그 어마어마한 작업은 인구, 소유권, 토지, 그리고 가축들이 그려진 지도로서 일찍이 브리튼 역사에서 볼 수 없었던 종류의 것이었다. 페티는 자신을 호국경의 구두닦이쯤으로 여겼던 루드로우 등 이념적 공화주의자들의 혐오와 실망에도 불구하고 그러한 자료들에 숙달함으로써 아일랜드 식민지 건설의 선구자가 되었다. 그의 나이 아직 서른 전이었다.

좋건, 나쁘건, 윌리엄 페티 같은 사람들이 잉글랜드 관리의 원형原型이었다. 라틴 시詩에 정통하면서 동시에 고도의 통계학에도 능숙한 사람들이 그들이었다. 그들은 수많은 보고서를 읽으면서 '새로운 잉글랜드'라는 파워머신 안으로 빠져들어 갔다. 그것의 긍정적인 효과를 말해주는 것은 호국경 정부의 국무회의가 처리한 엄청난 수준의 업무량이었다. 예컨대, 어떤 평범한 날 하루 동안 처리한 안건의 수가 62개나 되었다.

그러나 아무리 그들이 맡은 바 정부 직책을 열정적으로 또한 능숙하게 처리한다고 하더라도, 1640년대를 거치면서 완전히 붕괴되어 버린 화이트홀과 지방 카운티들 사이의 옛 연대를 재구축하지 못하는 한, 그들의 모든 노력이 실패로 귀결될 것이라는 점을 '호국경의 예스맨' 행정가들도 알고 있었다. 그리고 그것은 내전 중에 지명직 카운티 위원회에 의해 모양 사납게 대체되었던 치안판사직을 젠트리 지주 계급에게 되돌려주는 정치적·행정적 결정을 내려야 함을 의미하는 것이기도 했다. 이에 따라, 화이트홀에 약간의 군주제적 덫을 깔아놓는 동시에, 카운티 단위에서는 셀 수 없을 정도로 많은, 그리고 잠정적인 소규모 복구 조치들이 이루어졌다. 치안판사직을 회피하던, 또는 접근을 금지 당하던 사람들이 이제 취한이나 절도범들에게 형을 선고하기 위해 돌아왔다. 옛 카운티 공동체 사회에서 행해지던 일상적 삶의 모습들도 행사 목록 안에 되살아났다. (호국경의 생존 아들 중 맏이로서 향락을 감추려 하지 않던 리처드 크롬웰Richard Cromwell을 포함하여) 젠틀맨들은 다시금 사슴들을 쫓아서 말을 달리기 시작했다. 내전 중에 파괴 또는 약탈당하거나 방치되어 있던 가옥들이 수리되고 복구되었으며, 공원들과 농장들은 원래 거기 있었어야 하는 것들로 다시 채워졌다. 이웃하고 있는 지주들은 예전처럼 서로에게 저녁 식사를 베풀면서, 파이프 담배와 (포르투갈과의 평화에 힘입어 다시 가용해진) 포트와인을 대접할 수 있게 되었다. 춤과 연극은 여전히 공식적으로는 환영받지 못했지만, 음악과 시는 (특히 크롬웰의 궁전에서는) 유익한 오락거리로서 권장 받았다. 쾌락을 좇는 기운이 모호하게나마 감지되고 있었다. 그러한 움직임들이 경건한 국가를 위한 좋은 조짐이라고는 할 수 없었다.

국무회의 구성원 중 상대적으로 공화주의적 성향과 종교적 열성이 더 강했던 램버트와 군 동료인 존 디스브로우John Disbrowe와 찰스 플리트우드 등은 옛 카운티 공동체 안에서 진행되고 있는 복고 현상을 불안한 마음으로 지켜보고 있었다. 그들을 폐허로부터 불러내어 옛 권좌에 다시 앉도록 부추기는 것이, 혹시나 호국경으로 하여금 실패의 씨앗을 뿌리게 하는 것은 아닐까? 루드로우 중장은 아일랜드의 높은 자리에 앉아서 공화주의 권력이 '기회주의적 왕당파', 법률가, 그리고 '부패한 교구 목사들'에게 넘어가는 것을 비겁하게 그냥 지켜볼 수밖에 없는 자신에게 몹시 화가 났다. '반면에, 그토록 많은 피를 흘리며 지키고자 했던 공적 이익에 가장 투철했던 사람들 … 인민의 자유를 위해 전장에서 용감하게 목숨을 내걸었던 사람들 … 나라의 진정한 이익을 위해 … 물적·인적 힘을 모아 가장 위대했던 혁명들과 위험을 함께 했던 사람들, 이 정직한 사람들이 무시되고 깎아내려지고 있다'는 것은 추문과 경멸, 그리고 불안의 원인이 될 것이라고 그는 생각했다. 그가 생각하기에는, 비공화주의자들의 의회 입성은 트로이 목마 안에 왕정을 숨겨 들어오는 것과 다르지 않았기 때문이었다.

1655년 봄, 존 팬러독John Penruddock의 허술한 지휘하에 월트셔에서 일어난 왕당파 반란은 공화주의자들의 의심을 확인시켜 주는 듯했다. 반란은 신속하게 진압되었고, 으레 그렇듯 교수 및 참수의 행렬이 이어지는 가운데, 팬러독도 5월에 처형되었다. 그럼에도 갑자기 가해진 위협의 충격은, 그 나름대로 근거 있는 암살 공포와 더불어, 크롬웰을 현상 안주에서 불현듯 벗어나게 만들었다. 카리브해에서 스페인을 상대로 그들의 죄악에 대한 신의 심판을 명분으로 내세우며 벌였던 원정 전투가 참담한 패배로 끝나자, 크롬웰은 이로 인해 몹시 흔들렸다. 군사적 낭패는 그에게 익숙하지 않았기 때문이었다. 과거의 통계가 늘 통하는 것은 아니었던 모양이다.

그렇다면, 이제는 회개의 시간이었다. 뉘우침의 시간이었다. 열정을 힘껏 재충전할 시간이었다. 1655년 7월부터 약 1년 반 동안 호국경 정부는 과거 월싱엄Walsingham과 토머스 크롬웰의 공안 정국 이래 보지 못했던 강압적 군사 체제를 잉글랜드에 도입하면서 '정의의 선도자들', 즉 장군들을 앞세워 그들이 하고 싶은 대로 하도록 내버려두었다. 안정적인 지방 통치를 위해 전국을 12개의 군사적 주로 나누고, 각 주의 통치는 군의 소장들에게 맡겨졌다. 그들에게 우선적으로 주어진 임무는 치안 활동이었다. 초기적 형태의 카운티 민병대들을 해체하고, '데시메이션decimation', 즉 왕당파 또는 왕당파로 의심되는 자들의 재산 가치 중 10분의 1을 걷는 세금을 재원으로 하여, 극도로 단단하고 충성스러운 기병 부대를 창설하는 것이 임무의 핵심이었다. 그것은 공안 및 예방적 억지 조치를 경제적으로 결합한 것이라고 할 수 있었다. 그러나 크롬웰, 그리고 그 이상으로 확신에 차 있던 그의 장군들은 진정한 평화 회복을 위해서는 지금까지 숱하게 회피해 왔던, 또는 화해라는 이름 아래 미루어왔던 바로 그 과제와 씨름해야 할 때라고 굳게 믿었다. 그것은 세속적이고 육욕적인 잉글랜드를 경건한 복종의 국가로 철저하게 개조하는 것이었다. 랠프 버니 경 같은 젠트리 계급 인사들은 장군들과 감정인들 앞으로 나와 데시메이션 납부를 보증하도록 소환되었다. 버니는 잉글랜드로 귀환했고, 1642년에 의회를 지지한 경력도 있었지만, 왕당파라는 의심을 지우기에는 역부족이었다. 데시메이션을 지불하지 않으면 몰수 또는 구금이 기다리고 있었다.

군의 소장들은 매우 신속하게 정의를 실현하는 특별 기동대장이 되었다. 그들의 임무 수행 방식이 돈키호테식이기는 했지만, 사실 이것은 내전이 시작될 무렵부터 제임스 1세의 자유방임적 태도에서 비롯되었던 『체육 교서』[8]가

평민 집행인들에 의해 불태워지고, 일요일에는 어떠한 쾌락도 추구할 수 없다는 포고령이 반포된 이래, 청교도 열성분자들이 줄기차게 벌여온 또 하나의 십자군 운동과 맥락을 같이 하고 있었다. 다시금 '장차 그 누구도 어떠한 형태의 레슬링, 사냥, 볼링, 종치기 … 가면극, 경야經夜, 그 외에도 연회, 처치 에일church-ales,[9] 무도회 또는 게임이라고 불리는 것들을 하거나, 지속적으로 보전하거나, 그것에 참석하는 등의 행위를 하지 못하게' 되었다. 닭싸움, 닭 경주, 말 경주, 그리고 곰 골리기 등도 역시 금지되었다. 누구라도 5월제祭를 제안하거나, 안식일에 일을 하거나, 크리스마스를 은밀하게 기념하다가 발각되면 화를 면하기 어려웠다. 맥줏집들은 철저한 허가제로 운영되면서 감시를 받았고, 바이올린 연주자 및 노름꾼은 출입이 금지되었다. 욕설 및 악담을 금지하는 법이 만들어져 누구라도 비속한 언어를 사용하면 신분에 따라 차별화된 벌금을 내야 했는데, 예컨대 젠틀맨은 일반 평민에 비해 더 큰 액수의 벌금형에 처해졌다. 열두 살 이하의 어린아이들이라 하더라도 뭔가 추잡한 말을 입에 담았다가는 채찍을 맞을 수도 있었다. 비혼의 사통자들은 유죄가 선고될 경우, 3개월의 감옥형에 처해졌고, 간통의 경우는 사형에 처해졌다.

이것이 우리가 크롬웰 치하 잉글랜드에 대해 가지고 있는 틀에 박힌 이미지이다. 쾌락을 소탕하기 위해 군대를 동원한 재미없는 '청교도판 스파르타'이다. 소장급 장군들이 가지고 있던 의지만 따져본다면, 이를 완전히 틀린 그림이라고 할 수는 없을 것이다. 그러나 '강제된 미덕'이라는 그들의 실험은 당연히 음울한 실패로 끝나고 말았는데, 미덕의 준수를 감시할 수 있는 충분한 인력의 공급이 불가능했기 때문이었다. 그리스도를 위해 헌신할 수 있는 자체 실무 집행 인력이 없었던 장군들은 경찰과 치안판사 등 기존의 인력에 의지하는 수밖에 없었다. 그런데 이들은 장군들이 추진하는 위대한 과업에 대해 결

---

8   1617~1618년 제임스 1세에 의해 선언된 일요일에 허용되는 스포츠와 여흥의 목록 — 옮긴이.

9   교회 헌당을 기념하여 맥주를 마시며 벌이는 교회나 교구의 잔치를 말함 — 옮긴이.

코 호의적이지 않았다. 아니, 오히려 그 반대였다. 지방 법정의 기록들은 '도덕 경찰'을 무시하는 악인들로 가득 차 있었다. 그리고 위반자들에게 부과된 처벌은 종종 농담에 가까운 것이었다. 서머싯 바튼Barton가에 사는 존 위트콤 John Witcombe은 욕을 했다는 이유로 차꼬에 채워져 공개적인 처벌을 받았는데, 그때 목사는 법의 부당함에 항의하면서 그의 기분을 북돋아주기 위해 맥주를 가져다주었다. 체셔Cheshire에서는 한 어린 하녀가 안식일에 일을 했다가 노골적인 범죄를 저질렀다는 혐의로 고발당했는데, 판사는 그녀를 미성년이라고 (잘못) 판단하고, 벌금형 대신에 주인으로부터 '교정을 받도록' 판결했다. 지역 경찰관 입회하에 행해진 그녀에 대한 처벌은 '하나의 익살극이 되어버렸다. 그 주인은 마치 태어난 지 이틀밖에 안 된 어린 아기를 다치지 않게 하려는 듯, 뗏장에서 히스heath 꽃나무의 작은 가지를 뜯어내어 그것으로 그녀의 옷 위를 두세 번 살짝 건드렸을 뿐이었다'.

'크롬웰의 마스티프견mastiff'들이 달려가서 물기에는 너무 외진 곳들이 많았다. 국무장관 존 설로가 남긴 기록들을 보면, 희망이 보이지 않는 자신들의 과업에 관한 장군들의 쓰디쓴 불평들로 가득 차 있다. 몬머스에 있던 베리Berry 소장은 '나는 이곳 시읍들 때문에 매우 골치를 앓고 있는바, 세상이 온통 악덕으로 가득 차 있는데도, 판사들은 푹 잠들어 있기 때문이다'라고 적었다. 말 등에 올라타서 국민들에게 경건함을 강요하려던 그들의 시도는 실패했을뿐더러, 이는 또한 호국경 정부의 생존에 긴요한 지방 젠트리 계층을 소외시키는 결과를 초래함으로써 크롬웰을 몹시 주저하게 만들었다. 군사정권은 1656년 선거 기간 동안 전력을 다해 으름장을 놓았지만, 선거 결과는 군사정권 지지자들의 몰락과 함께, 그들이 가지고 있던 권력 구조의 전면적 해체를 가져왔다. 크롬웰은 국무회의 내 실용주의자들의 요구에 따라 이번에는 영구적인 '안정화 settling'에 방점을 찍은 보수 정권으로 회귀했다.

1657년 여름, 크롬웰은 '겸허한 청원과 권고the Humble Petition and Advice'를 받아들이고, 과거 장기의회가 마음속에 그리던 개혁군주정과 거의 동일한 정부 형태를 받아들였다. 만약 의미 있는 차이가 하나 있다면, 종교적 양심의 자유를 보호하겠다는 공약이었다. 그러나 악평이 자자한 기독교 종파들에 대한 불신이 크게 높아짐에 따라 이러한 공약도 흔들리기 시작했다. 퀘이커파 지도자 조지 폭스는 (비록 선서는 하지 않았지만) 크롬웰과의 대면 대담을 통해 당국의 뜻을 따르겠다고 확약했지만, 그럼에도 불구하고 그는 공공의 안녕을 위협한다는 이유로 악몽이라고 할 수밖에 없는 불결하고 누추한 장소에 반복해서 구금당했다. 그가 어느 날 추위를 녹이기 위해 감옥 방에 있는 밀짚에 불을 붙였는데, 그때 간수가 불을 끈다며 오줌을 쌌고, 위쪽 회랑에서 그에게 똥을 던지기까지 했다. 그러나 그가 당한 시련이 아무리 끔찍한 것이라 해도, 1656년 늦은 가을 신성모독죄로 의회와 국무회의에서 재판을 받은 그의 개성 강한 제자 제임스 네일러James Nayler의 운명에 비할 정도는 아니었다. 네일러의 범죄는 (검사들에 따르면, 자신이 마치 예수라도 되듯이) 말을 타고 구세주 흉내를 내면서 브리스톨 시내를 돌아다녔다는 것으로서, 그가 비에 흠뻑 젖은 거리를 빠른 속도로 달려가는 사이에 그의 추종자들이 호산나를 외쳤다는 것이다. 그는 자신이 저지른 이 한때의 비정상적인 만용으로 인해 두 시간 동안 칼을 쓰고 앉은 채로 이마에 신성모독자blasphemer를 의미하는 'B'자의 낙인이 찍히는 것을 감당해야 했으며, 뜨거운 인두로 혀까지 찔렀다. 이후 채찍질을 당하며 런던 거리를 끌려다니던 그는 브리스톨로 옮겨져 다시 한번 채찍질을 당한 후에 투옥되었다. 그는 놀랄 만한 불굴의 용기로 극심한 고통을 견뎌냈지만, 계속된 후유증으로 4년 뒤에 죽음을 맞았다.

크롬웰이 이 같은 의회의 과잉 형벌에 대해 그 누구보다 불편해하고, 실제이 재판의 적법성에 의문을 표한 것은 그나마 잘한 일이었다. 이후 그는 하원만의 단원單院 의회가 가진 권력을 하향 조정하기를 원하는 것으로 보였고, 그러면서 '또 다른 원the Other House'이라고 모호하게 명명된 상원의 복구에도 마음을 연 것처럼 보였다. 불스트로드 화이트로크(헨리 자작)는 크롬웰의 두 사위, 토머스 벨러시스Thomas Belasyse(파우콘버그Fauconberg 자작) 및 로버트 리치

Robert Rich(워릭Warwick 백작)와 함께 '또 다른 원'에 지명되었다. 크롬웰이 왕과 유사한 역할을 하는 동안 역사는 빠른 속도로 1642년으로 회귀하는 듯했다. 그 옛날 존 핌이 원했던 바와 같이, 의회는 정부 고위직 관리들의 임명을 승인하거나 거부할 수 있는 권한을 가지게 되었다. 의회의 동의 없이는 어떠한 과세도 할 수 없으며, 전쟁이나 평화를 선언할 수도 없었다. 사실상, 1657년의 헌법은 잉글랜드 내전이 목표로 삼았던 바, 보통법의 제한을 받는 책임 군주정에 매우 가까운 것으로서, 이 헌정 체제의 정점에 왕이 존재한다는 것은 매우 논리적인 유추라고 할 수 있었다. 5년 전만 하더라도 이러한 생각에 반대 의사를 가지고 있었던 화이트로크이지만, 이번에는 확실하게 생각을 바꾸기로 했다. 그는 왕위를 받아들이는 것이 브리튼이라는 개혁된 국가의 미래를 안정시키는 가장 좋은 방법이라면서 크롬웰을 개인적으로 설득시키고 있었던 것이다.

흔들리기는 했지만, 크롬웰은 끝내 '올리버 1세'의 길을 선택하지 않고 참아냈다. 그가 만약 왕위에 오르고자 한다면 대규모 반란을 일으킬 수도 있다는 램버트와 플리트우드 등 장군들의 협박에 가까운 반응이 현실이 될 수도 있는 상황이었음을 감안한다면, 그가 (차기 호국경 임명권을 전제로) 왕위 제안을 거절한 배경에는 그런 정치적 고려들이 분명히 개입되었다고 볼 수 있다. 그럼에도, 크롬웰은 램버트를 급작스럽게 징계면직 하고, 자신에 대한 충성이 의심스러운 자들을 장교단에서 숙청함으로써, 자신이 여전히 군을 통제할 수 있음을 보여주었다. 그에 대한 가장 결정적인 견제는 오히려 그 자신의 엄격한 종교적 양심으로부터 나온 것이었다. 신께서는 잉글랜드 군주정의 '멸절'을 명하셨으므로, 그러한 결정을 뒤엎는다는 것은 신의 뜻에 합당하지 않다는 것을 그는 확신으로 받아들이고 있었던 것이다. 물론, 만약에 그가 이스라엘의 왕이 되어야 한다는 새로운 징조가 신의 섭리로 나타난다면, 그때는 달리 생각해 볼 수도 있는 문제였다. 그러나 1657년 전지전능한 신께서는 직접적인 의사 표현을 꺼리셨고, 호국경의 머리에 기름 붓는 일은 결국 일어나지 않았다.

사실, 올리버 크롬웰의 머리 위에 왕관이 씌워지기는 했지만, 그가 죽은 뒤의 일이었다. 그는 1658년 9월 3일, 던바Dunbar 및 우스터 전투 기념일에 세상을 떠났다. 그가 마지막 숨들을 몰아쉬고 있는 동안, 잉글랜드에는 토네이도 같은 폭풍이 몰아쳐서 나무들을 뿌리째 뽑고, 교회의 첨탑들은 (사용되지 않던 종탑들과 함께) 땅바닥에 내동댕이쳐졌다. 어떤 징조를 의식하는 사람들에게 (사실상 당시 거의 모든 사람에게) 이는 우연으로 느껴지지 않았다. 우스터 전투 후에 크롬웰이 절대 권력을 가지기 위해 영혼을 팔았다는 이야기가 돌고 있었는데, 그 이야기를 믿는다면 이는 악마가 그 빚을 받으러 온 것이었다. 매우 심각해 보이는 다른 전조들도 있었다. 1658년은 승패를 떠나, 전투가 없었던 매우 이례적인 해였는데, 그럼에도 불구하고 죽음의 그림자가 전국에 걸쳐서 짙게 드리우고 있었다. 그해 겨울은 잔인했다. 까마귀들은 발이 나뭇가지에 얼어붙은 채 발견되었다. 상업 거래는 중단되었다. 곡물 가격은 천정부지로 올랐다. (인플루엔자의 일종이었을 것으로 보이는) '4일열quartan fever'이 안 그래도 다른 역병으로 취약해져 있던 온 나라 사람들을 사지로 몰아넣었다. 불쌍한 존 에블린은 그해 1월 말에 사랑하는 다섯 살짜리 영리한 아들을 잃었고, 그로부터 불과 2주일 뒤에는 두 번째 자녀를 떠나보냈다. 그는 후일 이때를 회고하며 '여기에서 내 삶의 즐거움이 끝났으니 내 무덤에 가서 곡을 할 참이다'라고 적었다. 겁에 질린 도시의 생존자들은 어류와 육류의 섭취를 삼가고, 그 대신 '세이지sage가 들어간 우유술과 팬케이크 또는 달걀, 그리고 가끔은 순무와 당근만을' 먹을 뿐이었다. 크롬웰이 가장 사랑하던 딸은 무엇을 먹었는지 모르지만, 그해 8월 열과 암으로 사망했다. 크롬웰은 그로 인한 슬픔으로 정신이 흐트러졌고, 그 자신도 병을 얻어 침잠했다. 존 에블린은 어느 날 그리니치에서 해변으로 밀려온 고래 한 마리를 지켜보는 군중 속에 섞여 있었는데, 그 고래는 개펄 위에서 꼬리를 절망적으로 퍼덕이고 있었고, 상처에서는 피가 흐르고 있었다. 아무리 이성적인 사람들이라도 이런 현상들을 지켜보노라면 '전조'가 아닐까 하는 생각을 하게 되는 법이었다. 그때 리바이어던은 임종의 고통을 감당하고 있었다.

크롬웰은 나무의 잎들이 아직 떨어지지는 않았지만, 색이 곧 바뀌려고 하는 계절에 죽음을 맞았다. 호국경 시신을 방부 처리하는 데에서 실수가 일어났다. 호국경 체제의 보존을 목표로 삼았던 정권에서 호국경의 시신을 제대로 처리하지 못하는 사건으로 정권을 시작한 셈이었다. 시신의 필연적인 위축이 시작되기 전에 몸을 떠서 조상彫像을 주조할 수 있었던 것이 그나마 다행이었다. 크롬웰의 유해는 중세 왕들의 관습을 따라 임페리얼 퍼플imperial purple 색의 예복이 입혀졌고, 일반에게 공개하기 위해 서머싯 하우스에서 모습을 드러냈다. 눈부시게 밝은 촛불들이 성소를 밝히고 있었다. 그런데 위쪽을 향해 시신을 수직으로 세워야 한다는 결정이 내려짐에 따라, 그는 마네킹처럼 꼿꼿하게 세워져 두 달 동안 그곳에 있었는데, 머리에 왕관을 쓰고, 손에는 홀과 보주orb를 든채, 마침내 왕의 모습으로 서 있었다. 그리고 11월 23일, 대규모의 국장國葬이 치러졌는데, 이것은 치욕스러운 낭패로 끝났다. (그 자신도 국장 대실패에 관련해서 면책이 어려웠던) 당시 프랑스 대사에 따르면, 런던을 통과하는 데만 일곱 시간이나 소요되는 대규모 행진이 외교적 선례와 의전에 대한 논쟁으로 출발 시간이 지연된 것이 문제였다. 행렬이 마침내 웨스트민스터 성당에 다다랐을 때에는 날은 이미 저물어 칠흑 같은 어둠 속이었고, 교회당 내부에는 촛불 공급이 부족하여 의식을 더 이상 진행하기란 불가능한 일이었다. 살아생전에 다른 모든 사람의 위에 서서 가장 사랑받는 설교를 하고, 역사를 통해 이루시려는 신의 의도를 끊임없이 소리 높여 전하던 통치자였던 그이지만, 막상 장례식에서는 그를 위한 추도 연설도, 기도문도, 설교를 동반한 예배도 없었다. 단지 그의 조상彫像이 준비된 무덤 속에 안치되기 전, 몇 차례 짧고 예리한 트럼펫의 음이 있었을 뿐이었다. 그런데 그보다 앞선 시간에, 그날 장례식에 참석했던 웨스트민스터 학생 중의 하나였던 어린 로버트 유브데일Robert Uvedale이 무질서하고 흥분된 관중 속을 뚫고 기념품 하나를 챙겨서 달아나는 사건이 벌어지기도 했는데, 흰색 새틴 깃발 위에 브리튼 국가들의 문장이 묘사된 '왕 문장 장식쇠Majesty Scutcheon'였다.

만약, 크롬웰이 스스로를 위해 장례식 추도사를 쓸 수 있었다면, 그는 그 비범했던 자신의 경력에 대해 무엇을 말하고 싶었을까? 분명히 말하건대, 미천한 신분에서 절대 권력자로 떠오른 생애 궤적에 관한 것은 아니었을 것이다. 왜냐하면, 때로는 절대 권력을 탐했던 크롬웰이 있었지만, 때로는 그것을 역겨워한 또 다른 크롬웰이 그 안에 존재했었기 때문이다. 그는 죽기 얼마 전에 '이런 자리를 맡기보다는 숲 언저리에 살면서 양 떼를 지키는 삶을 살았더라면 더욱 좋았을 것'이라는 말을 했는데, 이 고백은 진정한 것이었다. 사실상 그는 바로 그런 까닭으로 가장 원하지 않던 유형의 사람이 되어버린 최고 권력자의 전형적인 경우였다. 잉글랜드 내전의 영웅 중에 그보다 욕심이 없었던 유일한 인물은 토머스 페어펙스였다. 그는 국왕의 재판과 처형에 따른 정신적 외상에서 좀처럼 벗어나지 못하다가 찰스 1세의 아들을 왕으로 세우기 위해 요크셔의 은둔 생활을 벗어났을 뿐이었다. 페어팩스와는 달리, 크롬웰은 처음부터 표면에 나서지 않을 수 없는 입장이었다. 그는 모세가 그랬듯이 '불꽃이 이는데도 타지 않는 가시덤불the Burning Bush'로부터 들려오는 목소리를 들은 듯, 확실하게 신의 소명을 영접했으며, 그 이후 자신의 삶은 나라를 위해 신이 의도하신 바를 구현하는 데 바쳐졌다고 확신하고 있었기 때문이었다.

그러나 역설적이게도 그러한 신의 의도는 크롬웰처럼 그토록 끈덕지게 헌신하는 종에게조차 단지 일별一瞥로만 전해질 뿐이어서, 크롬웰 입장에서 볼 때, 이는 잉글랜드 공화국을 위한 하나의 일관적인 전략, 또는 의회적 자유와 기독교적 경건주의 사이에 자명하게 존재하는 상호 모순적 주장들을 화해시킬 하나의 정책을 수립해야 할 어떤 확실한 동기도 제공하지 못했다. 그는 또한 종교적 열정과 자유의 상호 관계를 하나의 일관적인 방식으로 중재하려고 애쓰지도 않았다. 그는 단지 신께서 자신에게 길을 보여주실 것을 간구했다. 그러나 만약, 신께서 때때로 마음을 바꾸신다고 해도 그것은 어디까지나 당신의 특권이었다.

그가 의회 앞에서 종교적 경건함 속에 에둘러 풀어놓던 엄청난 장광설 속에는 잉글랜드를 위해 진정으로 희구했던 것에 대한 진술이 묻혀 있다. 물론, 그것은 상황이 허락할 경우라는 전제하에서만 성립하는 것이었다. (그렇다고 신의 옆구리를 슬쩍 찔러 어떤 상황을 허락해 달라고 하는 것은 그에게 신성모독이나 마찬가지였다.) 그 묻혀 있는 진술을 곱씹어보면, 그토록 화를 잘 내고, 무자비하고, 고압적이며, 또한 자학적이기도 했던 그가 잉글랜드를 위해 가졌던 비전은 완결적 온유, 인간애, 그리고 지성을 아우르는 것이었음이 드러난다. 그보다 더 놀라운 것은, 근대 잉글랜드의 국가적 기반을 창조했던 그가 가슴 깊숙이 새기고 있던 원칙이 본질적으로는 자유주의적이었다는 것이다. 그리고 그 신념의 핵심에는 관용이라는 원칙이 있었다. (가톨릭만 아니라면) 사람은 누구나 자신이 원하는 방식으로 예수를 영접할 수 있도록 허용되어야 한다는 자연스러운 바람이 그것이며, 타인의 자유를 훼손할 음모를 꾸미지 않는다는 것을 상시적 전제로, 국가의 무단적 침해에 시달리지 않고 몇 에이커의 땅을 갈고, 돼지들을 키우며 살 수 있어야 한다는 자발적인 바람이 그것이었다. 결국, 그가 저지른 대량 학살, 무력시위, 붉힌 얼굴로 내지른 발작적 고함 소리에도 불구하고, 올리버 크롬웰이 모든 사람을 위해 진정으로 바랐던 것은 평온한 삶이었던 것이다. 그것은 '복음을 우리 가운데에서 자유롭고 중단 없이 흐르게 하는 것, 그리고 주께서 당신의 풍요로운 은총과 지혜 속에서 우리 모두에게 나누어주신 복음 속 빛과 지식을 냉철하게 말하고 공언하며, 또한 그 복음 속 신앙을 자유롭게 실천하고 행사하며, 신께서 코먼웰스에 세우신 권력으로부터 어떠한 간섭도 받음이 없이 조용하고 평화로운 삶을 영위할 수 있는 자유'였다.

이러한 꿈이 실현되려면 두 세기 반의 시간이 더 필요했다. 그리고 그때까지 이 문제에 대해 그 누구도 커다란 관심을 가지지 않았다.

옮긴이 _ 허구생

4

미완의 과업

Unfinished Business

크롬웰이 죽은 지 얼마 되지 않아서, 존 드라이든John Dryden이라는 사람은 섣부른 낙관론을 펼치며 다음과 적었다. '그의 죽음 이후 시민들 사이에 어떤 싸움도 일어나지 않는구나. / 다만 파당은 습관을 따를 뿐이네.' 모든 사람의 마음속에 있던 물음은 올리버 크롬웰 없이 호국경 체제가 존속할 수 있을 것인가 하는 것이었는데, 그 답은 대체로 부정적인 방향으로 흐르고 있는 것같았다. 처음에는 올리버가 지명한 후계자, 즉 그의 생존한 아들 중 맏이였던 리처드가 그 일을 잘 해낼 수 있을 것처럼 보일 때도 있었다. 그에게 충성하는 연설들이 연달아 쏟아지고 있었고, 게다가 서른한 살의 그는 품위 있고, 정직하며, 또한 선한 사람으로 인식되고 있었다. 그는 부친과 달리 우려할 정도의 성마른 기질도 없었다. 그의 가장 큰 자산은 누구도 그를 미워할 이유를 찾을 수 없었다는 사실이었다. 그러나 이것은 그의 부채이기도 했다. 부친과 달리 선택적 협박책을 적절하게 사용하는 능력이 없었던 그는 스스로를 정치적인 무방비와 무능력 상태로 몰아넣었던 것이다. 올리버 크롬웰은 자신의 아들이 과업을 수행하기에는 지나치게 정감이 많고 삶의 여러 가지 즐거움이 주는 안락함에 푹 빠져 있다는 것을 진즉에 알고 있었다. 리처드는 그 누구라도 힘든 노동이나 공포로 인해 땀을 흘리는 상황을 원하지 않았다. 이것은, 리처드가 군대와 실용주의자들 사이에서 누구 편을 들 것인가 하는 일상적 선택과 마주하게 되면서, 그리고 그 과정에서 애슐리 쿠퍼나 몬태규의 의견을 지나치게 중시하게 되면서, 하나의 문제로 부각되었다. 올리버의 경우에는, 찰스 플리트우드를 비롯한 장군들의 눈에 그가 아무리 보수적으로 보였다 해도, 서로 간에 쌓인 전우애를 통해 언제라도 그를 '오래된 대의명분the Good Old Cause'의 깃발 아래로 다시 불러낼 수 있을 것이라는 믿음이 있었다. 반면에 리처드는 그들 눈에 휘하 공복들의 주인이라기보다 노리개처럼 보였다. 따라서 장군들은 자신들과 공화국 모두를 보전하기 위해 그들이 과거 1653년 축출을 단행했던 잔부의회 정치인들과 제휴하게 되었다. 1659년 봄에 이르러 40개월에 이른 급여 체납으로 분노한 하급 장교들로부터 강한 압박을 받고 있었던 그들에게는 다른 선택지도 없었다. 하급 장교들은 올리버 호국경 체제의 마지막 시기에 단행되었던 군에 대한 정치적 숙청과 자신들을 젠트리 통제하의 카운티 민병대로 대체하려는 의도적인 정책에 대해서도 분노하고 있었다.

그해 4월, 잔부의회의 복귀를 요구하는 2000명의 서명이 담긴 청원서가 호국경에게 제출되자, 리처드는 이 문제에 적절한 주의를 기울이지 않는다면 어떤 군사적 반란 상황이 목전에 닥칠 수도 있다는 것을 깨달았다. 그럼에도 그는 결국 호국경의 지위를 빼앗기고 말았다. 그는 (그보다 훨씬 좋은 후계자가 될 수도 있었던 어린 동생 헨리를 포함한) 가족들을 데리고 화이트홀을 떠나라는 약식 명령을 받았다. (출석한 42명 의원 전원과 함께) 잔부의회가 다시 소집되었다. 루드로우를 비롯한 핵심적 공화주의자들에 의해 줄곧 오염된 정체로 간주되어 오던 호국경 제도가 폐지되고 코먼웰스가 복원되었다. 그러나 거의 동시에 복원된 것이 하나 더 있었다. 공화파 정치인들과 종교적 열성파인 군인들 사이에 존재하던 맹렬한 적개심이 그것이었으며, 코먼웰스는 결국 그로 인해 해체 수순을 밟게 되었다. 두 세력을 견제할 수 있었던 올리버 크롬웰이 사라진 지금,

그들은 서로를 파괴하고, 또한 왕 없는 국가에 그나마 남아 있던 질서들을 산산조각 냈다. 그 결과 만들어진 것은 무정부 상태였고, 이 혼란에서 벗어나는 유일한 방법은 군주정으로의 복귀밖에는 없었다. 찰스 2세의 왕정복고가 말해 주는 놀라운 역설은 잉글랜드가 찰스 1세의 후계자를 절실하게 원했기 때문에 그가 왕이 된 것이 아니었다는 사실이다. 그가 왕이 된 것은 이 나라가 올리버 크롬웰의 후계자를 절실히 원하고 있었기 때문이었다.

1659년 8월, 조지 부스George Booth 대령이 이끄는 왕당파 봉기가 쉽게 진압되었을 때만 하더라도, 찰스 2세의 빠른 귀환은 여전히 엄청난 난관에 봉착해 있는 것처럼 보였다. 그럼에도 불구하고, 모든 대안 권력 사이에서 전개된 골육상잔적 자기 파괴는 형태를 불문하고 어떤 공화 정부의 안정적 정착도 불가능하게 만들고 있었다. 잔부의회와 군대 사이의 상쟁뿐 아니라, (헨리 베인과 아서 하셀릭이 서로 으르렁 거리고 있었고, 루드로우는 이 둘 모두를 미워하는 등) 잔부의회 정치인들 사이에도 다툼이 벌어지고 있었던 것이다. 각기 적대적 파당들이 모여서, 의회를 단원제로 할 것인가, 아니면 양원제로 할 것인가, 또는 상원을 둔다면 이 원의 구성원을 선거로 뽑을 것이지, 또는 임명제로 할 것인지를 놓고 맹렬한 논쟁을 벌이는 동안 정작 그들이 지켜야 할 집, 즉 공화정은 불에 타고 있었고, 잔해가 그들 주위로 무너져 내리고 있었다. 지금 돌이켜 보면, (물론 다른 많은 혁명적 상황과 비교하면 그 정도가 심하지는 않았지만) 그들의 시야는 매우 근시안적이었다. 그들은 예측 가능한 미래를 내다보며 군주정이 발을 붙일 수 없도록 안정적인 공화정 창출에 대한 합의를 추구하기보다는, 각기 눈앞의 적을 파괴하는 데에 더 큰 힘을 쏟았다. 사실상 공화정을 죽인 것은 공화주의자들이었다.

무슨 까닭에서 그랬는지 모르지만, 1659년의 잉글랜드는 10년 전, 그러니까 정부, 종교, 사회질서 등 모든 것이 유동적인 가운데, 누구도 그 문제들이 어떤 방식으로 해결될지 제대로 알 수 없었던, 1649년의 그 일시적인 웜홀worm-hole로 다시 빨려들고 있었다. 1659년의 팸플릿 시장은 실험적 제안서, 소책자, 그리고 비판서 등으로 다시금 갑작스러운 봇물을 이루고 있었다. 나라는 다시금 토리첼리의 진공, 즉 진공 속의 진공the void-in-a-void 상태로 되돌아갔다. 수평파의 주장을 담은 소책자들이 다시 등장했으며, 이로 인해 상층 계층 사이에서는 민주주의가 지방의 카운티 체제를 무너뜨릴 것이라는 우려가 치솟았다. 크리스토퍼 피크 같은 제5왕정파 인사들은 진정한 예수의 왕국은 좌절되었던 것이 아니라, 단지 무정부주의자였던 올리버 크롬웰에 의해 지연되었던 것이라고 뒤늦게 선언하기에 이르렀다. 잠시 감옥에서 풀려나 있던 조지 폭스는 '이 나라를 하나의 정원, 하나의 자유로운 국가, 하나의 자유로운 국민으로 이행시킬' 59개 세부 항목Fifty-Nine Particulars을 담은 팸플릿을 발간했는데, 그 내용 중에는 과도한 수수료를 물리는 법률가 제도를 폐지할 것, 시각 장애인과 지체 부자유 장애인들을 보살필 것, 직무상 필요한 사람들을 제외하고 그 누구에게도 검, 단도, 총기류의 소지를 금지할 것 등이 있었다. 그리고 특히나 소중한 개혁 중의 하나로서, 감옥의 상태를 개선하여, '죄수들이 자신들이 배설한 똥과 오줌 속에 눕지 않도록' 하는 것도 포함되어 있었다.

호국경 체제에서 생존한 실용주의자들은 충격적 불신 속에서 이 모든 혼란을 뒤로 하고 물러나 있었다. 윌리엄 페티는 런던의 로타 클럽Rota Club에서 『오세아나 공화국the Commonwealth of Oceana』의 저자인 제임스 해링턴James Harrington과 마주 앉아 해링턴의 책에 관해 토론할 기회가 있었다. 『오세아나』에서는 역사상 처음으로 재산과 정치적 권력 사이의 불가피한 연관성이 이슈로 제기되었는데, 페티 등은 토지 재산의 크기를 제한하는 해링턴의 '토지법'에는 결코 동의할 수 없었다. 호국경 정부에서 일하던 실용주의자들에게 경제는 실험의 대상이 될 수 없었거니와 그들은 질서 있는 정부가 해체되고 이로 인해 경제가 고통 받고 있는 작금의 상황을 직시하고 있었다. 상점들은 문을 닫았고, 거래는 중단되었으며, 조세 저항의 조짐들이 있었다. 관세와 소비세는 걷히지 않았다. 금세공업자들은 비축 상품을 안전을 이유로 런던 밖으로 빼돌렸다. 그리고 오직 자신들의 당파 논리만을 대변하는 융통성 없는 공화주의적 열성파와 군사적 독재 사이의 선택이란 아무런 의미가 없음이 그 어느 때보다 확실해지고 있었다. 호국경 정부에서 일했던 실용주의자들 입장에서 보면, 그들은 호국경 체제하에서 상업적으로 활발할 뿐 아니라 공해상에서도 위엄을 떨쳤으며, 거기에다 재정적으로 신뢰 받으면서 과학적 행정까지 펼쳤던 놀라운 국가를 구축했으며, 또한 그 국가는 지방 젠트리 계층을 적이 아닌 동반자적 협력 관계 속으로 포용했던 국가이기도 했다. 그들은 이제 국가가 회복 불가능 수준으로 망가지기 전에, 호국경 체제하에서 누렸던 안정성 복구에 최선을 기울일 필요가 있었다. 공화주의자들이나 군의 장군들 중 어느 세력도 그 안정성을 되가져올 대안이 되지 않는 상황에서, 찰스 스튜어트 외에 또 다른 대안이 있었을까? 이제 찰스 스튜어트에게는 약간의 운만 따라준다면 차기 호국경 자리에 오를 기회가 주어졌던 것이다.

브리튼 역사의 다른 많은 격변적 상황과 마찬가지로, 이때의 의사 결정 또한 점진적인 절차에 의해서가 아니라, (에드워드 몬태규, 로저 보일, 그리고 윌리엄 페티 등에 의해) 급작스럽게 이루어졌는데, 그들은 1659년 여름과 그해 말 사이의 각기 어느 시점에서 말보다는 행동으로써 의사를 표현하기 시작했다. 존 에블린은 그해 말 왕당파 시각에서 집필한 『왕당파를 위한 변명*Apology for the Royal Party*』을 간행하기로 결정했을 때, 자신이 자칫하면 사형에 처해질 수도 있는 범죄를 저지르고 있다는 것을 충분히 인식하고 있었다. 그럼에도, 그는 그 일을 밀고 나갔는데, 이것이 독자들에게 '보편적으로 받아들여지는 것'을 보고 놀라지 않았는지는 모르지만, 아무튼 그가 만족해했던 것은 사실일 것이다. 그가 찰스 2세에게 『왕당파를 위한 변명』 사본을 전달하기 위해 접근한 인물이 코먼웰스 정부에서 런던 타워 부간수장으로 일하던 허버트 몰리Herbert Morley였는데, 이 사실은 앞으로 닥칠 일을 예감할 수 있게 해주는 것이었다. 에블린은 옛 학교 동창생인 그가 자신을 배신하지 않으리라 믿었다. 그렇다 하더라도, 만약 몰리가 상황을 지켜보면서 이기적인 계산을 하고 있다는 것을 에블린이 몰랐다면, 감히 그에게 그런 임무를 맡기려 하지는 않았을 것이다. 수없이 많은 사람이 사적 이익을 좇아서 행동하고 있었다. 국가가 개인을 보호해 줄 능력을 상실할 정도로 와해되면 개인의 충성도 끝이 난다는 토머스 홉스의 공리가 이때보다 더 자명해 보일 수 없었다.

브리튼을 최종적으로 왕정복고의 문턱까지 견인했던 '블랙 조지Black George' 멍크Monck는 자기 보존의 전술들을 어렵사리 습득한 홉스 스타일의 장군이었다. 그는 데번의 오래된 젠트리 가문 출신으로, 잉글랜드 내전 기간 동안 왕당파 영웅들과 의회주의적 전향자들을 동시에 배출해 낸 그렌빌Grenville 가문과 매우 강한 유대 관계를 가진 자였다. 멍크는 내전 초기에는 왕당파의 형세와 왕당파적 대의명분을 회의적으로 지켜보는 인간 풍향계에 머물렀지만, 찰스 1세와의 개인적 만남을 계기로 왕당파로 전향했다. 그러나 그 후에 일어난 일을 보면 그는 회의파로 남아 있는 것이 나을 뻔했다. 1644년 낸트위치Nantwich 전투에서 포로가 되어 이후 2년간을 런던 타워에서 보내야 했기 때문이다. 그가 그곳에서 후일 아내가 될 장로교 신자이자 재봉사인 앤을 만난 것은 불행 중 다행이었다. 1646년 멍크는 언약 선서를 행한 뒤에 의회군의 대령으로 임명되어 아일랜드로 향했다. 그는 1649년 8월 크롬웰을 처음 만난 후 그와 가까워졌으며, 확실하게 그를 신뢰하고 존경하게 되었다. 1650년 던바 전투에서는 크롬웰과 함께 싸웠고, 해군에서의 경험이 전혀 없었음에도 네덜란드와의 전쟁에서 함대를 지휘함으로써, 자신이 반박의 여지가 없을 정도로 영리하고, 강인하며, 또한 용감하다는 것을 스스로 입증했다.

1659년 잉글랜드에서 공화정이 해체되고 있는 동안, 멍크는 스코틀랜드 주둔군을 굳건하게 지휘하고 있었다. 왕당복고를 추진하는 인사들은, 한때 왕당파에 속했던 그의 과거 전력을 감안하여, 자연스레 그가 하루빨리 나서서 찰스 편에 서줄 것을 원하고 있었지만, 그의 입장에서 볼 때 이번에는 바람이 어느 방향으로 불고 있는지, 무엇을 해야 옳고, 무엇을 해야 영리한 것인지에 대한 확신이 없었기에 그는 한동안 그들과 거리를 두고 지냈다. 아직도 공화파적 군사정부에 미련을 가지고 있던 램버트와 플리트우드 등은 당시 브리튼에서 가장 일관된 지휘 체계와 집중적인 화력을 가지고 있는 군대가 멍크의 부대라는 것을 알고 있었지만, 그들 또한 그의 지원을 기대하기는 힘들다는 것을 확실하게 깨닫고 있었다. 램버트는 나름대로 최선을 다해 자체적으로 군대를 일으키려 했지만, 멍크의 지원 없이는 그 또한 무위에 그치게 될 것임을 알고 있었다. 게임에서 자신의 수가 다한 것을 깨닫는 순간, 플리트우드는 '주께서 그들의 조언들을 날려버리고, 그들의 얼굴에 침을 뱉으셨다'며 비통해 했다. 멍크는 1660년 1월 2일 스스로의 판단에 의해 베릭Berwick 근처 콜드스트림Coldstream에서 남쪽 방향으로 군대의 행군을 시작했다. 그는 군인이었지만 군대에 의한 통치(군에 의한 의회 간섭)에 반대하기 위해 그 일을 수행하는 것이었다. 그는 자신이 무엇에 반하는against 행위를 하고 있는지는 명확하게 알고 있었지만, 무엇을 위해for 그 일을 하고 있는지에 대해서는 확실한 생각이 없었다. 그가 런던으로 오고 있다는 사실 하나만으로 다시 뭉친 잔부의회의 잔류파들은 그가 자신들을 보호하기 위해 오는 것이기를 희구했고 또 당연히 그럴 것이라고 생각했다. 그러나 멍크는 의도를 드러내지 않고 만일의 사태에 대비하고 있었을 따름이었는데, 여정의 어느 지점에선가 잔부의회의 보전이 아니라 오히려 제거를 갈망하는 강력한 대중의 열망에 마음을 열게 되었다. 거의 보편적이라고 할 만큼 압도적이었던 그 외침은 '자유' 의회를 향하고 있었는데, 이는 프라이드 숙청으로 문을 닫았던 장기의회 모든 의원의 복귀를 의미하는 것이었다.

멍크가 런던에 도달한 2월 초 무렵에는, '자유 의회'에 대한 사람들의 요구는 단순한 헌법 개정의 문제가 아니라, 코먼웰스가 직면하고 있는 무질서의 지옥으로부터 나라를 구출하자는 간절한 외침이 되어 있었다. 그것은 또한, 아직은 그 이름을 대놓고 입에 올리지는 못하지만, 점차 왕정주의를 지향해 가는 외침이기도 했다. 한때는 자유를 향한 외침이 왕정의 종언을 의미했지만, 이제는 그 외침이 의심의 여지 없이 왕정의 복권을 가리키고 있었다. 혼란 속에 빠진 공화정을 실망 속에서 무기력하게 지켜보고 있던 존 밀턴은 실명의 어려움 속에서도 군주정으로의 질주를 막기 위한 마지막 시도를 감행했다. 『자유로운 코먼웰스를 건설하는 준비된, 그리고 쉬운 길Readie and Easie Way to Establish a Free Commonwealth』의 출판이 그것이었는데, 그런 그조차 공화정이 대중의 지지를 잃고 있음을 인정하지 않을 수 없었다. 그는 이 저서에서 다수가 소수에게 노예로서의 삶을 공유할 것을 강제할 수는 없지만, 소수에게는 다수가 자유를 받아들이도록 강제할 권리가 있다고 주장했다. 그러나 런던에서 (그리고 브리스톨과 엑시터에서) '자유 의회'를 외치며 시위를 일으킨 견습공들은, 자신들의 외침이 군주정으로 가는 문을 여는 행위라는 걸 모두 다 알면서도, 자유를 강제당하고 싶어 하지 않았다. 그들은 왕의 신민이 되길 원했다. 여자들은 스스로 치마를 걷고, 몸을 앞으로 숙이면서 '나의 의회에 키스를!'이라고 외침으로써 잔부의회에 대한 그들 나름의 판결을 내리고 있었다.

2월 11일, 지난 5년간 재무부의 서기로 일해 오던 (그리고 영향력 있는 친척 에드워드 몬태규의 피후견인이기도 했던) 새뮤얼 피프스Samuel Pepys는 스트랜드 브리지Strand Bridge의 끝에 서서 모닥불의 개수를 세고 있었다. 다리 위에 있는 것만 하더라도 서른한 개였다. 그는 일기에서 '길의 한쪽 끝 편에서 서서 바라보니 도로 전체가 불에 덮여 있는 것 같았고, 우리는 그 뜨거운 열기 때문에 다리 끝쪽에 계속 서 있을 수밖에 없었다'라고 적었다. 런던의 전 시내가 가금류와 소고기 등의 엉덩이 살rump[1]을 올려놓고 굽는 하나의 거대한 옥외 불꼬챙이로 변했다. 거리는 축하 행사로 인해 기름투성이가 되었다. 고기만 구워지고 있는 것이 아니라, 공화정도 종언을 맞고 있었다. 그날 그보다 이른 시간에는, 11년 전 프라이드의 숙청으로 축출 당했던 의회 의원들을 다시 받아들인다는 결정이 있었다. 런던 시민들은 새롭게 결성될 '자유' 의회를 기다리는 동안, 언제나 그랬듯이, 식욕을 통해 의사를 표현하고 있었다. 런던의 거리에는 저밈용 칼들을 이용한 편종들이 등장했다. 피프스는 '스트랜드의 메이폴에서는 푸줏간 주

---

1 여기에서 군중의 행위는 단순히 엉덩이 살(rump)을 굽는 것이 아니라 잔부의회(the Rump Parliament)의 폐지를 상징화하는 것임 — 옮긴이.

인들이 소의 엉덩이 살을 희생양으로 준비하는 동안, 칼을 이용해서 큰 종소리를 냈다'라고 썼다.

이제 역사는 빠르게 되감기고 있었다. 토머스 페어펙스처럼 여러 해 동안 정치에 모습을 드러내지 않던 인물들이 과거 장기의회 동료들과 함께 다시 나타났는데, 그들은 1648년의 '차단'으로 인한 모멸감을 결코 잊지 않고 있었다. 1642년에는 함께 이른바 '새들birds'[2] 중의 일원으로 포함되었던 덴질 홀스와 아서 하셀릭이지만 이제 그들은 서로에게 굴욕감을 안기면서 맞서고 있었다. 둘 중 한 사람은 막 도주할 참인 공화주의자였고, 다른 한 사람은 스튜어트 왕가가 하사할 귀족 작위를 향해 가고 있었다. 그러나 몬태규를 비롯한 대부분의 실용주의자들은 한 체제에서 다른 체제로 부드럽게 넘어가고 있었다. 20년 전 처음 결성되었던 의회는 이제 멍크의 군대와 무장한 왕당파 민병대의 압력에 의해 자체 해산과 동시에 '자유선거'를 치르도록 명령함으로써 스스로의 생명에 종지부를 찍고 있었다. 관련된 사람 모두가 이것이 왕정복고 의회의 출범을 의미하는 것임을 알고 있었다.

내전에 참여했던 의회파에 대한 마지막 배려의 표시로 찰스 1세를 위해 실제로 전투에 참여했던 왕당파 인사들을 배제하는 조치를 취했지만, 그럼에도 불구하고 1660년 3월 개회한 이른바 '컨벤션 의회Convention Parliament'에는 왕당파 인사 100명이 선출되어 의석을 차지했다. 그들 이외에도 명백한 왕당파 지지 성향의 의원 58명이 있었다. 거의 같은 숫자에 해당하는 150에 가까운 의회파 의원들이 있었는데, 그들 모두를 공화파라고는 할 수 없었다. 오히려 그들 대부분은 줄곧 개혁 군주제를 주장하던 젠트리 계급 출신이었다. 이제 그들은 바라던 것을 마침내 이루게 되었다. 의회는 네덜란드 브레다Breda에 체류 중이

---

2 1642년 1월 4일 찰스 1세가 병력을 이끌고 존 핌 등 다섯 명의 청교도 출신 의원들을 체포하기 위해 의회에 난입했는데, 이들 의원들은 사전에 이를 예측하고 모두 의회를 탈출했다. 이에 찰스가 "내 모든 새가 날아갔구나(all my birds have flown)"라며 한탄한 데에서 유래한 말이다. 찰스의 이 행동이 잉글랜드 내전을 촉발시켰다 — 옮긴이.

던 찰스 2세에게 멍크와 의회 대표단을 보내 일련의 조건들을 제시하게 했는데, 이는 그의 화해 의지를 시험하기 위한 것이었다. 조건들 중에는 (찰스 1세의 처형 영장에 서명한 자들을 제외하고) 내전에서 의회 편에 섰던 사람들에 대한 사면, '민감한 양심tender consciousness', 즉 종교적 양심에 대한 어느 정도의 자유, 그리고 공위空位 기간 중 일어났던 재산상의 변화를 되돌리지 않는다는 보장 등이 있었다. 그러나 컨벤션 의회는 왕에게 이들 조건의 정책 집행 확약을 하나의 전제 조건으로 내세우지는 않았다. 4월 4일 브레다에서 나온 찰스의 응답은 그 나름대로 약삭빠르게 취해진 것이었다. 사면에 관해서는 40일간의 유예 기간을 둔 것 외에는 모든 예외 규정을 향후 의회의 재량에 맡길 것이라 했으며, 종교와 재산 문제에 대해서도 마찬가지 입장이었다. 이들 문제에 대한 결정권이 자신이 아니라 의회에 있음을 말함으로써, 찰스는 자신이 부왕과 같은 길을 가지 않을 것임을 애써 알리려는 듯했다.

1660년 5월 23일, 새뮤얼 피프스는 찰스가 동생들, 그리고 사촌이자 오라녜의 소년 왕자(훗날의 윌리엄 3세)와 함께 헤이그 인근 스헤브닝겐Scheveningen에서 코먼웰스의 기함 네이즈비Naseby에 승선하는 것을 지켜보고 있었다. 피프스는 '무수한 포성'에 맞추어서 왕족들의 손에 입을 맞췄으며, '엄청난 의전 속에서 잘 차려진' 저녁을 먹었다. 피프스 및 그의 후견인 몬태규, 그리고 멍크와 설로 등 모두 한때는 크롬웰 편에 섰던 그들이지만 이 일이 그다지 고통스러운 것은 아니었다. 오후에 그들은 잉글랜드를 향해 항해하기 시작했고, 피프스에 따르면, 왕은

이리저리 걷거나 오르락내리락하는 등 (내가 생각해 왔던 것과는 딴판으로) 매우 활동적이고 신이 나 있었다. 그는 선미 갑판에 기대어 선 채, 자신의 우스터 탈출에 관한 이야기로 담소에 빠져 있었다. 그가 헤치고 나와야 했던 곤경에 대해 말할 때 나는 눈물이 났다. 그가 발이 무릎까지 진흙탕 속에 빠지는 걸음을 계속하면서 나흘 낮과 사흘 밤을 맨발로 걷는 동안, 가진 것이라고는 고작 한 벌의 녹색

코트, 그리고 입고 있던 농촌식 반바지 한 벌과 신고 있던 농촌식 신발 한 켤레뿐이었는데, 이 때문에 그는 온 발이 아파서 움직이기조차 어려웠다.

피프스는 매우 궁금해하면서 그의 이야기를 듣고 또 들었다. 이는 그가 예견했던 것과는 달랐다. 찰스는 모친으로부터 물려받은 검은 곱슬머리와 검은 눈, 그리고 두꺼운 입술을 가졌으며, 키가 장신인 데다 매력적인 입담까지 있어서, 만약 마음만 먹는다면, 마법을 뿌릴 수도 있는 사람이었다. 그는 상륙한 지 불과 며칠 만에 왕의 치유력을 인상적으로 과시하는 단 한 차례의 시전을 통해 '연주창king's evil' 환자 600명을 촉진觸診했다. 13년 전 의회는 '연주창'을 촉진으로 치료하는 관행을 터무니없는 미신으로 탄핵하는 공고문을 기안하기 위해 위원회까지 지명한 적이 있었다. 그럼에도, 붓거나 종양을 동반하는 림프선腺, 맥립종麥粒腫, 또는 입안에 수포가 있는 평범한 백성들은 모두 왕의 마법이 귀환했다고 확신하고 있었다. 향후 20년간에 걸쳐서 9만 명의 연주창 환자들이 왕의 손길과 그들의 목에 둘러질 금줄을 경험할 예정이었다.

존 에블린은 열렬하고 당당한 왕정주의를 가슴에 품고 지난 공위 시대를 감내해 온 사람이지만, 눈앞에서 벌어지고 있는 일들이 쉽사리 믿기지 않았다. '모든 부류의 남자, 여자, 그리고 아이들이 폐하를 만나 그의 손에 입 맞추려고 욕심을 부리는 통에, 폐하께서는 며칠 동안 음식을 드실 여가조차 없었다'라고 그는 적었다. 찰스 1세에 대항하여 에지힐에서 싸웠던 완고한 장로교 신자였던 도체스터Dorchester 출신의 덴질 홀스조차 이제는 그 왕의 아들을 가리켜 '그들(국민) 눈의 빛이요, 그들 비공의 숨이며, 그들의 기쁨이자 희망'이라며 맹종적 과찬을 날렸다. 5월 29일 찰스 2세의 생일날, 존 에블린은 수개월 전 피프스가 모닥불 개수를 세던 곳과 멀지 않은 장소에 있었는데, 그는 2만 명에 달하는 기병과 보병의 대열이 왕을 호위하여 런던 시내를 관통하고 있는 광경을 지켜보고 있었다.

검을 휘두르며 형언할 수 없는 기쁨으로 소리를 지르며 그들은 지나갔다. 꽃들이 흩뿌려지고 종소리가 울려 퍼지는 길들 … 나는 수로에 서서 그것을 바라보며 신께 기도드렸다. 한 방울의 피 흘림도 없이, 그것도 한때 그에게 모반을 꾀했던 군대에 의해 이 모든 것이 이루어졌나니 … 이는 신께서 행하신 일인바, 왜냐하면 이 같은 왕의 복귀는 〔유태인들이〕 바빌론 유수로부터 귀환한 이래, 고금을 막론하고 어떤 역사적 기록에서도 본 적이 없으며, 또한 이토록 기쁘고 빛나는 날은 이 나라에서 일찍이 볼 수 없었던 일이기 때문이다. 그런 것을 기대하거나 이루고자 할 바 있어도 실제 그것이 일어나는 것은 인간의 모든 방책을 넘어서는 것이다.

그렇다고 모든 사람이 1660년 5월의 한껏 고양된 날들을 축하하고 있는 것은 아니었다. 찰스 1세의 사형집행 영장에 서명한 59명의 목록 중에 40번째로 이름을 올렸던 에드먼드 루드로우Edmund Ludlow는 바로 그 와자지껄한 축하 행사를 점점 도를 더해가는 혐오와 불신 속에 지켜보고 있었다. 그가 볼 때는 예루살렘이 갑자기 소돔으로 변한 것이었다. 그 상황에서 무엇을 기대할 수 있을 것인가? 그는 '그날 저녁의 파국과 주취酒醉는 과거 이 나라에서는 오랫동안 볼 수 없었던 일로서, 너무나 그 정도가 심하고 가증스러운 것이므로, 왕은 … 음주를 금지하는 포고령을 공포하기에 이르렀다. 그럼에도 그 자신은 어떤 종류의 규정에도 구애받지 않기로 다짐하고 있었던 것인지, 과연 며칠 가지 않아 멀버리 가든Mulberry Garden에서 폭음함으로써 스스로 내린 명령을 공개적으로 위반했다'라며 혀를 찼다. 루드로우는 무엇보다도 '예전에 우리 군대에 속했던 기병 부대가, 대부분 자유의 정신으로 자발적으로 참여했던 사람들로 이루어졌던 그 부대가, 그때의 임무와는 너무나 다른 일에 쓰임을 보고' 소름 끼쳐했다.

찰스 1세의 처형 기념일이기도 했던 1661년 1월 30일, 올리버 크롬웰과 그의 사위 헨리 아이어튼, 그리고 찰스 1세의 주심 재판장 존 브래드쇼의 유해들이, 에블린이 기분 좋은 어조로 묘사했듯이, 웨스트민스터 왕들의 무덤 사이에 있는 각기 '훌륭한 무덤들로부터 끌려나와 타이번Tyburne 사형장으로 옮겨져 9시에서 저녁 6시까지 효수되어 있다가 그 치명적이고 수치스러운 기념물 아래 깊은 구덩이 속에 묻혔다'. 에블린은 1658년에 있었던 크롬웰 장례식의 그 혼돈 속 장려함을 회상해 보았다. 시신의 방부 처리와 시체 절단 사이에 경과된 시간은 불과 2년 반이었다. 에블린은 '오, 이 엄청나게 크고 불가해한 신의 심판이여'라고 외쳤다.

루드로우의 입장에서 보더라도, 크롬웰은 자신에게 합당한 처분을 받은 것이었다. 왜냐하면 그는 국민의 자유를 배신하고 권력을 탐했으며, 그럼으로써 공화국을 죽이는 결과를 초래했기 때문이었다. 그러나 문제는, 한결같이 자유를 옹호해 왔던 사람들이 지금 그가 치렀어야 할 죗값을 대신 치르고 있다는 것이었다. 군의 '고위층' 인사들은 졸지에 도망자 신세가 되거나, 아니면 시류를 좇아 변절한 자들에게 필사적으로 도움을 간구하는 상황이 되고 보니, 실망을 넘어 경악과 공포가 덮쳐왔다. 공화주의자들은 찰스 1세의 죽음과 관련된 옛 친구들과 동지들이 징벌적 재판정에 회부되어 졸속적인 재판을 받은 뒤 교수 및 산 채로 사지가 절단되는 것을 지켜보고 있었다. 두 명의 레지사이드regicide, 즉 왕의 사형 영장에 서명한 자들은 썰매에 실려 사형장으로 끌려갔는데, 그곳에서 목이 잘라진 다른 레지사이드 한 명의 시신과 맞닥뜨렸다. 그는 바로 제5왕정파의 '성인' 토머스 해리슨 소장이었다. 루드로우는 신속하게 탈출할 수 있는 긴급 수단을 확보했다. 이제 거의 실명 상태에 놓여 있던 밀턴은 자신들의 등짝에 내리쳐지고 있는 회초리의 부당성에 대해 성찰하고 있었다.

적시에 뛰어들어 왕정복고 과정에서 그 나름대로 중요한 역할을 담당했던 사람들의 경우는 어떠했을까? 작금에 벌어지고 있던 복수극이 그들을 조금은 긴장시켰을까? 1661년 5월, 찰스 2세의 대관식이 있던 날, 새뮤얼 피프스는 가냘픈 빛이 비치는 엄청나게 큰 웨스트민스터 수도원의 동굴 안에 서 있었는데, 그곳에서 상당한 양의 은과 금이 공중에 높이 내던져지고, 곧이어 동전들과 메달들이 석판을 때리면서 소리를 내는 광경을 지켜보고 있었다. 그러나 왕좌로부터 적절하게 예를 갖춰 떨어진 곳에 위치한 그의 어깨 위에는 그 보물 세례가 떨어지지 않았다. 양복장이의 아들이었던 그는 플리트Fleet가에서 출발하여 출세를 향해 먼 길을 걸어왔겠지만, 여전히 해군청의 일개 서기일 뿐이었다. 그러므로 그는 자신보다 높은 신분의 사람들이, 마치 결혼식에서 작은 꽃다발 하나 가지고 실랑이를 벌이듯이, 왕이 하사한 재물을 차지하려고 서로를 밀치는 광경을 가만히 지켜볼 뿐이었다. 가련하게도, 그는 '나에겐 아무 일도 일어나지 않았다'라고 적었다.

그렇다면 그에게 '일어날 수 있었던' 일은 무엇이었을까? 피프스 같은 사람들이 새로운 치세를 맞아 기대할 수 있는 것은 무엇이었을까? 찰스 2세의 상냥함에 고무된 그가 관심을 끌기 위해 기꺼이 아양을 떠는 것과, 지금 완곡어법으로 '옛 국가the Old State'라고 일컬어지는 옛 정권을 위해 봉사했던 사람들이 현재의 왕국에서 과거와 똑같이 호의적인 대우를 받을 것이라고 전적으로 자신하는 것은 다른 문제였다. 정치적으로나 신체적으로나 약간 부풀어 있던 클래런던 백작(에드워드 하이드)은 새롭게 귀족 반열에 오른 데다 내각의 수장인 로드 챈슬러직까지 차지함으로써 놀랄 정도로 더욱 부풀어 올라 있었지만, 그럼에도 그는 이런 우려를 어느 정도 불식시키는 역할을 할 수 있는 사람이었다. 클래런던은 의심의 여지 없이 왕정복고의 토대와도 같은 역할을 수행하는 사람이었고, 따라서 자신들 나름대로의 정당성을 입증했다고 생각하며 지나친 자기만족에 빠져 있는 왕당파 인사들에게 '정치적 냉정'이라는 각성제를 처방할 수 있는 사람이었다. 그는 과거 장기의회에서 귀족이 아닌 평민 에드워드 하이드로서 개혁파에 속했었다. 그러나 그들이 추구했던 온건한 변화는 그 후에 일어난 수많은 사건에 의해 의미를 상실하게 되었고, 클래런던의 온건한 보수주의는 이제 가장 확실한 보수주의로 통하고 있었다. 그가 열망했던 것은 정당한 군주의 특권을 포기하는 것이 아니라 그것을 안정적인 헌법적 틀 안에 닻을 내려 다시금 안착시키는 것이었다. 이는 의회와 왕이 상호 신뢰와 상호 의

존 속에서 결합된 정치체제였다. 피프스는 복고왕정 정부의 다른 많은 소장파 공직자들 및 궁정 조신들과 마찬가지로 클래런던 나름의 무게가 느껴지는 자만심을 놓고 키득거리거나 트집을 잡는 경향이 있긴 했지만, 그럼에도 불구하고 그는 실제로는 국정을 안정적으로 끌고 가는 클래런던의 권위에 대해 내심 매우 고마워하고 있었다. 그는 클래런던이 단순히 왕국을 숙정한다는 명분을 내세워 재능 있는 호국경 정부 관리들, 특히나 해군과 같이 매우 중요한 전문 분야의 인재들을 내치지는 않으리라는 걸 알고 있었다. 결백성 따위는 찰스 2세의 마음속에도 그리 크게 자리 잡은 것 같지 않았다. 그러므로 피프스는 후견인 에드워드 몬태규가 샌드위치 백작으로 승격되는 것을 별 놀라움 없이 받아들이면서 기뻐했다. 피프스는 또한, 어차피 누군가의 시체들이 왕당파의 사냥개들 앞에 던져져야 하는 것이 현실이라면, 자신이 그중에 하나가 되지 않도록 만전을 기하는 것이 최선이라고 인식하는 현실주의자였다. 역설적 상황 인식에 밝은 사람들은 크롬웰의 사후 악명으로 인해 가장 죄인시 되고 있는 사람들이 헨리 베인, 존 브래드쇼, 에드먼드 루드로우, 그리고 토머스 해리슨 등, 실상은 크롬웰을 가장 미워했던 공화주의자들이라는 사실을 놓치지 않았다. 그러므로 피프스는 여기에서 새로운 국가가 옛 국가와 마찬가지로 자신과 같이 능력 있고 근면한 인재들을 원할 것이라는 확신을 가지고, 아내 엘리자베스와 함께 해군청의 새 숙소에 입소했던 것이다. 그 인재들은 대포, 함정, 인력, 그리고 자금을 어디에서 확보할 수 있는지를 알고 있는 자들이었다. 그중에서도 돈줄이 특히 중요했다.

그럼에도, 피프스에게는 이해하기 어려울 정도로 화려했던 찰스 2세의 대관식이 조금은 불편하게 다가온 것이 사실이었다. 좌중을 가득 채운 주교들과 세속 귀족들은 어떤 육중함마저 느껴지는 구식의 의식이 치러지는 가운데, 본능에 의해 혹은 교육에 의해서, 자신들이 수행해야 할 역할을 잘 알고 있는 듯했다. 만약 크롬웰이라면, 대관식 중에 완전무장을 한 채 말을 타고 달려들어 오면서 주군인 국왕의 권위에 의문을 제기하는 그 누구라도 대적해 주겠다며 공개적인 도전장을 던지는 '왕의 챔피언the King's Champion'³을 보면서 무슨 생각을 했을까?

만약, 크롬웰이 왕의 입장이었다면, 이 난센스 같은 의식을 경박한 철학을 가진 토지 소유 계층을 만족시키기 위해 필요한 하나의 가면극이나 놀이 정도로 치부하면서 참아내긴 했을 것이다. 그러나 그라면 정녕코 찰스 2세처럼 '연주창the King's Evil'을 치료하겠다면서 선병腺病환자들을 불러 모으는 일은 하지 않았으리라. 그런데 의아한 것은 반어적이고 세련된 장난기까지 있는 찰스가 그런 난센스적인 것들을 정말로 진지하게 받아들이고 있었을까? 그레섬 칼리지Gresham College의 자연철학자들을 후원하고, 또한 학자들이 모여서 서로 대화를 나누고, 파괴적 악감정 없이 논쟁까지 벌일 수 있는 동료적 단체로서 '왕립협회Royal Society'를 밑받침한 사람도 그였다. 사실, 찰스 2세는 일정 부분 학자들의 탐구심을 공유하고 있었는데, 최신의 시계와 망원경에 진지한 관심을 기울였으며, 우주를 천체역학에 의해 정교하게 움직이는 하나의 합체적인 장치로 생각하며 들여다보고 있었다.

이 모든 점을 고려할 때, 과연 찰스를 이 차분한 이성의 왕국을 통치할 적임자라고 기대할 수 있었을까? 1660년 4월에 발표되었던 브레다Breda 선언은, 다른 게 아니라, '종교와 관련하여 다양한 의견을 만들어내고, 또한 그로 인해 파벌을 생기게 하고 사람들을 적대적인 관계에 서게 만들었던 당 시대의 열정과 무관용'에 대한 해독제로서 '종교적 양심의 자유Liberty to tender Conscience'를 약속한 바 있었다. 그러나 찰스 통치 첫 몇 년 동안 일어난 사건들을 살펴보면, 약속되었던 '대화의 자유'는 거의 실현되지 못했다. 찰스 자신은 말끔하게 합리적인 사람이 되고 싶었는지 모르지만, 1661년 3월에서 4월 사이 선출된 '기사Cavalier' 의회는 1679년까지 지속되었는데, 의견을 조율하기보다는 자기주장에

---

3   잉글랜드 국왕의 대관식에서 자신이 따르는 주군의 왕위를 지키기 위해 어떤 참주(僭主)의 도전도 받아줄 준비가 되어 있다고 선언하던 자를 말함 — 옮긴이.

더 관심이 많은 의회였다. (인적 또는 물적으로) 왕을 위해 희생했던 옛 왕당파 전사들의 입장에서 볼 때, 공화파에 대한 야만적 가해는 그들이 저질렀던 극악무도한 범죄에 합당한 처벌이었다. 그런데 그들 이상으로 지나간 시절에 대한 보상을 갈망하고 있던 사람들이 있었으니, 그들은 바로 성직자 집단이었다. 그중에서도 윌리엄 로드 대주교의 몰락 이후 잉글랜드 교회사를 통틀어 상상할 수조차 없었던 치욕을 겪은 주교들이 특히 그러했다. 대주교의 구금과 처형에 이어서 주교들이 상원으로부터 축출되는 사건이 있었으며, 설상가상 교구로부터도 적출당한 것으로 부족해서 주교라는 이름과 직책까지 모멸의 대상으로 만들지 않았던가. 이제 미트라mitre[4]와 성체 안치기monstrance가 돌아왔다. 특히, 크리스토퍼 렌에게 커다란 존재감을 안겼던 그의 숙부이자, 런던 타워에서 로드 대주교와 같은 방을 쓰면서 후회 없는 구금 생활을 감내해 오던 매튜 렌이 주교로 복귀한 일리Ely에서는 그 어느 곳보다 개선장군의 위세가 감지되고 있었다. 매튜 렌은 미화된 사독Zadok[5]이며, 높은 곳에 위치한 오뎃Oded[6]이었다. 그는 잉글랜드 교회의 신성함을 훼손한, 그리고 유해하기 짝이 없는 '광신도 및 분리주의자들'이 다시는 어리숙한 자들을 기만하거나, 주의 성전 안에서 문제를 일으키지 못하도록 할 것임을 분명하게 천명하고자 했다.

1661년 1월 런던에서 제5왕정주의자들이 일으킨 폭동은 기껏해야 50명의 지지자들을 동원했을 뿐인 무기력한 사건에 그쳤다. 그럼에도 이 사건은 강경파 주교들과 '기사' 의회 내부의 동조자들에게 잉글랜드 교회를 다시 복구함에 있어서 지나친 엄격성을 배제하고자 했던 클래런던과 왕의 노력을 무산시킬 수 있는 구실을 제공했다. 클래런던은 위엄 있는 태도에도 불구하고 실용주의자의 면모를 가지고 있었으며, 불만스러운 여론을 야기하거나 영구화시킬 의

---

4   주교가 성사 때 착용하는 모자 — 옮긴이.
5   다윗, 솔로몬을 지킨 '신실한 대제사장'을 말함 — 옮긴이.
6   '회복하는 자'라는 뜻으로서 북이스라엘 사마리아에서 활동하던 선지자를 말함 — 옮긴이.

도가 없었다. 그는 청교도들이 교회 바깥에서 교회를 비난하기보다는 교회 안에서 그것을 터뜨리는 것이 낫다는 생각을 하고 있었다. 그래서 그는 잉글랜드 교회의 도그마 외연을 확장함으로써 비국교도 신자들을 일정 부분 교회 안으로 받아들이는 한편, 자발적 순응에 대해서는 불이익이 따르지 않도록 할 셈이었다. 왕은 이러한 관용 정책이 가톨릭에게도 적용되기를 원했다. 그러나 매튜 렌이나 길버트 셸던Gilbert Sheldon 같은 고위 성직자들에게는 어떠한 관용도 그들의 마음속에 없었다. 의회는 그들의 의견을 반영하여 '클래런던법Clarendon Code'이라고 해서 로드 챈슬러의 이름을 딴 집합적인 징벌 조항들을 입법화했는데, 사실상 클래런던이 그토록 반대하던 조치들이었다. 이는 비국교회 신앙을 고사시키는 데에 그 목적이 있었던 것이다. 이 입법 조치는 비국교회 종파들의 힘이 도시 장인들과 상인들로부터 비롯되는 것에 착안하여, 비국교회 목사들을 타운에서 최소한 5마일 바깥으로 추방하는 항목을 담았다. 또한 성직자들이 자신의 종교적 신조를 공개적으로 천명하게 하는 엄격한 교리 심사를 시행함으로써, 비국교도 신앙에 조금만 오염된 기미만 보여도 제거의 대상이 되도록 했다. 알다시피, 이러한 엄격한 정밀 심사의 목표는 머글턴파 Muggletonians나 구도파求道派, Seekers 등 주변적인 추종 집단에 국한된 것이 아니었다. '클래런던법'은 잉글랜드의 장로교적 칼뱅주의를 무력화시키고, 나아가 그들의 신앙 자체를 발본하는 것을 목표로 삼고 있었다. 현재로서는, 장로교가 1650년대에 공화정에 반대한 것이나, 그들이 왕정복고를 지지한 사실은 전혀 중요하지 않았다. 주교들의 입장에서 보면, 청교도들의 이설異說이야말로 교회나 국왕에 대한 불만을 야기한 커다란 원인 출처라는 (나름 일리 있는) 요지부동의 신념을 가지고 있었다. 교회나 국왕의 입장에서 반란의 재발을 확실하게 방지하기 위해서는 클래런던의 중도 노선을 수용할 수 없다는 것이 그들의 판단이었다. 잉글랜드에서 칼뱅주의는 사라져야 했다.

그에 따라, 놀랍게도 최소한 두 세대에 걸쳐서 잉글랜드를 그토록 깊게 물들여왔던 청교도 문화의 모든 것, 말하자면 그들의 가르침, 설교, 기도, 그리고 노래 등 일체의 문화가 사라지게 되었다. 만약 그중에 살아남은 것이 있다면, 예외적으로 용인된 것이었다. 다시 말하면 그것은 자체적 권리로서가 아니라, 은밀하게, 그리고 변명을 통해 살아남았다는 의미이다. 1662년 성 바르톨로메오St Bartholomew 축일 전날 일어난 대학살의 와중에서 (대다수가 청교도-장로교 소속이었던) 비非국교회 목사들이 (급여와 십이 제공되던) 성직으로부터 쫓겨났다. 같은 해 12월 왕은 '관용 선언'을 발표함으로써, 기사 의회를 향해 종교 통일법과 관련하여 특면권을 행사할 수 있는 권한을 자신에게 허여해 달라는 요구를 피력했지만, 그에게 점차 비협조적으로 변해가고 있던 의회는 1663년 3월, 마침내 그의 요구를 묵살하기에 이르렀다. 1663년 3월, 피프스는 자신 휘하의 서기인 윌 휴어Will Hewer의 '블랙본 아저씨Uncle Blackborne'가 조용한, 그러나 깊은 분노와 함께, '현재에 이르러 빵을 구걸하는 처지가 된 수천의 경건한 신의 사역자들'에 관해 이야기하는 것을 들었으며, 또한 '지금의 성직자들이 가는 곳마다 얼마나 비싸게 처신하는지, 그로 인해 사람들의 미움과 조롱을 받는 것'에 관해 말하는 것도 들었다.

고도로 시각적이었으며, 또한 그 못지않게 고도로 청각적이었던 한 문화가 하나의 은밀한 가족 교회로 변신한 것은 잉글랜드 역사를 통틀어 가장 큰 실종 사건들 중의 하나였다. 그러나 그 실종은 영구적이지 않았고, 보편적인 현상으로 귀결되지도 않았다. 비국교도 신앙은 결국은 살아남을 것이고 (특히 다음 세기에는) 활기마저 되찾게 될 운명이었다. 한편, 칼뱅주의의 강제적 해체는 권력 주도층의 정치적 의심으로부터 비교적 자유로웠던 퀘이커파를 비롯한 다른 비국교도 종파들이 새로운 신자들을 규합할 수 있도록 도와주는 측면이 있었다. 브리튼의 역사적 미래는 '클래런던법'을 만들었던 확신에 찬 주교들과 기사 의회 구성원들로서는 좀처럼 이해할 수 없었을 어떤 하나의 역사적 경로에 의해 심대한 영향을 받게 될 것이었다. 그들은 그 법을 동원하여 청교도들을 쫓아냈지만 소멸시킨 것은 아니었다. 그들은 벨파스트Belfast 또는 보스턴Boston 등 자신들이 추방당한 곳에서 살아남았으며, 앞으로 다가올 미래의 시간에 과거 브리튼의 군주정이 경험한 것 이상의 문젯거리들을 되돌려줄 예정이었다.

언론을 폐쇄함으로써 반대의 목소리를 차단할 수 있었다. 또한 매 3년마다 의회 총선거를 요구하는 법을 폐지함으로써 '경쟁의 정치'라는 아직 어린 나무를 야만스럽게 베어버렸다. 언론허가법을 통해 전통적인 대학 출판사들, 그리고 공식적으로 정부의 통제하에 있던 서적출판업조합에 역사와 정치 분야 출판에 관한 독점권을 부여함으로써, 코먼웰스 시대에 존재하던 자유 언론에 효과적인 재갈을 물렸다. 부끄러워할 줄 모르는 옛 로드 대주교파의 언론인 로저 레스트렌지Roger l'Estrange는 런던의 인쇄업자-장인들에 대한 실질적인 검열 권한을 부여받았는데, 그는 장인들의 숫자를 60명에서 20명으로 축소할 것을 제안했다. 아무리 훌륭한 책이라 하더라도, 그의 검열 권한을 무시하면 언제든지 나쁜 일이 일어날 수 있었다. 예컨대, 존 헤이던John Heydon이라는 사람은 천궁도를 만들어 왕의 별점을 보았다가 그것이 선동적 행위로 간주되어 감옥에 갇혔으며, 자일스 캘버트Giles Calvert처럼 정치적 이론을 담은 논문 출판에 특화된 출판업자들은 뉴게이트Newgate 교도소가 그들의 다음 행선지가 될 수 있었다. 1659년, 그때까지 헌법과 정부에 대한 경쟁적 토론이 자유롭게 이루어지고 있던 로터Rota 등 클럽들은 문이 닫혔다. 선동가들이 만나던 커피 하우스들은 순찰과 감시의 대상이 되었다.

예언자들, 설교자들, 인쇄업자들, 그리고 언론인들은 황무지로 쫓겨났고, 그들의 소개疏開는 왕국을 바리새인들(도덕군자인 양하는 사람들), 매춘부들, 그리고 기생충이나 다름없는 궁정 조신들에게 넘겨주는 결과를 가져왔다. 반드시 청교도 '광신자'만이 찰스 2세의 궁정에서 일어나는 방탕과 문란에 분개하라는 법은 없었다. 존 에블린처럼 충실한 국교도이며 왕당파인 사람들도 국왕과 그의 동생이 보여주는 방탕에 대한 도 넘는 탐닉에 대해 그를 자유로운 은혜로써 왕좌에 복귀시켜 주신 신에 대한 모욕으로 받아들였다. 그러나 이제 30대 중반 한창 때의 나이로 자기도취에 빠져 있던 왕은 비판에 귀를 기울이려 하지 않았다. 그는 보송보송한 '아첨의 베개' 위에 나른하게 기대 누워 있었는데, 그것은 (과거에는 크롬웰에게 알랑거렸던 존 드라이든, 에드먼드 월러Edmund Waller 등) 일군의 아첨파 시인들에 의해 지속적으로, 그리고 푹신하게 부풀려지고 있었다. 또한 그는 자신의 정부들과 사생아들, 그리고 반짝반짝 윤이 나는 스패니얼 종의 개들을 소파에 올려놓고 까불고 있었다. (찰스의 주목 대상이던 프랑스의 루이 14세와는 달리) 찰스에게는 본능적으로 풍겨지는 어떤 상냥한 느낌이 있었다. 그런 그가 아무런 주저함도 없이 자신을 침대로 받아들이는 여자들에게 호의를 베풀지 않는다는 것은 애당초 불가능한 일이거나, 어떤 육체적 고통까지 수반하는 행동이었다. 그중에 영리하고 야심 있는 여인들은 주어진 기회를 최대한 활용하려고 했다. 예컨대, 레이디 캐슬메인Lady Castlemaine, 즉 바바라 파머 Barbara Palmer는 재물 축적뿐 아니라 권력까지 추구하면서 자신이 진정한 왕의 배우자로 대우를 받으려는 집착을 보였으며, 때로는 왕이 만날 사람과 만나지 않을 사람을 스스로 결정하기도 했다. 침대 속의 찰스 2세를 무력하게 지켜보며 방관하는 신세가 되어버린 클래런던은 그 상황에 분개한 나머지 정신적 고통마저 느끼고 있었다. 크롬웰 치하에서는 (간헐적이기는 했으나) 공격적인 덕성의 추구가 오히려 정부의 안정성을 위협하는 요소였었다. 그런데 지금은 공격적인 악덕의 추구가 같은 결과를 낳을 조짐을 보이고 있었다. 지나치게 곱슬곱슬하게 치장한 머릿결과 과다하게 파인 여성복의 가슴 부위 과시 풍조는 세련된 런던 사람들에게는 아무렇지도 않았는지 모르지만, 지방 샤이어의 사람들에게는 그야말로 충격으로 받아들여졌는데, 클래런던이 우려한 바 그대로였다. (임신한) 딸 앤 하이드와 찰스의 동생 요크 공작 제임스와의 비밀 결혼이 공개되자, 클래런던은 경악한 나머지 그녀를 참수함으로써 그 무모함을 처벌해 달라고 찰스에게 주청할 정도였다. 그의 공포는 단지 왕을 능가하는 제임스의 호색에 대한 세간의 평판 때문만은 아니었다. 이 결혼을 통해 그가 스튜어트-하이드 왕가의 창설을 획책하고 있다는 중상모략이 터져 나올 것이 충분히 예상되는 상황이었다. (그러한 종류의 중상모략은 꼭 그가 생각했던 대로는 아니지만 어쨌건 현실로 드러났다.)

클래런던만이 도덕성 타락을 우려하고 있는 것이 아니었다. 불과 수년 뒤인 1667년 잉글랜드 정부가 상당한 곤경에 빠져 있을 때, 피프스의 해군청 동료인 조지 카터렛George Carteret 경은 과거 '정부 내 최소한의 신앙심의 표현 및 냉정함의 결여'가 내전을 촉발시켰던 사실을 그에게 상기시켰다.

올리버가 세상에 둘도 없는 불한당이었음에도 불구하고, 그것이 그에게 힘을 주고 계속해서 키워주었다. 그리고 이것(예의범절)은 평범한 잉글랜드인들의 본성 속에 단단히 자리 잡고 있는 것이어서, 사라지지 않을 것이며 … 모두가 왕국을 정착시키기 위해 힘을 쏟아야 하는데, 궁정에 있는 자들은 모두 파당 싸움을 벌이고 있다. … 왕은 어느 한쪽 편에 밀착된 것은 아니지만, 오늘은 스스로를 이쪽으로 인도했다가 다음 날에는 저쪽으로 인도하면서 자신과 국정을 자멸로 이끌고 있다. 그는 모든 여자를 노예처럼 부릴 수 있지만 … 자신이 좋아하는 여자 앞에서는 스스로를 통제할 수 없는 것이다.

개인의 세속사와 국사가 반드시 상호 배타적일 필요는 없다는 것은 새뮤얼 피프스의 일기를 통해서도 확실하게 입증되었다. 그가 목재의 수급 상황과 관련하여 부지런히 메모들을 남기고 있을 때이건, 또는 그의 욕망을 사로잡은 가장 최근에 만난 여자의 속옷 안을 더듬고 있을 때이건, 그의 두 손이 가만히 있는 경우는 별로 없었다. 그러나 피프스에게 이런 성적 유희들은 일에 대한 집중을 방해하기보다는 오히려 고무시켜 주는 역할을 했다. 생기를 되살려주는 몸 더듬기라고나 할까?

1664년 10월 3일. 매우 신속하게 또 다른 함대를 출범시키고 몇 척의 함정을 건조하는 일에 대해 이야기함. 그리고 머릿속이 일에 대한 생각으로 가득 찬 상태에서 우리는 헤어졌고, 나는 이발소로 갔는데, 거기에 오직 제인만이 보였고, 나는 그녀의 턱 아래를 쓰다듬었다. 그러고는 증권 거래소로 가서 돈을 조금 벌어보자는 생각으로 여러 가지 사무를 보며 오래 머물렀다. 그러고는 저녁 식사를 위해 집으로 왔다. … 그러나 집으로 돌아오기 전 사무실에서 베그웰Bagwell의 아내와 만남이 있었는데, 나는 그녀를 사무실 안으로 데려가서 키스만을 했을 뿐이다. 그녀는 그 행위에 대해 힐책했다. 그녀는 내가 다른 많은 사람에게 한 것을 자신에게도 한 것이라며, 이것은 내게 오점이 될 것이라고 했다. 그러나 그녀가 이를 매우 선의로 받아들이고 있음을 나는 알아차렸다. 나는 그녀가 대체로 매우 정직하다고 믿는다.

그를 그냥 바빴다고 말하는 것은 불충분한 표현이 될 것이다. 피프스는 해군청 사무실 업무와는 별도로 매주 왕립협회 회합, 선술집 술고래들과의 모임, 그리고 음악 연주회 참석 등 여러 행사에서 다양한 역할을 소화해 내고 있었다. 뉴스, 가십, 그리고 성적 유희에 목말랐던 피프스는 배, 마차, 또는 두 발을 이용하여 런던을 배회하면서, 바로 그날, 그 시각에 자신이 원하고 있던 것을 찾았다. 그것은 울리치Woolwich 무기고나 뎃퍼드Deptford 조선소의 관리인들로부터 얻어낸 정보일 수도 있었고, 플리트가를 벗어난 어느 골목에서 자유로운 아가씨들을 만나는 일일 수도 있었다. 조선소 목공의 아내, 리처드 리브Richard Reeve의 점포에서 나온 최신식 망원경, 또는 그가 이용하는 맞춤 양복점에서 주문할 수 있는 매끄럽기 짝이 없는 검은 비단의 카멜롯camelot 정장 코트일 수도 있었다.

철저하게 검색한다는 점에서 그와 견줄 수 있는 사람은 별로 없었다. 그의 그런 태도는 여자 젖가슴의 매혹적인 곡선부나 함대에 사용할 밧줄 공급선을 찾을 때에도 똑같이 적용되었다. 피프스는 또한 본인의 자산이건 왕국의 자산이건, 계수에 관해서는 강박적인 성향이 있었는데, 어쩌다가 부족분이라도 발견하게 되면 그때마다 고통스러워했다. 그의 아내 엘리자베스는 참을성 있게 그를 지켜본 사람이지만, 그녀가 옷 입는데 재산을 낭비하고 있다는 생각이 어느 날 피프스에게 문득 든 순간, 이후부터 아내를 괴롭힘과 힐난의 대상으로 삼았다. 그녀가 무언가 따지며 반박을 하자, 그녀의 무모함을 탓하며 (늘 하던 대로) 그녀의 얼굴을 철썩 때렸다. 그러나 그런 그의 성격적 단점은 폭넓은 친구, 동료 관계 속에서는 거의 드러난 적이 없어서, 그들은 피프스를 매우 다정하고 학식 있는 사람으로만 생각했다.

또한 피프스는 지식의 축적이 단지 사물의 이해뿐 아니라, 권력을 얻는 데에서도 핵심적인 역할을 한다고 생각하는 사람들 중에서 가장 다루기 수월한 사람으로 여겨지고 있었다. 그래서 그는 왕국의 이익을 위해 기획된 실험적이고 과학적인 프로젝트에서 어떤 촉진제의 역할을 할 수 있는 사람으로 여겨지곤 했는데, 그런 프로젝트들 중에는 존 에블린이 「런던 매연 보고서Fumifugium」에서 제안한 대로, 해충이 득실거리고 불결하며, 게다가 연기까지 가득한 런던을 좀 더 안전하고 건강한 도시로 개선시키는 방안, 그리고 윌리엄 페티의 창안품인 이중 바닥 함선 등이 있었다. 그런 그의 역할은 왕이 에블린의 프로젝트를 젊잖게 외면했을 때에도, 그리고 페티 프로젝트에 의한 최초의 시험 항해 때 승선자들이 익사하는 사고가 일어난 뒤에도 계속되었다.

사실, 찰스에게 과학의 의미는 세밀하게 지속되는 탐구의 대상이라기보다 시계나 접안렌즈 같은 장난감에 대한 몰입이며 오락일 뿐이라는 것이 점차 확실해졌다. 왕은 (상류사회의 다른 사람들과 마찬가지로) 로버트 후크Robert Hooke가 그의 책 『마이크로그라피아Micrographia』에서 이蝨를 현미경으로 확대 묘사한 판화에 매료되었으며, 자신이 왕립협회의 토의를 후원하고 있음을 만족해했다. 그러나 왕은 다른 한편으로는 그레셤 칼리지에서 사람들이 진지하게 '공기의 무게를 재느라고 시간을 보내는' 것을 보고 당혹감을 느꼈고 이를 공개적으로 피력하기도 했다. 사실, 찰스는 왕립협회에서 이루어지는 일련의 절차들을 윌리엄 페티나 로버트 보일 같은 사람들이 선호했던, 실험적 관찰에 기반을 둔 연구 및 토론이라는 모델로 본 것이 아니라, 단지 젠틀맨 클럽의 별난 기분 전환용 오락 정도로 생각했다. 1665년에서 1667년 사이 재앙이 연속해서 잉글랜드를 충격적으로 강타했을 때, 이에 대한 왕의 본능적 반응은 신하들과 다르지 않았는데, 이는 과학적 설명이나 이성적 논거에 의한 대책이 아니라 속죄, 금식, 그리고 기도 등을 통해 신에게 간청하는 것이었다.

1664년 여름에 출현한 혜성을 관찰한 과학자들도 (리처드 리브의 망원경을 가졌다면 활활 타고 있는 혜성의 꼬리를 누구보다 정확하게 볼 수 있었음에도) 이것을 천문학적 경이로 받아들인 것이 아니라, 옛 사람들이 이를 언제나 재앙의 전조로 받아들였듯이 그들 또한 경악으로 받아들였다. 그러니, 매우 호전적인 낙관론과 함께 네덜란드와의 전쟁에 뛰어든 왕과 달리, 이 전쟁을 결사반대했던 클래런던 같은 사람들은, 혜성 출현에 앞서서 거두었던 로위스타프트Lowestoft 해전의 승리에도 불구하고 밤하늘에 떨고 있는 먼지투성이의 창백한 혜성을 보면서 더욱더 불안한 마음에 휩싸일 수밖에 없었다. 또 다른 여름이 다가왔지만, 네덜란드는 항복할 기미조차 보이지 않았고, 우마차들은 매주 수천에 달하는 역병 희생자들의 시신을 매장지로 옮기고 있었다. 죄악으로 가득 찬 이 왕국으로부터 신이 손을 거두어들이실 것이라는 비관론자들의 예언이 입증되는 것처럼 보였다. 과학이 이 재앙과 관련하여 할 수 있는 일은 별로 없었고, 다만, 통계학의 중요성에 대한 근대적 신뢰와 역병 지도 제작 덕분에 런던의 사망자 숫자는 제대로 집계될 수 있었다. (예컨대, 9월 첫 주에 8252명이 사망했는데, 그중 6978명이 역병으로 인한 희생자들이었다.)

그러나 역병의 발생과 전파에 관한 이해 수준은 흑사병이 처음 닥쳤던 1348년에 비해 그다지 나아진 바가 없었다. 고양이와 개가 역병을 퍼뜨린다고 보고 런던 시장이 해당 동물들에 대한 살처분 명령을 내린 것이 고작이었다. 4만 마리의 개들과 (피프스의 추정에 따르면) 20만 마리 가까운 고양이들이 절차에 따라 도살되었다. 개들과 고양이들을 그만큼 신속하게 집결시켜 살처분할 수 있었던 것은 중세 역병의 대유행 이후 생물체에 대한 감시 체제가 그만큼 근대화되었음을 증명하는 것이다. 대니얼 드포Daniel Defoe의 『흑사병 일지A Journal of the Plague』는 1665년의 시신 처리에 관한 비통한 기록으로서, 비록 사건 발생 50년 뒤에 작성된 것이지만, 새뮤얼 피프스의 조수였던 폴 로렝Paul Lorrain을 비롯한 동시대인들의 신뢰할 만한 기억에 바탕을 둔 것이었다. 드포가 기록한 것은 미친mad 것과 체계적인methodical 것으로 나뉜 하나의 문화에 대한 기록이라고도 할 수 있다. 불안한 예언자들은 벌거벗고 거리를 걸으면서 인류가 공멸하기 전에 회개하라고 고함치는가 하면, 감시자들은 대오를 갖추어 거리를 순찰하면서 역병의 초기 징조가 발현될 경우 전체 가구를 밀폐·봉쇄한다는 규칙을 집행하고 있었다. 왕의 궁정과 귀족, 그리고 (물론 의사들을 포함한) 전문직 종사자들이 최대한 신속하게 런던을 탈출하는 동안, 일반 시민들은 감시자들에 의해 집안에 갇힌 채, 역병의 포로로 버려져서 전염되거나, 굶어 죽거나, 혹은 구사일생으로 살아남았다. 정부의 통제장치들은 역병이 지방으로 전파되는 것을 막기 위한 목적으로 고안된 것이겠지만, 전염병은 언제나 예외 없이 인간의 통제 능력을 뛰어넘었다. 런던시가 운용한 통제장치들은 런던 시민들의 일자리와 식량에 관한 모든 수단을 박탈하는 결과를 초래했을 뿐이었으며, 시민들은 타인의 자선에 생존을 의지해야 했다. 절망적 상황에서 봉쇄망을 탈출한 사람들은 체포와 소추의 위험을 감수해야 했다. 피프스는 당시 부시장이었던 후커Hooker로부터 한 마구 제조업자에 관한 이야기를 전해 들었다. 그는 '역병으로 숨진 자녀들을 땅에 묻었다. 그 자신과 아내는 이제 갇힌 신세가 되었고, 탈출할 희망도 없었지만, 그래도 단 한 가지 바라는 것이 있다면 [아직 생존하고 있는] 작은 아이의 목숨을 구하는 것이었다. 이것이 받아들여져서, 아이를 발가벗은 채로 한 친구의 손에 넘겨주었고, 그 친구는 (아이에게 깨끗한 새 옷을 입혀서) 그리니치로 데려왔다'. 피프스와 동료들은 가슴이 뭉클해졌고, 아이가 그곳에서 안전하게 머물 수 있도록 허락했다.

1665년 역병으로 인해 런던 인구의 6분의 1이 사망했다. 역병의 기운은 서늘한 기후가 시작되면서 퇴조했지만, 그로 인한 공포는 더 오래 머물렀다. 피프스는 멋진 새 가발 착용을 금지 당했는데, 감염된 시신으로부터 잘라낸 머리카락으로 만들었을지도 모른다는 우려 때문이었다. 초자연적인 현상에 대해 불안해하는 사람들은 책력에서 힌트를 찾았고, 그들의 관심은 점성학에서 숫자점으로 넘어갔다. 혜성의 꼬리는 짐승의 도래를 예고했는데, 짐승의 이름을 암시하는 숫자는 모두가 알다시피, '666'이었다. 아니나 다를까, 1666년 9월 첫째 주, 지옥의 역청질瀝 지역으로부터 사악한 불덩이가 날아왔다. 월터 고스텔로Walter Gostelo 또는 대니얼 베이커Daniel Baker 같은 예언자들은 색욕과 사치에 찌든 이 새로운 소돔, 즉 잉글랜드는 분노하신 여호와의 불같은 진노에 불타버리고 말 것이라고 오래전부터 경고해 왔었다. 그러나 좀 더 이성적인 존 에블린은 농촌에서 하루에도 수천 명씩 사람들이 몰려와 이 악취 풍기고, 번잡하며, 가뭄의 피해까지 입은 도시 속으로 밀려들어 오는 것, 또한 그들이 타고 온 우마차들이 골목길을 막아버리는 것을 보면서, 만약 건조한 바람이 불어와 방치되어 있던 불씨라도 우연히 날리게 되면 큰불이 일어날 수 있을 것이라고 우려했다.

큰불의 격렬한 힘이 사람들을 불시에 덮친 것이 더 큰 재앙을 불렀다. 8월의 마지막 복중과 9월 첫날에 걸쳐서 불어온 더운 남동풍은 불쏘시개가 될 수 있다는 걱정보다는 전염병을 퍼뜨릴지 모른다는 우려를 먼저 낳았다. 9월 2일 일요일 아침 이른 시간, 런던 시장 토머스 블러드워스Thomas Bludworth 경은 잠에서 깨어나 푸딩 래인Pudding Lane에 있는 토머스 페리노Thomas Farinor의 빵집에서 시작된 불이 이미 피쉬Fish가의 언덕 상당 부분을 태우고 템스Thames가를 향해 번지고 있다는 이야기를 들었다. 그의 첫 반응은 '흥! 여자 한 명이 오줌 싸도 꺼질 거야'라고 하면서, 잠을 방해 당한 것에 짜증을 내며 다시 잠자리에 든 것이었다. 그가 코를 골고 있는 동안, 불은 런던 브리지London Bridge와 타워 사이의 템스Thames강 측면에 있는 창고들로 번졌고, 거기에는 수지獸脂, 역청瀝靑, 타르, 그리고 브랜디 와인들이 가득 차 있었다. 구르는 불덩이 하나가 협소한 도로들로부터 공기를 빨아들이면서 포효 소리와 함께 다가오더니, 목재 재질의 건물 돌출부인 베이bay와 합각gable을 집어삼키면서 세력을 키워갔다. 한두 시간 만에 건물 300채가 화염 속으로 빨려 들어갔다. 공포가 사람들을 사로잡기 시작했다. 사람들은 집을 뛰쳐나와 소지품이 가득 실린 우마차를 밀어 강으로 향했으며 그곳에서 나무 상자들을 오염된 강으로 던졌는데, 그것들은 불빛이 일렁이는 강물 위를 부유하며 위아래로 움직이고 있었다. 교통량이 넘쳐나면서 길들은 꽉 막혀버렸다. 도로 표면은 맹렬한 연기로 뒤덮이고 있었다. 노인들은 침대에 누운 채로, 혹은 임시변통으로 만든 외바퀴 손수레에 실려 운반되고 있었다. 피프스는 상황이 얼마나 심각해졌는지를 전해 듣고는 동이 트기 전에 일어나 타워 쪽으로 걸어갔다. 어느 건물의 높은 층에 올라가 내려다보니, 불은 런던 브리지를 따라서 세력을 키우며 움직이고 있었는데, 브리지의 경간徑間을 가로지르며 게걸스럽게 전진하는 동안 밀집된 주택들과 가게들을 걸신들린 듯 집어삼키고 있었다. 비둘기들만이 저마다의 창과 처마에 앉아서 자리를 지키다가, 깃털에 불이 붙은 다음에야 불에 탄 날개를 애처롭게 퍼덕이며 그곳을 떠났다.

피프스는 배를 타고 가재도구 상자들 사이를 헤치면서 강의 상류로 올라갔는데, 바람 따라 날아드는 '불비 세례'를 피하기 위해 가는 동안 내내 얼굴을 돌려야 했다. 그는 화이트홀에서 왕을 만나 불의 진행 방향에 놓여 있는 건물들을 즉각적으로 철거하는 등 불쏘시개가 될 수 있는 것들을 모두 제거하여 연소 차단 지대를 만드는 것만이 대화재를 통제할 수 있는 유일한 방책이라고 건의했다. 찰스 2세는 상황을 가볍게 볼 일이 아니라는 인식을 하고 있었기에, 그 방책을 즉시 시행할 것을 명했다. 그리고 런던시와 왕궁 사이를 오갈 파발擺撥을 두어 화재 진행 상황을 지속적으로 보고하도록 했다. 피프스가 런던 시장 블러드워스를 만나러 갔을 때, 그는 이제 잠에서 완전히 깨어나 '기진맥진한 사람처럼 손수건을 두르고 있었는데' 피프스는 그가 무사안일주의에서 벗어나자마자 이번에는 곧바로 정신없는 상태로 직행했다는 것을 알아차렸다. '제가 무엇을 할 수 있을까요? 사람들이 제 말에 복종하지 않을 겁니다.' 시장은 자신이 건물들을 가능한 한 신속하게 무너뜨리고 있다고 주장했지만, 놀랍지 않게도 그는 재산을 그냥 두고 몸만 빠져 나온 해체 대상 구역 내 주민들의 항의에 부딪히고 있었다. 사실, 블러드워스는 주택 및 상점 소유자들에게 지불해야 할 비용을 걱정하면서 섣불리 행동을 취하지 못하고 있었던 것이다.

일요일이 끝나갈 무렵, 화재는 바람을 타고 더욱 기세를 올리며 타워와 런던 브리지 사이 가장 인구가 밀집된 구시가지 핵심부를 파괴하고 있었다. 여전히 여기저기에서 화염이 터지면서 빛을 뿌려대고 있었고, 먹구름처럼 짙은 연기층이 런던을 매우 두껍게 덮고 있었는데, 이로 인해 9월의 태양은 선홍색으로 변해버렸다. 존 에블린은 평소 런던의 보건과 안녕을 위해 개인적인 열정을 쏟고 있었기에, 제정신으로 상황을 지켜보기 어려웠다.

오, 비참하고 불운한 광경이여, 이런 것은 온 세상이 만들어진 뒤에 단 한 번도 보지 못한 것이며, 또한 이번 대화재보다 더한 것은 없었으니, 모든 하늘이 불붙은 화덕의 상층부마냥 불타는 형상이며, 그 빛은 여러 날 동안 40마일 외곽에서도 보일 정도였다. 신께서는 내 눈으로 그런 것을 바라보도록 허용하지 않으셨겠지만, 그럼에도 나는 지금 1만이 넘는 가옥들이 하나의 화염 속에 불타고 있는 것을 보고 있는데, 극성스러운 화염이 내는 소음, 타닥타닥하는 소리, 우레 같은 소리, 여자들과 아이들의 비명, 사람들의 서두르는 모습, 탑들, 가옥들, 그리고 교회들의 붕괴, 이들은 하나의 끔찍한 폭풍우 같았다. ⋯ 그래서 나는 오늘 오후 마치 소돔처럼, 혹은 최후의 날처럼 불타고 있는 런던을 떠났다. ⋯ 이는 내게 "여기 우리에게 영속하는 도시는 없는 것인가"하는 [히브리서 13장 14절] 구절을 상기시켰다. 트로이의 광경을 닮은 폐허들. 런던은 과거에는 영속하는 도시였지만, 이제는 아니었다.

9월 3일 월요일, 불은 가옥, 주점, 그리고 창고들의 군집 지역을 넘어, 구도시를 양분하고 있던 좁은 플리트Fleet강마저 뛰어넘더니 왕립 증권거래소와 롬바드Lombard가에 이르렀다. 증권거래소 근처에서 불길의 포로가 되었던 토머스 빈센트Thomas Vincent는 다음과 같이 적었다. '마치 1000대의 철제 전차들이 돌들을 두들겨 부수고 있는 듯, 불은 덜커덕, 덜커덕 하는 소음을 내 귀에다 때렸고, 모든 거리가 한꺼번에 화염에 휩싸였는데, 화염들은 마치 커다란 풀무처럼 힘을 분출하고 있었다.' 피프스는 이제 재산과 소유물을 걱정하기 시작했다. 아직 시간이 있었지만, 귀중품들을 베스날 그린Bethnal Green에 사는 친구에게 보내고 나서, 윌리엄 펜William Penn 경과 함께 해군청 근처 타워Tower가 있는 구덩이에 공문서들을 묻었다. 그리고 두 사람은 검댕과 연기 얼룩으로 더러워진 셔츠를 걸친 채 자신들의 것을 묻을 구덩이를 깊게 팠다. 병에 담긴 와인들, 피프스의 파르메산 치즈 등 소중한 것들이 그곳에 들어갔다. 그날의 마지막 시간 무렵, 그는 부친에게 세인트 폴 성당과 칩사이드 전체가 불에 타고 있다는 소름이 끼치는 소식을 알리고 싶었지만, '우체국이 불타고 있어서 편지를 부칠 수가 없었다'. 다음 날인 9월 4일 화요일에는 거센 돌풍이 불어와 북쪽과 서쪽 방향으로 화염이 번지는 등 상황이 더 나빠졌다. 바로 그 끔찍한 화요일, 불은 런던의 위대한 공공건물이라 하여 사정을 봐주지 않았다. 마흔이 넘는 동업조합 회관들이 소실되었고, 길드홀은 24시간 동안 불탔다. 급하게 지하실로 옮겨진 런던시의 고문서들은 기적적으로 살아남았다. 그러나 서적상들이 세인트 폴 성당 경내에 보관했던 어마어마한 양의 서적 재고들은 그렇지 못했다. 서적상들은 불이 곧바로 대성당을 향해 다가오는 것을 보면서, 자신들이 선호하던 대성당 내 세인트 페이스St Faith 소예배당 안으로 허둥지둥 서둘러서 책들을 옮겼다. 어떤 이들은 책 수레들을 그곳에 갖다놓는 데 성공했다. 다른 이들은 엄청난 인파로 길이 막힌 데다, 어떻게 하든지 위험한 상황은 피해야 했기에, 책들을 옥외 마당에 둘 수밖에 없었다. 그런데 화염이 그 책들에게 다가와 종이와 양피지에 불을 붙이더니 급기야는 하나의 커다란 모닥불로 타오르기 시작했고, 검은 재로 변해버린 책갈피들이 포효하는 대기 가운데에서 조각조각으로 분리되어 펄럭거리고 있었다. 세인트 페이스 소예배당에 보관된 책들의 운명도 다르지 않았다. 화염이 어떤 결정적인 순간에 도달하는 순간, 성가대석의 상부구조 대부분이 예배당 밑으로 부서져 내리면서 그 통에 서적들도 불타버렸던 것이다. 그리고는 지붕의 납들이 녹아내리기 시작했다. 일주일 전인 8월

27일 점검차 세인트 폴 대성당을 방문했던 존 에블린은 다음과 같은 기록을 남겼다. '세인트 폴의 석재들은 마치 총류탄처럼 날았다. 납이 녹으면서 물줄기를 이루어 도로 위로 흘러내렸기에, 그곳의 포장도로들은 불타는 듯 적열 상태로 이글거렸으며, 말이나 사람이 거기에 발을 디딜 수가 없을 지경이었다.'

대재앙의 규모 자체가 워낙 컸기에 그것은 인민의 보호자임을 자임하고 있던 왕과 정부를 조롱하는 듯 보였다. 그런데 지난번 역병이 돌 때는 가능한 한 빨리 수도를 벗어나기 바빴던 찰스 2세와 그의 동생 요크 공작 제임스가 이번에는 화재를 통제하고 진화하기 위해 열심히 노력하고 있었다. 제임스는 화재 봉쇄 및 철거 작업을 지휘하고 있었다. 물로써 할 수 있는 일은 별로 없었다. 여름 가뭄으로 인해 런던시 물탱크의 수위가 낮아진 것도 문제였지만, 그렇지 않았더라도 사정이 별로 나아질 일이 없었다. 물을 펌프나 분출기까지 옮기는 목제 수도관들 대부분이 화재 열기에 손상되었기 때문이었다. 불을 불로써 잡는 일만이 가능한 상황이었다. 불의 예상 진로 위에 있는 건물들을 해체한다는 방안은 처음에는 반대 의견도 있었지만, 일단 그것을 누그러뜨린 뒤에는 군대식 지뢰와 굴을 활용하여 건물들이 들어선 거리 전체를 폭파하는 데 성공함으로써 뚜렷한 성과를 내기 시작했다. 9월 5일 수요일에는 마침 바람도 잦아들기 시작했다. 마침내 대화재가 저지되기 시작한 순간이었다.

왕은 소수의 경비병들만 대동해서 무언가에 열중하고 있었는데, 그것은 (진짜 빈민들을 골라서 1회에 한하여) 금을 나누어주는 것이었다. 그러나 그러한 모습이 아무리 진정 어린 왕의 호의를 과시했다 하더라도, 화재로 집을 잃고 불완전 연소 속 도시의 폐허를 떠도는, 최소한 10만 명이 넘는 군중이 경험하고 있는 정신적 외상을 경감시키기에는 역부족이었다. 충격에 빠진 이재민들의 야영지인 세인트 조지스 필즈St George's Fields와 무어필즈Moorfields에는 천막들이 세워졌다. 에블린은 그곳에서 '우아하고 부유한 일상과 편안한 잠자리를 잃고 … 해진 천이나 필요한 가재도구, 그리고 침상이나 널빤지도 하나 없는 극심한 고통과 빈곤의 나락으로 떨어진' 많은 사람을 목격할 수 있었다. 주말

무렵, 이재민들의 천막촌은 계속해서 그 숫자를 더해가며 북쪽 방향으로 뻗어
나가더니, 이즐링턴Islington과 프림로즈Primrose 언덕을 거쳐 급기야는 하이게이
트Highgate까지 이르는 등 범위가 확장되었다. 많은 사람이 참사로 인해 비탄에
잠겨 있는 동안 그에 못지않은 숫자의 사람들은 분노에 사로잡혀 있었는데, 그
들은 자신들이 처한 곤경과 관련하여 비난을 퍼부을 대상을 찾고 있었다. 찰스
2세는 화재가 가톨릭 신자들이나 네덜란드 사람들에 의한 방화, 혹은 가능성
은 낮지만 그들 사이의 어떤 불경스러운 합작에 의해 발생한 것이라는 악성 루
머를 잠재우기 위해 무어필즈를 찾았다. 동생 제임스는 한 네덜란드 빵집 주인
이 린치 당하는 것을 막기 위해 개입했다. 그러나 프랑스인들은 여전히 군중의
공격 목표로 방치되어 있었다. 웨스트민스터의 소년 학생이었던 윌리엄 타스
웰William Taswell은 어떤 대장장이 한 명이 프랑스인 한 명을 철봉으로 때려눕히
는 장면을 목격했다. 찰스는 천막촌의 극빈자들과 집 잃은 자들을 향해 이번
참사를 일으킨 것은 외국인들이 아니라, 구태여 말하자면, 그것은 신의 손이었
다고 말했다. 아마도 그들은, 왕의 눈을 똑바로 쳐다보면서, 그렇다면 정확하
게 누구 때문에 런던이 제2의 소돔이 되었느냐고 묻고 싶었을 것이다.

화재 발발 일주일이 경과된 9월 9일 비가 내리기 시작했고, 조금은 이르지
만 실태 조사가 가능한 국면이 되었다. 그렇게 해서 드러난 참사의 규모는 일
찌감치 체념하고 있던 비관론자들마저 오싹하게 만드는 수준이었다. 새까맣
게 타버리고 형해화된 런던은 마치 어떤 잔인한 포위 작전에 의해 파괴된 것처
럼 보였다. 모두 400개의 도로와 뒷골목에 걸쳐서 1만 3200채의 건물이 파괴
되었다. 교회 87개, 그리고 대부분 세인트 폴 대성당 부속인 6개의 소예배당,
거기에다 길드홀을 포함한 모두 44채의 동업조합 회관들, 증권거래소, 관세청,
브라이드웰Bridewell 교도소, 법정, 그리고 다리 4개와 성문 3개가 자취를 감췄
다. 손실액은 거의 1000만 파운드로 집계되었다.

물론, '이제 그 런던은 없다'라는 에블린의 한탄은, 기술적인 표현으로서 인
구론적으로 정확한 이야기는 아니었다. 상점들과 창고들, 그리고 소규모의 주

택들이 가장 밀집되어 있던 런던의 옛 도심 지역 3분의 2가 실제로 불타버린 것은 사실이었다. 그러나 당시 런던의 메트로폴리탄은 런던 시티뿐 아니라 급속하게 확장 일로에 있던 웨스트민스터까지 포함하여 두 개의 도시로 이루어져 있었고, 거기에다 서더크Southwark, 로더하이스Rotherhithe, 그리고 램버스 등 사우스 뱅크South Bank 지구에 새롭게 형성되고 있던 지역까지 포함시키면, 모두 세 개의 도시로 구성되어 있었다. 런던 화재는 또한 서쪽과 북쪽 방향에 위치한, 최근 들어 무질서하고 급속하게 팽창하고 있던 지역으로는 번지지 못했는데, 그곳에는 매우 부유한 층과 극빈층이 공존하고 있었다. 그런가 하면, 화이트홀 궁전과 유행을 따른 새로운 거리들, 예컨대 클래런던이 로저 프랫Roger Pratt 경에게 의뢰하여 지은 엄청나게 으리으리한 타운하우스가 있는 피카딜리Piccadilly 같은 곳들이 화재의 피해를 입지 않았는데, 바로 그런 이유로 인해 부유하고 힘 있는 사람들은 자신보다 형편이 안 되는 사람들의 주택이나 공공 회합 공간들의 재건설에 관해 특별한 배려를 보여주어야 할 의무가 생겨났다. '복구'는 단지 넘치는 시적 레토릭rhetoric만으로 이루어지는 것이 아니고 다른 무엇이 있어야 했다. 이제 복구해야 할 어떤 단단하고, 진지한 무엇이 필요한 때였다.

런던에 비가 내리기 시작한 지 딱 이틀이 지난 9월 11일, 소규모 재발화에 대한 두려움이 해소됨에 따라, 옥스퍼드의 천문학 새벌리언Savilian 교수인 크리스토퍼 렌은 왕에게 긴급 알현을 청했다. 렌은 당시 30대 초반으로 찰스보다 약간 어린 나이였다. 그는 왕이 따뜻하게 영접해 줄 것이라는 기대가 있었는데, 그와 이름이 같았던 그의 부친이 윈저 채플Windsor chapel의 주임사제로서 내전 기간 동안 가터 훈작 관련 고문서를 비롯해서 찰스 1세가 그토록 열정적으로, 또한 어찌할 바를 모를 정도로 좋아하던 채플의 보물들을 목숨을 걸고 지켜냈던 인연이 있었기 때문이었다. 아버지 렌은 왕정복고 이전에 사망했지만, 그보다 더 유명하고 훨씬 더 고집스러웠던 그의 형(아들 렌의 백부) 일리 주교 매튜 렌은 오랜 구금에서 풀려나 과거 로드 대주교가 이루려고 했던 이상을

잉글랜드 교회의 권위와 미풍의 예법으로서 영속시키려는 확고한 위상을 보여
주고 있었다. 런던 주교를 역임한 바 있는 당시의 캔터베리 대주교 길버트 셀
던 또한 아들 크리스토퍼 렌의 후견자 중 한 사람이었는데, 그는 렌을, 단지 난
해한 수학을 쉽게 설명할 수 있는 사람일 뿐 아니라, 기민하고 다재다능한 지
적 능력을 실용적이고 건축학적인 문제에서 발휘할 수 있는 사람으로 왕에게
천거했던 것이다. 비록 그가 손을 빼기는 했지만, 과거 1661년 포르투갈 공주
인 브라간사Braganza의 캐서린과의 혼인으로 찰스가 얻게 된 탕헤르Tangier의 요
새화와 관련하여 왕의 자문 요청을 받은 적도 있었다.

　렌이 런던의 재건설 계획과 관련하여 국왕의 검토를 요하는 초안을 처음 작
성한 것은 런던 화재가 간신히 잡혀가는 무렵이었다. 그의 계획서는 왕립협회
에 속한 과학자 집단 중 그와 친한 두 친구들, 존 에블린과 로버트 후크 등이
내놓은 조금 더 숙성된 계획서들보다 불과 며칠 앞서서 제출된 것으로서, 그는
그 일의 신속한 완성을 위해 밤낮없이 매달렸을 것이 틀림없었다. (렌이 그렇게
내성적인 사람이 아니기는 했지만) 다른 어떤 경쟁적 계획안들보다 자신의 것을
먼저 왕의 눈앞에 내놓겠다는 결연한 태도는 이기적인 야심에서 비롯된 것이
아니라, 파괴된 도시를 어떻게 재건할 것인가 하는 문제와 관련하여 자신의 계
획안에는 사람들의 전통적인 기대치를 훨씬 뛰어넘는 놀라울 정도의 급진적인
요소들이 있으며, 그로 인해 다른 사람들에게 어떤 충격을 줄 수 있을 것이라
는 확신 때문이었다. 국왕을 비롯하여 대부분의 사람들이 가지고 있는 기대치
는 런던의 건물과 가로街路를 화재 이전의 상태로 되돌려놓는 것이었다. 1667
년 2월에 제정될 재건축법에는 이런 전통적인 전제에서 벗어난 매우 중요한
예외 조항들이 구현될 예정이었다. 그중에는 새 건물은 벽돌과 돌로 시공되어
야 한다는 것, 돌출된 층을 내는 것을 금지한다는 것, 일부 지정된 도로들은 가
로의 폭을 넓혀서 우연히 가로의 한쪽에서 발화된 불이 자동적으로 다른 편으
로 옮겨 붙는 것을 방지하는 것 등이 포함되어 있었다. 염색, 제혁, 양조처럼
가연성 있는 재료들을 사용하는 유독 물질 취급 업소들은 강 건너로 이전하는

등 가급적 도심에서 멀리 떨어진 곳으로 옮긴다는 것도 그러한 예외 조항의 하나였다.

사실, 이 같은 예방 대책들의 대부분은 5년 전 존 에블린이 쓴 「런던 매연 보고서」에서 이미 제안된 것들이었다. 그러나 렌의 눈은 단순한 화재 예방 차원이 아닌, 훨씬 대담한 곳에 가 있었다. 그는 오래된 도시의 완전한 변신을 원하고 있었다. 그것은 불타버린 세인트 폴의 거대한 고딕식 형해를 대체하여 그곳에 큰 돔을 얹은 바실리카basilica를 건설함으로써 새로운 로마를 템스 강변에 창조한다는 거대한 비전이었다. 렌은 자신이 찰스에게 그토록 대담하게 제시한 그 비전이야말로 '새로운 런던'의 정신을 완벽하게 구현하는 것이라고 믿고 있었다. 이는 고대와 근대의 결합이며, 거창함과 상업적인 것의 결합이며, 또한 성스러움과 기업가적인 정신의 결합이었다. 도시의 심장에는 커다란 타원형의 광장이 들어설 예정이었는데, 열주列柱가 떠받칠 그곳의 주인은 바로 비즈니스판 만신전이라고 할 수 있는 왕립증권거래소 건물이었다. 그리고 이것을 중심으로 넓은 도로들이 사방으로 뻗어 나가도록 하되, 시각적인 계산에 의해 이 도로들이 공공건물들, 그리고 (대화재 기념비를 비롯하여) 기념비들에 대한 개괄적인, 그리고 기하학적으로 만족스러운 조망을 제공할 수 있도록 설계했다. 또한 이 새로운 메트로폴리스에는 교회 50여 개를 과거의 소교구 경계와는 관계없이 총총 배치할 계획이었는데, 화재로 인해 그 경계들이 무의미해졌다는 판단 때문이었다. 새로운 소교구 경계들의 책정은 다른 방식이 아니라 건축적 지상명령을 만족시키는 방식으로 이루어져야 할 사안이었다. 그런데 국왕 찰스가 정말로 과학을 좋아하고 고급적 취향을 가진 사람이며, 이런 주장의 논리적 근거를 이해할 수 있는 수준의 사람이었을까? 그는 정말로 자신을 새로운 아우구스투스로 찬양하는 송시들에 부합할 만한 그런 수도를 원했을까?

찰스는 파리에서 여러 해를 보내면서 프랑수아 망사르François Mansart, 르 메르시에Le Mercier, 그리고 루이 르 보Louis Le Vau 같은 건축가들에 의해 도시가 변신하는 것을 지켜보았기에, 장엄한 것에 속절없이 끌리는 렌의 본능적 성향에 자기도 모르게 마음이 흔들리고 있었다. 그가 보인 첫 반응은 젊은 렌의 낙관적 비전을 자랑스러워하고 격려해 주는 것이었다. 그러나 추밀원 인사들의 현실주의적인 자문을 받으면서, 자신이 명령 하나로 그것을 존재하게 하는 파라오도, 프랑스 부르봉Bourbon 왕가의 왕도 아니라는 것을 실감하게 되었다. 상인들, 중개인들, 그리고 소매상들은 하루빨리 런던의 일상이 회복되기만을 고대하고 있었으며, 또한 그 일상은 화재로 방해 받기 직전의 상태에서 다시 시작되는 것이라고 믿고 있었다. 그리고 생계가 그 일터에 딸려 있는 수천의 시민들도 '항구적인 메트로폴리스'의 빛나는 비전이 구현될 때까지 마냥 기다릴 수는 없었다. 도시 재건설이 시작되면 도로 확장처럼 매우 제한적인 규모의 개조라 할지라도 제자리에서 쫓겨나게 된 사람들에 대한 보상이 이루어져야 했고, 그 비용은 ('역청탄sea coal' 선적세 등) 의회 승인이 필요한 세금 수입에 의해 지불되어야 했다. 의회 또한 아무리 '기사 의회'라는 별명이 붙었다 하지만, 유토피아적 비전 하나에 휘둘릴 기관이 아니었다. 지방 젠트리 출신 의원들의 경우에는 비트루비우스Vitruvius, 팔라디오Palladio, 세를리오Serlio 등 고대에서 신고전주의에 이르는, 건축 및 도시 디자인에 대한 교과서적 저서들을 서재에 소장하고 있었는지는 모르겠지만, 그렇다 해도 그 책들의 양피지 위에는 먼지가 잔뜩 쌓이고, 폴리오folio들은 손도 대지 않은 채로 그대로 놓여 있었을 것이다.

　상황이 이러했으므로, 렌의 경탄할 만한 비전은 실현되지 못할 운명이었다. 그러나 그는 30년 넘게 상당수의 교회 건축에 직접 참여할 기회가 있었다. 이들 건축물은 새로운 건축 개념에 의한 상당한 수준의 작품들로서, 특히 설교를 중심으로 하는 신교적 관심사를 (음향학적으로 계산된 내부 설계를 통해) 다양한 교회 건축물들과 접합시켰는데, 첨탑과 단으로 배열된 템피에토Tempietto와 난간, 그리고 바로크 로마와 파리의 양식을 빌려와 런던식으로 재해석한 붙임 기둥과 원주가 그런 예들이었다. 또한, 주지하다시피 렌은 잉글랜드에서 가장 위대한 성전을 세우고자 했는데, 단지 하나의 새로운 대성당에 그치는 것이 아니라 하나의 국가적인 바실리카로 우뚝 서야 했다.

렌이 만에 하나 장차 자신에게 그토록 큰 비탄과 영광을 동시에 가져다주게 될 세인트 폴 대성당의 재건축에 참여하기를 원하지 않았다 하더라도, 그는 결코 그럴 수 없었을 것이다. 그의 백부 매튜 렌의 감옥 동료이기도 했던 로드 대주교는 과거 그가 권력의 정점에 있을 때, (1561년에 일어난 화재 때 타워에서 첨탑 부분이 떨어져 내리는 등) 세인트 폴 성당의 위태로울 정도로 불안정한 낡은 구조를 보수하기 위해 전국적으로 대규모의 자금을 일으킨 적이 있었다. 그리고 그는 처형당하기 전 작성한 유서에서 대성당의 추가 보수 작업에 사용하도록 800만 파운드를 책정했다. 그러므로 매튜 렌에게 세인트 폴 대성당을 되살리는 과업은 단순히 건축적 위험 요소를 제거하는 것뿐이 아니라 진정한 의미에서의 복구, 다시 말하면 신성모독적인 일체의 것들을 일소하는 것이기도 했다. 과거 내전 때 의회군이 런던에 입성했던 1647년과 1648년, 그들은 기병 부대의 말들을 그곳에 넣었다. 그리고 국왕이 처형된 후 이니고 존스의 서쪽 포르티코portico[7] 위에 세워져 있던 찰스 1세와 제임스 1세의 동상이 끌어내려져 박살이 났다. 대성당의 접시들은 의회군을 위해 녹여졌고, 스테인드글라스들은 산산조각이 났으며, 신자석과 성가대석의 의자들은 장작으로 패졌다. 이런 행위들의 배경에 끔찍한 성상 파괴의 의지가 있음을 간파한 친왕파 쪽 고고학 애호가 윌리엄 덕데일William Dugdale의 생각은 맞았고, 그는 최악의 경우에 대비하여 대성당의 기본 구조와 내부 설계를 구체적으로 기술해 두었다. 덕분에 매튜 렌 주교와 당시 런던 주교 길버트 셸던, 그리고 윌리엄 샌크로프트William Sancroft 세인트 폴 대성당 주임사제 등은 (바츨라프 홀라Wenceslaus Hollar가 그린 아름다운 삽화들이 수록된) 덕데일의 세부 목록을 무기 삼아 정화된 성전의 느헤미야Nehemiah[8]를 자처할 수 있었던 것이다.

---

7   대형 건물 입구에 기둥을 받쳐 만든 현관 지붕 ― 옮긴이.

8   구약성경에 나오는 페르시아 제국의 관리. '하느님의 도성' 예루살렘의 성벽을 52일 만에 재건했다고 전해진다 ― 옮긴이.

크리스토퍼 렌의 신앙은 전체적으로 볼 때 백부에 비해 내면적인 것이었다. 그러나 그는 자신만의 방식을 가진 매우 경건한 기독교 신자로서 자신에게 닥칠 시험을 회피할 생각은 없었다. 그는 로마와 르네상스 건축 이론에 흠뻑 젖은 사람으로서, 고전적 건축을 자신이 충실하게 따르는 프로테스탄트 신앙과 일치하는 방향으로 재해석하여 잉글랜드에 이식하고자 하는 필생의 야심을 가지고 있었다. 그에게 로드 대주교의 '혁신들'은 어딘가 생경하고, 심지어는 사악하게 느껴지기까지 했다. 크리스토퍼 렌은 대성당을 모국인 잉글랜드에 잘 어울리면서도, 영적으로 아름답고 건축학적으로 장려한 건축물로 만들고 싶었다. 우리가 오늘날 렌을 철저하게 잉글랜드적인 건축가로 생각하고 있다는 사실은 그가 얼마나 자신의 야망을 완벽한 성공으로 이끌었는지를 웅변해 준다고 할 것이다. 그러나 이러한 자명한 진술은 신교도적인, 그리고 의회주의적인 국가에서 고전적인 콜로수스 양식의 건축물을 구현하려는 그의 노력이 사실은 원을 사각형으로 만드는 것만큼이나 엄청난 고난의 과정이었으며, 또한 그의 곤경이 고통스러울 정도로 길게 이어졌던 것을 잊게 만드는 측면이 있다. 렌은 그를 통분에 빠뜨리고 슬프게 만들었던 숱한 타협에도 불구하고 일생의 과업을 이루어냈다. 그러나 그의 공적 성취와 더불어 안착하리라고 믿었던 스튜어트 왕정은 실패하고 말았다. 세인트 폴 대성당 재건축은 왕정복고 시대의 대표적인 사업으로 시작되었지만, 이것의 완성은 한 차례의 혁명이 지나간 뒤에 이루어졌다. 그리고 이 두 가지 사건들은 사실상 결정적으로 그리고 의미 있게 연결되어 있다. 두 사건을 함께 묶어준 것은 고대 로마에 대한 사랑Romanophilia과 그것에 대한 증오Romanophobia 사이에서 연출된 치명적 옛 춤이었다.

세인트 폴 성당과 렌의 인연은 1663년, 코먼웰스 시대에 시련을 겪은 대성당의 구조적 안정성 조사를 위한 왕립위원회가 결성되었을 때 시작되었다. 시인이기도 한 존 데넘John Denham 경이 이 국왕 추진사업의 총감독관에 임명된 가운데, 자문 역할을 맡을 건축가들도 함께 지명되었는데, 그중에는 당시 잘나가던 유행을 따르는 주택 건축가 로저 프랫과 그때까지 아직 이름이 알려지지 않았던 옥스퍼드의 수학자이며 천문학자인 렌이 포함되어 있었다. 렌은 정식으로 건축학을 공부하지 않았지만, 당시 런던 주교이자 곧 캔터베리 대주교 자리에 오르게 될 길버트 셸던의 강력한 추천에 의해 이름을 올리게 되었던 것이다. 과거 셸던은 용감하게 자신의 이름을 딴 옥스퍼드의 예식용 극장 건축을 추진하면서 렌에게 설계를 의뢰했던 인연이 있었다. 당시 렌은 극장의 설계를 위해 고대 로마 시대의 마르켈루스Marcellus 극장의 전례를 차용했는데, 그곳(로마)과는 달리 잉글랜드에서는 극장을 하늘을 향해 개방하기는 어려웠으므로, 대신 내부에서 잘 보이지 않는 부벽을 쌓은 뒤에 그 위에 지붕을 덮고, 천정의 안쪽에 현혹적인 트롱프뢰유trompe l'oeil[9] 양식으로 고전적 우화를 그려 넣었었다. 아무튼 세인트 폴 대성당에 관한 왕립위원회의 업무가 진행되는 동안, 렌은 업무 전반에 걸쳐서, 특히 주탑의 수리와 복구에 관해, 그보다 신중했던 프랫의 의견을 주저 없이 무시하곤 했다. 그러면서 렌은 주탑과 원주들을 전면적으로 철거하고, 그 대신 대성당 내 십자형 공간 교차 지점 위에 골이 진 거대한 돔을 얹자고 주장했다. 드럼drum[10] 위에 돔을 올리고 내부에서 여덟 개의 거대한 기둥을 세워 이를 지지하면 된다는 것이었다. 그의 제안을 좀 더 특별하게 만든 것은 돔의 위에 전통적인 디자인처럼 랜턴lantern[11]을 올리는 것이 아니라, 파인애플 형상의 나탑螺塔을 올린다는 계획이었다. 사실, 여기에는 국왕에 대한 찬사의 의미가 있었을 것으로 추측할 만한 이유가 있다. 때마침 큐Kew에 있는 국왕의 정원에서 국내 처음으로 파인애플이 생산되어 왕에게 진상된 일이 있었던 것이다.

로저 프랫은 즐겁지 않았다. 그는 이 무명 인사의 무모함에 격분한 나머지, 주교와 그의 후견인 클래런던, 그리고 국왕을 향해 렌의 계획이 사치스럽고 비

---

9   사람들이 실물인 줄 착각하게 만드는 그림이나 디자인 양식 — 옮긴이.

10   돔의 무게를 분산해서 아래로 전달하는 역할을 하는 구조물 — 옮긴이.

11   돔의 상부에 형태적 완성미와 채광을 위해 첨가적으로 설치한 장치 — 옮긴이.

현실적이라며 통렬하게 비판했다. 그러나 국왕 찰스는 셸던의 조언을 받아들였던 차라, 렌의 의견을 조금도 거부할 생각이 없었다. 그리고 1665년 여름, 런던이 아직도 페스트의 영향권 아래 놓여 있을 무렵, 렌은 여행을 떠났는데, 이는 로마화된 바실리카를 추구하는 자신의 비전을 좀 더 확고하게 만들어주는 계기가 되었다. 그의 체류지는 로마가 아닌 파리였다. 그러나 건축학적으로 말하자면, 그곳은 잔 로렌초 베르니니Gian Lorenzo Bernini라는 위대한 천재 건축가의 존재로 인해 파리 안에 존재하게 된 로마였다. 렌은 정중하게 그의 집을 방문했고, 그곳에서 루브르Louvre궁 동쪽 측면을 위해 설계된 엄청나게 대담한 (그러나 실현되지 못하고 있던) 도면들을 볼 수 있었다. 부풀어 오름과 꺼짐, 볼록함과 오목함 등 건물의 외관을 독창적인 해석으로 표현하는 베르니니의 대위법적 리듬은 그렇지 않아도 감수성이 강한 렌에게 확실한 영향을 끼쳤다. 그도 그럴 것이, 렌 역시 세인트 폴 성당을 위한 야심 찬 계획 속에서 그런 음악적 리듬을 가진 석조 건축물을 목표로 하고 있었기 때문이었다. 렌의 파리 여행은 또한 그에게 루이 14세의 파리 재건설과 보-르-비콩트Vaux-le-Vicomte城城 같은 일 드 프랑스Ile de France 지역의 대저택들을 눈으로 확인할 기회를 제공했는데, 이들은 베르니니의 건축 언어에 비해 형식적으로는 훨씬 더 금욕적이었지만, 그럼에도 그들은 렌으로 하여금 돔을 가진 프랑스 교회들과 칼리지들이 로마와 매우 다른 환경을 가진 프랑스 안에 어떻게 성공적으로 이식될 수 있었는지를 깨닫게 해주었다. 프랑스 건축가들은 여러 가지 다른 양식의 큐폴라cupola (둥근 지붕)를 놓고 각 양식들이 가지고 있는 가능성들을 모두 열어두고 고찰한 바 있었다. 예컨대, 성 베드로 성당(로마)을 위해 제시되었던 브라만테의 반구형 설계도, 그리고 그보다 더 높고 동시에 폭이 가늘어지는 정도가 더 심한 미켈란젤로Michelangelo의 설계안 등이 그들이 검토한 여러 대안 중에 포함되어 있었다. 렌은 루이 14세에게 고용된 건축가들이 센Seine강과 평행하여 잡동사니처럼 늘어서 있던 중세적 도로들을 어떻게 정리하여 넓은 중앙 광장을 향해 축을 형성하면서 집결하는 폭넓은 간선도로망을 구축할 수 있었는지를 생각하면서, 또한 고전적인 붙임 기둥들과 조화를 이룬 건물 외관들을 어떻게 완성할 수 있었는지, 그들의 열정, 그리고 끝까지 관철된 그들의 설계 의지에 대해 감탄을 금하지 못했을 것이다.

렌이 런던으로 돌아왔을 때, 그의 머리는 창조적인 아이디어들로 인해 활기가 넘쳤고, 세인트 폴 대성당을 임시변통이 아니라 전면적으로 재건축해야 한다는 구상을 강력하게 주창하고 싶어 안달이 나 있었다. 렌은 1666년 8월 27일, 존 에블린, 그리고 여전히 자신에 대해 강한 적대감을 가지고 있던 로저 프랫 등과 함께 팀을 이루어 대성당 구조 점검을 실시했다. 주탑 구조물의 수직 및 수평 여부를 측정하기 위해 주탑을 받치고 있는 원주들 위에서 추선錘線을 아래로 내려보니, 원주들이 수직에서 벗어나 기울어져 있는 것이 드러났는데, 어떤 것은 완전한 수직선으로부터 6인치(약 1.5센티미터), 또 다른 어떤 것은 1피트(약 30.5센티미터)가 벌어져 있었다. 프랫은 이를 이 고딕 건물의 설계자들이 애초 건축물의 침하 고정 과정을 예측하여 허용했던 변형치 개념을 통해 설명하려고 애썼지만, 실제 점검에서 발견된 이탈 수치는 이를 훨씬 넘어서는 수준이었다. 그럼에도, 이 문제의 결론은 렌의 주장이 가진 정당성이 완전히 입증되었기 때문이 아니라 엿새 뒤에 문제의 대화재가 발발함으로써 내려지게 되었다. 그러나 화재가 일어났다고 해서 로마화를 꿈꾸는 렌의 비전이 하나의 정해진 순리로써 이행될 수 있는 상황이 확보된 것은 결코 아니었다. 아무리 찰스 2세가 루이 14세처럼 지팡이 한번 휘둘러 하나의 장려한 창조물이 존재하도록 명령할 수 있기를 고대한다 한들, 그는 루이 14세가 아니었고, 될 수도 없었다. 사용해야 할 비용이 발생하면 이를 의회와 상의해야 했고, 종종 심미적인 문제보다 현실적 문제에 더 관심이 있던 대성당 사제단의 의견도 들어야 했다.

그런데 정작 렌은 이 문제에 관심을 집중하지 못하고 있었다. 1667년 여름, 복고된 왕정은 신에 의해 임명된 국민의 보호자로서 가져야 할 신뢰를 또 한번 크게 잃었다. 찰스와 정부는 국민을 역병과 화재로부터 보호하지 못했다.

그리고 이제 그들은 국민을 외국의 침략으로부터 방어해야 한다는 기본적인 의무마저 이행할 능력이 없음을 스스로 드러내고 있었다. 6월, 네덜란드의 위대한 해군제독 미힐 드 로이테르Michiel de Ruyter가 이끄는 함대가 거침없이 메드웨이Medway강까지 항행하더니 병사들을 쉬어니스Sheerness에 상륙시켰다. 그리고 그들은 업너Upnor와 채텀Chatham 등 강변 요새들을 급습하여 방어망을 뚫은 뒤에 잉글랜드 함대의 대부분을 파괴하거나 나포하기에 이르렀다. (왕정복고 전 '네이즈비Naseby'로 불리면서 북해에서 공포의 대상으로 군림하던) 왕의 기함 '로얄 찰스the Royal Charles'는 그들의 개선 길에 암스테르담으로 끌려갔다.

극심한 굴욕감은 공황으로 바뀌더니, 이는 곧 분노로 치달았다. 해군성의 관료였던 피프스는 별 탈 없이 그 자리에서 물러날 수 있어서 다행이었다. 그의 상관인 피터 패트Peter Pett는 자리에서 쫓겨난 뒤에 타워의 감옥으로 보내졌다. 예상할 수 있듯이, 군중의 강력한 비난은 확실한 속죄양인 로드 챈슬러 클래런던Lord Chancellor Clarendon의 몫이었다. 사실을 따져보자면, 네덜란드와의 전쟁은 신중하지 못한 정책 결정이라면서 그 경솔함을 가장 강경한 목소리로 비판한 사람이 바로 그였다. 그런데도 그의 웅장한 저택이 공격을 받고, 또한 자신에 대한 탄핵 이야기마저 떠돌자, 클래런던은 혹시 자신이 과거 스트래퍼드 백작(토머스 웬트워스)의 운명을 맞게 되는 것이 아닌지 정말로 두려워졌다. 그래서 그는 그런 상황이 닥치기 전에 자신이 왕정복고 때 구출되었던 바로 그곳으로 서둘러 망명을 떠났다. 역사의 망령들에 의해 늘 악몽에 시달렸던 그는 이번에는 그들을 서둘러 쫓아내기로 마음먹었는데, 그것은 책을 저술하는 것이었다. 그렇게 해서 탄생한 당파성 있는 걸작이 『잉글랜드의 반란과 내전들의 역사History of the Rebellion and Civil Wars in England』였다.

1667년의 충격은, 국왕과 교회, 그리고 국가가 여전히 훼손되지 않은 위엄을 가지고 있다는 것을 증명해 줄 승자적 자긍심에 바탕을 둔 모종의 선언문을 긴급하게 요구하고 있었다. 만약 잉글랜드가 신을 극구 찬미하는 위대한 사원을 솔로몬에 필적하는 수준으로 지을 수 있다면, 아마도 신께서는 고통 받고 있는 이 왕국을 위해 좀 더 자애로운 미소를 보내시지 않을까 하는 기대가 생겨났다. 거기에다, 클래런던의 몰락은 그가 총애하던 건축가 로저 프랫에게도 영향을 미치지 않을 수 없었고, 렌의 입장에서는 방해물 하나를 제거하게 된 셈이었다. 신중한 프랫은 대성당 프로젝트에서 손을 떼고 자신과 젠틀맨들의 주택 사업에만 전념했다. 렌은 필요한 절차를 거쳐 책임 감독관 자리에 올랐다. 그럼에도, 새로운 세인트 폴을 위한 그의 첫 번째 설계안에 반영된 대성당의 규모는 비교적 소박한 것이었는데, 이는 그가 여전히 빠듯한 수준에 머물고 있었던 예산액을 의식하고 있었음을 보여준다 할 것이다. 1669년 렌은 그토록 존경했던 세바스티아노 세를리오Sebastiano Serlio와 안드레아 팔라디오 Andrea Palladio 등 이탈리아 거장들의 실천 사례를 따라 세인트 폴의 축적 모형을 만들기로 하고, 조각가 리처드 클리어Richard Clear와 소목장小木匠 장인 윌리엄 클리어William Clear를 고용했는데, 이들에 의해 완성된 모형은 왕에게 기쁨을 주기 위해 화이트홀에 전시되었다. 현재까지 남아 있는 모형의 파편들이나 도면들을 통해 종합해서 판단해 보면, 렌은 그때까지만 해도 정말로 충격적인 상상력적 도약을 아직은 설계에 반영시키지 않았던 것으로 보인다. 원형 지붕을 올린다는 1663년의 아이디어는 그대로 유지되었지만, (사각형 꼴의 토대 위에 세워서) 전통적으로 직사각형 형태인 중앙 신도석에 기묘한 모습으로 덧붙인 것에 지나지 않았고, 다만 바깥에 콜로네이드colonnade, 즉 지붕을 떠받칠 수 있는 돌기둥들을 길이로 세워 신도석 공간을 확대한다는 생각이었다. 가장 논란이 되었던 것은 그 돔이 화재로 가장 심한 타격을 입은 동쪽 끝부분을 지배하는 곳에 위치하게 된다는 점이었다. 대성당 사제단의 즉각적인 관심은, 다른 부분의 재건축은 우선 제쳐두는 한이 있더라도 새로운 성가대석을 가장 빠른 시간 안에 설치함으로써, 무엇보다 먼저 교회 예배상의 형식적 요소들을 우선적으로 복구하는 데에 있었다. 그러나 새로운 성가대석이 렌의 설계상 돔 구조 안에 위치하도록 되어 있었으므로, 사제단의 설계안 수용은 결과적으로 대성당이 가장 야심적인 모습을 갖추게 되겠지만, 그들의 뜻과는 달리 가장 시간적 소모가 크고, 가장 비용이 많이 드는 방식을 받아들이는 것을 의미했다.

왕은 새로운 책임 감독관 렌의 첫 번째 설계안을 선호했고, 따라서 그에게 재건축에 선행하는 엄청난 철거 프로젝트를 추진할 것을 명했다. (렌은 마침내 상황을 안정적으로 받아들이고 옥스퍼드 천문학 교수직을 사임했다.) 옛 세인트 폴의 무너지고 불타버린 담들은, 역설적으로, 지붕에서 쏟아져 내린 납으로 인해 오히려 더욱 단단해져 있었으므로 철거 작업은 마치 군대의 포위 작전을 방불케 할 정도였다. 무리를 이룬 노동자들과 광부들, 그리고 굴삭 노동자들이 현장으로 차출된 가운데, 렌과 그의 조수들은 교회 경내 북쪽 지역과 마주 보는 곳에 맞춤형으로 지어진 사무실에서 작업을 지시하고 있었다. 공사가 진행되는 동안 에블린과 후크 등 왕립협회 친구들은 렌의 기념비적 건축물이 모래 위에 세워지고 있지 않다는 것을 충분히 눈으로 확인할 수 있을 정도로 깊게 파인 발굴지를 답사하면서, 오랜 시간 땅 속에 묻혔다가 마침내 햇빛에 모습을 드러내는 과거의 유적들과 마주하는 행운을 건질 수 있었다. 렌의 아들이 전기적 저술 『파렌탈리아Parentalia』에서 밝힌 바에 따르면, 발굴지에서 발견된 것은 예상했던 그 어느 것보다 특별한 것이었으며, 늘 역사에 관심이 있었던 렌에게 매우 감동적으로 다가왔고 그만큼 깊은 인상을 남겼다. 한 노동자가 작업상의 위치를 표시하기 위해 돌 하나를 렌에게 가져왔는데, 그 돌에 '나는 다시 일어나리라Resurgam'라는 어떤 예언적 내용을 암시하는 정교한 라틴어 명문銘文이 새겨져 있었다는 것은 유명한 이야기이다. 그러나 이야기는 그것이 끝이 아니었다. 굴삭 노동자들이 땅을 파 들어가는 동안, 그들은 중세와 노르만 시대의 지반을 관통하면서 런던의 역사를 거슬러 올라갔으며, 마침내 고대의 매장지를 발굴하기에 이르렀다. 색슨Saxon인들이 사용하던 핀들과 보석들이 모습을 드러냈으며, 더 깊이 들어가서는 로마 시대의 영안실 유적을 발견하게 되었다. 화장한 유골을 담은 항아리들, 생생하게 장식된 도자기 파편들도 나왔다. 렌의 친구들과 동료들은 발굴지 구덩이 속에서 셔츠 바람으로 유물들을 끄집어내고, 종류별로 모으고, 연대를 측정하고, 배열하고, 분류하기에 바빴다. 그보다 더 깊이 들어가니, 놀랍게도 조개껍질들이 사암 속에 박혀 있었는데, 렌이 건축가가 지닌 마음의 눈으로 발굴 현장, 즉 루드게이트Ludgate 언덕의 고생대 무렵 지질학적 역사를 읽어보니, 그곳은 원래 개울은커녕 바닷물에 휩쓸리던 낮은 개울이었으며, 원시적 템스강은 '바다의 부비강sinus of the sea'에 불과했다.

고고학적 유물들이 시공간적으로 가까이 다가오고 로마 시대의 런던이 바로 눈앞에서 전개되자, 렌의 건축학적 상상력은 불현듯 날개를 달았다. 그의 두 번째 설계안은 다시 한번 조각가 리처드 클리어와 그의 팀의 손을 빌려 18피트(약 5.5미터) 길이의 매우 정교한 모형으로 제작되었는데, 그것은 렌에게 이제 앞으로 다시는 브리튼 땅에 세워지지 않을 가장 아름다운 건축물을 만들라고 하는 순수한 신의 계시와 함께 그의 탁월한 용기를 대변하고 있었다.

1673~1674년 사이에 완성된 렌의 설계안은 기존의 신도석 공간을 모두 들어내는 등 사실상 과거 브리튼에서 볼 수 없었던 새로운 종류의 교회 건축물을 창조하는 것을 의미했다. 기존 설계안에서 제시되었던 바와 같이 신도석 위에 돔을 씌운 십자형 교차 공간과 성가대석을 이어 붙임으로써 발생하는 — 마치 오래된 몸에 새로운 머리를 얹는 것 같은 — 어색한 느낌은 사라지게 되었다. 렌은 (백부 렌 주교가 있는 일리의 교회처럼) 십자 교차 공간에서 키 높은 채광용 랜턴을 향해 개방된 긴 회랑 구조를 선택하는 대신, 안으로 파인 방대한 바실리카를 중심적 구조물로 하여, 내부를 빛과 공기, 그리고 소리로 가득 채우려고 했던 것이다. 그리스풍의 십자 공간을 중심에 설치하되, 그중 세 방향의 공간은 등변等邊을 이루게 하고, 다른 한 방향은 건물 입구와 연결시키기 위해 길게 뺀 구조였다. 한 줄로 이어진 우아한 계단과 마주하게 될 그 연결 통로는 그 자체를 작은 돔으로 덮어씌울 계획이었는데, 이는 배경에 위치한 거대한 둥근 지붕과 연계되어 건축적인 서곡의 역할을 하게 될 예정이었다. 또한 그리스풍 십자 공간의 외벽은 거대한 돔을 지지하는 환상環狀의 드럼과 상큼하게 어울리는 대위법적 선율을 연출하도록 볼록한 모양으로 설계되었다.

렌이 베르니니를 잊지 않고 있었던 것은 확실하다. 그러나 컨버케이션 하우스Convocation House에서 '위대한 모형'을 살펴보고 깜짝 놀란 세칭 전문가들의 눈에는 바로 그것이 문제였다. 그들은 새로운 세인트 폴을 원했다. 그런데 렌이 그들의 눈앞에 펼쳐놓은 것은 새로운 베드로 대성당(로마)이었다. 만약, 그가 베르니니의 새로운 광장처럼 열주列柱를 감싸 안은 브라치아braccia의 조합으로 설계안을 진행했다면, 그보다 더 로마적인 것은 없었을 것이다. 아무튼, 그들이 지적한 바와 같이, 자신들이 알고 있던 어떤 잉글랜드 대성당과도 닮지 않았다는 것, 또한 무언지 불편할 정도로 이국적인 요소가 많이 개입되어 있다는 것이 렌의 설계안에 대한 그들의 즉각적이고 지배적인 느낌이었다. 그렇다면, 이것은 매우 역설적인 상황이었다. 왜냐하면, 렌 자신은 프로테스탄트적인 특별한 예배 공간을 창조하고 있다는 자부심이 있었기 때문이었다. 전통적인 신도석-성가대석을 없애고, 또한 두 공간을 격리시키고 있던 스크린(칸막이벽)을 제거함으로써, 그는 신자들을 프로테스탄트적인 잉글랜드 교회 예배의 본질적 경험, 즉 설교의 현장으로 좀 더 가까이 데려가고 싶어 했던 것이다. 그는 자신이 짓고 있는 교회가, 가톨릭의 성스러운 장관 속에서 어떤 시각적 신비함이 어두운 터널을 따라서 은은하게 노출되는 공간이 아니라, 그리스도의 말씀을 청각적으로 영접하기 위한 공간이라는 확신이 있었다. 종교개혁을 주도한 사람들이 이미지聖像보다 말씀을 강조함에 있어서 그 정당화의 근거를 초기 기독교 교부들의 청각적 복음주의에서 찾은 것처럼, 렌은 아마도 (그것을 정당화시켜 주는 어떤 논리와 함께) 위대하던 이교도의 사원들이 진정한 신앙을 위한 바실리카로 탈바꿈하던 개종의 시대로 돌아가고 있었는지도 모른다.

과연 국왕이 충격과 함께 반대파로 돌아선 사람 중의 하나였는지는 처음부터 불분명했다. 그러나 대성당 사제단, 특히 목소리가 크고 영향력이 매우 컸던 에드워드 스틸링플리트Edward Stillingfleet 박사는 렌의 '위대한 모형'을 보고 놀라면서 당혹해 했다. 렌 자신은 그것을 아무리 완벽하게 신교적인 건축물이라고 생각했더라도, 그들에게는 이것이 국왕 찰스 2세가 있는 잉글랜드의 수도가 아니라 교황 알렉산드르 7세의 로마에나 있을 법한 건물이라고밖에 읽히지 않았다. 대성당 사제단은 과거 로드 대주교가 주도했던 신성한 미화운동이 가톨릭적이라고 오인 공격당했던 전례가 되풀이 되지 않기를 간절히 바랐다. 그들은 새로운 대성당의 설계가 긴 신도석, 그리고 별도의 분리된 성가대석을 갖춘 전통적인 라틴 십자가 형태로 회귀할 것을 고집했는데, 그들이 특히 그러했던 것은 대성당의 전체 공간이 이용되는 경우는 극히 드물고, 축일들을 제외한 일상적인 예배 행사에는 좀 더 작은 성가대석 공간만이 필요하다는 것을 알고 있었기 때문이었다. 이러한 방향에서 제기된 많은 주장이 머지않아 왕의 마음을 결정적으로 움직이게 되었다. 왕의 동생 제임스가 1672년 무렵 로마가톨릭교회로 복귀했고, 찰스 자신도, 나중에 피프스가 알게 된 것처럼, 개인적으로 그리고 은밀하게 그 방향으로 움직이고 있었다. 이러한 연유로 왕은 사람들이 대성당을 가톨릭적이라고 생각하는 부담스러운 상황을 회피하고 싶었다.

'위대한 모형'에 대한 사람들의 반응을 접한 뒤에 의기소침해진 렌은 왕을 움직여 사제단의 반대를 묵살하는 전략을 구사하고자 했다. 그러나 렌이 설득도 해보고, 따져도 보고, 심지어는 애원까지 해보았지만, 찰스는 마음을 굳혔을 뿐이었다. 어떤 형태가 되건 십자가 공간 위에 돔을 씌운다는 데에는 이견이 없었지만, 결국 사제단의 의견을 받아들여 전통적인 십자가형 공간으로 돌아가라는 명령이 렌에게 떨어졌다. 원을 사각형으로 (또는 직사각형으로) 만드는 것에 가까운 거의 불가능한 작업에 항의라도 하려는 듯, 렌의 첫 번째 '워런트 디자인Warrant Design'[12]은 렌이 만든 모든 설계안 중에서 가장 터무니없을 정도로 부조화적인 것이었다. 그것은 브라만테Bramante 스타일의 땅딸막한 원형 토대와 미켈란젤로 특유의 양파형 돔으로 구성된 특이한 이단二段의 돔 구조물에 긴 신도석 공간을 순종하듯 이어 붙인 것으로, 말하자면, 잉글랜드식 파고다pagoda라고 할 수 있었다. 이 거대한 흉물 덩어리 같은 공간 설계는 결국 실패

---

12   왕의 승인을 얻었다는 의미에서 warrant, 이번에는 모형을 만들지 않았으므로 그런 의미에서 모형이라 하지 않고 '디자인'이라고 이름 붙인 것 — 옮긴이.

할 수밖에 없었고, 렌은 그 후 수년간에 걸쳐 좀 더 그럴듯한 타협안을 끌어낼 수 있었다. 그것은 몇 가지 주어진 제한 사항들을 은근슬쩍 무시하는 한편, 실제로는 1663년 품었던 원래의 아이디어로 점차 돌아가는 방식으로 이루어졌다. 그 아이디어의 핵심은 대성당의 커다란 표현 주제로서 동단에는 웅장한 돔을, 서쪽에는 거대한 포르티코portico를 세우는 것, 그리고 그 두 공간을 널찍한 신도석 공간으로 연결하는 것이었다.

그것은 대체로 현재의 대성당 모습과 일치하는 것이었다. 그러나 신도석의 소리들이 기둥들에 부딪히면서 반향을 일으키기 때문에 그곳에 앉는 것은 불가능해졌는데, 이는 렌이 원래 꿈꾸던 바, 완벽한 음향이 맑은 빛 가득한 연못 속에서 유영하는 그런 유배된 바실리카는 아니었다. 렌은 그렇게 해서 세인트 폴 대성당 개축 작업을 계속해서 추진해 나갔지만, '위대한 모형'에 대한 사람들의 반대 때문에 엄청난 충격을 받은 것은 사실이었다. 당시 왕의 최종 결정을 전해들은 그의 눈에는 눈물이 고였었다고 전해진다. 그나마 기사 작위를 받은 것이 어느 정도 위안이 되었겠지만, 1674년은 렌에게 인생의 신산辛酸이 넘쳐난 해였다. 그해, 렌은 옥스퍼드에서 하원 의원 선거에 나섰으나 패배했고, 첫째 아이의 죽음을 감당해야 했으며, 그 이듬해에는 아내마저 떠나보냈다. 런던을 새로운 로마로 전환시키겠다는 그의 야망을 실현시키기에는 너무나 끔찍할 정도로 시기가 맞지 않았다. 이는 발상에서 시작하여 그것의 '아름다움과 편리함'에 대해 세속 권력자들을 설득하는 동안, 잉글랜드 정치에 무언가 좋지 않은 일들이 일어났기 때문이었다. 그것은 반反가톨릭주의라고 하는 매우 강력한 애국주의적 신경증이 재발했음을 의미했다.

물론 그것이 그동안 완전히 사라졌던 것은 아니었다. 화약 음모 사건Gunpowder Plot(1605)에서 (가공의) 가톨릭교도 음모 사건(1678)에 이르는 동안, 가톨릭 신앙을 마치 예수회 지배하의 로마교회에 노예화되는 것과 동일시하는 경향이 지속적으로 존재했던 것이 사실이며, 다만 17세기 중반 내전과 혁명적 상황이라는 좀 더 큰 사건들에 가려 주변화 되었을 뿐이었다. 주변화의 또 다른 사유로는 왕정복고 이후에도 적극적인 가톨릭 신앙을 행하는 사람들이 기껏해야 잉글랜드 전체 인구의 1%를 크게 웃돌지 않았기 때문이었다. (아마도 스코틀랜드에서는 그 비율이 조금 더 높았을 것이다.) 그러나 정치를 양극화시키는 힘으로서의 반가톨릭주의는 히스테리, 분노, 그리고 공황 상태 등 억제하기 어려운 어떤 힘을 촉발시키는 데 쉽게 이용될 수 있다는 점에서 실제적 위협과는 상관없이 큰 위력을 발휘해 왔던 것이 사실이다. 1641년 핌과 크롬웰 같은 사람들이 더 이상 민병대의 지휘권을 왕에게 맡겨서는 안 되겠다는 확신을 가지게 된 것은 당시 아일랜드 반란 사태 뒤에는 찰스 1세의 은밀한 개입이 있었다는 인식과, 그가 가톨릭 병사들을 움직여서 스코틀랜드와 잉글랜드 군대에 맞서게 할 수 있다는 우려 때문이었다. 이것만 보더라도 반가톨릭주의는 잉글랜드 내전의 원인에 근접하고 있었다. 1649년 크롬웰은 아일랜드에 있는 왕당파 군대의 존재가 여전히 의회군의 완전한 승리를 방해하는 요소로 작용할 수 있다는 확신을 가지게 되었고, 그래서 아일랜드를 완전히 무력화 시켜야겠다는 결정을 내렸다. 그 원정의 결과로 첫 번째 '왕 없는 브리튼'이 만들어졌던 것이다. 따지고 보면, 1570년대 프랜시스 월싱엄Francis Walsingham의 공안 국가에서 1780년대 고든Gordon 폭동에 이르기까지 2세기 동안의 브리튼 역사를 마치 진홍색 실처럼 관통한 것은, 이단에 대한 로마 교황청의 전쟁 선포로 인해 잉글랜드의 가톨릭 신자들에게는 교회와 왕(또는 코먼웰스)에게 동시에 충성할 수 있는 가능성이 배제되어 버렸다는 철석같은 인식이었다. 종교의 자유를 열렬히 신봉했던 크롬웰 같은 사람조차 그러한 자유를 가톨릭에 대해서는 자명한 논리로써 부정한 것도 그 때문이었다. 양심(종교)의 자유를 그토록 옹호했던 밀턴은 아예 가톨릭을 기독교 신앙으로 인정하길 거부했다. 잉글랜드인들의 국민적 정체성은 존 폭스John Foxe의 『활동과 기념비Acts and Monuments』[13]가 출판된 이

---

13 메리 여왕 시대의 신교도 박해를 기록한 책으로 『순교자 열전(Book of Martyrs)』으로 더 잘 알려져 있다. 엘리자베스 1세 재위 기간인 1563년에 처음 출판되었다 — 옮긴이.

래 최소한 한 세기 동안은 '지속적으로 위협적이고, 극도로 기만적이며, 정치적으로는 압제적인 로마 교황청'이라는 모루 위에서 단련 받으며 형성되었다. 단 하나 남은 물음이 있다면, 어떤 권력이 잉글랜드의 심장을 겨누고 있는 적그리스도의 단검으로부터 국민을 더 잘 보호할 수 있을까 하는 것이었다. 왕인가? 코먼웰스인가? 의회인가? 아니면 호국경인가?

앵글로-프로테스탄트 전사 국가라는 호국경 체제의 존재 가치는 크롬웰이 의회에서 행한 맹렬한 반反스페인 성향의 연설에서 표방된 바 있지만, 이른바 카리브해에서 추진하던 '서부 사업western enterprise'이 히스파니올라Hispaniola섬의 굴욕적인 패배로 인해 위기에 봉착함으로써 결정적인 타격을 받았다. 그리고 1659년 벌어진 종교적·정치적 무정부 상태는 질서와 순응으로 돌아가 힘을 확보해야 한다는 자기선전의 기회를 복고왕정에게 완벽하게 제공하는 계기가 되었다. 클래런던과 셸던 대주교는 '광신도들'에 의한 신앙 파괴를 막아줄 수 있는 최선의 방호책은 어느 정도 기만적인 측면이 있고 게다가 분열마저 불러일으킬 수 있는 종교의 자유가 아니라, 요지부동한 국교회의 권위를 되찾는 것이라는 확고한 신념이 있었다. (이들 광신도가 칼뱅주의 교도들이건, 퀘이커이건, 또는 가톨릭이건, 그건 마찬가지였다.) 그리고 찰스 2세 치세의 허니문 기간이었던 1662년, 그가 '종교 자유의 선언Declaration of Indulgence'을 통과시키려고 했음에도 불구하고, 지방 젠트리 계층의 절대다수는 국왕 또한 클래런던이나 셸던과 같은 생각이라고 믿었다. 찰스는 강인한 기독교적 행위규범을 갖춘 모델이 되기에는 여러 가지로 약점이 있었지만, 그럼에도 그는 자신이 국교회 예배 의식을 준수한다는 것을 사람들에게 보이려고 했고, 또한 끈질긴 호색 행위로 비난에 처했을 때에도 극력 반발하기보다는 '사람이 약간의 간헐적인 쾌락을 추구했다고 해서 신이 천벌을 내리지는 않을 것'이라고 말함으로써 사람들의 경계심을 풀었다.

그러나 때로는 높은 지위에 있는 사람이 행하는 조금은 호사스러운 경망함이 역사의 방향을 꽤 다른 방향으로 진전시키기도 하는 법이다. 좋은 시절에는, 이것이 왕정복고 체제가 호국경 체제하의 지나치게 엄격하던 공적 도덕을 의식하며 그와 대비되는 방향에서 추구하던 질적 목표에 부합하면서 보편적 행복을 증진시키는 방향으로 작용했다. 그러나 정감 어린 것으로 들릴 수 있었던 그 농담이 나쁜 시절에는 돌연 파리하고 경박스럽게만 비쳐질 뿐이었다. (헌신적인 왕당파였던 에블린조차 이를 정치적 사탕이라 생각하면서 쉽게 싫증을 냈다.) 모두가 철두철미한 장로교도라고 할 수는 없었지만, 좀 더 경건한 성향을 가지고 있던 지방 젠트리 계층은 1665년 이후 연속해서 잉글랜드를 덮친 불행한 사태를 경험하는 동안, '신앙의 보호자'가 되겠다던 찰스 2세의 대관식 선서가 과연 진실한 것이었는지에 대해 회의를 품게 되었다. 그의 파렴치하기까지 한 방탕함, 정부情婦들은 물론 스패니얼종의 개들까지 모두 침대로 불러들였다는 그의 성적 문란은 (때로는 그것이 정말로 동시에 이루어졌다는 이야기도 있었으므로) 의심할 여지 없이 독립적이고 전통적이었을 것으로 추정되는 '지방'의 덕목들을 자신들의 정체성으로 삼고 있던 지방 젠트리 계층 인사들에게 누적적인 영향을 끼쳤다. 이들 덕목은 음란한 변기와 탐욕스러운 자기 홍보로 대변되는 '궁정'의 덕목들과 대비되는 것이었다. 궁정과 궁정 조신들에 대해 불쾌감을 느낀다고 해서, 그 때문에 국왕에 대한 충성심까지 버리지는 않는다는 것이 지방의 왕당파들이 가지고 있던 하나의 신념 조항이었다. 그러나 나쁜 시절이 길게 이어지는 동안, 국왕 주변 인사들을 향한 지방 젠트리 계층의 의심과 적대심은 깊어갔으며, (성인군자연聖人君子然 했던 부친과는 달랐던) 국왕의 소문난 게으름, 방종, 그리고 우유부단함이 부지불식간에 나라를 또다시 위기로 몰아넣지 않을까 하는 우려가 생기기 시작했다. 세상 여론의 움직임에 늘 귀를 기울여왔던 존 에블린은 젠트리 계층의 이런 불만을 접하고는 공감을 표했다. 그는 찰스 2세가 '자신을 불안정하게 만들고 그로 하여금 언제나 극도의 사치를 제공하게 만들었던 여자들에게 조금만 덜 빠졌더라면 더할 나위 없는 좋은 군주가 되었을 사람'이지만, 그렇지 못했기에 지금은 자신을 통제하지 못하는 최고 주권자가 되고 말았다고 평가했다.

한동안은 확실한 형체도 없고 분명한 논리적 근거도 없던 막연한 두려움이 1660년대의 끝을 향해가면서 상당히 정리된 개념으로 드러나기 시작했다. 그것은 찰스에게 후사가 없다는 불안한 사실과 함께 시작되었다. 포르투갈 출신의 가톨릭 신자였던 왕비 '브라간사Braganza의 캐서린'의 불임이 ― 정부情婦들의 다산과 대비되면서 ― 왕국에 내려진 확실한 징벌로 비쳐지기 시작했던 것이다. 완벽한 음모론적 시각에서 보자면, 바빌론Babylon의 매춘부(예수회가 지배하는 교황청)가 끓이는 더러운 스튜에서 나올 수 있는 매우 부패한 어떤 것이 발견된 것이나 진배없었다. 치명적인 불임과 낭비적인 욕정은 견고한 프로테스탄트 잉글랜드를 약화시키기 위한 계획의 일부로 인식되었다.

불임은 조바심으로 이어지게 마련이었다. 직계 후계가 없는 상황에서 왕좌에 가장 근접한 사람은 왕제인 요크 공작 제임스였는데, 그의 종교적 성향은 모후인 앙리에트 마리Henriette Marie와 매우 근접해 보였다. 그녀는 아직 생생하게 살아 있었고, 매우 당당한 가톨릭 신자이기도 했는데, 자신의 남편이 몰락한 것은 국교회와 의회가 권력을 가지고 있는 국가에서 강력한 군주정을 세울 수 있을 것이라고 생각한 그의 희망 섞인 전망 때문이었다고 확신하고 있었다. 제임스는 '잉글랜드에서 가장 제멋대로 추파를 던지는 사람'으로 묘사될 정도로 그의 형 찰스만큼이나 입맛 떨어지는 호색한이었지만, 형과는 다른 데가 있었다. 그는 때로는 원기 왕성하게 한 차례씩 성욕을 발산시키기도 하지만, 때로는 종교적으로 경건해 보이려고 엄청나게 애를 쓰는 등, 두 가지 행동 양식을 교대로 선보이고 있었다. 클래런던의 딸 앤 하이드Anne Hyde를 아내로 맞아들였던 첫 번째 결혼은 그가 아이들을 ― 최소한 여자아이는 ― 생산해 낼 수 있다는 것을 보여주었다. 제임스의 정부들로 인해 조롱의 대상으로 추락한 앤은 하이드 가문의 취약점인 식탁에서 위안을 찾았고, 그녀의 자존감이 떨어진 데 반비례해서 몸이, 그녀의 부친이 그랬던 것처럼, 불어났다. 그랬던 그녀가 1671년 두 딸 메리와 앤을 남기고 세상을 떠나자, 제임스는 때를 놓칠세라 1673년 두 번째 부인을 맞아들였는데, 그녀는 독실한 가톨릭 신자인 (그리고 눈에 띄게 아름다웠던) 모데나Modena의 메리Mary였다. 제임스의 두 딸은 후일 모두 왕비가 되었는데, 자신을 따라 가톨릭으로 복귀하자는 부친의 권유를 애써 뿌리쳤다.

제임스의 두 번째 결혼, 그리고 가톨릭 왕위 계승자의 출현이 전망되는 상황에서, 잉글랜드 내의 빈가톨릭 히스테리는 극적으로 치솟았다. 1년쯤 전에 제임스는 국교회의 부활절 성찬식에 광고하듯 대놓고 불참함으로써 자신의 로마교회 복귀를 처음으로 공개적으로 알린 적이 있었다. 이 계산된 듯 보이는 종교적 커밍아웃은 국교회 지도층과 지방 젠트리 계층으로 하여금, 무언가 변화가 일어나지 않는 한, 그들은 교황파 국왕의 출현을 보게 될 것이고, 그다음에는 아마도 가톨릭계 왕조가 따를 것이라는 생각을 하게 만들었다. 햄프셔에서는 야유가 터져 나오기 시작했다. 만약 잉글랜드 국교회의 수호자들이 이 모든 진실을 알았더라면 그들의 편집증적 의심은 뇌졸중에 이르렀을 것이다. (의미심장하게도 바울의 개종 기념 축일이었던) 1669년 1월 25일, 찰스 2세는 동생에게 자신 또한 가톨릭에 빠져 있지만 공개적으로 고백할 수 없음에 대해 유감을 표했던 적이 있었다. 이 소식을 듣고 (교황 다음으로) 가장 기뻐한 사람은 루이 14세로서 그는 자신의 비밀 병기인 매력 넘치는 루이즈 드 케루알르Louise de Kéroualle를 그가 생각하기에 그것이 가장 직접적인 효과를 발휘할 수 있는 곳, 즉 찰스의 침대를 무대로 운용하기 시작했다. 이것은 루이 14세의 전략에 어떠한 해도 되지 않는 것이었다. 루이즈는 왕의 침상에서 라이벌 정부情婦들을 완패시키면서 루이가 전장에서 승리를 거두는 만큼이나 빛나는 승리를 거두고 있었고, 찰스는 그 두 사람 모두의 유혹에 빠져들고 있었기 때문이었다. 루이즈는 1672년 찰스의 아들을 출산했고, 1673년에는 포츠머스Portsmouth 공작 부인이 되었다. 그리고 찰스는 1670년 루이와의 비밀조약에 서명할 만큼 이미 그에게 고마워하고 있었다. 그가 이런 길을 선택한 데에는 핵심 신료들, 특히 애슐리 경(앤서니 애슐리 쿠퍼), 앨링턴Arlington 경(헨리 베니트Henry Bennet), 그리고 토머스 클리퍼드Thomas Clifford 등의 부추김이 있었으나, 의심 많은 스코틀랜드 출신 존 메이틀랜드John Maitland를 비롯한 대부분의 다른 추밀원 구성원들에게는 이를 비밀로 할 정도로 비밀조약의 항목들은 충격적인 것이었다. 조약의 내용은 어떤 객관적인 관찰자가 보더라도 찰스의 분별없는 무모함이 저지른 행위라고 결론을 내릴 만한 것으로서, 이는 프랑스 국왕에게 주권을 담보로 맡기는 행위이며, 잉글랜드 의회에 대한 자신의 재정적 의존을 프랑스 왕의 여유로운 지갑으로 대체하는 행위와 다름없었다. 이 후하기 짝이 없는 베르사유의 지원금은 그를 수년에 한 번씩 의회에 머리를 조아려야 하는 불편함에서 해방시켜 주었지만, 그렇다고 아무런 대가가 없는 것이 아니었다. 찰스는 잉글랜드의 가톨릭 신자들에게 적용되는 징벌적인 차별 조항들을 완화해 줄 것을 약속했을 뿐 아니라, 적당한 계기를 통해 자신의 진정한 종교적 신앙을 공개적으로 선언하겠다는 언질도 주었을 것이다. 그리고 그것이 끝이 아니었다. 찰스는 신교 국가인 네덜란드를 공격하는 루이의 전쟁에 동참하기로 약속했는데, 이는 1667년에 당한 수치스러운 패배를 되돌려준다는 의미도 있어서 그나마 비교적 정당화가 용이한 정책이기는 했다.

프랑스와 모종의 흥정이 있었으리라는 세간의 추측에 대해 찰스는 어떠한 밀약도 부정하는 등 거짓말로 일관했다. 사실 그가 맺은 도버 비밀조약의 내용들은 반가톨릭 음모론자들에게는 몸살을 앓을 정도의 악몽일 뿐 아니라 어떤 면에서는 그것을 넘어서는 수준이었다. 찰스가 그렇게 무심코 팔아버린 그 생득권은 그 자신의 것이 아니라 의회의 권리였다. 그보다 더 나쁜 조항도 있었다. 생각해 보면, 1641년 그의 부친 찰스 1세에게 가장 비통한 상황을 안겨준 쟁점들 중 가장 문제가 되었던 것은 그가 외부에서 그것도 (아일랜드의) 가톨릭 군대를 불러들이려 한다는 의심이었다. 바로 그것이 의회 측을 격노하게 만들었으며, 다른 어떤 이유보다도 의회가 왕의 민병대 지휘권을 박탈하게 만드는 가장 결정적인 역할을 했던 것이다. 지금 그의 아들인 찰스 2세가 당시의 구체적 쟁점들에 대해 숙고하고 싶지 않았다 하더라도, 최소한 그 상황만은 떠올릴 수 있었을 것이다, 그렇다면, 1670년 그가 내란이 발발할 경우 프랑스 군대를 불러들이는 데 동의한 것은 어떻게 받아들여야 할까?

그야말로 자멸을 초래할 수 있을 정도로 무모했던 그 책략 속으로 왕을 이 끌었던 몇몇 각료들에게는 그들 나름대로의 이유가 있었다. 클리퍼드는 그가 자살을 실행하기 전에 밝혀졌듯이 비밀 가톨릭 신자였다. 앨링턴 경은 1672년 3월에 단행된 '종교 사유의 선언'이 본질상 국가 안보를 약화시키려는 것이 아니라, 비타협적 공화주의로 악명 높은 비국교도들을 견제함으로써 오히려 국가 안보를 강화시키는 것이라고 정당화하기는 했으나, 그 역시 비밀 가톨릭 신자였을 것으로 보인다. '종교 자유의 선언'은 이제 가톨릭 교도들에게 사적 건물에서 미사를 올리는 것을 허용한 반면, 그 외의 반국교회 종파들에게는 표면적으로는 가톨릭과 동일한 처우를 적용하는 듯 보였지만, 집회 및 예배 장소에 대해 허가를 받도록 강제했다. (이는 가톨릭에 대한 의심을 더욱 북돋을 뿐이었다.)

1672년 5월, 대對네덜란드 2차 전쟁을 선전포고도 없이 극적으로 개전한 뒤, 잉글랜드 전함들과 루이 14세의 육군은 당시 세계 최강국의 영토를 3분의 2까지 장악하며 상대를 혼란에 빠뜨리는 데 성공했다. 이는 1667년의 대낭패를 기억하며 아직도 속이 상해 있던 애국적 여론을 위무하는 역할을 톡톡히 해냈고, 이로 인해 왕이 '종교 자유의 선언'을 단행한 동기에 대해 의심하던 여론도 잠시 가라앉았다. 그러나 전황은 돌연 악화되었고, 이 때문에 어떠한 국민적 합의도 기대할 수 없게 되었다. 전황을 뒤바꾸는 전환점이 된 것은 오라녜의 젊은 군주 빌럼william 3세의 출현이었다. 그는 완전히 절멸 위기에 몰려서 그야말로 공포의 도가니에 빠져 있던 네덜란드 공화국의 총통·stadtholder 겸 군의 총사령관 자리에 올랐다. 1667년 공화국을 대승으로 이끌었지만, 이번에는 악몽 같은 패배의 희생양으로 지목된 더 비트De Witt 형제는 헤이그의 거리에서 몸이 찢기는 고통 속에 죽어갔다. 요한 더 비트Jan De Witt에 의해 견제 받으면서 아무런 권력도 누리지 못했던 빌럼은 눈물을 흘리지 않았다. 그렇다고 그가 적들의 공격에 굴복한 것도 아니었다. 모두들 그가 (양쪽 모두 친족이었던) 프랑스와 잉글랜드 왕들이 내건 화의 조건을 받아들일 것으로 예상했지만, 그가 예상을 깨고 조국의 전면적 저항을 위해 앞에 나서자, 하룻밤 사이 그는 신교의 영웅으로 떠오르게 되었다. 국민들 사이에서는 그를 증조부 침묵공 빌럼에 견주는 아부 섞인 여론도 생겨났다. 거의 100년 전 스페인의 펠리페 2세가 침공해 왔을 때도 그랬듯이 제방들이 다시 터졌고, 그 옛날 펠리페의 군대가 그랬듯이 루이 14세의 군대는 문자 그대로 교착 상태에 빠졌다. 프랑스군은 네덜란드의 저항을 무력화시키기는커녕 그들 자신이 토탄±炭의 진창 속에 가라앉았다. 네덜란드는 또한 잉글랜드와 프랑스의 전함들을 향해 인정사정없는 공격을 가하기 시작했다. 상황이 이렇게 전개되자, 전쟁을 지지하던 잉글랜드 정부 내의 단일 대오가 흐트러지기 시작했고, 지방을 중심으로 한 비판 세력은 이번의 패배를 절호의 기회로 삼아서 이 잘못된 전쟁과 '종교 자유의 선언'은 프랑스-가톨릭 세력의 위협에 굴복하여 원칙을 팔아버린 행위와 다름없다는 비판론을 펼치기 시작했다.

   머지않아 댄비Danby 백작에 오를 토머스 오스번Thomas Osborne에게 맡겨진 새 내각은 네덜란드와의 개별적 화의 및 '종교 자유의 선언' 폐지를 약속하며 출범했다. 댄비는 어느 모로 보나 전임자들과 별다를 바 없는 야심 있고 이기적인 사람이었지만, 그럼에도 그는 국민을 향해 자신이 (중앙이 아닌) '지방'의 목소리를 대변하고 있다고 꽤 의식적으로 강조한 첫 번째 잉글랜드 정치인이었다. 자신이 지방 젠틀맨들의 친구이자 대변인이며, 독실한 국교회 신자이며, 확고한 보수자이고, 거기에다 의심할 여지 없는 (프랑스가 아니라 잉글랜드적인 의미에서) 왕당파라는 것이었다. 댄비 행정부는 (왕에게 세수 부여를 거부하겠다고 위협하면서) '종교 자유의 선언' 폐지를 밀어붙임으로써 권력을 확보하는 데 성공했다. 그리고 그 자리에 반가톨릭적 '심사법Test Act'을 올려놓았는데, 이는 치안판사, 의회 의원, 정부 관리 등 모든 공직자에게 가톨릭의 화체설化體設을 부인하고, 모든 면에서 국교회의 강령을 따를 것을 요구하는 법률이었다. 그렇게 해서 찰스 2세가 루이 14세와의 협력 속에서 추구하던 가톨릭에 대한 관용 및 대네덜란드 전쟁에서의 협력이라는 두 개의 정책 축은 동시에 무너져버렸다. 찰스는 개인적으로 유감을 표명하며 자신이 의회에 의해 손발이 묶였다고 불평했다. 한편 루이 14세는 신하들에게 그같이 경멸스러울 정도의 무례함을 허용할 바에는 왕의 자리에 앉아 있을 자격이 없다고 생각했다. 그가 가장 이해하기 어려웠던 것은, 찰스가 동생이자 왕위 계승자인 제임스가 심사법 조항을 거부한다는 이유로 해군 사령장관직이 박탈당하는 것을 그냥 내버려둔 것이었다. 이는 평민 출신의 와자지껄한 폭도들이 왕족의 혈통에게 가하는 야만적 행위와 다름없었기 때문이었다.

종종 댄비 정권은 1672~1673년의 격변기 이후 약 5년간에 걸쳐서 '차분한 회복기'를 이끈 것으로 평가 받기도 하는데, 이는 특성상 잠재적 폭발성을 가진 반가톨릭주의를 종교적 도덕성과 전반적인 현상 만족 고취를 통해 중립화하는 데 성공했다는 평가이기도 하다. 이런 평가의 연장선에서, 이른바 '계시' 이후 벌어진 가공의 가톨릭 음모 사건이라는 좀 더 떠들썩하고, 좀 더 혁명적 위기에 가까웠던 사건은 단지 마른하늘에 친 날벼락 같은 사건이며, 또한 타이터스 오츠Titus Oates와 이스라엘 톤지Israel Tonge라는 피해망상적 범죄자들의 머리에서 나온 우연적 사건일 뿐이라고 해석되기도 한다. 이른바 가톨릭 음모 사건은 국왕을 암살하고 요크 공작 제임스를 왕위에 올리려고 했다는 다소 엉뚱한 내용이기는 했다. 하지만 이것이, 만약 매우 그럴듯한 정황으로 뒷받침되지 못했다면, 나라를 내전 이래 가장 극심했던 정치적 격랑 속으로 끌고 가지는 못했을 것이다. 댄비가 권력 장악의 명분으로 내세웠던 것이 친親프랑스 가톨릭주의 혹은 그와 유사한 어떤 것도 현실 정치에서 배제시키겠다는 약속이었는데, 그를 비판하는 많은 사람은 질병보다 더 해로운 독소가 그의 정치적 방식 안에 도사리고 있다고 결론지었다. 댄비가 의회 의원들을 관리한 방식은 '왕당파'와 유사한 것이었다. 정치적 충성을 매개로 후원 관계를 조절하거나, 공직자들이 어떤 이유에서건 국왕에 대한 저항을 포기할 것을 서명하게 하거나, 또한 이미 장수를 누리고 있던 1661년의 왕당파 의회를 영속시키려고 하는 등의 정치적 방식은 과거 그가 혐오한다고 공언한 바 있던 절대주의 속에서 잉글랜드 정부의 모습을 완성하려는 증거들로 비추어졌던 것이다.

그러한 비판들이 모두 근거가 없는 것은 아니었다. 1670년대 이전의 잉글랜드 정치에서 반정부적인 움직임은 단순히 (스트래퍼드나 클래런던 같은) 특정 인물들, 또는 (선박세 같은) 특정 조치들에 대한 반감에 의해 밖으로 표출되거나 행동으로 옮겨지는 것이 일반적인 현상이었다. 1640~1642년 이래 정치가 그토록 날카로운 이념적 용어들 속에서 분명하게 표현된 것은 1670년대가 처음이었다. 그러한 움직임을 주도한 것은 왕권에 반대하는 인사들이었으며, 이들은 댄비 덕분에 더욱 단단하게 자리 잡게 되었다. 섀프츠베리 백작(앤서니 애슐리 쿠퍼)은 평민 시절 연속적으로 잔부의회에서 활동했고, 크롬웰 정부에서는 국무회의 위원이었으며, 복고 왕정에서는 재무 장관으로 활동한 인물로서, 권력 획득과 유지에 도움이 된다면 아무것도 가리지 않았던 비열한 기회주의자의 완벽한 전형으로 비쳐져 온 인물이었다. 그가 기회주의자라는 비판에서 자유롭지 못한 데에는 나름 근거가 있었다. 결국 그는 댄비에 의해 공직에서 쫓겨났으며, 복수의 칼을 갈고 있었다. 섀프츠베리는 자신에 관한 진실을 구차한 논리로 왜곡시키는 대신, 그가 정치를 시작했을 때 가지고 있었던 초심의 원칙들로 돌아가겠다는 설득력 있는 주장을 앞세우면서 옛 헌법의 수호자를 자임할 수 있었다. 그 원칙들이란, 1657년 제시되었던 이른바 '한 사람과 양원兩院으로 이루어진 정부'에 관한 '겸허한 청원과 건의' 속에서 개괄되었던 크롬웰 시대의 정부 조직 원리를 말하는 것이었다. 그리고 왕권의 행사는 자문기관의 동의에 의해 제한 받아야 한다는 원칙은 옥스퍼드 규정과 마그나 카르타, 그리고 언필칭 색슨 시대 자문 회의witangemot까지 거슬러 올라가는 두터운 역사적 전통이었다. 잉글랜드의 군주정을 잉글랜드답게 만든다는 것, 무엇보다 프랑스와 차별화하는 것은, 그것이 언제나 계약에 근거를 둔 정체였다는 점이다. 스튜어트가家의 왕들은 막강한 군주권의 뒤에 숨어서 사적 이익을 챙기기에 바빴던 댄비 같은 자문관들에게 오도된 나머지 이러한 사실을 이해하지 못했다. 댄비처럼 왕권을 제 것인 양 독점하고 있는 자들에 의해 해협 건너 압제적 가톨릭 세력의 상존하는 위협으로부터 보호 받을 수 있으리라고 기대하는 국민이 있다면 그들 또한 속고 있는 것이었다. 정말로 잉글랜드다운 군주정, 다시 말하면, 국왕, 상원, 그리고 하원이 주권을 공유하는 혼합군주정만이 인민들과 프로테스탄트 교회가 원하는 자유들을 진정으로 지켜줄 수 있을 것이라는 주장이 설득력 있게 다가오고 있었다.

1670년대에는 댄비의 의회 지배가 성공적으로 이루어졌고, 거기에 왕권신수설과 무저항이라는 왕당파적 이념이 아주 단단하게 자리 잡고 있었기에, 반대파들이 헌정에 관한 의견을 강력하게 개진·확산시키기 위해서는 의회 바깥에서 기회를 찾아야 했다. 그러므로 1670년대 발아한 초기적 형태의 정당정치 원형原型은 웨스트민스터가 아니라 길거리, 커피 하우스, 클럽, 선술집, 그리고 인쇄소 같은 공간에서 탄생했다. 비슷한 생각을 하는 사람들끼리 챈서리 레인Chancery Lane에 있는 킹스 헤드King's Head 주점tavern에서 회합을 가지면서 왕당파의 사악함과 가톨릭 음모론의 실재에 관한 확신을 공유하던 '섀프츠베리의 그린 리본Shaftesbury's Green Ribbon' 같은 클럽들의 숫자가 크게 불어났다. 가톨릭 음모론이 불거져 나왔을 때 런던에만 최소한 29개의 클럽들이 있었으며, 개중 아주 성공적인 몇몇 클럽은 톤턴, 브리스톨, 옥스퍼드 같은 소도시에서 지방 분점을 운영하고 있었다. 피렌체 출신의 한 여행객이 깜짝 놀라면서 전한 바에 따르면, 당시 급증하고 있던 런던의 커피 하우스들은 아늑한 벽감壁龕[14]을 손님에게 제공함으로써 그들이 커피와 초콜릿을 들면서 아무런 공식적 검열이나 위협 없이 게걸스럽게 뉴스들을 소화할 수 있게 했다고 한다. 개중에는 유명한 가십의 온상으로 이름난 곳들도 있었는데, (차와 함께 헌정적 급진주의가 잉글랜드에 가장 먼저 소개되었던 곳이며) 로버트 후크와 크리스토퍼 렌의 단골집이기도 했던 런던 체인지 알리Change Alley에 있던 가웨이스Garway's 커피 하우스와 플리트Fleet가의 오브리스 레인보우Aubrey's Rainbow 등이 그러한 곳들이었다. 1670년

---

14   서양 건축에서 벽면을 우묵하게 들어가게 해서 만든 공간 ─ 옮긴이.

대 벌어졌던 격렬한 논쟁적 충돌은 다량복제 별쇄본과 정치 소식지 사업의 경이적 부활에 불을 붙였다. 이러한 열기는 지방으로 파급되기에 이르렀으며, 딱딱한 공식 관보에 따분해하던 독자들을 신나게 만들었다. 1679년과 1682년 사이 최소한 17개의 신문이 창간되었으며, 이들 대부분은 자신들의 당파적 견해를 공개적으로 피력했다. 1640년대와 1650년대에 찰스 1세와 크롬웰을 괴롭히던 정치적 유령들도 다시 돌아와서 찰스 2세를 못살게 굴기 시작했다. 코먼웰스 성립 이후 사라졌던 청원운동 방식이 다시금 동원되기 시작한 것인데, 특히 가톨릭에 대한 근거 없는 공포가 동기 요인으로 작용하는 경우가 많아졌다. (1640년대 거리로 나섰던 사람들의 아들뻘 되는) 견습생 패거리들이 옛날부터 그랬듯 그들 또래 특유의 폭력적인 열정과 함께 다시 등장했다. 예전에는 높은 사회적 지위에 있던 후견자들에게만 해당되었던 풍자시, 우화, 비판서 등이 이제는 길거리에서도 자연스럽게 유통되기 시작했으며, 주점에서는 통속적 발라드와 외설적 운문들이 소비처를 구하고 있었다. 극장식 풍자극은 예술의 한 양식이 되었다. 구경꾼들은 이를 기다렸다는 듯이 덥석 받아 물었으며, 즐거워서 폭소를 터뜨리거나 시끄러운 소리로 화답했다. 그러니 어떤 작가들도 찰스 2세가 자신들에게 재미있는 얘기거리를 충분히 제공하지 않았다고 불평할 수 없는 형편이었다.

(너무나 자주) 사실인 듯 이야기되지만, 위에서 말한 그 어떤 현상도 근대 정치에서 보는 것처럼 사람들을 네 편, 내 편으로 갈라놓지는 못했다. 사람들의 당파적 충성심은 악명 높을 정도로 변덕스러운 것이었고, 파당의 주역들조차도 주저 없이 편을 바꾸었다. 그럼에도, 진정한 잉글랜드의 정치적 헌법은 무엇이었으며, 무엇이어야 하는가 하는 문제를 놓고 왕권신수설과 혼합군주정 사이에 벌어진 이념 전쟁은 정말로 상호 양립 불가능한 두 개의 시각을 대변하고 있었다. 특히 휘그들은 독특한 잉글랜드 전통의 지속성을 강조하면서 중세적 헌법으로 돌아갈 것을 원했다. 예컨대, 섀프츠베리 백작은 '잉글랜드 의회는 잉글랜드 정부에 생명을 주고 또한 그것을 움직이게 만드는 지상至上의 절

대적 권력이다'라고 주장했는데, 그의 이 같은 애국적 만트라mantra(주문)는 나라 전체에 울리고 또 울려 퍼졌다. 각 당파는 서로 상대방을 가리켜, 문자 그대로, 또한 은유적으로, 비非잉글랜드적인 정치를 하고 있다는 색깔론을 펼쳤다. 이 이념 전쟁의 당사자들이 사람들의 이목을 의식하면서 상대방을 악마화하기 위해 공격적으로 선택한 가장 비도덕적 이미지 또한 '외국적'인 것으로서, 이를테면, 아일랜드나 스코틀랜드 사람들과 연결되는 것들이었다. (수년 뒤 제임스의 왕위 계승을 놓고 벌어진 이른바 '왕위 계승 배제 위기' 동안) 절대 왕권의 수호자들은 반대파들이 나라를 내전으로 몰고 가고 있다고 비난하면서, 그들을 '스코틀랜드 장로파 무법자들' 또는 '휘그모어Whiggamores'[15]라고 불렀다. 휘그파는 반대파를 향해 교회와 국왕을 지키겠다는 것은 솔직하지 못한 거짓 주장일 뿐, 실제로는 '아일랜드 가톨릭 반도叛徒'에 지나지 않는다며, 그들을 게일어로 방랑자 또는 노상강도를 뜻하는 'toraighe'에서 이름을 따서 '토리Tories'라고 불렀다.

그런데 1670년대 잉글랜드 정치에는 그들이 상호 주고받은 모욕적 행위보다 훨씬 심각한 무엇인가가 진행되고 있었다. 그들의 정치적 입장은 확고해졌고, 상호 간 격론은 더욱 치열해졌다. 1678년 상황에서 새로운 내전이 일어날 것이라고 예상하는 사람은 적었고, 하물며 그것을 바라는 사람은 더욱 적었다. 그러나 절대왕권론자로 의심 받고 있는 요크 공 제임스가 왕위를 계승할 것이 거의 확실해 보이는 상황에서 그가 공공연한 가톨릭 신자로 남아 있다는 것은, 앞으로 잉글랜드 정부가 사실상 어떤 근본적 위기, (현대적 용례에 따른다면) '혁명'을 피하기가 어려울 것이라는 것은 모든 사람이 알고 있었다. 1677년 타이터스 오츠가 가톨릭 반란 음모 혐의를 입에 올리기 이전에도, 헐Hull 출신 의회 의원이자, 시인이었던 앤드루 마벌은 인쇄된 글을 통해 '최근 수년간에 걸쳐 잉글랜드의 합법적 정부를 절대적 독재정으로 바꾸고, 확립된 프로테스탄트

---

15   1648년 국왕에 반대하며 에든버러로 행군했던 스코틀랜드 남서부 주민들을 일컫는 말 — 옮긴이.

신앙을 노골적인 방법으로 가톨릭으로 개종시키려는 어떤 계획이 실행되고 있다'고 주장한 바 있었다. 그는 호국경 체제하에서 정치적으로 성숙한 사람으로서, 남의 말을 그렇게 쉽게 믿는 사람도 아니었고, 그렇게 기회주의적인 사람도 아니었다.

마벌의 「잉글랜드 내 가톨릭과 전횡적 정부의 성장에 관한 보고서An Account of the Growth of Popery and Arbitrary Government in England」에 표현된 그의 신념들은 당시 잉글랜드 사회에서 너무나 빈번하게 표출되던 것들이었다. 이른바 오츠의 가톨릭 반란 음모설은 예수회 신자들이 주도하여 왕을 살해한 — 그의 '정보원들' 중 일부는 칼로 살해할 것이라고 하고 다른 자들은 독으로 살해할 것이라고 했다 함 — 다음, 요크 공작을 왕으로 옹립하여 프랑스군의 지원을 받는 친프랑스적 가톨릭 정부를 세우려고 했다는 것이다. 마벌의 글은 이 같은 음모설에 대해 사람들이 왜 그토록 예민한 반응을 보였는지를 설명하는 데 도움이 된다 할 것이다. 오츠의 주장은 물론 추잡한 거짓말 덩어리에 불과했지만, 그럼에도 교묘하게 잘 꾸며진 것이었다. 타이터스 오츠는 악의에 찬 괴물 재주꾼이었지만 바보는 아니었다. 그는 적극적인 동성애로 인해 지난 29년 동안 잉글랜드의 거의 모든 제도권 바깥으로 내쳐져 있었다. 그는 캠브리지의 곤빌 앤 케이어스 칼리지 Gonville and Caius College에서 쫓겨났으며, 켄트의 국교회 성직자 자리, 그리고 부목사 시절 휘말리게 된 위증죄 혐의를 피하기 위해 자리 잡았던 해군에서도 쫓겨났다. 그뿐 아니라, 개종자를 자처하며 찾아갔던 스페인의 예수회 칼리지 Colegio de los Inglese와 프랑스의 예수회 칼리지St. Omer에서도 쫓겨났다. 이 모든 장소는 그에게 거부할 수 없는 기회들과 또한 가혹한 처벌의 고통들을 동시에 안겨 주었다. 그럼에도 오츠는 비교적 짧았던 망나니 생활을 통해 자신이 재주 많은 포식자임을 스스로 인식할 수 있었고, 정체가 탄로되었다 해도 자신의 악의적 행위가 스스로에게 가져올 수 있는 최악의 결과만은 회피할 수 있는 능력이 있음을 알고 있었다.

그는 자신을 예수회 학교들로부터 쫓겨나게 만들었던 악평들조차 자신의 참된 지식과 진실의 증거로 포장할 만큼 영리했다. 그가 엄청난 거짓말들을 늘어놓는 동안, 그 누구도 거기에 예수회가 (해군보다는 덜했겠지만) 그를 거칠게 취급한 것에 대한 그의 개인적인 복수심이 동기로 작용하고 있으리라는 생각을 하지 못했다. 오츠는 부끄러움도 없이 생토메르St Omer 예수회 칼리지에 간 것은 오로지 잉글랜드인의 자유와 잉글랜드 교회를 위협하는 범죄적 음모를 파헤치기 위한 것이었으며, 일종의 종교적 비밀 요원으로 잠입한 것이라고 주장했다. 그리고 오츠는 이러한 의심스러운 주장에 신뢰감을 보태기 위해 자신이 정말로 스파이로 활동했을 것으로 남들이 생각할 수도 있는 그럴듯한 증거까지 제시했다. 마치 로버트 후크와 존 에블린이 실험이나 정원에 대해 기록하듯, 오츠는 상당한 양의 조심스러운 메모들, 그리고 국내외 예수회 회원들과 그들의 암살 청부 하수인들 사이에 오간 대화록을 유지하고 있었다. 자연철학자들이 진리를 구하기 위해 엄청난 양의 관심과 주의를 기울이듯이, 오츠는 그런 혐오스러운 일을 꾸며내고 사실을 날조하는 데 그에 못지않은 관심과 주의를 쏟아부었던 고도로 숙련된 기술자였다. 사실, 오츠가 음모와 관련하여 가지고 있던 정보를 처음 털어놓았던 당사자는 런던의 성직자 이스라엘 톤지Israel Tonge였다. 그는 – 정식 박사학위를 가지고 있는 – 학자로서의 평판에 우쭐해하고 있었고, 왕립협회의 가장 유명한 몇몇 인사들과도 교류하고 있었다. 이러한 평판이나 교류 관계에도 불구하고, 런던 대화재가 가톨릭 방화범에 의해 발화되었다는 공상적 이야기에 그가 동의하는 것을 볼 때, 그를 합리적인 사람이라고 평가할 수는 없었다. 대화재는 그의 사제관과 자연철학 서재를 파괴한 데 이어, 사실상 그의 삶을 파멸시켰다.

오츠가 국왕을 비롯한 수많은 청중을 상대로 43개 조항에 달하는 충격적인 음모의 시나리오를 전달할 수 있었던 것은 어디까지나 톤지의 매우 영향력 있는 사회적 관계망 덕분이었다. 예상할 수 있듯이, 찰스는 그것을 믿으려 하지 않았다. 왕비의 주치의에게도 혐의를 씌우는 것을 비롯해 내용들이 전반적으로 현실적이지 않았기 때문이었다. 그런데 처음에는 그저 재미있어 했던 찰스가 시간이 흐르면서 이를 댄비에게도 알리는 등 점차 우려를 나타내기 시작했다. 1678년 9월의 마지막 주, 오츠는 모든 인원이 출석한 추밀원에 나타났는데, 누가 보더라도 그는 음모의 구석구석까지 숙달한 것처럼 보였다. 따라서 그의 이야기가 처음에는 황당하게 들릴 수 있었겠지만, 점차 최소한 일부 구성원들만큼은, 거기에 무언가 있을 수도 있다는 생각을 하게 만들었다.

오츠는 청중들을 알고 있었다. 그는 자신의 이야기 속에 귀 여린 반가톨릭 정서의 대중이 듣고 싶어 하는 바로 그 선정주의적 요소들을 혼합시키고 있었다. 방화, 독약, 범죄자 의사, 사악한 왕비들, 그리고 사악한 수도승들이 그러한 것들이었다. 그리고 이런 것들을 담은 구체적인 이야기들이 유출되면서, 오츠의 이야기는 번갯불이 마른 잎들을 때린 것처럼 불이 붙기 시작했다. 고위층의 인사들이 그 불길에 부채질을 해댔다. 섀프츠베리의 경우, 그것을 실제로 믿었는지의 여부는 알 수 없지만 (또한 그가 믿지 않았다고 볼 만한 근거가 있는 것도 아니었지만) 아무튼 그는 이를 현 정권의 책임자인 댄비가 자신이 저지른 행위에 대해 마땅한 벌을 받는 것이라 생각했고, 댄비가 말로는 나라를 가톨릭 음모로부터 보호한다고 하면서 실제로는 그것을 오히려 불러들인 것이라고 비난했다. 이 사건의 진위를 의심하고 있던 사람들은 이러한 국면에서도 여전히 상식이라는 연약한 무기를 꺼내들고 사회의 공멸을 피하고자 애쓰고 있었다. 그러나 오츠의 입장에서 보면 생각하지도 않았던 행운이 나타나 사람들의 이성이 힘을 쓸 수 없도록 만들어버렸다. 첫 번째 행운은 오츠가 작성한 수많은 혐의자 목록 속 인물인 요크 공작 부인의 비서인 에드워드 콜먼Edward Coleman이 잉글랜드의 가톨릭 복원 가능성과 관련하여 루이 14세의 고해 신부와 서신을 주고받은 것이 드러난 것이었다. 콜먼은 이 서신들을 없애지도 않았거니와 쉽게 해독할 수 있도록 내버려두었기에, 이를 두고 반역죄라기보다는 차라리 멍청한 범죄라고 하는 것이 정확한 표현일 것이다. 이것보다 오츠에게 더 큰 행운을 가져다 준 것은 에드먼드 베리 고드프리Edmund Berry Godfrey 경의 시신이 10월 17일, 프림로즈 언덕의 풀 우거진 경사지에서 발견된 사건이었다. 고드프리는 이른바 가톨릭 음모에 대한 오츠의 첫 번째 증언 선서를 맡았던 판사였다. 처음에는 그가 자살했다는 얘기도 돌았지만, 곧 그가 살해당했다는 결론이 내려졌다. 아주 기발한 생각을 하는 사람들이나 극단적인 상상을 하는 사람들이 아닌 한, 그 누구도 이 사건의 진범들이 반가톨릭 뇌동雷同 집단에 속한 사람들일 수 있으며 그들의 목적이 군중의 폭력적인 반응을 촉발시키려는 데에 있었을 가능성을 알아차리지 못했다.

만약, 범인들이 정말로 그런 목적으로 고드프리를 살해한 것이라면, 그들은 훌륭하게 일을 수행한 셈이었다. 고드프리의 시신은 마치 그가 프로테스탄트 잉글랜드를 구하기 위해 순교한 사람이거나 한 것처럼 촛불에 둘러싸여 사람들 앞에 공개되었다. 그러고는 집단적 조병躁病이 나라를 지배했다. 더구나 11월은 가이 포크스 덕분으로 반가톨릭 봉화의 기념일이 들어 있는 날이었다.[16] 11월 5일 수천 명의 군중이 집결한 가이 포크스의 밤 축제는 대규모의 '교황 화형식'으로 변했다. 11월 17일에도 교황 화형식이 이어졌는데, 그날은 로마가톨릭교회의 위협에 강력하고 탄탄하게 맞섰던 '선량한 여왕' 엘리자베스 1세의 즉위 기념일이었다. 대중은 '가톨릭 야간 기마단night riders'이라는 가상의 집단이 지방을 이리저리 돌아다니면서 국교회 성직자들과 치안판사들을 죽이려고 혈안이 되어 있다는 상상에 사로잡혔다. 견습공들은 그런 상상 속 위협에 대처하기 위해 스스로 무장을 갖추었으며, 일부는 '에드먼드 베리 고드프리'라고 불리는 단검을 지녔다. 그 단검은 하루에 3000개가 팔릴 정도로 인기가 좋았다. 상황이 그러했으므로, 오츠는 의원들이 만장한 하원에 참석해서 매우 단정적으로, 그리고 반박에 대한 우려도 없이 자신의 주장을 당당하게 펼칠 수 있었다. '국왕을 암살, 살해하고, 정부를 전복하며, 프로테스탄트 신앙을 뿌리 뽑고 파괴하기 위한 목적으로 가톨릭 반역자들에 의해 획책되고 실행되어 온, 그 저주받아 마땅한 지옥의 음모가 있었으며 아직도 존재한다'는 것이었다.

---

16   화약 음모 사건의 주동자인 가이 포크스의 체포를 기념하는 날이 11월 5일이었다 ― 옮긴이.

유급 정보원들을 고용하고 있던 섀프츠베리는 진정한 대중운동이 화산이 방출하듯 밑에서부터 끓어오르는 것을 목격하면서, 그 자신과 당파를 위해 열정을 쏟기로 했다. 사기꾼이자 도둑이기도 했던 윌리엄 베들로William Bedloe를 필두로 매우 열심히, 그리고 여러 가지로 머리를 짜서 위증할 준비가 되어 있던 '정보원들'과 '목격자들'이 의회 앞에 줄을 섰다. 베들로는 예수회 신자가 고드프리를 살해했다는 직접적인 정보가 있으며, 그의 시신을 왕비의 궁전인 서머싯 하우스Somerset House에서 보았다고 주장했다. 처음에는 이름이 알려진 가톨릭 인사들과 사제들을 중심으로 반역과 살인 혐의가 씌워지더니, 이제는 이른바 '동조자들'이라는 이름으로 범위가 확대되고 있었는데, 새뮤얼 피프스도 그 피해자 중의 한 사람이었다. 그의 옛 하인 중 하나가 그를 가리켜 그동안 내내 비밀 가톨릭 신자였다고 증언했던 것이다. 그의 상황을 더욱 어렵게 만든 것은 오랜 친구 존 스콧John Scott의 증언이었다. 그는 피프스가 해군에서 가톨릭계 장교들을 선호하고 그들의 출세를 도왔으며, 예비 프랑스군의 침공 준비를 도울 목적으로 그들에게 잉글랜드의 방어 시설과 함정들에 관한 정보를 넘겨준 사실을 개인적으로 알고 있다고 말한 것이다. 이는 피프스를 런던 타워에 보내기에 충분한 혐의였다. 존 에블린은 그곳에서 그와 함께 식사를 나누었고 그의 곤궁한 처지를 동정했다. 왕립협회 동료들은 진실을 보았을 때 그것을 진실로 인식하는 데 어려움이 없는 사람들이었지만, 오츠가 말하는 이야기의 진실 여부에 관해서는 의견이 갈렸다. 모든 상황이 불쌍한 피프스에게 불리하게 돌아갔다. 에블린 역시 오츠를 좋아하지 않았지만, 유감스럽게도 오츠의 이야기에는 신뢰가 갔다. 그나마 피프스가 그런 와중에서도 자신이 오명을 쓰고 희생되는 상황을 그냥 보고 있지 않았던 것은 다행이었다. 그는 존 조인John Joyne 이라는 자를 조사관으로 고용하여 반격의 빌미를 찾았다. 그가 스콧의 환심을 사게 한 뒤에, 그에 관한 부정적 평판을 수집하게 했는데, 이는 그리 어려운 일이 아니었다. 그리고 피프스는 마녀사냥의 광기 속에서 목숨을 잃은 다른 희생자 24명과는 달리 생존에 성공할 수 있었다.

샤프츠베리는 1679년 말 관중 20만 명이 운집한 가운데 치러졌다고 전해진 또 한 차례의 교황 화형식이 끝난 후, 가톨릭 음모 사건으로 촉발되었던 오도된 열정을 하나의 특별한 정치적 프로그램으로 전환시켰다. 자신감을 상실한 댄비 정부는 무너져버렸고, 만약 새로운 의회 선거를 실시하지 않는다면, 샤프츠베리가 명시적으로 밝힌 바와 같이, 댄비 자신도 탄핵에 처해질 수 있는 상황이었다. (1640년대를 상기시키듯) 괴물같이 거대한 청원서들이 줄을 서서 올라왔다. 그중 하나는 런던, 서더크, 그리고 웨스트민스터에서 발안된 것으로서 길이가 무려 300피트(91미터)에 달했으며, 1만 6000명의 서명자 명단을 담고 있었다. 왕은 청원을 받아들였다. 시읍 지역구들에서는 전례 없이 많은 경쟁 선거가 치러졌으며, 당파 간에 치열한, 그리고 때로는 폭력적이기까지 한 다툼이 벌어졌다. 휘그당은 샤프츠베리가 필요로 했던 절대적 다수 의석을 확보하는 데 성공했다. 그리고 특정한 정치적 목표의 달성이라는 뜨거운 주제를 담은 '배제'라는 단어가 웨스트민스터를 달구기 시작했다. 이것은 가톨릭 신자인 요크 공작을 (그리고 그와 모데나의 메리 사이에 출생한 어떤 후계자라도) 왕위 계승 라인에서 배제하는 것을 의미했다. 이는, 만약 찰스 2세가 죽으면, 왕위는 그의 사생아들 중에서 가장 큰 아들인 몬머스 공작에게 넘어가야 한다는 것을 의미하기도 했다. 이 문제와 관련하여 샤프츠베리 측이 홍보한 바에 따르면, 파리 시절 찰스는 아무에게도 알리지 않은 채 정부인 루시 월터와 실제로 결혼했었기 때문에 몬머스 공작은 절대로 사생아가 아니며, 정통성을 갖춘 후계자라는 것이다.

그것은 브리튼의 군주정 역사에서 하나의 비상한 위기였다. 거짓과 집단적 히스테리의 희생양이 된 수백에 달하는 무수한 사람의 목숨만 위태로웠던 것이 아니라, 군주정의 운명 또한 위태로웠던 것이다. 만약 요크 공작을 왕위 계승 라인에서 배제한다는 결정을 받아들인다면, 이것은 의회가 왕위 계승 후보들의 적절성, 또는 부적절성을 판단하는 헌정적 권한을 가지고 있다는 것을 인정하는 것과 다름없었다. 찰스 2세나 토리당 그 누구도 그것을 받아들일 생각이 없었다. 50년 전 켄트 출신의 젠틀맨 철학자 로버트 필머Robert Filmer 경이 쓴 논문 「파트리아르카Patriarcha」가 출판된 것도 그 무렵이었다. 그는 이 논문에서 신은 아담에게 세속적 권위를 직접 하사하셨으며, 세상의 모든 왕은 그의 직계 후손들이라고 주장했다. 이 신성한 직계의 계승 라인은 어떤 종류의 열등한 개입에 의해 훼손될 수 없는 절대적인 것이었다. 이러한 논리에 대응하기 위해 섀프츠베리와 휘그당은 군주정의 계약적 원칙을 강조하는 코먼웰스 시대의 몇몇 급진적인 이념들을 부활시켰는데, 그중에는 당연히 존 로크John Locke의 『정부에 관한 두 개의 논고Two Treatises on Government』 중 첫 번째 것이 포함되어 있었다. (당시 덴질 홀스 등에 의해 매우 활발하게 재해석 되던) 이 논문의 많은 대목은 휘그당 구성원들을 매우 의기양양하게 만들어주었다. 그들은 잉글랜드의 군주정은 대관식 선서를 지킬 의무를 비롯하여 언제나 법률에 의해 구속되며, 의회는 그러한 군주의 의무들이 지켜지고 있는지를 판단할 수 있는 권리는 물론, '왕권의 혈통과 유산을 결속하고, 통제하고, 제한하고, 억제하며, 통제할 수 있는' 권리를 가지고 있다는 다소 익숙하고 오래된 주장에 쉽게 공명할 수 있었다.

그러나 섀프츠베리는 크롬웰과 같이 하던 시절의 그가 아니었다. 그는 헨리 아이어튼이 아니었으며, 존 핌은 더욱 아니었다. 결국, 그는 부득이 새로운 내전을 시작해야만 할 상황으로 내몰리기 바로 직전에 '배제론'을 거두어들였다. 사실, 섀프츠베리 측이 내전을 원하고 있다는 왕과 토리당의 비난이 커질수록 섀프츠베리의 배제론은 계속해서 뒷걸음치고 있었다. 이길 것이라고 장담할 수 없는 상황에서 그를 내전 직전에서 멈추게 한 것은 정치적 메스꺼움이 아니라 신중함이었다.

그가 옳았다. 그러나 절체절명의 순간에 발휘된 비관론은 그의 운명을 어디로 끌고 갔을까. 섀프츠베리는 '왕 없는 잉글랜드'로 귀결될 또 하나의 혁명을 수행할 준비가 되어 있지 않았고, 그렇기에 찰스 2세에게 자발적으로 배제론을 받아들일 것을 촉구하는 여론의 압력과 협박에 절대적으로 의존하고 있었다. 그러나 찰스 2세가 처해 있던 어떤 극한적 상황은 힘없는 늙은 호색한에 불과했던 그가 전략의 대가라고 불리던 섀프츠베리를 훨씬 뛰어넘는 정치적 강인함과 수완을 발휘하도록 만들었다. 찰스는 먼저 매우 인기 없던 동생과 그의 아내를 국외로 보냄으로써, 가장 강렬한 증오와 분노를 촉발시켰던 바로 그 당사자들을 성지 부대에서 퇴줄시켰다. 그러나 이 양보를 통해 그는 지키고 싶었던 중요한 원칙들은 지킬 수 있게 되었다. 찰스는, 한 세기 전 엘리자베스가 그랬던 것처럼, 왕위 계승 문제를 결정하는 것은 군주의 특권이라는 확신이 있었다. (이제는 거의 기정사실이 되어가고 있었지만) 그가 만약 후사 없이 죽는다면, 동생 제임스가 종교에 관계없이 왕위를 계승하게 될 것이다. 그러나 그가 가톨릭으로 남기를 고집하는 한, 그의 치세와 관련하여 반드시 어떤 차별적 조치가 취해져야 했는데, 그것은 하나의 절묘한 정치적 절충이었다. 이는 그의 개인적인 신앙이 무엇이건, 그것이 확립된 잉글랜드 국교회를 지키고 보호하겠다는 대관식 선서에는 어떠한 영향도 미칠 수 없다는 원칙을 구현하는 것이었다. 그의 부친을 그토록 불가역적인 역경으로 몰아넣었던 신민들의 의심들을 이 시점에서 또다시 불러일으키지 않기 위해서는, 가톨릭 신앙을 가진 왕이라면 자진해서 고위 성직자 임면권 행사에서 손을 거두고, 아울러 군의 인사권을 의회에 넘기는 데 동의해야 한다는 것이었다.

이것은 갈등 국면을 처리하는 탁월한 곡선 주행이었다. 교회는 왕위 계승과 관련하여 왕권과 타협하지 않더라도 확실한 안전을 확보할 수 있었다. 그리고 그러한 찰스의 '방편'은 여론을 자신에게 유리한 방향으로 돌려놓을 정도로 충분히 합리적인 것이었다. 그러나 (첫 번째 의회가 찰스에 의해 해산되고) 휘그당이 지배하는 두 번째 의회가 성립되면서 상황이 달라졌다. 그 명백한 승리의 순간, 섀프츠베리는 지나친 자신감을 가지게 되었고, 자신이 밟고 있는 땅의 미세한 떨림이 단층으로 크게 갈라지면서 끝내 그를 삼켜버릴 때까지도 그 위험성을 감지하지 못했다. 하원은 배제 법안을 2 대 1 정도의 다수결로 통과시켰고, 상원은 같은 비율로 법안을 부결시켰다. 이러한 교착 상태는 찰스에게 섀프츠베리의 허세를 시험해 볼 수 있는 기회를 부여했다. 찰스는 (루이 14세로부터 막강한 지원금을 확보하는 등의 예방적 조치를 취한 다음) 이를 냉정하게 행동으로 옮겼다. 1681년 세 번째 의회가 옥스퍼드에서 소집되었는데, 그곳은 1258년 찰스의 선대 국왕(헨리 3세)이 적들과 의지를 겨루었던 장소였다. 모든 것이 유리한 상황 속에서 찰스는 자신의 '방편'을 다시 한번 의제에 올렸는데, 이는 그가 예상했던 대로 여전히 '배제론'에 집착하고 있던 섀프츠베리에 의해 무시당하고 말았다. 이제 남은 것은 오직 하나, 힘에 의한 해결뿐이었다. 이미 일부 휘그파는 무장을 갖추고 있었고, 또 다른 이들은 공화정으로의 복귀를 공개적으로 거론하고 있었다. 찰스 입장에서 볼 때, 이들은 나라를 내전으로 몰고 가려는 사람들이 왕당파가 아니라 배제론자들이라는 주장을 정당화시키는 구실을 제공하고 있었다. 종국에는, 찰스는 섀프츠베리가 정말로 전투를 벌일 의지를 결여하고 있음을 알아차렸다. 또한 찰스는, 만약 섀프츠베리가 실제로 전투를 벌이고자 한다면, 자신이 1642년의 왕당파와는 달리 왕실 창고에 재어둔 루이 14세의 금을 통해 긴급하게 병력을 동원할 수 있는 능력을 확보하고 있음도 알고 있었다.

이렇게 해서, 배제론자들은 옥스퍼드에서 아무것도 얻지 못했다. 그들은 나아갈 방향을 잃었다. 일부는 군도軍刀를 갈았고, 나머지는 점점 내려오는 땅거미 속에서 말을 타고 집으로 돌아갔다. 바람의 방향이 순식간에 바뀌자, 사기꾼, 살인자, 반복적 위증자 등 그동안 이른바 가톨릭 음모론을 주조해 왔던 악당들은 무언가 문제를 감지하고는, 하나둘 자신들의 이야기가 거짓투성이임을 자백하거나, 무거운 처벌을 피하기 위해 공범들에게 불리한 증언을 하기 시작했다. 그것은 시작일 뿐이었다. 왕비의 주치의 조지 웨이크먼George Wakeman의 재판에서 주심 판사를 맡았던 스크록스Scroggs는 타이터스 오츠의 신뢰성에 관해 처음으로 공격을 가했다. 혁명으로 치달을 수 있었던 사건은 이제 급속한 붕괴를 맞고 있었다. 섀프츠베리는 대역죄 혐의는 벗었지만 네덜란드로 달아났고 1683년 그곳에서 죽음을 맞았다. 1684년 처음에는 남색男色죄로 체포되

었던 오츠는 다음 해에는 위증죄로 재판을 받아서 유죄 판결을 받았으며, 그
벌로 형틀에 묶인 채 잔인한 채찍질의 형을 받은 뒤에 감옥으로 보내졌다. 그
러나 그는 감옥에 그리 오래 있지 않았고, 1688년에 사회에 다시 등장했는데,
죽을 때는 침례교 목사로 죽었다. (아니면 무엇을 할 수 있었을까?)

　대낭패를 당하고 죽음을 맞은 섀프츠베리는 시독한 정치적 냉소주의라는
평판을 낳았으며, 그가 남긴 또 다른 유산의 파편들은 상호 간에 완전히 상충
하는 모순들을 가지고 있었다. 그는 한편으로는 존 로크의 정치이론과 계약 정
부 이론의 주창자들을 후원하고 그들의 생각을 기꺼이 수용하려는 의지를 보
임으로써 1659년 이래 영원히 소멸되었다고 생각되던 급진적 이념들에게 새
로운 생명을 불어넣었다. 정부의 정당성은 (홉스가 주장하듯) 단순히 국민을 보
호하는 능력으로부터 나오거나, 또는 (필머가 주장하듯) 단순히 성경적 권위에
서 비롯되는 것이 아니라, 피치자들의 동의가 필수적이되, 그러한 동의에는 자
유와 재산에 대한 자연권의 양도는 포함되어 있지 않다는 개념은 전도양양한
미래를 약속 받게 되었다.

　'모든 정부의 형태는 신이 아닌 우리의 창조물이며, 가능한 한 모든 면에서
인민의 안전을 도모해야 한다'는 로크의 주장은 여전히 급진적이고 다분히 충
격적이기까지 했다. 그럼에도 이런 주장을 읽거나 듣는 것은 더 이상 색다르거
나 이상한 일이 아니었다. 정부에 (또는 군주에게) 권력을 위임함에 있어서, 그
권력의 궁극적인 원천인 인민들은 정부가 만약 그 법적 권위를 과도하게 행사
하거나, 권위가 폭압으로 변질되거나, 정부가 보호하기로 한 인민의 자유를 무
시하는 경우, 정부에 대해 그 책임을 추궁할 권리는 양도하지 않았다는 연관된
공리 또한 마찬가지였다. 물론, 이러한 주장들은 아마도 18세기에 이르는 대부
분의 기간 동안 잉글랜드 정치의 주변부에 머물러 있었다. 그러나 대서양 건너
편, 남부 뉴잉글랜드 주민들이 뉴잉글랜드를 총괄하는 총독 에드먼드 앤드로
스Edmund Andros의 권력 행사를 '독단적'이라 간주하면서 그에 대한 복종을 거
부하고, 자발적 의사에 의해 코네티컷Connecticut으로 이주를 결정한 것은 '배제

론 위기'라는 비옥한, 그러나 고약한 냄새가 나는 토양 속에 뿌려진 급진적 이념들의 씨앗이 어쩌면 열매를 맺을 수도 있다는 하나의 가능성을 이미 보여주고 있었다.

그러나 역설적으로, 코네티컷의 선구자들은 그 역시 섀프츠베리의 유산이라고 할 수 있는 공적 권력에 의한 적극적인 의미의 정치 조작에 대해서는 반대하는 입장임을 확실히 했다. 섀프츠베리는 짧은 권력 기간 동안, 후견, 뇌물, 사법적 겁박은 물론, 검열에서 자유로워진 다량의 출판물을 이용한 자기선전 등 가용한 모든 정치적 수단을 동원하여 탈脫댄비 정책을 추구함과 동시에 그와 휘그당이 원하는 무소불위의 정치조직을 만들고자 획책했던 것이다. 섀프츠베리에 의해 구축된 정치조직은 찰스 2세와 로체스터 백작 로런스 하이드Laurence Hyde(클래런던의 아들)와 선덜랜드Sunderland 백작 로버트 스펜서Robert Spencer를 비롯한 새 정부의 각료들에게 때맞추어 넘어갔는데, 이들은 이 정치조직을 복구된 군주정의 권위를 보호하는 거대한 성벽으로 활용하고자 했다. 1683년에서 1688년에 이르는 기간은 편 만들기와 숙청으로 점철된 나날들이었다. 왕위 계승에 비우호적이라고 의심되는 자치 시읍들은 각기의 특인장을 반납하라는 요구를 받았으며, 특인장들은 그들을 좀 더 복종적인 지방 정부가 되도록 유도하는 방향으로 수정되었다. 정권에 도움이 안 되는 판사들은 축출당했고, 열성적인 토리 지지자들에게는 일자리와 호의가 베풀어졌다. 그리고 이러한 일들은 매우 조심스럽게, 그리고 교묘하게 법의 허울을 빌려서 진행되었다. 이 모든 것을 통해 찰스 2세와 마지막 행정부는 부친이나 조부가 (이 문제에 관한 한 호국경도) 꿈꾸지 못했던 강력한 국가 권력기관의 구축을 도모했다. 그러나 그들은 우리와는 시간적으로 매우 먼 시대에 살고 있었다. 그들의 정치는 격정에 의해 행동으로 옮겨지고, 종교적 편견들에 의해 흐려졌다. 그럼에도 선덜랜드 백작 같은 사람은 근대적 감각을 갖춘 정치적 동물이었으며, 탐욕, 야망, 그리고 이기심 등 보다 비열한, 그러나 유감스러울 만큼 보편적인 인간 본능들을 통해 인간을 이해하려고 했다. 섀프츠베리는, 모든 것을 종합해서 고려해 볼 때, 스스로를 행정의 달인이라고 자부하던 지나간 세대의 사람이었다. 그와 비교하면, 선덜랜드나 그와 동류의 사람들은 돈을 권력의 윤활제로 사용한 첫 세대의 근대적 정치 운영자들이었다.

그들은 더구나 '반쪽 진실로 속임수 쓰기와 귀신 놀음으로 겁주기half-truths and bogeymen'의 전술적 전개에 관한 모든 것을 알고 있었다. 예컨대, 지방 샤이어에서 지역 문제에 관한 중앙 정부의 고압적이고 자의적인 개입에 관해 불평의 목소리들이 있다는 것을 감지했다면, 그들은 크롬웰 혁명의 끔찍한 유령을 들먹이는 것만으로도 지역 젠틀맨들을 함구시킬 수 있다는 것을 알고 있었다. 1683년, 알제논 시드니Algernon Sidney와 윌리엄 러슬Lord William Russell 경 등 두 명의 귀족과 과거 수평파의 일원이었던 존 와일드먼John Wildman을 비롯한 일군의 공화주의자들은 섀프츠베리의 배신에 좌절하고 분노한 나머지, 몬머스 공작을 왕위에 올리려는 음모를 꾸몄다. 정부는 이들이 획책한 이른바 '라이 하우스 음모Rye House Plot'가 드러나자, 이것이 위협이라기보다 오히려 선물이 될 수 있음을 곧 알아차렸다. 주모자들은 참수되었는데, 시드니는 처형 전날 런던 지방장관에게 보내는 편지 속에서 '신께서는 국민에게 그들이 가장 원하는 정부를 세울 수 있는 자유를 주셨으며' '국민의 선善을 위해 존재하는 것이지, 행정장관들의 명예를 위해 국민이 존재하는 것이 아니다'라는 영웅적인 주장을 펼쳤다. 그럼에도, 정부는 이들의 선동적인 고백을 오히려 무기로 삼아서 자치 시읍들의 특인장에 관한 개입, 편짜기와 숙청 등의 공격적 정책들을 국가 안보라는 이름으로 정당화할 수 있었다.

그러나 찰스 2세는 1685년 2월, 그가 그토록 유난하게, 그리고 그토록 마음껏 즐기던 세속 세계를 영원히 떠나야 했다. 그는 자신이 군주정을 한층 안전하게 만들었다는 위안 속에 잠들었다. 에블린은 우울한 풍경 속에서 왕의 마지막 모습을 다음과 같이 그려냈다. '형언할 수 없는 사치와 신성모독적인 게임, 그리고 모든 파경, 그리고 (일요일 저녁임에도) 신을 완전히 망각한 것 같은 상황 … 왕은 자리에 앉아 정부인 포츠머스와 클리블런드Cleveland를 만지작거리고 있었고 … 한 프랑스 소년은 눈부시게 아름다운 회랑에서 연가를 부르고 있었으며, 그때 20명가량의 지체 높은 궁정 조신들과 또 다른 방종한 자들은 커다란 테이블에서 바셋 놀음판을 벌이면서 최소한 2000금의 판돈을 앞에 놓고 있었는데 … 극도의 허영심이 느껴졌다.' 그러나 찰스는 언제나 회개의 순간이 기다리고 있음을 알고 있었을 것이다. 마지막에 그는 본래 신앙의 품 안으로 돌아오라는 동생 제임스의 제안을 받아들였고, (피치 못하게 약식으로 진행했을 수는 있지만) 자신의 죄를 고백한 후, 제대로 된 가톨릭의 사면 의식을 치렀다. 그리고 찰스는 이러한 마지막 작은 예식이 개인적으로 치러질 수 있다는 것 자체를 잉글랜드라는 국교회 왕국에서 스튜어트 왕가가 생존할 수 있음을 보여준 다행스러운 사례로 인식했을지도 모른다. 그의 어머니의 생각이 얼마나 잘못된 것이었으며, 그의 동생을 위해서는 얼마나 좋은 징조인가! 동생 제임스는 단지 기술적으로 설정된 일부 제한 규정들을 준수하면서, 주어진 범위 안에서 자신의 신앙을 실천하면 될 일이었다. 말하자면, (예컨대 각료의 선택 등) 군주의 특권을 양보할 필요 없이, 의회 선거의 결과를 받아들이고, 군 및 성직의 인사권을 의회에 넘기며, 그리고 상식을 완충작용 삼아서 편안하게 왕좌에 앉아 있으면 될 일이었다.

처음에는 모든 것이 예상했던 대로 진행되는 듯싶었다. 후대 휘그 역사가들의 입장에서는 제임스가 애초부터 잉글랜드 현실 정치에서 이방인 같은 존재였으며, 축출로 귀결될 운명이었다고 주장할 수 있겠지만, 사실을 따져보면 축출로 이어지는 일련의 사건 흐름 속에 필연적인 것이라고는 하나도 없었다. (사실, 오라녜 공 빌럼이 1688년 11월 5일 토베이Torbay에 상륙한 이후에도 제임스가 영리하게만 행동했으면 왕좌를 쉽게 방어할 수도 있었다.) 새로운 왕 제임스가 가장 먼저 취할 행동들 중 하나는 캔터베리 대주교 윌리엄 샌 크로프트William Sancroft에게 '법에 의해 확립된 종교에 반하는 어떠한 행위도 하지 않을 것'을 약속하는 것이었다. 그러나 그는 이 대목에서 '그대가 나에 대한 약속을 먼저 깨뜨리지 않는 한'이라는, 무언가 불길한, 단서 조항을 하나 추가했다. 그리고 전반적으로 비경쟁 선거로 치러진 1685년의 의회 선거는 제임스에게 유리한 토리-왕당파의 과반수 확보로 나타났으며, 형이 유산으로 남기고 간 대중적 충성의 흐름이 제임스 치세하에서 더욱 힘을 받는 형국임을 명백하게 보여주었다. 몬머스 공작이 웨스트 컨트리(잉글랜드 남서부 지역)에서 (스코틀랜드의 아가일 공작이 주도하는 반란과 동시적으로) 제임스의 '배제'를 무력으로 실현시키고자 반란을 일으켰다가 실패하고 말았는데, 거사가 실패로 돌아간 근본적인 원인은 그의 군사적·정치적 무능에 있었다고 할 수 있지만, 그에 못지않은 것이 국민 절대다수를 망라한 대중적 무관심이었다. 줄줄이 늘어섰던 교수대가 일상적 정치 문화였던 시대이지만, 교수형에 열광하던 판사 조지 제프리즈George Jeffreys의 '유혈의 순회재판소'는 후대 휘그 역사가들의 입장에서는 특히나 악명 높은 것이었다.[17]

화해하지 못하는 휘그파는 끝내는 '죽음'이라는 완벽한 '배제' 요인이 그들에게 승리를 가져다 줄 것이라고 다짐하고 있었다. 왜냐하면, 제임스 2세는 왕위에 오를 때 52세의 중년으로 17세기를 기준으로 볼 때 노령이라고 할 수 있었고, 아직 아들이 없었다. 그에게는 앤 하이드와의 사이에서 태어난 두 딸 메리와 앤이 있었는데, 둘 다 아버지의 압력에도 불구하고 신교도로 남아 있었다. 메리는 1677년 댄비에 의해 오라녜의 빌럼과 결혼하도록 주선되었다. 그 빌럼은 오라녜 공 빌럼 3세가 되었고, 지금은 루이 14세의 공격적인 가톨릭 팽창주의에 맞서 싸우는 국제적인 영웅이 되어 있었다. (그리고 그에게는 그럴 만한 충분한 이유가 있었다.) 더구나, 빌럼이 1672년 벌였던 전쟁사는 로멘 드 호혜Romeyn de Hooghe와 아브라함 드 바이크포르트Abraham de Wicquevoort 등 네덜란드의 천재적 역사 판화가들에 의해 그려진 생생한 삽화들과 함께 멋들어지게 제작된 선전물에 의해 잉글랜드에도 알려져 있었다. 그들이 만든 지극히 인상적 이미

---

17   1685년 7월 몬머스 공작의 반란이 실패한 후, 반도들에 대한 순회재판을 관장했던 제프리즈는 150~200명을 교수하고 다른 수백 명을 노예로 팔아 식민지로 보냈다 — 옮긴이.

지들 속에서 루이 14세의 프랑스-가톨릭 군대는, 과거 1세기 전 스페인군이 그랬던 것처럼, 강간과 (어린아이들 찌르기, 임산부들 내장 적출하기, 거기에다 노인들 두들겨 패기를 예사로 하는 등) 신체 절단에 탐닉하는 인간 이하의 약탈자로 묘사되었으며, 예외 없이 뚱뚱하고 득의양양한 모습을 한 가톨릭 수사들이 다시금 로마 교황청에 재성별 된 옛 프로테스탄트 교회에서 미사를 올리는 장면들도 그려졌다.

제임스 2세가 잘못된 방향을 선택해 고립무원을 자초하고 결국은 스스로를 자멸의 길로 이끌게 된 데에는, 어떤 국제적인 종교전쟁의 다시 일어날 것 같은 불길하고 불안한 느낌, 바로 그것이 있었다. 형 찰스는 그에게 나름 실용적인 궁리에서 비롯된 국가를 물려주었다. 그러나 신께서 그에게 성유로써 기름 부음을 하실 때, 권력의 바퀴들과 톱니들에 윤활유를 바른 것 이외에 어떤 또 다른 목적들이 있으셨던 걸까? 만약, 전지전능한 신께서, 제임스의 가문으로 하여금 그 모든 고난과 여행을 겪게 하신 다음, 다시금 제임스로 하여금 왕위를 잇게 하는 것이 온당하다고 보신 거라면, 그는 어떻게 신의 의지를 실행하는 본분에서 벗어나게 된 것일까? 그리고 어떻게 그리도 빨리 벗어나게 되었을까?

처음에는 자신의 맡은 본분이 얼마나 중요한 것인지를 제대로 인식하지 못했던 것이 문제였다. 그가 지닌 짙은 색깔의 어두움에도 불구하고, 그는 자신의 어떤 실상을 은연중에, 그러나 가장 효과적으로 대중에게 드러낸다는 점에서 그의 형과 똑같았다. 그는 미사로 향하는 공개적인 행진 시간에도 정부인 캐서린 세들리Catherine Sedley와 동침했던 것이다. 이를 보면, 그는 유머 감각이 터무니없이 떨어지는 거친 태도의 소유자였지만, 그럼에도 정치적으로, 또한 성적으로도 편의주의의 기술을 이해하고 있는 사람이었다. 좋은 것을 망칠 일이 있는가? 가톨릭 신자들을 처벌하는 법 규정을 폐지하지 않더라도 그들을 처벌하지도 않아도 되는 나라 — 제임스에게 물려준 찰스 2세의 이러한 방책에 무언가 문제가 있었던 걸까?

찰스 1세의 두 아들 사이에는 확연한 기질적 차이가 있었던 것은 사실이며, 이것이 결과적으로 브리튼의 정치적 운명에 커다란 영향을 미쳤다. 찰스 2세는 감정을 잘 드러내지 않지만 태생적으로 다원적인 성격의 소유자로서 (섀프츠베리를 제외하면) 그가 반드시 동의할 필요가 없는 사람들의 말이라도 기꺼이 들어줄 준비가 되어 있는 사람이었다. 찰스가 이처럼 어느 정도 다양성을 인정하는 편이었다면, 제임스는 가차 없는 외골수였다. 놀랍지도 않게, 제임스는 파슬리, 마른 토스트, 그리고 식초를 분쇄기에 넣어 휘저어서 만든 '만능 소스'를 창안한 사실을 자랑스러워했는데, 이것이 생선, 육류, 가금류 등의 요리에 두루 적합하다고 생각했다. 소스의 재료들을 인내심을 가지고 충분히 갈아주면 아주 고운 입자들을 가진 소스가 완성되듯이, 자신이 열심히 노력한다면 모든 신민의 구미에 맞는 자신만의 교회와 국가관을 만들어낼 수 있을 것이라 생각했을지도 모른다. 그는 양심상 형 찰스가 만들어준 테두리 안에서 만족하면서 살 수 없었다. 그는 통치 초기부터 그 테두리 때문에 짜증이 났다. 물론 잉글랜드를 하룻밤 사이에 강제로 가톨릭으로 바꾸는 것이 목적은 아니었다. 불운했던 메리 튜더 치세에 대한 일말의 역사적 지식만 있어도 그런 행동이 결코 바람직하지 않다는 것 정도는 누구나 알 수 있는 일이었다. 그러나 그는 형 찰스가 1672년 취했던 가톨릭 신자들에 대한 형사처벌 면제 및 가정 내 미사 허용 조치 등의 미봉책을 넘어서는 좀 더 과감한 관용 조치를 시도하려는 생각은 확실하게 가지고 있었다. 그는 샌크로프트와 주교들, 그리고 토리 각료들을 향해 자신은 '자유롭고 열린 교회 예배'에 미치지 못하는 그 어떤 것에도 만족하지 않을 것임을 분명히 했다. 그는 또한 심사법에 의해 공직에서 쫓겨났던 모욕을 잊지 않을 생각이었다. 따라서 심사법을 폐지하거나, 또는 그가 주장하는 바, 왕의 '특면권特免權'을 이용하여 심사법과 또 다른 가톨릭과 비국교도 처벌 규정들의 효력을 정지시킬 방안을 궁리했다.

그러나 그 특면권은 이미 찰스가 1662년과 1672년 두 차례에 걸쳐 그보다 훨씬 더 조심스러운 조치들을 취하고자 했을 때, 그때마다 불법적인 권리임이 판명되었다. 과거 섀프츠베리와 몬머스 공작에 대항하며 스튜어트의 명분에 힘을 실어주었던 고교회高敎會와 토리파 지방 젠틀맨들이지만, 왜 그들이 종교관까지 바꾸면서까지 자신의 특면권을 인정해 줄 것이라고 제임스가 생각했는지는 하나의 미스터리이다. 그뿐만 아니라, 그는 1530년대에 단절된 로마 교황청과의 공식적인 관계를 복원하고 잉글랜드에 4인의 교황 대리인 자리를 만드는 일이나, 가톨릭 신자들을 육군과 해군의 장교로 임명하는 일을 별일 아니라는 듯 몰아붙이면서, 자신의 지지층을 쉽게 설득할 수 있으리라 믿었다. 오츠의 사기극이 들통났음에도 별반 달라진 것이 없이 여전한 반가톨릭 편견에도 불구하고, 그는 왜 그런 잉글랜드 사람들이 하룻밤 사이에 복장을 갖춘 수도승들과 수녀들, 축일의 공개 행진, 미사 소리가 다시 울려 퍼지는 교회들 등, 가톨릭의 가시적 전례들을 받아들일 수 있을 것이라고 생각했을까? 그러나 1687년 무렵의 제임스는 더 이상 이성의 소리에 귀 기울이려 하지 않았으며, 최소한의 주의도 주지 않았다. 그는 국교회 주교들을 향해 그의 뜻에 반대할 생각을 하지 않는 것이 좋을 것이라고 경고하거나 은근한 협박을 보내면서, 만약 그리한다면 '그대들 없이 나의 일을 할 방법을 찾을 것'이라고 말했다. 제임스는 자신의 머리에서 울려 퍼지는 목소리들을 듣고 있었다. 그들은 호산나를 부르고 있었다.

경고 한마디가 필요한 순간이었다. 일단 사건이 전개되기 시작하자, 이는 단순히 반동 세력 대 진보 세력, 혹은 무지몽매한 절대주의와 대헌정적 자유주의 사이의 갈등이 아니었다. 그것은 휘그 역사가들이 부르기 좋아하는 이름을 따르자면 '명예혁명'의 역사였다. 그러나 휘그파는 그 사건의 중요한 수혜자일 뿐, 배타적 수혜자는 아니었다. (혁명 후 의회에는 큰 규모의 토리 연합이 있었다.) 거기에다 휘그파가 혁명을 주도한 것도 아니었다. 1688년의 사건이 과거 배제론이 불러일으켰던 대재앙과 다른 결과를 가져온 것은 주교들, 귀족들, 그리고 지방 젠트리 계급 등 전통적인 잉글랜드 토리파가 고수해 오던 비저항의 원칙을 버리고 저항을 선택하지 않을 수 없게 만든 어떤 상황이 있었기 때문이었다. '자유 의회'와 국교회를 지키기 위해 빌럼에게 초청장을 보낸 유명한 '7인' 중에는 궁극적인 반反휘그파 인사 댄비가 있었다. 토리파에게 복종의 약속은 무조건적인 것이 아니었다. 그들의 좌우명은 '합법적' 명령에 대한 복종이었다. 그리고 1688년 1월, 그들에게 제임스는 진정한 혁명 분자와 다름없었다. 그는 왕정복고가 의미하던 모든 것을 뒤집어엎으려 했고, 그들은 무슨 수를 써서라도 그것을 막아야 했다. 가장 충실한 토리파 인사들마저 (과거 에드워드 2세가 그랬듯이) 왕이 스스로를 폐위하고, 그럼으로써 신민들과 군주를 묶고 있는 충성의 끈을 떼어내는 것도 가능하다고 생각하게 되었다.

그렇다면 제임스가 과연 혁명 분자였을까? 1687~1688년 격돌했던 두 진영이 실제로 무엇을 표방했던가를 침착하고 냉정하게 들여다보면, 좋은 것, 나쁜 것, 그리고 헌정적인 것에 대해 우리들이 가졌던 종래의 모든 상투적인 문구가 뒤죽박죽 섞여 있는 현상을 발견하게 된다. 역사에서 1688~1690년이 의미하는 바가 무엇이건, 그것은 토머스 배빙턴 매콜리Thomas Babington Macaulay의 생각과는 달리, 마니교가 말하는 빛의 세력과 어둠의 세력 사이의 갈등이 아니었던 것은 확실하다. 제임스에 대해 거론된 많은 이야기는 그가 자신의 행위에 마땅한 결말을 맞은 것이라는 사회적 통념에서 추정된 것들이다. 긴 코를 가진 그의 초상화 속 얼굴은 그가 구제불능의 폭군적 기질을 가진 사람으로 은연중에 비치지만, 사실 당대의 다른 초상화 유형들과 비교해 볼 때, 더도, 덜도 '거만하지' 않은 얼굴이었다. 물론 그의 이런 이미지들이 모두 틀린 것은 아니었다. 제임스는 확실히 그의 형 같은 예의범절을 배우지는 못했다. 그러나 그는 최소한 찰스만큼은 영리했으며, 또한 통치에 대한 주의를 기울임에 있어서 형보다 훨씬 성실했던 점에는 의심의 여지가 없다. 잔혹한 전제군주라는 그의 정형화된 이미지는 승자에 의해 쓰인 이야기를 통해 역으로 투영된 것일 뿐이다. 물론, 제임스는 신수왕권을 신봉하는 절대주의자였다. 그는 의회가 국왕에게 조언하고 비판할 권리, 그리고 입법을 제안할 권리를 가지고 있는 것은 맞지만, 국왕은 그 모든 것을 거부하고자 하면 그렇게 할 권리가 있고, 또한 모든 문제에서 자신이 최종적인 결정권자임을 믿었다. 그러나 때때로 그를 행동하도록 정서적 자극을 준 명분은 관용이었으며, 그것은 올리버 크롬웰이 그토록 자주 노래 부르던 '종교의 자유'를 크롬웰 치세와는 달리 가톨릭에게도 확대하려던 것이었다. 그러므로 제임스의 가장 열렬한 우방 중에 가톨릭뿐 아니라 퀘이커 교도인 윌리엄 펜 같은 반反국교회 인물들도 있었던 것이 놀라운 일이 아니었다. 그리고 과학자를 포함한 모든 합리적인 인물이 그의 반대편에 섰던 것도 아니었다. 예컨대, 제임스의 해군장관이자, 인간다운 합리주의의 완벽한 보기라고 할 수 있는 피프스는 막다른 최후까지 그의 충성스러운 신하로 남았다. 사실을 따져보면, 종래의 역사 서술 속에서 프리드리히 대왕이나 요제프Joseph 2세 황제 등 18세기 유럽의 계몽전제군주들은 신민에게 베푼 관용으로 인해 공적을 인정받았지만, 제임스에게는 그들과 동일한 잣대가 적용되지 않았다. 그가 아일랜드에서 베푼 관용 또한 마찬가지이다. 그는 엘리자베스 1세 이래 아일랜드를 망가뜨리고 원주민 지주들의 땅을 몰수해 온 잔혹한 식민전쟁의 물줄기를 되돌리기 위해 몹시 힘들고 정치적으로도 위험한 노력을 기울인 첫 번째 잉글랜드 왕이었다. 매콜리가 본 그의 가장 중대한 죄는 빅토리아 시대 역사가들이 '원주민aboriginal'이라고 부른 사람들에게 뚜렷한 명분 없이 호의를 베푼 것이었다. 역으로, 제임스에게 반기를 든 사람들은 1689~1690년의 전쟁이 확실하게 보여준 것처럼 본질적으로 심한 편견으로 똘똘 뭉친 전형적인 친親크롬웰 동맹이었다.

그러나 위에서 말한 모든 것을 고려하더라도, 브리튼의 종교전쟁 역사와 관련해서는, 과거에도 자주 그러했듯이, 휘그파가 원한 것이 무엇이었던가를 이해하는 것이 역시 중요한 관건이 된다. 가톨릭을 넘어 '광신적' 비국교도 종파들에게까지 대상을 확대하려고 했던 제임스의 관용 정책이 진심에서 비롯된 것이 아니라 전술적 관점에서 나온 것이라는 그들의 의심은 전혀 근거가 없는 것은 아니었다. 왕의 심사법 특면 조치로 인해 가톨릭의 관례와 교리가 전적으로, 그리고 공개적으로 허용된다면, 로마 교황청이 (제임스가 공개적으로 희망했던 것처럼) 잉글랜드를 설득하여 재개종시킬 수 있는 입지를 가지게 될 것이라는 것이 회의론자들의 입장이었다. 그 경우, 잉글랜드는 실제로 어떠한 모습을 가지게 될 것인가? 신앙에 관한 관용적 분위기로 국제적으로 유명한 루이 14세의 프랑스? 그러나 그 프랑스가 과연 모든 종파의 기독교인이 평화롭게 자신들의 신앙을 고백할 수 있는 왕국이던가? 그들 회의론사들이 해야 할 일은 단 하나, 제임스가 왕위를 계승한 (그리고 스튜어트 왕가에 대한 프랑스의 통상적 지원금이 전달된) 바로 그해 단행된 루이 치하 가장 악명 높은 법령 하나를 거론하는 것이었다. 그것은 프랑스의 위그노 공동체를 뿌리째 뽑아 추방시킨 악법이었다. 잉글랜드 사람들은 이를 자신들과 거리가 먼 이야기로 생각하지 않았고, 중요하지 않은 일로 간주하지도 않았다. 잔인한 처분을 받은 위그노 신자들의 대하소설 같은 이야기와 네덜란드 등 신교도 땅을 향한 그들의 대탈주는 1680년대 중반 실제로 사람들의 종교적 충성을 규정한 사건이었으며, 또 하나의 범유럽적인 전쟁의 불가피성을 일깨워주었다. 런던도 그 위그노 신자들이 막대한 재산과 기술, 그리고 재능을 함께 가지고 정착한 장소 중의 하나였다. 단지 그들과 같은 종교적 소수파들만이 그들을 환영한 것은 아니었다. 제임스의 심기를 너무 건드린 나머지 교구에서 쫓겨나 있던 런던 주교 헨리 콤프턴Henry Compton은 고통 받는 위그노 난민들을 위해 구제 활동을 조직했던 가장 중요한 인물이었다. 또한, 그들의 이야기는 네덜란드 판화가들과 작가들에 의해 만들어진 동정적 이미지 속에서 말해지고, 말해지고 또다시 말해졌다.

당시 국교 반대파들은 제임스가 그들을 위해 들인 노력에 보답하기 위해 힘을 합쳤는가 하면, 놀랍지도 않지만, 전혀 그러지 않았다. 특히 장로파들은 종국에 가서 뼛속 깊이 불관용적인 교회(가톨릭)와 절대적 군주정에 전념했던 왕으로부터 호의를 입는 일을 경계했다. 제임스가 마음먹고 하자면 안 될 일이 없던 아일랜드이지만, 그곳의 신교도 소수파들에게는 관용 정책이 적용되지 않았었다. 그리고 제임스가 자신에게 반대한다고 생각했던 대학들, 주교들, 그리고 법관들 등 잉글랜드의 전통적인 기관들에 대해 사실상의 선전포고를 한 것, 그리고 그들을 맹렬하게 비난하면서 보여준 흉포한 행동들을 통해 판단한다면, 그를 관용적이고 종교적 다양성을 가진 코먼웰스를 만들기 위해 진정 어린 관심을 기울였던 군주로 받아들이기는 어려웠을 것이다. 제임스는 가톨릭 신자를 학장으로 임명한 결정에 반대한 캠브리지 대학 모들린 칼리지Magdalen College 평의원들을 쫓아내면서 그들에게 '썩 꺼져!'라고 말했다. '나는 너희들이 복종을 바쳐야 할 너희들의 왕으로서, 너희들에게 떠나라고 명령하는 바이다. 옥스퍼드 주교에게 가서 그를 칼리지의, 그대들은 무엇이라 부르는가? 우두머리, 교장? … 내 말은 그러니까 그를 학장으로 인정하라는 말이네. 거부한 자들은 이걸 생각해 보라. 그들은 주군이 느끼는 불쾌감의 크기를 느껴야 할 것이네.'[18]

　　(찰스 1세의 경우에도 마찬가지였지만) 제임스에게는 가운데 길이 열려져 있었고, 이 길을 그에게 강력하게 권한 사람은 윌리엄 펜이었다. 그가 왕에게 간청하길, 만약 왕이 심사법의 완전 폐지에 집착하지 않고 사실상의 관용 정책 시행에 만족할 수 있다면, 그가 교회와 지방에서 위험스러운 수준으로 소외시켰던 사람들의 충성심을 다시 회복시킬 수 있을 것이라고 했다. 제임스는 그의 간언을 물리치고, 그들을 버리는 쪽을 선택했는데, 어차피 위기가 닥치면 그들이 아니더라도 가톨릭과 맹목적인 군주정 옹호자들, 그리고 그 밖의 반국교회 종파들이 똘똘 뭉쳐 자신을 도울 것이라는 믿음이 있었기 때문이었다. 그는 자신의 그러한 모습이 과거 1680~1681년 사태 때 확고부동하게 상황에 맞서던 형과 다르지 않다고 생각했다. 그러나 그때 형 찰스는 대부분의 정치 세력을 자기편으로 끌어들이는 정치를 했지만, 지금의 제임스는 그들을 소외시키는 정치를 하고 있었다. 1680~1681년 상황에서 경직된 태도로써 스스로를 방어

18　제임스 2세가 당시 옥스퍼드 주교인 새뮤얼 파커(Samuel Parker, 1640~1688)를 모들린 칼리지 (Magdalen College) 학장에 임명하려다가 학내의 반대에 부딪힌 사건을 말한다. 제임스를 폐위로 내몬 중요한 사건들 중의 하나이다 ─ 옮긴이.

가 불가능한 곤경으로 몰아넣은 사람은 찰스가 아닌 섀프츠베리였다. 지금 그런 일을 되풀이하고 있는 사람은 제임스였고, 똑같은 재앙을 불러들이고 있었다. 돌이켜 생각해 보면, 제임스가 가톨릭과 다른 국교 반대 종파들과의 연합이라는 매우 비현실적인 동맹을 통해, 어떻게 휘그와 토리 양쪽 모두에 포진하고 있던 젠트리 계층 및 귀족들의 막강한 힘과 겨룰 수 있다고 생각했는지, 매우 이해하기 어렵다. 그러나 한 가지, 그가 왕실 신비주의가 가진 효능을 비장의 카드로 믿고 있었던 것은 확실했다. 그는 토리당 사람들이 그토록 오랫동안 열렬하게 노래 부르던 왕권 지상주의를 불러냄으로써 최소한 그들을 분리시킬 셈이었다. 그러고는 그들 중 다수의 사람들을 자기편으로 끌어들여 심사법을 무용지물로 만든 후에, 그가 구상한 새로운 '종교 자유의 선언'을 필요하다면 의회 승인 없이 천명할 생각이었다. 또한 그들을 통해 가톨릭 신자들의 군 장교에 임명에 대한 동의도 받아낼 수 있을 것이라고 기대했던 것이다. 사실, 이것이 그렇게 황당무계한 생각은 아니었다. 1685년 10월, 핼리팩스Halifax 후작은 친가톨릭 정책에 반기를 들었기에 해임되었지만 선덜랜드 백작은 그의 곁에 머물지 않았던가? 그동안 수많은 유서 깊은 왕당파 가문들이 스튜어트 왕가를 위해 싸우고 고통 받는 과정에서 켜켜이 쌓인 충성심의 예인력은 매우 강한 것이었고, 따라서 제임스가 좀 더 냉정한 지성과 약간의 융통성을 가지고 이를 활용했다면 승리할 수도 있었다. 그때, 제임스에게 그들이 어떤 불평을 하더라도 토리파는 결국 자신에게 돌아올 수밖에 없을 것이라는 목소리가 들려왔는데, 그것은 결국 그를 파국으로 이끄는 재앙의 목소리가 되고 말았다. 그들은 과연 어느 길을 택했을까?

우리가 이미 알고 있듯이, 그들이 향한 곳은 네덜란드 공화국이고, 빌럼이었다. 이것이 1680~1685년의 실패한 반란과 1688~1689년의 성공을 가르는 결정적인 차이가 되었다. 1680~1685년 당시 모든 휘그과 인사가 적통 후계자인 제임스의 대안으로 선택했던 인물은 누가 보아도 비적통인 몬머스 공작이었다. 그러나 후계자가 제임스의 딸 메리 공주라면 문제가 완전히 달라질 수밖에 없었다. 거기에다 그녀의 남편 오라녜 공은 전혀 다른 측면에서 또 다른 정통성을 가지고 있었다. 그가 프랑스 지배에 대항하는 범유럽 세력의 상징적 수장이었기 때문이었다. 1688년 빌럼에게 눈을 돌린 '7인'에게는 제임스의 왕관을 메리에게 줄 생각은 없었다. 만약 그런 의견이 제시되었다면, 댄비 같은 토리 인사들이 참여할 생각은 꿈도 꾸지 않았을 것이고, 젠트리 계급의 동원도 불가능했을 것이다. 그들은 무엇보다도 빌럼과 군대를 불러들임으로써 제임스의 불법적 행동들을 중지시키고 싶어 했던 것이다. 무엇이 불법적 행위를 구성하는가에 대해 휘그와 토리는, 완전히 일치하지는 않지만, 어느 정도의 공감대를 형성하고 있었다. 예를 들면, 그들은 특면권의 불법성에 대해 같은 생각이었고, 제임스에게 상비군 및 군 내부의 가톨릭 장교들을 일소하도록 압력을 가할 필요성도 공감하고 있었다. 그러나 의견이 다른 면도 있었다. 토리파는 심사법만 유지될 수 있다면 거기에서 만족할 수 있었지만, 휘그파 사람들은 제임스가 의회 정부의 '기본법'을 인정하기 전에는 만족할 수 없었다. 그것은 의회가 단지 소모성 조언에 그치는 기관이 아니라 정부 내에서 군주와 동등한 동반자임을 인정하는 것을 의미했다.

그렇다면 빌럼의 개인적 생각은 어떠했을까? 그는 무엇을 원하고 있었을까? 그가 원한 것은 첫째도, 둘째도, 셋째도 네덜란드 공화국의 이익이었다. 순전히 브리튼만의 관점에서 보자면, 1688년의 혁명은 자발적이고 토착적이었다. 매콜리를 비롯한 빅토리아 시대 사람들은 이 사건을 자유의회주의라는 잉글랜드 특유의 영광스러운 전통이 발현된 것으로 보았다. 한때 브리튼섬이 가톨릭 전제주의에 의해 질식 상태에 있었지만, 끝내 기침을 토해냄으로써 건강을 회복하고 윌리엄(빌럼)과 메리를 통해 정상을 찾은 것으로 생각했다. 그러나 진실은 이와는 차이가 있다. 이 사건은 전체적으로 볼 때 좀 더 유럽적인 사건이었다. 1066년을 비롯하여 잉글랜드 역사의 결정적인 순간들은 단순히 국내적 사건이 아니라 국제적 관계의 영향 속에서 결정된 적이 많았다. 1688년에는 제임스의 몰락을 위해 약 1만 5000명의 네덜란드 병력이 동원되었고 이들을 수송하기 위해 약 600척에 달하는 엄청난 숫자의 외국 함대가 개입되었다. 그리고 2년 뒤에 아일랜드에서 벌어진 보인Boyne강 전투에서 승리하지 못했다면 이마저도 불충분할 뻔했다. 그때의 무대는 아일랜드가 맞지만, 그곳에서 벌어진 것은 거대한 국제적 갈등이었다. 이 전투는 대체로 비잉글랜드 유럽인들 사이에서 벌어졌다. 한쪽은 로성Lauzun 공작 휘하의 프랑스군이었고, 다른 한쪽의 3만 6000명 병력 중 3분의 2는 네덜란드, 나머지는 독일과 덴마크인 등으로 이루어진 연합군이었는데, 처음에는 이들을 육군 원수 숌부르크 Schömburg가 이끌었고, 그가 쓰러진 다음에는 이미 잉글랜드 왕위에 올라 있던 빌럼, 즉 윌리엄 3세가 지휘했다. 1688년의 군사적 드라마에서 결정적인 영향력을 발휘한 유일한 잉글랜드인은 존 처칠John Churchill이었다. 그가 1688년 11월 제임스 편에서 이탈하여 빌럼 공에게 투항한 것도 매우 결정적인 사건이었지만, 그가 2년 뒤 아일랜드의 저항을 폭력적으로 제압한 것은 더욱더 결정적이었다. 그러므로 그가 말버러Marlborough 공작으로 귀족으로 서임된 후에 루이 14세를 상대로 벌어진 유럽 전쟁의 위대한 지휘관이 된 것은 놀라운 일이 아니었다.

1688년에 일어난 결정적 사건은 '혁명'이라기보다는, 실제로도 분명히 그랬듯이, 외침外侵으로 묘사하는 편이 더 정확할 것이다. 이것은 빌럼이 '7인'으로부터 공식 초청장을 받기 이전에 이미 생각하고 있던 일이기도 했다. 그리고 빌럼은 이것이 하나의 도박이 될 것이라는 것도 잘 알고 있었다. 1688년 봄이 되자, 그는 그 일에 착수하는 것이 하지 않는 것보다 나을 것이라는 믿음을 가지게 되었다. 상황을 지배하는 핵심 키워드는 모두 네덜란드의 것이었다. 램피야rampjaar, 또는 1672년의 대재앙은 네덜란드 역사에 지워지지 않은 상처를 남겼을 뿐 아니라, 결과적으로 빌럼의 정체성을 규정하게 된, 참으로 잊기 어려운 사건이었다. 네덜란드 공화국은 프랑스와 잉글랜드의 포위 동맹에 의해 하마터면 독립된 주권을 상실하고 유럽의 지도에서 사라질 뻔했으며, 빌럼은 이런 일이 다시 일어나지 않도록 무슨 수단이라도 써야 했다. 메리 공주와의 결혼은 찰스 2세 시대의 도버 밀약(1670) 같은 사건이 되풀이되는 것을 방지하는 방책의 일환이기도 했다. 그렇게 해서 지금은 메리의 아버지가 잉글랜드의 왕좌에 앉아 있었지만, 그것만으로는 네덜란드의 안전을 확신할 수 없었다. 그의 형이 그랬듯이, 제임스 역시 루이 14세로부터 지원금을 받고 있었기 때문이었다. 그가 만약 국내의 가톨릭 신자 구제라는 과제를 스스로 해결하지 못한다면, 그는 프랑스에 경제적 지원을 넘어 무력 지원까지 요청할 가능성이 너무나 농후했다. 루이 14세는 네덜란드 파멸이라는 과제를 수행함에 있어서 최소한 하나 이상의 방책을 가지고 있었고, 빌럼 또한 그것을 알고 있었다. 프랑스는 네덜란드의 식민지 무역을 먹이 삼아 경제적인, 그리고 (선전포고 없는) 체계적인 해상 작전을 통해 네덜란드를 칠 수 있었다. 네덜란드는 발트해 연안으로부터 들어오는 곡물과 원목에 크게 의존하고 있었으므로 프랑스와 잉글랜드 전함들의 연합 공격에 결정적으로 취약할 수밖에 없었다. 1680년대 중반 루이 14세와 좀 더 호전적인 각료들이 네이메헌Nijmegen 조약(1679)의 합의 사항들을 무시하고 사략선들을 풀기 시작한 것은 이런 맥락에서였다. 어떤 경우이건, 루이는 질 수 없다는 계산을 했을 것이다. 눈꼴사나웠던 네덜란드 상업 제국은 이제 산산조각이 나거나, 그게 아니라면 두 개의 전선에서 적들을 동시에 상대해야 하는 전쟁 속으로 휘말려들 운명이었다.

빌럼은 이런 상황을 완벽하게 이해하고 있었으며, 곧 닥칠 물리적 충돌을 예비하고 있었다. 그는 먼저 공화국을 상황에 가장 유리하게 대처할 수 있는 체제로 전환시키는 작업에 돌입했다. 전장에서 벌어질 군사 작전에 앞서 설득전이 선행되어야 했으며, 그 또한 두 개의 전선에서 동시에 수행되어야 했다. 우선, 빌럼은 국내에서 암스테르담을 비롯해 종래의 평화 지향적 상업 도시들을 향해, 만약 자신의 전쟁 정책을 받아들이지 않는다면 결국 프랑스의 경제적 공격과 해상 공격으로 말미암아 회복 불가능한 피해를 입지 않을 수 없다는 것을 설득해야 했다. 그다음에는 비엔나의 신성로마제국 황제를 비롯한 독일 군주들 사이에서 외교전을 펼쳤는데, 그가 강조한 것은 루이 14세의 고질적 팽창주의가 유럽의 안정에 너무나 큰 위협이 되고 있으며, 이는 신앙적 충성심을 따라 획정된 옛 경계선들을 흔들고 있다는 점이었다.

물론, 빌럼에게는 군사 작전을 좀 더 효과적으로 수행하기 위해 꼭 이겨야만 할 세 번째 선전전의 장이 따로 있었는데, 그곳은 바로 내홍을 겪고 있는 잉글랜드였다. 역설적으로 말하자면, 그곳에 있는 빌럼의 최고 동맹자는 자신의 장인 제임스 2세였다. 제임스는 1688년 초에 접어들면서, 과거 10년 전 그토록 어려운 상황 속에서도 형과 자신의 곁을 지켜주었던 그 모든 선하고 위대한 사람들과도 충돌이 불가피한 상황을 스스로 만들어가고 있었기 때문이었다. 모든 온건한 충고를 외면했을 뿐 아니라, 그런 충언을 하는 신료들을 무모하게 해임함으로써 제임스는 선덜랜드 같은 자들에 의해 둘러싸였고, 점점 더 근시안적인 강퍅함 속으로 스스로를 밀어 넣고 있었다. 그들은 왕에게 충성을 바치는 대가로 권력의 결정권자 역할을 자임할 수 있었고, 만약 꼭 필요하다면, 가톨릭으로 개종할 준비가 되어 있었다. 잉글랜드 정치에서 설득은 사라지고 일방적 통지만이 남았다. 제임스 치하에서 가용한 상비군 규모는 거의 두 배로 증가했는데, 그들 중 상당수는 가톨릭 장교들이 지휘하는 아일랜드 병력으로 채워졌다. 1688년 4월, 왕은 '종교 자유의 선언'을 매주 일요일 교회 연단에서 낭독하도록 하는 명령을 내렸다. 샌크로프트를 비롯한 일군의 주교들이 이를 거부하면서 그 까닭을 설명하려고 하자, 제임스는 격렬한 분노를 폭발시키면서 그들의 거부를 '반란의 깃발'이라고 선언했다. 이제 조금의 망설임도 표하지 않고 전적으로 그의 편에 서지 않는 한, 모든 사람이 반역자로 간주되어 그에 합당한 취급을 받았다. 반대하는 주교들 중 가장 명망이 있는 사람들이 체포되어 재판에 넘겨졌는데, 재판정은 가뜩이나 사면초가에 몰려 있던 왕을 더욱 역경으로 이끄는 선전전의 현장이 되었다. 판사 한 명이 왕의 특면권이 지닌 분명한 불법성을 지적하는 통렬한 선고를 내린 뒤에, 주교들은 무죄 방면되었다. 구속 상태에서 풀려난 주교들은 전국 어디를 가든지 잉글랜드 자유의 옹호자이자 종교개혁의 보호자로서 찬양 받았다. 거리에는 모닥불들이 지펴졌고, 제임스의 고해 신부 페터Petre의 인형들이 불길 속에 던져졌다.

이런 모욕 따위로는 벼랑길에서 전력 질주하고 있던 제임스를 단 한순간도 멈추게 할 수 없었다. 쫓겨난 주교들이 국민의 찬양을 받건 말건, 그로서는 그와는 비교가 안 될 정도의 우군을 맞이했다고 생각할 일이 일어났는데, 바로 그의 후계자가 될 아들의 탄생이었다. 수년간의 좌절 끝에 왕비 모데나의 메리가 6월 10일 건강한 사내아이를 출산한 것이었다. 아이는 가톨릭 의식에 의해 세례를 받고 제임스 프랜시스 에드워드 스튜어트James Francis Edward Stuart라고 명명되었다. 예상했던 대로, 지난 수개월간 왕비의 임신 사실을 눈으로 확인할 수 있었음에도, 이제 숫자를 헤아릴 수 없을 정도로 늘어난 제임스의 적들은 이 아이를 가짜라며 맹렬한 비난을 퍼부었다. 메리와 빌럼 공의 왕위 계승을 좌절시키기 위해 누군가 남의 아이를, 혹은 제임스의 정부가 낳은 사생아를 왕실 유아용 침대 위에 몰래 뉘어놓은 것이라는 이야기였다. 아무튼 이 충격적인 소식은 네덜란드의 군사 작전 일정표를 즉각적으로 앞당기게 만들었다. 아마도 네덜란드 대사 데이크펠트Dijkvelt가 개입하여 일을 서둘렀을 것으로 추정되는 가운데, 왕자 탄생이 선언된 뒤 정확하게 일주일 만에 '7인'은 오라네 공을 잉글랜드로 불러들이는 공식 초청장을 발송했다. 물론, 그는 정복자로서 오는 것이 아니라, 신교와 자유의 보호자로서 초청 받은 것이었다. 이는 엘리자베스 왕국에 대한 스페인의 침공이 시작된 지 정확하게 1세기가 지난 시점에서 일어났는데, 여왕의 유산을 소중하게 지켜오던 잉글랜드인들이 이 사실을 모를 리가 없었다. 그러나 이번에 오는 것은 선량한 무적함대이며, 이번에는 신교의 바람이 그들의 항행을 순조롭게 도와줄 것이었다.

잉글랜드에서 벌어지고 있는 일의 경과를 점점 커지는 실망과 불신으로 바라보고 있던 루이 14세가 사실상의 군사적 지원 의사를 일찌감치 표명했지만, 넘치는 도덕적 자신감으로 단단히 무장하고 있던 제임스에 의해 거절당한 바 있었다. 이제는 제임스가 이를 필요로 하더라도 너무 늦어버렸다. 루이는 이미 상당한 규모의 병력을 라인란트로 출병시킨 바 있는데, 그들은 빌럼에 의해 그곳에 묶여 있었다. 그럼에도, 이 중차대한 순간에 제임스는 군대를 국민 협박용에서 국가 방어용으로 전환시키는 결단을 미루고 있었다. 그는 딸 메리가 그녀의 남편으로 하여금 아버지를 상대로 대규모 침략을 감행하도록 용인할 것이라고는 아직도 믿을 수가 없었던 것이다. 오늘날 우리의 눈으로 보면 이것이 감성에 의존한 그의 순진한 착각으로 생각되지만, 사실 이 엄청난 역사적 드라마의 두 주인공 사이는 생각보다 훨씬 두꺼운 가족 관계로 묶여 있었다. 제임스는 빌럼의 장인이었지만, 그 이전에 그의 아저씨였다. (역시 메리라고 불린) 제임스의 누나가 (역시 빌럼이라고 불린) 빌럼의 아버지와 결혼했던 것이다. 또한, 1688년 이후 두 사람을 영원히 분리시키게 된 역사적 분열에도 불구하고, 둘은 공유한 혈통 이외에도 많은 공통점이 있었다. 그들은 모두 정치적 격변 속에서 고아가 되었던 경험이 있었다. 찰스 1세가 처형당한 지 1년이 지난 뒤, 빌럼의 부친인 네덜란드 총통Stadholder 빌럼 2세가 아들이 태어나기 직전에 사망했던 것이다. 그의 정치적 적들은 이를 복수의 기회로 삼았고, 향후 오라네 가문이 다시는 권력 중흥을 도모하지 못하게 하려는 정치적 목적하에 빌럼 3세를 국가의 피보호자로 만드는 한편, 총통제의 폐지를 추진했다. 그렇게 해서 빌럼 3세는 가문의 정치적 적대자인 얀 더빗Jan DeWitt의 학생이자 포로 신세로 성장했다. 더빗은 그를 선량한 공화주의자로 만들기 위해 노력했는데, 이는 호국경 시대 잉글랜드에서 찰스 1세의 막내아들 글로스터 공작을 '안전한' 왕으로 만들고자 시도했던 것과 유사했다.

제임스와 빌럼은 모두 상실과 모욕을 경험하면서 성장했다. 두 사람 모두, 기껏해야 애증이 엇갈리는 관계였던, 대리부代理父들, 즉 클래런던과 더빗에게 의존할 수밖에 없었다. 두 사람 모두 감시 받는 처지에서 꽤 비밀스러운 삶을 영위했으며, 역경과 싸우면서 스스로를 다지는 시간을 가졌다. 제임스는 물론 요크 공작의 신분이었고, 총통제가 사라진 공화국에서 살아가던 빌럼과는 비교할 수 없을 정도로 편한 삶을 살았다. 그러나 그의 위치가 그다지 확고한 것은 아니어서, 심사법에 의해 공직에서 퇴출당하기도 하고, '배제론 위기' 때에는 잉글랜드에서 축출당하기도 했다. (스코틀랜드로 간 그는 그곳 장로교 신자들에게 최대한의 피해를 입히려고 애썼다.) 두 사람은 결국 무뚝뚝하고 남을 의심하는 성격을 가지게 되었다. 그들은 또한 정감 있는 궁정식 농담을 경멸했고, 정치적 협상에 임함에 있어서 군사력 같은 확실한 사실에 의해 뒷받침되지 않는 한 신뢰를 주지 않았다.

그러나 1688년 제임스와 빌럼은 한 가지 측면에서 매우 달랐고, 이는 사건의 결과에 중대한 영향을 미쳤다. 그것은 그들이 인쇄된 선전물에 부여한 가치의 차이였다. 그리고 그 차이는 그들이 처한 배경의 차이에서 비롯된 것이었다. 빌럼은 결국 더빗 가문의 시체 위에서 권력을 장악했고, 네덜란드 육해군 총사령관으로서 지위를 회복했지만, 지난 16년간의 네덜란드 역사에서 만들어진, 복잡하고, 서로 맞물리며, 또한 고도로 분권화된 네덜란드 공화국의 제도에 만족할 수밖에 없었다. 군주적 신비주의보다는 돈이 최후의 방책이 되는 나라에서, 권력 집중보다는 분권 체제하에서 정치가 더욱 원활하게 작동되는 나라에서, 그곳의 이념적 시장뿐 아니라 상품 시장까지도 종교적 다원주의를 요구하는 나라에서, 엄포 놓고 협박하는 방식으로 리더십을 확보한다는 것은, 어려운 말을 할 필요 없이, 그냥 옳지 않았다. 관용에 대해 높은 가치를 부여하는 네덜란드의 평판을 잘 알고 있던 제임스는 한때 이를 활용하려고 한 적도 있었다. 빌럼과 다량의 서신 교환을 통해 '종교 자유의 선언'을 관용이라는 가치에 대한 자신의 헌신의 예로 부각시키려고 한 것이 그것이었다. 그런데 막상 빌럼이 심사법을 잉글랜드 국교회 신자들로 하여금 교회의 장래와 관련하여 마음의 평화를 가지게 만드는 일종의 필요악으로 옹호하는 것을 보고 그는 충격을 받지 않을 수 없었다.

이러한 빌럼의 반응을 볼 때, 1688년 여름, 그와 최고 각료 가스파 파흘Gaspar Fagel은 군사 작전뿐 아니라 과업을 홍보하는 데에도 많은 관심이 있었음을 미루어 알 수 있다. 네덜란드 군대의 도착을 알림과 동시에 자신의 정당성을 홍보하기 위해 만들어진 성명서는 놀랍게도 6만 부가 인쇄되어 뿌려졌는데, 빌럼과 메리가 정복자로서 제임스의 자리를 대신하기 위해 왔다는 의구심이 철저하게 배제될 수 있도록 세심하게 만들어진 홍보물이었다. 수차례나 반복하여 명시된 그들의 목적은 혁명이 아니라 '복구restoration'였다. 이는 교회의 복구이며, 질서 있는 의회 정부의 복구이자, 법에 의한 지배라는 원칙의 복구였으며, 이는 곧 제임스가 구축하고 있던 예수회와 자의적 법정, 그리고 아일랜드 군대에 의한 가톨릭 압제를 분쇄하여 진정한 잉글랜드 군주정을 복구하는 것이었다.

그러나 1066년과 1588년에도 그러했듯이, 전략은 궁극적으로 신의 섭리, 다른 말로는 날씨에 종속되었다. 막강한 무적함대와 네덜란드 정예 육군으로 상당 부분 채워진 침공군의 수송 선단이 스헤브닝겐을 떠나 항해를 시작한 것은 3개월 전이었다. 아마도 '7인' 중에 가장 막강한 영향력이 있었던 댄비의 조언에 의해 선택되었을 것으로 추정되는 그들의 착륙 지점은, 제임스가 상당한 병력을 집중시키고 있던 남동부 지역과는 꽤 거리가 떨어진 곳으로, (그 옛날 헨리 볼링브로크Bolingbroke, 즉 후일의 헨리 4세가 리처드 2세에 대항하여 작전을 개시했던) 북동부의 해변이었다. 이는 탄력적인 병력 운용을 할 수 있는 태세를 갖추고 난 뒤에 제임스의 군대를 상대하려는 책략이었다. 또한 자신의 본거지인 요크셔에서 군대를 일으켜 네덜란드를 지원하겠다는 댄비의 약속도 작용했을 것이다. 그러나 늦은 10월의 바람은 친親프로테스탄트적인 신의 바람이 될 것이라는 빌럼의 기대에 미치지 못했다. 바람은 빌럼 함대의 항행을 크게 방해하지는 않았지만, 도버 해협에서 마주친 그들을 엉뚱하게도 원래 목표로 했던 북동 방향이 아니라 서쪽 방향으로 끌고 갔다. 그래도 신이 그들 편이었다는 걸 증명해 준 것은, 그들이 데번의 토베이에 상륙한 11월 5일이 마침 잉글랜드가 과거 화약 음모 사건으로부터 구원 받은 것을 기념하는 '가이 포크스의 날'이었다는 사실이었다.

제임스는 자신이 처한 상황을 완전히 깨닫는 순간, 처음에는 그것을 믿으려 하지 않았지만, 곧 그것은 실망으로 바뀌었다. 일종의 심리적 공황에 빠진 그는 과거 자신이 신민들을 불평하게 만들었던 거의 모든 조치를 역으로 뒤집기 시작했다. 종교 자유의 선언은 철회되었으며, 로마 가톨릭 신자들을 배제하는 새로운 의회 선거가 공표되었다. 해고되었던 교회와 정부의 고위직 인사들 대부분의 복직이 선언되었다. 그러나 이는 늦은, 늦어도 너무 늦은 조치들이었다. 거대한 반정부연합, 특히 토리파 젠트리 및 교회의 입장에서 볼 때, 제임스가 약속을 지키게 하고 그의 사병화된 상비군을 무력화하기 위해서는 빌럼과 군대의 존재는 필수적이었다. 사실, 제임스가 조금만 더 침착했더라면, 그는 여전히 상황을 통제할 수 있었을지도 모르고, 적어도 피해를 최소화시킬 수도 있었을 것이다. 무엇보다 그는 (적어도 서류상으로는) 빌럼 군대의 두 배가 넘는 상비군을 보유하고 있었기 때문이었다. 그러나 그의 군대 4만 명은 여러 지역에 산재되어 있었고, 제임스는 자신과 가족의 안위마저 보장 받지 못하는 오래된 악몽에 시달리고 있었다. 그는 남부 주둔 병력의 최소 절반 이상을 런던으로 불러들였다. 더 큰 문제는 솔즈베리를 목적지로 해서 남서부 방면으로 보내진 나머지 절반의 군대가 그곳에서 적과 조우했을 때, 과연 생각했던 대로 전투에 임할 것인지가 불확실했다는 점이다. 그의 군대에서는 가톨릭 장교들을 상대로 하는 항명 사건들이 예사로 벌어지고 있었던 것이다. 그리고 또 하나의 충격적인 사건이 벌어졌는데, 이는 빌럼의 도버 해협 도해 소식 이후 왕을 최대의 충격에 빠뜨렸다. 바로 그의 둘째 딸 레이디 앤Lady Anne이 어디론가 사라지더니, 돌연 배반자가 되어 형부인 빌럼의 진지에 모습을 나타낸 것이었다.

제임스는 이제 남은 군대를 끌고 월트셔로 향했다. 그러나 그의 신체적 상황은 자신감 회복에 도움이 되지 못했다. 불면증과 만성적 코피가 주는 고통으로 말미암아, 그는 지도 한 장 변변히 갖추지 못한 그의 군대처럼, 방향감각을 잃고 있었다. 그렇기에, 설사 제임스가 빌럼의 군대와 정면 승부를 벌이고자 하는 마음이 있었더라도, 그들의 위치를 찾는 일부터가 난제였을 것이다. 그뿐 아니라 제임스는 방어 병력도 불충분한 수도에 왕비와 왕세자를 남겨두고 온 것이 너무나 마음에 걸렸다. 제임스는 결국 적군을 찾는 것을 포기하고 솔즈베리에서 회군하여 런던으로 돌아오고 말았다. 런던으로 돌아오기 전, 제임스는 그가 가장 믿었던 장군인 존 처칠이 배신했다는 소식을 들었다. 이는 잊을 수도, 용서할 수도 없는 배신이었다.

빌럼의 군대가 거침없이 진군하는 사이 그들의 숫자는 나날이 불어났고, 빌럼은 대단히 조심스럽고 치밀한 방식으로 일을 저리하고 있었다. 예컨대 이런 방식이었다. 자신이 런던 서쪽 40마일 이내로 진군하게 되면 이를 제임스에게 알리고, 그에게도 군대를 그 거리만큼 동쪽으로 물리도록 요구한다는 것이었다. 그렇게 되면, 의회는 중간 지대에서 아무런 간섭 없이 왕국의 장래에 대한 논의를 펼칠 수 있게 될 것이었다. 언뜻 보면 온당해 보이는 이 계획은 사실은 기만적인 것이었다. 이미 국왕의 지위가 붕괴된 상황에서, 휘그파는 단순히 제임스를 더욱 불리한 상황으로 몰아넣으려 할 뿐 아니라, 그를 완전히 제거하는 기회로 삼을 가능성이 있었기 때문이었다. 빌럼 또한 자신이 경험한 놀라운 행운에 고무된 나머지, 단순한 중재자의 위치를 넘어, 그 이상의 것을 탐하려는 유혹을 뿌리치기 어려웠을 것이다. 그러나 토리파를 캠프에 계속해서 잡아두려면, 그들이 인정할 수 있는, 그러나 제임스는 받을 수 없는, 어떤 명분을 내세우고, 제임스가 이것을 일축하기를 희망하는 수밖에 없었다. 제임스의 입장에서는, 이 시점에서 그가 생각해 낼 수 있는 유일한 계책은 빌럼의 허세를 이용하여 그나마 자신에게 유리한 화의 조건을 이끌어내는 것뿐이었다. 그러나 12월 첫 번째 주에 접어들면서, 그는 이마저도 포기했다. 그는 적의 손에 넘겨져 자유를 잃고 끝내는 목숨까지 잃었던 부친의 기억에 사로잡혔다. 제임스는 자신보다도 왕세자의 안위에 더 큰 관심을 쏟고 있었는데, 그의 명분이 언젠가는 그 아이의 신세를 통해 정당화될 것이라는 믿음이 있었기 때문이었다. 결국 그는 왕비와 왕세자를 프랑스로 도피시킬 계획을 짜고, 그들의 안전 출발을 확인할 때까지 적당히 얼버무리며 시간을 버는 전략을 구사했다. 그리고 귀족들과의 회합에서 자신은 남아서 빌럼과의 협상을 계속하겠다고 밝혔는데, 그는 그 말이 끝난 지 채 몇 시간이 되지 않아 도주를 감행했다. 1688년 12월 11일이었다. 그는 떠나기 직전 분통이 터져서 그랬는지, 아니면 터무니없는 격정에 휘말린 바람에 그랬는지, 아무튼 악동처럼 돌발 행동 하나를 저지른 다음이었다. 그는 새로운 의회를 구성하라는 칙서와 국새를 가져오라고 명했다. 칙서는 즉각 불태워졌고, 국새는 그가 사우스 뱅크를 지날 때 템스강 속으로 던져졌다. 자신의 왕관마저도 진흙탕 속으로 던져버릴 기세였다.

물론 휘그파 입장에서 보면, 그들이 전혀 예상하지 못했던 이 돌발적 사건은 오히려 그들이 꿈꾸던 어느 것보다도 나은 상황이었다. 토리파는 반정부 활동 전반에 걸쳐서 자신들의 목표는 제임스의 왕위 축출이 아니라, 어디까지나 왕이 법률에 성실한 주의 의무를 기울이도록 촉구함에 있음을 공언해 왔던 만큼, 처음에는 그의 탈주 소식에 놀라지 않을 수 없었다. 그러나 머지않아, 그들 중 가장 사려 깊은 사람들을 필두로 해서 왕의 도주는 그들이 가지고 있던 일말의 양심적 가책을 제거해 주는 것임을 깨닫게 되었다. 기름부음 받은 자신들의 왕을 향해 반란을 일으키는 행동은 여전히 혐오스러운 것이기는 했다. 그러나 왕좌가 비어 있는 상황은 경우가 달랐다. 자연 상태이건 국가이건, 공백은 부자연스러운 상황이며, 자연스러운 상태로 되돌려야 했다. 이런 종류의 주장은 1399년 리처드 2세 때도 제기된 적이 있지만, 그때는 논의 자체가 상당 부분 왕이 타워에 갇혀 있을 때 진행되었으므로 허울만 그럴 듯한 것이었다. 그러나 이번에는 제임스가 나라를 떠나버렸으므로 이야기가 달랐다. 토리파의 입장에서는, 잉글랜드가 ─ 신이 금지하는 ─ 공화정으로 되돌아가는 것을 바라지 않는 한, 누구를 왕으로 세워야 하는지를 결정하는 것이, 그것도 신속하게 결정하는 것이 최선이었다.

그러나 이 모든 계산은 전혀 예기치 못했던 제임스의 런던 귀환으로 잠시나마 혼란에 빠졌다. 제임스는 거의 배에 오르는 데 성공했지만 결국은 (그를 도망가는 성직자로 오인한 사람들에 의해) 발각되어 수색을 당하고 신체적인 고통까지 당했다. 그의 이 가련한 처지는 참으로 여러 해 만에 처음으로 그에 대한 런던 군중의 동정심을 불러일으켰다. 빌럼과 휘그파 입장에서 다행스러웠던 것은 제임스가 군중이 보내는 응원의 함성을 듣지 못했다는 것이었다. 그가 가진 단 하나의 생각은 이 나라를 가능한 한 가장 빠르게 빠져나가야 하겠다는 것이었다. 그를 체포했던 사람들의 입장에서 이는 오히려 도와주고 싶을 만큼 기쁜 소식이었다. 이번에 떠나간 그는 다시는 돌아오지 않았다.

이제 왕좌는 완전히, 그리고 진정으로 비게 되었고, 이에 구성된 제2차 '컨벤션 의회'는 30년 만에 다시금 왕국의 미래에 대해 논의를 벌였다. 휘그당과 (비록 소수이지만 나름 상당한 세력을 가지고 등원한) 토리당, 그리고 지방 세력은 이를 자유 의회라 간주했지만, 사실 이는 네덜란드 군대가 웨스트민스터, 화이트홀, 그리고 대부분의 런던 도심을 지키고 있는 상황에서, 그러니까 외국 군대의 점령이라는 특수한 조건 아래에서 열린 것이었다. 말할 필요도 없지만, 빌럼은 군대가 잉글랜드에서 타의 도전이 불가능할 정도의 군사적 지위를 확보함에 따라, 빌럼의 야망 또한 그만큼 더 커지고 확고해졌다. 제임스가 프랑스에 존재한다는 사실은, 그렇지 않을 경우 작동할 수도 있었던 어떤 미묘한 감상적 정서의 개입 없이도, 그와 빌럼 사이의 갈등 역학을 규정하도록 만들고 있었다. 제임스는 단지 한 사람의 방문객으로 그곳에 있는 것이 아니라, 이미 전 유럽에 걸쳐서 점화된 국제 전쟁의 한 동맹자로서 그곳에 있었기 때문이었다. 따라서 의회가 그에게 제시한 바와 같은 설익은 잠정적 합의안은 그런 종류의 시험을 목전에 두고 있는 그의 입장에서는 불완전한 것이었다. 사실상, 컨벤션 의회는 의견이 갈라져 있었다. 하원에서 다수를 점하고 있던 휘그파는 빌럼과 메리가 즉시 왕위에 올라야 한다는 입장이었다. 그들의 명분은 제임스가 명백하게 대관식 선서를 위반했으며, 또한 '국민과의 계약'을 파기함으로써 스스로 폐위했다는 것이었다. 그러나 상원의 다수를 점하고 있던 토리파는 휘그파가 말하는 종류의 계약을 인정하지 않는 대신, '공백'을 자신들의 피난처로 삼고 있었다. 부자연스러운 '공백'을 메우는 일은 신수왕권을 가진 군주의 교체와는 다른 일이었고, 이는 비어 있는 왕좌를 채워야 한다는 주장으로 이어질 수 있었기 때문이었다. 두 정파 사이의 타협으로 이루어진 잠정적 합의안은 빌럼과 메리에게 제임스가 사망할 때까지 섭정의 지위를 부여하고, 그가 죽으면 이미 지명된 합법적 계승자로서 왕위에 오르게 한다는 것이었다. 물론, 양방 어디에서도 불편한 존재인 '웨일스의 군주', 즉 제임스의 아들인 왕세자에 대해 거론하지 않았다.

기민하게 행동의 적기를 포착하는 데에 남다른 감각이 있었던 빌럼이 만약 이번 기회를 제대로 잡지 못하면 천재일우의 유리한 상황을 헛되이 하는 우를 범하는 것임을 깨닫게 된 것도 사실은 왕세자의 존재 때문이었으며, 빌럼은 시간이 흐를수록 왕세자의 정통성이 약화되기는커녕 더 커질 수도 있다는 사실을 잘 알고 있었다. 그러므로 네덜란드의 군대가 진을 치고 있는 현실에 기대어, 그는 왕좌 이외에 그에 못 미치는 어떤 제안도 단번에 거절하기로 마음먹었다. 그는 토리파 역시 어떤 궁극적 대안도 가지고 있지 않다는 것을 알고 있었다. 만약 문제가 원하는 대로 해결되지 않으면 당장이라도 떠나겠다는 빌럼 측의 은근한 협박은 그들을 심각한 걱정과 초조 속으로 몰아넣었다. 2월 6일, 상원은 드디어 빌럼에게 굴복하고 말았다.

그로부터 일주일이 지난 1689년 2월 13일, 빌럼과 메리는 공동 군주로서 왕(윌리엄 3세)과 여왕(메리 2세)으로 선언되었다. 4월 11일 대관식에서는 그들의 머리에 왕관이 얹히기에 앞서 컨벤션 의회가 통과시킨 권리장전이 낭독되었다. 그것은 단순한 예식이 아니라, 브리튼 군주정의 미래와 관련하여 의미심장한 순간이기도 했다. 왜냐하면, 이것은 장기의회와 호국경 시대에 성취된 일련의 개혁 조치들을 존중하는 것을 왕권의 전제 조건으로 인정하는 엄숙한 의식의 거행이었기 때문이었다. 상비군도, 특면권도, 의회를 통하지 않는 과세도 없을 것이었다. 교회와 세속을 막론하고 특별법원이나 재판소가 부활하는 일도 없을 것이고, 청원의 자유는 보장될 것이었다. 또한 선거는 자유롭게 실시될 것이고, 의회는 매년 소집될 것이었다. 그리고 늦은 봄, 관용법이 통과되었다. 이는 그 관용의 적용 범위 안에 (예컨대 삼위일체를 부정하는 종파 등을 제외하는 등) 모든 기독교 종파를 포괄하지 아니 했으므로, 애초 법안 작성 단계에서 약속된 수준에는 훨씬 못 미치는 것이었다. 그렇다고 하더라도, 이는 존 로크가 네덜란드에 있는 한 친구에게 보낸 편지에서 적었듯이 커다란 의미가 있는 사건임은 틀림없었다. '관용은 이제 우리나라에서 드디어 법률로서 확립되었다네. 아마도 그대나 그대 같은 진정한 기독교인들, 그리고 야망과 시기로부터 자유로운 사람들의 입장에서 보자면, 이것이 바라던 만큼의 넓은 범위에서 이루어진 것은 아닐지도 모르네. 그럼에도, 이는 많은 진전 끝에 나온 결실이네. 나는 이를 시작으로 하여, 언젠가 그리스도의 교회가 확고하게 설 수 있도록 자유와 평화의 기초들이 놓이기를 희구한다네.'

그것을 달리 표현할 말이 있는지 모르지만, 아무튼 1700년 잉글랜드에 존재하던 국가, 의심할 필요도 없이 1603년, 또는 1660년에 들어섰던 스튜어트 군주정과는 다른 것이었다. 잉글랜드 역사에서 윌리엄 3세 정부의 이전 모델을 찾으라 한다면, 그것은 올리버 크롬웰의 호국경 정부였다. 1657년 너무나 짧은 기간 동안 존재했던 정부이기는 하지만, 정기적인 의회 선거와 종교의 제한적 관용을 보증하는 '1인과 양원제 의회'로 구성된 정부 형태는 1688년 이후에 세워지게 될 정부를 정확하게 묘사한 청사진과도 같았다. 이러한 의미에서 보자면, 진정한 '공위 시대'는 1659~1687년이 아니었을까! '겸허한 청원과 권고the Humble Petition and Advice'에서 개략적으로 서술되었던 정부 형태가 나라의 지배적 엘리트 계층이 원하던 바와 부합했던 것과 마찬가지로, 윌리엄 정부 또한 한 세대 뒤 후예들의 의견과 일치했던 것이다.

이는 왕(찰스 1세)의 처형장에 서명했던 마지막 공화주의자인 늙은 에드먼드 루드로우가 윌리엄이 과연 그가 바라던 바의 새로운 '기드온'인지 직접 확인하기 위해 71세의 나이에 레만Leman 호숫가에 있던 스위스 망명지를 떠나 잉글랜드로 향하면서 예견했던 것과는 거리가 있었다. 루드로우는 로잔Lausanne에서 암살당하거나, 또는 망명지에서 애처롭고 불쌍하게 죽어간 동료들, 혹은 앨저넌 시드니Algernon Sidney처럼 잉글랜드에서 배신당하고 효수된 이른바 '그 옛날 대의명분'에 충실했던 군인들에 관한 쓰라린 기억을 함께 가지고 갔다. 그러나 루드로우는, 그때까지만 하더라도, 1689년의 쟁점을 과거 40년 전과 마찬가지로, '왕은 하나의 신적 존재이며, 국가는 그의 의지로써 통치되고 국민은 야수들에 의해 통치되어야 하는가? 그것이 아니면, 국민은 그들 스스로에 의해, 그들의 동의에 의해 통치되어야 하는가?'의 문제로 잘못 생각하고 있었다. 그랬던 그이지만, 일단 런던으로 돌아와서 이루 셀 수 없었던 대재앙 속에서 살아남은 존 와일드맨을 비롯한 공화주의자들과 마음이 통하는 저녁 시간을 보내는 동안, 그 또한 미몽에서 깨어날 수밖에 없었다. 윌리엄은, 그것이 무엇이건, 대중의 동의에 바탕을 둔 정부에는 아무런 관심도 없는 사람이었다. 그는 왕관을 쓴 공화주의자도 아니었고, 새로운 기드온도 아니었다. 루드로우의 눈으로 보자면, 그는 모든 환생 중의 최악이었으며, 제2의 올리버 크롬웰이었다. 얼마 가지 않아서 하원에서는 에드먼드 루드로우라는 악명 높은 '왕을 죽인 자'의 출현과 관련하여 분개하는 목소리들이 나오기 시작했는데, 이들의 목소리는 새 왕에 의해 지지되었다. 루드로우는 더 이상 흉한 일을 당하기 전에 늙은 몸을 이끌고 그의 연옥(스위스 망명지)으로 되돌아갔다.

미래의 루드로우들은 어딘가에 있을 '약속의 땅'을 찾아서 더 멀리 여행을 떠나야 했다. 윌리엄 펜 2세를 포함해 진정으로 새로운 땅을 찾고 있던 사람들은 대서양 너머에서 실제로 그것을 이룰 수 있던 공간을 발견할 수 있었다. 이른바 '혁명적 해결the Revolutionary Settlement'은 이것도 저것도 아니었다. 그러나 역설적으로 생각해 보자면, 그 점이야말로 그들이 추진한 개혁 입법의 가장 큰 장점이자, 가장 훌륭한 성취였다. 1689년의 '미해결unsettlement' 상태, 그리고 과거에 어떤 일이 일어났으며, 어떻게 그것이 지속될 수 있었는지에 관한 상호 충돌적인 의견이 내부에 존재하는 정체政體는 실패가 아니라 성공을 위한 자양분이었다. 왜냐하면, 그 대목에서 토론의 왕국이 창조되었기 때문인데, 그곳에서는 헌법 또는 국가의 통치 기구와 관련한 격렬한 토론이 노골적인 내전을 필요로 하지 않고도 이루어질 수 있었던 것이다.

가톨릭 음모 조작 사건 때까지 생존해 있었던 토머스 홉스는 리바이어던이라는 전능한 심판관에게 자유의 권리들을 양도하지 않는 한, 논쟁을 억제하는 것은 불가능하다고 주장했다. 그러나 윌리엄은 그가 아무리 강력하다 하더라도 전능하지는 않았다. 그가 충격을 받거나 그로 인해 짜증이 난 것은 그가 보기에는 기껏해야 난장판 격전장일 뿐인 잉글랜드 정당 정치에 관해 에둘러 말해지는 차사였다. 그는 자신에게 감사하면서 하나로 단합된 국가를 이끌고 유럽의 전장으로 향하는 자신을 상상해 왔으며, 그것이야말로 잉글랜드와 네덜란드 모두의 이익에 부합되는 것이라고 생각했다. 그런데 그게 아니었다. 윌리엄 3세는 막상 그가 지금까지 한 일이 결과적으로는 사람들로 하여금 군사적으로 복종하며 군주와 더불어 발맞추어 행군하는 것을 거부하게 만드는 하나의 정치적 계기를 제공했다는 것을 깨닫게 되었다. 그가 압력을 가하면 가할수록 문제만 더 커졌다. 잉글랜드가 전쟁 중이던 1690년대, 의회 내에 역사상 처음으로 회계위원회가 구성되고, 정부 관리들은 이 위원회에 보고할 의무가 주어졌다. 그리고 (또 하나의 1657년 제도의 부활이라고 할 수 있는) '3년 기한법the Triennial Act'[19]은 의회의 행정부 감독권이 간헐적인 것이 아니라, 잉글랜드의 영구적인 정치제도로서 뿌리내릴 것을 보장하는 효과가 있었다. 이것이 아무리 왕을 짜증나게 하는 일이라 하더라도, 윌리엄은 이를 어쩔 수 없이 감내해야 한다는 현실을 배워야 할 형편이었다. 왜냐하면, 나라가 원하고 있던 것은 리바이어던이 아니라 '이사회 의장' 역할을 할 군주였기 때문이었다.

정당 간의 논쟁과 성공적으로 공존하는 정부는 잉글랜드 이외의 다른 유럽 국가에는 존재하지 않는 독특한 정치체제였다. 19세기 휘그 역사가 매콜리가 잉글랜드 역사에 대해 지나치다고 할 정도의 자부심을 가지고 있었음을 인정한다 하더라도, 그가 자신의 명저 『잉글랜드의 역사History of England』 제3권에서 기술한 바, 잉글랜드는 진정한 의회 제도의 착상과 함께 후일 더욱 격렬한 혁명들에 의해 무너져갈 유럽의 다른 절대왕정들의 운명을 빗겨갈 수 있었다

---

19   국왕의 소집 여부와 관계없이 매 3년마다 의회가 자동으로 소집되도록 규정한 법 — 옮긴이.

고 주장한 대목은 눈여겨볼 가치가 있는 대목이다. 매콜리는 '왕이 자의적으로 나라를 뒤흔들던 시절, 우리는 법의 권위, 재산권의 보장, 거리의 평화, 그리고 우리 가정의 행복에 대해 장기의회와 컨벤션 의회, 그리고 오라녜의 윌리엄에게 감사해야 한다'고 적었다.

그러나 정확하게 말해서 오라녜의 윌리엄의 상여에 꽃을 놓은 이들은 누구였을까? 그들은 물론 잉글랜드인들이었다. 그러나 매콜리는 자신의 이 같은 애국적 찬사에 한 가지 덧붙여 기술해야 할 대목을 놓쳤는데, 바로 잉글랜드인들의 자유가 아일랜드와 고지대 스코틀랜드인들의 희생으로 얻어졌다는 사실이다. 1689년을 잉글랜드 입장에서만 보면 환희의 순간이었겠지만, 브리튼 전체로 볼 때는 비극적 순간이었다. 잉글랜드 이외의 브리튼 지역에서 벌어진 무법 상태, 재산권의 침해, 거리의 전쟁, 그리고 쓰라린 가정적 비애 등 크롬웰과 그의 환생 윌리엄이 초래한 장기 지속적 유산들로 가득했는데, 그 심각성에서 명예혁명의 어떤 영광과도 견줄 만한 것이었다.

아일랜드는 지리적으로 유럽의 서쪽 끝에 위치했지만, 그렇다고 거침없었던 범유럽적 전쟁의 영향에서 결코 자유로울 수 없었다. 아일랜드는 유럽 전쟁을 여러 차례 대리전으로 치렀고, 그 결과로 막대한 비용을 치렀다. 윌리엄은 잉글랜드 사태에 발을 들여놓았을 때부터 군사 작전이 트위드강이나 아일랜드해에서 멈추지 않으리라는 것을 알고 있었다. 여기에는 그의 비관론도 한 몫을 거들었다. 1689년 3월, 그러니까 윌리엄과 메리의 대관식이 있기 한 달 전, 제임스 2세가 로정 공작 휘하의 프랑스 군대 2만 명과 함께 아일랜드에 도착했다. 가톨릭계 아일랜드인 수만 명이 그의 군대로 자원해서 몰려왔다. 그해 5월 더블린에서 제임스 2세와 '애국 의회'는 (그의 형 찰스 2세에 의해 영구화되었던) 크롬웰의 토지정리법Land Settlement을 폐지함으로써 몰수되었던 토지들을 모두 원래 지주들에게 돌려주는 한편, 쫓겨났던 가톨릭계 관리들을 정부 각 부처로 복귀시켰다. 엘리자베스 1세를 상대로 벌였던 전쟁 이후 처음으로 아일랜드의 통치가 아일랜드 태생의 아일랜드인들(매콜리의 용어로는 '원주민')에게 맡겨졌다. 그러나 불행하게도 아일랜드는 제임스와 프랑스인들의 손에서 자유롭지 못했다. 그들 모두는 아일랜드를 잉글랜드 재정복과 그곳에 권위주의적 스튜어트 정부를 다시 세우는 디딤돌로만 간주했을 뿐, 아일랜드인들이 원하는 것에는 별 관심이 없었다. 제임스는 잉글랜드에서 진행되는 헌정적 개혁을 가리켜 '신과 자연, 그리고 국가의 법과 상반된다'며 공식적인 저주를 퍼부었다. 아일랜드 의회는 이에 대한 답례로 왕권신수설을 재천명하기에 이르렀다. '제국 왕관에 대한 폐하의 권리는, 본래적으로, 자연과 혈통에 의해, 오직 신으로부터 온 것이며 그에 의해 통치하는 바, 이는 신민으로부터 온 것도 아니요, 그들과의 어떤 계약이나 그들을 대신하는 계층들의 행위의 효력으로 인해 나오는 것이 아니므로 … 귀족들이나 일반 평민을 막론하고 집단적으로 혹은 대표를 통해 이 왕국의 국왕들의 신체에 대해 강제력을 가하거나 가하고자 할 수 없다'. 제임스는 1692년 아들에게 이르길, 자신이 적절하게 의지할 수 있는 유일한 곳은 가톨릭 병사들에 의해 호위되는 가톨릭 궁정이라고 했는데, 아일랜드의 이 선언은 그를 만족시키기에 충분했던 것이다.

1690년 6월의 마지막 날, 더블린 북쪽 20마일 지점에서 조우한 양측의 군대는 보인강을 사이에 두고 대치했는데, 그들 사이에는 물리적 간격보다 더 큰 간격이 존재하고 있었다. 그들은 각기 완전히 다른 브리튼의 역사적 운명들을 대표하고 있었다. 둘 중 어느 것도 특별하게 행복한 결과를 보여주지는 못했다. 그러나 여기에서 행복의 크기를 논하는 것은 요점을 벗어나는 일이 될 것이다. 요점은 그들은 각기 대비되는 권력의 관점들을 대변하고 있었다는 것이다. 더블린 장벽들과 보인강 사이에 진을 친 제임스의 군막에는 신적 존재로서의 왕의 미스터리, 기독교적 무리로서의 복종, 믿는 자들의 의심하지 않는 봉사 등의 개념들로 뭉친 광신적 추종 집단이 있었다. 반면에 윌리엄은 전쟁 기계를 작동시키는 최고의 엔지니어였다. 그의 종조부 마우리츠Maurice는 역사상 처음으로 인쇄된 군사훈련 교범을 활용하여 군대를 지휘한 인물이었다. 윌리엄은 강 건너 프랑스-아일랜드군 진영을 관측할 때, 네덜란드 기구 제작자가 고안할 수 있는 가장 정확한 렌즈가 달린 망원경을 사용했다. (전투 전날 우연히 그의 머리 근처에서 포탄이 터지는 바람에 엉뚱한 방향을 보긴 했지만 말이다.) 그의 군대는 네덜란드 병사들과 덴마크와 독일 출신 병사들, 거기에 위그노계 프랑스인들과 잉글랜드인들까지 포함된, 그와 같은 다국적 기업국가의 군주에게 어울리는, 그야말로 진정한 의미의 국제적 군대였다. 그의 군대는 또한 유태계 포르투갈인들과 위그노 신자들 등 절대주의 군주들에게서 버림받은 사람들에 의한 국제적인 재정 지원까지 받고 있었다.

궁극적으로 전투의 승패를 결정지은 것은 기계류가 아니라, 말, 기병, 사수들을 운용한 윌리엄의 지적이면서도 대담한 전략이었다. 윌리엄은 1개 사단을 도보로 보인강을 타고 내려가서 적의 방어 병력을 측면에서 공격하도록 하고, 나머지 병력은 정면을 가로질러 저돌적인 공격을 감행하도록 직접 지휘하면서 말을 달려 나아갔다. 프랑스군과 아일랜드군은 삼면으로 포위된 채 피치 못할 극심한 공포에 휩싸였고, 제임스에게는 최후까지 결전을 벌이려는 의지가 별로 없었다. 제임스는 더블린에서 하룻밤을 보낸 뒤, 서둘러서 그곳을 떠났다. 그는 탈출에 이미 이력이 나 있었고, 프랑스 왕의 빈객으로 시작되었던 정치적 경력을 그쯤에서 접을 준비가 되어 있었다.

당대에도, 그리고 이후에도, 많은 사람들은 이로써 역사의 한 장이 막을 내린 것으로 생각했다. 만약 그 책이 잉글랜드 역사서라면 그것이 맞았다. 그러나 그것이 브리튼에 관한 역사서라면, 보인강 전투는 또 다른 피의 역사의 시작일 뿐이었다.

옮긴이 _ 허구생

5

브리타니아 주식회사

Britannia Incorporated

윌리엄 치하 브리튼에서는 나중에 나타난 것이 먼저 있던 것보다 더 큰 영향력을 발휘하는 경향이 있었다. 윌리엄 3세는 굿 타이밍good timing, 즉 적절한 시기 선택을 중시하는 문화권 출신이었다. 1688년 왕좌와 대재앙 사이의 선택을 결정한 것은 신중하게 보수 유지되고, 상황에 따라 조금씩 눈금이 조정되어 온 그의 정치적 시계였다. 네덜란드 출신의 국왕은 인력, 돈, 그리고 군대가 예측 가능한 시계 장치처럼 작동될 것을 기대했다. 그가 통치하게 될 왕국은 그가 생각하는 만큼 규칙적인 운동 장치의 이상적 모습에는 크게 미치지 못했지만, 태엽을 감아주고 톱니바퀴에 윤활유를 뿌려줌으로써 시계 장치가 적절하게 운동을 지속하도록 만들 수는 있었다.

그의 새로운 왕국들 중에는 유감스럽게도 어떤 정해진 격식을 요구하는 공식적 통치에 무관심한 지역들이 있었고, 그중에 대표적인 곳이 스코틀랜드 고지대였다. 스코틀랜드 전체 인구의 약 3분의 1가량이 살고 있는 그곳에서는 충성의 향방은 여전히 명예의 규범들과 친족 간 연대라는 관습에 의해 지배되고 있는 것처럼 보였다. 그것은 시간의 흐름에 둔감했으며, 근대성의 확산이라는 시대적 조류에도 별 영향을 받지 않는 듯했다. 에든버러나 런던의 관점에서 보면, 소 도둑질에 탐닉하는 그들의 행태가 명백하게 후진적으로 보였겠지만, 그럼에도 그들은 윌리엄과 스코틀랜드 동맹자들이 기반하고 있는 취약한 권력 시스템을 훼손시키기에 충분할 정도의 - 다소 거칠기는 하지만 - 군사적 능력을 가지고 있었다. 1689년 7월 27일, 남동 그램피언Grampian 지방 킬리크랑키Killiecrankie강 협곡에서, 완강하게, 그리고 감상적으로 제임스에게 충성했던 제1대 던디Dundee 자작 존 그레이엄John Graham은 2000명의 고지대 병사들을 언덕 아래 포진한 4000명의 총사銃士들과 총기병銃騎兵들을 향해 돌진시켰는데, 그들 중 일부는 맨발이었다. 10분 만에 던디를 포함한 고지대 병사 600명이 잘 훈련된 적군이 퍼붓는 세찬 빗발 같은 사격 세례를 견디지 못하고 죽어갔다. 그러나 그 10분 동안, 그들은 클레이모어claymores[1]를 적들의 머리를 향해 영민하게 내려찍어 적병들의 머스킷 총부리들이 방향을 잃게 하고, 같은 수만큼의 적들을 베었다.

궁극적으로 이는 해결될 문제였다. 이보다 몇 달 앞선 1689년 봄, 1371년 이래 스코틀랜드의 왕좌를 지켜온 스튜어트 왕조의 마지막 왕인 제임스 7세(잉글랜드의 제임스 2세)는 공식적으로 폐위되었다. 그러나 윌리엄이 안정적으로 통치할 수 있는 곳은 포스강 이남 지역에 국한되었다. 킬리크랑키가 준 충격과, 그 후에도 여전히 복종을 거부하는 고지대의 지속적 저항은 스코틀랜드 내 윌리엄의 동맹자들, 특히 캠벨 가문을 자극하여 그들로 하여금 고지대 씨족들을 굴복시킬 결심을 하게 만들었다. 그들은 차별적인 수단들을 채택하여 온건책이 먹히는 곳에는 온건책을, 강압과 학살이 필요하다고 판단되는 곳에는 강압책을 사용했다. 1690년 여름, 북아일랜드 얼스터에서 발진한 전함 1척은 헤브리디스 제도를 관통하여 항해하는 동안, 자코바이트Jacobite, 즉 제임스 2세를 지지하는 마을들을 불사르고, 운 없게도 그들의 눈에 띈 사람들을 죽였다. 성

---

1   과거 스코틀랜드에서 사용하던 끝이 두 갈래인 대형 검 - 옮긴이.

인 남자들이 본토에서 싸우느라 마을을 비웠던 에이그Eigg섬에서는 여자들이 강간당하고 칼로 베어져 죽음을 당했다.

1691년 8월, 작전을 총괄 지휘하고 있던 브러덜베인Breadalbane 백작(존 캠벨 John Campbell)은 1692년 1월 1일을 고지대인들이 국왕 윌리엄에게 공식적으로 항복할 수 있는 최종 기일로 명시하여 공표했다. 이는 의도된 결과를 얻어내기에는 필요 이상으로 많은 시간이었다. 왜냐하면, 몇몇 씨족장들은 포트 윌리엄 Fort William 총독인 존 힐John Hill 대령의 강권에 따라 이미 충성의 맹세를 한 바 있었고, 반면에 그런 와중에서도 다른 씨족들은, 한편으로는, 프랑스 또는 아일랜드에서 혹시 있을지도 모를 군사적 지원에 실낱같은 희망을 걸고, 다른 한편으로는 오로지 자신들의 양심과 씨름하면서, 버틸 수 있을 때까지 저항할 태세를 굳히고 있었기 때문이었다. 그렇게 버티는 집단 중에는 열렬한 자코바이트 씨족인 클랜라날드Clanranalds 일족인 글렌코Glencoe의 매케인MacIains 씨족도 있었다. 글렌코의 제12대 족장인 알라스데어 맥도널드Alasdair Macdonald는 과거 킬리크랑키 전투에 참여했던 인물인데, 그는 후일 브러덜베인 백작에 의해 본보기 처형의 당사자로 지목될 때까지 아주 오랫동안 항복을 미루었다. 브러덜베인의 입장에서는 지도 한 장 훑어보는 것만으로 작전은 실패할 이유가 없는 듯 보였다. 방책을 두른 린네Linnhe만灣의 포트 윌리엄 요새에서 군사 800명이 남쪽으로 8마일(13킬로미터) 떨어진 글렌코를 유린하기 위해 출발 채비를 하고 있었다. 글렌코에는 비무장의 부락민 600여 명이 계곡 사이에 흩어져 작은 농장들을 일구며 살고 있었다. 공포 작전이 소기의 효과를 거두려면 유혈은 필연적인 것이었을지도 모른다. 마을의 문제는 군대가 가파른 담벼락으로 둘러싸인 마을의 진입로들을 모두 차단했기에 아무도 그 소식을 들을 수 없었다는 것이다.

그러나 알라스데어 맥도널드가 뒤늦게 항복하기로 결정하면서 그들의 계산이 빗나가기 시작했다. 그는 마지막 순간까지 프랑스에 있는 제임스의 궁정으로부터 자신의 충성 철회에 대한 승인이 내려오기를 기다리고 있었다. 그러나 제임스로부터 아무런 회신이 없는 동안 시계는 데드라인인 1월 1일을 향해 불길하게 째깍거리고 있었다. 그는 마침내 새 왕에게 충성을 맹세하기로 하고, 고지대 옛 길을 따라 벤 네비스Ben Nevis산의 서쪽으로 내려가서 12월 31일에 포트 윌리엄에 도착했다. 그런데 존 힐 대령은 잘못된 장소로 왔다면서 그를 다시 깊게 쌓인 눈을 헤치고 서부 고지대의 아가일을 남쪽으로 질러서 파인 Fyne만灣에 위치한 인버래리Inveraray로 보냈다. 맥도널드는 가는 길이 지체되어 하루 늦은 1월 2일에 인버래리에 나타났다. 힐은 그에게 아가일의 주 장관 아드킹라스Ardkinglas의 콜린Colin 경에게 보내는 편지를 휴대하도록 했는데, 그것은 비록 늦은 한이 있더라도 '글렌코의 위대한 길 잃은 양'의 항복을 받아들여 달라는 취지였다. 그러나 주 장관은 출타 중이었고, 1월 6일에야 맥도널드를 만나주었는데, 그는 에든버러의 추밀원이 글렌코의 항복이 적법한 것인지 여부를 최종적으로 가릴 것이라는 불길한 경고를 던졌다. 다음 날, 윌리엄의 스코틀랜드 자문관이자 '스테어Stair의 주인'인 존 달림플John Dalrymple은 군의 총지휘관인 브러덜베인에게 항복하지 않은 족장들의 땅을 유린하라는 명령서를 하달했다. '글렌코는 내가 크게 반겼을 충성의 맹세를 끝내 하지 않았다. 그 같은 도적들의 소굴은 제거하는 것이 공적 정의를 확립하는 길이 될 것이다. … 도적질하는 부족들이 소탕되고 차단된다면 국가에 커다란 이익이 될 것이다. 이는 반드시 조용하게 실행되어야 하는바, 그렇지 않은 경우, 그들은 자신들과 소들을 위해 최대한의 노력을 기울이려 할 것이기 때문이다. … 이 일을 비밀리에 그리고 갑작스럽게 단행합시다.' 그리고 16일, 브러덜베인은 이 살인 명령서에 서명했다.

병사들은 2월 1일 글렌코에 도착했다. 그들을 지휘한 장교 로버트 글렌리온 Robert Glenlyon은 캠벨 씨족 출신이었으나, 부대원들 대부분이 그렇듯이 그 또한 글렌코의 매케인 씨족과도 먼 친척 관계에 있었다. 글렌코에서는 전통에 따라 그들에 대한 환대가 이루어졌는데, 열흘간 장교와 사병 120명이 혹독한 고지대의 겨울을 견딜 수 있도록 숙박, 난방, 그리고 식사가 제공된 것이 그것이었다. 12일, 글렌리욘에게 '반역도당인 글렌코의 맥도널드 씨족을 습격하여, 나이 70세 이하의 모든 자를 살육하라'는 명령이 도착했다. 새벽 5시, 얼음처럼 차가운 어둠 속에서 그들 부대는 자신들을 환대해 주던 사람들 중 최소 35명을 잔인하게 살해했다. 원로 족장인 이언 매케인Iain MacIain은 침대에서 일어나 옷을 입다가 총을 맞아 숨졌고, 그의 아내는 반지들을 강탈당하고 발가벗겨졌다. (역시 옷이 벗겨진) 다른 여성들 및 아이들이 체온 저하로 죽어가는 동안, 그녀는 아들들에 의해 극적으로 구출되었다. 글렌리욘은 인버리갠Inverrigan에서 또 다른 아홉 명에게 총을 쏘았는데, 그들의 숨을 끊는 마지막 일격으로 직접 칼을 휘둘렀다. 어린 소년을 죽이려다 갑자기 양심의 가책을 느꼈는지 멈추려 하자, 병사들이 나서서 서캐를 그냥 두면 반드시 이가 자라게 된다면서 소년을 죽여 버렸다. 시신들은 언덕으로 끌려갔고, 똥과 소들에 의해 훼손되었다. 그런 와중에서 좀 더 멀리 떨어진 곳에 사는 부락민들은 그렇게 비명횡사를 당하느니 탈출을 기도하기로 했다. 그들은 허술한 군대의 봉쇄망을 뚫고 탈출에 성공할 수 있었고, 그렇게 해서 학살 소식이 바깥세상으로 전해졌다.

런던과 에든버러에서 이에 유감을 표하는 손 떨리는 경건한 고백들이 즉각적으로 터져 나왔다. 특히, 이제는 '믿음을 배반한 학살'이라고 불리게 된 이 사건에 직간접적으로 책임이 있는 사람들이 그 중심에 있었다. 홀리루드하우스Holyroodhouse에서는 의무적인 조사 절차가 시작되었다. 스코틀랜드 의회는 이 사건이 주는 경악심을 공식적으로 표현했다. 브러딜베인 백작과 스테어의 주인 존 달림플에게는 전적으로 사전에 계획되었던 이 공식적인 학살 행위의 책임을 놓고 비난이 집중되었다.

그 모든 시기 선택상의 오류들과 절차상의 치명적 실수에도 불구하고, 글렌코의 헤더 숲 바닥, '눈물의 계곡'에서 일어났던 새벽의 학살은 앞으로 2세기 동안 아메리카, 아시아, 그리고 아프리카 가릴 것 없이 쉴 새 없이 반복될 영국 제국의 표준적 작전 관례를 미리 보여준 것이었다. '후진적 사람들'에게는 일단 그들에게 제국에 협력할 수 있는 기회를 부여하고, 그들이 이를 받아들이는 경우에 한하여 전리품에 대한 일정한 지분과 근대화 사업의 동반자로서의 자격이 주어지게 될 것이었다. 반면에 그들의 거부는 언제나 불합리한 것으로 규정될 뿐이며, 오직 스스로의 소멸을 부르는 주문일 뿐이었다. 1690년대 브리튼섬에 두 적대 세력이 존재했다고 하면, 단순하게 잉글랜드인과 스코틀랜드인으로 생각하기 쉽다. 그러나 이는 스코틀랜드인들 중에 잉글랜드 식민 세력의 우방으로 간주될 수도 있는 반反자코바이트 세력 또한 있었다는 사실을 간과한 것이다. 사실, 가장 결정적인 갈등은 스코틀랜드 내의 두 문화적 집단 사이에서 일어나고 있었다. 하나는 명예와 친족 연대라는 오래된 의무에 바탕을 두고 있었고, 다른 하나는 이익과 이윤의 공격적 추구에 기반하고 있었다. 선견지명이 있는 사람들이라면, 이제 막 동이 트고 있는 새로운 세기를 맞이하면서 이 두 문화 집단 사이에 승패의 분수령을 가르는 전투들이 벌어질 것이라는 것을 예견할 수 있었을 것이다. 그러나 그들이 결코 내다보지 못했을 대목이 하나 있었는데, 그 뒤에 일어날 스코틀랜드의 변신이었다. 그것은 잉글랜드에 의한 희생자에서 장차 영국 제국의 수호자로 변신하는 것이었으며, 이것은 브리타니아 역사상 하나의 불운한 사례에서 영국 제국의 가장 약동적이고 공격적인, 그리고 실제적 동반자로의 변신이었다. 그리고 그 변신의 과정은 너무나 완벽하고, 또한 너무나 극적인 것이었다.

1700년, 어느 누구도 그러한 미래를 상상하기 어려웠다. 고지대 씨족들은 ─ 목축에 따른 계절적 의무 및 사냥, 경조사와 관련된 가족적 의례 등 ─ 전통이라는 규칙적 패턴과 태곳적부터 내려오는 노동 및 종족 행사의 일정에 의해 지배되고 있었다. 그들의 종족에 대한 충성심은 공통의 종족적 조상을 가지고 있다는 전제에 기반을 두고 형성된 것이었다. 비록 그것이 상당 부분 신화에 불과한 경우라 하더라도, 그들 사이에 진정한 유대를 창조해 낸다는 점에서는 별 차이가 없었으며, 이는 위로는 족장으로부터, 아래로는 비교적 대규모의 토지 보유자, 임차권자tacksman, 그리고 단순한 소규모 소작농crofter들에 이르기까지, 모든 구성원에게 적용되는 것이었다. 이제 고지대의 대지주들은 맥주나 위스키

대신에 보르도 포도주를 더 좋아하고, 파이프 외에 저음의 비올라 소리도 좋아하게 되었지만, 그 아래 계층인 임차권자들은 자신들보다 한 단계 더 낮은 소규모 소작농들과 여전히 같은 문화를 향유하고 있었다. 임차권자들은 소작농들과 마찬가지로 여전히 격자무늬 옷을 입었고, 게일어로 말했으며, 청어와 오트밀(귀리 가루), 그리고 블랙 푸딩²을 먹었다. 그리고 명예의 부름에 응하기 위해 언제나 대검을 곁에 두었다. 또한 그들은 역시나 소작농들과 마찬가지로 관습상의 계약에 의해 구속되었으며, 그들의 서약은 구두로 이루어졌다.

포스만 남쪽의 스코틀랜드, 다시 말하면, 도시화되고 상업화된 저지대-신교도들의 스코틀랜드에서는, 잉글랜드 대도시들과 마찬가지로 모든 계약이 금전과 법률에 의해 이루어졌으며, 문서로 작성한 뒤에 잉크로 서명하고 굳은 밀랍으로 봉인하는 과정을 거쳤다. 그곳에서 가족의 유대는 날이 갈수록 더욱더 비즈니스와 재산의 문제가 되었다. 재산의 극대화와 농장의 자본화 경향이 일어났으며, 트위드강 양안의 농작물 생산은 도시 시장을 겨냥한 상업적 농업의 양상을 띠었다. 판매할 상품들이 많아질수록 구매 욕구도 커졌다. 저지대의 농장 주택들에서는 은제 그릇과 도자기 접시들이 흔한 물건이 되어갔고, 리넨 천과 선반에 깎은 침대 기둥을 가진 커다란 침대 틀도 마찬가지였다. 그들의 사회는 아직 근대사회로 전환되지는 못했지만 목을 길게 빼고 그것이 어떤 세상인지를 열심히 바라보고 있었다.

글렌코 사건 이후 스코틀랜드의 양쪽 사회들은 (특히 남쪽의 저지대는) 한동안 이른바 '병든 해들ill years'로 알려지게 될 고통을 감내해야 했다. 여러 해에 걸쳐 연속적으로 여름에 햇빛이 부족한 현상이 일어난 것이 원인이었다. 양동이로 물을 들이붓 듯하는 여름 폭우가 온 나라를 덮치더니 가을까지 지속되었고, 이로 인해 성장을 방해 받은 보리와 밀 등의 작물들이 마치 슬러리slurry와 비슷한 상태가 되어 어떤 형태로건 수확이 불가능하게 되었다. 흉작은 다음 해에

---

2   돼지 피와 기름, 그리고 곡류를 섞어 만든 큰 소시지의 일종 - 옮긴이.

뿌릴 씨앗 부족 현상으로 이어졌다. 소와 양은 온역瘟疫과 부제병腐蹄病을 앓았다. 사람들의 기억에 있는 이 첫 번째 (다행히 마지막이 된) 대규모 기근은 스코틀랜드를 깊숙이 할퀴었다. 125만 명에 달하는 스코틀랜드 전체 인구 중 최소한 5%가 굶어 죽었다. 고지대에서 살던 행상인이었던 패트릭 워커Patrick Walker의 증언에 따르면, 모든 식량이 매진되자 비탄에 빠진 여인들이 손뼉을 치고, 옷들을 머리 위로 황급히 벗어던지면서 '어떻게 집에 가서 아이들이 굶어 죽는 것을 보나?'라고 하면서 울었다고 한다. 에든버러 대학교의 첫 번째 의학 교수이자 『결핍과 기근 시기의 빈민구제책*Provision for the Poor in the Time of Dearth and Scarcity*』(1699)의 저자인 로버트 시볼드Robert Sibbald 경은 소화되기 쉬운 야생 약초와 풀의 목록을 작성했으며, 주변에서 아무런 육류도 발견하기 어렵다면 고양이라도 잡아먹을 것을 권하기도 했다. 큰 도로들은 극빈자들과 제대 군인들, 그리고 모든 종류의 부랑자로 가득 찼다. 그저 훔치거나, 굶어 죽거나 둘 중 하나를 선택해야 하는 시간이었다.

그런 어둠 속에서도 언젠가는 찬란한 빛을 맞이하게 될 것이라고 확신하는 사람들이 있었다. 그들은 스코틀랜드가 언젠가 무능과 곤궁에서 벗어나 일약 강대국으로 변신하고, 글래스고의 어떤 회계사무소가 셈할 수 있는 수치보다 훨씬 큰 부를 가진 나라로 탈바꿈할 수 있는 하나의 거창한 계획을 세우고 있었다. 이는 대서양 건너편, 세계의 무역로를 가로지르는 곳, 파나마 바로 남쪽에 위치한 다리엔Darien 지협地峽에 새로운 칼레도니아(스코틀랜드)를 건설한다는 계획이었다. 종려나무들로 둘러싸인 그곳에 부가 쌓이면, 과거에는 한 번도 본 적이 없었던 스코틀랜드 번영의 씨앗이 될 것이었다.

그것은 처음에는 터무니없는 이야기로 들릴 수도 있지만, 아주 근거가 없는 것은 아니었다. 현재 태평양과 대서양을 나누고 있는 파나마 운하에서 약 150마일(240킬로미터) 떨어진 곳에 위치하고 있는 다리엔 지협에 '자유 항구'를 건설한다는 이 계획에는 파나마 운하와 완전하게 일치하는 상업적 논리가 적용되고 있었다. 이 계획을 가장 그럴 듯하게 주창했던 사람은 윌리엄 패터슨

William Paterson이었는데, 그는 서인도 제도에서 부를 일구었고, 잉글랜드 은행 창립에도 참여한 스코틀랜드 출신 인물이었다. 그는 아시아-유럽 무역의 확장을 방해하는 것은 아프리카의 희망봉이나 남아메리카의 케이프 혼Cape Horn을 돌아가야 하는, 그야말로 감당하기 어려운 길고 위험스러운 항로 선택이며, 만약 '스코틀랜드'라는 회사가 이 다리엔 지협의 꿈을 실현시킬 수 있다면, 상황이 완전히 달라질 것임을 사람들에게 설파하고 있었다. 중국과 일본에서 출항한 배들은 동쪽으로 항해하여 뉴 에든버러New Edinburgh(다리엔)로 간 후, 그곳에서 반대편인 유럽에서 출항하여 서쪽으로 항행해 온 배들과 만나 화물을 서로 교환하게 된다는 것이었다. 그렇게 되면 화물 비용이 대폭 절감되고, 그에 따라 다리엔에서 선적된 상품들은 각기의 국내 시장에서 좀 더 저렴한 가격으로 유통될 것이었다. 또한 가격 하락에 맞추어 수요가 급증하게 될 것이고, 교역량은 기하급수적으로 증가하게 될 터였다. 그리고 이처럼 세계에서 가장 새롭고, 가장 번창하는 교역과 시장의 중심지에서 가장 큰 혜택을 누릴 사람들은 바로 스코틀랜드 사람들이었다. 그들은 지협 양안 사이에서 화물의 육로 수송을 담당하고, 전체 교역량에 대해 일정 비율의 유통 및 은행 수수료를 징수하면서, 태평양과 대서양을 항행해 올 다음 선단을 느긋하게 기다리면 될 뿐이었다.

사실을 말하자면, 지난 수 세기 동안 암스테르담에서 이미 제공해 오고 있던 서비스들과 비교할 때, 이 다리엔 프로젝트 입안자들이 아주 색다른 제안을 하고 있는 것은 아니었다. 윌리엄 3세 주변의 네덜란드 금융업자들이 다리엔 계획을 자신들에 대한 커다란 위협으로 받아들인 것은 바로 이 때문이었을 것이다. 이는 또한 국제무역을 고정된 상품과 금의 수량을 놓고 점유율 경쟁을 벌이는 일종의 제로섬 게임으로 간주하고 있던 당시의 지배적인 경제학적 정설을 건드리는 것이기도 했다. 정설을 따른다면, 시장 점유율을 극대화한다는 것은 국가의 힘을 (필요하다면 군사력까지) 총동원하여 식민지의 원료 공급원을 배타적으로 확보하고, 자국 국적의 선박들과 자국 영역의 항구만을 사용하도록 선적과 유통의 독점을 강제하는 것을 의미했다. 실제로 후추, 차, 비단 또는 설탕 등의 운송은 오로지 공식적으로 허가 받은 회사들만이 담당할 수 있는 것이 당시의 현실이었다.

그러나 패터슨의 '아프리카와 서인도 제도와 교역하는 스코틀랜드 회사'의 성격은 당대의 경제적 정설과는 전혀 딴판이었다. 그들의 관점에서 보면 중상주의의 절차적 질서를 어지럽히는 파렴치한 상업적 독불장군과 다름없었다. 스코틀랜드 회사의 첫 번째, 그리고 유일한 중심 과업은 열대지방에 하나의 자유무역 지대를 창조하고, 그곳에서 서로의 경로를 아는 판매자들과 구매자들이 두 대양 사이 조그만 지협에서 만나 흥정을 벌이고 서로 합의된 가격에 매매를 성사시키도록 하는 것이었다. 놀랍지 않게도, 패터슨 같은 스코틀랜드 출신 인사들과 대니얼 디포Daniel Defoe 같은 소수의 덕담가들을 제외하면, 대부분의 런던 사람들은 이 계획이 실패하기를 원했다. 로열 아프리카Royal Africa 같은 회사는 잉글랜드 의회에서 이 계획에 반대하는 치열한 로비를 벌였는데, 그들에 따르면, 만약 이같이 규제를 벗어난 흉물스러운 괴물의 설립이 그대로 용인된다면, 잉글랜드 상인들과 선원들이 트위드강 건너로 대규모 이주하는 사태가 일어날 것이며, '우리 무역은 완전히 실패로 끝나게 될 것'이라고 우려했다. 로열 아프리카 회사와 더불어 잉글랜드 식민지 무역의 또 다른 축이라고 할 수 있는 동인도 회사의 주식 가격은 일주일 만에 72펜스에서 50펜스로 급락했다.

스코틀랜드발, 아메리카 소재의 '대형할인마트' 개설 소식에 대한 런던의 반응이 히스테리에 가까운 것이었다면, 스코틀랜드의 반응은 다리엔 모험사업이 그동안 잉글랜드에 의해 옥죔을 당해오던 자신들의 경제가 그러한 속박에서 벗어나는 계기가 될 것이라고 대놓고 생각하는 분위기였다. 가장 열렬한 스코틀랜드 회사 지지자들 중 한 사람이었던 살툰Saltoun 출신 앤드루 플레처Andrew Fletcher는 모든 스코틀랜드인의 '사고와 성향이 마치 어떤 강력한 힘에 의해 통일되어 하나의 방향을 지향하게 되었는데, 그것은 무역이야말로 지금 우리가 처해 있는 비참하고 가증스러운 상황으로부터 … 우리를 정상 상태로 회복시켜 줄 유일한 수단으로 간주하게 된 것이었다'라고 썼다. 1695년 여름, 에든버러의 그 누구도 그 순간의 의미를 놓치기 어려웠다. 홀리루드하우스의 한쪽 끝에서 글렌코 학살 사건에 대한 조사가 이루어지고 있는 동안, 다른 한쪽 끝에서는 새로운 무역회사에 대한 논쟁이 벌어지고 있었다. 그 순간, 스코틀랜드의 과거와 미래가 동시에 저울 위에 올라가 있는 셈이었다.

그렇게 해서 1698년 7월 3척의 배로 이루어진 스코틀랜드 회사의 첫 선단이 청백의 X자형 십자, 그러니까 스코틀랜드의 기장旗章과 라마,[3] 인디언, 그리고 낙관적으로 떠오르는 태양이 묘사된 회사의 깃발을 휘날리며 포스만을 떠나 항해를 시작했을 때, 거기에는 스코틀랜드의 첫 식민자들로 선발된 1200명의 남자, 여자, 그리고 어린아이들이 타고 있었다. 그들은 나라의 모든 희망을 같이 운반하고 있었다. 또한 선단에는 많은 금액의 현금도 실려 있었다. 기존 회사들에 대한 잉글랜드 당국의 투자 금지 조치에 대한 시장의 반응은 스코틀랜드 회사에 대한 집중 투자로 나타났다. 약 1400명에 달하는 투자자들이 회사가 파나마행 첫 선단을 발진시키는 데 필요로 하는 운전 자본을 위해 40만 파운드의 돈을 출자했던 것이다. 그리고 그들 투자자 중 일부는 기관이어서 실제 개인 투자자들의 숫자는 그보다 훨씬 많았다. 회사의 성공을 확신하는 이들 투자자는 스코틀랜드 사회 전체를 망라하고 있었다. 이들의 출신 지역은 나라의 북쪽과 남쪽을 가리지 않았고, 사회적 신분은 공작과 백작 부인에서 변호사에 이르렀으며, 직업으로 보면 의사와 목회자, 소규모 점포의 주인, 무두장이, 그리고 총기 제작자를 포함하는 등 광범위했고, 도시별로는 글래스고와 에든버러뿐 아니라 셀커크Selkirk와 인버네스Inverness, 애버딘 등도 포함되어 있었다. 스코틀랜드 회사의 원장 장부를 들여다본다는 것은 곧, 좀 더 나은 내일을 위해 바다를 헤쳐 나가려는 스코틀랜드호의 모험사업가적 면모를 보는 것이다.

첫 선단이 항해 초기 오크니Orkney의 짙은 어둠 속에서 대열이 흩어지게 된

---

3   남미의 가축 ― 옮긴이.

것은 좋은 조짐이 아니었다. 그리고 이는 선단이 앞으로 마주치게 될 가장 나쁜 경우도 아니었고, 마지막 경우도 아니었다. 다리엔 원정은 그들이 앞으로 어떤 곳으로 향하고 있는지를 자신들도 제대로 모르고 있었다는 점에서 심각한 문제를 안고 있었다. 항로에서 시작하여 도착지에서 마주치게 될 상황에 이르기까지, 그들이 가지고 있는 주요 정보의 유일한 원천은 라이어널 웨이퍼 Lionel Wafer라고 불리는 외과 의사였는데, 그는 카리브해에서 해적 활동을 하고 있던 헨리 모건Henry Morgan을 위해 일했던 경력의 소유자였다. 웨이퍼가 내놓는 정보는 매우 구체적이었다. 그는 다리안 계획 입안자들에게 그곳이 천국임을 확신시켰다. 물은 신선하고, 사냥감은 넘쳐나며, 물고기들은 요리를 준비 중인 냄비 속으로 뛰어들 정도로 차고 넘친다는 식이었다. 거기에다 기후는 온화하고, 토양은 기름지며, 곡식은 풍성하고 높게 자란다고 했다. 그리고 위대한 '황제'에 의해 통치되는 그곳의 원주민들은 친근하고 평화로운 사람들인데, 허영심이 많아서 자신들의 길고 검은 머릿결을 빗는 데 많은 시간을 쏟고 있다고도 했다. 스코틀랜드 회사는 이 모든 이야기를 완전히 믿고 받아들였다. 그들의 화물 속에 1만 개의 빗이 실려 있었던 건 그 때문이었는데, 그중에 나무로 된 것은 보통 사람들을 위한 것이었고, 뿔로 된 것은 중간층, 그리고 진주로 상감세공象嵌細工을 한 것은 황제와 후궁들을 위한 것이었다. 그들의 생각에, 뉴칼레도니아(다리엔)가 필요로 하는 또 다른 것들은 무엇이었을까? 배에 실린 것들 중에는 그곳 이교도들의 개종을 위한 장로교 교리문답서 2808부, 그리고 이주 정착민을 위한 성경 380권, 점잖은 이주민들의 필수 휴대품이었던 양질의 스코틀랜드 모자 1440개, 그리고 엄청난 양의 가발이 포함되어 있었다. 이주자들은 천국 다리엔의 경작 가능한 토지 50에이커(0.2 평방킬로미터)씩을 주겠다는 약속과 더불어, 3년 안에 회사 비용으로 집 한 채씩을 지어주겠다는 약속도 받고 있었다. 그야말로 아늑한 열대지방에서 누릴 우아한 삶이 그들을 기다리고 있었다. 어언간 그들은 석호를 끼고 있는 토지의 지주가 될 참이었다.

그런데 원정대가 다리엔 근처에 이르기도 전에 그들의 꿈은 악몽으로 바뀌기 시작했다. 대서양을 가로질러 남쪽으로 뚫고 내려가는 8주간의 항행 끝에 그들이 타고 있던 배들이 고장으로 멈춰서거나 폭풍에 난타당하는 경우가 속출했다. 선원과 승객들은 고질적인 이질로 인해 매주 5% 비율로 죽어갔다. 그리고 남은 이주자들이 웨이퍼가 이상적인 안식처로 딱 짚어주었던 '황금 섬'에 도착했을 때, 그들은 그곳이 보기가 늘늪는 습지대에 불과하다는 것을 발견하게 되었다. 거기에다, 그곳의 원주민들은 배에 싣고 온 빗들을 간절히 기다리고 있지도 않았거니와, 그렇다고 실상 그들이 스코틀랜드 사람들로부터 원하는 것이 달리 있는 것도 아니었다. 그뿐 아니라 그곳에는 황제도, 궁정도, 왕국도 존재하지 않았다. 단지 야생의 돼지들과 작살로 물고기를 잡는 어부들이 있을 뿐이었다. 이질성 고열과 말라리아에 쓰러지지 않고 살아남은 이들에게는 또 다른 위험이 기다리고 있었다. 자신들과는 달리 다리엔을 임자 없는 땅이라고 생각하지 않을 스페인인들이 언제이건 공격해 올 수 있는 상황이었다. 그들은 비에 흠뻑 젖은 삼림 속에서 무더위와 싸우면서, 원시적 형태의 말뚝을 두른 방책을 세우고, 그 무거운 대포들을, 용감하게도 세인트 앤드루St Andrew라고 명명한, 요새 안으로 끌어들이는 데 그들이 가진 모든 시간과 에너지를 쏟아붓고 있었다.

1699년 봄에 이르는 동안 그들은 하루에 한 명꼴로 죽어나갔다. 그들은 1만 4000개의 바늘을 가지고 갔지만, 그들의 옷은 냄새나고 흰 곰팡이 가득 핀 누더기가 되었다. 그곳에는 누가 따주기를 기다리며 나무에 매달려 있는 숙성한 과일들도 없었다. '사냥감'은 찾기 힘들었고, 배에 실어간 보급품들은 구더기 천지가 되었다. 한 줌에 불과한 완두콩을 다섯 명이 나누어 먹어야 하는 형편이었다. 그 콩들을 끓이는 동안 벌레들을 걸러내는 과정도 거쳐야 했다. '쇠고기는 내 발바닥만큼 검었고, 썩어 문드러진 부츠의 남은 부분처럼 부패했다.' 그들 중 한 사람은 그렇게 적었다.

스코틀랜드를 떠난 지 열 달 뒤, 이주민들이 그 위대한 뉴 칼레도니아 자유무역 지대에서 약속했던 '미래 사업'과 관련하여 진행한 유일한 과업은 파나마인들이 요즘도 '푼타 데스 에스코세스Punta des Escoces', 즉 스코틀랜드인들의 갑岬이라고 부르는 깊이 20피트(6미터), 너비 25피트(8미터)에 이르는 배수로뿐이었다. 그러나 꿈에 그렸던 그 북적거리는 뉴 에든버러도, 검약·자조하는 농장들을 경영할 수 있는 식민지도 없었다. 입항하는 선단들을 맞춰줄 깔끔하게 정돈된 작은 항구도, 지협地峽의 양쪽 연안을 오가며 나무 궤짝들을 실어 나를 육로운송사업도 존재하지 않았다. 있는 것이라고는 비에 흠뻑 젖고 쥐가 들끓는 풀로 엮어 만든 오두막, 황폐한 요새, 그리고 무덤 400기가 만들어내는 참담한 광경뿐이었다.

아직도 기운과 의지를 추스를 수 있었던 사람들은 어서 빨리 다리엔이라는 지옥을 벗어나 고향으로 돌아가기 위한 느린 행보를 시작했다. 몇 주가 지난 뒤, 잉글랜드인들의 사주를 받은 스페인의 기습조가 침입하여 오두막들을 불태우고, 세인트 앤드루 요새를 파괴했다. 그러므로 스코틀랜드 회사의 두 번째 원정대가 첫 번째 선단의 운명을 알지 못한 채 1699년 겨울 이곳에 도착했을 때, 그들이 발견한 것은 열대 다우림多雨林에 의해 빠른 속도로 자연 속으로 되돌아가고 있던 폐허뿐이었다. 새로 도착한 이주민 중 한 사람은 다음과 같이 적었다. '우리는 친구들과 모국인들을 만나기를 고대했지만, 막상 우리가 그곳에서 발견한 것은 단지 울부짖는 황무지일 뿐, 식민지 이민단이 이곳을 버리고 떠난 뒤, 오두막들은 모두 불탔고, 요새는 대부분 무너졌으며, 그들이 요새 인근에 닦아놓았던 땅에는 웃자란 잡초들만 가득 차 있었는데, 우리는 평화를 기구했지만, 좋은 일은 나타나지 않았고, 건강과 안락함을 바랐지만, 고생을 사서 한 셈이 되었다.'

다리엔 참사의 전체적 정황이 스코틀랜드에 충분히 알려지면서, 이는 하나의 국민적 트라우마로 발전하게 되었다. 헛된 모험사업 하나가 스코틀랜드 전체 유동자본의 약 4분의 1을 집어삼켜 버린 것이었다. 대실패로 인한 가장 심각한 손상은 국가 재건이라는 거창한 꿈이었다. 스스로 떨치고 일어나 잉글랜드 무역 제국의 옆구리를 치겠다는 그 희망은 다리엔이라는 늪 속에 빠져 사라져버렸다. 약자를 괴롭히더니 결국은 다리엔 계획마저 실패로 돌아가게 만든 잉글랜드에 대한 격렬한 분노와 증오가 즉각적으로 터져 나오면서, 자신들의 원정이 내포했던 단순 무식한 계획에 대한 자성은 거기에 묻혀버렸다. 자메이카 총독이 그곳의 잉글랜드 식민 이주자들과 상인들, 그리고 선원들에게 포고령을 내려, 스코틀랜드인들이 어떠한 역경에 처하더라도 아무런 도움을 주지 못하도록 명령했다는 이야기가 돌아다녔다. 거기에다, 잉글랜드인들이 다리엔을 공격했던 스페인 측과 직접적으로 공모에 가담했다는 이야기까지 돌았다. 이렇듯 격앙된 분위기 속에서 스코틀랜드가 경제 전쟁의 일환으로 잉글랜드를 상대로 취한 반격 조치는 잉글랜드의 전시 적국과의 교역을 자국인들에게 허용한 것이었다. 다리엔의 스코틀랜드인들을 괴롭힌 것으로 의심 받던 잉글랜드 국적선 우스터Worcester호가 에든버러 북쪽 리스Leith의 항구에서 나포되었는데, 이 배의 선장과 선원 두 명이 '해적'으로 약식재판을 받고 교수형을 당했다. 스코틀랜드의 거리는 이를 크게 반겼다.

그러나 복수가 미래 지향적 독자 생존 전략이 될 수는 없었다. 스코틀랜드는 분명히 어떤 결정적 분기점에 서 있었고, 그들의 선택은 더 이상 미룰 수가 없었다. 하나의 선택은, 비록 좀 더 더 빈궁해지고, 좀 더 더 고립되는 한이 있더라도, 혹은 더 나아가 1688년에 태어난 스튜어트 왕조의 어린아이를 제임스 8세로 옹립하여 불러들임으로써 잉글랜드와 맞붙는 한이 있더라도, 자기 갈 길을 묵묵히 걸어가는 것이었다. 그러나 이는 곧 잉글랜드 입장에서는 선전포고에 준하는 일이 될 것인데, 이 경우 프랑스가 예전보다 더 신뢰할 만한, 더 강력한 동맹이 되어줄 것이라는 보장도 없었다. 유럽에서 나타나고 있는 새로운 전쟁 양상은 루이 14세의 군대가 더 이상 베르사유 궁정 천장 벽화가 시사해 주는 바와 같은 최강의 군대는 아니라는 걸 보여주고 있었다. 스코틀랜드의 독립적 지위를 매우 소중하게 생각하는 사람들에게는 매우 암울한 현실이 되겠지만, 또 다른 선택지는 '국가연합union'이었다. 지배층 인사들은 말할 것도 없고 일반인들조차 한결같이 이 방안에 적대적이었던 것은 사실이었다. 잉글랜드 측도 무조건 이에 호의적인 것은 아니어서, 1689년 잉글랜드 컨벤션 의회에 '국가연합'이 의제에 올랐다가 부결된 적이 있었다. 그러나 다리엔 대실패 이후 국경 양쪽 모두에 경제적 자산과 이해관계를 가지고 있던 사람들을 중심으로 상당수의 귀족들과 저지대 지방의 상업 및 전문직 계층에 속한 다수의 사람들은, 어떤 형태이건 잉글랜드와의 좀 더 밀접한 제휴 관계가 필요하고 또한 바람직하다는 생각을 받아들이게 되었다. 최선의 방안은 두 왕국이 각각 독립된 정치적 정체성을 유지하는 가운데, 하나의 연방체 국가를 구성하여 운영하는 것이었다. 그리고 1705년, 그들의 사치스러운 장고長考가 더 이상은 허용될 수 없는 상황이 일어났다.

목전에 닥친 전쟁과 왕위 계승 문제로 인해서, 스코틀랜드의 충성 향방이 잉글랜드 정부의 매우 중요한 정책적 관건으로 떠올랐기 때문이었다. 1702년 윌리엄 3세가 자신이 탄 말이 두더지가 파놓은 흙 두둑에 채어 넘어지는 바람에 낙마하여 죽음을 맞이했다. 그의 처제인 앤은 한때 '다산의 덴마크 왕자비'라는 찬사를 받은 바 있었지만, 애석하게도 그 찬사는 실제에 이르지 못했다. 그녀가 왕좌를 이어받았을 때는, 최소한 13차례의 유산과 2차례의 상상임신 소동을 거쳤으며, 다섯 명의 자녀가 영아기를 넘기지 못하고 사망한 다음이었다. 마지막까지 생존했던 그녀의 아들 글로스터의 윌리엄 헨리William Henry 왕자는 1700년 11살의 나이로 이미 사망했다. 그녀가 실질적인 후계자를 생산할 가능성은 매우 적었다. 이런 상황에서 혁명의 옹호자 휘그당으로서는 1688년의 위기 및 신교도 왕위 계승자 확보와 관련한 위험스러운 기억을 떠올리면서 1701년 제정된 왕위 계승법을 내세워 저 멀리 떨어진 하노버 선제후의 부인이자 찰스 1세 누이의 딸인 소피아Sophia를 후계자로 지목함으로써, 그녀보다 훨씬 더 명백하게 가톨릭 성향을 가진 제임스 에드워드 스튜어트James Edward Stuart의 (또 다른 56명의 가톨릭계 왕위 계승 후보들은 말할 필요도 없이) 왕위 계승 가능성을 사전에 배제하고자 했다. 제임스 2세 혈통의 왕위 복귀를 막기 위한 그들의 결연한 의지가 표현된 것이 1706년 통과된 섭정법인데, 이는 앤 여왕이 죽고 하노버의 계승자가 도착할 때까지의 기간 동안 긴급 국가평의회를 설치한다는 내용이었다. 따라서 제임스 2세의 후원자이자 보호자였던 프랑스의 루이 14세와 전쟁 중이었던 잉글랜드의 입장에서 하노버가※의 왕위 계승에 관한 스코틀랜드의 동의는 왕국의 안보를 위해 더욱 긴요한 과제가 되었다. 처음에 스코틀랜드 의회는 이에 대해 이의를 제기하며 스코틀랜드의 왕위와 관련해서는 독자적인 별도의 결정권을 행사하겠다는 입장을 밝혔다. 이렇게 되자, 험악한 경제 전쟁이 임박한 분위기가 되었고, 이는 자칫 진짜 전쟁의 전주곡이 될 수도 있었다. 1705년 잉글랜드 의회는 외국인법을 제정했는데, 이는 거의 모든 브리튼 역내 국경 교역을 차단하고, 잉글랜드에 거주하는 모든 스코틀랜드인을 외국인으로 간주한다는 내용이었다.

이러한 위협은 효과가 있었다. 1706년, 잉글랜드 의회 대표단과 (해밀턴 공작의 깜짝 놀랄 만한 제안에 따라) 역시 앤 여왕 정부에 의해 선택된 스코틀랜드 의회 대표단이 두 왕국의 통합을 논의하기 위해 만났다. 두 대표단은 각기 분리된 별도의 방을 사용했는데, 이들은 단 한 번도 직접적인 대면을 하지 않았으며, 오로지 중간 전달자들을 통해 간접적으로 의견을 주고받았다. 에든버러와 글래스고의 거리에서는 폭동이 일어났다. 한때 파산을 경험했던 대니얼 디포는 감옥에서 나온 뒤에, 글래스고의 생선 상인, 또는 애버딘의 양털 제조업자 등으로 가장하여 로버트 할리[4]의 정보원을 자청하며 두 왕국의 통합을 위한 여론 선전가로서 활동하고 있었는데, 1706년 10월 에든버러의 상황을 목격하면서 두려움마저 느끼게 되었다. 그는 할리에게 보낸 편지에서 이렇게 적었다. '저는 그곳에 그리 오래 있지는 않았지만, 커다란 소음을 듣고 밖을 내다보니 엄청난 군중이 북을 치면서 간선도로로 몰려 나와 있었는데, 그중에 앞에 선 자들은 소리치고 욕하면서 모든 스코틀랜드가 뭉치자고 외치고 있었습니다.

---

4 잉글랜드의 정치인으로 1701~1705년 사이 하원 의장으로 활동했으며, 1707년에는 국무대신으로서 스코틀랜드와의 통합을 주도했다 ― 옮긴이.

통합 반대, 통합 반대, 잉글랜드의 개들 … 그리고 그와 비슷한 놈들. 저는 제가 불안해지지 않았다고 당신께 말씀드릴 수가 없군요.' 군중은 조약 체결 대표단 중 한 사람이었던 패트릭 존슨 경의 집 문들을 대형 망치로 부수면서 그와 그의 아내를 두려움에 떨게 만들었다. '절망과 두려움에 빠진 그 귀부인은 촛불을 들고 창가로 가서' 도시의 경비병들을 불러야 했다.

디포가 잉글랜드 정부로부터 대가를 받는 비밀 정보원이었을 가능성이 없지 않지만, 그가 연합왕국을 위한 여론 설득에 진지하게 임하고 있었다는 사실은 의심의 여지가 없다. 1706~1707년 사이 발간된 그의 『스코틀랜드와의 연합에 반대하는 국민적 편견들을 없애기 위한 여섯 개의 에세이*Six Essays at Removing National Prejudices Against a Union with Scotland*』에서 디포는 각기 인종적 순수성을 내세우기 좋아하는 양국의 국민을 모두 경멸적으로 풍자하면서, 사실을 따지자면 브리튼의 역사는 행복한 잡종의 역사이며, 그 때문에 더 좋았었다고 주장했다. 브리튼의 미래에 관한 디포의 비전은 오랫동안 적대적 관계에 있었던 양국의 경계를 사람과 상품, 그리고 사상이 자유롭게, 또한 자연스럽게 넘나들게 하자는 것으로서, 스코틀랜드 출신으로 잉글랜드 은행 창설자 중의 한 사람이었으며 다리안 프로젝트 입안자였던 윌리엄 패터슨도 디포의 가까운 친구였다. 그렇게 해서 새롭게 태어날 위대한 브리튼은 잉글랜드와 스코틀랜드 사이에 있었던 끊임없던 슬픔과 유혈의 역사에 종지부를 찍게 될 것이었다. 그러나 그것이 아무리 의미가 좋다한들, 감정에만 호소해서는 많은 사람의 마음을 움직이기 힘든 법이다. 무엇이 이루어지게 하려면 손바닥에 윤활유를 바를 필요가 있었다. 얼마나 발라야 하는지를 결정하는 것은 또 다른 문제였다. 연합 법안the Union Bill의 스코틀랜드 의회 통과에 필요한 표를 확보하기 위해 얼마간의 돈이 뿌려진 것은 확실하며, 스코틀랜드 귀족들을 설득하기 위해 토지와 관련한 모종의 약속이 제시된 것도 분명하다. 18세기 초기의 정치적 상황에서 아무런 유혹 없이 의미 있는 결정을 이끌어내기 힘든 것이 현실이었고, 사용된 현금 중 일부는 연합안에 지속적으로 반대해 오던 인사들에게 전달되었다. 물론, 디포 같은 열정주의자들에게는 공명정대하고 공공 이익에 부합하는 명분이 가장 큰 회유 수단이었다. 잉글랜드 의회는 두 왕국의 국가 부채 통합안을 좀 더 현실적인 구미에 맞추기 위해 모두 39만 8085파운드를 지불하기로 결의했는데, 이는 스코틀랜드가 다리엔 원정에서 입은 총손실액에 정확하게 '상응하는' 것이었다. 잘못된 투자로 인해 여전히 참담한 고통을 받고 있던 사람들에게 이는 결코 적은 금액이 아니었다.

1706년 겨울, 연합 법안이 웨스트민스터(잉글랜드 의회)를 통과하기 위해서는 정확하게 6주가, 홀리루드Holyrood(스코틀랜드 의회)에게는 10주가 남아 있던 시점이었다. 스코틀랜드에서는 왕국의 독립성 상실을 거부하는 완고한 저항이 여전히 계속되고 있었는데, 연합안을 대체할 대안이 없다거나, 연합에 의해 밝아질 경제적 전망 따위로는 그들을 설득하기 어려웠다. 살툰의 앤드루 플레처는 연합을 스코틀랜드의 자유를 사취하기 위한 음모로 규정하고 이를 극렬하게 반대하는 사람들 중의 하나였다. 제2대 벨헤이븐Belhaven 남작 존 해밀턴 John Hamilton은 거대한 힘이 그를 무너뜨리기 전인 1706년 11월 2일, 의회에 출석해서 조국을 위한 셰익스피어풍의 애가哀歌를 낭독했다. '우리 상원의 한가운데에 카이사르처럼 앉아서 최후의 순간을 같이 하면서 … 스코틀랜드가 스스로 왕의 의상을 두르고 마지막 숨을 쉬는 것을 지켜보는구나.' 다른 연합 찬성론자들과 마찬가지로, 디포는 이를 두고 귀족이라기보다는 정육점 주인에 가까운, 거칠고, 뚱뚱하고, 검고, 시끄러운 사람의 입에서 나온 멜로드라마라고 조롱했다. 그러나 그는 (개인적으로는) '전 세계를 통틀어 애정의 연합 없이 정책 연합이 굳건히 이루어진 예가 없다'는 것을 인정하는 솔직함을 보였다. 그러고는 벨헤이븐의 슬픔에 공감을 표했으며, 그를 찾아가 친구가 되었고 그를 위로했다.

그 과정에서 아무리 악랄하고 위압적인 대목이 있었다 하더라도, 연합왕국을 그렇게 조야한 병합이라고는 할 수 없었다. 스코틀랜드 교회는 정체성과 운영 체계를 그대로 유지하게 되었고, 스코틀랜드의 대학, 자치도시, 그리고 세습적인 형사 사법 관할권 등에는 아무런 변화가 없었다. 홀리루드의 스코틀랜드 의회는 자체 투표에 의해 폐지하기로 의결함에 따라 그 생명을 다했으나, 대신에 연합왕국 의회에서 하원 의원 45명과 이른바 대표귀족이라고 하는 선출직 상원 의원 16명을 보유하게 될 것이었다. 그 첫 번째 하원 의원단은 1707년 스코틀랜드 의회에서 선출되었지만, 앞으로는 지역구에서 치러지는 일반 선거에 의해 선출될 예정이었다. 스코틀랜드에 배당된 의원 숫자는 처음에 157명이 거론되다가 결국에는 45명으로 급감했는데, 이는 어떤 사람들에게는 실망스러운 일일 수 있었다. 그러나 18세기 대부분의 기간을 통틀어 스코틀랜드의 전체 인구는 125만 명, 그리고 총유권자의 숫자가 약 2600명에 불과했음을 감안하면, 이것이 대의제의 원칙에서 크게 벗어나는 것은 아니었다. 1707년에 스코틀랜드가 잃은 것은 확실히 민주주의는 아니었다. 그럼에도, 그 순간까지 스코틀랜드는 이 세상에 분명한 공간을 차지해 왔던 진정한 정치적 국가였음은 틀림없었다. 시필드Seafield 백작 제임스 오길비James Ogilvy는 스코틀랜드의 챈슬러로서 연합법에 서명하면서 '이것은 한 오래된 이야기의 끝이다'라고 말했다.

만약 연합왕국 의회의 새로운 구성원이 된 스코틀랜드 출신 의원이 이제 ─ 망설임과 열정이 교차하는 가운데 ─ 소속하게 된 '영국'[5]이라는 국가의 정체성에 관한 어떤 긍정적인 시각적 전망을 원했다면, 그가 그곳에서 해야 할 일은 템스강 하류를 따라 그리니치로, 거기에서 다시 멋진 외관을 갖춘 신축 왕립 해군병원까지 내려가면 그만이었다. 크리스토퍼 렌이 설계한 열주로 떠받쳐진 두 개의 쌍둥이 파빌리온은 여행자인 그에게 쿠르 로얄Cour Royale, 즉 베르사유 궁전으로 향하는 거창한 진입로를 상기시켜 주었을 것이다. 그러나 그리니치의 진입로는 템스강을 경유하는 것이었고, 자선 기관의 성격에 걸맞게 그

---

5   1707년 그레이트브리튼 연합왕국이라는 새로운 국가가 탄생했으며, 관례에 따라 이를 '영국'이라고 번역 표기하기로 한다 ─ 옮긴이.

풍경은 개방적인 것으로서 거창한 칸막이 벽돌이나 안전 창살로 시야가 차단되지 않은 것이 특징이었다. 더욱 중요한 것은, 부속 예배당과 마주보는 그레이트 홀Great Hall 내부 천정에 그려진 제임스 손힐James Thornhill의 우화가 마치 프랑스의 전제정치를 조롱하는 듯이, 그들과 차별화되는 하나의 주제를 대조적으로 부각시키고 있었다는 점이다. 이는 1688년 이후 수립된 왕정에 대한 최초의 위대한 시각적 선언문이었다. 이는 제임스 1세를 신격화시킨 루벤스의 화이트홀 그림, 그리고 태양왕 루이 14세에 대한 아부성 찬사라고 할 르 브룅Le Brun의 베르사유 그림 등 가장 유명한 바로크 군주들의 우화들과는 너무나 확연하게 차별적인 것이어서, 전제군주와 입헌군주와의 차이점을 부각시키는 데 더할 나위 없이 좋았다. 손힐의 천장화 속에서 아폴로는 허영심 강한 절대주의 군주들에게 등을 돌리고 프로테스탄트이며 자유의 옹호자인 윌리엄과 메리의 편이 되었다. 루이 14세는 유럽의 인민들로부터 영토와 도시, 그리고 농장을 착취했다. 그러나 윌리엄은 (얄팍하게 자의적 권력으로 위장했던) 대적들을 자신의 발아래 밟아놓고는 감사하게도 '자유의 모자'를 유럽 대륙에 되돌려준 베푸는 자였다. 이런 조롱 섞인 차별화는 손힐의 우화적 그림 전체에 걸쳐서 자랑스럽게 펼쳐졌다. 저 너머 세계에는 농노제도, 천주교, 그리고 맹목적인 미신의 저주가 있었다. 이곳에는 전지적이고 자애로운 군주를 바른 길로 안내하는 예술과 과학의 지혜가 있었다. 저 너머에 예수회가 있다면, 이곳에는 뉴턴이 있었다. 조금은 말랑말랑한 듯 보이지만 그럼에도 더할 나위 없이 훌륭한 가치들이 영국을 위대하게 만들어줄 것이었다. 그것은 신중, 절제, 그리고 자선이라는 덕목들이었다.

자선의 축복은 97세라고 알려진 해군병원의 최고령 입원환자 존 월John Wall의 덕망 있어 보이는 모습으로 표현되었다. (사실 그는 고약한 말투와 구제불능의 음주벽으로 당국에 끊임없이 골칫거리를 안겨준 장본인이었다.) 그러나 우화가 어떤 진실을 말해주길 기대하는 것은 부질없는 일이다. 관용과 자유를 베풀며 평화적으로 헌신하는 새로운 영국의 이미지는 30년 가까운 전쟁을 통해 엄청나고 가공할 만한 군사적 국가로 변모한 역사적 현실과 부합되지 않는다. 왕정복구 기간 중 잉글랜드의 육군은 1만 5000명을 넘었던 적이 거의 없었다. 그랬던 것이 1713년 스페인 왕위 계승 전쟁이 끝날 무렵에는 육군은 9만 명, 해군은 4만 명이 넘었다. (평화 시기인 1715년에는 3만 2000명으로 줄기는 했다.) 군사비 지출은 9년 전쟁(1689~1697) 기간 중 연간 500만 파운드가 넘어서더니, 스페인 왕위 계승 전쟁 중에는 매년 700만 파운드에 달하는 등, 양 전쟁의 군사비 총액은 3600만 파운드에서 6500만 파운드로 배 가까이 늘었다. 1710년 무렵, 군사적 지출은 영국 전체 국민소득의 거의 10%를 잡아먹었다. 일급의 전투함 1척을 건조하는 데 3만에서 4만 파운드가 들어갔다. 병력을 야전에 배치하고 함정들을 외해에 전개시키는 비용, 그리고 그들에게 적절한 식량과 군수품을 보급하는 비용을 더해 추가적으로 4000만 파운드의 국가 채무가 발생했다. 그뿐만 아니라, 전쟁은 한번 일어났다 하면 전투가 종료되었다 하더라도 당장 동원 해제할 수 없는 종류의 조직을 추가적으로 필요로 했다. 수천 명, 수만 명에 달하는 공채 소유자, 조세사정인, 회계사, 그리고 관세징수관이 그들이었다. 전쟁이 끝날 무렵 영국인들은 프랑스인들에 비해 1인당 두 배의 세금을 내고 있었는데, 이들의 부담은 줄어들기는커녕 18세기 내내 지속되는 전쟁으로 인해 오히려 더 무거워졌다.

혁명 후의 영국이 좀 더 관료화되고 군사화되었으며, 더욱 무거운 세금을 징수한 것은 사실이지만, 그럼에도 불구하고 그리니치 천장화에 묘사된 신화적 모습 중에는 사실로 구현된 것도 있었다. 루이 14세는 단순히 자신이 벌일 군사 작전이 얼마의 비용을 필요로 하는지 계산하여 책정된 예산을 칙령을 통해 왕실 금고로 거두어들이면 그만이었지만, 영국에서는 군주와 각료들이 이를 어딘가에 요청해야만 했다. 따라서 영국의 군주는 그가 좋아하건, 아니건, ― 윌리엄은 좋아하지 않았다 ― 전쟁 비용을 마련하기 위해 의회로 가는 수밖에 없었다.

중국의 명나라에서 인도의 무굴Mughul 제국, 그리고 로마노프Romanov 왕조의 러시아에서 호헨촐레른Hohenzollern 왕조의 프로이센Prussia에 이르기까지, 유럽뿐 아니라 세계 거의 모든 곳에서는 국가가 군사화될수록 왕의 힘이 그만큼 더 강력해졌다. 그러나 영국에서는 전쟁이 더 장기화될수록 의회의 힘이 더욱 강력해졌다. 예산이 의회에 의해 철저하게 통제되는 가운데, 전쟁으로 인한 예산의 증대와 비례히여 그 통제 범위가 늘어났기 때문이었다. 네덜란드의 중앙 의회와 지방 의회를 제외하면, 영국은 말버러 공작 등 군의 고위급 인사들이 의회에 자신들의 의석이 있는, 그러면서도 의회 정부를 전복시키는 것이 아니라 오히려 강화하는 역할을 하는 유럽의 유일한 강대국이었다.

영국사에서 가장 역설적인 장면들 중의 하나는 군주정 지지자들과 의회주의자들이 전통적으로 취해왔던 정치적인 입장들이 이 시대에 들어서면서 뒤바뀌게 되었다는 것이다. 찰스 2세와 제임스 2세 치하에서 제한적 군주정을 주장했던 휘그당이 현재는 전쟁을 주도하고 있었고, 무제한적 군주정을 옹호하던 토리당은 군주정을 신뢰하지 않는 입장으로 선회했는데, 이는 1702~1713년 사이 군사적 비용으로 지출 결의된 예산 중에서 거의 4분의 1이 네덜란드를 포함한 외국에 대한 보조금으로 지불되었기 때문이었다. 토리당은 중과세된 지방의 지주 계층 유권자들의 옹호자로서 그들의 이익을 대변하기 시작했다. 지주 계층은 때로는 원칙이 아니라 자신들의 사적 이익을 위해 전쟁에 열을 올리는 사람들로 인해 본의 아니게 무거운 세금의 멍에를 둘러쓰게 된 피해자들이라는 것이 토리당의 입장이었다. 이 대목에서 조너선 스위프트Dean Swift의 '큰 끝파Big Enders'와 '작은 끝파Little Enders'의 다툼에 관한 엄청나게 통렬한 풍자를 떠올릴 수는 있지만,[6] 두 당파 간의 변화된 정치적 입장은 영국 정치에 매우 중요한 영향을 미쳤다. 왜냐하면, '작은 왕파'가 전쟁 정책을 추진하고 '큰

6 　『걸리버 여행기』의 소인국 이야기에 나오는 에피소드. 그들은 달걀을 깰 때 큰(둥근) 끝에서 깨야 되는지, 아니면 반대편인 작은(뾰족한) 끝에서 깨어야 하는지를 놓고 3년간이나 싸웠는데, 달걀을 왜 깨야 하는지에 대한 본질은 제처두고 지엽적 방법론을 두고 싸우는 어리석음을 풍자한 것 — 옮긴이.

왕파'가 이에 상당 부분 반대하는 편에 서는 상황이 계속되는 한, 이러한 상호 간에 뒤바뀐 역할은 어떤 선의의 균형점을 도출하게 만들고, 이는 곧 군사적 독재의 가능성을 배제시키게 되었던 것이다.

그보다 더 좋은 변화 중의 하나는 과거 찰스 2세 치하에서 한 번 소집된 의회가 15년간이나 선거 없이 임기가 연장되는 것을 용인했던 토리당이 이제는, 보다 적은 선거가 아닌, 보다 많은 선거를 원하게 되었다는 점이다. 가장 똑 부러지는 토리당 대변인이었던 볼링브로크Bolingbroke 자작 헨리 세인트 존Henry St John은 옛 잉글랜드인의 자유를 내세우며 그 보호자 역할을 자청하고 있었는데, 거기에서 그치는 것이 아니라 오히려 한 걸음 더 나아가, 이제는 빈번한 혁명이란 곧 건전한 정치적 활력의 신호라고까지 주장하기에 이르렀다. 휘그당은 물론 1688년의 정치적 사건을 온 나라가 필요로 했던 혁명이라고 생각하고는 있었지만, 혁명의 결과로 매 3년마다 의회 선거를 실시하도록 법률로써 보장된 상황에서, 그들로서는 매 3년마다 정기적으로 발생할 수도 있는 정치적 격변의 가능성을 회피할 수단이 없었다. 또한, 그것이 좋건 나쁘건, 일종의 전투적 당쟁의 양상을 지닌 이런 정치를 가리켜 근대 정치의 원형이라고 부를 수밖에 없다. 두 정당은 상호 격렬한 정쟁을 벌이는 가운데, (각료들의 부패, 전쟁의 당위성 및 비용 문제, 도급업자의 부당이득 취득 문제 등) 그때그때의 구체적 정책 사안들뿐 아니라, 1688년 혁명이 가지는 역사적 의미에 대한 해석과 그것의 결과로 형성된 (또는 재확인된) 정치적 국가의 성격에 관해서도 편을 달리했다. 역설적으로, 두 당 모두 과거의 사건들을 역사적 파열로 설명하려고 하지는 않았다. 역사적 변화의 주요 수혜자라고 할 수 있는 휘그파로서는 국왕 각료들에 대한 저항을 합법화할 수 있는 반대파의 의견을 수용하려 들지 않았다. 그러므로 그들은 스스로를 진정한 보수주의자로 자처하면서, 제임스 2세를 그의 부친(찰스 1세)과 마찬가지로 법의 지배, 프로테스탄트 정착에 관한 합의, 그리고 의회 정부에 부여된 합법적인 견제의 권리 등 '오래된 헌법the ancient constitution' 에 의해 보장된 기본적인 원리들을 훼손하는 데 열중했던 변절자로 규정했다.

따라서 그를 폐위시킨 '혁명'은 적법한 저항 행위이며, 현재 국민이 삶을 영위하고 있는 바와 같이, 전통적인 입헌군주정의 복원과 다름없다는 것이다. 전형적인 휘그의 논조는 이러했다. '그 폭군은 자유롭게 태어난 잉글랜드인들을 노예로 만들고자 음모를 꾸몄다. 로마가톨릭과 압제의 노예로! 그는 아일랜드 교황 숭배자들을 그대들의 집에 숙영시키고 … 그대들의 아내, 그리고 딸들과 동침시키려고 했다. 그리고 그는 종교재판소 재판관들을 판사 자리에 앉히고자 했다. 그는 국민과의 서약을 깨뜨렸으며, 그의 전제정치에 대한 저항은 신성한 의무이며, 애국자들의 소명이다.'

토리들은 휘그파가 군주정의 옹호자라는 자신들의 이름을 찬탈했으며, 또한 휘그파가 군주정의 성격을 변형시키고 있다는 요지부동의 입장을 견지하고 있었다. 그들에 따르면, 왕권신수설에 근간을 둔 군주정은 1688년 이전에 존재했던 모습으로 지금도 존속되고 있다는 것이다. 1688년 사건에 자신들도 참여했지만, 그럼에도 불구하고 그로 인해 군주정의 신성불가침한 본질적 성격이 훼손되거나 타협의 산물로 타락한 것도 아니었다. 그것은 단지 유감스럽게도 제임스가 만들어낸 공백 상태를 매우기 위한 대인적對人的 공격 행위였을 뿐이었다는 것이다. 요지는, 그동안 사람만 바뀌었을 뿐 군주정이라는 제도는 바뀌지 않았다는 것이다.

단지 역겹고 근절하기 어려운 반란에 가까운 저항이라면, 그것은 흉물덩어리이며 신에 대해 불경스러운 짓에 지나지 않는바, 오직 신만이 자신으로부터 기름부음 받은 자의 운명을 결정할 수 있다 할 것이다. … 국왕 제임스는 쫓겨난 것이 아니다. 진정으로 그는 스스로 왕좌에서 물러난 것이며, 그 자리가 비었기에 프린스 윌리엄이 이곳으로 초빙된 것이다. 그러나 그는 사악한 신료들의 포로가 되어 나라를 전쟁으로 끌고 들어갔고 그 결과 그의 아랫것들이 우리의 세금으로 사복을 채우게 된 것이다. 그들은 그대들의 지갑을 강탈하는 데 만족하지 않고, 그 폐해가 서서히 발현하는 (비국교도들에 대한 잘못된 관용이라 할) 간헐적 규칙 순응을 용인함으로써, 진정한 잉글랜드 교회의 파괴를 도모하고 있으며, 크롬웰의 씨앗들이라고 할 수 있는 그의 부하들은 심지어는 신께서 하사하신 진정한 군주정의 죽음까지 획책하고 있는 것이다.

권력의 남용은 추잡하고 개인적인 것이 될 수 있었다. 윌리엄 3세의 가장 격렬한 적들이 퍼뜨린 바에 따르면, 그는 외국인이며 부패했을 뿐만 아니라 동성애적 거세자로서, 바로 이것이 그가 후계자를 생산하는 데 겪고 있는 어려움을 설명해 준다는 것이었다. 당대의 전형적인 세레나데는 다음과 같이 읊었다.

> 그는 부분적으로는 사람의 형상을 가졌네
> 그러나 보다 많게는 원숭이의 그것을, 부인할 수 있는 자들은 해보라
> 그는 일단 거위걸음을 걷는다네, 백조의 다리들
> 정말로 앙증맞고 고운 왕!
> 그는 아내에게 모자란다네
> 잔인한 산파의 칼 때문에
> 그럼에도 계간鷄姦하는 벤팅크Bentinck[7]가 있어서 그의 삶을 기쁘게 하네
> 정말로 앙증맞고 고운 왕!

이렇게 볼 때, 휘그와 토리의 차이점은 상호 간 정치적 설전이 오고간 뒤, 함께 모여 한 잔의 와인이나 큰 맥주 한 컵을 나누면서 풀 수 있는 사소한 트집 같은 것이 아니었다. 그들의 차이점은 하나에서 열까지였다. 그들은 각기 (휘그는 올드 슬로터스Old Slaughter's, 토리는 코코아 트리Cocoa Tree에 다니는 등) 맞수를 이루는 별개의 커피 하우스에 다녔으며, (휘그는 킷 캐트Kit Cat, 토리는 1709년부터 오너러블 보드 오브 브라더후드Honourable Board of Brotherhood, 1720년 이후에는 에드워드 할리즈 보드

---

7   William Bentinck(1649~1709). 네덜란드 출신으로 윌리엄 3세의 총신이었다 — 옮긴이.

Edward Harley's Board 등) 각기 다른 클럽을 이용했다. 그들은 각기 상대방의 파멸을 꾀하는 두 개의 무장 진영이었으며, 그들의 전투원들은 손에 들 수 있는 모든 수단을 가지고 경쟁 선거에 나가 싸웠다. 돈, 술, 여흥, 부끄러운 줄 모르는 일자리 약속, 충격적인 소재의 명예훼손이 동원되었고, 그리고 최후의 수단으로는 협박이 벌어지고, 때로는 그것도 모자라 심각한 싸움이 실제 상황이 되곤 했다.

우리는 많은 선거구에 보존된 선거 기록 문서들을 통해서, 대부분의 선거인들이 후보들에 비해 사회적으로 열등하기는 했지만, 그렇다고 해서 그들이 고분고분하거나 외부의 영향에 쉽게 휘둘리는 사람들이 아니었음을 확인할 수 있다. 매우 경쟁적인 선거가 벌어졌던 카운티(샤이어)의 유권자들은 대개가 자유보유농freeholders이었다. 그들은 글을 읽고 쓸 수 있었으며, 자기만의 의견을 가지고 있었고, 신문과 잡지에서 정보를 얻고 있었다. 검열법이 유야무야되고, 거기에다 비국교도와 가톨릭 신자들에 대한 관용 정책이나 새로운 소비세의 신설 등 당시의 뜨거운 쟁점들에 관해 사람들이 각기 자신만의 고유한 관점에서 접근하는 것이 자연스러운 사회현상이 되면서, 신문과 잡지가 우후죽순처럼 늘어났다. 당시 기준으로 볼 때, 선거인단의 규모는 놀랄 만큼 커지고 있었다. 약 25만 명의 성인 남자가 선거권을 가지고 있었던 것으로 추정되는데, 이는 전체 성인 남자 인구의 약 15%에 해당하는 숫자였다. 그들은 카운티별, 촌락별로 정확하게 반으로 의견이 갈렸다. 아주 소박한 작은 마을의 선거 기록조차 유권자들이 그 지역의 유력한 대지주의 의견과 관계없이 자신들의 선호 정당에 투표했으며, 때로는 선거 때마다 선택을 바꾸기도 했다는 것을 보여준다.

권력을 향한 전투는 너무나 격렬했고 너무나 공격적이었기에 정치인들, 그리고 사욕을 가진 관리들, 글쟁이 서기들, 저질 신문쟁이들, 그리고 난폭한 사내들을 망라한 개별적 진영의 추종자들은 일단 선거에서 승리하고 나면, 상대방에게 아량을 베풀지 않았다. 앤 여왕이 나이가 들어가면서 왕위 계승 문제가 좀 더 예민한 문제가 되자, 각 정당은 사실상 상대 진영에 대해 선제공격을 가하고 싶은 유혹을 뿌리치기 힘들어졌다. 선거에서 패배한 정치인들은 직업과 그동안 증가 추세에 있던 의존적 지지자 집단만 잃는 것이 아니라, 자유까지 잃을 위험이 있었다. 권력과 지위의 상실은 이제 탄핵, 투옥, 그리고 개인적·정치적 파멸을 수반할 수 있었다. 바닥에 쓰러진 적수가 매트에서 다시 일어나는 것을 허용했다가는 자신의 파멸을 자초하는 수가 있었다. 마찬가지로, 거칠고 악의적인 전투가 예상되는 상황에서, 아직은 그것이 위협이 아니라 그저 불편한 상태에 머무르고 있다 하더라도, 그때 그 싹을 잘라내지 못한다면 그것은 아주 치명적인 약점을 드러내는 것이나 마찬가지였다.

그러므로 휘그파는 노령의 앤 여왕 사후에 다가올 자신들의 미래를 내다보면서 가장 짜증스러운 두통거리를 없애버리기로 결정했다. 그는 바로 극단적인 토리파이면서, 고교회파High Church[8] 전도사였던 헨리 새서버럴Henry Sacheverell 박사였다. 1709년 새서버럴은 대적을 갈망하면서, 그의 표현에 따르면, '도전의 깃발을 내걸었으며' 11월 5일 세인트 폴의 런던시 청사 앞에서 1688년의 명예혁명을 가리켜 신으로부터 기름부음 받은 왕에 대한 도전이었다고 비난하고, 또한 휘그들이 비국교도들에 대한 사실상의 관용 정책을 시행함으로써 잉글랜드 교회를 위험에 빠뜨렸다고 고발하는 격렬한 설교를 펼쳤다. 새서버럴의 입장에서 말하는 휘그의 양대 범죄는 진정한 잉글랜드의 모든 것을 뒤집어버렸던 코먼웰스라는 사악한 시절을 다시 불러들이는 것에 버금가는 짓이었다. 그는 그러한 경고의 종소리가 좀 더 널리 퍼질 수 있도록 자신의 설교문 10만 부를 인쇄하여 뿌렸다. 1710년이 되자, 휘그파를 진정한 교회 파괴자로 격하시키려는 그의 운동은 널리 알려졌고 더욱 강경해졌다. 유럽 전쟁의 장기화, 그리고 국민에게 부과되는 높은 소비세로 인해 인기를 잃고 있던 정부로서는 그런 비난의 함성을 무시하고 뻔뻔스럽게 행동하거나, 그게 아니라면 새서버럴이 정말로 위협적인 존재가 되기 전에 그를 짓밟아버릴 필요가

---

8   로마가톨릭교회와 가장 유사한 잉글랜드 국교회의 한 종파 — 옮긴이.

있었다.

　1710년 새셔버럴은 상원에서 탄핵 소추를 당했다. 그리고 그 재판은 정부의 대국민 선전의 측면에서 큰 실책으로 이어졌다. 새셔버럴은 런던 거리의 영웅이 되었다. 프랑스에서 축출당한 후 스피탈필즈Spitalfields 주변에 정착하여 공동체를 꾸려왔던 위그노 교도들을 비롯한 비국교도들의 회합 장소와 예배당들이 뒤집어 엎이고, 잿더미가 되었다. 새셔버럴이 재판정에 출정할 때마다 정육점 주인들이 종자 노릇을 자청하며 호위를 섰고, 그가 가는 곳마다 군중이 떼로 몰려들었는데, 그들은 그의 이름을 연호하며 휘그 정부 각료들을 겨냥한 살해 협박을 공공연하게 입에 담았다. 새셔버럴은 의회 안에서 범죄의 책임을 거꾸로 되물으면서 정부를 비난했을 뿐 아니라, 1688년 사건과 관련하여 그것이 정당한 저항이었다는 휘그당의 해석을 사악한 모순어법에 불과하다고 비판했다. 남서부와 미들랜드의 거의 모든 주요 도시에서 새셔버럴을 지지하는 폭동이 일어났다. 질서의 파괴에도 불구하고 이들을 진압할 충분한 군대를 가지고 있지 못한 상황에서, 정부는 어떤 수모를 감수하더라도 손실을 최소화하는 데 주력할 수밖에 없었다. 새셔버럴에게는 3년간의 설교 금지와 함께, 문제가 된 그의 설교문을 교수 집행인이 불사르도록 한다는, 누가 보아도 명백하게 경미한 처분이 떨어졌다. 이 소식이 전해지자 전국의 군중이 거리로 나와 여기저기 모닥불을 피우고 종소리를 울렸으며, 또 한 차례의 예배당 파괴를 자행했는데, 이 광경은 1660년 왕정복고 때를 연상시켰다. 다음 선거에서는 토리당이 압승을 거두었다.

　1714년 8월 앤 여왕이 세상을 떠나자, 정치권은 잠시 숨을 멈췄다. 또 한 차례의 내전을 비롯하여 여러 가지 정치적 시나리오들이 인구에 회자되었다. 두 당파 사이의 길거리 패싸움이 빈번해졌다. 제1대 뉴캐슬 공작이자 휘그파인 존 홀스John Holles가 고용한 '맥줏집' 자경단은 토리당의 고위 인사들, 그리고 지난번 새셔버럴 폭동 이후 길거리를 지배하고 있던 자코바이트 군중을 상대로 폭력을 행사했다. 소문들이 날개를 달고 돌아다녔다. 앤 여왕이 죽기 전에 하노버 선제후가 아니라 이복동생이자 가톨릭 신자인 제임스 에드워드 스튜어트가 후계자가 되었으면 하는 뜻을 밝혔으며, 이를 확실히 하기 위해 유언장에 서명까지 했다는 이야기도 떠돌았다. 그러나 자코바이트 측의 온갖 노력에도, 카리스마 부족한 중년의 선제후 조지의 왕위 계승에 방해가 될 수도 있었을 그 유언장은 끝내 나오지 않았다. 친親자코바이트 언론들은 선제후 조지를 가리켜 영어를 한마디도 못하는 데다, 한 명은 뚱뚱하고 한 명은 홀쭉한, 그러나 둘 다 못생기기는 마찬가지인 두 정부들과 놀아나며 색이나 밝히는 얼간이며, 아내의 전 연인을 살해하고도 일말의 양심의 가책조차 느끼지 못하는 사람이라는 등 무자비한 조롱을 퍼부어댔다. 조지의 대관식에 맞추어 최소한 스무 곳에 달하는 잉글랜드 시읍들에서 폭동이 일어났다. 충분히 예상할 수 있는 일이지만, 스코틀랜드의 상황은 더욱 좋지 않았다. 인버네스에서는 조지의 왕위 계승 관련 포고령 발표 자체가 그 도시의 주요 관리들에 의해 방해를 받았으며, '신이여, 왕을 구하소서'라는 구절은 '신이여, 그들과 그들의 왕에게 천벌을 내리소서'라는 말에 묻혀버렸다.

조지가 이를 기분 나쁘게 받아들인 것은 너무나 당연한 일이었는데, 그는 이를 토리당이 그 같은 적대적 시위들을 실제로 꾀했거나 부추겼다고 생각했다. 윌리엄 3세만큼이나 전사 군주의 기질이 있던 조지는 토리당이 너무나 성급하게 프랑스와의 평화를 추구했다고 생각했으며, 그 결과로 맺어진 유트레히트Utrecht 조약의 조건들 또한 매우 부적절하다고 평가하고 있었다. 그는 토리당을 권력으로부터 제거하고 싶었다. 토리계 관직 보유자들을 상대로 숙청을 단행했고, 1715년 총선에서는 왕실 배당 예산을 선거에 활용함으로써 그가 바라던 바대로 휘그당의 압승을 이끌어냈다. 오먼드 공작과 볼링브로크를 비롯한 토리당 지도자들은 화해가 불가능한 국왕 밑에서 짧지 않은 초야의 세월을 보내야 할 운명임을 직감하면서 공황 상태에 빠졌으며, 급기야는 제임스 에드워드 스튜어트라는 확률 낮은 카드를 대안으로 선택하는 모험까지 감행하기에 이르렀다. 이제 와서 생각해 보면, 이는 믿을 수 없을 정도로 무모한, 그야말로 그들의 정신이 온전한 상태였는지 의심해 볼 만한 도박이었다. 그러나 새 셔버럴 이후 자코바이트가 10년 전이라면 생각할 수조차 없었을 수준의 세력을 이루어 잉글랜드 정치의 혈류 속에 당당히 자리 잡고 있었던 것은 사실이었다. 다만, 아무리 그렇다 하더라도, 제임스 3세(스코틀랜드로서는 제임스 8세)라는 대안은 하나의 큰 문제를 안고 있었는데, 프랑스의 무력 개입 없이는 성공할 가능성이 없다는 점이었다. 그런데 정작 프랑스와 루이 14세는 수십 년에 걸쳐 지속된 전쟁, 고갈된 재정, 절망적인 피폐화, 기근에 가까운 상황들, 그리고 부분적 점령으로 인한 문제 등으로 완전히 진이 빠져 있었다. 게다가 7년 전인 1708년, 제임스 에드워드를 스코틀랜드에 상륙시키고자 했던 일은, 비록 웨스트민스터를 경악시키고 서둘러 반역법안을 통과시키게 만드는 등 일시적인 혼란을 주는 데는 성공했지만, 결국은 엄청난 대실패로 종식되지 않았던가? 당시 사건의 표면적인 지도자였던 해밀턴 공작은 결정적인 순간에 랭커셔로 사라져버렸다. 잉글랜드의 전투함 전대가 포스만을 봉쇄하고 있는 상황에서 제임스의 얼굴에는 왕답지 못하게 홍역으로 인한 열꽃이 피어 있었다. 잘하면 제임스 8세가 될 수도 있었던 그였지만, 제임스는 끝내 상륙하지 못했다.

이제 1715년 상황에서, 프랑스의 군사 행동이 7년 전보다 더 좋은 계획과 실행으로 이루어진다면 몰라도, 그렇지 않다면 토리당과 자코바이트의 유일한 희망은 스코틀랜드를 필두로 일어날 영국 내부의 봉기뿐이었다. 내부 봉기의 가능성은 높았다. 대니얼 디포 같은 연합왕국 촉진자들에 의해 개요가 그려졌던 상호 번영과 범브리튼적 화합이라는 빛나는 전망은, 물론 아직 현실화되지 못하고 있었다. 고지대를 포함하여 스코틀랜드의 경제 상황이 1707년에 비해 더 나빠지지는 않았지만, 그럼에도 불구하고 리넨, 몰트malt, 그리고 소금에 대한 새로운 세금이 도입되었고, 스코틀랜드의 대對잉글랜드 수출은 그다지 큰 이익을 얻지 못하고 있었다. 1708년의 자코바이트 음모 사건의 실패 이후 잉글랜드의 반역법이 스코틀랜드와의 경계 지역에도 적용되었고, 이는 그 지역 주민들에게 새로운 고통을 안겨주었다. 스코틀랜드에서 연합왕국의 탄생으로 가장 명백한 혜택을 받은 사람들은 아가일Argyll 공작의 예처럼 그 이전부터 이미 가장 부유하고 가장 권력이 큰 사람들이었다. 그러나 1713년에서 1714년까지 앤 여왕 치하 토리 정권 치하에서 스코틀랜드 장관을 지냈던 마르 백작 등을 비롯한 다른 귀족들은 그들과 생각이 달랐다. 1715년, 그들은 휘그가 지배하는 긴 겨울이 다가오고 있음을 깨닫고 이를 저지하기 위해 행동에 나섰지만, 결국은 자신들의 우려를 현실로 바꾸어놓은 셈이 되었다.

제임스가 프랑스 군대와 함께 상륙할 것이다. 그리고 노섬브리아의 옛 가톨릭 지역에서 잉글랜드인들의 봉기가 일어날 것이다. 이렇게 두 개의 가정을 전제로 마르 백작은 그해 9월 브래마Braemar에 있는 조상 전래의 사슴 사냥터에서 깃발을 들어올렸다. 역시 조지에 반감을 품고 있던 북동부 저지대의 귀족들이 그에게 합류했으며, 서부에서는 (모두는 아니지만) 일부 씨족들이 고지대 동족들을 결집시킬 채비를 서두르고 있었다. 고지대뿐 아니라 사실상 스코틀랜드 전역에서 하노버 왕조에 대한 충성심이 놀라울 정도로 녹아 없어지고 있었다. 에든버러성에는 방어용 해자가 만들어지고 있었다. 런던에서는 식은땀이 흘렀다. 이미 그해 6월에 조지 1세를 유사시 네덜란드로 급히 피신시킨다는 계획이 마련되었다.

1715년 반란은 1745년보다도 더 많은 이점을 가지고 있었지만, 그럼에도 불구하고 자코바이트는 연합왕국과 독일계 국왕을 무너뜨리기에는 턱없이 솜씨가 부족했다. 11월 13일 셰리프미어Sherriffmuir에서 마르의 자코바이트 병력 4000명은 그보다 훨씬 숫자가 적은 1000명가량의 아가일 공작의 부대와 싸워서 무승부에 그치며 글래스고나 에든버러를 장악하는 데 실패했다. 반란군은 왜 지연되고 있는지 그 이유를 짐작조차 할 수 없었던 프랑스군을 여전히 기다리면서 실속 없는 행군과 후퇴를 거듭하는 가운데, 자신들의 봉기가 탄력을 상실하고 있다는 것을 발견하게 되었다. 잉글랜드와 스코틀랜드의 반군 병력은 그들이 한 몸이 되기도 전에 이미 분리되기 시작했으며, (과거의 수많은 사례와 마찬가지로) 기껏해야 습격조나 파괴조의 역할을 수행하다가 랭커셔에서 궁지에 몰리는 형편이 되고 말았다.

그들에 대한 최후의 일격은 트위드강과 테이Tay강에서 아주 멀리 떨어진, 베르사유로부터 날아들었다. 마르 백작이 스튜어트 왕조를 위한 거사를 일으키기 바로 며칠 전, 스튜어트가의 가장 큰 후원자인 루이 14세가 젖먹이 증손자를 후계자로 남기고 사망하고 말았던 것이다. 섭정을 맡은 오를레앙Orléans 공작의 입장에서는 국가를 안정시키는 것이 우선이었다. 그러자면 과중한 조세 부담을 경감시켜야 했고 평화 정책은 필수 조건이었다. 그러니까, 프랑스군의 침공은 그 순간 이미 물 건너 간 것이었다.

1714년 12월 22일 스코틀랜드에 상륙했던 제임스는 그로부터 정확하게 6주 만에 프랑스로 되돌아갔다. 그리고 얼마 되지 않아서 그와 아일랜드인들, 스코틀랜드인들, 그리고 잉글랜드인들을 망라한 3000명의 자코바이트 망명 세력은 그동안 루이 14세의 끈질긴 환대 덕분에 머물러오던 생 제르맹St Germain을 떠나 그보다 형편이 조금 떨어지는 로렌의 바르 르 뒤크Bar-le-Duc로 거처를 옮겼다. 그들의 명분은 여전히 실제보다 과장되어 있었다. 진실을 말하자면, 이제 그들은 고비용의 골칫거리일 뿐이었다.

잉글랜드의 휘그 정부와 국왕은 조금은 편히 숨을 쉴 여유가 생겼다. 북쪽 지방의 백작들은 반역의 대가로 그들의 선조들이 1569년에 그러했듯이, 옛 방식대로 참수되었다. 그 덕분에 더웬트워터Derwentwater 백작은 1716년 2월 24일 런던 타워의 사형장에서 장려한 연극조의 연설을 할 수 있었는데, 그 원고는 자코바이트 계의 성인聖人 전기 작가들에게 맞춤 주문한 것이었다. 비록, 모든 것이 다 지나간 시점에서 돌이켜보면 1715년의 봉기가 찻잔 속의 태풍처럼 보일 수도 있고, 또한 역대 휘그 정부들이 정적들을 겁주거나 투옥하고자 할 때 1715년의 이 자코바이트 유령을 주문처럼 불러내어 하나의 편의적인 정치 수단으로 활용한 측면이 있는 것도 사실이지만, 당시로서 그 위험은 실로 심각한 수준이었다. 그리고 위험이 완전히 사라진 것도 아니었다. 1719년 3월에는 29척의 소규모 무적함대가 5000명의 병력과 3만 명분의 무장을 싣고 카디즈항을 떠나 스코틀랜드로 항행을 시도한 적도 있었다. 프로테스탄트의 신풍이 불어 코루냐Coruña 근처에서 그들을 분산시켰고, 그에 따라 참주 제임스의 꿈도 좌절되었지만 말이다.

그럼에도 영국이 휘그와 조지의 뜻대로 움직인 것은 아니었다. 1715년, 심지어는 1720년에도 마찬가지이지만, 그 누군가가 다가올 20년 동안 영국의 정치바람이 놀랄 만큼 속도가 잦아질 것이라고 내다보았다면, 그 예상은 하릴없이 빗나간 것이었다. 그럼에도 불구하고 과열된 활동항진증과 극도로 격앙된 당파 싸움으로 악명 높은 영국의 정치 세계에서, 초기 하노버 시대의 영국을 비교적 차분하고 안정적으로 끌고 가는 정치적 경지가 발현된 것은 사실이었다. 그리고 그것이 있게 한 주역은 로버트 월폴Robert Walpole 경이었다.

자신을 '상식을 가진 사람'으로 표징 되도록 만드는 것은 월폴의 직관이었다. (그리고 그에 상응하는 정도의 계산도 작용했다.) 그는 진중함이 배인 '온당함'과 상식적 실용주의가 노퍽 젠트리 계층의 전통으로부터 자연스럽게 발원한다는 인상을 주려고 노력한 만큼, '대지주 월폴'은 전형적인 농촌 젠틀맨을 닮았고, 국왕 조지는 그만큼 평균적인 농부에 가까웠다. 자신이 그렇게 고백한 적은 없지만, 월폴의 정치적 접근 방식은 존 로크의 영향을 받은 것이 거의 틀림없다. 『정부에 관한 두 개의 논고』보다는 『인간 지성론An Essay Concerning Human Understanding』의 영향이 더 컸던 것으로 보이는데, 『인간 지성론』은 1690년 처음으로 출판되었고, 월폴이 정치적 수업을 받고 있던 무렵에는 이미 여러 가지 판본을 통해 널리 알려져 있었다. 물론 월폴의 관심은 로크 인식론의 구체적 관점들, 그러니까 신뢰할 만한 지식을 구할 수 있는 방법론으로서의 과학에는 이르지 않았다. 그러나 다른 많은 동시대인이 그러했듯이, 경험이 아닌 계시에 기반을 둔 진실이라면 그것을 단호하게 거부하는 로크의 태도만은 확실하게 받아들이고 있었다. 만약, 상호 용납할 수 없는 신념들, 말하자면 정치권을 그토록 매섭게 양분하는 그 신념들이 반박할 수 없는 통찰의 결과로써 얻어진 것이 아니라 어떤 특정한 역사적 과정에서 만들어진 우연의 산물이라면, 그것은 또 다른 역사적 우연에 의해 사라질 수도 있었다.

따라서 월폴은 '올바름righteousness'의 정치가 아니라 '온당함reasonableness'의 정치를 주재하기로 했다. 그의 관리자적 자세는 비정치적 삶을 구현하기 위한 공간을 만들고자 하는 것으로서, 이는 모든 것을 정치적으로 재단하면서 17세기를 지배했던 고전적 전통과는 전혀 어울리지 않는 원칙이었나. 월폴은 물질적 만족의 추구가 상호 파괴적 이념들의 각축전을 무디게 할 수 있다는 근대적 본능을 가지고 있었으며, 따라서 그는 염증으로 고통 받는 정치적 신체를 쾌락주의라는 이름의 연고를 통해 가라앉히기로 했다. 이는 공적, 그리고 개인적 삶의 지배적 본능이 비타협, 불관용, 그리고 무조건 반대에서 재산, 평온함, 그리고 쾌락이라는 새로운 요소들로 교체되는 것을 의미했다. 악의적 명예훼손과 무모한 음모보다는 벽판으로 장식된 도서관과 사냥감으로 가득한 사슴 사냥터가 젠틀맨들의 삶에 더 도움이 될 것이었다. 보통 사람들에게는, 술에 취해 벌이는 소란과 폭동보다는 정직한 노동과 소박한 욕구들의 만족이 더 도움이 될 터였다. 물론, 정치적 평화에 동조하는 이런 목가적 견해가 확산된 데에는 사적 이익의 추구라는 요소가 결정적으로 작용했다. 월폴이 무해한 잉글랜드 정치를 추구한 주된 목적은 정적들을 이빨 빠진 상태로 있게 만드는 것이었다. 그러나 한편으로는 그가 찰스 2세의 죽음 이래 잉글랜드인들의 공적 생활을 손상시키는 등 극심한 당쟁이 가져온 국민적 탈진감을 어느 정도 활용한 것도 사실이었다. ≪관중the Spectator≫의 편집자 리처드 에디슨Richard Addison은 많은 사람을 위해 다음과 같이 썼다. '하나의 정부를 뚜렷이 구분되는 두 집단의 사람들로 가르고, 상대방을 다른 나라 국민보다도 더 낯설게 대하도록 만드는 이 끔찍한 분열의 영혼은 어떤 한 나라에 닥칠 수 있는 가장 큰 심판이다. … 최고 수준의 폭위를 떨치고 있는 맹렬한 당파심은 온 나라를 분노와 원한으로 채우며, 온화함, 연민, 그리고 인간애의 모든 씨앗을 절멸시키고 있다.'

월폴에 의해 작동된 해독제는 그의 세대가 '공손함politeness'이라고 불렀던 것으로서, 이는 좋은 매너를 뜻하는 근대적 의미의 뜻이라기보다는 (물론 그것이 중요하지 않다는 이야기는 아니지만) 교양 있는 자제를 의미하는 것이었다. 공손한 사람이란, 열정적인 사람과는 달리, 사람들을 갈라치는 것이 아니라 오히려 사람들 사이의 사회적 유대를 강화시키려고 하는 사람을 의미했다. 다시 말하면, 그들은 사회적 부분들 사이의 갈등과 불화를 필연적인 것으로 만들기보다 각 부분 사이의 상호 의존성에 대한 사회적 공감대를 만들고자 한다는 것이다. 그러므로 월폴의 실용주의가 추구한 위대한 프로젝트는 신념에 근거했던 브리튼 정치의 주제를 부를 축적하기 위한 실용적 비즈니스로 바꾸려는 시도와 다름 없었다. 그는 사적 이익의 추구를 공격적인 이기심과 혼동하지 말아야 한다고 이야기하고 싶어 했을 것이다. 왜냐하면 그가 생각하는 사적 이익의 추구는 국민을 수많은 개별적인 부분으로 나누는 대신, 국가라는 상호 화합적이고 생산적인 기업 안에서 그들을 묶어주는 역할을 할 것이기 때문이었다. 이렇게 다양한 사적 이익이 추구되는 가운데에서 좀 더 큰 국가적 선善이 창출될 것이었다. 끊임없는 전쟁과 무질서로 귀결될 수밖에 없는 가차 없는 원칙들 간의 싸움을 원하는가? 아니면 그가 제공하고자 하는 대안, 즉 지주들이 늘 불평해 마지않는 무거운 토지세 부담을 줄여줄 평화와 정치적 안정을 가져오길 원하는가? 따지고 보면, 평화와 정치적 안정은 오늘날에도 건강한 비즈니스 환경을 위해 바람직한 것으로 간주하는 요소들이 아닌가?

월폴은 처음부터 미래의 정치는 종교적 열정이나 법적 논쟁이 아니라 자산 관리에 더욱 집중하는 것이 되어야 한다는 것에 무게를 두고 있었다. 그는 토리당의 권력이 한창이던 1712년, 횡령 혐의로 감옥에 갔던 적이 있는데, 그때의 고통스러운 경험은 정치적 운과 재정적 운 사이에는 밀접한 상관관계가 있다는 교훈을 주었다. 1720년, 그는 그때의 때 이른 깨달음을 활용할 수 있는 좋은 기회를 맞았다. 그는 조지 1세 치하 휘그 정부에서 장관직을 5년간에 걸쳐서 띄엄띄엄 맡았다. 1720년 무렵 토리당은 하원에서 여전히 200석 가까운 의석을 가지고 있었지만, 에드워드 스튜어트에게 잠시나마 던졌던 추파가 오히려 생존을 위협하는 부메랑으로 되돌아와 한동안은 숨을 죽이고 있어야 했다.

그럼에도 휘그당은 지배적 위치를 공고화하기는커녕, 이념보다는 소속 집단의 이해관계에 사활을 건 경쟁적 귀족들과 파벌로 인해 균열 상태에 있었다. 지독한 야망을 품고 있던 월폴 또한 약간의 스치는 피 냄새에도 민감하게 반응하는 콧구멍을 가지고 웨스트민스터 정부 주변을 맴도는, 여느 파당 사람들과 마찬가지로 비도덕적이고 약삭빠른 상어들 중의 하나일 뿐이었다. 그에 대한 평판이 '약삭빠름'에서 '불가결한 사람'으로 바뀐 것은 1720년 남해 회사 거품 사건 the South Sea Bubble이었는데, 그것은 그가 스스로 조심스럽게 쌓아온 노력의 결과이기도 했다.

남해 회사the South Sea Company가 꿈꾸던 계획은, 아마도 잉글랜드 은행의 이사들을 제외하고는, 모든 사람을 행복하게 만든다는 것이었다. 그들이 가장 공들이던 프로젝트는 국가 채무의 상당 부분을 사유화한다는 것을 핵심으로 하는 매우 단순한 아이디어였다. 정부의 전쟁 예산 수요가 좀 더 급박해짐에 따라 연금처럼 매년 장기 약정으로 지불해야 할 국채 연금 이자율이 연 6%까지 치고 올라간 상황에서 나온 아이디어였다. 1711년에 설립된 남해 회사는 일반적인 상업 기업이라기보다는 하나의 재정관리 조직처럼 움직여왔는데, 이번에는 정부 채무를 사들이겠다는 제안을 해온 것이었다. 연금과 마찬가지로 권리권자가 죽을 때까지 매년 이자를 지급 받는 장기 무상환 국채 보유자들에게 그것을 남해 회사 주식과 교환하도록 권유하겠다는 계획이었다. 그렇게 해서 무려 4000만 파운드의 출자금을 확보하게 된 남해 회사는 '남해와 서인도 제도'에 대한 독점적 무역권을 가지게 될 예정이었다. 미시시피 회사the Mississippi Company를 설립했던 스코틀랜드 출신 금융업자 존 로John Law가 고안하여 프랑스에서 즉흥적으로 시행하고 있던 유사한 계획은 그 순간만큼은 꿈처럼 실현되고 있는 것처럼 보였다. 그러나 이 같은 이국적 부의 환상이 주는 매력적 전망에도 불구하고, 사람들은 남해 회사가 배 1척 없이도 명망을 얻고 있는 불가사의한 존재이며 본질적으로 자산관리회사라는 것을 알고 있었다. 그럼에도 국채 보유자들이 자신들의 채권을 남해 회사의 주식으로 교환한 단 하나의 이유는 남해 회사 주식의 빠른 가치 상승이 실현될 것이고, 그렇게 되면 그들이 평생 매년 받는 이자 수입으로는 꿈도 꿀 수 없는 큰돈을 만들 수 있을 것이라는 믿음 때문이었다.

그들의 예상은 들어맞는 듯했다. 1720년 1월과 6월 사이, 남해 회사의 주식은 128파운드에서 950파운드로 올랐으며, 6월 24일에는 1050파운드로 그 정점을 찍었다. 국채 보유자들이 그 부의 보증서를 손에 넣기 위해 구름떼처럼 몰려 경쟁을 벌이는 바람에 주식 가격이 지붕을 뚫고 올라가는 일이 벌어진 것이다. 지대도 올라갔다. 이제 실체 없이 명의만 있을 뿐인 새로운 회사들이 우후죽순처럼 나타나 외양만 그럴싸한 상업적 근거를 내세우며 사람들을 유혹하고 있었다. 사람들의 머리카락, 대청大靑,[9] 또는 산호 채취를 거래한다는 회사들도 나타났다. 재무부의 회계 감사관으로 일하고 있던 에드워드 할리는 옥스퍼드 백작이 된 형 로버트에게 5월 23일 보낸 편지에서 '주식 투기의 광기가 상상을 뛰어넘는다'라고 썼다. 붐이라는 현상이 언제나 그러하듯이 그 순간만은 그것이 영원히 지속될 것만 같았다. 공적 이해와 사적 이해 사이에 완벽한 조화가 이루어진 것처럼도 보였다. 그러한 상황은 일부 유력한 주식 보유자들이 더 이상은 아니라고 판단하고 그때까지 챙긴 이익을 가지고 장을 떠날 때까지 지속되었다. 아이작 뉴턴Isaac Newton은 7000파운드를 벌었다. 런던에 자신의 이름을 딴 병원을 설립하기도 했던 토머스 가이Thomas Guy는 18만 파운드를 챙겼다. 주식 매도 동향이 가속화되고 주식 가격이 돌연 떨어지기 시작하더니 급기야는 폭삭 무너지는 국면을 맞았다. 순식간에 투자자들은 극심한 패닉 상황에 빠지고, 주식가격은 자유낙하를 경험하고 있었다. 9월 1일과 10월 1일 사이, 주식 가치는 725파운드에서 290파운드로 떨어졌다. 하룻밤 사이 한몫 단단히 잡을 꿈을 꾸었던 수많은 투자자에게는 이제 옛 연금도, 가치 있는 어떤

---

9 고대인들이 몸과 얼굴에 칠하는 데 사용한 청색 물감, 또는 그 원료가 되는 풀을 말한다 — 옮긴이.

다른 주식도 남아 있지 않았다. 런던데리Londonderry 경은 5만 파운드를 잃었다. 좀 더 지위가 낮은 사람들 중에도 나자빠진 사람들이 상당수 있었다. 온 나라가 가치 없는 종이 쪼가리들과 씨름하면서 누군가 비난의 대상을 찾아 전전반측하고 있었다.

비난의 대상으로 지목 받을 만한 사람들은 많았다. 1718년에서 1728년까지 재무장관을 지냈으며 월폴의 주요 정적 중 하나였던 존 아이슬라비John Aislabie는 거의 100% 이익으로 챙긴 7만 7000파운드 상당의 남해 회사 주식을 보유하고 있었다. 제3대 선덜랜드 백작 찰스 스펜서Charles Spencer는 남해 회사 프로젝트의 주요 후원자였다. 월폴은 이들과 달리 자신은 비난의 대상이 되지 않을 것임을 확신하고 있었다. 그는 언젠가 남해 회사에 대한 조그마한 의구심을 슬쩍 흘린 적이 있었는데, 이제 그는 자신의 그 발언이 마치 깊고 진지한 숙고 끝에 나온 우려였던 것처럼 포장하고 있었다. 그러나 사실을 따져보면, 그가 선견지명이 있어서라기보다는 단지 운이 좋았을 뿐이었다. 그 자신도 많은 투자를 한 것이 사실이었는데, (상황 판단이 빨랐던 토머스 가이와 달리) 주식들을 너무 빨리 팔아버렸고, 나중에 그것을 후회하면서 다시 사들이려고 하는 순간, 주식이 하락하기 시작했던 것이었다. 그리고 결정적인 것은 우편 지연으로 인해 그의 구입 주문이 때맞추어 이루어지지 못한 것이었다. 그러나 월폴은 그의 예지력에 관한 전적으로 근거 없는 대중의 감탄을 애써 누그러뜨릴 생각이 없었다. 그리고 그가 그 순간에 발휘할 수 있었던 진정한 기술은 돈을 부리는 신기가 아니라 위기관리였다. 그는 어찌 되었건 정부 재정은 그 덕분에 안정적인 기반 위에 굳건히 놓이게 되었다는 사실을 너무나 잘 알고 있었다. 개인 투자자들이 입은 손실이 얼마이건, 재무부는 기존 국채 연금 증권의 거의 80%가량을 남해 회사에 떠넘길 수 있었던 것이다. 재산을 날린 사람들도 있지만, 누군가 이익을 챙긴 사람들도 있었다. 그러므로 목전에 닥친 위기는 재정적이라기보다는 심리적인 것이었다. 1932년 미국의 프랭클린 루스벨트Franklin Roosevelt 대통령처럼, 월폴은 자신에게 맡겨진 최우선 과제는 자기 증식적인 공포를 차단하는 것이라는 것을 잘 알고 있었다. 그것이 아무리 모호하게 규정되거나 애매하게 보증되는 한이 있더라도 남해 회사 사태와 관련한 모종의 구제 대책이 필요한 것은 사실이었다. 다행히도, 월폴의 기민한 투자 관리자이며 은행가였던 로버트 자콤Robert Jacombe이 그럴듯한 방안 하나를 내놓았는데, 그것의 골자는 남해 회사 주식을 잉글랜드 은행이 관리하는 탄탄한 채권으로 전환하는 것이었다.

사실은 월폴이 말한 내용 자체보다는 그의 말하는 방식이 더욱 효과가 있었다. 그가 하원에 출석하여 자연스럽게 우러나오는 온정과 침착한 성정으로 연설을 시작하자 피해자들은 안정을 되찾기 시작했고, 마치 자신들이 소장하고 있던 최고급 포트와인을 한두 잔씩 마신 것처럼 뚜렷한 이유 없이 기분이 좋아지기 시작했다. 하지만 더욱 좋았던 것은 월폴이 읽어준 대차대조표였다. 평상시에는 당혹스러운 불안감과 함께 자신들을 땀 흘리게 만들던 그것이 그 시간에는 웬일인지 충분히 이해할 수 있는 것으로 마치 기적처럼 다가왔던 것이다. 그들이 보았던 것은 세상의 끝이 아니었다. 그들은 여전히 마차, 그리고 사냥개들과 함께하는 생활을 할 수 있게 된 것이었다.

그렇게 해서 빠른 시간 안에 월폴은 재정적으로, 그리고 정치적으로 침몰하고 있던 자산가들에게 닻을 내릴 수 있는 바위의 역할을 제공해 주었다. 그리고 그는 이번 재앙과 관련하여 비난 받을 소지가 있는 사람들을 위해 '스크린 매스터Skreen Master' 역할을 하는, 요즘 언어로 말하면 '스핀의 대가master of spin'[10]라는 이름으로 알려지게 되었다. 무엇보다도 그는 남해 회사 거래를 성사시키기 위해 누가 누구를 매수했는지에 대한 엄청난 정보를 가지고 있었기에 모든 사람이 그에게 빚을 지고 있는 셈이었다. 존 아이슬라비는 희생되어야 했지만, 선덜랜드 백작(찰스 스펜서)은 구제되었다. 국왕 조지는 (그의 정부들과 마찬가지로) 손이 깨끗하다고 할 수 없었지만, 그럼에도 그는 자신을 향한 존경과 감사

---

10   어떤 명확한 사실에 대해 달리 해석될 수 있는 관점을 제시하는 데 통달한 사람을 뜻하는 속어
     — 옮긴이.

의 목소리에 들떠 있었다. 한때 월폴의 주제넘은 야망을 곱지 않은 시선으로 보았던 선덜랜드를 비롯한 내각 동료들은 이제는 자신들의 감옥행을 막아준 월폴의 사려 깊은 결단은 말할 필요도 없고, 스프레드시트spreadsheet를 다루는 그의 신기에 가까운 능력에 고개를 숙였다. 하원을 가득 채운 휘그당 의원들은 대중의 분노를 가라앉혀준 그를 사랑할 수밖에 없었다. 좀 더 독립적인 태도를 견지하고 있던 지방의 젠트리 계층조차 월폴이 최소한 조세 부담을 가중시킬 수 있는 대외 전쟁을 벌이지 않겠다는 약속을 잘 지키고 있다는 것만은 인정하고 있었다.

수상Prime Minister이라기보다는 최고 관리자Prime Manager를 자처했던 월폴은 관례를 떠나서 '국가재정위원장' 직을 맡아 하원에 머무는 것으로 자신에 대한 의원들의 긍정적 평가에 화답했다. 정치적 배려는 의사 결정의 일부였다. 하원에는 토리당의 핵심 세력뿐 아니라 상당한 숫자의 독립파 의원들이 있었는데, 월폴은 내각이 하원을 지배하기 위해서는 이 두 개의 파벌을 분리 유지할 필요가 있다고 생각했다. 그리고 월폴은 많은 공을 들여서 조심스럽게 하원의 충성심을 조직화했다. 체스터필드Chesterfield 백작은 '월폴의 하원 사랑은 대단한 것이어서, 하원에 출석할 때면 마치 연인이 정부를 만나러 갈 때처럼 조심스럽게 옷을 단장하고는 했다'라고 말했다. 월폴은 이념적 동조보다는 상호 이익에 기반을 둔 유대 관계에 방점을 두면서, 연줄과 의무의 영토를 구축해 나갔다. 그것은 작지만 강력한 효과를 발휘하기 시작했다. 월폴과 경쟁하던 정치인들 중에는 윌리엄 펄트니William Pulteney와 존 카터렛John Carteret 등 '애국적' 웅변술을 구사하는 휘그당의 전문적 선동가들이 있었는데, 그들은 웅변에서는 월폴을 언제든 무색하게 만들 수 있었지만, 식사 정치에 있어서만은 결코 월폴을 이길 수 없었다. 월폴은 휘그당의 모든 초선 의원과 단 둘이 식사 시간을 갖는 것을 원칙으로 삼았다. 당신의 손에 월폴이 내놓은 최고급 적포도주 한 잔이 들려 있고, 나무 쟁반 위에는 양고기 뒷다리살의 육즙이 흐르는 것을 상상해 보라. 그리고 마치 당의 생명과 나라의 운명이 오롯이 당신에게 달려 있다는 듯이 '수컷 울새Cock Robin', 즉 월폴의 휘황한 두 눈이 당신을 향해 호의적으로 반짝거린다면, 당신이 어찌 그의 이익을 위해 영원한 헌신과 충성을 맹세하지 않을 수 있겠는가?

그리고 분명히 말하건대, 거기에는 일자리 문제가 있었다. 월폴은 가용할 수 있는 광범위한 규모의 후견권을 가진 제국의 심장에 위치해 있었다. 물론 월폴 이전에도 추종자들에게는 관직들을 나누어주고, 비협조적인 자들로부터는 관직을 삭탈한 수상들이 없었던 것은 아니다. 달라진 것은 그 규모였다. 수십 년 동안이나 지속된 오랜 전쟁 기간을 통해 영국의 국정 규모는 크게 확장되었으며, 특히 관세, 소비세, 토지세의 사정 등 세입 증대와 관련하여 전략적으로 수지맞는 부서들의 일자리가 엄청나게 늘어났는데, 이는 월폴에게 전례 없이 풍부한 일자리 분배권이 생겼음을 의미하는 것이었다. 그중 어떤 자리들은 그저 편안히 앉아서 세금만 징수하면 그뿐, 그 이상 아무것도 요구되지 않는 순수한 한직들도 있었지만, 이들 일자리 또한 하원의 표 확보를 위해 매우 유용한 자산이기는 마찬가지였다. 실질적인 노력, 심지어는 약간의 청렴성까지 요구하는 일자리들도 상당수 있었다. 어느 쪽이건, 이들 관직은 보유자들에게 수입과 더불어 사회적 지위까지 부여해 주었고, 이는 특히 농촌이건 도시건 출신 지역에서 아무런 존재감이 없던 사람들에게는 그 존재를 확인시켜 주는 역할을 했다.

지금 이 시점에서 돌이켜보면, 월폴이 구축하고자 한 것은 브리튼섬을 통틀어 최초의 (사실상 세계 최초의) 정당 정치 조직이었다. 그는 (후견권 행사의 결과로) 자신이 원하는 방향으로 투표권을 행사할 조직적인 정당 구성원들을 의회 내에 두고자 했던 것이다. 거기에다, 1716년 (위험스러운 자코바이트 세력을 저지한다는 구실로) 7년 기한법Septennial Act이 제정된 이래 선거가 7년에 한 번씩만 치러지고 있었으므로, 의원들의 일자리 임기 또한 그만큼 길게 보장되고 있었다. 월폴은 또한 (자신이 그렇게 믿고 있었던 것처럼) 국가 이익을 극대화하기 위해 부지런히 일하고 있음을 국민에게 홍보해 줄 값싼 글쟁이들도 고용하고 있었다. 그뿐 아니라, 그는 국왕 조지 2세까지도 마음대로 움직일 수 있었는데, 그가 왕과 왕비가 사치스러운 생활을 유지하는 데 필요로 하는 연간 왕실예산을 충분히 확보할 수 있는 관리 능력의 소유자였기에 더욱 그러했다. 월폴은 거기에 더하여 관직보유자들, 추종 조직원들, 그리고 열성 휘그당원들로 이루어진 의회 내 자신의 조직 대오를 그 누구도 흩뜨릴 엄두도 내지 못하게 할 방책이 있었는데, 그것은 잠재적 적수의 무모한 시도를 사전에 좌절시키는 데 사용할 수 있는 정보수집 활동이었다.

그 누구도 자신을 건드릴 수 없다는 월폴의 자신감이 가장 잘 표현된 공간이 노퍽에 지은 그의 집이었다. 그것은 과거 울지Wolsey 추기경이 햄프턴 궁전을 짓는 실수를 범한 이후 가장 으리으리하게 지어진 비非귀족용 주택이었다. 그의 호턴 홀Houghton Hall은 화려함의 결정판이며, 휘그 버전의 도원경이었다. 월폴은 돈으로 살 수 있는 것은 모두 사들였다. 엄청난 양의 대리석, 무늬 장식이 있는 다마스크damask 직물, 물결무늬가 있는 실크 직물, 화가이자 건축가인 윌리엄 켄트William Kent가 유별나게 값비싼 마호가니mahogany를 재료로 해서 제작한 가구, 골동품 흉상, 그리고 티치아노, 루벤스, 푸상Poussin, 홀바인Holbein 그리고 무리요Murillo 등이 그린 르네상스와 바로크 시대의 걸작 미술품이 그런 것들이었는데, 이들은 로마, 마드리드 등 일부 전략적으로 배치된 대사 및 영사들을 통해 구입되어 이스트 앵글리아에 있는 그의 호화 저택으로 운반되었다. 그림 감상과 감정에 주체할 수 없을 정도의 흥미를 갖고 있었던 월폴의 아들 호러스Horace가 부친의 수집품들을 보면서 예술을 보는 눈을 길렀다는 것은 말할 필요조차 없다. 호러스 월폴Horace Walpole은 프랑스제 실크로 만든 옷을 입고, 그에게 전담된 하인들의 시중을 받으면서, 바로 그 호화 주택에서 성장기를 보냈다. 그럼에도 월폴의 호턴 홀은 그가 지주 계급에게 약속했던바, 눈이 휘둥그레질 정도로 풍족한 생활을 실증적으로 보여주는 효과만 있는 것은 아니었다. 그것은 회의적인 시각을 가진 사람들을 상대로 나라의 운명을 (그리고 돈을) 확실하게 장악할 수 있는 사람들만이 그 정도로 두드러지는 낭비적 삶을 향유할 수 있다는 것을 충격적으로 인지하게 하려는 사치스러운 시위이기도 했다.

그의 접대는 호화로웠다. 월폴이 그에게 와인을 공급했던 거래처 여섯 곳 중 어느 한 곳에 돌려준 빈 병이 단 한 해에 500다스가량이나 되었다. 당시 일명 '노퍽 회의'라고 불리던 그의 파티에서 오브리옹Haut Brion이나 라피트Lafite 등의 최고급 와인을 마셔본 사람들이라면, 국왕 조지에게 왕위가 있다면, 월폴에게는 궁전이 있다고 말했으리라.

에드워드 할리같이 월폴을 비판하던 사람들은 아마도 이 호턴 홀을 '식견이나 감식안도 없이 엄청난 비용만 과시한다'며 상스럽다고 경멸했을지도 모른다. 그러나 계몽된 이기주의[11]에 대한 월폴의 부끄러움 없는 호소는 사회적인 전염성이 있었다. 코앞에서 달랑거리거나 반짝거리는 상품들에 혹한 영국의 지배층(귀족 180여 명과 지방 젠트리 1500명가량)은 당파적 열정이 아닌 팔라디오 양식의 건축물을 가지기 위해 줄을 섰다. 그들은 상대방을 향해 고함치는 일을 중단하고 건축을 시작했다. 이는 사회적으로 추잡한 것으로부터 회피하는 방편이기도 했다. 월폴의 정치적 경영의 요체가 바로 정치적 호전성으로 인한 소음을 최소화하는 데 있었던 것처럼, 휘그당 집권층에게 매력적으로 다가갔던 건축양식 또한 그들을 물질세계에서 일어나는 지저분한 변칙과의 어떠한 접촉도 끊어내는 의미가 있었다. 잘 관리된 국가는 잘 편집된 풍경에 의해 보완될 수 있을 것인바, 그 풍경들은 월폴이 주도하던 잉글랜드에서 가장 널리 평가받고 있던 '조화'라는 가치 속에서 발현되어야 그 의미를 제대로 가질 수 있었다. (은밀한 자코바이트였을 것으로 추정되는) 제3대 벌링턴Burlington 백작 리처드 보일Richard Boyle 같은 건축계 거장들의 논문을 보면, 부분들 사이에서 어떤 조화로운 합의를 끌어내는 것은 과거 고대인들이 생각했던 것과 마찬가지로 기하학의 문제였다. 그럼에도 하노버 시대 지방 주택들의 건축적 결합과 품위는 억지

---

11 타인의 이익을 위해 행동하는 사람이 궁극적으로 얻게 되는 사적 이익을 말함 ─ 옮긴이.

로 짜 맞춘 것 같은 부자연스러움이 있는 것이 사실이었다. 다시 말하면 현실의 조작을 통해 얻은 표면적 조화이며, 분리와 말살을 통해 성취한 지속적 공간들과 시선들이었던 것이다.

이전에 지어진 지방의 저택들이 가장 빈번하게 마주했던 풍경은 이웃 촌락이나 소교구 교회로 연결되는 도로였었다. 그러나 이제 특정인의 사회적 지위는 일반 촌락민들과의 거리로써 측정되었고, 따라서 품위 있는 주택일수록 자체적으로 담을 두른 대정원 속에 더욱 깊숙이 자리 잡게 되었다. 호턴에는 석제 원주가 하나 있는데 한때 그곳에 있었던 촌락의 위치를 표시하는 것이었다. 그러나 그 촌락은 월폴 저택과의 근접성으로 인해 하나의 불편한 존재로 인식되었고, 결국은 해체되어 문밖으로 옮겨졌다. 방문객들은 일단 (베르사유나 블렌하임Blenheim처럼) 저택 주인의 문장이나 모노그램monogram(합일문자)이 표시된 거창한 쇠창살 장애물을 지나 안으로 들어온 뒤에, 잘 관리된 영지 내부와 야생 숲을 구분하기 위한 목적으로 심어진 느릅나무나 버즘나무 사이로 난 기다란 진입로를 통해 저택으로 접근할 수 있었다. 진입로의 폭은 저택의 아름다운 경관을 특별한 방식으로 표현하기 위해 시각적인 계산을 통해 결정되었으며, 집 건물은 마치 연단 위에 놓인 왕관처럼 평지보다 높이를 돋운 잔디 연단 위에 세웠다. 또한 저택 주변을 촌스럽게 제멋대로 방치하는 대신, 관상용 가축으로 조심스럽게 선택된 양이나 소의 무리들을 배치했다. 그런데 관상용이라고 하는 바로 이 대목은 약간의 오해가 개입된 것이었다. 원래 안드레아 팔라디오가 베네토Veneto에 로마풍의 전원주택을 부활시킬 때 적용했던 가장 중요한 원칙은 지주와 농장 사이의 근접성을 재창조하는 것이었으므로, 잉글랜드 지방 저택들의 관상용 가축 배치는 팔라디오의 미학적 특질을 들먹이기에는 특히나 맞지 않는 부분이 있었던 것이다. 예를 들면, 이탈리아 마세르Maser에 위치한 빌라 바르바로Villa Barbaro는 동물들의 공간을 회랑을 이룬 로지아loggia를 통해 본건물과 직접적으로 연결시키고 있다. 월폴의 호턴 저택 및 이와 유사한 잉글랜드 농촌 저택들의 경우는 농가 마당의 어떠한 역한 냄새도 본건물에 미치지 못하도록 잘 차단되어 있으며, 마구간, 채마밭, 또는 오리 사육용 연못 등이 내비치는 어수선한 모습들을 저택과의 인접 공간으로부터 제거했던 것이다. 저택의 창을 통해서보면 테라스와 정원들, 그리고 윤이 반질반질한 가축들이 풀을 뜯고 있는 깔끔하게 관리된 목초지가 하나의 연결된 공간으로 보일 수는 있겠지만, 사실 그것은 가축들이 주택 쪽으로 배회하는 것을 실질적으로 차단할 목적으로 깊고 좁은 도랑 속에 설치한, 이른바 '숨겨진 울타리'에 의해 두 부분으로 분리된 별도의 공간이었다.

숨겨진 울타리의 창안자는 월폴의 호턴 주택 조경 설계자였던 찰스 브릿지맨Charles Bridgeman이었는데, 아무튼 그 기발한 장치는 군사적 용도의 참호를 관상적 효과를 내도록 응용했다는 점에서 그 또한 매우 월폴다운 것이었다. 용의주도하게 옹호된 쾌락, 포용적 외관 속에 설치된 배제의 장치 등은 월폴 정권의 좌우명 같은 것이었다. 잉글랜드에서 사슴을 비롯한 방목 가축들의 서식처는 앙주 왕조 이래 무자비하게 엄격한 사유재산 침해 금지법에 의해 보호되어 왔다. 1723년 월폴의 의회는 사형으로 처벌 가능한 범죄 항목들을 50개 이상 법전에 올렸는데, 대부분이 불법 침해, (나뭇가지를 포함한) 벌목, 그리고 양어지養魚池 절도 등과 관련된 것들이었다. 의회에서 그 야만적인 법률들의 입법을 추진하고 있을 때, 월폴 정부는 에식스의 월섬 포레스트Waltham Forest에서 얼굴을 검게 칠한 일당들이 주도하는 갑작스러운 범죄 급증 현상과 대치하고 있었다. 대지주 계층의 이익을 대변하는 월폴 정부가 사법적 공포 정책을 농촌에 적용하기 위해 근거 없는 날조로 자코바이트에 대한 불안감을 조성하고 있다고 믿는 사람들은 그들 월섬의 흑면黑面 도적들을 빈민들의 영웅으로 묘사했다. 부자들의 사냥감을 풀어준 하노버 왕조판 로빈후드이며, 만약 그렇지 않다면 단지 자신들은 육체와 정신을 함께 지키고자 했던 선량한 영세민들일 뿐이라는 것이었다. 그렇지만 이 특정 사례에 국한하여 본다면, 어쩌면 조급한 편집증적 반응으로 비쳐질 수도 있었던 월폴의 정책이 최근에 그 정당성을 입증하는 일이 일어났다. 그들 월섬 도적들이 정말로 잘 조직화된 자코바이트 지하

조직의 일원이었다는 것이 최신 연구에서 완벽하게 밝혀진 것이다.

그러나 그의 정책의 정당성 여부를 떠나서, 휘그 정부가 양 한 마리를 훔친 사람을 교수형에 처할 수 있다는 법을 만드는 순간, 이는 대지주 계층의 토지 투자자산 보호를 위한 치안 방책의 완성을 의미하는 것이었다. 이는 또한 월폴이 지주 계급의 이익을 보호하기 위해 법과 제도를 활용하겠다는 약속을 지킨 것을 의미했다. 토지세는 낮게 유지되었으며, 인클로저 관련 법률들은 수 세기 동안 영세민 가족들의 생계를 지지해 왔던 분산 지조들의 제거를 허용함으로써, 지주들은 이제 하나로 통합된, 그리고 합리적인 계획하에 이윤을 창출할 수 있는 농장을 경영할 수 있게 되었다. 분산 지조들 위에서 짬짬이 돼지나 거위를 키우거나 약간의 작물을 가꾸어 먹던 소규모 자작농들은 보잘것없는 보상금을 받거나, 경우에 따라 아무런 보상도 없이 땅을 뺏겨야 했다. 오로지 임금 노동에 의해 생계를 유지해야 할 처지가 되어버린 그들은 마을에서 버티면서 살아남거나 아니면 그보다 더 나은 전망을 기대하면서 다른 곳으로 떠나는 수밖에 없었다. 토지 관리인들은 그들이 떠나가는 모습을 무심하게 지켜볼 뿐이었다. 이는 지주 계층이 부끄러워해야 할 일이 틀림없지만, 이제 농업은 더 이상 감성의 문제가 아니었으며, 자선의 문제는 더욱 아니었다. 하노버 잉글랜드의 모든 것이 그러했듯이, 그것은 이제 엄밀한 비즈니스의 영역이었다.

지주들이 제대로 비즈니스를 하려면, 이처럼 토지 재산을 합리적으로 경영하는 것은 물론, 도시에 나가 꾸준히 존재를 알려야 할 필요가 있었다. 브리스톨이나 글래스고 등 식민지 무역을 통해 돈이 쏟아져 들어오는 지방 도시에서 중요한 인물로 행사하는 것도 중요했지만, 정말로 야망이 있는 사람이라면 런던이 그 무대가 되어야 했다. 월폴은 농촌 부호들을 자신의 호턴 저택에서 맞는 것을 좋아했지만, 런던 교외 첼시Chelsea에 있는 그의 집 또한 정치적 전략의 사령탑이 근거하는 매우 중요한 거점이었다.

왜냐하면 런던은 월폴의 관리 통제에서 벗어나 독립적으로 존재하는 하나의 인적·물적 제국이었기 때문이었다. 한 사람의 정치적 보스가, 그가 아무리 월폴처럼 고갈되지 않는 전지적 재능을 가진 자라 할지라도, 인구 70만 명을 거느린, 그리고 전 유럽을 통해 가장 큰 도시 집중이 이루어진 도시를 홀로 관리한다는 것은 불가능한 일이었다. 잉글랜드 인구 열 중 하나가 그곳에 살고 있었고, 열 중 여섯은 길건 짧건 그곳에서 일한 경험이 있었다. 지방의 역마차들은 런던이 눈부신 행운을 자신에게 가져다 줄 것을 꿈꾸며 상경하는 100여 명의 사람들을 매일매일 쏟아내고 있었다. 런던은 그 특수성으로 인해 정치적 관리 측면의 문제가 점점 더 커지고 있었다. 런던은 가장 창조적이고 독립적 재능을 가진 사람들을 끌어들이는 자석이었고, 그들의 독립적 아이디어들을 필요로 하는 시장이 존재했기에, 왕권이라 하더라도 적절하게 통제하기는 어려웠기 때문이었다. 왕의 궁정은 스튜어트 왕조 후반 무렵부터 후견권의 중심이라는 전통적 역할을 제대로 수행하지 못하고 점차 위축되고 있었는데, 그들보다도 훨씬 더 인색하고 속물적인 하노버 왕조가 들어서면서부터는 사람을 끌어들이는 힘의 중심이 궁정에서 도시로 이동하고 있었으며, 이제 그 절차가 거의 완성 단계에 있었다. 1730년 무렵 런던에는 약 500개의 커피 하우스와 다수의 클럽이 운영되고 있었는데, 고객들은 모두 열정적이고 글을 깨우친 사람들이었다. 그들은 일용하는 양고기 파이나 맥주만큼이나, 때로는 난폭하고 악의적이기까지 한 불손한 언행들을 일상적으로 쏟아내는 사람들이었다. 리처드 스틸Richard Steele, 조셉 에디슨Joseph Addison, 조너선 스위프트, 그리고 『던시아드Dunciad』를 통해 가증스럽고 비열한 월폴의 평화 시대를 조롱했던 알렉산더 포프Alexander Pope 같은 사람들은 그런 것들을 제공할 준비가 너무나 잘 되어 있었다.

또한 런던은 위대한, 그리고 질서 파괴적인 잠재적 효능을 가진 하나의 계급 용해제였다. 좀 더 엄격한 계급별 사회적 분리 원칙에 익숙해 있던 외국인들은 런던의 난잡한 밀치기, 그리고 도시를 꽉 채운 탐욕과 떠들썩한 취중 폭력에 놀랐고, 특히 유원지에서 계급을 가리지 않고 어울리는 모습에 충격을 받았다. 예컨대, 라넬라 가든Ranelagh Garden이나 복스홀 플레저 가든Vauxhall

Pleasure Garden에서는 모든 남자가 검을 휴대할 수 있었고, 모든 숙녀는 옷에 그림이 그려진 화려한 복장을 하고, 그중 상당수는 가면까지 착용하고 있었는데, 이쯤 되면 누가 상류층 인사인지, 누가 미천한 신분인지 구분하는 것이 불가능했다. 당시 파리에서는 이런 일이 가능하지 않았다.

런던의 유명한 유흥 중심지들도 마찬가지였다. 코번트 가든Covent Garden 같은 곳에서는 돈이 (혹은 최소한의 신용이) 유일한 존경의 표지이자 만족의 수단이었다. 그리고 돈으로 살 수 있는 것이 너무 많았다. 우선 매춘부로 말하자면, 가짜 처녀, 가짜 프랑스 여인으로부터 '가수와 무용수'에 이르기까지 모든 부류가 다 있었다. 좀 더 특별한 것에 관심이 있는 사람들이라면, 해리스Harris의 『새로운 아틀란티스 또는 호색가들의 런던 안내서New Atlantis or The Whoremongers' Guide to London』가 그들을 이성異性의 옷을 입거나, 혹은 채찍질을 좋아하는 성도착자들, 게이들을 위한 여관, 또는 반사되는 은쟁반 위에서 나체로 춤을 추는 교태녀들에게 안내해 주었을 것이다. 만약 이런 것들이 구역질 나는 악덕의 행렬이라면, 좀 더 선량한 취미 생활도 가능했는데, 코번트 가든에 있던 곱사등이 로버트 파월Robert Powell의 인형극, 또는 은퇴한 배우이자 살인자였던 찰스 맥클린Charles Macklin의 커피 하우스 등이 그 예였다. 맥클린은 홧김에 발끈하여 동료를 죽인 것으로 유명세를 탔는데, 자신이 소유한 웅변 극장에서 당대의 시사적 문제에 대해 목소리를 지속적으로 내고 있었다. 동이 트면 코번트 가든은 다른 노점상들로 채워졌다. 파이 파는 사람들, 마른 과일과 싱싱한 과일, 그리고 야채를 파는 사람들, 그리고 인형, 장난감, 모자, 지팡이 등을 파는 사람들이 그들이었다.

도덕주의자들은 사람들의 욕망을 콕콕 찌르는 유인 목적의 진열이나 알선 행태를 개탄했다. 그러나 그들이 허를 찬다고 해서 그것이 없어지는 것은 아니었다. 당시 런던의 점포들은 약 2만 개소로 추정되는데, 유리창을 설치하는 것은 물론, 좀 더 효과적이고 넓은 전시 공간을 확보하기 위해 전면부를 활처럼 구부린 곳이 점차 늘어나고 있었다. 가로들은 좀 더 밝은 조명으로 이루어졌고, 이에 따라 역사가들은 규칙적으로 시장을 둘러보는 일을 가리켜 역사상 처음으로 시대착오적 용어 사용이라는 말을 들을까 걱정할 필요 없이 '쇼핑'이라고 부를 수 있게 되었다. 가정의 여주인들이나 바깥주인들, 그리고 하인들은 동양 금붕어, 청색 마코 앵무새, 혹은 노래하는 되새 등 새롭게 출시된 진기한 상품들을 보려고 시장에 갔다. 과거에는 접근성이 일부 계층으로 제한되었던 사치품들이 이제는 중간 계층의 구매력에 맞추어서 제조되고 가격이 책정되었다. 홍차나 초콜릿을 홀짝이는 용도로 사용하는 명나라 자기를 본 딴 청백색의 델프트Delft 도자기, 코디얼cordial 음료나 와인을 위한 종 또는 나팔 모양의 굽 달린 유리잔, 백랍이나 은제의 큰 맥주잔 등이 그것들이었다. 만약, 음주가 사람들을 다른 종류의 악덕에 탐닉하도록 부추겼다 해도, 그들은 역사상 처음으로 상업적으로 제조된 콘돔을 이용하여 성병을 예방할 수 있었다. 부자들을 위한 것으로는 비단으로 묶은, 한 통에 여덟 개짜리 새끼 양가죽 소재의 제품이 있었고, 소금물에 절인 리넨 제품은 서민용이었다.

눈이 튀어나올 만한 장관을 선보이는 화려하고 혼란스러운 무대이며 탐욕스러운 소비의 장으로 유명했던 성 바르톨로메오 축일(8월 24일)의 런던 시장은 당시의 과두 지배층을 위협하는 측면이 있었던 것이 사실이지만, 역으로 그들에게 긍정적인 측면도 있었다. 왜냐하면, 월폴의 관점에서 볼 때, 정치적 무관심을 조장하거나, 또는 최소한 집중을 방해하는 아편의 역할을 하기 때문이었다. 국민의 에너지가 파당이나 종교전쟁을 재발시킬 여지가 있는 곳으로 흡인되는 것보다는, 차라리 감각적 충족으로 이끌리는 편이 낫다는 생각이었다. 그러나 1720년대 말과 1730년대에 걸쳐서 점차 늘어나고 있던 월폴의 비판자들은 바로 그 장면에서 '악의적 인사불성'을 유도하는 부자들의 거미줄을 발견하고 있었다. 그것이 사람들을 기만하여 육체적 순결과 정신의 건전성, 그리고 영혼의 진실성을 앗아가고 있다는 것이었다. 그들은 말하고 있었다. 런던은 자유로운 남자들과 여자들을 데려다가 노예로 만들고 있다고.

윌리엄 호가드William Hogarth와 헨리 필딩Henry Fielding의 작품들은 메피스토펠레스Mephistopheles의 희생자들로 가득 차 있다. 지방에서 올라올 때는 아침 이슬처럼 신선하던 그들이, 쉽게 돈 벌 수 있다는 비열한 약속에 속아서 질병, 광기, 악덕, 그리고 죽음으로 이루어진 바닥없는 함정 속으로 순식간에 떨어지고 있다는 현실 인식이 거기에 깔려 있었다. 그들뿐이 아니었다. 신용 거래의 함정은 가장 세련되고 교양 있는 계층의 사람들이라 해도 간단히 끝장내버릴 수도 있었다. 유행을 좇다가 (단돈 2파운드의 빚으로도) 투옥될 수 있었는데, 그것은 지옥에 떨어지는 것과 마찬가지였다. 로버트 커스텔Robert Castell은 로마식 빌라에 관한 자신의 아름다운 폴리오 『고대인들의 빌라들: 삽화 곁들임 *The Villas of the Ancients: Illustrated*』(1728)이 플리니우스Pliny나 호라티우스Horace가 되고 싶었던 농촌 젠틀맨들의 서가에 유행처럼 꽂혀 있을 만큼 성공한 사람 중의 하나였지만, 1728년 플리트 감옥에 갇혀 그곳 간수인 토머스 뱀브릿지 Thomas Bambridge에게 마구 휘둘리는 신세로 전락했다. 그리고 결국 그는 감옥 생활에 따르는 비용을 지불할 능력이 없어서 사실상 사형선고나 다름없는, 천연두 환자로 가득 찬 지방의 한 채무자 구류소에 버려지게 되었고, 그곳에서 불운한 작가로서의 삶을 마감했다.

감옥은 '브리타니아 주식회사'에서 가장 탄탄한 성장을 시현하고 있는 영역이었다. 따라서 월폴이 수상으로 있던 이른바 '맥히스Macheath[12] 시대'에 간수장의 자리 값은 꾸준히 올라갔다. 존 허긴즈John Huggins라는 자는 플리트 감옥 간수장 자리를 위해 5000파운드를 지불했다. 그는 투자 이익을 확실하게 챙기기 위해 수형자들의 감옥 거주 비용을 조정했다. 5파운드면 독방 하나를 얻을 수 있었고, 거기에다 몇 실링을 더 지불하면 음식과 (공급자와 고객 모두에게 인기 있었던) 맥주 또는 감옥에서 증류한 진 한 잔씩을 규칙적으로 얻어 마실 수 있었다. 만일 이런 비용을 지불할 능력이 없으면 충분한 공기도, 빛도, 위생 시설도

---

12 존 게이(John Gay) 원작의 연극 〈거지의 오페라(The Beggar's Opera)〉(1728)에 노상강도로 등장하는 주인공의 이름. 그의 다른 작품에는 해적으로 등장하기도 한다 ─ 옮긴이.

없는, 그저 사람들만 꽉 찬 일반실의 더러운 밀짚 위에서 자는 수밖에 없었다.

그리고 그것은 허긴즈가 자신의 지출을 최소화하기 위한 긴축 프로그램을 시행하기 전까지는 그나마 시행되고 있던 '기본적인' 서비스였다. 허긴즈가 도입한 새로운 방식은 막힌 배수로 무시하기, 더 많은 사람을 더 좁은 방에다 밀어 넣기, 죄수들이 차고 있는 쇠고랑에도 비용 물리기 등이었다. 허긴즈의 입장에서 보면 극도로 궁핍한 사람들이 자신에게 가치 있는 고객들의 공간을 쓸데없이 다 차지하고 있는 셈이었으니, 그는 모든 수단을 다 동원하여 그들을 '더 좋은 곳'으로 가도록 만들었다. 그들은 때때로 안타깝게도 그의 뜻에 반하는 행동을 하기도 했다. 어느 날 아침 감옥 예배당을 찾은 일군의 방문객들은 깜짝 놀랐다. 누추하기가 세상에 짝이 없을 사람이 완전히 발가벗은 채, 절반은 해진 돗자리만 간신히 걸치고 그들이 명상하고 있는 공간으로 불쑥 들어왔기 때문이었다. 그의 몸에는 자신의 배설물과 함께 깃털들이 박혀 있어서, 그들 중 한 사람이 느끼기에는 마치 정신 나간 한 마리 닭과 같았다. 방문객들이 서둘러 자리를 뜬 후에 허긴즈는 그 애처로운 사내를 어렵사리 도망쳐 나왔을 그 꽁꽁 얼어붙은 헛간에 다시 처넣었다. 그는 얼마 가지 않아 죽음을 맞았다.

그런 무서운 이야기들은 밖으로 흘러나오기 마련인데, 그런 일에 젠틀맨 신분의 사람들이 개입되었을 때에는 특히 그러했다. 간수를 때린 대가로 매장되지 않은 시체들로 가득 찬 방에 갇혔던 윌리엄 리치William Rich 경의 사건도 그런 경우였다. 결국은 감옥들의 실태를 조사하기 위해 의회 위원회가 구성되었고, 그들은 상상할 수조차 없는 인간 타락의 상황을 담은 보고서를 발간했다. 아버지가 빚으로 인해 복역한 경험이 있던 윌리엄 호가드는 위원회 활동을 작품에 담는 과정에서, 무슨 이유에서인지는 모르지만, 실제 인터뷰가 이루어졌던 감옥 사무실이 아니라 위원회 회의실을 배경으로 담았다. 그럼에도 불구하고 하나의 결정적인 장면을 포착한 점에서 그의 눈이 정확했음을 증명했다. 족쇄를 차고 밧줄로 단단히 묶인 포르투갈계 유태인 죄수는, 미켈란젤로의 작품을 연상시키는 가운데, 고통 속에서 허덕이는 순교자에 가까운 모습으로 그려졌는 데 반해, 간수는 구린 데가 있고 사악해 보이는, 그야말로 진짜 악당의 모습으로 묘사된 것이었다.

1720년대 말에 이르면, '누가 진짜 범죄자인가?'하는 외침의 소리들이 작은 신문들의 기사 속, 그리고 런던의 커피 하우스에서 나누는 대화의 일상이 되었다. 어느 곳에서건, 범법자와 법 집행사 사이의 경계는 임의적인 것처럼 보였다. 1725년 대법관인 매클즈필드Macclesfield 백작이 남해 회사 거품 당시 8만 파운드를 횡령한 혐의로 재판을 받고 유죄를 선고 받았다. 같은 해에 잉글랜드에서 가장 유명한 범죄자였던 조너선 와일드Jonathan Wild가 타이번에서 처형당했는데, 당시 입회했던 사람들 중 하나였던 체스터필드 경은 만약 상황이 달랐다면 '목에 밧줄 대신 어깨에 띠를 두를 수도 있었던' 사람이라며 사형수인 와일드를 대법관과 은연중 비교하면서, 그를 다양한 영역에서 재능을 발휘할 수 있는 자질을 갖춘 사람으로 평가했다.

와일드의 범죄 경력은 매춘부의 고객들이 침대에서 바쁜 틈을 이용해서 그들의 물품을 훔치는 이른바 '매춘과 소매치기'를 겸업하는 뚜쟁이로 시작했는데, 당시에는 동종의 범죄자가 많았다. 그러다가 합법적 무역업에 종사하는 견습공들이 경력을 쌓으며 승진을 하듯, 와일드는 좀 더 좋은 사업거리를 찾아서 장물을 전문으로 파는 점포의 주인이 되었다. 엄청나게 큰 규모의 장물 가게를 운영하는 동안, 와일드는 절도범들은 물론 피해자들에게도 없으면 안 될 사람이 되었다. 절도범들은 자신들의 장물을 팔아주면서도 그 출처에 대해서는 입을 다무는 그를 필요로 했고, 물건을 도둑맞은 사람들은 물건을 찾아줄 경찰력이 부재한 상황에서, 물건을 확실하게 되찾기 위해 그를 필요로 했다. 그것은 완벽한 순환 고리를 가진 하나의 기업이었다. 와일드는 그러한 범죄에 가담했다는 범죄 단서를 완전히 은폐하기 위해, 실제로는 노상강도, 가정 절도범, 소매치기 조직 등을 운영하면서도 그들을 체포하는 역할을 하는 것으로 자신을 홍보했다. 그는 '포도대장'으로서의 자신의 모습을 과시하기 위해 실제로 그들 중 한 명을 판사들에게 넘기기도 했다. 사업의 신뢰성을 높이기 위한 고육책인 셈이었다, 그는 장물을 주인들에게 돌려주면서 받는 대가가 노상강도를 하는 데 필요한 마구간과 말, 사료, 그리고 랜턴 등 물건의 취득에 들어가는 비용에 못 미친다고 불평할 만한 사람이었다.

당시 잉글랜드 경제를 해적 행위에 비유하면서 비판적인 글을 쓰는 작가들이 있었는데 그중에서 가장 영민하고 가장 정직한 사람은 버나드 맨더빌Bernard de Mandeville이었다. 그는 소비자의 낭비벽과 총체적인 부의 축적 사이의 상호 관계를 인정함으로써 도덕주의자들을 분개시키기도 한 사람이었다. 맨더빌은 와일드라는 범죄 두목이 교수형을 당하기 12일 전, 그가 노동의 시간과 장소를 통제한다거나, 매출과 이윤에 관한 장부를 기록하는 등 하찮은 도둑질을 하나의 진정한 산업으로 변신시켰다는 점에서 와일드의 진정한 의미를 찾았다. 맨더빌은 '이러한 사실을 알고 또한 지켜볼 뿐만 아니라 … 증거를 위해 그런 사람을 계속해서 이용하는 [치안판사들의] 위선과 … 또한 사법행정이 그에게 신세를 지고 있음을 인정하는 [그들의] 태도'에 놀라움을 표시했다. 와일드의 기업가적 태도에 관한 이야기는 그가 죽은 뒤에 그의 교수대 고백을 대필했던 대니얼 디포에 의해 책으로 출판되었는데, 이것이 즉각적으로 베스트셀러가 된 것은 유명한 이야기이다.

범법자와 입법자 간에 상호교환 등식이 가능하다는, 커피 하우스 대화 속 평범한 진리를 소재로 18세기 최고의 히트작을 만들어낸 것은 존 게이John Gay의 천재성이었다. 바로 그의 '뉴게이트[13] 목가극牧歌劇〈거지의 오페라The Beggar's Opera〉(1728)가 그것이었다. 극 중 '도둑 잡는 자' 피첨Peachum이 저지르는 나쁜 짓에 고함을 치는 관객들은 자연스레 그를 조너선 와일드로 인식했다. 그들이 극 중 노상강도 맥히스를 실존 인물이었던 범법자 셰퍼드의 대역으로 생각하고 환호했던 것과 같은 맥락이었다. 셰퍼드는 와일드보다 1년 앞서 교수형을 당했던 자인데, 네 번이나 탈옥에 성공함으로써 거리의 영웅이 되었던

---

13 런던 서문 쪽에 있었던 유명한 교도소 — 옮긴이.

인물이었다. 게이의 극에는 또한 '밥 부티Bob Booty'라는 그리 중요하지 않은 배역의 인물이 나온다. 피첨이 착취자이면서도 다재다능함을 뽐내는 이중적 인물인 것처럼, 그는 시민적 덕성을 갖춘 사람으로 가장하지만 실제로는 모든 사람의 고혈을 짜내는 인간으로 그려지는데, 그는 월폴을 희화화한 캐릭터임이 거의 틀림없었다.

〈거지의 오페라〉가 전국을 폭풍처럼 휩쓰는 동안, 반대파 언론 속에 등장했던 풍자들은 이제 거리의 선술집, 커피 하우스, 그리고 극장들을 점령하는 형국에 이르게 되었다. '관직에 있는 폭력배'라는 묘사가 찔리기는 했겠지만, 코끼리 같은 은신처를 가지고 있던 월폴이 존 게이 정도가 뭐라고 한다고 텐트를 접고 떠날 생각을 할 리는 만무했다. 그는 또한 반대파가 쏟아내고 있는 분노의 파도가 상당 부분 새 국왕 조지 2세가 부친에 대한 증오심 때문에 자신의 치세를 수상의 경질로 시작할 것이라는 예상을 엎고, 월폴의 불가해한 주술에 굴복하고 말았다는 실망에서 비롯되고 있다는 점에서 오히려 위로를 받았다. 그렇지만, 그게 다가 아니었다. 그에 대한 새로운 비판의 물결이 당장 그가 장악하고 있는 권력을 흔들지는 못했더라도, 그가 이루었노라고 자부하던 세계에 대한 어떤 혐오감이 밀물처럼 몰려오고 있음을 증언하고 있었다. 그것은 평화와 안정이라는 진부한 기치 아래 야만과 부패, 그리고 빈곤이라는 죄악들이 가득 차 있다는 공감대였다. 도덕주의자들은 외치고 있었다. 찌꺼기들을 파헤쳐라. 그러면 질병과 죽음을 발견하게 될 것이다.

런던의 불결한 지역, 특히 주택들이 밀집한 곳이나 골목길을 지나다 보면 방치된 시신들과 마주치기 일쑤였다. 알코올 도수가 매우 강하고 값싼 싸구려 진들이 공급되면서 약물 의존과 폭력이라는 하나의 완전한 하부 문화가 만들어졌는데, 런던의 경우만 본다면 그 유행의 정도가 1980년대 코카인 밀매소가 즐비하던 상황과만 비교가 가능할 수준이었다. 윌리엄 호가드가 하나의 악몽으로 생생하게 묘사한 바와 같이 그 유명한 삽화 속, 죽음을 암시하는 자기 파괴적 현상은 상당 부분 과장이었다. 그러나 쥬디스 듀포Judith Dufour라는 한 엄마가 저지른 행위로 인해 그것이 모두 다 과장은 아니었음을 알게 되었다. 그녀는 어린 딸을 목 졸라 죽이고, 한 모금 진에 대한 갈망을 만족시키기 위해 딸의 모든 옷가지를 내다 판 것으로 악명을 얻었다. 중요한 것은 유아용 관에 담긴 채 '피와 내장, 그리고 똥과 함께' 시궁창이나 플리트 배수로에 버려진 반쯤 죽은 어린아이들이 사람들을 괴롭히기 시작했다는 것이다. (알렉산더 포프에 따르면 그 동네에는 으레 그런 것들이 있었다.)

토머스 코램Thomas Coram은 매사추세츠에서 대서양 횡단 무역으로 돈을 벌었다. 그가 원했던 것은 템스강과 조수가 바라다 보이는 로서하이스Rotherhithe에서 조용한 삶을 영위하는 것이었다. 그러나 길거리에 방기된 아주 작은 관들이 그의 그런 꿈을 방해했다. 그는 구빈원救貧院에서 태어나 유모에게 넘겨진 유아들의 사망률이 거의 100%에 가깝다는 사실을 알게 되었다. 그래서 그는 런던시의 예산을 짜내서 병원 하나를 세우기로 결심했다. 적자와 사생아를 구별하지 않고, 또한 이유 여하를 불문하고 유아들을 받아들여 적절한 생존의 기회를 부여할 수 있는 병원이 그의 목표였다. 거의 20년 동안 높은 사람들, 착한 사람들을 찾아서 부탁하고, 국왕에 대한 청원까지 불사하면서 필요한 자금을 확보할 수 있었는데, 그러는 동안 그는 친구들에게는 성가신 존재가 되었다.

코램은 사생아들을 맡아주는 공간을 만든다는 것은 타락을 벌하지 않고 보상해 주는 것이며, 따라서 이를 더욱더 조장하는 행위라는 세간의 비난과도 싸워야 했다. 코램은 이에 굴하지 않고 어떤 동정심이라도 다 끌어모으기 위해 애를 썼으며, 호가드의 도움을 받아 부끄러움 따위는 아랑곳하지 않는, 그야말로 뻔뻔한 레터헤드letterhead를 만들었다. 그 도안에서 코램은 더 나은 미래를 위해 행복하고 명랑하게 책임을 다하는 가부장적 성자의 모습으로 묘사되었다. 그런 캠페인은 효과가 있었다. 가련한 신세타령에 여간해서는 넘어가지 않는 국왕 조지 2세도 왕비와 함께 마음을 열었고, 이후 상류층 인사들이 자선 기부를 위해 줄을 서는 현상이 벌어졌다.

코램의 병원은 1741년 문을 열고 첫 아이들을 받았다. 그날 병원의 운영위원들이 천천히 회의실을 향해 걸어 들어갔는데, 그곳에서 자신들에게 새롭게 맡겨진 임무가 무엇인지를 새삼 깨닫게 해주는 예술 작품들을 만났다. 이를테면, 프랜시스 헤이먼Francis Hayman의 〈부들풀 사이에서 어린 모세를 찾다The Finding of the Infant Moses in the Bullrushes〉 같은 그림이었다. 그러나 그보다 사람들의 시선을 가장 많이 끈 작품은 고전적 원주를 배경으로 그려진 나이 든 선장 코램의 전신상이었다. 원주를 배경으로 사용하는 경우는 대개 군주나 귀족 또는 군사적 영웅에만 해당되는 것으로서 이 그림은 이 점에서 하나의 파격이라 할 수 있었다. 호가드는 그뿐 아니라 사실은 허세만 남았을 뿐인 늙은 동료에게 왕족에게만 관례적으로 부여되는 다른 속성들까지도 부여함으로써 그 나름대로 혁명적 시도를 한 셈이 되었다. 예를 들면, 그의 손안에 든 직인과 함께 있는 특인장이 그것이었다. 또한 그림이 보여주는 대양을 품은 세상은, 그의 보주가 암시하듯 코램의 덕스러운 재산의 원천이었다. 그의 오른발 옆에 놓여 있는 모자도 의미가 있는 것이었다. 왜냐하면 이는 영국의 모자 상인들을 해외의 경쟁자들로부터 보호하기 위해 불철주야 노력했던 코램의 투쟁을 상기시키는 것이었기 때문이었다. 유명한 이야기였지만, 코램은 자신의 노력에 대한 대가는 단 한 개의 모자만으로 충분하다고 말한 바 있었다. 다른 말로 한다면, 호가드의 수려한 작품 속에서 묘사된 코램은 (현실 속의 그와 마찬가지로) 월폴이나 그의 부류들과는 모든 면에서 완전히 달랐다. 그는 이타적이고 박애주의자였으며, 거기에다 외관은 수수했고, 시민적 종교로 가득 차 있었다. 그는 자유로운 사람이었다. 그는 애국자였다.

그럼에도, 덕성과 선한 의도만으로 코램의 포부가 실현된다는 보장은 없었다. 병원은 수요가 넘쳐났고, 수용되려면 제비뽑기 수준의 행운을 필요로 했다. 엄마들은 가방 속에 손을 넣어 행여나 색깔 있는 공을 뽑으면 어떡하나, 걱정하며 줄을 섰다. 흰색 공을 뽑으면 수용이었고, 붉은색 공을 뽑으면 대기자 명단에 올랐으며, 검은색 공을 뽑으면 아기와 엄마는 도로 길가로 내몰릴 운명이었다.

그러나 수용된다고 해도, 또 다른 통렬한 슬픔과 마주할 운명이 기다리고 있었다. 파운들링 병원The Foundling Hospital(기아棄兒 수용소)의 캐비닛 안에는 18세기부터 전해진 애처롭기 짝이 없는 물건들이 아직도 남아 있다. 엄마들이 아기들을 맡기는 바로 그 순간에 아기들에게 남긴 기념 토큰들이다. 어떤 사회사가들은 소름 끼치도록 높은 유아 사망률을 엄마들이 만들었다고 생각하지만, 파운들링 병원의 이야기에 상응하는 전체적인 역사적 조망이 이루어지려면, 그 기념품들에 쏟아진 보살핌과 애정을 포함하여, 한층 다른 결의 이야기들을 들을 필요가 있다. 모든 기념품이 자포자기의 순간이라는 감정적 상태를 담고 있는 것은 맞지만 그렇다고 해서 그들 모두가 궁핍함만을 이야기하지는 않는다. 유아의 이니셜이 새겨진 하트 모양의 자개는 아이의 엄마가 상대적으로 부유한 집안 출신임을 말해주는 귀한 물건으로, 아이를 맡기는 행위가 그녀를 어떤 불명예로부터 보호하기 위한 방편이었음을 분명히 말해준다. 그러나 단순하기 짝이 없는 다른 많은 물건은 그들의 어려운 상황을 말해준다. 종종 그것들은 바로 그 이별의 순간에 엄마들이 어쩌다가 그냥 가지고 있었던 평범한 물건에 지나지 않는 것들이었다. 개암에 구멍을 뚫고 끈으로 묶어 펜던트처럼 만든 것, 불운을 막아줄 부적, 골무, 바느질로 만든 담백한 하트 모양 노리개, 또는 그냥 엄마 머리에서 있던 것을 빼서 아기 손목에 채워주었을 것 같은 조악한 리본 조각 등이었다.

역사는 때로 사람들을 애끓게 만든다. 우리가 그 물건들의 존재에 대해 알고 있다는 것, 우리가 여전히 그 물건들을 보관하고 있다는 사실은 이 물건들이 본래 주인으로 예정된 사람들에게 돌아가지 못했다는 것을 의미한다. 아이들의 복지를 책임졌던 사람들은, 좋건 나쁘건, 부끄러운 태생의 표지로 해석될 수도 있는 그 물건들을 아이들에게 돌려준다는 것이 그들의 복지에 도움이 되지 못한다고 판단했을 것이다. 그럼에도 불구하고 그들은 그 물건들을 없애버릴 생각은 차마 하지 못했던 것 같다. 그 덕분에 그 물건들은 가장 18세기다운 망각의 연옥이자, 호기심의 캐비닛 속에 머물러 있었던 것이다.

파운들링 병원이 하룻밤 사이에 건강과 원기가 넘치는 피난처로 정착할 수는 없었다. 첫 세대의 원아들 중에 40% 정도가 원내에서 죽어갔다. 물론 이는 고아원이나 다른 곳에 유기된 아이들에 비하면 엄청나게 향상된 수치이기는 했다. 게다가 코램이 세운 병원의 명분은 다른 종류의 파급 효과를 가져왔다. 귀족들의 세상이나 상류층의 사냥 놀이와는 의식적으로 거리를 둔 새로운 종류의 문화가 창출된 것이다. 그것은 일하는 중간 계급의 소교구 주민들의 문화이며, 부유하지만 부지런히 자선을 베푸는 사람들의 문화, 그리고 패션보다는 덕성에, 재치보다는 구원에 더 관심 있는 사람들의 문화였다. 물론 그들 이전에도, 직인 길드들뿐 아니라, 국왕, 귀족, 국교회 등에 의해 조직된 공적 자선 활동들은 있었다. 그러나 소매상인, 도매상인, 그리고 금융인을 포함하여 상업적 경제 세계에 속한 많은 남자와 여자가 합심하여 잘 알려진 작가, 예술가, 조각가 등과 함께 어울려 악명 높은 사회악의 근절을 위해 양심의 운동을 벌인 것은 처음 있는 일이었다.

그들은 또한 사회적 병들을 치유하는 데 그치지 않고, 다른 종류의 소명에도 적극적으로 부응하려고 했는데, 그들이 건설하고자 했던 것은 애국주의였다. 예컨대, 파운들링 병원에 위탁된 아이들을 미래의 브리튼을 끌고 갈 모범 시민으로 키울 수 있지 않을까, 하는 생각이 그것이었다. 독한 진에 쩐 골목길의 비행자들, 타이번의 교수대를 향해 걸어가고 있는 작은 범죄자들이 아니라, 열심히 노동하고, 신을 두려워할 줄 아는, 그리고 근면하고 진취적인 모범 시민들을 키우자는 것이었다. '애국주의'라는 용어는 영국의 상업적 도시들과 항구도시들을 중심으로 도덕적·시민적 개혁을 목표로 작은 십자군 원정을 출범시킨 남녀들의 입으로부터 나왔다. 그리고 이것은 점차 단지 모국에 대한 자부심뿐 아니라 사회적, 그리고 정치적 덕성에 대한 헌신을 의미하게 되었다. 사실상, 애국주의는 월폴의 정치적 머신과는 모든 면에서 상이한 이상들을 표방하게 되었다. 과시보다는 절제를 내세우고, 확신을 유보하며, 부패에 휘둘리지 않고, '자유롭게 태어난 영국인들의 자유'를 지키려고 애쓰는 것, 그리고 자의적 권력 행사를 강력하게 거부하는 것 등이었다. '로비노크라시Robinocracy', 즉 월폴식의 정치에 반대하는 사람들은 토리파와 자코바이트, 독립적 휘그파, 그리고 식민 무역 및 공격적인 제해권 팽창을 위한 로비스트 등 실로 다양한 정치적 유파들로 이루어졌지만, 만약 '위대한 영국'이라는 새로운 미래가 있다면 그것을 실현시킬 사람은 월폴이 아니라 바로 자신들이라고 생각한다는 공통분모를 가지고 있었다. 그들은 월폴이 토지세를 낮은 수준에서 유지하기 위해 소비세를 편중 징수하는 것을 공격했고, 특히 창고와 점포를 자의적으로 검색하거나, 범법자라는 혐의를 씌워 정당한 근거도 없이 사람들을 체포하는 등 소비세 징수원들에게 주어진 과도한 권한을 비판했다. 1733년 월폴이 검색과 압수 등에 관한 징수원의 권리를 더욱 강화하려고 하자, 도매상과 소매상은 회합을 열고 자신들의 지역구 출신 의원들을 향해 그것이 마그나카르타 위반이라며 월폴의 법안에 반대표를 던질 것을 요구하는 등, 하나의 정치적 저항 연합처럼 행동하기 시작했다. 월폴이 하원 의사당 앞에서 법안 반대 로비를 하던 사람들을 가리켜 '건장한 거지들'이라고 말한 사실이 언론을 통해 급속하게 퍼지면서 대중적 분노를 촉발시켰다. '자유 영국인들이라면 이 〔소비세〕 법안의 입안자를 나라의 적이라고 생각하지 않을 사람이 누가 있겠는가? 그가 로마 원로원으로부터 불신임 조치를 받고, "조국을 망하게 하고 그 덕분에 위대함을 얻은 자에게 저주 있으라"라는 판결을 받은 것이 부당하다는 말인가?

문제의 법안이 철회되자, 잉글랜드의 도시들과 시읍들, 그리고 자치시들에서는 승리감이 넘쳐났다. 월폴의 인형들이 불탔다. 거리마다 목전에 임박한 '위대한 타락자'와 그의 추종자들의 종말을 자랑스럽게 선포하는 퍼레이드와 행진이 벌어졌다. 하지만 축하연은 시기상조임이 곧 드러났다. 그럼에도 불구하고, 이후 수년간 반대파 언론들은 월폴 정부가 국가의 이익이 아니라 사적 이익을 탐하고 있다는 그림을 그려내는 데 성공했으며, 특히 자국 상인들이 공해상에서 누려야 할 권리를 지지하는 대목에서 재앙의 조짐은 그대로 여전히 살아 있었다. 1737년, '영국의 헤라클레스'라고 명명된 판화 한 장이 제작되었는데, 거기에는 맨발을 한 선원 하나가 로마의 파르네제 헤라클레스Farnese Hercules 스타일로 묘사되어 있었다. 그는 엎어져 있는 사자와 스핏헤드Spithead 에서 시간을 허비하고 있는 원경의 함대를 배경으로 '나는 명령을 기다린다'라고 쓰인 종이를 들고 서 있다. 스페인 해안 경비대에 의해 수색 당하는 자국 선장들의 명분을 지지하는 가운데 외국인 혐오석인 선전전도 벌어졌다. 그들의 주장에 따르면 젠킨스Jenkins라는 선장의 한쪽 귀가 스페인 측의 단검에 의해 잘라졌는데, '애국주의자' 계열의 반대파 지도자인 윌리엄 벡퍼드William Beckford는 그를 악랄한 가톨릭교도가 공해상에 저지른 만행의 희생자로 하원에 소개했다. 스페인 측에 체포된 선원들이 지하 감옥에서 굶고 있는 모습을 묘사한 그림들도 인쇄되어 나왔다. 런던과 에든버러, 그리고 브리스톨과 리버풀Liverpool 같은 항구도시들에서 40개가 넘는 연설문과 청원문이 의회로 보내졌다. 월폴의 대응은 언제나 그랬듯이 '관리'하는 것이었다. 스페인과의 협상을 통해 협약을 맺었지만, 스페인 해안경비대의 선박 수색권을 유지시켰다는 이유로 이는 또 한 차례의 호전적인 의분을 촉발시켰을 뿐이었다. 당시 젊은 하원 의원이던 윌리엄 피트William Pitt는 문제의 협약을 가리켜 '다름 아닌 국가적 수치를 명문화한 것'이라고 맹비난하면서, 우리 상인들의 절망적인 불만의 항의가, 잉글랜드의 목소리가 이를 규탄하고 있다고 일갈함으로써, 자신의 조숙한 웅변실력을 사람들에게 알렸다. 의회 안팎에서 쏟아져 나오는 전쟁에 대한 압박 여론은 저항이 불가능할 정도로 커졌다. 이제 전쟁은 월폴이 있건 없건 일어나게 될 판국이었다. 스페인이 둔감하게도 협약에 대한 비준을 거부함으로써 월폴을 살려주었고, 그에게 뒤늦은 '개전開戰의 명분'을 제공해 준 셈이 되었다.

  새로운 해양 애국주의는 1739년 진정한 의미의 대중적 영웅을 처음으로 배출했는데, 그는 해군의 부제독 에드워드 버넌Edward Vernon이었다. 버넌은 1739년 11월 단 6척의 배로 파나마 지협에 위치한 포르토 벨로Porto Bello라고 하는 스페인의 카리브해 거점이자 해안 경비대의 중요한 방어 기지를 점령했다. 그는 하룻밤 사이 선술집과 클럽, 그리고 이 거리 저 거리에서 오고가는 건배사의 주인공이 되었다. 술집들이 그의 이름을 따서 간판을 바꾸어 달았고, 런던을 비롯한 나라 전역에서 포르토 벨로라는 도로명이 우후죽순처럼 생겨났다. 스태퍼드셔, 서식스, 그리고 더럼에서는 몇몇 촌락들이 이름을 포르토 벨로라고 바꾸기까지 했다. 플리트가에서 상연된 야외극은 포르토 벨로가 그려진 무대막으로 유명했는데, 그 앞에서는 한 스페인인이 버넌에게 무릎을 꿇고 항복하는 장면이 연출되고 있었다. 은제의 큰 맥주잔, 스태퍼드셔산 도자기 머그, 표면에 얕은 오목 무늬를 넣은 유리 고블렛goblet(포도주 잔), 코담뱃갑, 그리고 찻주전자에는 버넌의 화상畵像, 그의 소함대 아이콘, 그리고 보편적인 유명세를 탄 '6척의 배'가 들어간 도안들이 새겨졌다. 1741년 봄, 월폴의 반대파는 웨스트민스터와 다른 다섯 개 지역구에서 월폴의 사람들을 축출하기 위한 선거운동을 전개하는 동안 해전 영웅 버넌을 부각시키는 것으로 밴드왜건bandwagon 효과를 노렸다. 바로 의회의 문간이며, 대중을 대상으로 하는 가두 유세의 중심이던 웨스트민스터에서는 월폴 정부가 굴욕을 피하기 위해 군대까지 동원하여 투표를 조기 마감하는 사태까지 발생했다.

그런데 떠들썩한 버넌 현상이 월폴 정권을 난처하게 만들 수는 있었지만, 전쟁의 승리를 담보할 수는 없었다. 포르토 벨로 점령 이후 단행했던 쿠바 공격이 엇나가면서 전쟁은 용두사미 격이 되고 말았다. 월폴의 반대파들은 총선에서 그가 다시 한번 국가의 진정한 명분을 저버렸다고 합심하여 공격을 퍼부었고, 그들은 그 싸움에서 원하는 것을 할 수 있는 충분한 의석을 확보할 수 있었다. 1742년 월폴은 쫓겨나가느니 스스로 걸어 나가는 길을 택했다. 그와 함께 영국의 평화도 끝이 났다. 월폴의 몰락 이후 10년이 지나고, 또 10년이 흐르는 동안 영국은 전쟁 중이었다. 적들의 동맹이 어떤 조합으로 이루어지건, 그 핵심에는 육지와 바다에서 불구대천의 원수지간이 되어버린 프랑스가 있었다. 16세기 잉글랜드의 국민적 정체성이 로마 교황청과 가톨릭 합스부르크에 대한 공포와 증오라는 모루에서 단련되며 형성된 것이라면, 18세기 영국인들의 정체성은 가톨릭이자 절대주의의 프랑스를 상대로 한 공포와 증오의 불속에서 벼려졌다고 말할 수 있었다. 1744년은 적국의 외침에 대한 공포가 남부 잉글랜드를 휩쓸었다. 조지 2세는 (그가 집착하던) 하노버 선제후의 깃발 아래 독일에서 군대를 지휘하고 있어서 국내에 없었다. 그 대륙의 전쟁을 지원하느라 국내 요새들은 텅 비어 있었다. 브리타니아는 스스로 지켜야 했다. 예수회의 종교재판, 나막신, 부르봉 왕에 대한 굴종의 부복, 좋은 맥주의 종말과 야만적 음식의 시작, 등등의 무서운 악령들로부터 영국을 지켜줄 것은 오로지 잉글랜드 해협뿐이었다. 그리고 언제나 믿고 의지하는 신교의 신풍神風이 프랑스 함대의 상륙을 방해하고 있었다. 그러나 정부도, 국민도 이것이 승리가 아니라 일시적인 유예 상황임을 알고 있었다. 조만간 루이 15세의 정부가 아일랜드 혹은 스코틀랜드, 아니면 두 지역 모두를 대상으로 자코바이트 카드를 내밀 것은, 다시 말하면 제임스 2세의 후손을 왕으로 내세우려 할 것은 전략적 천재가 아닌 보통 사람의 눈에도 명약관화처럼 보였다.

1715년 봉기의 실패는 자코바이트 명분을 후퇴시켰지만, 그럼에도 불구하고 자신들의 명분이 지극히 옳다는 생각, 그리고 스튜어트 왕조의 정통성이 언젠가는 하노버 찬탈 세력과 의회 내 그들의 추종 세력을 상대로 필연적인 승리를 거둘 것이라는 생각을 그들로부터 빼앗지는 못했다. 자코바이트 세력은 여전히 프랑스에서 망명 궁정을 꾸려가고 있었으며, 유럽 전역에 걸쳐서 구축된 정보원들과 외교관들의 망 조직은 스코틀랜드뿐 아니라 잉글랜드에서 재기를 약속해 주고 있었다. 유럽뿐 아니라 아메리카와 카리브해 지역, 그리고 남부 인도에서 벌어지고 있는 영국의 전쟁은 최소한 브리튼의 군 인력 수급에 엄청난 압박을 가하게 될 것이며, 이는 앞으로 수년간에 걸쳐서 최고의 성공 기회를 줄 것이라는 희망이 자코바이트들에게 있었다.

그럼에도 불구하고, 1745년 8월 19일, 나이 든 참칭 제임스 8세(스코틀랜드) 겸 제임스 3세(잉글랜드)의 아들이며, 제임스 2세의 손자인 찰스 에드워드 루이스 존 카지미르 실베스터 세베리노 마리아 스튜어트Charles Edward Louis John

Cazymyr Sylvester Severino Maria Stuart는 글렌피넌Glenfinnan 호수의 발원지에서 격자무늬 어깨걸이 천을 걸치고 선 채, 그의 깃발이 올라가는 것을 지켜보고 있었다. 그는 그곳에 집결한 사람들을 향해 스코틀랜드를 행복하게 해주기 위해 왔다고 선언하고 있었다. 그는 이미 여러 차례 경험한 곤경을 통해 자신의 모험이 성공할 전망이 그리 크지 않다는 것을 알면서도 용감하고 대담한 척 표정을 관리하고 있었다. 그는 이른바 '7인'의 원로 추종자 집단과 사제, 종자, 도선사, 서기 등을 대동하여 헤브리디스 제도의 에리스케이Eriskay섬을 통해 글렌피넌으로 들어왔다. 그는 하마터면 그곳에 도달하지 못할 수도 있었는데, 그와 추종자들을 태우고 아일랜드해를 건너던 프랑스 배 2척이 리저드Lizard 반도 서쪽 100마일 지점에서 브리튼 전투함 라이언Lion과 조우했던 것이다. 찰스가 타고 있던 뒤 튀예Du Teillay호는 영국 전함의 포격 범위 바깥에 안전하게 포진하고 있었지만, 또 다른 함정 엘리자베스호는 심각한 타격을 입었다. 상호 간에 오랫동안 맹렬한 공격을 주고받는 가운데, 엘리자베스와 라이온은 상대방을 완전히 파괴할 기세로 싸웠다. 결국 엘리자베스는 더 이상 운행이 불가능하게 되었고, 그 때문에 자코바이트 세력이 사용할 계획이던 머스킷 총 1500정과 날이 넓은 칼 1800개를 버려야 했다. 그 때문에 찰스 에드워드 왕자는 자신을 기다리고 있던 스코틀랜드 의용군 200여 명에게 단지 실체 없는 희망과 그리고 자신의 개성이 내뿜는 매력적인 카리스마 외에는 줄 것이 없었다. 그의 돈키호테식 모험주의가 그나마 약간의 현실적인 위협으로 발전할 수 있었던 것은 그날 오후 로키엘Lochiel의 캐머런Cameron이 군사 800명을 이끌고 도착한 덕분이었다.

이는 사실상 거의 두 세기에 걸쳐서 지속되어 온 스코틀랜드 내전의 연속선상에서 일어난 또 한 차례의 사건으로 보아야 할 것인데, 이 사건이 가지고 있는 복잡한 충성 체계와 관련하여 눈여겨보아야 할 대목은 로키엘의 캐머런이 단순히 수사슴들이나 쫓아다니는 산간벽지 미개한 종족의 족장이 아니었다는 사실이다. 어느 편인가 하면, 하일랜드의 많은 사람이 그렇게 변하고 있었듯이, 그 또한 옛 스코틀랜드 사람이라기보다는 확실하게 새로운 스코틀랜드에 속하는 사람이었다. 그는 자신 소유의 삼림에서 원목을 수확하여 자본을 획득하는 실리적인 기업인이었다. 새로운 경제에 발을 들여놓은 사람으로서, 그렇지만 여전히 명예를 중시하는 옛 관습을 그대로 간직하고 있는 사람으로서, 그는 찰스 에드워드 왕자의 도착과 관련하여 복합적인 감정들을 경험하고 있었다. 그는 자신의 추종자들을 이 사건에 개입시키기에 앞서서 찰스 에드워드에게 하나의 보험 증서를 요구했는데, 이는 무모한 애국주의와는 결이 다른 것이었다. 그것은 만약 과업이 완전한 실패로 돌아가게 될 경우, 자신에게 요구될 것이 확실한 모든 희생과 관련하여 어떤 배상을 약속해 달라는 것이었다. 그러나 그날 오후가 끝나갈 무렵, 그의 로맨스적 감상이 타산적 계산을 넘어섰고, 충성심이라는 강한 힘이 그의 비즈니스 적 감각을 무너뜨렸다. 그들은 그렇게 해서 루비콘강을 건넜다.

1000명의 하일랜드인들은 왕정복고의 거사를 행하지 못했다. 스코틀랜드는 입구였을 뿐, 스튜어트 왕가가 원했던 것은 언제나 브리튼섬 전체였으며, 거사가 성공하기 위해서는 세 개의 맞물린 전략들이 정확한 타이밍에 맞추어 함께 움직여줄 필요가 있었기 때문이었다. 대부분의 스코틀랜드인은 이 공개적 반란에 참여해 달라는 요청을 받지 못했다. 그리고 1715년의 불운했던 선례가 보여주듯이, 이는 또한 잉글랜드 정보원들이 약속한 것처럼 잉글랜드 내에서 상당수의 자코바이트 봉기가 병행되지 않는 한 성공을 기대하기 어려운 것이었다. 거기에다, 최소한 1만 명 이상의 프랑스 침공 병력이 브리튼 모처에 상륙하여 펜치 효과pincer effect를 발휘하고, 하노버 왕조의 반란 진압 시도를 무산시킬 수 있어야 성공을 기대할 수 있는 것이었다. 외국군의 침공이 실패로 점철된 역사를 기억하고 있는 비관론자들의 눈에는 스튜어트 가문이 그에 대해 충분히 곱씹지 않은 채, 오로지 단 한 번의 성공 사례, 1688년의 네덜란드의 경우만을 들먹이고 있는 것으로 비쳐졌다.

수 주가 지나가는 동안 웨스트민스터 정부는 찰스 에드워드가 상륙했으며 스코틀랜드를 경유하여 남쪽으로 행군하고 있다는 소문을 들었지만, 이와 관련하여 누구를 혹은 무엇을 믿어야 할지 갈팡질팡하고 있었다. 정부는 무사안일파와 공황파로 갈라졌다. 무사안일파의 의견은 찰스 에드워드가 윌리엄과 오거스터스Augustus 등 난공불락의 하일랜드 요새들을 포위 공략하려다가 그나마 극소수에 불과한 병력까지 낭비하게 될 것이고, 그렇게 되면 훈련도 제대로 받지 못한 하일랜드 병력은 존 코프John Cope 중장이 이끄는 정규군의 좀 더 손쉬운 조준 사격 목표가 될 것이라는 이야기였다. 그러나 정부 안에는 곧 들이닥칠 사건과 관련하여 훨씬 어두운 전망을 하는 사람들도 있었는데, 그들은 프랑스군 또는 스페인군의 즉각적인 후속 침공 약속이 확실하게 보장되지 않은 상황에서 찰스 에드워드가 무모하게 상륙을 감행하지는 않았을 것이라고 믿고 있었다. 한 비관론자는 다음과 같이 적었다. '현재의 형국에서 이러한 일을 벌인다는 것은 (이렇게 부르는 것이 유행인 듯) 성급하고 극단적인 것으로 보인다. 그럼에도 나는 이것을 완전히 간과할 수 있는 문제라고 생각하지 않는다. 우리는 병력이 매우 부족하고, 따라서 일군의 사람들이라도 내팽개친다면 어떤 결과가 초래될지 알 수 없는 일이다.' 헨리 펠럼Henry Pelham은 잉글랜드는 왕궁들을 지키거나 밀수범들의 폭동을 진압할 병사들도 부족한 상황이어서, 아무리 소규모의 외부 침공이라도 이를 저지할 능력이 없는 것이 우울한 진실이라고 썼다.

붕괴는 런던 사람들이 가장 최악의 악몽 속에서 상상할 수 있는 것보다도 더 빨리, 그리고 더 충격적으로 다가왔다. 찰스 에드워드는 난공불락의 윌리엄 요새를 우회하고 퍼스를 포함한 타운들을 공략하기 위해 재빨리 움직였는데, 그는 자신의 병력이 퍼스의 자체 방어 병력보다 수적 우위에 있다는 것을 알고 있었다. 한편 코프 장군은 자코바이트군의 병력을 5000명으로 오판한 가운데, 자신이 가용할 수 있는 최대 병력 1500명으로는 중과부적이라고 판단하고는, 스코틀랜드의 로우랜드를 사실상 무방비로 남겨놓은 채 곧장 북쪽 인버네스를 향해 전략적 후퇴를 감행했다. 9월 17일 찰스 에드워드는 에든버러를 함락했다. 그곳에서 누릴 수 있는 승리의 보상들이 유혹처럼 다가왔지만, 완전한 승리를 누리려면 아직 갈 길이 멀었다. 에든버러 시장과 그의 자문위원회는 저항하지 않기로 결정했다. 그렇다고 고심 끝에 내려진 그들의 결정이 찰스 에드워드의 명분을 열성적으로 지지하겠다는 것을 의미하지는 않았다. 만약 군사적 지형이 변한다면, 그들의 충성은 곧장 하노버 쪽으로 향할 수도 있었다. 사실은, 에든버러성 안에는 보급을 잘 갖춘 두 개 연대 병력의 총기 기마 부대가 자신들을 바깥으로 유인하거나 아사 작전을 펼치려는 적군에 대항하여 아직도 저항을 계속하고 있었다. 병사들은 대부분 스코틀랜드 출신이었는데, 그들이 여전히 하노버에 대한 충성심을 유지하고 있는 것이 당시 로우랜드 스코틀랜드인들의 일반적 성향과 비교하여 그리 이례적인 것은 아니었다. 하일랜드 지역에서조차 찰스 에드워드를 지지하는 씨족들은 전체의 절반밖에 되지 않았다. 그러므로 1745년 스코틀랜드에서는 프린스 찰리에 대항하여 싸우는 사람들이 그를 위해 싸우는 사람들보다 많았을 것이다.

시간이 흐를수록 냉정한 비즈니스의 세계가 충성심보다 우위에 자리 잡기 시작했다. 자코바이트군 병사들에게 지급할 급료가 부족해졌을 즈음, 성내에서 저항 중인 기마 부대가 이를 해결할 수 있는 수준의 자금을 보관 중이라는 정보가 자코바이트군 장교들에게 전해졌다. 자코바이트군 장교들은 자포자기한 병사들이 에든버러시를 약탈을 자행할 수도 있는 상황에서, 차라리 적정한 이자를 지불한다는 조건으로 적 진영에서 보관중인 자금을 빌려서 쓰는 방안을 강구하는 편이 낫겠다는 판단을 내렸다. 그리고 그 제안은 상대방으로부터 호의적인 반응을 얻어냈는데, 그들 또한 이를 합리적인 제의라고 받아들였던 모양이었다. 그리고 쌍방이 서로 화력을 교환하는 것처럼 가장한 가운데, 성 안에 있던 돈이 자코바이트 진영에 전달되었다.

새롭게 제공된 병참과 자금으로 사기도 오르고 배도 든든해진 자코바이트 군은 1745년 9월 21일, 에든버러에서 8마일 동쪽으로 떨어진 프레스톤팬즈 Prestonpans에 주둔 중인 코프 장군의 군대와 맞붙기 위해 행군을 시작했는데,

양 진영은 각기 2500명의 강병들이었다. 그리고 브리튼섬의 역사를 통틀어 가장 악명 높은 재앙 중의 하나가 일어났다. 코트는 병사들을 강과 늪지 사이에 주둔시키고 있었는데, 이들의 위치 정보가 한 투항자에 의해 자코바이트에 알려졌다. 자코바이트군은 수렁 속으로 뚫린 통로를 이용하여 그들의 후방을 들이쳤으며, 문자 그대로 동트기 직전 잠시 눈을 붙이고 있던 영국군 병사들을 발견하게 되었다. 영국군 병사 300명이 그 짧은 패전의 순간에 살해당했다. 스코틀랜드 안에 있던 유일한 하노버의 정규군이 궤멸 당하고 말았던 것이다. 런던에서는 참패의 원인을 놓고 장교들의 무능보다는 병사들의 비겁함을 규탄하는 소리가 높았다.

기대했던 것보다 더 완벽한 승리를 거둔 자코바이트 군대는 자신들이 맡아야 할 진정한 시대적 역할을 두고 고민하기 시작했다. 스코틀랜드의 해방자들? 아니면 전 브리튼을 대상으로 하는 스튜어트 왕조의 복원자들? 10월 30일, 그들은 이 문제를 놓고 홀리루드하우스에서 토의를 벌였다. 찰스 에드워드는 그곳 선조들의 옛 궁전을 거처로 삼고 있었다. 찰스 에드워드는 잉글랜드 원정이 정답이라고 주장했는데, 여기에는 전술적인 고려도 포함되어 있었다. 그와 추종자들이 거둔 예외적 성공은 단지 하노버 군대가 유럽 원정으로 인해 일시적으로 전력이 분산된 덕분이며, 대륙 주둔군의 상당 병력이 곧 귀환할 수도 있는 일이었다. 그럴 경우 그들은 프레스톤팬즈에서 자신들에게 기습 당한 부대와는 비교할 수 없을 정도로 가공한 위력을 가진 적과 마주치게 될 것이었다. 문제는 그들과 일전을 벌일 최적의 공간이 어디인가 하는 것이었다. 찰스 에드워드는 자코바이트가 취해야 할 다른 두 가지 전략도 그 장소로 잉글랜드를 가리키고 있다고 주장했다. 그가 말하는 다른 두 전략이란 잉글랜드 내부의 봉기 및 프랑스군의 침공이었다. 그에 따르면, 아직 상대방의 전력이 취약한 지금 원정을 단행해야만 내부 봉기를 기대할 수 있으며, 또한 잉글랜드 내부의 봉기가 있어야 프랑스군의 침공을 기대할 수 있었다. 이번 거사가 1715년과는 달리 성공적인 거사가 될 것임을 베르사유의 주인들에게 보여주는 것이 긴요한 과제라는 인식이 거기에 깔려 있었다.

가장 유능한 자코바이트군의 지휘관 조지 머리George Murray 경은 찰스 에드워드에 비해 매우 신중한 편이었다. 그는 브리튼 전체가 아니라 스코틀랜드 안에서 자신들이 차지할 위치를 더 많이 걱정하고 있었다. 우선 하일랜드에서 세력을 공고하게 구축하여 자신들의 방식으로 전쟁을 수행할 역량을 갖춘 다음, 체계적으로 친親하노버 씨족들을 와해시키고 더 나아가 스튜어트 왕가를 난공불락의 명실공히 북부의 주인으로 우뚝 서게 만들어야 한다는 것이 그의 생각이었다. 그다음에 잉글랜드를 부추겨 스코틀랜드로 불러들임으로써 그들이 프레스톤팬즈의 패배를 되풀이하도록 만들자는 것이었다.

홀리루드하우스 궁전의 전략 회의에서 노정된 의견 차이는 비단 군사전략에 국한된 것이 아니었다. 그것은 자코바이트 전쟁에서 그들이 목숨을 걸어야 할 진정한 목표가 무엇인가 하는 궁극적인 문제에까지 이르렀다. 그것은 조지 머리와 하일랜드 병사들이 믿고 있듯이, 연합왕국 이전의 옛 세상을 복원하고, 자유롭고 독립적인 스코틀랜드를 회복하기 위한 것인가? 혹은 찰스 에드워드가 꿈꾸듯이, 1688년의 사건을 무효화하여 하노버 왕가를 브리튼에서 쫓아내고 자신을 스코틀랜드의 제임스 8세로, 더 나아가 영국 전체의 제임스 3세로 등극시키려는 십자군 원정인가?

치열한 논쟁 끝에 찰스 에드워드의 주장이 ─ 최소한 전략상으로는 ─ 승리했는데, 표차는 단 한 표 차이였다. 자코바이트군은 매우 빠른 속도로 남진했는데, 그 속도는 그들을 막을 수 있을 것으로 기대했던 뉴캐슬 주둔 웨이드Wade 장군의 동선보다 언제나 한 걸음씩 빨랐다. 칼라일, 랭커스터, 프레스턴, 그리고 맨체스터가 연쇄적으로 찰스 에드워드 군대의 수중에 넘어갔는데, 그 사이 방어군 진영에서는 사실상 단 한 발의 탄환도 발사되지 않았다. 웨이드의 부대가 페나인Pennines 산맥을 넘어 중도 차단을 시도할 때마다 악천후가 그들의 행군을 지연시켰다. 그들이 산맥 서쪽 목적지에 도착했을 때에야 드디어 그곳으로 이동해 들어오는 자코바이트군과 마주칠 수 있었다. 그런데 극도의 궁핍으로 고통 받고 있는 자들은 자코바이트 병사들이 아니라 영국군 병사들이었다. 11월 19일, 제34보병 연대의 제임스 첨리James Cholmondeley 대령은 형인 첨리 백작에게 보낸 편지에서 그곳 계곡들을 건너는 최악의 행군과 관련하여 다음과 같이 기술했다. '우리는 아주 험한 길들과 마주쳤고 끔찍한 서리와 눈을 견뎌내야 했어요. 우리는 8시까지도 근거지에 도달하지 못했고, 나의 막사는 5마일이나 남아 있었기에 11시가 돼서야 겨우 도착했는데, 추위와 배고픔으로 거의 죽을 지경이었고, 파이프 담배 한 모금과 약간의 좋은 와인 때문에 겨우 소생할 수 있었소. 다음 날 아침 13마일을 행군했는데, 먹을 것이 하나도 없어서 얼어 죽어야 했던 몇몇 불쌍한 친구들을 보았소.'

12월 초에 이르러 자코바이트군은 더비에 접근하고 있었다. 잉글랜드에서 도시를 중심으로 일어날 것이라고 예견했던 대중 봉기는 아직 실현되지 못하고 있었는데, 그렇다고 자코바이트군의 행군 경로인 북부 지방에서 하노버 왕조를 지키겠다고 일어날 사람들도 있을 것 같지도 않았다. 그 대신에 노섬벌랜드, 요크셔, 그리고 랭커서 등지에서 도매상인, 지주, 그리고 금융업자가 그들의 동산動産과 가족을 대동하여 공공 도로로 향하고 있다는 보고가 들어왔다. 자코바이트군이 제지가 불가능한 기세로 남하하여 오는 동안 불길한 예감은 더욱 거세어지고, 런던에서는 그러한 초조함에서 유발된 폭력 사태까지 목격되었다. 예상할 수 있듯이 잉글랜드 은행에서는 예금 인출 소동이 벌어졌고, 시중에는 히스테리를 확산시킬 만한 잔학한 이야기들이 유포되었다. 그중에 하나는 칼라일 성벽에 어린아이들이 묶여 있는데, 만약 왕의 군대가 성을 취하고자 한다면 먼저 그 어린아이들의 대량 희생을 감내해야 한다는 것이었다. 그러나 그게 전부는 아니었다. 애국주의적 저항과 스코틀랜드 혐오적인 성격의 사건들이 일어나기 시작했다. '신이여 왕을 구하소서'는 원래 그 형식에서 스코틀랜드 노래였지만, 이제 역사상 처음으로 국가라는 의미가 부여되면서 코번트 가든과 드루어리 래인Drury Lane의 극장들 안에서 울려 퍼졌다. 60여 개 카운티에서 자발적인 회합이 열렸고, 민병대들이 조직되었다.

12월 10일, 영국군 3개 보병 연대와 1개 기병 근위대 병력은 핀칠리Finchley 캠프로 이동하라는 명령을 받았는데, 그들은 조지 2세의 아들 컴벌랜드 공작이 지휘하고 있었다. 그는 노샘프턴Northampton에서 그와 교전을 벌이게 될 자코바이트군이, 과거 웨이드 장군의 부대를 상대로 여러 차례 그랬듯이, 이번에도 자신의 추격을 따돌릴 가능성에 대비하여 따로 전략을 세워놓고 있었다. 윌리엄 호가드는 그로부터 4년이 흐른 뒤에 그 광경을 토트넘 코트Tottenham Court의 연도에 그려놓았다. 그가 전후 사정을 모두 알고 그리는 드문 호사를 누린 것은 맞지만, 그럼에도 불구하고 바글바글, 시끌벅적한 풍경이 가득한 그의 그림은 — 1751년부터 판화로 찍어 팔리면서 엄청난, 그리고 수지맞는 성공을 거두었는데 — 혼란의 와중에 하나의 결정적 순간을 맞이하고 있었던 잉글랜드의 진실에 관해 무언가를 말하고 있었다. 조지 2세가 이 그림을 보고 격분한 것은 놀라운 일이 아니었다. '이 친구가 나의 근위대를 조롱하는 까닭은 무엇인가?' 그림 속 병사들의 (그리고 다른 모든 사람의) 모습은 결코 군사적 규율의 전범이라고는 할 수 없었기 때문이었다. 그림 속 잉글랜드는 전장이라기보다는 축제 마당에 가까웠다. (호가드는 어떤 제어하기 힘든 에너지가 제멋대로 뻗치고 있는 것을 표현하는 은유적 기법을 좋아해서 자주 사용하곤 했다.) 상금을 노리는 맨주먹의 권투 선수들은 에덴 동산의 아벨과 카인을 연상시키며 맹렬한 기세로 싸움을 벌이고 있다. 그림의 오른쪽에는 찰스 2세를 닮은 얼굴과 그의 취미 중 하나인 매음굴이 등장하는 가운데 선술집 킹스 헤드를 중심으로 악의 영역이 펼쳐져 있다. 쓰러져 있는 병사 하나는 그가 진정으로 원하고 있던 진 한 모금을 마시기 위해 착한 사마리아Samaria인의 물을 걷어차 버린다. 사내 하나가 우유 짜는 여자의 몸을 더듬어 우유를 쏟게 하는 장면도 있다. 아마도 아일랜드인을 묘사한 듯, 망토에 십자가 표지를 하고 악을 쓰는 쭈그렁 할멈은 자코바이트의 선전문을 마구 흔들고 있다. 그들의 반대편은 '비교적' 덕스러운 공간이다. 나무들에는 잎이 달려 있다. 권투 선수들이 싸우고 있는 안뜰은 '자일스 가드너Giles Gardiner'의 너서리nursery(유아원 또는 묘목장)이다. 한 엄마가 아이에게 젖을 먹이고 있다. 그리고 출정하는 병사에게 찰싹 달라붙어서 쓸쓸한 표정을 짓고 있는 만삭의 여인은 바구니 속에 '신이여 왕을 구하소서'라는 인쇄물과 컴벌랜드 공작의 초상화를 가지고 있다.

이는 집단의 열정을 묘사한 초상화로서 조금 에두르기는 했으나 의심할 나위 없이 야부의 그림이다. 어찌 되었건, 호가드는 우리로 하여금 이같이 무질서하고 와자하기만 했던 무리들이 궁극적으로는 그림에서 배경으로 표현된 바와 같이 하이게이트 힐Highgate Hill을 향해 행군하는 규율 갖춘 군대로 결집하게 될 것이라고 믿게 하기에 그렇다. 이는 자유로부터 힘을 얻는다는 애국주의적 양식에 기반을 둔 잉글랜드적인 기적의 표현이었다. 그런데도 국왕 조지 2세가 이의를 제기했단 얘기를 전해들은 호가드는 나름 양심이 발동했는지 이 그림을 판화본으로 만들어 '예술과 학문의 후원자' 프로이센의 프리드리히 대왕에게 헌정했다. ('예술과 학문의 후원자'라는 표현은 교양 없는 하노버 왕가를 경멸하는 차원에서 붙인 대비적 표현이었다.) 그러나 유혈적·폭력적·시끌벅적한 잉글랜드에 대한 그의 관점은 마치 기계로 찍어낸 듯 보이는 병영 왕국 프로이센의 이미지와 완전히 대조적인 것이었기에 거기에도 어느 정도의 역설이 들어 있었다.

호가드가 묘사한 바와 같은 흠집투성이 군대가 실전에서의 시험을 통과할 것이라고 확신하는 사람은 컴벌랜드 공작을 제외하면 아무도 없었다. 사실 1746년 4월의 컬로든Culloden 전투가 벌어지기 전까지는, 하노버 군대는 전투다운 전투에서 단 한 번도 자코바이트군을 패배시키지 못했다. 1746년 1월 폴커크Falkirk에서 쌍방이 각기 군사 8000명을 동원하는 등 개전 이래 가장 큰 교전이 벌어진 가운데 자코바이트군이 일단 승리를 거두기는 했지만, 그들은 그렇게 해서 얻은 일시적인 우위를 공고화하는 데에는 실패했다. 그들은 시간, 인력, 돈을 낭비했으며, 실익 없는 스털링Stirling성 포위 작전을 벌인 것을 끝으로 그달 말에 이르러 그나마 남아 있던 세 가지 자원들을 모두 탕진해 버리고 말았다. 그러나 따지고 보면, 자코바이트 세력은 1715년과 마찬가지로 전투에서의 패배보다는 회의실에서 벌인 자체 논쟁으로 인해 자멸의 길을 걸어갔다. 1745년 12월 5일, 그러니까 그들이 핀칠리 캠프로 행군하기 닷새 전, 더비의 엑시터 하우스Exeter House에서는 거사와 관련하여 향후 전략을 논의하는 매우 중요한 논쟁이 벌어진 바 있었다. 거기에서는 지난 10월 찰스 에드워드와 조지 머리 경의 의견 충돌이 재연이나 된 것처럼, 그때와 거의 똑같은 주상들이 또다시 나와서 상호 간 각축을 벌였다. 찰스 에드워드는 이제 런던까지 불과 130마일(200킬로미터)밖에 남아 있지 않다는 것을 강조했다. 영광스러운 스튜어트 왕조를 다시 세우는 길을 감히 막고 있는 것은 이제 단지 한 줌에 불과한 민병대와 핀칠리 캠프가 있을 뿐이라는 것이었다. 그들이 런던을 향해 움직인다면, 프랑스군은 분명히 온다는 것이었다. 그렇게 되면 잉글랜드 내 우호 세력들도 지지 입장을 천명할 것이며, 그렇게 되면 1688년은 하나의 나쁜 기억으로만 존재하게 될 것이라는 이야기였다.

조지 머리는 거기에 동의할 생각이 없었다. 찰스 에드워드는 지난 수개월간 프랑스군이 곧 나타날 것이라고 그토록 장담했지만, 그들은 아직 어디에도 모습을 드러내지 않고 있었다. 그뿐만 아니라 자신들의 대의명분에 동조하며 결집할 것이라던 잉글랜드의 자코바이트들도 찾아보기 어려운 것이 현실이었다. 그가 눈으로 확인할 수 있었던 유일한 상황은 승리를 얻기 위해서는 너무나 큰 희생이 요구된다는 사실뿐이었다. 자코바이트군은 컴벌랜드 공작의 군대에 의해 후방이 끊겨 있었고, 더구나 적군은 대륙으로부터 귀환하는 장병들에 의해 나날이 증강되고 있었으므로, 그들이 런던이라는 덫에 걸려 있는 형국이라는 것이 조지 머리의 판단이었다. 머리는 이제 자신들 의거의 심장인 스코틀랜드를 교두보로 삼아 과업을 지속해 나갈 준비를 해야 하고 그러기 위해서는 손실을 줄여야 한다고 주장했다. 그런데 그의 주장이 가진 힘은, 사실은 그것이 힘이라기보다는, 자신들이 벌이고 있는 과업의 총체적 상황에서 감지되는 어떤 근본적인 불안감에서 비롯되는 것이었다. 머리로서는 지금까지의 과정이 아무리 성공적이었다 하더라도, 언젠가 부딪히게 될 최후의 순간이 온다면 스코틀랜드 포스만 북쪽 이외의 지역에서 자코바이트 무장 세력이 생명을 이어 갈 수 있을지 회의적이었다. 그 상황까지 가지는 않더라도, 군사적 균형의 추가 아군 쪽으로 불리하게 기울 경우에 대비하여 자코바이트군의 숙영지를 안전지대와 가장 가까운 곳에 설치해야 한다는 주장을 펼쳤다. 혹시 그 순간 머리의 마음속에는 자신의 먼 조상 앤드루 머리Andrew Murray와 로버트 브루스 Robert the Bruce 등 스코틀랜드 민족 공동의 기억이 재생되고 있었던 것일까? 새로운 브리튼에서는 명예를 숭상해 온 오랜 전통은 현금 계약이라는 새로운 관습과 반복 훈련에 근거하는 총검술 앞에서 그 입지가 점차 좁아지고 있었다. 어찌 되었건, 머리는 지난번과는 달리 이번만큼은 논쟁에서 우위를 차지할 수 있었다. 찰스 에드워드가 말 위에 앉아 부루퉁한 표정을 짓고 있는 동안, 자코바이트군은 방향을 바꾸어 북쪽으로 퇴각하기 시작했다. 아뿔싸! 우리가 알고 있듯이 자코바이트군의 잉글랜드 진출에 고무되어 루이 15세와 각료들이 오랫동안 고대해 오던 정벌 함대를 막 출진시킨 바로 그때에, 그들은 집으로 돌아가는 긴 행군을 시작했던 것이다.

프랑스 함대의 출진은 너무 늦었다. 그리고 세찬 바람과 포르토 벨리의 영웅 버넌 제독에게 두들겨 맞은 프랑스군이라면 어차피 그들에게 큰 도움이 되지 못했을 것이다. 그런 상황에서 북쪽을 향한 자코바이트군의 행군은 하나의 긴 악몽으로 변했다. 눈 폭풍에 행군이 지연되고, 거기에다 전력을 부쩍 보강한 컴벌랜드 공작의 추격까지 받는 상황이 되자, 그들의 퇴각은 그 어느 때보다 엉망이었고, 절망적이었다. 잉글랜드로 진군할 때만해도 그들에게 우호적인 병력으로 채워졌던 요새의 수비대들이 이제는 컴벌랜드 공작을 위해 뭐든다 할 것 같은 시능을 하고 있었다. 컴벌랜드는 칼라일Carlyle성 주둔 스코틀랜드 수비대의 항복을 거부했는데, 그렇게 함으로써 전쟁 포로에 대한 처우를 규율하는 관습으로부터 스스로를 해방시켰다. 그에 따르면, 그 싸움은 젠틀맨들 사이에 벌어진 전쟁이 아니라 반란이었다. 그렇게 해서, 자코바이트에 협력했다고 생각되는 잉글랜드인들이라면 누구든 즉결로 교수될 수 있었으며, 그들의 병사들은 공기도, 빛도, 그리고 물도 없는, 아주 좁고 질식할 것 같은 공간에 처박히고 말았다. 그들은 몇 방울의 물이라도 취하기 위해 약간의 물기가 비치는 바위 벽 내부 구멍이라도 핥아야 하는 신세가 되었다.

하일랜드의 겨울이 지나고 봄이 다시 왔을 때, 자코바이트군은 폴커크 등지에서 거둔 일시적인 군사적 성공에도 불구하고, 자신들의 거병이 궁극석으로 실패했음을 인식하고 있었다. 한 주가 지나가고, 또 한 주가 지나가는 동안, 하노버 진영의 인적 및 화력상의 우위가 점차 두드러졌다. 1746년 4월 16일 양측의 군대가 인버네스에서 동쪽으로 6마일 떨어진 컬로든에서 마주쳤을 때, 컴벌랜드의 군대는 9000명에 달한 반면, 찰스 에드워드의 군대는 5000명 남짓으로 상대의 거의 절반 수준이었다. 그리고 더욱 중요한 점은, 컴벌랜드의 군대는 중화포重火砲로 무장했을 뿐 아니라, 칼로 찌르기와 총탄 발사를 겸하는 총검이라는 치명적인 신식 무기를 갖추고 있었다. 흠뻑 젖은 땅 위에서 부하 장군들이 찰스 에드워드의 출전을 만류하는 동안, 하일랜드 병사들은 얼굴을 때리는 강한 북동풍 바람을 맞으면서 오르막길로 돌격을 개시했으며, 그들을 향해 포탄을 터뜨리고 있는 하노버 군대의 대포들을 향해 곧바로 진격해 들어갔다. 그들 자체의 돌이킬 수 없는 타성과 씨족 연대에 근거한 어떤 필사적 본능에 의해 감행되었던 킬리크랜키Killiecrankie 공격작전의 결과는 너무나 끔찍한 것이었으며, 생존자들은 얼마 가지 않아 서로의 발에 걸려 넘어지는 상황과 마주치게 되었다. 발포가 시작된 지 한 시간 만에 1000명에서 1500명에 이르는 자코바이트 병사들의 시신이 전장에 널렸으며, 700명 이상이 포로가 되었다.

모든 상황을 고려해 볼 때, 부상당해 누워 있다가 하노버 군대의 눈에 띄어서 뼈가 부서지고 온몸이 절단되는 고통을 당하느니, 차라리 먼저 죽어서 시체가 되는 편이 더 나았다. 1000명에 가까운 속수무책의 부상병들이 이같이 섬뜩한 방법으로 죽음을 당했다. 잉글랜드 진영에서는 이처럼 적진의 부상병들에게 가해진 비정한 학살 행위, 그리고 전투 중 자행된 조직화된 사냥에 대해서, 컬로든 이전에 찰스 에드워드가 자코바이트 군대에 내렸다는 '가차 없이 공격하라'는 명령을 들어 정당화하려고 했다. 그러나 그 명령은 사실이 아니라 하노버 측이 자체 선전용으로 만든 창안일 뿐이었다. 사실, 자코바이트군은 잉글랜드 원정을 수행하는 동안 지역민들과 포로들이 소원함을 느끼지 않도록 지나칠 만큼의 세심한 주의를 기울였는데, '국왕 제임스 3세(찰스 에드워드)'의 대의명분 아래 잉글랜드인들이 집결할 것을 희망했기 때문이었다. 그럼에도, 컴벌랜드 공작은 하일랜드인들을 반쯤 진화한 미개인으로 보는 자신의 편집증적 시각을 무기로 삼아서 그토록 무자비한 진압을 정당화하고 있었다. 그리고 그가 피에 굶주린 사람이 되면 될수록, 잉글랜드는 그런 그를 더욱 좋아했다. 헨델은 그의 개선을 기리기 위해 '보라, 정복의 영웅이 돌아오는 것을(개선의 합창)'이라는 곡을 헌정했으며, 이는 같은 해인 1746년 초연되었다. 자치시들과 타운들이 그에게 감사를 표하는 가운데, 메달과 선물 세례가 펼쳐졌다. 뉴캐슬에서는 선원과 상인의 조합인 트리니티 하우스 협회가 스코틀랜드발 위험으로부터 자신들을 구해준 데 대한 감사의 표시로 화려하게 장식된 금제 상자 하나를 선물했다.

컬로든 이후에도, 최소한 그들이 정부로부터 어떤 종류의 사면 조치를 얻어내기 전까지는, 하일랜드와 도서 지역의 요새들을 중심으로 ─ 일부 씨족의 족장들이 늘 생각해 왔듯이 ─ 자코바이트의 저항이 계속될 가능성이 있었다. 컬로든에 나타났던 찰스 에드워드의 군대는 자코바이트 전체 병력의 5분의 3에 불과했다. 그러나 찰스 에드워드는 과거에도 그랬던 것처럼 또 한 번의 경솔함으로 자신의 거사 조직을 스스로 와해시키는 우를 범하고 말았다. 그는 컬로든에서 회복 불가능한 패배를 당했음을 자인하면서, 모든 사람이 스스로를 위해 제 갈길을 가도록 명령한 뒤에, 자신도 도주의 길을 모색한 끝에 배를 타고 프랑스로 돌아가 버렸던 것이다. 그가 떠난 자리는 브리튼의 한 부분이 다른 부분에게 조직적으로 폭력을 가하는 국가 폭력의 현장이 되었고, 그 피해를 고스란히 당하는 인구 집단이 생겨났다. 국가 폭력의 상당 부분은 지역 주민들의 동향 등에 관한 정밀 조사도 하지 않고 마을을 잿더미로 만드는 등, 물리적인 힘의 동원을 통해 이루어졌다. 소들은 노략질 당했고, 소농들은 땅을 빼앗겼다. 폭력으로 시작된 일은 법률적 강제력으로 완성되었다. 세습적 사법권은 폐지되었으며, 그에 따라 씨족장들의 가부장제적 권위와 그들에게 의존해 왔던 충성의 관계망들을 일격에 파괴해 버렸다. 게일어의 사용이 금지되었고, 친왕군에 근무하지 않는 한, 격자무늬 어깨걸이 천을 길치는 것도 불법이 되었다. (친왕군의 경우에는 하일랜드 주민들에게 심리적 타격을 주기 위한 방편으로 오히려 적극 권장되었다.) 씨족적 명예를 중시하는 오랜 하일랜드 문화의 모든 뿌리가 뽑혔으며, 부러진 가지들은 그마저 가루가 되어 땅에 떨어졌다.

런던에서는 자코바이트 귀족들의 재판과 처형이 공개적인 여흥의 일부가 되었으며, 안 그래도 무언가 기분 전환거리를 찾고 있던 런던 시민을 위한 쇼가 되었다. 이들이 보여준 드라마는 드루어리 래인의 극장 상연 작품들을 모두 압도했다. 국왕 조지는 제3대 크로마티Cromarty 백작인 조지 매캔지George Mackenzie의 형 집행을 유예하는 조치를 취했는데, 이는 크로마티의 아내가 왕 앞에서 무릎을 꿇고 흐느끼다가, 비통과 공포 속에서 애처롭게도 실신하여 의식을 잃는 사건이 일어난 뒤였다. 연극에 대한 무관심으로 악명 높은 군주였던 그이지만 그녀의 연기에는 마음이 흔들리지 않을 수 없었던 것이다. 반면, 여전히 영웅적 오기가 넘쳐나던 제4대 킬마너크Kilmarnock 백작 윌리엄 보이드William Boyd와 제6대 발메리노Balmerino 남작 아서 엘핀스톤Arthur Elfinstone은 신으로부터 기름부음 받은 스튜어트 왕가에 대해 충성을 맹세했다. 그들 무리 중에서도 가장 흥미진진한 인물이었던 제12대 로바트Lovat 남작 사이먼 프레이저Simon Fraser는 서부 스코틀랜드 모처에서 움푹하게 파진 나무 둥치 안에 숨어 있다가 발각되었다. 그는 1745년 왕에 대한 충성을 유지하면서도 아들을 찰스 에드워드에게 보내 함께 싸우게 하는 등, 두 충성 주체 사이에서 줄타기 행각을 벌였던 인물이었다. 그러다가 자코바이트가 패전을 당하자, 그는 자신의 곤궁한 입장을 아들 탓으로 돌렸다. 윌리엄 호가드는 자신의 눈앞에서 키득거리면서 자신의 종족들을 손가락을 꼽으며 세고 있던 그 늙은 괴물의 잊기 어려운 모습을 판화에 담았다. 호러스 월폴에 따르면, 로바트가 재판에 출정하는 길에 한 여인을 마주쳤는데, 그 여인은 그의 마차를 쏘아보면서 '이 못된 늙은 개야, 너는 네가 끔찍하게 머리를 잘릴 것을 모르는 게야?'라고 소리쳤다. 로바트는 순간적인 주저함도 없이 '이 지옥에 떨어질 늙은 창녀야, 나도 그럴 것으로 믿는다'라고 응수했다. 그는 옳았다. 1747년 4월 9일 그의 형이 집행된 타워힐 Tower Hill 처형장에는 너무나 많은 인파가 몰려들었고, 이 때문에 특별히 만들어진 조망대가 (또 하나의 호가드풍 추락 장면처럼) 무너져 내려 일곱 명이 죽었는데, 이는 로바트가 그의 전 생애를 통해 해치운 숫자보다 더 많았다.

런던에 있던 스코틀랜드인들은 응징과 수모를 주제로 한 이들 끔찍한 구경거리들을 공포와 연민, 그리고 분노가 혼합된 감정을 통해 지켜보았다. 터바이어스 스몰렛Tobias Smollett은 주점에서 술을 마시고 있다가 컬로든 전투 소식을 들었는데, 잉글랜드 취객들 사이에서 터져 나온 시끌벅적한 축하 함성에 굴욕감을 느낀 나머지, 본인은 자코바이트가 아니었음에도, 조국을 완전히 뒤덮어버린 대참사를 기리는 비가悲歌라도 쓰지 않으면 못 견딜 것 같았다. 그래서 나온 것이 바로 「스코틀랜드의 눈물The Tears of Scotland」이었다.

> 애통하구나, 불운한 칼레도니아여, 애통하구나
> 유형 당한 너의 평화여, 찢겨버린 너의 월계관이여
> 오랫동안 용맹으로 이름 높았던 너의 아들들
> 학살당해 고향 땅에 누웠네
> 이제는 너의 쾌적한 지붕도 없고
> 낯선 이들을 문 앞에 부르는도다
> 연기 자욱한 폐허 속에 가라앉아 그들은 누웠네
> 잔악함의 기념비들이여

스몰렛은 밀려오는 비애와 자기 연민의 거센 물결 속에서, 1745년 사건의 후유증을 앓고 있는 수많은 동포와 마찬가지로, 자신이 통합된 왕국의 영국인으로 살 수 있을 것인지를 자문했을 것이다. 기세가 위축된 소수파의 사람들은 딱 잘라서 그것은 불가능하다고 대답하고 싶었을 것이다. 자신들의 언어와 의복, 관습마저 금지당한 채, 그들은 정복자의 발아래 짓밟혀 살고 있는 피식민지인에 불과했다. 자신들의 행위를 부끄러워하지 않는 자코바이트의 생존자들은 여전히 명예 숭배의 전통을 지켜나가고자 했지만, 이제 그들은 은밀한 숭배의 시간을 위해 숨겨둔 성유물聖遺物과 주물呪物을 중심으로 하는 초자연적인 삶을 영위해야 했다. 그러한 물건들 중에는 '보니 프린스 찰리Bonnie Prince Charlie'(찰스 에드워드)의 머리카락, 그가 걸쳤던 찢어진 격자무늬 어깨걸이 천 조각도 있었다. 거기에다, 번져서 해독이 불가능한 그림이 남아 있는 고블렛 잔들도 그런 물건들의 목록에 들어 있었는데, 오직 바탕을 반영하는 빛을 갖춘, 다시 말해 어떤 비법을 전수받은 사람들만이 그 색깔들을 볼 수 있다는 소문이 나돌면서, 그 잔들은 점차 '잃어버린 사랑한 사람', '왕이 되기 위해 태어났던 그 소년', 그리고 '해협 건너 있는 구세주'를 나타내는 아이콘으로 변했다. 현실 속 찰리가 로마에서 지독히도 신성모독적인 삶을 살고 있을 때에도 그의 기념품들은 여전히 신성시되고 있었다. 참으로 많은 정부情婦, 정말로 지나친 음주벽, 그리고 잘하면 취할 수도 있었던 런던에 대한 지루하고 감상적인 객담들의 시간이 그를 보기 싫게 부풀게 하고, 일찍 노쇠하게 했으며, 추잡하게 만들었다. 그는 이제 귀 얇은 사람들의 자선에 의지해서 살고 있을 뿐이었다. 고대 로마 광장의 금이 간 석조들을 응시하는 동안, 그는 자신의 감상이 만들어낸 이끼 낀 잡초들에 둘러싸여 스스로 폐허가 되어갔다.

찰스 에드워드는 낭만적 아이콘으로 대우 받는 예외적인 경우를 제외하고는, 현실 스코틀랜드의 미래와는 별로 관련 없는 존재가 되어갔다. 스코틀랜드는 컬로든 전투 이후 수십 년이 흐르는 동안, 감상적 비탄에 굴복하는 대신, 유럽에서 가장 극적인 근대화를 구현하는 진취적 사회로 변모했다. 컬로든 전투가 끝난 지 4년 뒤인 1749년, 존 로우벅John Roebuck 박사와 새뮤얼 가벳Samuel

Garbett은 프레스톤팬즈에 황산 제조 공장을 세움으로써 다른 종류의 승리를 거두었다. 옛 하일랜드 지역은 1745년 이전에도 이미 토지의 자본화가 진행되고 있었고, 이에 따라 삶의 방식도 전환되고 있었는데, 그 요체는 관습적인 공동체 경제에서 생산적인 투자 경제로의 전환이었다. 주민들은 수 세기에 걸쳐서 거주하며 농사짓던 소규모 자작 농지들을 잃게 되었는데, 그들은 그곳에서 얼굴 검은 양¥과 체비엇Cheviot 양, 또는 하일랜드 소를 목축하여, 급성장하고 있던 로우랜드와 잉글랜드의 도회지 시장에 공급해 오던 터였다. 하일랜드와 로우랜드를 가리지 않고 공격적으로 농지 정리를 추진한 자들 중에는 현 체제 지지자들뿐 아니라 로키엘의 캐머런 가문 같은 자코바이트들도 있었다. 과거 씨족장들은 소작 기간의 보장을 첫 번째 의무로 간주했었는데, 이제 새로운 지주들은 이것조차 대놓고 무시하는 판국이니, 과연 옛 방식 중의 무엇이 살아남을 수 있었을까?

그나마 다행인 것은 쫓겨난 사람들에게 선택할 수 있는 다른 길이 있었다. 브리타니아와 단절할 수 없는 씨족 사람들에게 그것에 합류할 수 있는 선택지가 주어졌고 그들 중 상당수가 그것을 잡았다. 18세기 후반에 걸쳐 수만 명에 이르는 하일랜드인들이 영국군에 입대했으며, 그들은 인도와 캐나다에 이르는 세계 각지의 전장에서 모습을 드러냈다. 프랑스 혁명과 나폴레옹 전쟁 기간 동안 약 7만 명에 달하는 스코틀랜드인들이 영국군에 복무한 것으로 추정된다. 그 시기 발행된 제국 정부의 연감年鑑뿐 아니라 병영들과 전장들에 붙여진 이름들에 이르기까지, 그들은 온통 먼로Munro, 엘핀스톤Elfinstone, 머리Murray, 고든Gordon, 그랜트Grant 등의 유명한 스코틀랜드식 이름에 의해 지배되었다. 찰스 에드워드의 도피를 도운 것으로 유명한 플로라 맥도널드Flora MacDonald와 그의 남편처럼 아메리카로 이주했던 자코바이트들조차 프랑스 혁명 전쟁 기간 중에는 그곳 노스캐롤라이나North Carolina에서 자신들이 애국적인 브리튼주의자임을 선언할 정도였다.

스코틀랜드인들은 영국 제국에 의해 식민화 당하는 대신, 스스로가 제국을 식민화하는 길을 택했다. 18세기 후반 자메이카에서 1000파운드가 넘는 유산을 남긴 사람들 중 거의 절반이 스코틀랜드 출신이었다. 글래스고는 대서양을 횡단하는 담배 무역 사업으로 부를 일군 도시가 되었고, 존 글래스퍼드John Glassford나 알렉산더 스피어스Alexander Speirs 같은 대규모 상업 자본가들은 영국 전체에서 가장 경제력이 큰 사람들 중의 일부가 되었다. 스피어스는 과거 대니얼 디포가 연합왕국으로 완성될 더 행복하고 더 번성한 스코틀랜드를 꿈꿀 때 마음에 두었던 새로운 부류의 '북부 영국인' 상像에 딱 들어맞는 보기가 되었다. 스피어스는 오래된 담배산업 가문 중 하나인 뷰캐넌Buchanan가에 장가들기 전에는 그저 그런 정도의 재력을 가진 상인에 불과했으나, 그 이후에는 아무도 그를 멈추게 할 수 없었다. '스피어스, 보우먼 앤드 컴퍼니Speirs, Bowman and Co.'는 대서양 횡단 무역을 대표하는 유성들 중 하나로 떠올랐으며, 1757년에서 1765년 사이 자사 소유 클라이드사이드Clydeside형 선박들을 사우스캐롤라이나와 노스캐롤라이나에 열여섯 번이나 보냈다. (그들은 1762년 구축한 드라이 독dry dock을 활용하여 선박을 자체 건조하기도 했다.) 아메리카에 자리 잡은 스코틀랜드 출신 대리인들은 현지에서 경작자들과 직접 거래할 수 있는 창고들을 세움으로써 중간 상인들을 배제시켰다. 작물 거래 수수료와 선적 비용의 절감, 그리고 영국 전역에 걸친 시장 활성화에 따라, 18세기 중반에서 말에 이르는 기간 동안 매출이 두 배로 증가했으며, 이윤 또한 높아졌다. (1770년대와 미국 독립전쟁 기간 동안 잠시 방해를 받기는 했지만) 그들이 거둔 이익은 스피어스와 그와 동향인 글래스고 출신 담배산업 지주들에 의해 유리 제조, 설탕 정제, 리넨 직조 등 다른 산업 분야에 대한 출자금으로 전환되었다.

이들의 성공은 과거 '다리엔 프로젝트'의 정당성을 입증한 것이었으며, 다리엔 프로젝트 개선改善에 의한 결과물이라고 할 수 있었다. 잉글랜드와 분리된 스코틀랜드는 경제적 위협을 동시에 구사하는 잉글랜드의 정치적·군사적 힘과 맞서서 자신들의 미래를 펼쳐나갈 형편이 되지 못했었다. 그 대신 그들은 이제 영국이라는 연합왕국의 한 주체로서 점차 분리 불가능한 하나의 경제 속으로 편입되어 갔으며, 이는 왕국 전체를 변모시키고 있었다. 웨이드 장군과 측량사들, 그리고 (최상급의 풍경을 기록으로 남긴 예술가 폴 샌드비Paul Sandby를 포함한) 기술자들에 의해 주로 전략적 목적으로 건설되었던 도로와 교량은 이제 화물 운송업자들, 그리고 소와 양 떼를 이동시키는 사람들에게 비할 데 없이 향상된 경로를 제공하고 있었다. 켈프kelp, 점판암, 양모, 위스키, 그리고 심지어는 훈제 생선 등에 이르기까지 다양한 하일랜드 생산물이 남쪽 잉글랜드 시장으로 가는 길을 확보하고 있었다. (생선으로 따지자면 파인만 한 곳만 해도 수백 척의 청어 잡이 배들이 있었다.) 그리고 사람, 상품, 그리고 기술의 이동은 진정한 의미에서 양방향으로 이루어졌다. 그리녁Greenock 드라이 독에서 펌프를 공급하던 스코틀랜드 출신 제임스 와트James Watt는 잉글랜드 출신인 매튜 볼턴Matthew Boulton과 협력하여 버밍엄 근처에 '볼턴 앤드 와트 소호 엔지니어링 제작소'라는 회사를 세웠다. 잉글랜드 중부 지방의 콜부룩데일Coalbrookdale은 스털링셔 Stirlingshire에 캐런Carron 제철소를 세우기 위해 그 지역이 보유하고 있던 기술을 북쪽으로 이전했다.

그런 상황에서 진보에 대한 체계적인 이론이 처음으로 정밀한 언어로써 정립된 곳이 '천재들의 온상' 스코틀랜드이며, 또한 에든버러, 글래스고, 그리고 애버딘 등에서 꽃을 피우게 된 것은 결코 우연이 아니었다. 진보 이론은 무엇보다 기적 등 이른바 계시론에 입각한 모든 지식의 부정, 그게 아니라면, 최소한 그에 대한 회의적 무관심에서 출발하는 것이었다. 그런데 글래스고 인근 클라이드사이드에서는 스코틀랜드인들의 관심을 받는 (계시가 아닌) 다른 종류의 기적이 일어나고 있었다. 그토록 오랫동안 종교적 갈등으로 고통을 받았던 스코틀랜드인들은 이성의 숭배를 통해 그 상처를 치유해 왔다. 그런데 그들의 그러한 노력이 위에 언급한 세 도시의 학교와 독서 클럽을 중심으로 드디어 그 결실을 맺고 있었다. 막연한 향수에 근거했던 문화는 엄격하게 확립된 사실과 근대성에 입각한 문화로 빠르게 변모하고 있었다. 이 모두가 1768~1771년 사이 에든버러에서 처음으로 인쇄 출판된 세 권짜리 『인사이클러피디어 브리타니카*Encyclopedia Britannica*』에 수록되었다. 이 백과사전은 앤드루 불Andrew Bull과 콜린 맥파르쿠아Colin Macfarquar 등 스코틀랜드 인쇄업자들이 처음으로 생각해 냈고, 또 다른 스코틀랜드 출신 인쇄업자이며 골동품 애호가였던 윌리엄 스멜리William Smellie가 주도적으로 편집함으로써 탄생할 수 있었다. 그리고 1776~1784년 사이에 나온 첫 번째 개정판이자 열 권짜리 증보판은 시인에 인쇄업자, 거기에 외과 의사와 화학자, 그리고 열기구 조종사까지 겸했던 그야말로 '새 스코틀랜드 사람'의 전형이었던 제임스 타이틀러James Tytler의 작품이었다. 잉글랜드의 관광객들이 북쪽으로 와서 강한 바람에 노출된 고지대의 황무지와 안개가 자욱이 뒤덮은 만灣에 서려 있는 스코틀랜드의 비극을 혼을 실어 반추하기 시작하던 바로 그때, 스코틀랜드 출신 작가들과 철학자들은 오히려 그런 감정의 거미줄들을 쓸어내고 있었다. 데이비드 흄David Hume은 사물이 어떻게 존재하는지를 절대적 확실성을 가지고 본다면, 그것을 확실하게 이해할 수 있다고 주장했다. 또한 그렇게 해서 우리의 지식이 견고한 것임을 확신할 수 있을 때, 그 지식을 우리 사회를 좀 더 행복이 넘치는 곳으로 만드는 데 활용해야 한다고 했다. 행복은 과거 보니 프린스 찰리(찰스 에드워드)도 글렌피넌에서 추종자들에게 약속했던 것이기도 했다. 그러나 흄과 동료 철학자들은 영국인들이 행복을 구현할 수 있는 기회는 그런 오랜 유혹의 목소리로부터 어떻게 스스로를 해방시킬 수 있는가에 달려 있다고 생각했다.

흄은 '지금은 역사적 시대이며, 우리는 역사적 인간이다'라고 선언했다. 그렇지만 흄은 스코틀랜드, 나아가 자신이 열렬히 옹호했던 영국의 운명이 옛 연대기에 적힌 바와 같이 반복적으로 순환되는 숙명적 불행의 희생자라고 생각하지 않았다. 오히려 그와는 반대로, 흄은 조국의 서사敍事를 애덤 퍼거슨Adam Ferguson 및 애덤 스미스Adam Smith와 같은 긍정적 관점에서 읽었는데, 그것은 수렵채취 사회에서 유목, 그리고 정착 농경, 그리고 마지막으로 진정한 문명화에 이르는 인간 사회의 모든 발전 단계의 원호가 한 공간에서 이루어졌다는 것이었다. 그 마지막 단계는 상업, 과학, 그리고 산업이 매력적으로 보이는 세상이며, 도시화의 세계였다. 18세기 말에 이르러 스코틀랜드보다 도시화 또는 산업화의 과정을 더 신속하게 경험하고 있는 나라는 세상에 없었다.

진정한 스코틀랜드는 이제 새로운 에든버러와 글래스고의 멋진 광장들, 그리고 멋진 거리의 모습으로 표현되었다. 하나로 결속된 영국을 가장 열성적으로 창도했던 사람이며, 〈지배하라, 브리타니아여Rule Britannia〉의 가사를 쓴 제임스 톰슨James Thomson의 조카이기도 한 제임스 크레이그James Craig는 1767년 에든버러의 신시가지를 설계했다. 그는 새로운 영국의 건축물들을 새로운 ─ 사실상 개선된 ─ 로마와 비교하는 외숙부의 특징적 시구詩句 몇 줄을 설계도에 적었다. 로마에 대한 일종의 몽상에 사로잡혔던 찰스 에드워드 스튜어트와는 달리, 새로운 스코틀랜드 사람들은 로마에서 그랜드 투어Grand Tour를 마치고 귀국하면서 기업가인 개빈 해밀턴Gavin Hamilton이 공급한 석고 모형과 골동품 메달, 그리고 고전주의를 상업화할 계획들을 잔뜩 들고 들어왔을 것이다. 그리고 이 모순어법적으로 보이는 일을 가장 의기양양하게 해낸 사람은 '로마인 밥Roman Bob'으로 불렸던 로버트 애덤Robert Adam이었다.

보니 프린스 찰리가 자코바이트 군대를 더비에서 종반전으로 이끈 지 13년이 지난 후, 성공적 경력의 에든버러 건축가 윌리엄 애덤William Adam의 아들 로버트 애덤이 프린스와는 매우 다른 종류의 침략자로서 더비셔에 다시 갔는데, 그는 그곳에서 브리튼섬 전체를 통틀어 스타일에 관한 한 무적의 왕으로 떠올랐다. 그리고 그는 그런 역할 속에서 온 나라의 마음을 사로잡아버렸다. 애덤은 더비셔에서 케들스턴 홀Kedleston Hall을 지으면서 자신의 역량을 충분히 과시했다. 그는 저택의 남쪽 정면부를 콘스탄티누스 개선문과 판테온萬神殿의 돔이 있는 응접 공간을 모델로 삼았다. 그럼에도 케들스턴 홀은 단연코 농촌 저택을 가장한 박물관은 아니었다. 이것은 새로운 종류의 귀족을 위한 완전히 새로운 양식의 건물이었다. 저택의 주인인 제1대 스카즈데일Scarsdale 남작 너대니얼 커즌Nathaniel Curzon은 재산을 키우는 데 있어서 단순히 토지와 월폴 방식의 정치적 연줄만 활용한 것이 아니라, 상당 부분을 더비셔의 석탄 광산으로부터 가져왔다. 그리고 그가 새 저택을 통해 분명하게 원했던 것은 자신의 부를 우쭐거리며 과시하고, 그럼으로써 방문객을 압도하는 집이 아니라, 고결한 키케로식의 금욕, 또는 차분하고, 순수하고 자애로운 덕성의 전당임을 이야기하고 싶었다.

케들스턴에서 얻은 명성으로 인해 애덤은 자신의 세대에서 가장 인기 있는 건축가가 되었으며, 런던과 에든버러에 사무실을 운영하면서 잉글랜드와 스코틀랜드 모두에서 건물을 짓는 진정한 '브리튼'의 설계자가 되었다. 그리고 그의 성공 비밀 중에는 애덤 스미스에 의해 명확하게 표현되었던 하나의 원리를 건축의 스타일로 옮겼다는 데에 있었다. 그것은 그의 세대가 '부유함opulence'이라고 불렀던 경제 현상이 (호턴Houghton에서 드러난 것처럼) 단지 개인적 축재에 그치는 것이 아니라 일반적 행복을 증진시키는 힘이 된다는 원칙이었다.

1746년 컴벌랜드 공작이 주도했던 무자비한 국가 폭력에서 살아남은 불운한 사람들에 대한 마지막 색출 작업이 이루어지고 있을 때, 포스만 북안에 거주하던 세관 관리의 아들 애덤 스미스가 조국으로 돌아왔다. 그는 옥스퍼드 대학교가 '학문에 대한 아주 작은 가식조차' 포기했기에 등을 돌릴 수밖에 없었다고 적었다. 그리고 그는 앞으로 다가올 아주 신나는 미래를 조망하기 위해 스코틀랜드의 과거에 대해서도 등을 돌렸다. 그의 미래 비전은 가톨릭과 칼뱅주의가 다양한 관점에서 쏟아내는 죄책감과 죄악의 개념들을 거부하는 데에서 나오는 것이었다. 그 대신 그는 1766년에서 1776년 사이에 기술된 『국부론The Wealth of Nation』을 통해 개인의 사적 이익을 향한 인간의 본능적이고 전적으로 자연적인 욕구를 역사적인 하나의 사실로서 펼쳐 놓았다. 허영과 욕심이라는 동기에서 작동되는 본능 그 자체가 중요한 것은 아니었다. 사람들에게 그러한 자연적 욕구를 따르는 것을 허용함으로써, 그들이 그것을 의식적으로 원하지 않는다 하더라도, 좀 더 좋은 세상을 만들 수 있다는 것이 중요했다. 그것은 보다 부유하고, 보다 좋은 교육이 이루어지고, 그리고 보다 자유로운 사회였다. 이 대목에서 스미스는 하노버 왕조의 국가 권력이 소유한 막강한 정부 조직을 애써 외면하고 있었다. 그가 상상하는 새로운 세상에서 그것은 더 이상 적이 아니었다. 다만 무관한 존재일 뿐이었다. 왜냐하면, 부를 창조하는 일에서 정부의 존재는 필요하지 않았기 때문이었다. 정부가 부를 만들어낼 수 있다고 상상하는 그 어떤 것도 자기기만의 허구적 산물일 뿐이었다. 최선의 정부는 방해가 안 되도록 비켜서서 '보이지 않는 손'이 시장에서 자신의 일을 할 수 있도록 허용하는 정부였다. 경제의 세계는 용수철과 톱니바퀴 모두가 '원래 만들어진 목적에 따라 훌륭하게 조절된' 시계와 같다고 그는 썼다. 마찬가지로 근면한 사람들이 만들어내는 셀 수 없이 많은 움직임은 신이 그들을 창조한 목적에 맞게 완벽하게 상호 연결되어 있는 것이었다.

신의 목적은 물질적·도덕적, 그리고 지적인 진보에 있었다. 브리타니아가 앞으로 나갈 길을 보여주기 위해 신이 다름 아닌 스코틀랜드를, 그토록 피 흘리고 난도질을 당한 스코틀랜드를 목적지로 삼은 것은 역사의 가장 달콤한 역설이었다. 스코틀랜드의 철학자들은 말했다. 당신들이 그러한 미래를 보길 원한다면, 과거에 관한 자만심 가득한 잉글랜드의 기념비들을 잊고, 먼지투성이 무덤들과 으스스한 대성당들도 잊어라. 그 대신에 새로운 '천재들의 온상' 글래스고와 에든버러로 오라. 그리고 브리튼 전체를 위해, 혹은 세계를 위해 무엇이 예비되어 있는가를 보라.

옮긴이 _ 허구생

6

잘못된 제국
The Wrong Empire

장면: 숲에 둘러싸인 평원을 보여준다. 원경으로 한쪽에는 작은 시골집이 있고, 다른 한쪽에는 양 떼와 소 떼가 보인다. 전경全景 속에서 은둔자의 동굴 하나가 야생의 나무들과 함께 돌출되어 있다. 거칠고 기괴하다.

등장: 알프레드가 데번 백작과 함께 들어온다.

얼마나 오래, 오, 언제나 자애로운 하늘이여, 얼마나 오래
전쟁이 이 고통의 땅을 이토록 황량하게 만들까요?

데인Danes **족으로부터** 탈출을 감행하는 동안 활력과 사기를 모두 소진한 우리의 앵글로 색슨 영웅이 (옛날식 비극에 등장하는 인물들이 대개가 그랬듯이 위에는 흉갑을 입고, 하의로는 스커트를 두른 채) 조국의 운명을 비통해하며 촛불 속에서 모습을 드러내면, 청중들은 스스로 연극에 몰입하는 척 연기를 펼치면서 그를 맞았을 것이 틀림없다. 그렇지 않다면 그것은 단지 예의를 벗어날

뿐 아니라 현명하지 못한 행동으로 간주되었을 것이다. 왜냐하면, 스코틀랜드 시인 제임스 톰슨과 데이빗 말렛David Mallett이 공동으로 대본을 쓰고, 토머스 안Thomas Arne이 음악을 붙인 〈알프레드 가면극Alfred, A Masque〉은 자유 영국인들의 희망이며, 가장 지체 높은 후원자, 프린스 오브 웨일스Prince of Wales(왕세자) 프레더릭 루이스Frederick Louis의 의뢰로 공연되고 있었기 때문이었다. 버킹엄서 클리브던Cliveden 소재 왕세자 저택에서 열리는 공연은 표면적으로는 사적 행사였다. 그러나 실제로는 조그만 가십에도 목말라하는 언론을 부추겨서 왕세자와 추종자들이 '진정한 애국주의자'의 자질이 있음을 공개적으로 알리기 위해 기획된 공연이었다. 공연이 있었던 1740년 8월 1일은 조심스럽게 선택된 날이었다. 그날은 부모를 향한 왕세자의 공공연한 증오와 반비례하여 더욱 존경하는 마음이 커진 할아버지 조지 1세의 대관식 기념일이었던 것이다. 그날은 또한 그의 딸 어거스타Augusta 공주의 세 번째 생일 바로 다음 날이기도 했다. 그 아이를 출산하는 날, 반드시 자신의 거처인 세인트 제임스St James궁에서 출산해야 한다고 고집하면서, 부왕과 모후로부터 아내를 잡아채듯 데리고 나왔었기에 그로서는 더욱 기억할 만한 날이었다. '세상에서 가장 형편없는 고집쟁이 … 거짓말쟁이 … 짐승'이라는 모후 캐롤라인Caroline의 그에 대한 평가는 조금 심한 부분이 있었고, 그가 세상에서 사라져버린다 해도 그다지 큰 슬픔이 되지 않을 것이라는 그녀의 공개적 언급 또한 마찬가지였지만, 그럼에도 그녀의 그런 태도가 전혀 이해되지 않는 것은 아니었다. 그러나 프레더릭은 시간이 자신의 편이라고 생각했다. 부왕 조지 2세는 쉰여섯 살이었고, 일말의 슬픈 감정조차 남아 있지 않은 모친은 이미 3년 전에 세상을 떠났다. 반면에 그는 서른세 살이었고 이제 자신의 본령을 발휘할 때가 다가오고 있다고 믿었다.

우리가 알고 있듯이 프레더릭은 1751년 뇌농양으로 죽음을 맞이함으로써 추종자들을 실망시킬 사람이었다. 그러나 1740년 클리브던의 그 여름밤, 옆으로 템스강이 부드럽게 흐르는 가운데, 사람들은 그의 도박, 여자, 그리고 급한 성정을 애써 못 본 체하고, 그 대신 첼로를 연주하는 덕스러운 거장이자 애국적 군주의 완벽한 보기이며, 또한 자유의 수호자로서 그의 모습을 보고 있었다. 그의 주변에는 열렬한 정치적 지지자들이 몰려들었는데, 그들은 그 이전까지는 월폴을 지지했던 사람들로서, 그들 중 상당수는 1737년 무렵 왕세자의 생활비 지급 문제를 놓고 한바탕 극심한 논쟁이 벌어졌을 때 관직을 떠나게 된 사람들이었다. 그러니, 그들은 현 정부에 가장 쓰라린 반감을 가시고 있는 사람들이기도 했다. 클리브던에서 〈알프레드 가면극〉을 지켜보던 청중들 중에는 가장 최근에 친親왕세자파로 되돌아온 조지 법 도딩턴George Bubb Dodington이 십중팔구 있었을 것인바, 호러스 월폴이 언급했듯이, 두꺼운 비단으로 감싸인 그의 육중한 몸은 자신을 가두고 있는 계류장의 밧줄을 끊어내기 위해 고투를 벌이고 있었다. 청중들 중에는 또한 코뱀Cobham 자작 리처드 템플Richard Temple 경과 '코뱀 컵스Cobham Cubs'라고 불리는 템플의 피후견인들, 그리고 그의 조카들인 그렌빌 형제들과 윌리엄 피트도 있었을 것이다. (월폴은 코뱀을 해고했을 뿐 아니라, 친왕 기병연대에 대한 지휘권까지 박탈함으로써 그의 특별한 원성을 샀다.) 청중들 중에는 또한 존 카터렛John Carteret 같은 반체제 휘그파들도 포함되어 있었을 것이다. 그리고 볼링브로크 자작 헨리 세인트 존 등 몇몇 특정한 과거의 토리계 정치인들도 그 자리에 있었을 것으로 보는 것이 맞을 것 같은데, 앵글로 색슨의 우화가 그들에게 특별한 의미가 있었기 때문이었다.

1714년 자코바이트들에게 던졌던 짧은 구애의 몸짓으로 인해 볼링브로크의 상원 입성이 좌절되었지만, 그의 정치적 영향력은 여전히 막강했다. 1738년에는 왕세자를 위한 정치 입문서를 표방한 『애국자 왕Patriot King』을 출판했다. 볼링브로크는 프레더릭을 위해 이기적 파당주의를 넘어서는, 그러니까 현실에서는 거의 존재하지 않는, 사심 없는 군주의 정체성을 고안했던 것이다. 그의 생각대로라면, 프레더릭은 장차 돈에 의한 매수와 억압의 정치를 이 땅에서 몰아낼 것을 맹세하며 왕위에 오르게 될 것이었다. 그런데 볼링브로크는 중세 브리튼 역사가 시작된 바로 그때부터 각기 자유와 폭압을 대변하는 세력들이 이 땅에서 전투를 통해 각축을 벌여온 것에 주목한 역사서도 생산한 바 있기에,

프레더릭은 알프레드 치하에서 더 없는 영광을 누렸던 고대 앵글로 색슨의 자유정신을 복원하는 역할 역시 자임해야 했다. 잘못된 주장이기는 하지만, 배심원에 의한 재판제도를 창안한 것이 알프레드였으며, '자유의 수호자the Guardian of Liberty'라고 불린 당사자가 바로 알프레드였다는 이야기도 거기에 들어 있었다. 하노버 출신의 새로운 알프레드가 되겠다는 왕세자의 야심은 그가 1735년 펠멜Pall Mall가에 있는 그의 타운하우스 정원에 앵글로 색슨의 영웅적 군주 알프레드의 동상을 세우겠다며, 당시 인기 높은 벨기에 출신 조각가 존 마이클 라이스브랙John Michael Rysbrack(벨기에 이름: Jan Michiel Rijsbrack)에게 의뢰했을 때에 이미 드러났다.

반反자코바이트 성향을 가진 스코틀랜드인들이었던 데이빗 말렛과 제임스 톰슨은 대단히 협력적이었고, 1740년 그날 저녁 그들이 왕세자와 지지자들을 위해 만든 작품도 사실은 볼링브로크가 운과 음을 띄운 것이나 마찬가지였다. 그날 행사의 중요성에 비추어볼 때, 출연진도 결코 평범할 수 없었다. 드루어리 래인 극장 출신의 윌리엄 밀워드William Milward가 알프레드 역을 맡았고, 그 유명한 키티 클라이브Kitty Clive가 그에게 호의적인 양치기 여인 에마Emma 역을 연기했다. 음악적 매력 창출을 주도한 이는 코번트 가든 극장의 테너 가수 토머스 살웨이Thomas Salway였다. 그는 1인 2역으로 양치기 코린Corin과 시인 역할을 같이 맡았는데, 특히 시인 배역은 극의 마지막 부분에서 토머스 안의 신작음악을 솔로로 연주하는 장면을 연기해야 하기에, 그날 저녁 행사 전체의 성공여부가 달려 있다고 해도 과언이 아닐 만큼 중요한 것이었다. 그 환호의 피날레 직전의 장면 또한 중요한 대목이었다. 궁지에 몰린 알프레드가 신통력 있는 은둔자의 도움으로 그의 가장 영광스러운 후손들 셋을 미래로부터 불러들이고, 그들과 더불어 다시금 억압적 외군과 분연하게 싸울 의지를 갖추는 장면이 바로 그것이다. 그들 세 혼령은 바로 흑태자와 엘리자베스 1세, 그리고 윌리엄 3세인데, 이들의 존재는 바다에 둘러싸인 그의 왕국이 장차 제국적 미래로 귀결될 운명임을 영감적으로 일별하게 하는 의미가 있는 것이다. (그리고 그들은

'같이 기운을 내자'는 오랜 브리튼식 설교를 마음에서 털어놓는다.) 전쟁으로 과열되어 있던 1740년대 청중들에게는 특히 엘리자베스 1세와 윌리엄 3세가 주는 울림이 매우 각별했을 것으로 생각되는데, 그들이 극 중에서 프로테스탄트이며 반反스페인, 그리고 프랑스 혐오적인 국민을 위해 싸운 전사 군주들로 확실하게 그려지고 있기 때문이었다. 연극이 상연되던 바로 그 순간, 그들이 물려준 해군 전통의 상속자이며, 통합된 왕국의 '자유 영국인'으로 널리 칭송 받은 해군 중장 에드워드 버넌은 쿠바의 동쪽 끝을 공격하기 위해 새로운 함대를 출진시킬 채비에 여념이 없었다.

전투적 열정이 다시금 불타오른 알프레드는 저 야수와 같은 외적을 나라 밖으로 몰아내겠다고 맹세한다. 그것이 가수 살웨이에게는 이제 그가 나서서 애국적 재성별의 순간을 찬양하라는 신호가 된다.

여전히 자유와 함께하는 뮤즈의 신들이
그대의 행복한 해안으로 오시는도다
축복 받은 섬이여! 비할 데 없는 아름다움으로 왕관을 받았으며
또한 남자다운 용사들이 그대를 지킨다네.

바로 그 순간, 토머스 안의 악단이 바이올린, 케틀드럼, 오보에, 그리고 금관악기를 연주하면서 중앙 무대를 점하게 되고, 살웨이는 (어떤 강한 기운이 자신을 도와줄 것을 기대하면서) 모든 힘을 실어 노래를 부르는데, 테너는 돛대 꼭대기 망대를 향해 오르는 선원처럼 첫 절의 음계를 활기차게 올라타기 시작한다.

브리튼이 처-음-으-로 하늘의 명에 의해
푸-르-른 바다에서 솟-아-났-을 때
푸르른 바다에서 솟-아-났-을 때
이것이 바로 그 헌장, 이 땅의 헌장이었네

또한 수호 천-사-들-은 이 … 노래를 불렀다네.

〔멈춤, 드럼 둥둥둥〕

합창: 지배하라, 브리타니아여 … 브리타니아가 파도들을 지배한다네.

이 대목에서 의례적인, 혹은 귀청이 터질 듯 열광적인 박수갈채가 터져 나오겠지만, 공연은 아직 끝난 것이 아니다. 은둔자가 마지막 신탁을 전하기 위해 다시 무대에 나타나 브리튼의, 그러니까 장차 영국 제국의 해양 지배를 예언하는 장면이 이어진다. (은둔자를 시인과 혼동하면 안 된다.) 알프레드 마니아들에게 이는 이미 알프레드의 표준적인 이미지로 자리 잡고 있었는데, 그들이 『앵글로색슨 연대기Anglo-Saxon Chronicle』를 통해 그가 막강한 전투 함대를 구축한 첫 모국 출신 왕임을 잘 알고 있었기 때문이었다. (그리고 그것은 완전히 근거 없는 이야기는 아니었다.) 알프레드에게 이 전통적 역할을 계속해서 맡기려는 의도 속에서, 이제 극 중 장면은 ('황금빛 남해', '부드러운 동해', '폭풍의 북해', 그리고 '엄청난 대서양의 봉기' 등) 각기 의인화된 대양들이 펼치는 하나의 우화적 무언극으로 이어지는데, 토머스 안이 각각 특색 있게 곡을 붙인 음악들이 연주된다. 그리고 브리튼에 대한 제각기의 찬사를 풀어놓는다.

은둔자: 알프레드여! 이제 출발하시게! 빛나는 시간들을 이끄시게나 …

나는 그대의 통상 활동을, 브리튼이 세상을 지배하는 것을 본다네

모든 나라가 그대를 섬기며, 다른 모든 나라의 강물이 템스강에 경의를 표한다네

… 브리튼인들은 계속해서 나아가고, 브리튼의 신민들은 깊은 곳을 지배하네

그대의 해군에 모든 적대적인 나라들이 경외심을 가지니

그들의 위협은 헛되고, 그들의 군대는 부질없도다

브리튼은 대해를 지배하는 그 세계를 지배한다네.

그다음에는 (분명) 또 하나의 합창이 더 많은 트럼펫과 드럼의 연주와 함께 이어진다.

> 합창: 지배하라, 브리타니아여, 브리타니아가 파도들을 지배한다네.

어쨌거나, 코뱀 자작 리처드 템플은 누구의 노예도 아니었다. 그는 또한 자유 브리튼의 과거와 미래와 관련하여 볼링브로크로부터 개별 지도를 받을 필요도 없었다. 그는 자신의 모든 생애는 브리튼섬 사람들의 자유를 위해 사심 없이 바쳐졌다고 믿고 있었다. 그는 보병 연대의 대령으로 루이 14세를 상대로 하는 전쟁에 참전, 처음에는 윌리엄 3세를 위해, 그다음에는 앤 여왕과 말버러 공작을 위해 싸웠으며, 또한 명예혁명의 열렬한 옹호자로서 '군대 안에 있는 가장 위대한 휘그'로 이름을 알렸다. 코뱀, 그리고 부유한 양조업자의 딸이었던 그의 아내 앤은 슬하에 생존한 자녀가 없었으며, 따라서 그렌빌가※의 조카들과 조카딸들에게 애정을 쏟아부었다. 또한 그들은 잉글랜드에서 가장 아름답고 거창한 팔라디오풍 시골 주택들 중의 하나로 손꼽히는 스토우Stowe 하우스를 짓는 데 돈을 들였다. 그러나 그들의 저택은 단순히 쾌락의 궁전만을 의미하지 않았다. 말하자면, 그것은 호턴에 있는 월폴 저택에 대한 하나의 응수였다. 버킹엄셔에 지어진 그의 스토우 하우스는 영국적 자유의 영속성을 위해 헌정된 공간이었다. 제임스 톰슨은 스토우 하우스에 머무는 동안 시 「자유Liberty」를 썼는데, 그는 아마도 코뱀의 서재에서 볼링브로크의 『애국자 왕Patriot King』을 읽었을 것이다. 그 집에 모여든 '코뱀 컵스', 즉 코뱀의 후견을 받는 풋내기들인 조지 리틀턴George Lyttelton, 윌리엄 피트, 그리고 그렌빌 형제들은 모두 자신들을 언젠가는 포효할 영국의 사자 새끼들이라고 생각하고 있었다.

코뱀이 자신의 정치적 감정을 시각적으로 잘 표현한 공간은 저택 뒤편에 마련된 공원 안에 있었다. 역설적이게도, 사람들의 영감을 자극하게 만드는 그 공간의 설계자들이 참고한 것은 프랑스의 조경 설계자 드자이에 다르장빌르 Dezallier d'Argenville의 저서 번역본이었다. 그들이 그 책에서 얻은 것들은 모두 고전적 건축에 관한 것이었다. 코뱀의 정원에는 열주가 세워졌으며, 마치 판테온의 미니어처miniature 버전 같은 작은 파빌리온pavilion들이 집합을 이루었다. 파빌리온은 둔덕 맨 위에도 있고 연못 끝 쪽에도 있어서, 코뱀이 정성들여 만든 경로를 따라 산책객들이 걷다가, 문자 그대로, 멈추어 서서 명상의 시간을 가질 수 있도록 배려한 것이 분명했다. 당시 유행하던 정원 양식은 전형적인 회화적 풍경을 의식적으로 표현하는 것이었는데, 잉글랜드 귀족들 사이에서 엄청나게 인기 있던 니콜라 푸생Nicolas Poussin과 클로드 로랭Claude Lorrain이 그린 풍경화의 영향을 받은 것이었다. 그러나 코뱀의 정원이 의도한 효과는 의식적으로 역사적이었고 정치적이었다. 1731년과 1735년 사이, 코뱀은 건축가 윌리엄 켄트를 스토우로 불러들여 정원에 설치할 새로운 조형물 집단을 설계하도록 의뢰했는데, 각각의 조형물들은 자신이 가진 공적 철학의 각 측면들을 표현하도록 부탁했다. 그는 (로마 근교 티볼리Tivoli에 있는 베스타Vesta 신전을 막연하게 본뜬) '고대 덕목의 사원'의 건너편에는 브리튼 출신의 저명한 역사적 인물들을 위한 사원을 조성했다. 물론 후세 사람들은 이를 가리켜 '사원temple'으로 불렀지만, 이 구조물은 견고한 파빌리온이 아니라, 지붕이 없는 종획 대지와 고전적 엑시드러exedra(한쪽이 개방된 담화실)에 기반을 둔 테라스로 이루어져 있었다. 그리고 (단순히 이상향으로의 안내자일 뿐 아니라 '통상의 신'이기도 한) 수성水星을 받치고 있는 피라미드 아래에는 일련의 벽감壁龕[1]들을 포함하는 하나의 커다란 반원형 벽이 둘러쳐져 있었다. 각각의 벽감에는 개별적인 페디먼트 pediment[2]가 있었고, 벽감의 내부에는 (인쇄된 안내문이 지칭하듯이) 브리튼의 덕

---

1   장식을 위해 벽면을 오목하게 파서 만든 공간으로, 그 안에 등잔이나 조각품 등을 세워둔다
     — 옮긴이.

2   고대 그리스 건축에서 건물 입구 위의 삼각형 부분을 이름 — 옮긴이.

성을 대표하는 이들의 '흉상들bustoes'이 놓여 있었다.

흉상의 주인공들은 우파와 좌파, 다른 말로 하면, '사색의 영웅들'과 (한 명의 여걸을 포함하는) '행동의 영웅들'로 나뉘어 있었다. 셰익스피어, 베이컨, 그리고 뉴 익스체인지New Exchange의 설립자인 리처드 그레셤Richard Gresham 등은 사색파에 속했고, 흑태자와 엘리자베스 1세는 행동파에 속했다. 그러나 거기에는 이들과는 성격을 달리하는 인물들도 있었는데, 그들은 애국주의야말로 '굴종'과 싸워 이길 수 있는 최선의 수단이라는 코뱀의 신념을 좀 더 적극적으로 부각시킬 수 있는 사람들이었다. 존 밀턴은 그런 의미에 부합하는 사색파였고, 존 햄프던은 같은 범주에서 행동파로 분류할 수 있는 사람이었다. 코뱀은 버킹엄셔 반정부파 젠틀맨의 일원으로서, 스스로를 100년 뒤에 나타난 새로운 햄프던으로 자부하고 있었던 것 같다. 때마침, 1730년대에 들어서면서 밀턴뿐 아니라 올리버 크롬웰에 대한 동정 여론이 되살아나고 있었다. 크롬웰은 자유로운 브리튼인의 완벽한 보기로, 또한 근대적 영국 제국의 창설자 중 한 사람으로 간주되고 있었다. 코뱀 사원에 조성된 행동파의 '흉상들'은 사실상 앵글로-브리튼Anglo-Britain을 해양 및 제국적인 세력으로 키워낸 사람들의 행렬이라고 해도 과언이 아니었다. (조각은 벨기에 조각가 라이스브랙에 의해 이루어졌는데, 그는 특히 앵글로-색슨 계열의 영웅들을 전면에 부각시켰다.) 해군의 '창설자' 알프레드를 위시하여 엘리자베스, 월터 롤리Walter Raleigh 경, 그리고 프랜시스 드레이크Francis Drake 등이 그들이었는데, 드레이크에 관한 명문銘文은 그를 가리켜 '많은 위험을 무릅쓰고 세계를 일주하는 항진을 감행하고 … 대양들과 민족들에게 영어식 이름이 가진 지식과 영광을 전파한 첫 번째 브리튼 사람이었다'라고 적었다.

국내에서 내세우는 자유의 옹호자로서의 기치, 그리고 해외에서 내세우는 해양 및 상업 제국의 창조라는 가치, 이 두 가지 사이에 성립하는 상호 연결의 고리야말로 새로운, 그리고 진정한 의미에서 역사상 처음이라고 부를 수 있는 영국 애국주의의 핵심에 위치해 있었다. 볼링브로크는 모든 애국자를 향해 말했다. '해양 제국은 우리의 것이다. 우리는 오랜 세월 이것을 소유해 왔다. 우리는 유혈과 재정지출을 감내하면서도 이를 유지하기 위해 많은 해전을 치러 왔는바, 만약 우리가 우리 자신을 지키겠다는 마음이 있다면, 앞으로도 어떠한 위험과 어떤 일을 당하더라도 이를 지켜나가야 할 것이다.' 드레이크와 롤리의 후예를 자처하는 코뱀과 추종자들은 자신들이 생각하는 제국을 지금까지 세상에 존재하지 않았던 새로운 의미의 제국이라 믿었다. 거기에는, 그들의 제국은 과거 영토 정복이라는 치명적인 독약에 중독된 나머지, 제국의 심장에서는 전제주의가 발현되고, 지나치게 확장된 전선들에서는 자기 파괴 현상이 일어났던 고대 로마제국의 전철을 밟지 않을 것이라는 확신이 깔려 있었다. (예컨대 톰슨을 비롯한 이들이 교사로서 동반했던) 그랜드 투어를 통해 로마에 갔던 귀족 계층의 '소년 애국자들'은 그곳에서 자만심이 초래했던 제국의 말로를 무언의 웅변으로 보여주는 폐허를 목격했다. 팔라티노 언덕의 우울한 잔해를 배경으로 포즈를 취한 그들을 개별적으로 묘사한 폼페오 바토니Pompeo Batoni의 초상화들, 그리고 1750년대 처음 출판된 지오반니 바티스타 피라네시Giovanni Battista Piranesi의 비범한 판화들은 앞으로 영국 제국이 반드시 회피해야 할 로마 제국의 전철을 상기시키는 유익한 역할을 제공했다. 4년 뒤, 대對프랑스 전쟁 기간 동안 코뱀은 윌리엄 켄트에게 고딕풍의 '자유의 사원'을 조성하도록 의뢰했는데, (재료는 고대 건축에 사용되던 크림색의 어란상魚卵狀 석회암 대신, 그보다 투박한 흙빛을 띠는 황갈색 철광석으로 하되) 그 내부는 상상 속 색슨 왕들의 문장紋章들을 장식하도록 했다. 사원의 문 위에는 피에르 코르네이유Pierre Corneille의 『호라티우스Horace』(1639)에서 따온 명문이 새겨졌는데, 이는 그가 이 사원을 왜 세웠는지, 그 의도를 명명백백하게 설명해 주고 있다. '내가 로마 사람이 아니라는 것에 대해 나는 신들께 감사한다.'

시간이 흐르고, 영국 제국이 한낱 역사적 판타지가 아니라 군사적인 현실로 나타날 무렵, 스토우 하우스는 자유의 제국을 염원하는 하나의 테마 파크로 조성되었다. 그렌빌 가문의 소년들 중 하나였던 토머스 그렌빌Thomas Grenville이

1747년 5월 피니스테레Finisterre갑岬 근처에서 전사하자, 스토우 하우스에는 그를 기리는 둥근 기둥 모양의 기념비가 건립되었다. 1759년에는 영국 제국 역사상 가장 유명한 순교자 제임스 울프James Wolfe를 (전 국민과 함께) 애도하기 위한 오벨리스크가 세워졌다. 세기말을 향해 가던 무렵에는 제임스 쿡James Cook을 기리는 또 하나의 기념물이 건립되었다. 의미 있었던 것은 스토우 하우스가 일반에게 공원과 정원을 처음으로 공개했을 뿐 아니라, 방문객들이 휴대할 수 있도록 비싸지 않은 인쇄본 안내서를 만든 영국 내 첫 지방 저택이 되었다는 것이다. 1750년대 초반 무렵이 되면, 애국주의적 성향의 잠재적 관광객들은 자신들이 선호하는 애국적 조경을 둘러볼 수 있는 후보지로서 최소한 세 개의 선택지를 가지게 되었다. (한 곳의 입장료는 6펜스, 가슴에 새겨질 만한 경관을 가진 다른 두 곳의 입장료는 2실링 6펜스였다.) 그들은 스토우의 팔라디오풍 다리에서 '통상의 역사와 각기의 생산물들을 브리타니아로 가져오는 세계의 모든 곳'을 묘사한 얕은 양각의 조형물을 보면서 곰곰이 생각에 잠길 수 있었다. 윌리엄 피트, (1749년 사망하여 자신이 세운 브리티시 엘리시움elysium으로 돌아온) 코뱀, 리틀턴, 그리고 다른 코뱀의 친구들의 흉상으로 가득 찬 갤러리인 스토우 하우스의 우정의 사원에서, 그들은 목을 길게 뺀 채, 다시 한번 영광 속에 계관된 '브리타니아'를 천장 벽화 속에서 확인하는 동안, 통상적으로는 상호 배타적이기 십상인 자유와 제국이 너무나 조화롭게, 너무나 기적적으로 결합된 영국이라는 나라에서 살아가는 자신들의 복된 행운을 자축할 수도 있었다.

그런데 여기에서 생각해 볼 부분은 그들이 의례적으로 자유를 들먹일 때, 그 자유의 핵심 범주들은 무엇이었을까 하는 것이다. 우선 먼저, 로마가톨릭의 '노예' 상태로부터의 해방을 의미하는 자유였을 것이다. (이는 아마도 「지배하라, 브리타니아여」를 쓴 작곡가 토머스 안을 고통스럽게 만들었을 수도 있다.) 그러나 핵심적 자유들이란 좀 더 일반적으로는 17세기 '전제군주들'이 (로드 대주교나 찰스 1세의 경우처럼) 은근슬쩍 밀반입하려고 하거나, 혹은 (제임스 2세처럼) 상비군을 통해 강제하려고 한 일련의 시도들에 대해 저항했던 매우 특별한 역사적 전통들을 상기시키는 것이라고 말할 수 있다. 이는 조세에 대한 의회의 동의, 정기적인 의회 선거, 그리고 인신보호영장 등을 의미하는 것이었다. 이 모든 덕목은 가톨릭 유럽의 노예 상태에서는 부재하는 것으로서, 오직 잉글랜드인들의 (심지어는 앵글로-색슨인들의) 국가 체제에서만 태곳적부터 뿌리를 내려온 전통이라는 믿음이 있었다. 그리고 그들의 자유는 마그나 카르타에서 시작하여 권리청원, 그리고 가장 최근의 사건이며, 그러므로 가장 신성시되는 사건인 1689년의 권리장전에 이르기까지, 장엄한 역사적 서사시들의 모음집을 의미했으며, 존 햄프던, 존 밀턴, 그리고 알제넌 시드니Algernon Sydney 등의 영웅들과 순교자들을 의미하는 것이기도 했다. 1730년대 월폴에 대한 공격은 전제군주라는 근대적 정의에 '로비노크라츠Robinocrats'라는 또 하나의 범주를 추가했다. 월폴의 정치는 1688년의 원칙들을 방어한다는 위선적 가면을 쓰고 있었기에, 어찌 보면 스튜어트 왕조보다 더 사악한 경우에 해당될 수도 있었다. 그들이 채택한 수단들, 예컨대 (선거를 매 3년이 아니라 7년마다 한다는) 1716년의 7년 기한법, 의회 엽관직, 사악한 소비세 징수관 집단은 사실상 국가를 부패시키고 파멸로 끌고 간 주범일 수도 있었다. 그들 과두 집권층의 잔물殘物을 받아먹고 사는 싸구려 글쟁이들과 양성적兩性的 아첨꾼들과 대비되는 사람들은 정직한 사람들, 땀 흘려 생계비를 버는 국민이었다. 평범한 지방 젠틀맨, 도매상인, 숙달된 장인, 상업에 종사하는 사람은 나라의 '심장 혈액'이었다. 월폴의 자의적 소비세 징수관들에게 압제를 당했다고 믿는 사람들이 이들이었으며, 무역과 자유의 동반자 관계를 실현시킬 대양 제국의 촉진을 고대했던 사람들도 이들이었다. 따라서 그들이 자유를 말할 때, 이는 무언가를 사고파는 다른 산업들처럼 노예를 사고파는 자유까지도 포함하는 것이었다.

이 세대 사람들에게는 한 가지 확실한 것이 있었다. 그것은 그들이 그토록 자유롭게 말하는 자유는 아프리카 흑인들에게는 해당되지 않았으며, 마그나 카르타 혹은 권리장전을 만든 사람들의 마음속에서 흑인들의 복지는 안중에도 없었다는 사실이었다. 자유의 제국이 번창하기 위해서는 수십만 아프리카인들의 노예화가 필요하다는 엉터리 처방을 별다른 생각 없이 읊어대던 그들이 었기에, 그들의 머릿속에 아프리카인들의 복지에 관한 생각이 거의 들어 있지 않았다는 것은 그저 시대적 사고를 대변하는 것에 불과했다. 왜냐하면 '자연적' 평등이 자유의 급진적 목록에 오르기 위해서는 또 하나의 세대를 필요로 했기 때문이었다. 당시 애국주의자들의 입장에서 보면, 아프리카 사람들을 위해 '자유로운 영국인'의 계율을 들먹이는 것은 그 의미를 조롱하는 것이나 마찬가지 였다. 윌리엄 켄트가 '자유의 제국'을 창시한 사람들을 위한 기념물을 조성하고 있을 무렵, 1736년 10월 조지 2세의 대관식 기념일을 기하여 아칸Akan어語 사용 노예 77명이 주축이 되어 안티과Antigua섬의 장악을 기도하는 봉기가 일어났다가 실패로 끝났는데, 봉기의 지도자들은 산 채로 공개 화형을 당했다. 만일 안티과섬 당국이 후일 조지 2세의 주치의가 된 한스 슬로운Hans Sloane이 묘사한 대로 형을 집행한 것이 맞는다면, 그들의 죽음은 정말로 고통스러운 것이었다. 노예들의 '모든 팔다리에 구부러진 막대기들을 박아 땅바닥에 고정시킨 다음, 발과 팔에 서서히 불을 붙이고 점진적으로 머리에 옮겨 붙도록 하여, 고통을 가중시키는' 방법을 쓴 것이었다. 공식적인 기록에 따르면, 노예 다섯 명은 거열형에, 여섯 명은 교수형에 처해졌고, 77명은 화형 당했다. 전체적으로 88명의 처형이 4개월이 채 안 되는 기간 중에 이루어졌던 것이다. 봉기 모의에 좀 더 간접적으로 연루된 사람들은 거세를 당하거나 손이나 발을 절단 당한 뒤에 살아남을 수 있었다. 다른 이들은 '피부가 다 까질 때까지 매를 맞았고, 상처를 더 쓰라리게 만들기 위해 후추와 소금이 발라지기도 했다'.

자유 영국인들의 제국이라고 요란하게 광고되었던 제국이 실상은 아프리카 노예들에 대한 잔인한 강압 조치에 의존해야 했다는 아이러니는 단지 학문적인 역설로 그치지 않았다. 그것은 제국의 성공 조건이었고, 원죄이기도 했다. 궁극적인 노예제도의 폐지와 관련하여 아무리 많은 도덕적 자화자찬이 쏟아졌다 해도, 그 모든 얼룩이 다 씻겨나갈 수는 없는 노릇이었다.

제국의 건설자들에게는 또 다른 역사적 운명의 왜곡이 바로 앞에서 그들을 기다리고 있었다. 그리고 그것이 초래한 결과들은 제국의 건설을 앞두고 만들어진 설립계획서의 눈부신 전망 속에는 들어 있지 않던 것이었다. 영국 제국의 해양적 성격, 영토적 정복보다는 통상의 기회를 우선시했던 제국 주창자들의 기치, 그리고 군사적 모험과 상업적 모험은 상호 배타적이어야 한다는 그들의 본능에 가까운 생각들로 인해서, 그들의 제국은 고대의 제국들뿐만 아니라 오토만Ottoman이나 가톨릭-스페인 제국 등 가까운 과거 속의 제국적 전제국가들에서 악명 높았던 그 모든 죄악으로부터 면역 받을 것이라 생각했다. 영국 제국에서는 하나의 경제 시스템 안에 상호 맞물려 있는 개별적 부분들이 잘 돌아갈 수 있을 만큼의, 딱 그만큼만의 적당한 힘과 중앙 통제만 존재하면 될 것으로 생각했다. 적절하게 '이식되고planted' 외부 약탈자 및 침입자로부터 적절하게 보호된다면, 식민지들은 본국에 원료들을 공급하고, 본국은 역할을 바꾸어 이들에게 제품과 완성품들을 공급하게 될 것이었다. 국내시장의 활성화와 더불어 해외의 공급자들은 수입 비용을 감당할 수 있는 충분한 돈을 벌어들일 수 있을 뿐 아니라, 수익의 일부를 농장의 생산성 향상을 위해 사용할 수도 있을 것이다. 이렇게 해서 생산 비용이 절감된다면, 이는 브리튼 내 좀 더 광범위한 인구 계층에게 가용해지게 될 것이었다. 이 같은 호혜적 경제의 밀물은 모든 배를 다 들어올리고, 영국이라는 자유와 산업의 제국은, 정복지 방어에 들어가는 헛된 비용이나 자원 분산을 걱정할 필요 없이, 모두가 좀 더 나은 삶을 영위하게 되는 은혜로운 순환 속에서 세계를 함께 결합시키게 될 것이었다.

그러나 18세기 말에 이를 즈음에는, 이러한 전망들이 현실에서는 작동되지 않을 것임이 확실해졌다. 영국 제국은 농부들과 무역상들의 제국이 아니라 압도적으로 군인들과 노예들이 핵심을 이루는 제국이 되었기 때문이었다. 자유에 대한 소명을 가장 진지하게 받아들였던 아메리카인들은 다시금 영국의 입안으로 내던져졌지만, 그들의 길을 걸어갔다. 제국의 창안자들은 소수의 경비 병력이 주둔하는 상업적 기지들을 꿈꾸었지만, 어찌된 일인지 영국은 이제 100만 명에 육박하는 카리브해 지역 노예들과 5000만 명에 가까운 인도 아대류亞大陸 주민들을 관리하고 있었다. 영국인들은 부업으로 약간의 돈을 벌고자 동쪽으로 갔다가, 어쩌다 보니, 인도를 통치하게 되었다. 각주가 메인 스토리가 되었다는 이야기이다. 오늘날 영국의 도회지 거리들을 둘러보면, 그 스토리가 아직도 그대로 거기에 있다는 것을 알게 될 것이다.

그렇다면, 영국은 정확하게 무엇 때문에 '잘못된 제국'이 되어버린 것일까?

영국 제국은 시작부터 습관성의 산물이었다. 한가하게 담배 한 대 피우기, 좋은 차 한 잔 마시기, 단 것 좋아하기, (그리고 나중에는 아편 한 모금) 등에 대한 중독을 부드럽게 고무시킨 것은 그들의 특별함이었다. 이국적 희귀성이 소비적 욕구로 바뀌었고, 예외적인 희구가 일상적 필요로 전환되었다. 이윤만 남는다면 혐오감 따위는 얼마든지 극복될 수 있었다. 아마도 국왕 제임스 1세가 저자였을 것으로 추정되는 소책자 하나는 지독히 더러운 잡초인 니코티아나 타바쿰Nicotiana tabacum, 즉 담배에 관해 다음과 같이 통렬히 비판한 바 있었다. '선량한 나라 사람들이여, 어떤 명예와 방책이 있기에 우리로 하여금 저 거칠고 신을 믿지 않는 노예적 야만인들의 상스럽고 짐승 같은 습관을 … 그토록 비도덕적이고 악취 나는 습관을 모방할 수 있는지 (기도하건대) 숙고토록 합시다.' 그러나 버지니아Virginia 회사가 담배를 재배하기 위해 만들었던 첫 번째 정착촌이 아직도 그의 이름을 가지고 있는 것은 아이러니이다. 제임스타운Jamestown의 정착민들은 남쪽 스페인 제국에 저절로 굴러 떨어졌던 금과 은 같은 것이 그곳에서도 발견되었으면 하는 꿈을 꾸었을 것이다. 그러나 체서피크Chesapeake만 지역에 금은 존재하지 않았고, 정착자들은 다산을 보장하는 이 묵직한 잎을 가진 식물을 임시변통의 수단으로 선택할 수밖에 없었다. 17세기 전반을 거치는 동안, 잉글랜드의 담배 식민지들은 여러 차례에 걸쳐 소멸 위기에 봉착하기도 했다. 질병으로 인한 희생자들, (쌍방 간에 남자, 여자, 아이들의 학살을 부른) 아메리카 원주민들과의 증오에 찬 전쟁, 그리고 그들이 가진 낭비적·비현실적 기대들이 그 원인이었다. 거기에다, 그곳의 기후와 곤충, 그리고 그들이 옮기는 달갑지 않은 선물이 사람들을 집어삼켰다. 1607년과 1625년 사

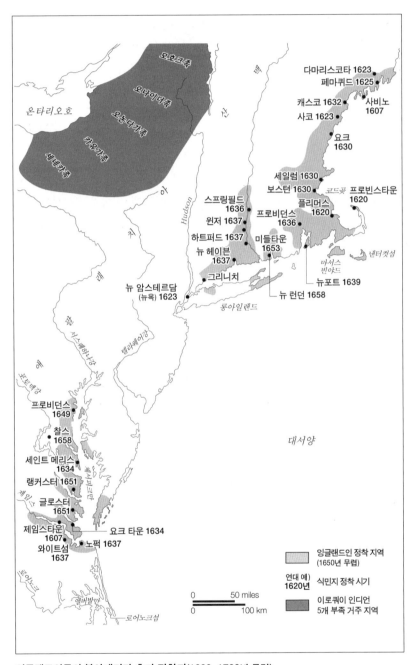

모호크족
오나이더족
온타리오호
오논다가족
카유가족
세네카족

다마리스코타 1623
페마퀴드 1625
캐스코 1632
사비노 1607
사코 1623
요크 1630
세일럼 1630
보스턴 1630
코드곶 프로빈스타운 1620
스프링필드 1636
프로비던스 1636
플리머스 1620
윈저 1637
하트퍼드 1637
미들타운 1653
뉴 헤이븐 1637
낸터컷섬
마서스 빈야드
그리니치
뉴포트 1639
뉴 암스테르담 (뉴욕) 1623
뉴 런던 1658
롱아일랜드

Hudson

대서양

프로비던스 1649
찰스 1658
세인트 메리스 1634
랭커스터 1651
글로스터 1651
제임스타운 1607
요크 타운 1634
와이트섬 1637
노퍽 1637

해비밭만
로어노크섬

잉글랜드인 정착 지역
(1650년 무렵)

연대 예)
1620년   식민지 정착 시기

이로쿼이 인디언
5개 부족 거주 지역

0   50 miles
0   100 km

잉글랜드인들의 북아메리카 초기 정착지(1600~1700년 무렵)

이 이주민 6000명이 도착했지만, 1625년의 인구조사에 따르면 버지니아의 인구는 1200명에 불과했다. 그럼에도, 끽연 습관이 유럽 문화 속으로 깊이 배어들고 버지니아산産 엽초가 질적 표준으로 떠오르면서 수요가 붐을 이루고 가격이 오르게 되자, 역경을 버텨내고 있던 볼티모어Baltimore 경의 메릴랜드Maryland와 버지니아의 정착민들은 세력을 굳히면서 내륙으로 밀고 들어갔다. 수백 에이커에 달하는 장원을 소유할 수 있다는 가능성에 매료된 젠트리 계층의 차남 이하 아들들, 그리고 담배 부호를 꿈꾸는 소매상인들이 속속 이곳 식민지에 도착했다. 노동력을 공급한 인구 집단은 제한된 숫자의 아프리카 노예들, 그리고 중간 나이가 열여섯 살가량 되는, 그리고 열아홉 살을 넘는 경우가 좀처럼 없는, 잉글랜드 출신 소년들이었다. 수만 명에 달한 소년들은 런던과 브리스톨의 혼잡한 빈민가 또는 공동주택 지역 출신이었는데, 그들 중 70~80%는 숙식을 제공 받는다는 조건으로 3년에서 5년간 일하기로 연기계약年期契約을 맺은, 즉 계약에 의해 약정된 소년 이민자들이었다. 이들은 약정 기간이 종료되어야만 약속된 작은 토지를 요구할 수 있었으며, 임금 노동자로 일하거나 작은 자기 점포를 세우는 것도 그 이후에나 가능한 일이었다.

이것은 식민지 '이식planting'이 어떻게 이루어졌는가에 대한 설명이다. 이는 모국의 이른바 반사회적이며, 희망 없는 인구 집단을 추려내서, 어떤 면에서 보더라도 '향상improvement'이라는 요소가 개입되는 긍정적 전망 속에서, 그들을 노동 현장에 투입시킨다는 논리 속에서 이루어졌던 것이다. 식민지의 땅은 개량이라는 선물을 받았으며, 모국은 (신중한 통제 속에서) 가치 있는 원료들을 받아들인 후, 이를 다시 완성품으로 만들어 성장하고 있는 식민지로 보내느라 분주했다. 거기에다, 잉글랜드 사람들의 입장에서 보면 아일랜드의 원주민이 우연히도 (물론 가톨릭이라는 기만적 종파이긴 했지만) 같은 기독교인이었고, 심술궂은 외세의 지원을 끌어들여 언제이건 성가신 존재가 될 수 있는 잠재력을 가졌던 것에 비해, 아메리카 원주민은 명백하게 기독교 복음에 저항적이었기에, 정착민들은 별다른 심적 부담 없이 그들을 더욱더 상류 쪽으로 거칠게 몰아붙일 수 있었고, 혹은 숲속으로, 언덕으로 몰아넣을 수 있었다. 프랜시스 와이어트Francis Wyatt 경은 1622년 앵글로-아메리카 프로젝트의 전체적인 조망을 언급하면서 '우리의 일차적 과업은 야만인들을 축출하여 자유 방목지를 확보하는 것인데 … 그들은 기껏해야 우리에게 눈엣가시 같은 존재들이기에, 그들과 평화롭게 지내거나 동맹을 도모하는 것보다 이교도들을 우리 안에 허용하지 않는 편이 훨씬 더 낫기 때문이다'라고 얼굴 하나 붉히지 않고 말했다.

그런데 모든 일이 몹시 안 좋은 방향으로 흘러가는 시기가 다가왔다. 1680년대 초반부터 담배 가격이 떨어지기 시작하더니 급기야는 급격한 하락 장세를 맞았고, 이로 인해 소규모 경작자, 중간 상인, 그리고 가공업자가 줄줄이 도산하는 사태가 일어났다. 그렇다고 해서 이것이 체서피크Chesapeake 프로젝트 전체를 일시에 중단시킬 만한 위기는 아니었다. 메릴랜드와 버지니아에는 5만 명 이상의 정착민이 있었고, 그들은 인디고indigo와 밀을 포함하여 더욱 다양화된 경작 가능 식물들을 탐색해 놓고 있었다. 그렇게 해서 식민지는 생존하고, 담배 가격은 다음 세기에 반등할 예정이었지만, 그럼에도 불구하고, 최소한 그 때만큼은 노다지가 끝난 것은 분명해 보였다.

아니, 정확하게 말하면, 노다지는 다른 곳에 있었다. 또 하나의 욕구가 17세기 후반의 유럽을 휩쓸고 있었는데, 그것은 영국 제국을 세계 경제의 틈새시장이 아니라 선두 주자로 탈바꿈 시켰다. 뜨겁고 강력한 카페인이 함유된 음료에 대한 갈망은 커피와 함께 시작된 것인데, 그것은 원래 이슬람 세계의 산물로서, 오토만 제국이 중부 유럽 쪽으로 진출할 때 터키 병사들에 의해 반입된 것이다. 비엔나는 그들의 포위 작전에 저항을 펼쳤지만, 커피 원두의 침투는 끝내 막지 못했다. 그런가 하면, 음용 초콜릿으로 소비되는 아메리카산 코코아 원두는 원래 중앙아메리카 원주민들의 문화 속에 있다가 처음에는 정복자 스페인인들의 손을 거쳤고, 그다음에는 언제나 새로운 시장 창출에 눈독을 들이고 있던 네덜란드인들에 의해 정제되어 시장에 나왔다. 커피와 초콜릿은 17세기 중·후반에 이르러 커피 하우스들을 중심으로 런던 시장을 광범위하게 파고

들고 있었다.

그런데 카멜리아 시넨시스Camellia Sinensis, 즉 차茶나무 잎을 우려낸 동아시아 음료는 어떻게 첫 순간에 영국 사람들의 입맛을 사로잡을 수 있었을까? 아직까지 이에 대한 제대로 된 인류학적 설명도 없고, 만족스러운 경제학적 설명도 없다. 토머스 가웨이Thomas Garway가 1657년 익스체인지Exchange 골목에 있던 그의 커피 하우스에서 '중국 차China Tcha, 테이Tay 또는 티Tee'를 잎, 그리고 우린 물의 형태로 팔기 시작했을 때, 그 차는 아마도 하이슌熙春 녹차이거나, 아니면 안후이安徽성이나 저장浙江성에서 재배된 송라차松蘿茶였을 것이다. 최근에 얘기되고 있는 녹차의 효능을 그 옛날에 미리 예견이나 하고 있었다는 듯이, 가웨이는 차를 기적의 약으로 홍보했다. '완벽한 건강을 나이가 아주 많이 들 때까지 보전해 줄 정도로 몸에 좋고, 시야를 밝게 해주는' 효능이 있다는 것이었다. 또한 '복통, 감기, 부기, 그리고 괴혈병을' 진정시켜 줄 뿐 아니라, '몸을 활동적이고 활기차게 만들어주는' 효과가 있다는 것이었다. 18세기에 접어들면서 차는 최소한 500개소가 넘는 커피 하우스에서 팔리게 되었는데, 그때 시장을 정복한 차는 중국 동남부 해안 지방 푸젠福建성 우이산武夷山 주변에서 자란 검은 잎의 보히차武夷茶였다. 그중에서 가장 고급차는 건조 기간이 조금 많이 걸리는 샤오종小種, Souchong이었는데, 동인도회사는 이것의 가격을 비교적 저렴하게 유지하고 좀 더 넓은 시장에 공급할 수 있을 만큼 충분한 물량을 가공, 수입할 수 있었다. 더욱 의미가 컸던 것은, 보히차는 커피 하우스 같은 상업적 음료 판매소 차원을 넘어, 보다 중요한 교차소비 영역을 확보하기 시작했다는 것이었는데, 이는 1710년대에는 유행의 첨단을 걷는 계층의 가정집들을 선택적으로 공략하더니, 1720년대에는 무역업계나 상인 계층, 그리고 심지어는 장인 계층을 포함하는, 좀 더 광범위한 가정집으로 침투하는 데 성공했다. 보히차는 이제 오히려 가정에서 마시는 것이 더 훌륭하다는 평가를 받는 아주 탁월한 음료가 되었으며, 고상하게 마실 수 있는 사교적인 음료로 자리 잡았다. 이는 별다른 의식이나 격식을 필요로 하지 않았고, 대개는 여자들에 의해 준비되는 음료이기도 했다. 1730년대에 이르면, 매년 100만 파운드에 가까운 중국산 차가 동인도회사에 의해 영국 시장에 수입되고 있었고, 이들은 중국에서 구입한 가격의 네 배나 되는 높은 가격으로 런던 시장에서 팔렸다.

설탕이 차와 함께 음용되기 시작한 시점을 특정하여 입증하기는 매우 어려운 일이지만, 훨씬 더 쓴맛이 강한 커피나 초콜릿과 마찬가지로 사람들은 차를 처음 대했을 때부터 설탕이 필요하다고 생각했을 것이다. 맨 처음 도자기 찻잔 세트가 만들어졌을 때, 여기에 설탕 그릇이 찻주전자, 그리고 밀크 저그milk jug 와 함께 있었을 것으로 보는 것이 맞을 것이다. 프레더릭 슬레어Frederick Slare 박사는 설탕을 안질 치료약뿐 아니라 이상적인 치약으로 추천했던 인물인데, 1715년, 근대 영국의 전형적인 아침 식사 스타일의 도래를 사실상 선언한 사람이 바로 그였다. 그는 마치 확고한 입장을 가진 사람처럼, '브레이크-파스트break-fast [3]라고 불리는 아침 식사는 빵, 버터, 우유, 그리고 설탕으로 구성된다'고 말하고, 여기에다 모두들 '흔하지 않은 덕성'을 갖춘 차와 커피, 그리고 초콜릿을 선택할 수 있는 음료로서 추가시켰다. 적은 양의 가양家釀 맥주, 빵, 그리고 치즈나 훈제 생선 등으로 구성되었던 예전의 이른 아침 식단은 최소한 브리튼의 도시 문화에서는 그 유행이 지나가고 있었다. 중산층을 겨냥한 최초의 요리책인 하나 글래스Hannah Glasse의 『평범하고 쉬운 요리법The Art of Cooking Made Plain and Easy』은 1747년 출간되었는데, 이 책에 담긴 레시피들도 설탕의 광범위한 가용성과 저비용을 기정사실로 받아들이고 있다. '기름진 빵을 만들기 위해서는' '두 번 정제된 설탕' 3파운드가 필요하고, '변치 않는 와인 크림'을 위해서는 크림 2.5파인트당 1파운드의, 그리고 '복숭아꽃 시럽'을 위해서는 2파운드의 두 번 정제된 설탕을 각각 사용하도록 권하고 있다. 또한 미시즈 글래스Mrs Glasse의 (굽거나 끓인) '저렴한' 라이스 푸딩rice pudding도 설탕을 기본 원료로 사용하는 요리였다. 타트tarts와 푸딩, 풍미를 첨가한 크림들과 치즈 케이크, 그리

---

3   밤 시간 동안 계속된 금식 또는 단식(fast)을 깬다(break)는 의미에서 유래했다 ─ 옮긴이.

고 잼, 마멀레이드marmalades, 젤리 등으로 욕구 충족을 꾀하는 영국 사람들의 단맛 중독 현상은 순식간에 국민적 식단으로 자리 잡게 되었다. 이는 단지 영국뿐 아니라 세계 역사에 대변혁을 가져오게 될 입맛의 변화였다.

설탕은 중세 유럽에서도 많이 알려지고 소비도 되었지만, 높은 가격과 이국적 출신 배경으로 인해 향신료 또는 약으로 간주되는 경향이 있었다. 가장 흔한 감미료는 손쉽게, 그리고 지역적으로 생산이 가능한 꿀이었다. 그러므로 꿀이 케닐워스Kenilworth에 있는 레스터 백작 시몽 드 몽포르Simon de Montfort 같은 고위 귀족들의 회계장부에 등장했을 때만 하더라도 그 양은 기껏해야 1~2파운드에 지나지 않았다. 설탕은 이슬람 세계를 거쳐 기독교 유럽에 유입되었는데, 키프로스Cyprus에서 자체 생산을 처음으로 시도했던 유럽 최초의 가문은 뤼지냥Lusignans 가문으로, 그들은 십자군 원정에 참여했으며, 예루살렘 왕국의 왕들을 배출했던 인연이 있었다.

그러나 사탕수수의 원산지는 뉴기니New Guinea에서 벵골만에 이르는 동남아시아의 열대 몬순 지역이었다, 완전히 성숙한 높이인 8피트(2미터)에 이르려면 많은 강수량, 일상적인 강우, 그리고 고온이라는 기후 조합을 필요로 했다. 이것이 원산지보다 건조한 지중해 지역에서 재배하기 어려운 까닭이었으며, 지중해 지역에서는 최고의 생장 조건하에서 재배하더라도 수확량이 상대적으로 낮을 수밖에 없었고, 따라서 가격이 높을 수밖에 없었다. 그러므로 설탕은 수세기에 걸쳐 약이나 향신료로 남을 수밖에 없었는데, 어떤 경우이건 설탕은 일상품이 아니라 사치품이었다. 네덜란드와 유태인 무역업자들의 부추김을 받은 포르투갈 선박업자들과 경작자들, 그리고 정제업자들은 온도와 강우량의 최적 조합을 찾아서 끊임없이 서쪽으로 이동했는데, 그들은 마데이라Madeira(북대서양)와 상투메São Tomé(서아프리카) 등 좀 더 고온의 대서양 북회귀선 지역을 찾아들어 갔다. 그러다가, 너무나 유명한 얘기이지만, 그들은 (배들이 바람 때문에 진로를 벗어나 엉뚱하게 남쪽으로 항해한 끝에 거의 우연히) 옛 포르투갈 식민지인 브라질에서 그들이 고대해 오던 곳을 발견했다.

그러나 사탕수수가 가진 황금빛 수액을 거두려면 또 다른 조건 하나가 필요했는데, 그것은 집약적이고, 고도로 집중적이며, 또한 특정한 작업 수행에 숙달된 노동력이었다. 왜냐하면, 사탕수수는 그만큼 사람의 손을 많이 필요로 하는 변덕스러운 작물이었기 때문이었다. 그리고 사탕수수는 다 자라는 데에 최소한 14개월이 걸렸으므로 1년 내에 재배하고 수확하는 것이 불가능했다. 그뿐만 아니라, 다 자랐다고 하더라도, 설탕 성분의 전분화를 방지하기 위해서는 그토록 크고 무거운 풀들을 신속하게 수확하지 않으면 안 되었다. 그렇게 수확한 수수들의 껍질을 벗기고 절단하는 작업을 마치면, 수액이 자기 퇴락하는 이른바 자당蔗糖 집중 현상이 일어나기 전에 재빨리 소의 동력을 활용하는 수직의 분쇄용 롤러로 옮겨야 했다. 그다음에 이어지는 모든 생산 공정, 그러니까 수액 끓이기, 최적의 결정이 형성되는 순간에 끓임 멈추기, 점토로 위를 막은 원추형 틀 안에서 부분적으로 정제하기, 그리고 장시간이 소요되는 건조 작업 등 일련의 공정들은, 열대의 노동조건하에서, 유럽 출신의 백인 연기계약 노동자들이건, 사로잡힌 아메리카 원주민들이건, 그 누구라도 감당하기 어려운 노동 강도와 속도, 그리고 체력을 요구하는 일이었다. 그리고 두 인구 집단 모두 음주와 반항의 습관이 있어서 규율하기가 어려웠던 것도 문제였다. 그들은 빈번하게 도주를 시도했고, 곤충 뒤범벅에서 나온 파리들처럼 죽어갔고, 습기 찬 햇빛 속에서 끓어오르는 수인성 질병으로 인해 죽어갔다. 그럼에도 포르투갈의 사탕수수 농장주들, 그리고 보다 특정하게는 네덜란드와 유태인 출신의 중개인들은 설탕이 그 어떤 어려움도 감내할 만한 가치가 있는 상품인 것을 잘 알고 있었다. 결국, 페르남부쿠Pernambuco의 상인들이 떼돈을 벌고자 하면 풀어야 할 궁극적인 문제가 하나 있었으니, 그것은 곧 노동문제로 귀결되었다.

그런데 분쇄기를 돌리는 소들처럼 힘세고 질병에 강하며 거기에다 복종적이기까지 한 노동력을 어디에서 공급받을 수 있을 것인가? 그들이 생각한 곳은 포르투갈인들이 상아, 금뿐 아니라 상업적 행위의 일환으로 이미 노예를 공급 받고 있던 지역, 바로 서부 및 중앙아프리카였다.

이는 진정 파우스트적 거래의 순간이었다. 그리고 그 거래의 악마적 본성을 인식한 사람들이 그때에도 있었다. 브라질의 예수회 회원들은 인간과 동물을 동일시하는 그 어떤 행위도 가장 중대한 신성모독에 해당된다며 이를 비난했다. 법학자들도 펠리페 2세에게 보내는 서한에서, 인간의 노예화는 형언하기 어려운 반기독교적인 죄악이라는 직설적인 주장을 펼쳤다. 그러나 다른 한편에서, 일부 자문관과 성직자들은 이교도인 아프리카인들을 기독교 복음 앞으로 불러들인다는 짐짓 경건한 맥락 속에서 이를 용인할 준비를 하고 있었다. 거기에다, 그들은 자기 부족들 간의 전쟁에서 사로잡힌 자들이 아니던가? 이런 주장들은 확실히 방어적인 성격의 것이었고, 솔직하지 못한 것이었지만, (1580년 포르투갈을 병합한) 스페인 제국은 돈이 몹시 부족한 형편이었기에 금지론보다는 허용론이 더 솔깃하게 들릴 수밖에 없었다. 1630년 무렵, 6만 명이 넘는 아프리카 출신 노예들이 브라질의 사탕수수 농장에서 일하고 있었는데, 정신적 외상을 입고 짐승처럼 죽어간 희생자들을 제외하면, 그들은 투자가 아깝지 않을 정도로 관련된 모든 이를 위해 만족할 만한 성과를 올리고 있었다.

엘리자베스 통치 이래 잉글랜드 침입자들은 (네덜란드인들과 경쟁을 벌이는 가운데) 서부 아프리카에서 노예를 사서, 그들을 라틴아메리카 지역에 팔아넘기고 있었다. 그러던 그들이 17세기 중반에 이르러 (포르투갈인들과 네덜란드인들이 통치권을 놓고 끝장 승부를 벌이고 있던) 브라질을 향해 부러움의 눈길을 던지기 시작했다. 바야흐로 그곳에서 막대한 부의 원천이 형성되고 있었기 때문이었다. 암스테르담의 빵 가게나 당과점을 살짝만 둘러보더라도 금방 알아차릴 수 있는 사실이었지만, 이미 설탕은 네덜란드에서 더 이상 희귀하고 값비싼 사치품이 아니라 일상적 식습관의 주요한 부분으로 자리 잡고 있었다. 그리고 잉글랜드인들은 설탕의 초기 생산 공정은 매우 불안정하지만, 선적과 창고 보관 등 유통 과정은 너무도 안정적이라는 사실을 잘 알고 있었다. 게다가, 설탕은 믿을 수 없을 정도로 용도가 많고, 시장 적응적인 상품이어서, 정제 설탕과 좀 덜 가공된 흑당의 두 가지 품목 이외에도, 당밀과 럼주酒까지도 상품화되고 있었다. 장거리 무역 상품의 백미가 곧 설탕이었다.

그러나 광범위한 영토적 영향력과 위세를 자랑하고 있는 스페인 제국으로부터 안전한 사탕수수 재배지를 어디에서 찾을 수 있을 것인가? 잉글랜드인들은 사우스캐롤라이나 앞바다의 조그만 섬인 버뮤다Bermuda에서 첫 모험을 벌였는데, 그곳은 너무 건조하고, 서늘했으며, 거기에다 너무 멀었다. 반면에 바베이도스Barbados섬은 좋은 사탕수수 재배지를 고대하던 사람들에게 너무나 정답인 것처럼 다가왔다. 앤틸리스Antilles 제도에서 바람 부는 방향으로 맨 끝에 위치한 채, 대양 속에 한가하게 떠 있는 그곳은 연간 평균 강우량이 60인치(1500밀리미터 이상)로서 사탕수수가 자라는 데 필요한 수분 공급치를 만족했고, 그곳의 풍량 또한 수수 분쇄용 풍차 날개를 돌리는 동력으로 활용할 만했다. 거기에다, 카리브해 지역에 위치하면서도 쿠바나 히스파니올라Hispaniola에 근거지를 둔 스페인의 영향력 중심에서 일정 거리를 벗어나 있었고, 아프리카나 잉글랜드에서 대서양을 건너온 배들을 위한 첫 기항지라는 이점도 있었다. 심지어 이 섬은 지형까지 완벽해 보였다. 남쪽 저지대 지역은 해안 쪽으로 경사가 졌으며, 온화한 환경의 자연적 항구들을 갖추고 있었고, 북쪽의 고원 지역은 습한 곳이었는데, 곧바로 '스코틀랜드'로 명명되었다.

선원인 존 파월John Powell은 1625년 기아나Guiana로부터 돌아오는 길에 바베이도스에 처음으로 상륙했는데, 아마 그때 그의 마음속에는 이미 설탕이 들어 있었을 것이다. 그러나 당시 그곳의 식민지 특용 작물로 선택된 것은 담배였고, 한 세대 혹은 두 세대에 걸쳐서 재배가 시도되었다. 그러나 버지니아나 메릴랜드와 경쟁하는 것은 쉽지 않았다. 바베이도스섬은 유향나무, 쇠나무, 옻나무, 괭이자루나무, 그리고 로커스트locust[4] 등 밀집 다우림多雨林이 마치 지붕처럼 덮여 있어서, 그것들을 제거하여 적절한 재배 공간을 확보하는 데 20년이나 걸렸다. 그렇게 했음에도, 그곳의 엽초 잎들은 버지니아의 질적 표준을 끝내

---

4   아까시나무의 일종이다 — 옮긴이.

따라가지 못했다. 그리고 바베이도스 역시 체서피크Chesapeake만의 농장들을 괴롭혔던 똑같은 노동 문제를 경험하고 있었다. 아일랜드 출신 연기계약 노동자들은 특히나 심하게 왜곡된 자신들의 노동 현실을 그대로 두고 보지 않으려 했고, 잉글랜드 출신의 10대 소년들은 열기 속에서 지치고 쓰러져갔다. 잉글랜드에서 혁명이 있었던 1649년 바베이도스에서도 노예 반란 음모가 있었는데, 이는 크롬웰 시대의 역사적 특징이라고 할 수 있는 무자비한 야만이 발휘된 끝에 진압되었다. 그 같은 노예 반란이 일어나기 이전에도, 앵글로-더치Anglo-Dutch 배경을 가진 제임스 드락스James Drax 같은 일부 첫 세대 바베이도스 농장주들은 자력으로 아프리카에서 실어온 노예들을 대상으로 노동 실험을 하고 있었다. 이제 노예와 설탕의 결합이 담배와 씨름하는 것보다 훨씬 나은 투자라는 생각이 퍼져가고 있었다. 더구나 네덜란드 중개인들은 농장주들에게 수수 분쇄용 장비 구입 자금을 알선해 주고 사용법까지 시연해 주고 있었다. 담배는 서둘러 바베이도스에서 퇴각하고 있었다. 이미 1647년, 그곳에 50에이커의 농장을 소유하고 있던 사람 하나가 '현재 식량이 매우 부족한 상황이지만, 사람들이 사탕수수 재배에 너무나 몰두한 나머지, 곡식을 생산하기보다는 비싸도 그 값에 식량을 사먹으려고 할 정도로 설탕 사업의 이윤은 정말로 대단하다'고 말한 것이 이 사실을 뒷받침해 준다.

런던에 첫 커피 하우스가 문을 연 지 3년 뒤인 1655년, 바베이도스섬은 7787톤의 설탕을 런던으로 보냈는데, 그때 바베이도스에는 이미 2만 명에 달하는 노예가 있었다. 백인은 2만 3000명 정도였는데, 그중의 절반이 훨씬 넘는 이들은 연기계약상의 노동자들이었을 것이다. 리처드 리근Richard Ligon이 2년 뒤 그곳에 도착했을 때, '노다지'라는 바베이도스의 평판은 이미 충분한 근거가 있음을 스스로 입증하고 있었고, 앞에서 언급한 제임스 드락스는 고지대 고원에 영주 저택을 가지고 있었다. 리처드 리근은 '해안을 따라 앞으로 발걸음을 옮기자, 사탕수수 경작지들이 마치 위엄 있는 건물들의 여러 개의 층위처럼 하나하나 겹처서 모습을 드러내고 있었는데, 그것은 우리에게 큰 기쁨을 제공해

주고 있다'라고 적었다. 200에이커의 토지와 (네덜란드 중개인들이 선지급 해주는) 1000파운드의 선행투자 경비, 하나의 풍차 (때때로, 이웃과 공유하기도 하는 하나의 보일링 하우스boiling house), 하나의 럼주 증류소, 그리고 100여 명 남짓한 노예들이 있으면, 수년 안에 2000파운드의 연간 소득을 올릴 수 있다는 것은 평범한 상식이었다. 1655년 헨리 휘슬러Henry Whistler가 '이곳의 젠트리 계층은 잉글랜드에 있는 우리보다 훨씬 더 잘 살고 있다'고 말한 것은 결코 놀라운 일이 아니었다. 그들은 단연코 브리티시 아메리카British America에서 가장 부유한 사람들이었다.

영국 제국의 노예경제가 카리브해에서 처음 창조된 시기는 정확하게 말해서, 본국에서 자유의 레토릭이 가장 요란한 소리를 내던 1640년과 1660년 사이였다. (신께서는 히스파니올라가 브리튼의 일부가 될 수 없다고 결정하신 것 같다는 크롬웰의 당혹스러울 만큼 실망스러운 말은 1655년 자메이카 점령으로 일정 부분 위로 받고 있었다.) 그리고 아아! 이러한 시간적 맞물림은 우연의 일치가 아니었다. 왜냐하면, '자유의 제국'을 창조하는 목적이 가톨릭의 배제였다면, 이를 가장 원했던 사람들은 호국경 시대의 콧대 높은 금고지기들이었다. (그들은 물론 왕정복고 시대의 콧대 높은 이들과 많은 경우 동일 인물이었다.) 아무튼, 흠잡을 데 없는 청교도였던 워릭 백작은 20년 전 카리브해 자국민 정착과 노예 노동을 주창했던 가장 열렬한 선구자 중 한 사람이었다. 바베이도스가 족쇄 찬 아프리카인들로 채워지던 이때, 백인들은 집회를 가지며 아무런 양심의 가책 없이 자치정부라는 경건한 외침을 입에 담고 있었다. 이 섬은 하나의 작은 코먼웰스가 되었지만, 도덕 경찰이 주는 음울한 불편 따위는 존재하지 않았다. 바베이도스는 소교구parish 단위로 나뉘었고, 각 소교구는 (지금과 마찬가지로) 소교구회의에 의해 운영되었는데, 버크서와 체셔의 젠트리들이 그러하듯이, 관할 내 장원 영주 격인 젠트리들이 보통법에 의한 판결을 주재하고 있었다. 그들은 또한 노예 관련 법률을 관장했는데, 이에 따르면 도주에 대한 처벌은 신체 절단, 1실링이 넘는 재산의 절도에 해당하는 처벌은 사형이었다. 백인이 흑인을 고의로 죽이는 경우에는 적지 않은 벌금을 물어야 했지만, 고의성을 입증하는 것은 불가능했다. 브리지타운Bridgetown을 비롯하여 섬의 항구들은 방어에 적합했고, 따라서 가톨릭 세력의 위협으로부터 안전했다. 그곳은 축복들로 가득 찬 식민지였으며, 햇빛 속의 얼스터Ulster였다.

왕정복고는 여러 가지 여건을 유리하게 만들었다. 선투에서의 패배로 휴가를 얻은 셈이 된 라인Rhine 공 루퍼트Rupert는 서부 아프리카 감비아를 예속화했으며, 이를 통해 상당한 이익을 올렸다. 사촌인 찰스 2세가 잉글랜드 왕위에 오르자, 루퍼트는 1660년 '왕립 아프리카 모험회사'를 설립하는 데 중요한 역할을 했다. 서아프리카에 대한 1000년간의 무역 독점권을 인가 받았으며, 1663년에는 보통 약칭인 '왕립 아프리카 회사the Royal African Company'로 알려진 '왕립 아프리카 모험 무역회사'라는 이름으로 재인가를 받았다. 이 회사의 배들이 그들이 처음 선적해 온 '인간 화물'을 브리지타운에 내려놓았을 때, 바베이도스에는 이미 3만 명이 훨씬 넘는 노예들이 있었으며, 섬 안의 흑인 숫자는 백인의 두 배가량 되었다. 1700년이 되니 노예들의 숫자는 5만 명 정도로 늘어났다. (한 세기가 더 지난 1800년 무렵의 바베이도스섬의 노예는 7만 명에 달했고, 자메이카에도 약 4만 명의 노예들이 있었다.) 바베이도스는 고급한 품질과 빠른 수익을 추구하는 산업적으로 조직화된 '노예 자본주의'의 촉성 재배용 온실이 되었다. 인종이 다른 연기계약 노동자들과 흑인 노예들이 함께 섞여 일하던, 그리고 10에이커라는 비교적 소규모의 농장들이 모여서 집합적으로 보여주었던 마치 조각보 같은 풍경들은 이제 영원히 사라져버렸다. 그들이 있던 곳에는 이제 200에이커 이상의 대규모 단지들만 하더라도 350개에 달했으며, 그리고 상당한 숫자의 100에이커 또는 그보다 조금 더 큰 크기의 단지들이 들어섰는데, 그 모든 농장은 예외 없이 오로지 아프리카 노예들의 노동만으로 작동되고 있었다. 조지 폭스George Fox 같은 퀘이커 교도들은 바베이도스를 방문하여, '모든 흑인, 백인, 그리고 황인은' 똑같은 신의 창조물이라고 설교하면서, 노예들을 부드럽게 다루고, 일정 기간이 지나면 자유를 허용하라고 요구했지만, 노예제도 자체

의 폐지를 주장하지는 않았다. 불굴의 오랜 청교도 리처드 백스터Richard Baxter
는 1673년 더욱 비판적인 물음을 던졌다. '인간을 짐승과 동일하게 취급하다
니, 이것이 얼마나 저주스러운 범죄인가? 이것이 당신들이 저지른 범죄가 아
니던가? 당신들은 그들을 돈을 주고 산 뒤에, 마치 당신들이 소를 부려 물건들
을 만들 듯이, 그들을 단지 그렇게 이용하지 않았는가? … 당신들이 그들 모두
를 야만인이라 비방하는 동안, 당신들 자신이 책망 받고 규탄 받아야 할 대상
이 된 것을 알지 못하는가?' 백인들도 아주 가끔은 인간의 희생적 측면을 인정
해야 할 곤란한 상황에 직면하는 순간이 있었지만, 재배업자들은 (그리고 국내
도매상들은 특히나) 어깨를 으쓱이며 흑인에게 자유를 준다 한들 그들이 그것을
가지고 무엇을 할 수 있을 것인지를 되물었다. 요점은, 언제나 그렇듯이, 돈이
었다. 대니얼 디포는, 늘 그렇듯이, 충격적으로 (직설적이고) 절대적으로 정직했
다. '아프리카 무역이 없이는 흑인도 없다. 흑인이 없으면 설탕도 없다. … 설
탕이 없으면 … 섬들도 없다. 섬들이 없으면 [아메리카] 대륙도 없다. 대륙이 없
으면 무역도 없다. 이는 그대들의 모든 아메리카 무역과 서인도 제도 무역에
대해 안녕을 고하는 일이다.' 시인 윌리엄 쿠퍼William Cowper는 후일 이러한 고
충에 대해 다음과 같은 재미있는 시를 지었다.

나는 노예를 산다는 것에 충격 받았음을 인정하네
그리고 그들을 사고파는 사람들이 악당일까 우려한다네
내가 그들의 어려움과 고문과 신음 소리에 대해 들은 것
그건 거의 돌로부터도 동정심을 끌어내기에 충분한 것
나는 그들을 매우 동정하지만 나는 침묵을 지켜야 한다네
왜냐하면, 설탕과 럼주 없이 우리가 무엇을 할 수 있을까?

1650년대와 1807년 사이, 노예무역이 진행된 한 세기 반 동안 아프리카인 400
만 명이 고향을 떠나 영국 선박에 실려 신세계 지역으로 끌려갔다. 관련된 모

든 유럽 국적 노예 무역상들까지 합산하면, 900만 명에서 1200만 명에 달하는 아프리카인들이 납치되어 동산動産처럼 팔려갔다. 이는 인류의 전 역사를 통틀어 최대 규모의 대량 납치극이었다. 그들 중에 150만 명이 '중간 항로the Middle Passage'로 알려진 지옥 횡단 도중에 목숨을 잃었다. 중간 항로는 '삼각무역'이라는 이름을 가지게 된 영국-아프리가-서인도 세도의 루트 중 두 번째 구간을 일컫는 것이었다. 물론, 이런 극악무도한 범죄와 관련하여 유럽과 아메리카의 백인들만 책임이 있는 것은 아니었다. 백인들의 노예 거래가 처음으로 가능하게 된 것은, 아프리카 전사 겸 중간상 집단의 나포와 운송에 의해 운영되는 사하라 사막 횡단 노예무역의 존재를 포르투갈 사람들이 발견한 데에서 기인한 것이었다. 그러나 아프리카 원주민과 포르투갈인으로 이루어진 노예 사냥꾼들이 통상적인 사냥 지역을 훨씬 벗어나서, 세상사에 찌들고 방어할 힘도 없는 촌락들을 대상으로 기회주의적 강습을 벌이도록 그들에게 동기를 부여하게 된 것은 다른 이유가 있었다. 17세기 말과 18세기에 걸쳐 신세계행 대서양 횡단 노예 운송에 대한 수요가 그만큼 게걸스러워진 것이 원인이었다. 18세기 초, 노예 사냥꾼들은 니제르Niger강 넘어 상당히 북쪽으로 올라갔으며, 서부 수단 깊숙이 들어갔다. 안 그래도 반복되는 메뚜기 떼 피해와 가뭄으로 인해 고통받고 있던 지역의 주민들이 이제 더욱 불안정한 삶을 영위하게 된 것이었다. 가장 피해를 많이 입은 일부 지역에서는 절망에 빠진 촌락민들이 자녀 또는 자신을 파는 일이 드물지 않게 되었다.

또 다른 측면에서, 이 대서양 횡단 노예무역은 이슬람 사회 또는 이교도적 아프리카에서 지배적으로 통용되던 노예 사용 규준보다 질적으로 더 비인간적이었다. 왜냐하면, 이슬람과 아프리카 지역의 노예들이 자유롭지 못했던 것은 분명한 사실이지만, 그들은 소유자의 신분에 따라 객체화된 대상으로서 가정, 궁정, 군사적 수행원에게 부속되어 있거나, 또는 소유자의 처첩들에게 소속되어 있었다. 그들은 모든 의미에서 소중히 다루어져야 할 존재였다. 그리고 이는 유럽의 도시 사회에서도 마찬가지로 통용되고 있었다. 네덜란드나 잉글랜드 가정의 흑인 노예는 마치 그들이 이국적인 애완동물이기나 한 것처럼 과시와 애지중지의 대상이었다. 그러므로 아프리카 흑인이라는 특정 인종 집단이 이윤 추구의 미적분학 속에서 단지 하나의 생산요소로서 다루어지는 일은 결코 없었다. 노예가 언제나 재산으로 정의되어 온 것은 맞다. 그런데 이제 그들은 전통적 개념의 재산이라기보다는 재고 목록에 올라 있는 물품일 뿐이었다. 값이 매겨지고, 팔리고, 포장되고, 운송되고, 다시 팔리고, 값이 분할 상환되고, 감가상각이 이루어지고, 대손상각貸損償却이 되고, 교체도 되는 존재였다. 백스터가 말했듯이, 그들은 노역에 사용되는 동물에 지나지 않았다. 노예의 비인간화와 관련하여 가장 부끄러운 것은, 아프리카인들이 고통이나 심지어는 감정을 경험함에 있어서 백인들과 같은 방식으로 하지 못한다는 이유를 들어서 그들을 동물로 규정했던 변명조의 문헌들 속 진부하기 짝이 없는 인종차별적 언사들의 조합을 회고적 관점에서 취했다는 점이다.

겁에 질린 아프리카인들이 자신들이 앞으로 짐승처럼 취급받게 되리라는 것을 피치 못하게 절감하는 시점이 언제인지를 알고 있는 사람들이 있었을까? 케이프 코스트 캐슬Cape Coast Castle을 비롯한 임시 거류장에서 끌려 나와 첫 판매 포스트에 도착했을 때, 그들은 이미 연속되는 정신적 외상으로 인해 고통받고 있었다. 18세기 중반, 스웨덴 왕들로부터 따온 구스타부스 바사Gustavus Vasa라는 특이한 노예 시절 이름으로 회고록을 쓴 이보Ibo 출신 올라우다 에퀴아노Olaudah Equiano에 따르면, 그는 소년 시절부터 납치의 위험에 관해 잘 인지하고 있었다. 마을의 어른들이 들판으로 일하러 나갈 때면, 그는 수상한 사람들이 마을에 접근하는지를 살피고, 만일의 경우 위험을 사전에 알리기 위해 나무에 올라갔다. 그런 노력에도 불구하고, 어느 날 그와 누이는 노예 사냥꾼들에게 붙잡히고 말았다. 첫 번째 고통이 가해진 것은 남매가 분리되었을 때였다. '나는 무어라고 묘사하기 어려운 혼란 상태에 남겨졌다. 나는 끊임없이 울고 비통해 했으며, 며칠 동안이나 그들이 강제로 내 입속으로 집어넣은 것 이외에는 아무것도 먹지 않았다.' 그는 나중에 누이와 잠시나마 다시 마주칠 운명이었지만, 그것은 에퀴아노에게 위조된 희망의 순간일 뿐이었다. 다른 많은 사람과 마찬가지로, 에퀴아노는 자기가 살던 지역, 관습, 언어, 친척 등 모든 익숙한 것으로부터 의도적으로 뿌리 뽑혔기 때문이었다. 노예 무역선에 실리고 '그리고 내가 쓸 만한지 보려고 치올려졌을 때' 이제 내가 역용마役用馬의 처지에 떨어졌구나, 하는 그의 느낌은 틀리지 않은 것이었다. 1690년대 노예 무역선의 전형적인 항해에 관해 글을 남긴 한니발Hannibal호號의 선장 토머스 필립스Thomas Phillips는 위더Ouidah라는 곳에서 아프리카 중개인들로부터 공급 받은 노예 선적을 점검했는데, 그는 그때 이루어진 더 한층 모멸적인 점검 절차에 관해서도 기록했다. 그것은 열대 피부병의 하나인 매종의 징후를 찾는 과정이었다. '이것은 임질이 그렇듯이 … 거의 유사한 증세를 발현하는데 … 우리 외과 의사는 남녀를 불문하고 은밀한 부분까지 최고의 정밀 조사를 시행하도록 강요받았는데, 아무리 좋은 노예라고 해도 이는 피해갈 수 없는 것이었다.' 일단 매입이 이루어지면, 노예들은 가슴 혹은 어깨에 그들을 싣고 온 배의 이름으로 낙인이 찍혔다. '그곳에는 고통을 줄이기 위해 팜유油를 발랐는데, 이는 4일이나 5일이 지나면 아물었지만 매우 분명하고 하얀 흔적을 남겼다.'

순조로운 선적 과정을 방해하는 또 다른 유감스러운 애로 사항들이 있었다. '너무나 고집 세고, 너무나 자기 땅을 떠나기 싫어하는' 흑인들이 있어서 '그들은 종종 카누, 보트, 선박에서 바닷속으로 뛰어들었으며, 자신들을 쫓는 보트에게 구조당하는 것을 피하기 위해 익사할 때까지 물속에 있고는 했는데, 그들은 우리가 지옥에 대해 불안해하는 것보다 더 끔찍한 불안을 바베이도스에 대해 느끼고 있었던 것이다.' 배를 탄 뒤에도 자살의 가능성이 있었다. 노예 무역선들이 추가 선적을 위해 해안 근처를 맴도는 경우가 많았는데, 그때가 특히 그런 경우였다. 아프리카인들은, 족쇄를 찼건 아니건, 배 밖으로 뛰쳐나갔다. 토머스 필립스는 다음과 같이 적었다. '우리는 … 뛰어든 이들이 상어들에게 먹히는 걸 보았는데, 엄청난 숫자의 상어들이 이곳〔위더〕에서 선박들의 주변을 맴돌고 있었고, 또한 내가 듣기로는 항해 중에도 죽은 흑인들이 배 밖으로 던

져지기에 상어들이 바베이도스까지 따라 온다는 것이었다. … 우리 여정에서
그런 광경을 매일 보는 것을 원치 않았던 것은 확실하다. … 우리는 열두 명가
량의 흑인들이 자진해서 익사를 선택했고, 또 다른 이들은 스스로 굶어 죽기도
했는데, 자신들이 죽으면 고향으로 돌아가 고향의 땅과 친구들에게 안긴다는
그들의 믿음이 있었다.'

'완전히 미치거나' 항해 중에 자해를 하거나 또는 먹을 것을 거부하는 대담
성을 발휘함으로써, 선적 상품의 가치를 훼손하는 흑인들의 '사려 깊지 못함'에
대한 다른 기록들도 있다. 어린 에퀴아노는 (말의 사료로 쓰이는) 잠두콩과 야채
로 만든 죽을 거부했다가 마음을 돌릴 때까지 매를 맞았다. 그러나 노예 상인
들이나 그들이 고용한 외과 의사들이 '우울감'이라고 표현한 증세는 퀭한 눈,
부어오른 혀, 그리고 극도의 무기력증으로 특징지어지는 '준準긴장증적 상태
semi-catatonic state'를 말하는 것이 틀림없어 보이는데, 이는 극심한, 그리고 치명
적일 수도 있는 고도의 탈수증으로부터 비롯되는 것이다. 몸무게 150파운드
(68킬로그램)의 평균적 성인 남자라면 소변과 땀으로 배출되는 수분을 보충하기
위해 하루에 약 4파인트(2.3리터)의 물을 필요로 한다. 30일에서 70일이나 걸리
는 중간 항로 항해 중 노예들에게 제공된 표준 배급식은, '정상적인 상황'인 경
우, 1파인트의 물과 2파인트의 수프였다. 그러나 설사 그것이 다 제공된다 하
더라도 노예들은 수분 부족 상태에 놓일 형편인데, 그나마 그것이 전부 제공되
는 경우는 극히 드물었다. 만약 그 긴 여정을 통해 그 또는 그녀가 각기 몸에
가지고 있는 80파인트의 수분(50리터에 약간 미달하는 양) 중 10%만 잃어도 그들
은 죽을 수밖에 없었다.

탈수의 첫 번째 원인은 땀을 흘리기 때문이었다. 노예들에게는 선박들이 외
해에 나가 있을 때에 한하여 공기, 물, 그리고 수프를 얻기 위해 하루에 두 번
씩 갑판에 오르는 것이 허용되었다. 그러나 바다가 너무 거친 날에는 그들은
비좁은 화물 선반의 숨 막히는 열기 속에서 양발에 족쇄를 차고 (왕립 아프리카
회사의 사양에 따르면) 유럽 극빈자들의 관보다도 더 좁은 공간에 머물러 있어야

세네갈강

고레
카셰우
비사우

밤바라족
신사니

푸타잘론

어센티

가이나스

판티족
엘미나

케이프 코스트 캐슬
리틀 포포

오요
요루바족
라고스

기니만

감비아강

나이저강

다르푸르

보르노

펀지

베누에강

•카노

이보족
올드 칼라바
뉴 칼라바
우이다
보니

보방기족

나일강

콩고강

로앙고
카빈다

암브리스
루안다

벵겔라

콩고

오빔분두족

카산제

쇼퀘족

룬다

망베투족

야오족

잠베지강

샹간족

테테 •

오렌지강

줄루

대서양

◉ 노예 선적 항구

볼드체 아프리카 기존 국가 이름
이탤릭 볼드체 부족명

0   400 miles
0   800 km

아프리카의 주요 노예 획득 지역 및 선적 항구(1700~1800년 무렵)

했다. 만약 노예 무역선이 더 많은 노예들을 추가로 싣기 위해 (세계에서 가장 덥고 축축한 지역인) 서아프리카 해안을 배회하고 있었다면, 갑판 밑의 대기 상황은 그보다 더 위험했다. 올라우다 에퀴아노는 다음과 같이 회상했다.

> 몸 돌릴 틈조차 없을 정도로 사람들이 가득 찬 배 속에 밀폐되고 뜨거운 기운까지 더해지니 우리는 거의 질식할 정도였다. 우리는 엄청난 양의 땀을 흘렸고, 이 때문에 여러 가지 역겨운 냄새들로 호흡이 힘들어졌을 뿐 아니라 노예들 중에 질병을 불러들여 여럿이 죽었는데, 이는 내가 부르건대, 그들의 구입자들이 앞날을 생각하지 않고 부린 탐욕의 희생자였던 것이다. 이런 개탄스러운 상황은 쇠사슬로 인한 짜증나는 피부 마찰로 인해 더욱 악화되었는데, 이는 더 이상 견딜 수 없을 정도가 되었다. 가끔 어린아이들이 빠지기도 하고, 더러는 질식사하기도 하는 여러 가지 불가피한 오물통들도 마찬가지였다. 여자들의 비명 소리와 죽어가는 사람들의 신음 소리가 거의 상상하기 어려운 공포의 장면들을 만들어내고 있었다.

여기에서 에퀴아노는 배설물들이 오염될 수 있는 최적의 조건들을 묘사하는데, 그런 상황에서는 세균성 이질 또는 적리赤痢, 그리고 그보다 더 불길한 아메바성 이질이 급속히 퍼질 수 있었다. 노예 무역선에 승선하고 있던 외과 의사들이 연대기적 기록에서 종종 남긴 바와 같이, 두 질병 모두 극심한 구토와 설사 등의 발작적 반응을 촉발시켰는데, 이는 추가적인 탈수 현상으로 이어졌다. 에퀴아노가 갑판 밑으로 처음 끌려갔을 때 '평생에 한 번도 경험하지 못한 것을 콧구멍으로 받아들인' 것은 결코 놀라운 일이 아니었다. 거기에다 아메바성 이질은 좀 더 긴 잠복기를 가지고 있어서 항로의 중간 지점에서 희생자들을 공격하곤 했는데, 이것이 세균성 이질보다 더 위험했던 것은, 증상이 며칠이 아니라 몇 주간 지속되었고, 그 기간 동안 희생자들은 하루에 스무 차례 가까운 배설(구토 또는 설사)을 감당해야 했기 때문이었다. 탈수 현상은 매우 심각한 상황에 이를 수 있었고, 그것은 급성 나트륨 감손과 칼륨 배출을 촉발시켰다. 칼륨 감손은 다시 뇌 기능에 영향을 미칠 수 있었고, 이는 환자의 심장 기능에 최종적인 타격을 가하기 전, 낯선 몽환 상태로 이끌었다. 이런 상황에서 노예 무역선의 선상 사망률이 단지 12~15%에 지나지 않았다는 것은 실로 놀라운 일이었다. 어른들에 비해 극심한 탈수에 더 취약할 수밖에 없었던 어린아이들의 경우에는 사망률이 20%에 가까웠다.

그들이 난생 처음 보는 땅에 도착할 때까지 살아남았다 하더라도 그것이 끝이 아니었다. 그들이 상륙해서 당한 일은 젊은 노예들로 하여금 차라리 배 위에서 죽는 편이 나았을 것이라는 생각을 하게 만들었다. 샅바만 걸친 채 잠재적 구매자들 앞에서 걸음을 걸어야 했고 쿡쿡 찔림을 당하기도 했다. 다시 한번 집중 점검을 받는 동안 아래턱은 치아 검사를 위해 쇔쇠로 벌려 고정되어 있었다. 농장주들에게 바로 팔려진 노예들은 소수에 불과했다. 많은 경우 노예들은 중간 도매상에게 팔렸고, 그들은 노예들을 다시 한번 짐승용 임시 우리에 가두었다. 노예들은 그곳에서 농장주들에게 '쟁탈전 벌이기the scramble'라고 알려진 또 하나의 시련을 감당해야 했다. 에퀴아노가 바베이도스의 브리지타운에서 있었던 일을 술회한 바에 따르면, 잠재적 구매자들은 북소리 같은 신호음이 울리면 마치 바겐세일 때의 사냥꾼들처럼 마당을 가로질러 노예들이 묶여 있는 임시 우리로 전력 질주했으며, 구매를 확보하기 위해 선택된 노예들의 몸에 손을 얹었다고 한다. 가장 인기 있었던 '값싼 물건job lot', 즉 가성비 높은 노예들은 바로 올라우다 에퀴아노처럼 열두 살에서 열다섯 살 사이의 어린 소년들이었는데, 이는, 네비스Nevis섬에 있던 한 농장의 구매 대리인이었던 데이비드 스토커David Stalker가 설명한 것처럼, '그들은 열여덟이 되면 완전히 양념이 배어서 마치 이곳에서 태어난 것처럼 완벽하게 유용해지는 반면, 완전히 성장한 녀석들은 힘든 일이라고 생각되는 일은 아예 배우려고 하거나 마음에 새기지 않으며, 때로는 아무 데에도 쓸모가 없는 경우가 많기' 때문이었다. 에퀴아노에 따르면, 만약에 '아주 빈약한' 경우라면, 그냥 양배추처럼 저울에 올려놓고 무게를 달아서 파운드당 3펜스 내지 6펜스에 팔렸다. 여기에서 판매가 이루어지면 노예들은 또 한 차례 낙인을 찍혀야 했다. 브리지타운의 한 박물관에는 당시 사용되던 철제의 낙인 도구가 아직도 일부 남아 있다. 합일문자 형태로 정교하게 고안되고 지나칠 정도로 오점이 없는 순은제의 도구이다.

　노예들은 이제 정말로 '설탕 왕Sugar King'에게 속하게 되었으며, 그를 부자로 만들기 위해 힘들게 일해야 했다. 그는 노예의 나이나 성별을 따지지 않았다. 노예들 중 최소한 80%는, 어떤 형태이건, 주 70시간에서 80시간을 농장에서 일했다. 그곳에서 태어난 아이들 중 20%가량은 두 번째 생일을 넘기지 못했으며, 살아남은 아이들은 4~5년 뒤에 '제3의' 작업반이라고 하는 아동 노동자의 일원이 되어 이삭줍기, 잡초 뽑기, 풀 깎기 등의 일을 하거나 가축을 돌보았다. '제2 작업반'은 열두 살에서 열아홉 살 사이의 사춘기 아이들로 구성되었는데, 벌써부터 밭에서 일을 하거나 동물 사육을 담당했다. 제2작업반에 배당된 일은 새벽부터 밤까지 하루 약 11시간에 이르는 힘든 노역으로서, 그 일이 너무나 힘들었기에 그들 중 많은 숫자가 뼈 빠지는 일상이 기다리는 '숙달 작업반'에 이르기 전에 죽어갔는데, 특히 소녀들의 경우가 더 취약했다. 바베이도스, 자메이카, 그리고 안티과의 노예들 중 약 60%가 '제1작업반' 또는 '숙달 작업반'에서 햇사탕수수를 위해 구멍 뚫는 작업에 동원되었다. 1월과 5월 사이 정신없이 바쁜 수확기에는 수수를 자르고 껍질을 벗겼으며, 다루기 까다로운 수수들이어서 설탕의 질이 저하되지 않도록 충분히 빠른 속도로 맵시 있게 묶고 운반해야 했다. 그 작업이 순조롭게 잘 진행되는지 지켜보는 것은 백인 감독관들과 또한 그들만큼이나 숫자가 많았던 흑인 감독관들의 몫이었는데, 그들은 누구이건 작업을 게을리하는 자가 눈에 들어오면 그 즉시 채찍을 날렸다. 분쇄소나 끓이는 작업장에 배당된 일이라고 더 나을 것이 없었다. 수수를 분쇄하는 작업은 수직 형태의 롤러를 이용하는 것이었지만, 분쇄기에 수수를 넣는 작업은 사람의 손으로 해야 했다. 이 작업은 분쇄기가 사람들의 손을 맞물고 들어가는 사고로 악명이 높았고, 따라서 분쇄기 옆에는 사람의 몸 전체가 다 끌려

들어가기 전에 손을 절단할 수 있도록 손도끼들이 놓여 있었다. 끓이는 작업장에 배치된 노예들은 강한 열기, 먼지, 그리고 기력의 고갈이라는 작업 환경 속에서 일했으며, 끓는 시럽을 큰 동제銅製의 액체 용기에서 작은 용기로 옮겨 붓는 작업을 포함하고 있었기에 늘 화상을 입을 수 있는 위험 속에 살았다.

경제적 합리성이라는 틀 안에서 그들의 투자가치가 온전하게 구현되는 지점에서 노동 강도의 마지노선이 결정되었을 것이라고 생각하는 사람들도 있을 것이다. 노예들의 사망률은 언제나 출생률을 웃돌았다. 사탕수수 농장에서의 인구 재생산 비율은 1000분의 10~15 정도로 낮기로 악명 높았는데, 이는 당시 20~30 수준이었던 영국의 재생산율과 비교되는 수치이다. 농장에서의 성별 비율이나 여성의 취급 방식 모두 자체 인구 증식에 도움이 되지 않았다. 여성의 숫자는 남성에 비해 거의 절반밖에 되지 않았고, 임신한 여성이라도 출산이 급박한 순간에 이를 때까지 밭일을 면제 받지 못했다. 임신 중이라 하더라도 작업 속도에서 뒤처지면 감독관의 채찍이 예외 없이 기다리고 있었다. 부실한 영양 공급, 축축하고 해충이 뒤끓는 오두막, 천연두, 황열병, 그리고 아프리카에서 들어온 상피병象皮病과 딸기종腫 등의 전염병 감염 위험이 유산과 저低수태율을 추가적으로 부추기는 요인이었다. 그럼에도 불구하고, 농장의 경영자들은 최소한 노예 가격이 상승하기 시작한 18세기 3/4분기에 이르기 전까지는, 이러한 집단 내 인구 감소와 관련하여 그다지 큰 어려움을 겪은 것 같지 않다. 왜냐하면, 태어난 아이와 엄마가 생산적 노동에 투입될 때까지 노예 아동 양육에 최소한 40파운드가 들어가는 것에 비해, 노예 상인으로부터 새 노예를 사들이는 비용은 15파운드에서 30파운드 사이에 불과했기 때문이었다. 그러므로 18세기를 거치는 동안 카리브해 지역으로 수입된 노예가 150만 명이었지만 그곳의 노예 인구가 통상 80만 명을 넘지 않았다는 것은 결코 놀라운 일이 아니었다.

폭력은 그것이 실제로 사용이 되었건, 위협용이었건, 카리브해 사탕수수 농장의 시스템을 작동시킨 힘이었고, 아프리카 여인들은 그것이 가진 특유의 야만성에 짓밟히는 희생자가 되었다. 자메이카 이집트 농장의 자산 관리인 토머스 티슬우드Thomas Thistlewood는 1765년 1년간 여성 13명에게 21차례의 채찍질을 가했는데, 각기 최소한 50번씩을 맞은 것으로 추정된다. (에퀴아노는 노예들이 채찍질이 끝난 후에 주인에게 무릎을 꿇고 주인에게 감사하는 것이 흔한 일이었다고 적었다.) 성인 여자들은 노예 인구 중 가장 힘든 노동을 감당해야 했다고 단언할 수 있는데, 그들이 밭일 이외에도 요리, 영아 돌보기, 옷 수선 및 세탁 등 너무나 많은 일을 할 것을 요구 받았기 때문이었다. 거기에다 주인이나 감독관들은 언제, 어디서건 기분에 끌리면 자신이 선택한 여자와 성교를 할 수 있다고 생각했기에, 여자들은 그들의 습관적인 성적 학대까지 감내해야 했다. 집안의 부엌, 식료품 저장실, 세탁장, 바깥의 뜰이나 헛간 등 장소는 불문이었다. 그리고 여성 노동자도 남자처럼 샅바만 걸치고 일했으므로 특히나 취약할 수밖에 없었다. 꼼꼼한 자료 수집자였던 티슬우드는 피바Phibbah라고 불리는 노예를 고정된 정부로 두었는데, 그는 1765년 그녀와 100번의 성교를 가졌다고 기록한 바 있다. 그는 피바 이외에도 23명의 다른 여자들과도 별도로 55차례의 성교를 했는데, 바깥 수수밭이 가장 자주 이용한 장소였다. 한 명 이상의 섹스 상대를 강요당한 여성 노예들은 중간적 색깔의 아이를 낳을 경우 그들 중 하나에서 소외될 것이 두려워 임신 중절에 의지하는 경향이 있었는데, 그럼에도 불구하고 사실상 전체 출산의 10%는 물라토mulatto, 즉 흑백 혼혈아였다.

남녀 가리지 않고 노예 중의 소수만이 밭에서의 살인적인 노역을 피할 수 있었는데, 농장 하우스의 가내 하인들, 또는 농장이 필요로 하는 특별한 기술을 가진 장인들이었다. 이들 장인은 아프리카에서부터 그런 이유로 끌려온 사람들이었다. 그런 사람들 중에는 통 만드는 기술자, 석공, 목수, 대장장이, 그리고 짐마차꾼과 마부, 거기에다 어부와 심지어는 선원까지 있었다. 이들은 노예들 중에서 하나의 특별한 계급을 형성했는데, 다른 노예들보다 이동이 상대적으로 자유로웠고, 작업에 필요한 재료를 사고파는 것이 허용되는 등 어느 정도 행동의 자유까지 주어졌다. 그리고 일반적인 노예들에게도 '수수의 압제'로부터 잠깐씩 해방되는 시간이 주어졌다. 농장주들은 노예들에게 잠깐의 '숨 돌리기' 시간을 주는 것이 자신들의 이익에 부합된다는 것을 알고 있었고, 바베이도스에서는 연간 60일간의 휴가 또는 쉬는 날이 주어졌다. 토요일 오후에는 '자유 시간'이 허용되었는데, 때때로 노예들은 농장주들이 통상 울부짖는 것으로 그 특징을 묘사하곤 했던 음악과 숨 속에서 그들의 감정과 에너지를 방출했다. 그러나 그 짧은 자유의 순간에도 비즈니스가 작동하고 있었는데, 그것은 자유만큼이나 소중한 것이었다. 왜냐하면, 이 시간이 그들에게는 독립적 주체로서 활동할 수 있는 쉽지 않은 기회를 주었기 때문이었다.

안티과섬의 잉글리시 하버English Harbour 또는 바베이도스섬의 브리지타운 같은 도회지의 일요 시장에서는 아프리카적인 세계가 재현되고 있었다. 그늘을 드리운 차양 아래에서 여자들과 남자들이 마을에서 합법적으로 가져온 야채와 닭, 그리고 그들이 직접 만든 바구니, 냄비, 목제 의자, 해먹, 밧줄, 됫박, 그리고 그들이 (종종 가내 하인으로 일하는 친지들을 통해) 농장 하우스로부터 빼돌린 못과 구리, 납 조각들을 팔고 있었다. 백인들이 '행상꾼'이라고 불렀던 사람들은 땅바닥에 앉아서 물건을 팔거나, 혹은 (설탕, 담배 또는 럼주 등) 밀매 품목들을 팔 기회를 잡기 위해 시장 주변을 열심히 돌아다니고 있었다. 물품 매매에는 화폐가 사용되는 경우도 있었지만 구슬, 구리선, 심지어는 서부 아프리카의 교환 매체인 개오지 조개껍데기cowrie shell도 그들의 시장에서는 화폐처럼 사용되고 있었다.

시장이라는 세계, 그리고 '통 제조업자들'과 '목수들'의 가게들은 밭 일꾼들과 비교하여 좀 더 문해 능력을 갖춘 능동적인 노예 계급을 만들어냈고, 그들이 가진 사회적 시야는 수수밭보다 훨씬 넓은 것이었다. 일부 농장주들과 관리인들은 장인과 짐마차꾼을 포함하여 그들을 매우 필요로 했고, 또한 그들을 잘 이해할 수 있게 되었기에, 이들처럼 진취적인 노예들이라면 자신들과 밭에서 일하는 일반 노예들 사이에서 중재자의 역할을 훌륭하게 수행할 수 있을 것이라 생각했다. 그러나 그것은 순진하고, 아주 잘못된 생각이었다. 사전에 적발되거나 사후에 진압된 노예 반란들에 관한 기록을 살펴보면, 그 우두머리들이 한결같이 이들 '엘리트' 노예 계층이었음을 보여준다. 비록 장기적 관점에서 보면 노예들의 반란이 성공할 기회는 매우 적은 것이었고, 또한 반란 노예들에게 잠재적 근거지가 될 수도 있는 삼림이 사탕수수 경작을 위해 아예 없어져버린 바베이도스섬의 경우에는 특히나 그러했지만, 그럼에도 불구하고 반란의 북소리는 꾸준하게 울렸고, 그중에서도 1720년대와 1730년대의 안티과, 그리고 18세기 중엽의 자메이카는 격렬한 폭력으로 타올랐다. 1760년 자메이카에서 일어난 '태키Tacky의 반란'은 진압에 심각한 어려움을 겪었는데, 완전히 진압될 때까지 거의 100명의 백인과 흑인 400명의 목숨을 앗아갔으며, 노예 600명은 체포된 후 다른 곳으로 팔려갔다.

노예들이 농장 관리인의 회계 장부상 (끌려왔다, 일했다, 죽었다 등의) 기록으로만 존재하는 하찮은 존재로 전락하게 된 상황에 저항하는 방법은 폭력적인 봉기 이외에도 있었다. 사회적으로 정신적 외상을 입은 노예 공동체 안에는 아프리카 전통 및 문화적 기억의 숨결이 박탈된 세상에 이를 되살려놓겠다고 자임한 사람들이 있었다. 노예들 사이의 연대 형성은 농장주들에게 잠재적으로 위협이 될 수 있었고, 따라서 농장주들은 이를 방지하기 위해 언어, 지역, 종족이 서로 다른 집단들을 의도적으로 혼합하여 노예 공동체를 이끌어갔다. 그러나 공유된 삶에 대한 욕구, 오랜, 그리고 반쯤 남은 기억의 조각들과 파편들을 맞추어보려는 욕구는 정작 노예제도 그 자체에 대한 저항보다 더 강했다. 그들이 가지고 있던 아프리카 문화가 공포와 시련 속에서 가루가 되기는 했지만 그렇다고 속절없이 바람 속으로 날려갈 미세먼지 수준은 아니었고, 어딘가에 이식되어 다시 자라고 새롭게 만들어질 수 있는, 작지만 강한 낱알들로 남아 있었다. 그리고 그들의 새로운 성장은 조상으로부터 전래된 지혜의 관리자들, 그리고 종교적 지식과 오비어obeah[5] 치유, 그리고 음악의 관리자들에 의해 보살펴

---

5   카리브해 지역 등에서 행해진 마법의 일종 - 옮긴이.

질 것이었다. 아칸, 트위Twi, 에피크Efik, 에웨Ewe, 등의 부족들 또는 언어 사용 집단들이 세인트 키츠St Kitts, 안티과, 바베이도스 등지로 이송될 때, 그들은 무의 상태에서 온 것이 아니었다. 치유자들, 고수鼓手들, 베 짜는 사람들, 그리고 조각가들은 일부는 물려받고, 일부는 새로 발견한, 그러나 모두가 공유한 많은 가닥의 재료들을 사용하여 새로운 형태의 문화를 당당하게 창조하는 사명을 완수해야 했다. 그것은 주인의 선물이 아니라 그들 스스로가 애써서 만들어낸 것이었다. 사실 초기의 노예주들이 노예들의 기독교 개종에 주저했던 것은, 그들이 가지게 될 문해 능력과 종교의 영향력으로 인해서 혹시라도 노예들이 '예수 안의 같은 형제'라는 주제넘는 의식을 가지게 되지 않을까, 또는 문해력이 선동적으로 사용되어 한두 세대 안에 자신들의 간섭으로부터 자유로운, 그들만의 혼합주의적 문화를 만들어내지는 않을까, 등의 우려가 있었기 때문이었다. 궁극적으로 그들을 개종시키려는 노력이 시도되었을 때, 그들의 선교용 복음은 이미 서인도 제도의 토양 속으로 깊숙이 내려진 노예들의 문화적 뿌리들과 불가피하게 접목할 수밖에 없었다.

통과 의례는 이 오래된, 그러나 한편으로는 새로운 문화 속에서 중요한 부분을 차지했으며, 그중에서도 장례식은 가장 중요한 의식이었다. 차분한 관찰자였던 토머스 필립스는 노예제의 초창기부터 아프리카인들이 한결같이 죽음을 자유와 동일시하고 있었고, 그 때문에 족쇄를 차고 있는 어려움 속에서도 (항해 중에 바다로 뛰어들어) 죽음을 향한 헤엄치기에 최선을 다했으며, (서인도 제도에서) 죽음을 향해 도주하는 데에도 최선을 다했음을 인지하고 있었다. 주인들은 재산을 산 채로 지키려 하고, 노예들은 죽음으로써 자유를 찾아 그들에게 진 빚을 되돌려주려 했다는 것이 어찌 역설의 극치가 아닐 수 있었을까? 카리브해 지역에서 죽는다는 것은 집으로 돌아가는 것을 의미했고, 그리피스 휴즈Griffith Hughes 목사에게는 당황스러운 일이었는지 몰라도, 1730년대 자메이카의 장례식은 침통함과 함께 기쁨 또한 동시에 분출하는 의식이었다. 시신은 깨끗한 흰옷을 입혀서 뉘어졌으며, 여자들이 서아프리카의 애도색인 흰색 옷을 입고 짝을 지어 시신을 따라 느린 행렬을 이루는 가운데, 무덤 속으로 옮겨졌다. 또 다른 관찰자였던 존 테일러John Taylor에 따르면, '시신과 동행하는 남자들과 여자들은 모두 슬픈 자세로 노래하고 울부짖었다'. 시신이 묻힐 때에는 카사바cassava 빵 덩어리들, 구운 가금류, 럼주, 담배, 그리고 '파이프에 불을 댕길 불쏘시개' 등의 부장품들도 함께 묻혔다. '그들이 그렇게 하는 것은 그가 쾌적한 고향 언덕 너머로 돌아가는 여행길에서 그를 지탱하게 하고 … 그들이 말하는 대로 … 편히 쉬게 하려는 것이었다.' 무덤이 흙으로 채워지고 나면, 그 순간 박으로 만든 악기와 북, 그리고 바팔로baffalo 연주에 맞추어 노래하고, 손뼉치고, 노래하는 것으로 분위기가 반전되며, 많은 문상객은 '시신이 고향을 거쳐서 즐거움의 동산으로 가는 동안 자신들의 아버지, 어머니, 남편, 그리고 다른 친척들과 마주치기를, 그래서 그들이 자신들이 현재 처해 있는 상황과 노예 상태에 대해 인지할 수 있기를 기대하면서' 무덤에 입을 맞추었다. 이는 사실상 고국에 보내는 편지였으며, 사자死者는 그들의 우편배달부였다.

바베이도스의 노예 무덤 발굴을 통해 행복한, 그리고 나름 격식을 갖춘 귀향에 걸맞은 장신구들도 무덤 속에 부장되었음이 확인되었다. 개의 이빨들, 구리선, 놋쇠 조각들, 그리고 익숙한 아프리카 보석류인 개오지 조개껍질과 유리구슬 등의 소박한 소재들을 이용하여 애정 어린 손길로 만들어진 부적용 장식물들이었다. 그들은 인간성은 말할 것도 없고 거의 모든 것을 빼앗긴 노예들이었지만, 그럼에도 어떻게든 그들 나름의 예술 작품들을 만들어내고 사자들로 하여금 그것들이 받쳐주는 나름의 품위 속에서 고향까지 갈 수 있도록 배려했던 것이다. 이는 그들이 지각없는 짐 나르는 짐승들에 지나지 않는다고 아무 생각 없이 내뱉는 백인들의 상투적 문구에 대한 그들의 응답이었다.

18세기 중엽에 이르러, 여전히 중상주의적 얼굴을 가진 '자유의 제국'은 노예제라는 경제적 경험의 세계가 만들어내는 부富에 절대적으로 의존하고 있었다. 카리브해 지역 노예 75만 명에 의해 생산된 설탕은 단일 품목으로는 그레이트브리튼에 들어오는 가장 가치 있는 상품이 되었으며, 1820년대까지는 그 지위를 대체할 만한 품목이 없었다. 그곳에서 형성된 거대한 재산은 영국으로 들어와 농촌 토지나 저택으로 탈바꿈하거나, 때로는 유증遺贈 같은 형식으로 교육기관에 기부되기도 했는데, 예컨대 옥스퍼드의 올 소울스 칼리지All Souls College의 대규모 도서관은 그 이름이 말해주는 바와 같이 바베이도스와 안티과에서 재산을 일군 코드링턴Codrington 가문의 돈으로 세워진 것이다. (일부 노예제 연구 역사가들이 주장하듯) 설탕으로 얻은 재산이 산업혁명의 필요조건은 아니었을지 모른다. 왜냐하면, 그들이 재투자에 투입한 금액 중 순수하게 산업적 프로젝트에 투자된 자본은 2%를 넘지 않는 것으로 추정되기 때문이다. 그럼에도 불구하고, 설탕-노예 경제가 매우 중요한 다른 산업들을 파생시킴으로써 브리튼의 놀라운 경제성장을 이끌었다는 것은 이론의 여지가 없는 사실이다. 18세기 브리스톨의 우아한 풍경은 무역에 의해 이루어진 것이었다. 1740년대 런던보다 세 배나 많은 선박들을 삼각무역에 투입, 아프리카와 카리브해로 보냈던 리버풀 항구의 팽창 또한 전적으로 그것에 힘입은 것이었다. 바클리Barclay 가문과 로이드Lloyd 가문 같은 큰 금융 재벌들 역시 대서양 무역의 산물이었으며, 그들은 이 덕분에 잉글랜드와 스코틀랜드의 제조업자들에게 자본을 공급할 능력을 갖추게 되었다. 인도산 옥양목은 한때 영국이 아프리카로 수출하여 노예와 교환하던 품목이었는데, 날염면에 대한 그곳의 엄청난 수요는 이제 그보다 훨씬 저렴한 비용으로 생산되는 영국산 직물로 완전히 대체되었다. 또한 멀래시즈molasses(보다 짙고 단맛이 강한 당밀), 럼주, 당밀 등 설탕 산업의 부수적 상품들은 서인도 제도와 영국뿐 아니라 아메리카 대륙의 다른 식민지들과도 함께 연결시켜 주는 역할을 했다.

윌리엄 벡포드William Beckford, 크리스토퍼 코드링턴Christopher Codrington(리워드Leeward 제도 총독), 그리고 피니Pinney 가문과 라슬스Lascelles 가문 등, 서인도 제도에서 재산을 일구어 제법 떵떵거리게 된 설탕 부호들은 1750년대에 접어들면서 웨스트민스터와 런던시 지자체 등 본국 정치계에 영향력을 행사하기 시작했다. 지방의 전통적 귀족들은 이들 신흥 부자들이 상스러움을 강매하고 있다면서 얕잡아 보았지만, 그들이 세 개 대양에 걸친 제국의 운명과 관련하여 결정적인 열쇠를 가지고 있음을 부인하지 못했다.

이들을 가장 질시의 눈으로 바라본 국외자들에게는 그들의 언어도단적인 행운의 독점밖에는 아무것도 보이지 않았겠지만, 서인도 제도 측의 로비 활동은 그들이 설탕제국의 보존이라는 당면과제 속에서 겪고 있는 어려움을 토로하는 데에 집중되었다. 그들은 설탕 가격은 떨어지는데, 노예의 가격은 올라가고 있다고 주장하고 있었다. 두 가지 모두 딱 맞아떨어지는 사실은 아니었다. 설탕 가격이 1713년과 1733년(최저치) 사이에 반값으로 떨어진 것은 맞지만, 1740년 말에는 가격의 회복이 이루어졌다. 그들은 그 이후로도 지방의 저택들을 사들였으며 또한 10%가 넘는 투자 이익을 올리고 있었기에, 그들이 주장했던 어려움에 대한 여론의 공감을 불러일으키는 데에는 실패했지만, 그럼에도 그들의 장황한 고충 목록 중의 한 항목만은 영국의 신경을 쓰라리게 건드리고 있었다. 그것은 프랑스에 대한 두려움이었다. 영국은 제국주의적 경쟁에 새로이 뛰어든 프랑스의 우쭐대는 기세와 관련, 한편으로는 오만하게 깔보는 태도로 응수했지만, 다른 한편으로는 적지 않은 피해망상적인 반응도 있었다. 영국의 해양지배 전통을 옹호하는 상당수 사람들과 열성적 대변인들에게 프랑스 상업 제국이라는 개념 자체가 웃기는 모순 어법이었다. 교황 절대주의의 비겁한 노예들로 구성된 것으로 그토록 악명 높은 나라의 국민이 어떻게 기업가적 식민자들이 될 수 있겠느냐는 이야기였다. (이 대목에서 말라키 포스트레스와이트 Malachy Postlethwayt의 영어판 『무역과 상업에 관한 일반 사전*Universal Dictionary of Trade and Commerce*』(1751)이 프랑스의 『상업 사전*Dictionnaire Universel de Commerce*』을 표절한 것이라는 사실은 굳이 들출 필요가 없다.) 1730년대와 1740년대의 사건들은 모두 인도와 아메리카에서 프랑스 제국이 급격하게 형성되고 있음을 증언하고 있는데, 특히 카리브해에서 이룬 이들의 성취는 너무나 성공적이고 너무나 빨랐기에, 걱정 많은 사람의 눈에는 그것이 영국 제국의 미래가 달린 심장 부분을 겨눈 단도처럼 생각되었다.

그들의 우려는 맞았다. 프랑스는 식민지 경쟁의 후발주자였지만, 최소한 서인도 제도의 호황 지역에서만큼은 이윤 창출을 위해 쏟아부은 집중적 에너지에 대한 보상을 충분히 누리고 있었다. 영국 측 농장주들은 프랑스가 부르봉 왕가라는 왕조적 결속 안에 스페인을 끌어들인 뒤로, 카리브해 지역의 오래된 스페인 해군기지의 입지에 편승하여 유리하게 정착을 노모할 수 있음을 본국 정부에 끊임없이 환기시키고 있었다. 최소한, 이제 더 이상은 스페인의 해안 경비대가 프랑스 노예선이나 설탕 화물선에 승선하여 화물이나 인명을 손상시킬 일이 없어진 것은 사실이었다.

1740년대에 접어들면서, 카리브해 지역 프랑스 설탕제국의 생산성이 브리튼을 능가할 조짐이 보이기 시작한 것은 사실이었다. 프랑스인들은 자체적인 노예선단을 구축하고, 당시 역동적으로 성장하고 있던 르와르Loire강 어귀의 항구도시 낭트Nantes에 출항 채비를 시켰다. 그들은 또한 감비아Gambia강과 세네갈 지역에 자체적인 노예 공급원을 고정으로 확보하면서 영국 무역상들을 동쪽 베냉Benin만으로 밀어붙였다. 스페인령 히스파니올라섬의 서반부에 해당되는 산토 도밍고St Domingue에서 그들은 자메이카를 비롯한 그 어느 영국령 섬들과도 비교가 불가능하리만치 광활한 토지를 확보했다. 산토 도밍고는 여러 개의 강들이 흐르고 있어서 화물 운송이 좀 더 용이하여 비용이 저렴했을 뿐 아니라, 해안가의 평평한 평야 지대와 서늘한 고지대를 모두 갖추어 그 위용을 자랑하고 있었다. 처음부터 프랑스인들의 사탕수수 경작은 영국인들에 비해 생산성이 더 높아보였다. 어찌 되었거나 그들은 유럽 시장에서 설탕 가격을 떨어뜨리기에 충분한 양의 설탕을 생산하여 수출했으며, 이는 사실상 영국 시장을 그만큼 잠식하는 것이었다. 프랑스령 카리브 지역의 생산 품목들은 더욱 다양해졌으며 커피, 면綿, 인디고 등을 본국으로 수출했고, 이들은 그곳에서 좀 더 고수익을 노리는 재수출 품목으로 전환되었다.

그것이 나쁜 일의 전부가 아니라는 듯, 프랑스인들은 아메리카의 영국인 선주들을 부추겨서 자신들의 럼주와 멀래시즈(당밀의 일종)를 브리튼령 아메리카 식민지들로 밀수출하게 함으로써, 바베이도스와 리워드 제도의 수출 시장을 잠식하는 등 발칙하게도 영국 식민지 내부의 교역 체계 속으로 침투하고 있음이 드러났다. 그러므로 영국의 거시경제 정책 결정자들과 관리자들의 눈으로 세계지도를 보면, 심각한 문제들은 모두 프랑스로부터 오고 있었다. 과거 한때 비행 청소년이자 불만에 찬 회사원이었다가 지금은 군사적 모험가로 변신한 로버트 클라이브Robert Clive가 당시 동인도회사의 소규모 병력을 지휘하고 있던 스트링어 로렌스Stringer Lawrence와 더불어 인도 남동 해안에서 인근 카나틱Carnatic 지방을 자신들의 배타적인 상업적 위성 기지로 만들고자 했던 프랑스의 기도를 무산시켰던 것은 사실이었다. 그러나 이 작지만 거칠었던 전쟁에서 얻은 교훈은 상업적 우위는 교역만으로는 지킬 수 없다는 것이었다. 프랑스인들은 (북아메리카의 원주민이건, 인도 카나틱 지방의 나와브Nawab이건 가리지 않고) 원주민들에게 영국 세력 축출을 대가로 '보호'를 제시하는 등 정치적 놀음의 필요성에 대비하고 있었고, 실제로 약삭빠르게 그 일을 머릿속에서 굴리고 있었다. 그 때문에 돈과 인력의 손실이 필요하다 해도 그것은 해야 할 일이었다. 그렇다면, 그 상황에서 영국인들은 무엇을 선택해야 했을까? 비용과 복잡한 관계 등을 고려하여 그 도전을 회피하고 야심만만한 프랑스인들에게 영토를 넘겨주는 편이 차라리 낫다고 생각했을까? 아니면, 동인도회사의 호전적 지휘관들이 했듯이, 그들의 코피를 터뜨림으로써 인도양 출입 금지라는 푯말을 들이대야 했을까? 말할 필요도 없는 것이지만, 당시 하원의 헨리와 상원의 뉴캐슬 공작 토머스 등 신중한 성향의 펠럼 가문 형제들이 주도하고 있던 본국 정부는 블루오션 제국주의보다는 레드 오션을 더 염두에 두고 있었다. 그들이 원한 것은 손실의 최소화였다. 1748년 체결된 엑스라샤펠Aix-la-Chapelle 조약은 인도의 마드라스Madras를 영국에 되돌려주고, 그 대신에 노버 스코서Nova Scotia 북쪽 세인트 로렌스St Lawrence강 어귀를 통제하는 루이스버그Louisbourg 항구를 프랑스에 할양했는데, 이는 양국의 세력 범위를 실용적으로 분할한다는 정책적 견지에서 나온 합리적인 조정이라고도 생각할 수 있었다. 그러나 전 지구적 경제 전략과 관련하여 조금이라도 정직하게, 또는 조금이라도 진지하게 생각해 본 사람이라면 이런 방책에 속을 수는 없었다. 그것은 잠시 숨 돌릴 시간을 얻는 것이라면 몰라도, 궁극적인 평화는 아니었다.

그것이 영국 제국의 역사에서 하나의 결정적인 순간임을 윌리엄 피트보다 더 비관적인 명료함과 함께 인식하고 있는 사람은 없었다. 그가 상업적 틈입자에서 마드라스 총독으로 변신했던, 또한 410캐럿의 원석을 스스로의 표현을 빌리면 '소 목덜미 고기값'이나 다름없는 헐값 2만 400파운드에 차지함으로써 유명해졌던 토머스 '다이아몬드'의 피트의 손자라는 점에서, 그를 태생부터 제국주의 성향의 사람으로 생각하기가 십상이다. (아무튼 그 보석의 최종 종착지가 베르사유였다는 것은 황당한 역설이다.) 누가 뭐라 해도 수집광 식민지 총독과 고전적인 제국주의적 모험가들로 가득 찬 가문의 이력과는 달리, 피트가家의 사람들은 태생적 제국주의자들은 아니었다. 그들은 엘리자베스와 제임스 1세 치하에서 재무 계통 관리를 역임한 선조들을 둔 도싯Dorset과 햄프셔 지방의 젠트리 출신이었다. 그리고 그들은 시대가 요구하는 정치적 규칙에 순응한 사람들이었다. 한때 정복왕 윌리엄이 둠즈데이북Domesday Book을 헌정 받았던 노르만 궁정의 현장이었지만 지금은 돌무더기만 잔뜩 쌓인 부패 선거구 올드 새럼Old Sarum을 자기들만의 '주머니 속 선거구'로 보유하고 있었다. 그리고 '다이아몬드' 피트는 열성적인 휘그였지만, 아들 로버트는 부친의 격렬한 호통에도 불구하고 토리로 변신했다. 그러나 로버트의 둘째 아들인 윌리엄은 또다시 휘그가 되었고, 월폴의 이익을 요란스럽게 방해함으로써 자신의 정치적 입지를 굳혔다.

윌리엄 피트는 조용한 삶에 맞는 사람이 아니었다. 그가 일찍이 정치적 견습을 하고 있던 시절부터, 그의 친구들은 물론 적대적이었던 자들까지 그의 기분이 엄청난 간극을 오가는 것을 알아차렸다. 지나치게 활동적이며, 또한 과도하게 표현이 분명한 에너지가 의기양양하게 폭발하는 순간이 있는가 하면, 사람을 무력화시킬 정도로 깊은 우울과 절망의 순간이 그를 에워싸는 순간도 있었다. 그와 동시대인들은 이 감정적 오락가락을 통풍의 초기 징조 탓으로 돌렸다. 피트가 심각한 관절 통증을 유발하는 병으로 고통 받은 것은 사실이었다. 그러나 교차 전환되는 그의 기질에 관한 묘사는 조울병의 전형적 징후들과도 일치하는 것으로서, 이러한 행동 장애는 제임스 울프와 리처드 웰즐리Richard Wellesley를 비롯하여, 영국 제국의 창설자들로 추앙받는 사람들의 상당수를 괴롭혔던 것으로 보인다.

피트가 선택한 신경학적 치유 방법은 그의 입에서 나가는 말을 통하는 것이었는데, 그를 방해하는 사람들을 향해 발화된 그의 말은 상대방을 불안하게 만들 정도의 세찬 '빗발침' 속에서 이루어졌다. 공교롭게도 웅변가로서의 피트의 명성은 고대 로마의 수사학, 특히 공포와 파열의 효과를 다룬 카시우스 롱기누스Cassius Longinus의 『숭고함에 관하여On the Sublime』에 대한 그의 높은 관심과 시기적으로 정확하게 일치했다. 수사학이 단순한 학문적 기술에 그치지 않고 당대 정치에서 유용하게 사용할 수 있는 잠재적 무기가 될 수 있다는 것을 피트만큼 잘 인식하고 있는 사람은 없었다. 그는 대학 학부생이던 조카 토머스에게 다음과 같이 말했다. '위대한 로마 집정관들이 가지고 있던 그 모든 다양한 언행, 용어 선택의 풍부함과 아름다움, 그리고 그들이 품었던 이상의 고결함과 장려함을 익혀서 너의 무기로 삼으렴. 그리고 고대 그리스 정치가들의 떨칠 수 없는 격렬한 논증들의 빗발침, 철저하고 힘 있는 추론, 그리고 그들 정신의 깊이와 강한 결기로써 무장하렴.' 그 누구도 피트가 종종 무서운 느낌이 들 정도로 격렬한 태도를 보였다는 것을 부인하지 않지만, 그럼에도 불구하고 그가 가장 강했던 순간은 어쩌면 그냥 인상적인 순간으로만 기억될 수 있었을 그 격렬함에 더하여 완벽하게 계산된 악의의 정수를 조금 첨가했을 때였다. 한때는 반反월폴 전선의 협력자였던 존 카터렛은 그런 그에 의해 졸지에 '영국의 국민임을 포기한다고 선언한, 그리고 시적 허구에 등장하는 물약에 취해서 조국을 잊어버린' 하노버의 평범한 각료가 되고 말았다. 그가 연설을 하는 순간, 하원은 로마의 콜로세움이자 포럼으로 변했으며, 의원석을 가득 채운 의원들은 마치 웃자란 학생들처럼 앉아서, 키가 크고 (통풍에도 불구하고) 조각상 같은 자세를 갖춘 피트가 시류에 따랐을 뿐인 그날의 불쌍한 희생자들을 향해 날카로운 부리 모양의 코를 들이대고 자신이 터뜨리는 역설의 덫에 그들을 가둔 뒤에, 마지막으로 브리타니아의 삼지창으로 찔러버리는 모습을 유쾌하게 지켜보고 있었다.

세네카도 일자리를 얻지 않았던가. 고대 로마 정치인들의 강직성에 대한 평판을 의식하면서도, 출세에 목말라하던 피트는 1746년 마침내 자신만의 색깔을 확실하게 부각시키는 데 성공했다. 그는 펠럼 형제들이 제의한 공직을 받았지만, 그 직책에 따르는 매력적인 특전은 거부했다. 그 자리는 그저 그런 자리가 아니라 그가 얻을 수 있었던 가장 군침 도는 직책 중의 하나였던 육군 경리감이었다. 경리감은 군사적 계약 업무를 관장했는데, 공급자를 선택하는 대가로서 계약 금액의 1% 내지 2%가 경리감의 주머니로 들어오는 것이 관례였다. 그런 관례적 사례금을 거부하는 것은 애국자당이 원칙을 다 팔아넘겼다는 싸구려 글쟁이들의 비판을 단 한 방에 무장해제 시킬 수 있는 대담한 방법이었다. 피트는 볼링브로크의 대본을 이용하여 보란 듯이 (1000파운드에서 2000파운드를 경리감이 빼돌리는 것으로 알려져 있었던) 경리단의 잔고를 잉글랜드 은행에 예치했으며, 또한 경리감의 통상적 임무였던 사보이 공국에 대한 군사적 원조 업무를 거부했다.

외로운 '애국자'로서의 피트의 세련된 취향은 그가 관념적으로 빠져 있던 외로움의 경지를 현실 세계로 끌고 들어오게 만들었다. 만약 그가 자신의 직책에 따르는 낙과※果들을 거부하기로 작정한 것이 국왕 조지 2세의 나이가 70줄에 이르렀고, 바야흐로 왕세자 프레더릭의 왕성한 치세와 그가 신임하는 각료들의 세상이 곧 밝아올 것이라는 낙관적 전망 때문이었다면, 그의 희망은 머지않아 절망으로 돌아섰을 것이다. 그의 후견인들이 사라지고 있었던 것이다. 코뱀은 1749년에 죽었고, 왕세자 프레더릭은 그로부터 2년 뒤에 세상을 떠났다. 피트에 대한 비호감을 숨기지 않고 있던 국왕은 당황스럽게도 꿋꿋하게 생을 이어나갔다. 그런데 종국에 가서는 그것이 그리 큰 문제가 아닌 것이 되어버렸다. 왜냐하면 사실, 자신이야말로 영국의 역사를 바꿀 사람이라는 그의 자의식만큼은 헛것이 아니었기 때문이었다. 그는 엉성한 가발을 둘러쓴 가짜 키케로가 아니라, 좋건 나쁘건 진정한 선지자였다. 그리고 그의 환영 속에 끈질기게 떠오른 것은 아메리카였다. 그의 조부는 아시아에서 ('다이아몬드 피트'라는 그의 별명이 말해주듯 그 모든 반짝거리는 보석류에서) 거부할 수 없는 유혹을 느꼈고, 그리고 따지고 보면 그 자신 역시 벡포드 같은 서인도 제도 설탕 경제와 긴밀하게 연결된 금권 정치를 출신 배경으로 하고 있었던 것은 맞지만, 그럼에도 피트는 '자유의 제국'이 그 능력을 실험할 곳은 아메리카가 될 것이라는 확신을 가지고 있었다는 점에서 남들과 달랐다. 아메리카에서 일어날 사건들이야말로 앞으로 영국 제국의 나아갈 길이 단순히 스토우 하우스를 방문한 관광객들에게 제공하는 오락거리에 그칠 것인지, 아니면 세계의 변화를 주도할 영토가될 것인지를 입증하게 될 것이었다.

해군력에 관심을 가진 모든 이의 생각과 마찬가지로, 피트는 영국이 모국의 근해를 장악하지 못하는 한 제국의 '자유'와 '안보'를 진정으로 담보할 수 없다는 일반적 통념에 동의하고 있었다. 그러나 그는, 보수적인 전략가들과는 달리 상업적 지배권을 차지하기 위한 경쟁에서 영국이 결정적 승리를 거두려면 (그것이 가톨릭 절대주의와 의회주의 정부 중에서 누가 궁극적으로는 세상을 지배하는 힘이 될 것인가를 결정하게 될 것이라는 점에서) 전쟁의 상대가 프랑스가 되어야 한다고 믿었다. 피트는 또한 서인도 제도 농장주들이나 아메리카 식민자들이 우려하는 바와 마찬가지로 시간이 영국 편이라고 믿지 않았다. 프랑스령 산토 도밍고, 마르티니크Martinique섬, 과달루페Guadeloupe섬은 이미 영국으로부터 유럽 재수출 시장을 빼앗아갔고, 프랑스 세력은 세인트 로렌스강 어귀에 위치한 케이프 브레턴Cape Breton섬에 거대한 요새를 구축함으로써 값을 매길 수 없는 뉴잉글랜드 어장을 위협하고 있었다. (서인도 제도로 보내지는 뉴잉글랜드산 염장 대구는 그곳 노예들의 식단에서 콩을 제외한 유일한 단백질 공급원이었고, 뉴잉글랜드는 그대가로 럼주와 멀래시즈를 수입하고 있었다.) 피트는 아메리카 식민지 내부에서 주장하는 것처럼, 프랑스가 영국이 신세계에서 구축해 놓은 경제 및 정치적 세력을 서서히, 그러나 체계적으로 옥죄고 있다는 것에 전적으로 동의하고 있었다. 아메리카 원주민들은 프랑스인들로부터 뉴잉글랜드의 트래퍼trapper, 그러니까 덫을 놓는 사냥꾼들과의 모피 무역 지분 공여를 거절하도록 매수당하고 있었다. 그들에게 뺏기는 것이 오늘은 비버 모피이지만, 내일은 아메리카 그 자체가 될 수도 있었다.

그러므로 피트는 1745년 의용군이 주축인 매사추세츠 총독 윌리엄 셜리William Shirley 휘하의 부대가 소규모의 해군 전대와 함께 루이스버그 본항구를 실제로 점령하는 데 성공한 것을 두고 기뻐했는데, 이는 '국왕 조지의 전쟁' 중 몇 안 되는 완승 중의 하나였다. 그로부터 1년이 지난 뒤, 피트는 프랑스령 캐나다에 대해 좀 더 전면적인 공격을 감행하여, 프랑스인들과 인디언들 사이의 모피 교역을 끝장내고, 캐나다산 떡갈나무 원목을 영국 해군을 위해 사용하자는 베드포드Bedford 공작의 제안을 지지하고 있었다. 그러나 그것은 곳곳에 위험이 도사리고 있었고, 또한 비용이 과다하게 소요되는 작전이라는 판단하에 공격이 보류되었을 뿐 아니라, 루이스버그마저 1748년 평화 협상에 의해 프랑스에 반환되고 말았다.

피트는 프랑스령 아메리카의 문제가 사실상 세인트 로렌스강이나 동부 해안 지방을 둘러싼 싸움보다 훨씬 더 심각한 문제를 내포하고 있단 것을 알아차렸다. 그것은 본질적으로 생활공간을 위한 싸움이었다. 그것에 걸린 이해관계가 얼마나 중요한 것인지를 가장 명쾌하게 이해하고 있는 사람은 과학자이자 실용적인 사고방식의 문필가인 벤저민 프랭클린Benjamin Franklin이었다. 그가 1751년에 기술한 『인류 증가에 관한 관찰Observations Concerning the Increase of Mankind』(1755년 출판)은 영국령 아메리카의 미래와 관련하여 핵심적인 이슈를 다룬 글이었다. 여러 식민지에 분산되어 살고 있는 120만 명의 인구가 증가 추세를 보이고 있는 가운데, 그 인구 규모는 자연 증가를 통해 1세대 안에 두 배가 될 것으로 예측된다는 것이었다. 그러므로 영국령 아메리카는 광활한 영토를 필요로 하고 있으며, 만약 그것을 확보하지 못한다면 자기 파괴적인 밀실공포증으로 위축되고 말 것이라는 것이 프랭클린의 주장이었다. 그는 이곳이 '자유의 제국'이 될 것이라고 믿는 점에서 본국 내 제국주의자들과 의견을 같이하고 있었다. 그러나 프랭클린이 생각하는 아메리카의 자유는 본국의 휘그파가 얘기하는 다소 뜬소리 같은 자유와는 거리가 있었다. 프랭클린의 자유는 물질적이었고 영토적이었다. 그는 오직 프랑스의 몽테스키외Montesquieu만이 그와 견줄 수 있을 수 있을 정도의 예외적 엄밀함을 가지고 지리학, 인구학, 그리고 자유와의 상호 관계를 분석하고 있었다. 아메리카에서 자족自足의 이상에 실체적 의미를 부여하는 것은 (인구가 밀집한 잉글랜드와는 달리) 토지의 가용성이었다. 그리고 최소한 1751년 현재의 프랭클린은 이같이 햇살 내리쬐는 지평선을 본국에 있는 미래 제국의 수호자들과 공유할 수 있으리라는 친親영국적인 순수한 마음을 가지고 있었다. 한 세기 만에 아메리카 식민지의 인구가 본국 수도의 인구를 실제로 넘어선 상황에서, 광활한 토지를 가진 드넓은 대륙과 이곳 식민지의 산재한 인구는 비단 식민지뿐 아니라 본국과 공유함이 마땅한 축복이라고 생각했다. '바다뿐 아니라 육지에 걸친 영국 제국은 얼마나 멋진 새로운 힘의 획득인가! 진정한 교역과 운항의 확대가 아닌가! 선박과 선원의 숫자는 어떠한가!'

그러나 서진西進하는 자유의 제국이라는 프랭클린의 꿈을 실현하기 위해서는 두 가지 장애물을 해결해야 했는데, 하나는 영국의 둔감함과 이기심이었고, 다른 하나는 프랑스의 확장 전략이었다. 프랑스인들의 아메리카 정착은 세 지역에서 이루어졌다. 세인트 로렌스강에서 더 그레이트 레이크스the Great Lakes에 이르는 '새 프랑스'(캐나다), 미시시피Mississippi강 중류의 '일리노이 지역'(1682년 시예르 드 라 살르Sieur de la Salle가 이끈 미시시피 삼각주 탐험의 결과로 소유권을 주장하게 된 지역), 그리고 미시시피 삼각주 지역의 루이지애나Louisiana였다. 물론 이들 지역은 각기 지역적으로 매우 멀리 떨어져 있었는데, 그 때문에 루이 15세의 신료들, 특히 퀘벡Quebec 지역의 총독들은 이들을 도로망, 수로, 육로 수송 루트, 그리고 요새들을 통해 함께 묶으려는 의지를 과시했다. 캐나다와 미시시피를 연결시키려는 매우 중요한 첫 시도는 앨러게니Alleghenies강과 이리Erie호 사이의, 이른바 '오하이오Ohio 지역'으로 알려진 광범위한 영토 확장 사업이었다. 장차 아메리카의 운명을 결정하게 될 이곳은 산림이 밀집하고 강들이 흐르는 지역으로서, 대체로 오늘날의 동부 오하이오주와 서부 펜실베이니아Pennsylvania에 해당되며, 쇼니Shawnee족, 델라웨어Delaware족, 그리고 밍고Mingo족 등의 아메리카 원주민들이 살고 있었다.

버지니아인들은 '캘리포니아 제도'를 포함 태평양에 이르는 모든 후배後背 대륙 지역이 1609년 자신들에게 주어진 최초의 특인장에 포함되어 있었다고 주장하면서, 1747년 애팔래치아 산맥 횡단 지대 조사 및 소유권 주장을 위한 '버지니안 오하이오 회사'를 만들었다. 그리고 뉴욕New York, 뉴저지New Jersey, 펜실베이니아, 델라웨어, 메릴랜드 등의 대서양 중부 연안 식민지들은, 프랑스인들이 아메리카 원주민들과 연합, 캐나다로부터 남진하여 그곳에서 자신들의 모피 교역권을 박탈하고, 또한 서쪽 영토 확장을 원천 봉쇄하려는 의도에 저항하기 위해 극도의 관심을 기울이고 있었다. 프랑스의 영토 확장 전략을 묘사하면서 가장 빈번하게 사용된 단어는 '교묘한'이었다. (양측의 식민지 경쟁과 관련한 어휘 목록 중에 이보다 더 비판적인 것은 거의 없었다.) 예컨대, '우리 식민지 내부로 경계선을' 교묘하게 확장했고, 아메리카 원주민들을 교묘하게 꼬드겨서 생선과 모피에 대한 브리튼인들의 정당한 지분을 거부하도록 했다는 것이었다. 그러나 그 교묘한 기술의 뒤에 있는 것은 결국 야만적 힘으로서, 치명적인 목 조르기를 통해 영국령 아메리카인들의 삶을 짓밟으려 하고 있었다. 이제 저항하느냐, 아니면 죽느냐의 시간이었다.

1744년 영국 식민지들과 이로쿼이Iroquois 여섯 부족의 대표자들이 펜실베이니아 랭커스터 카운티의 뉴타운에서 이른바 '랭커스터 조약'을 체결했는데, 이 의식은 웜펌wampum(화폐로 사용되는 민물 조개껍질) 벨트들을 상호 증정함으로써 엄숙히 거행되었다. 이들 부족은 체로키Cherokee족 같은 적대 부족들을 추적하기 위해 영국 측 영역을 자유 통행할 수 있는 권리를 얻었으며, 이들은 그에 대한 대가로 오하이오 전 지역에 대한 주권을 영국 측에 넘겨주는 것으로 이해되었다. 그러나 이로쿼이 족은 앵글로-프랑스 전쟁에서 중립을 지키고자 노력했으며, 자신들이 광대한 영토의 주권을 영구적으로 떼어주었다는 주장과 관련한 어떠한 시사점에 대해서도 즉각적으로 이를 부인하며 분개했다. 그럼에도 불구하고 이 조약은 덫 사냥꾼들과 지도 제작자들이 국왕 조지와 오하이오 회사, 그리고 그들 자신의 권리를 주장하면서 수차례에 걸쳐서 오하이오 지역으로 들어갈 충분한 구실이 되었다. 프랑스인들은 자신들이 가장 잘 알고 있는 방식으로 이에 대응했는데, 선제적 원정대들을 파견하여 3000마일(4828킬로미터) 원호에 해당되는 지역에 납으로 만든 조그만 명판들을 설치하는 것이었다. 그리고는, 1752년 여름과 가을에는 요새들을 구축하는 데 집중적인 노력을 기울였는데, 고대 로마 제국의 규모에 필적하는 이 과업에서 400명의 목숨이 희생되었으며 4억 리브르livre의 비용이 지출되었다. 이들 프랑스 측 요새들은 대부분 통나무로 구축되었을 것으로 보이지만, 그 나름의 전략적 마인드를 가지고 있던 새 총독의 이름을 딴 뒤켄Duquesne 요새가 말해주듯, 성벽의 두께가 10~12피트(3.5~4.2미터)에 이르고, 또한 모서리들은 유럽의 군사교범에 명기된 바와 같이 화살촉 형태로 돌출부를 만들어 수백의 병력 배치가 가능하게 만드는 등 제법 만만찮은 구조물들이었다.

1753년 초에 이르러, 손도끼와 측량봉으로 대변되는 전쟁이 공식화되었다. 본국에서는 뉴캐슬 공작조차도 아메리카 식민지들의 산간벽지에서 무언가 중요한 일의 성패가 달린 사건들이 벌어지고 있다는 것을 인식하게 되었다. 스코틀랜드 상인 출신의 측량사 로버트 딘위디Robert Dinwiddie는 1754년 버지니아의 부총독이 되었는데, 그는 키가 6피트 2인치(188센티미터)에 이르는, 그러나 프랑스어를 전혀 할 줄 모르는 어떤 스물한 살짜리 육군 소령에게 편지 한 장을 들려주며 르 뵈프Le Boeuf 요새의 지휘관에게 전달하도록 했다. 국왕 조지에게

속하는 것이 자명한 영토에 수비대를 배치시키는 것을 중지하고 단념하라는 내용이었다. 그 젊은 장교의 이름은 조지 워싱턴George Washington이었다.

조지 워싱턴은 프랑스어는 몰랐지만 영국 제국이 필요로 하는 절실한 국가 이익이 무엇인지는 너무나 잘 알고 있었다. 그의 이복형제인 로렌스 워싱턴 Lawrence Washington은 버지니아에 있는 가문의 토지 재산을 포르토 벨로 영웅의 이름을 따서 '마운트 버넌Mount Vernon'이라고 작명한 이력이 있었다. 버지니아 북쪽의 목 부분에 해당하는 지역에서 지배적 거물 행세를 하던 잉글랜드 출신 귀족 페어팩스 경을 대리한 것이 토지 측량사로서 그가 행한 첫 번째 일이었다. 그러나 그들의 이익을 대변하면서 그가 처음 경험했던 일들은 그다지 유쾌하지 않았다. 어느 날 그는 오하이오강 분기점 근처에 있는 아메리카 원주민 마을에서 프랑스군 소대 병력과 조우했는데, 그들은 그를 저녁 식사 자리에 초대했다. '그들이 꽤 많은 와인을 마시는 동안, 처음 대화에서는 있어 보였던 어떤 자제심이 사라져버리는 것을 느꼈다. … 그들은 내게 오하이오강의 소유권을 차지한다는 것은 그들의 절대적인 계획이며, 잉글랜드인들이 자신들에 비해 두 배의 인력을 동원할 수 있다는 것을 알고 있지만 그럼에도, 신에 맹세코 그들은 그 일을 해낼 것이라고 말했다. 그리고 자신들이 벌이는 일을 막기에는 잉글랜드인들의 움직임이 너무 느리고 미적거리는 상태임을 알고 있었다.' 르뵈프 요새에 갔던 그의 이복동생 조지 워싱턴 또한 정교하게 계산된 예의체로 표현된, 그러나 찍찍하기는 마찬가지의 대접을 받았다. 다음 해인 1754년 그는 원정대를 조직하고 이끌었다. (프랑스 측 포로들의 가죽 벗기기와 무차별 학살에 이은) 첫 승리는 7월 4일 그보다 더 큰 재앙으로 되돌아왔다. 그날 워싱턴의 병사들은 '포트 너세서티Fort Necessity'에 갇힌 채, 자신들의 머스킷 총들이 7월의 폭풍우로 인해 사용 불능이 되었다는 것을 알아차리게 되었던 것이다. 그들은 부상자들과 죽은 자들을 남겨둔 채로 요새를 빠져나와야 했고, 프랑스인들이 의기양양하게 오하이오 지역을 지배하도록 남겨놓고 버지니아로 돌아왔다.

서부전선에 대한 프랑스의 목 조르기를 받아들일 준비가 되어 있지 않던 아메리카와 영국인들에게는 두 가지의 선택지가 있었다. 하나는 모든 식민지에서 군대를 일으켜 적지 않은 숫자의 인디언 전사들과 연합하여 역습을 감행하는 것이었다. 다른 하나는 영국군 장군이 지휘하는, 영국의 정규군이 주축이 되는 진짜 군대가 그 일을 하는 것이었다. 프랭클린은 물론, 보다 아메리카적인 첫 번째 방식을 선호했다. 워싱턴이 포트 너세서티에서 큰 낭패를 당한 지 정확하게 일주일 뒤에, 프랭클린은 허드슨 밸리Hudson Valley의 올버니Albany에서 열린 범汎아메리카 의회에 펜실베이니아 대표 중 한 사람으로 참가하게 되었다. 역사상 처음으로 아메리카인들이 영국령 아메리카 식민지들 사이의 군사적·정치적 연대를 모색하는 연방설립안을 내놓고 이에 대한 구체적 논의를 시작했던 것이다. 그러나 올바니 회합에서 지펴졌던 불은 순식간에 꺼지고 말았다. 제각기 특정 이익에 사로잡혀 있던 개별 식민지 의회들이 연방설립안을 일제히 거부했던 것이다. (뉴잉글랜드인들은 어업 보호를 원했고, 뉴욕인들은 그들이 맡고 있는 북부 전선 방어 비용을 모든 식민지가 공동으로 부담할 것을 원했다.) 그러나 식민지 연합의 이상만은 프랭클린의 머리와 심장 속에서 뜨겁게 살아남았다. 그는 1754년 후반 어느 날, 영국령 아메리카의 미래에 관해 머릿속에 그리고 있던 그림의 대략을 셜리 총독에게 적어 보냈다. 우선, 서부전선은 프랑스 세력으로부터 타협 없이 방어되어야 한다. 단, 영국 제국의 불가분성이라는 진정한 정신에 입각하여 아메리카 시민 의용대와 영국 정규군의 합동작전으로 방어가 이루어져야 한다. 그리고 영국 정부가 정말로 선견지명이 있다면, 아메리카를 예속하기보다는 포용함으로써 최선의 이익을 얻을 수 있다는 것을 이해하게 될 것이다. 영국 정부는 아메리카인들이 자치에 대한 책임이 있다는 것을 잘 이해해야 한다. 만약에 공동 방어와 관련하여 비용이 발생한다면, 이는 개별 대의 기구의 동의를 받아 각출되어야 한다. 엄마와 아이의 이익이 상호 경쟁적인 것이 아니듯이, 본국과 식민지는 경제적으로 상호 보완적인 것으로서, 아메리카의 산업들이 본국의 편협한 이해관계에 의해 불이익을 당해서는 안되며, 오히려 공동의 제국이 가진 힘으로 간주되어야 한다는 것 등이었다.

영국 제국에 대해 합리적이고 관용적인 시각을 가지고 있던 프랭클린은 제국의 이념적 창안자들이 내세웠던 자유에 관한 수사들을 액면 그대로 받아들이는 것으로 그들에 대한 찬사를 대신했다. 그러나 프랭클린의 생각 속에는 제국의 창안자들이 생각하지 못했던 것이 하나 더 있었는데, 아메리카의 문화와 사회가 가진 힘에 대한 공감과 좀 더 폭넓은 이해가 전제되어야 한다는 것이었다. 창안자들이 주창했던 정책들은 거리를 존중하는 것이 아니라 그것을 없애는 데 초점이 맞춰져 있었으며, 다양성을 위한 공간을 만들기보다는 '질서'와 획일성을 강요하는 것들이었다. 1750년대에 이르러 웨스트민스터의 정치인들은 자신들이 질서와 근면성에 기반을 두는 하나의 성공적인 통합 모델을 가지고 있다고 믿었는데, 그것은 곧 스코틀랜드를 의미하는 것이었다.

프랑스인들을 상대로 오하이오 지역의 주인이 누구인지를 단호하게 확인시켜 줄 작전을 펼칠 지휘관을 선정하는 일은 자연스럽게 '컬로든Culloden의 도살자' 컴벌랜드 공작에게 맡겨졌다. 컴벌랜드 공작이 생각하는 가장 충실한 제자는 에드워드 브래덕Edward Braddock이었다. 브래덕은 철두철미하고 비감상적인 행정가이며, 규율에 엄격한 사람이었다. 그는 원정 결행에 관한 단호한 의지를 보이면서, 41연대와 42연대 두 개 부대를 지휘할 것임을 밝혔다. 부대 파견에 관한 발표만으로도 언론들은 다가올 승리를 확신하면서, 영국 제국 초기의 자화상을 그리기에 바빴다. 그것은 정복을 싫어하고 도발에는 느리지만, 한번 분발하면 무서운 힘으로 대적하는 제국이었다. ≪잭슨의 옥스퍼드 저널Jackson's Oxford Journal≫은 자랑스럽게 나팔을 불어대고 있었다. '우리는 이제 바다의 지배가 공허한 허풍이 아니며, 그것이 절대적으로 필요해지면 언제든지 확고하게 할 수 있고 감행할 수 있다는 것을 세상에 보여주고 있다. 우리는 결코 우리의 이웃들을 음모로써 불안하게 만들지 않으며, 결코 그들의 영토를 침략하지 않는다. … 그러나 우리가 위협 받고, 기만당하고, 침탈당한다면 … 그때에는 … (군사적 행동)이 정의로 보이기 시작하는 것이다.'

프랑스인들이 이제 분명히 와들와들 떨고 있을 것이라고 확실하게 믿는 분위기였다. 영국군의 일부 병력은 프랑스 측에 요새를 강화할 시간을 주지 않고 곧바로 탈환 작전을 펼칠 생각이었다. 그리고 나머지 병력은 허드슨Hudson강을 역류하여 상류로 올라가서 나이아가라의 항구들을 함락시킬 계획이었다. 브래덕 자신은 과거 조지 워싱턴이 완전한 패배를 맛보았던 뒤켄 요새로 행군할 채비를 서둘렀다. 브래덕은 뒤켄을 처리한 후에는 북쪽으로 진격하여 적의 저항을 잠재우고, 호수에서 나이아가라 방면 대대들과 합류할 생각이었다. 단순하고, 결정적이고, 신속한 작전이 예상되었다. 조지 워싱턴과 프랭클린이 브래덕 장군을 메릴랜드의 프레더릭스타운Frederickstown에서 영접했는데, 그의 두 개 연대가 행군을 시작하기 직전이었다. 워싱턴은 그 작전 지역에 밝은 덕분에 부관으로 동행하게 되었고, 프랭클린은 영국 정부의 보호 조치에 대한 펜실베이니아인들의 감사를 표현하는 뜻에서 모든 장교에게 황실의 식료품 저장고를 방불케 하는 특별한 선물을 안겼다. 쌀 6파운드, 건포도, 초콜릿, 커피, 설탕, 그리고 녹차와 검은 보히차 각 1파운드, 거기에다 후추 1/2파운드, 온전한 글로스터 치즈, 최고급 버터 20파운드, 햄 2개, 럼주 2갤런, 마데이라Madeira 와인 24병 등이 그것이었다. 이는 영국인으로서의 가치를 확인시켜 주는 것이었다.

불행하게도 프랭클린의 이 선물 공세는 1755년 7월 9일 브래덕이 유혈의 낭패를 당하는 데에 일조하게 되었다. 물론, 머낭거힐러Monongahela강 분기점으로 향하는 그의 부대의 행군을 지연시킨 것은 프랭클린의 선물과 보급품을 실은 우마차 150대와 짐 나르는 말 500마리 때문만은 아니었다. 깊은 삼림을 뚫어 힘들게 길을 내야 했고, 또한 병참 화물 대열이 잠재적 위험 상황에 빠지는 것을 방지하기 위해 도로를 확장할 필요가 있었는데, 이 또한 행군을 지연시키는 요소가 되었다. 밍고족의 길 안내자들은 너무나 뻔히 보이는 병참이동 문제에 관해 브래덕에게 주의를 환기시키려 했지만, 밍고족 추장 스카르워디Scarouady가 언급한 바와 같이, 브래덕은 그들을 '개들'처럼 취급했다. 개들은 물 수 있었다. 프랑스 편에서 싸우는 '비열한 야만인들'은 브래덕의 경보병들을 대적함에 있어서, 자코바이트들처럼 당당하게 공개된 지형에서 대형을 이루는 대신, 삼림 깊숙이 안 보이는 곳에 숨어서 훑듯이 사격을 가해왔다. 이질과 심한 치핵통으로 쇠약해진 브래덕이지만 지금까지 자신이 장교로서 받아왔던 훈련에 모든 것을 맡기기로 했다. 곤경에 빠진 그의 병사들이 정확히 어딘지 모르는 소나무 숲속의 적들에게 응사하고 있는 동안, 그는 침착하게 말을 타고 대오를 점검하면서, 병사 수백 명이 쓰러지는 상황에서도 전투를 격려하고 있었다. 불가피하게 그의 가슴은 적의 머스킷 총탄이 날아들 완벽한 목표가 되었다. 납인형蠟人形 군인들처럼 빨간 외투를 입은 영국군 병사들이 교과서적인 전투대형 속에서 스러져갔지만, 그들의 동료 병사들은 사격 대형을 그대로 유지하면서 자신들의 차례가 올 때까지 그 자리를 지켰다. 그러던 중에 약간의 자기 보존 본능이 살아나고, 실제로 병사들이 살기 위해 달리기 시작했을 때에는 브래덕 군대의 3분의 2가 이미 죽거나 치명적인 부상을 당한 뒤였다. 프랑스인들과 아메리카 원주민 연합군은 단지 전사 23명과 부상 16명의 손실을 입었을 뿐이었다. 브래덕은 후퇴 도중에 죽었고, 그의 공병대가 만들었던 길 어딘가에 묻혔다. 피투성이가 된 브래덕의 외투를 자신의 집 마운트 버넌으로 가져온 조지 워싱턴은 브래덕이 통탄할 만한 전술적 잘못을 저지른 것이 아니었고, 다만 그의 병사들이 그 임무를 수행할 능력이 부족했다고 결론지었다.

컴벌랜드 공작의 어떤 전쟁이 브래덕의 패배를 자초했다면, 그의 또 다른 전쟁은 똑같이 우울한 이야기이지만, 어떤 일의 '성공'을 가져오는 요인이 되었다. 찰스 로렌스Charles Lawrence 총독이 노버 스코서에서 단순한 평정 공작이 아니라, 좀 더 불온한 근대적인 수단, 즉 집단 추방 정책을 단행했던 것이다. 아메리카의 영국-프랑스 경계선 근처에서 영국 쪽 지역에 거주하던 프랑스-가톨릭 출신의 아카디아Acadia인들은 1713년 체결된 위트레호트 조약에 의해, 그들이 적군을 돕는 행동을 하지 않는 한, 남부 노버 스코서에서 자유롭게 살 수 있도록 허용되어 왔다. 그러나 프랑스-영국 갈등이 가열됨에 따라, 국왕 조지에 대한 이들의 공개적인 충성 맹세 거부는, 그들을 아메리카 원주민을 부추겨

수적으로 우세한 영국인을 공격하게 조장하는 제5열의 주민으로 비치게 만들었다. 찰스 로렌스는 그들이 자신을 괴롭히기 전에 자신이 먼저 그들을 처리하기로 결심하고, 아카디아인들에게는 '위대한 분산le grand dérangement'이라는 완곡어법의 이름으로 알려진 무시무시한 정책의 시동을 걸었다. 펀디Fundy만 기슭에 살고 있던 최소한 6000명의 주민들이 농장과 집, 그리고 땅으로부터 뿌리째 뽑혀, 매사추세츠, 사우스캐롤라이나, 그리고 버지니아행 환적을 위해 집합 당했다. 그 조치는 너무나 갑작스러웠고 또한 악랄했으며, 거기에다 그들을 싣고 갈 배조차 마련되어 있지 않았기에, 자신들을 '실제로 내보낼 처사인지'를 확신할 수 없었다. 1755년 10월 8일, 첫 번째 집단이 배에 실렸다. 그 일을 담당했던 영국군의 한 장교는 다음과 같이 적었다. '매우 고립된 나머지 마지못해 움직이던 주민들의 승선이 시작되었을 때, 큰 곤경에 처한 여자들은 아이들을 안고 있었고, 다른 이들은 노쇠한 부모들을 손수레에 싣고 있었는데, 그들의 짐이 대단한 혼란 속에서 옮겨지는 가운데 비탄과 고통의 장면이 연출되고 있었다.' 뉴욕과 매사추세츠 출신 식민지 주민들이 북부 메인과 노버 스코셔에서 떠나간 사람들의 자리를 차지했다. 캐롤라이나로 떠난 첫 번째 배의 승객 중 절반이 극심한 오물과 역경으로 인해 배 위에서 죽음을 맞았다. 주민 수천 명은 캐나다로 탈출하는 데 성공했지만, 임박한 7년 전쟁으로 인해 그곳의 주인이 바뀔 운명이었다. 어떤 집단의 사람들은 뒤켄이 미시시피강을 따라 만들어놓은 전략적 루트를 거쳐 루이지애나까지의 대장정을 감행한 끝에 그곳에서 재정착의 터전을 일구었다, 그들의 식단은 로브스터lobster와 대구에서 가재와 메기로 바뀌었고, 아카디아 문화는 케이즌Cajun 문화로 변화하기 시작했다.

(아메리카인들의 요청에도 불구하고) 전쟁의 참화는 늦추어졌다. 영국-프랑스 전쟁은 처음부터 하나의 세계 전쟁으로 인식되었고, 이는 습관적으로 비용을 먼저 생각하는 뉴캐슬 공작에게도 마찬가지였다. 그러나 이 전쟁의 전략은 사실상 1740년대의 전쟁과 별다를 바가 없었다. 많은 돈을 들여서라도 프로이센을 유럽의 우방으로 끌어들인다는 것이었다. 그럴 경우, 프로이센의 육군이 프

랑스를 꼼짝달싹 못 하게 유럽에 묶어놓을 수 있을 것이며, 또한 인도, 서아프리카, 카리브 제도, 아메리카 등 제국주의 무대에서 인력과 자원을 빼내게 만드는 효과를 발휘할 것이었다. 영국 왕립 해군의 주력부대는 언제나 그렇듯이 모국의 바다를 지키는 한편, 지중해에서 대서양 연안에 이르는 프랑스 항구들을 급습하고 봉쇄함으로써 적들이 캐나다에서 병력을 증강하는 일을 원천 봉쇄할 것이었다. 아메리카에서는 피트가 (언제나 그렇듯 과장 섞어서) 말한 바와 같이, '오랫동안 상처입고, 오랫동안 방치되고, 오랫동안 잊혔던' 과거 브래덕의 작전 계획이 다시금 살아났다. 이는 뉴욕 호수 상부의 타이콘데로가 Ticonderoga 항구, 오하이오 지역의 심장인 데퀸 요새 등 캐나다를 동시에 공격하는 계획이었다. 그러나 이와 함께 과거에 저질렀던 실수들도 상당수가 되살아났다. 브래덕을 대신해서 이번 원정을 지휘할 인물은 이번에도 역시 컴벌랜드 공작에 의해 임명되었는데, 그는 에어서Ayrshire의 귀족 제4대 라우던Loudoun 백작 존 캠벨이었다. 군 생활에 대한 그의 열정은 대단한 것이어서, 자신의 장원에 군대 대형을 본뜬 숲을 조성할 정도였다. 그는 하인 17명을 추려 수행단을 꾸렸으며, 정부情婦 및 그녀의 하녀까지 원정에 동반했다. 비교하자면, 그는 식민지 주민들과 야만인 협력자들을 대하는 데 있어서 브래덕보다도 더 귀족적이었다. 그는 모든 유혈의 전쟁은 좀 더 깔끔하게 이루어져야 할 필요가 있다고 확신했고, 이를 위해 영국군 정규군의 계급 체계에 대응하는 식민지 의용대를 훨씬 낮추어서 조정하도록 집요하게 육군성에 요청했다가 아메리카인들의 미움을 샀으며, (명령 불복종 행위에 대해 채찍질 500차례, 셔츠 한 벌을 훔친 죄에 대해 채찍질 1000차례를 가하는) 영국군의 채찍질 체형 규정을 그것을 한 번도 본 적이 없는, 그래서 그것을 상대적으로 견뎌내기 더 어려워할 식민지 병력에게도 적용할 것을 요구함으로써, 식민지인들을 소외시켰다. 그리고 프랑스령 카리브 제도와 영국 식민지들 사이의 밀무역에 분노한 라우던 백작의 응답은 교역을 일체 중단하는 것이었다.

라우던의 전쟁 수행 방식은 두 가지 대안 중 하나만을 집중적으로 대변하는 것이었고 아메리카인들도 이를 인지하고 있었다. 그가 택하지 않은 대안적 방식은 식민지 병력, 그리고 아메리카 원주민과 연대하여 모두가 제국의 일원으로서 진정한 하나의 연합을 이루는 것이었다. 만약 그가 이렇게 했다면, 각 식민지 의회들과 총독들에게 그들이 생각할 수 있는 최선의 방식으로 전쟁에 필요한 병력과 자금을 일으킬 수 있는 힘을 부여해 줄 수 있었을 것이다. 또한 최악의 시간이 지나가면, 농장이나 대장간 등 각기 일터로 돌아갈 수 있으리라는 확신을 가장 적절한 방식으로 식민지의 비정규직 병사들에게 심어줄 수 있었을 것이다. 그리고 아메리카 식민지의 총독들이 인지하고 있었듯이, 병력 운용을 위한 자금을 마련하기 위해서는 고압적 방식보다는 동의를 구하는 편이 나았다. 그러나 브래덕이나 라우던 같은 사람들은 식민지 의회 및 총독들을 단지 무엇이 필요하고 언제 어디로 가져다주어야 하는지를 듣잡고 따라야 할 하급 장교 정도로 인식하고 있었다. 그들은 군사적 업무를 수행함에 있어서, 식민지인들에게 무엇이건 행동의 자유를 허용한다는 것은 그들이 지닌 불복종, 규율 훼손, 패배 자초 등의 본능적 경향을 부추기는 결과를 초래할 것이라고 생각했다. 라우던은 식민지인들이, 그것도 '지도적 인사들'이라는 사람들이 감히 제국의 전략을 비판하거나 심지어는 다른 의견을 제시하는 등 주제넘는 행위를 하는 것에 충격적 놀라움을 표시하기까지 했다. 또한 그는 아메리카 병력을 구성하는 인적 자원의 질적 수준이 본격적인 전투에 적합하지 않다고 생각했다. 오로지 그들을 정규연대에 편입시켜서, 그들에게 진정한 병사들이라면 어떻게 행동해야 하는지를, 필요하다면 거칠게, 가르쳐야지만 독자 생존이 가능한 군대로 만들 수 있다고 봤던 것이다.

라우던은 상당 부분 자신의 방식대로 군대를 지휘했지만, 그럼에도 패배를 피할 수 없었다. 인도에서는 대적할 상대가 없을 정도로 잔인하고 효율적인 지휘관인 로버트 클라이브가 벵골의 통치자 시라주다울라Siraj-ud-Daulah를 무너뜨리고 (회사가 그것을 원했건, 원하지 않았건) 무굴 인도에서 가장 부유한 지방의 예산을 동인도회사에 넘겨줌으로써, 균형예산을 가능하게 만들었다. 그러나 인도를 제외한 제국의 다른 지역에서 프랑스를 상대로 벌인 전쟁들은 최근 2년 간 재앙의 연속이었다. 지중해에서 빙Byng 제독은 이탈리아와 레반트Levant로 이어지는 동쪽 항로를 통제할 수 있는 전략적 요충인 미노르카Minorca섬을 상 실했다. 애국적 분노가 험악하게 폭발하는 상황에서 빙 제독은 군법회의에 회부되었는데, 이는 정부를 향한 분노를 회피하기 위해 내세운 희생양이나 마찬가지였다. 더 나빴던 것은 보스카원Boscawen 제독의 함대가 세인트 로렌 스강 어귀를 효과적으로 봉쇄하는 데 실패한 사건으로, 이는 퀘벡과 몬트리 올Montreal 등 뉴 프랑스 지역의 병력 증원과 병참 공급을 허용하는 결과를 초 래하게 되었다. 뉴욕 호수에서 공세를 벌인 것은 영국이 아니라 프랑스인들이 었으며, 그들은 1757년 윌리엄 헨리 요새를 점령했다.

이것은 뉴캐슬 공작 시대의 종언이었다. 대규모의 병력 동원을 주장하던 윌 리엄 피트가 내각에 들어오기는 했지만, 그는 (왕으로부터 신임을 받지 못하는 등) 한동안 실질적 권력에서 멀어져 있었다. 그러다가 1757년 말, 암울한 정국 전 망이 계속되는 가운데, 피트에게 드디어 기회가 주어졌는데, 그는 마치 신께서 이 일을 직접 그에게 맡기셨다는 것을 단 1초도 의심하지 않는 사람처럼 그것 을 낚아챘다. 그가 최우선 순위를 준 국정 과제들 중 하나는 아메리카 전쟁을 아메리카 방식으로 치를 것이라는 점을 확실히 하겠다는 것, 그리고 브래덕과 라우던에 의해 초래된 손실을 어느 정도 회복하겠다는 것이었다. 라우던은 불 명예스럽게 소환되었고, 피트는 장비와 급료 등 비용 발생분에 대해 영국 정부 가 식민지 주민들에게 변제할 것을 약속함으로써, 아메리카 식민지 의회들의 지지를 확보하는 데 성공했다. 그리고 100만 파운드가 넘는 예산이 이를 위해 배정되었다. 진정성 있는 협력이 과거의 억지 춘향식 동의를 대체하는 순간이 었다. 매사추세츠는 이에 화답하듯 의용대 병력 7000명을 차출하는 데 동의했 다. 피트는 과거 라우던이 영국 정규군과 아메리카 의용군 사이에 설정했던 부 당한 계급 가중치를 폐지했다. 그런 다음, 피트는 양질의 인력 자원과 거액의 예산을 현장에 투입하기 시작했다. 나이가 30대에 불과했던 제임스 울프와 윌리엄 하우-William Howe를 비롯하여 원정군 장군들은 상관들을 추월하여 빠르게 진급했다. 캐나다에 대한 정면 공격을 담당할 제프리 애머스트Jeffrey Amherst 등 다른 장군들에게는 전례 없는 강한 전력이 배당되었다. 예컨대, 루이스버그 전담 공격 병력은 1만 4000명이었다. 당시 아메리카의 프랑스인들이 연대하여 일으킬 수 있는 군대는 자체 병력과 동원할 수 있는 모든 협력적 원주민을 합해도 1만 6000명을 넘지 못했고, 그나마 원주민 병력은 벽서를 읽고 영국 쪽으로 마음을 돌린 모호크Mohawk족을 포함한 이로쿼이 부족들에 의해 상쇄되었다. 1757년 말에는 거의 5만 명의 영국 제국 군대가 캐나다에서 전쟁을 수행하고 있었는데, 이는 뉴 프랑스 전체 인구의 3분의 2에 가까운 숫자였다. 아메리카 전쟁에 투입된 예산이 550만 파운드에 육박하는 가운데, 추가적으로 해군에 100만 파운드가 지출되었으며, 거기에다 식민지 병력에 지급하기로 한 약속을 실천하기 위해 또 다른 100만 파운드가 배정되었다. 이는 피트가 작금의 전쟁이 전부냐 전무냐의 양자택일이 될 수밖에 없는 전쟁임을 국민에게 납득시키는 데 성공한 것을 의미했다.

또한 이것은 잉글랜드의 전쟁이 아니라 영국 전체의 전쟁이 되어야 했다. 영국 육군에서 하일랜드 연대가 첫 해외파병 부대로 창설되고 배치된 것은 1745년 자코바이트 봉기가 일어난 해였다. 그때까지만 하더라도 병사들은 거의 대부분 캠벨 같은 친하노버 왕조 씨족 출신이었다. 그러나 아메리카 원정을 위해 추가적인 연대들이 결성될 무렵에는 모병 지역이 훨씬 광범위해졌다. 그들은 갤러웨이 지역의 먼로 씨족부터 인버네스 지역의 머리 씨족까지를 망라했다. 아메리카 전쟁이 시작될 무렵에는 제국 육군의 장교 네 명 중 한 명은 스코틀랜드 출신이었던 것으로 추정된다. 그들은 살인적인 '포화의 세례'를 경험하게 될 터였다.

1758년 7월 초, (신통치 않게도 부하 병사들에게 '할머니'로 알려진) 뚱보 장군 애버크롬비Abercromby가 타이콘데로가에 위치한 카리용 요새를 취하기 위한 작전을 지휘했는데, 전장에서 1마일 정도 떨어진 곳에 도달했을 무렵, 언덕 위에 포병들을 미리 배치하여 아군을 위한 엄호 포화를 하게 하는 것과 같은 최소한의 조치도 생략한 채, 그의 부대에 위험천만한 정면 공격을 명령했다. 결과는 예측 가능한 것이었다. 블랙워치Black Watch 부대[6]와 이니스킬링Inniskillings 부대[7]는 백파이프 소리에 맞추어 적진 흉장胸牆 앞으로 돌진, 날카롭게 절단된 나무 그루터기들로 이루어진 방해물 속으로 신속하게 돌진해 들어갔지만, 다시는 나오지 못했다. 매사추세츠 자원군 대대의 장교 아켈러스 풀러Archelaus Fuller는 프랑스 진영에서 날아온 머스킷 탄환이 핑 소리를 내며 귀를 스치자 겁을 먹은 나머지 통나무 뒤로 몸을 숨기고 땅바닥에 납작 엎드려 있던 순간을 다음과 같이 묘사했다. 그것은 '다리나 팔이 부러지거나 달아난 채로, 죽거나 부상당해 땅바닥에 누워 있는 자들, 몸을 관통당해 극히 치명적인 부상을 입은 자들을 바라보아야 하는 슬픈 광경이었다. 그 비명 소리를 들으면서, 피 흘리며 누워 있는 시신과 소총 사격으로 흔들리는 땅을 바라보는 것은 내가 지금까지 경험한 가장 애절한 순간이었다'. 이 대학살은 여덟 시간이나 지속되었다. 2000명 가까운 전사자와 중상자가 통나무 방책들 주변에 누워 있었다. 장교들로부터 아무런 지시도 듣지 못한 채, 통나무들 사이에 꼼짝없이 누워 있는 자가 방편을 선택했던 생존자들은 해질 무렵이 되어서야 덮고 있던 덤불을 헤치고 머뭇거리며 일어나서, 도망가는 너구리들처럼 숲속으로 사라졌다.

그러나 타이콘데로가는 피트의 전쟁에서 진정한 의미에서 첫 번째이자 마지막 참사였다. 그 이후로는 영광만이 있었다. 첫 번째 승리는 애머스트 원수와 그의 휘하 지휘관 제임스 울프 준장이 위대한 루이스버그를 함락한 것이었는데, 엄청난 파괴력의 포화 세례를 당하다 못해 도시 전체가 완전 궤멸될 위기에 빠지자, 도시가 항복을 서둘러 선택하는 전통적인 점령 방식을 통해 이루

---

6   제42연대의 별칭. 스코틀랜드 고지대 병사들로 이루어진 부대로서, 그들이 입은 검은 체크무
     늬 제복에서 비롯된 별명임 — 옮긴이.
7   아일랜드 출신 병력으로 이루어진 제27연대를 말함 — 옮긴이.

어졌다. 이 기념비적 승리를 지켜본 사람들 중에는 수년 전 마이클 헨리 파스칼Michael Henry Pascal이라는 선장이 시동侍童 겸 하인으로 사들였던 열세 살의 노예 올라우다 에퀴아노도 있었다. 파스칼 선장은 1756년부터 왕립 해군에 복무했고, 올라우다가 그와 동행하게 되었다. 그리고 그들은 제임스 울프 준장이 케이프 브레턴섬으로 가는 여정에서 그와 같은 배를 타게 되었다. 에퀴아노는 루이스버그 포위 작전의 마지막 국면에서 전쟁이라는 낯선 공포가 일으키는 일종의 끔찍한 불가사의 속에 사로잡혀 버렸다. '〔함대의 일원인〕 프린세스 아멜리아Princess Amelia호의 중위 한 명이 명령을 내리는 동안, 그의 열린 입으로 머스킷 총탄이 들어가 입속을 뚫고 그의 볼 쪽으로 나왔다. 나는 그날 전투에서 죽은 인디언 왕의 머리 가죽을 손에 들고 있었다. 그 머리 가죽은 하일랜드 출신 병사가 벗긴 것이었다.' 하일랜드 병사에게 죽음을 당한 인디언 왕의 머리 가죽을 들고 있는 동안, 에퀴아노는 다민족 제국 안에 적응하는 속성 교육을 받고 있었던 것이다.

아메리카 원주민들은 자칫 잘못하면 적으로 남을 수도 있었다. 전직 외과의사이며 그 역시 스코틀랜드 출신이었던 존 포브스John Forbes 준장은 오하이오 지역 작전에 배치되었는데, 체로키족과 델라웨어족, 그 외 다른 부족들의 대표들을 불러 모은 다음, 그들을 협정에 끌어들이는 데 성공함으로써, 뒤켄 요새 점령을 단순히 시간문제로 만들어버렸다. 프랑스인들은 최대한의 탄약을 빼낸 뒤에 그곳을 폭파시켜 버렸다. 그 공간에 건설된 정착촌은 이후 피츠버그Pittsburgh라고 불리게 되었다.

유럽에서는 프로이센의 프리드리히 대왕이 프랑스와 동맹국들을 상대로 단순히 자기 위치를 고수하는 것 이상으로 선전하고 있었는데, 군사 보조금조로 그에게 매년 20만 파운드를 지급하고 있던 영국 입장에서는 그것만으로도 만족스러운 상황이었다. 모든 것이 영국이 바라는 방향으로 진행되는 것처럼 보이는 상황에서 그깟 20만 파운드가 무슨 대수랴? 1758년이 끝을 향해 달려갈 무렵, 의회는 익년도 군사 예산으로 1250만 파운드를 책정했는데, 이는 그 이

전까지는 상상도 할 수 없었던 큰돈이었다. 절반은 대출로, 나머지 절반은 세금으로 충당된 이 예산은 육군 9만 명과 해군 7만 명, 그리고 3만 명에서 4만 명에 이르는 지역 민병대를 유지시키는 비용으로 사용되었다. 어찌 보면, 돈으로 승리를 산 셈이었다.

이같이 풍부한 예산들을 깔고 앉아서 피트는 세계를 무대로 한판 직진을 벌일 수 있었다. 서부 아프리카를 급습하여 고레Gorée섬과 감비아강에 있던 프랑스의 노예무역 거점을 획득했으며, 카리브 제도 원정은 꽤 심각한 어려움을 겪기도 했지만 결국에는 과달루페와 그곳에 있던 4만 명의 노예 및 350개 농장들을 취하는 것으로 완결되었다. (이 특정 지역의 점령을 원하지 않았던 자메이카와 바베이도스의 사탕수수 농장주들에게는 실망스러운 일이었지만) 과달루페산産 설탕은 1년 만에 영국 시장에 넘쳐흐르게 되었다. 벵골의 클라이브는 (동인도회사와 함께) 경쟁적인 인도 통치자들로부터 받은 '선물들' 속에 빠져 있었다. 남부 인도에서는 코로맨들Coromandel 해안에 다시금 강력한 군사적 거점을 구축하려던 프랑스 랄리Lally 백작의 기회주의적 시도는 프랑스 해병대가 영국의 봉쇄를 뚫는 데 실패함으로써 무산되었다.

그러나 이러한 사건들은 1761년 피트에 의한 캐나다 완전 정복이라는 메인 이벤트에 비교하면 사이드 쇼sideshow들에 불과했다. 피트는 캐나다 정복이 실현된다면 영국령 아메리카의 미래는 중단 없이 이루어질 것이며, 영국 세력의 증대와 더불어, 피트와 스토우 하우스 학습자들의 언어로 말하면, 영국식 자유 또한 확대될 것이라고 믿었다. 악천후도 도움이 되었다. 캐나다는 1758년 거의 기근에 가까운 고통을 겪고 있었고, 1758~1759년의 겨울은 기억에 남을 정도로 혹독하게 추웠다. 루이스버그와 케이프 브레턴섬이 영국에 넘어간 상황에서 어떤 수준에서건 인적·물적 자원의 재공급이 이루어지지 않는다면, 이들의 곤경은 극단으로 치닫게 될 운명이었다. 1759년 초봄, 몇 안 되는 배들이 얼음을 뚫고 세인트 로렌스강 어귀까지 길을 내는 데 성공했고, 그들은 영국의 봉쇄선을 몰래 뚫고 들어가 퀘벡에 약간의 증원 병력과 식량을 착륙시켰다. 생명줄과도 같은 보급을 확보한 프랑스 식민지 총독 몽캄Montcalm 후작은 그가 동원할 수 있는 최대 병력인 1만 6000명의 군사(캐나다 민병대 포함)를 이끌고 방어가 용이한 에이브러햄Abraham 평원에 진을 친 다음, 그곳에서 역시 병참 부족을 겪고 있는 영국군이 오기를 기다려 맞서기로 했다. 다른 대안적 전략이 있다면, 도시 주민을 소개시키고 군 병력을 여러 거점들로 분산시키는 등 게릴라전을 준비함으로써, 식민 정착민들과 원주민들이 영국에 끈질기게 저항할 수 있도록 대비하는 것이었다. 그러나 베르사유는 몽캄의 손을 들어주었다.

영국군의 주력부대는 언제나 애머스트 원수 지휘하에 있었다. 그런데 런던에 잠시 귀환했던 제임스 울프가 세인트 로렌스강 어귀 공격작전을 자신이 맡을 수 있도록 피트를 설득시키는 데 성공함으로써 상황이 달라졌다. 울프에게 병력 2만 명을 내주면서, 피트는 아마도 자신은 잃을 것이 없다고 생각했을 것이다. 그러나 울프의 입장에서는 그것이 운명이었다. 폐결핵을 앓고 있던 그는 이미 애국자 묘역 위에 대리석으로 조각된 자신의 모습을 상상하고 있었다. 에이브러햄 평원에서 펼쳐질 예수 수난극에서 불멸의 상을 그려나갈 자신의 모습을 마음에 담아 세웠던 그의 작전은 거의 실패에 가까운 상황과 맞닥뜨리게 되었다. 배가 고프건 말건, 몽캄은 퀘벡 주위에 구축된 방어벽 밖으로 나오기를 거부하고 보루의 수비 상황을 강화하는데 집중하고 있었다. 요새의 입지 조건은 상당히 좋았다. 강을 향한 한쪽 면은 깎아지른 듯한 200피트(61미터)의 절벽이고, 육지를 향한 다른 한쪽 면 역시 수직적인 바위 표면이었다. 좌절감을 느낀 제임스 울프는 병사들과 원주민 전사들을 동원하여 요새가 아닌 주변 전원지대를 대상으로 흉포한 '잔학 행위와 대대적 파괴'를 목적으로 작전을 벌이도록 명령했다. 이것이 만약, 주민에 대한 몽캄의 염려를 겨냥했건, 아니면 그의 분노를 겨냥했건, 아무튼 몽캄을 밖으로 끌어내려는 의도였다면, 그의 작전은 최악의 실패였다. 몽캄은 그저 가을이 다 지나가도록 수비 위치를 고수하면서, 강이 결빙되어 울프를 그 자리에 가두거나 아니면 그가 자진해서 퇴각할 순간을 기다릴 생각뿐이었다.

그런 상황에서, 하나의 필사적인 작전 하나가 제시되었는데, 너무나 필사적이어서 울프 자신을 포함, 그 누구도 성공을 확신할 수 없는 것이었다. 그것은 협곡 소로를 따라 절벽을 곧장 타고 올라가는 작전이었다. 그 협곡 소로는 로버트 스토보Robert Stobo라는 사람에 의해 발견된 것인데, 그는 과거 조지 워싱턴의 '포트 너세서티' 공격 실패 때 포로가 되었던 자로서, 수년간 퀘벡에서 비교적 느슨한 반半수감 상태에서 생활하다가 탈출에 성공한 경력이 있었다. 울프가 평소 말을 거의 섞지 않고 지내던 준장급 지휘관들에게 마음에 담아두고 있던 작전 계획을 마지못해 알린 것은 공격 개시 바로 전날 밤이었다. 그것은 강 하류를 타고 퀘벡 동쪽으로 가는 척, 적을 기만하면서 실은 반대 방향인 서쪽으로 항행한 후, 조수를 이용하여 바닥이 평평한 상륙선 30척을 상륙 지점으로 밀리도록 하는 것이었다. 새벽 5시, 먼저 도착한 병사 수백 명이 경사면을 신속하게 기어오르기 시작했다. 그때까지만 해도 울프는 평원 위에서 소규모 충돌이 있을 것만 예상했지, 전면전이 벌어질 것이라고는 생각하지 못했다. 이 소식을 전하려고 퀘벡 요새로 달려간 프랑스 측 정찰병은 영국군이 여전히 그곳에 머무르고 있는지, 아니면 왔던 길로 되돌아갔는지를 확신하지 못했다. 울프 자신도 평원 위에 올라 군사 4800명을 지휘하고 자신의 모습에 놀라워했다. 진홍색 제복을 입은 부대원들은 절벽의 한쪽에서 다른 한쪽까지 0.5마일(800미터)의 대오를 이루었다. 그의 부대는 몽캄과 그의 공급 및 증원선 사이에 자리를 잡았고, 이에 따라 프랑스 측의 공급 및 증원선은 모두 울프의 서쪽에 위치하게 되었다. 식량과 탄약이 고갈되어 가는데, 그렇다고 절벽에서 떨어질 생각을 하지 않는 한 영국군의 후방으로 파고들 공간도 없는 상황이라, 몽캄은 눈앞에서 벌어지는 놀라운 일에 말문이 먹혔다. 영국군이 울리는 북과 백파이프 소리를 들으면서, 그는 이제 아메리카 전장에서는 거의 볼 수 없었던 정규전을 치를 수밖에 다른 대안이 없다는 것을 깨닫게 되었다. 만약에 그가 서쪽에 배치시켰던 병력을 적절한 시간에 불러들을 수만 있다면, 상황이 졸지에 역전될 수도 있었다. 그렇게 되면 울프의 군대는 양쪽의 프랑스 측 부대에 갇힌 꼴이 되고, 낭떠러지 길로 되돌아갈 수밖에 없는 처지에 놓이게 될 것이다.

9시가 되었지만 서쪽에 있는 프랑스 진영에서는 아무런 기척이 없었고, 울프 부대가 가지고 올라온 대포들이 몽캄 진영에 손실을 입히고 있었다. 하일랜드의 백파이프 소리들이 빗속에서 울리고 있었다. 몽캄은 더 이상 기다릴 수 없었다. 그가 가진 병력의 숫자만 따진다면 울프의 군대와 견줄 수 있었지만, 그 절반은 캐나다 민병대였다. 그들은 대오를 갖추어 브리튼 군대 진영에 접근한 후 적진 150야드(137미터) 전방에 멈춰 서서 일제 사격을 가할 예정이었다. 그러나 공격 명령이 떨어지자마자, 거의 움직임 없는 영국군의 가느다란 대열을 향해 마구잡이로 달려가기 시작했다. 이로써, 반드시 이어질 적진의 반격 사격 이후의 대오 재편성을 포함, 어떤 형태의 조직화된 전진도 불가능해졌다. 적의 머스킷 총탄에 손목이 박살난 울프는 다른 쪽 손을 사용하여 적이 40야드(36미터)까지 접근할 때까지 사격을 억제하도록 지휘했다. 그리고 영국군은 사격 개시의 순간을 놓치지 않았다. 양측 모두가 인정하듯이 영국군의 '대포 같은' 일제사격이 흰 코트를 입은 프랑스 정규군과 민병대 진영에 커다란 구멍을 내고 있었다. 연기가 걷히자 그들은 전면적으로 퇴각하고 있었다. 울프는 내장과 가슴에 총을 맞았으며, 이로써 그는 그토록 이루고 싶었던 영웅전의 완결판을 완성하고 있었다. 그는 수도원에 대리석 무덤을 가지게 될 것이었다. 호러스 월폴Horace Walpole은 다음과 같은 기록을 남겼다. 소식이 런던에 닿자마자 사람들은 '그들이 승리했음에도 불구하고 절망하며 눈물을 흘렸는데, 바로 그 승리의 순간에 울프가 쓰러졌기 때문이었다! 모든 사람의 얼굴에는 환희, 비탄, 호기심, 그리고 경악의 감정이 그려져 있었다.' 그에 대한 숭배 의식은 피트에게는 하나의 선물이었고, 그가 하원에서 행한 연설은 스러진 고전적 영웅의 관대에 바치는 하나의 비가悲歌였다. 스토우 하우스의 '애국 소년들'이 언제나 원했듯이, 이는 로마보다 나은 것이었다.

영국-프랑스 사이의 세력 대결과 관련하여, 이후 이야기는 이보다 평범하지만, 사실은 보다 결정적인 사건들이 이어졌는데, 그중에서도 가장 결정적인 것은 호크Hawke 제독이 브르타뉴 앞바다 퀴브롱Quiberon만에서, 여전히 민병대를 주축으로 방어되고 있던 아메리카에 위협을 가할 능력을 갖춘 프랑스의 브레스트Brest 함대를 격파한 사건이었다. 캐나다의 프랑스 세력은 에이브러햄 평원의 패배에도 불구하고 사람들이 예상했던 것보다 훨씬 더 오랫동안 저항을 이어나갔다. 프랑스 총독 보드레이유Vaudreuil가 병력 증원이나 보급에 대한 아무런 희망이 남아 있지 않은 상황 속에서 마침내 몬트리올에서 애머스트에게 항복한 것은 다음 해인 1760년 여름이었다. 그가 싸움보다 항복을 선택한 부분적인 이유 중 하나는 애머스트가 제시한 조건이 상당히 관용적이었기 때문이었다. 7만여 명의 캐나다인들은 앞으로 다가올 미래의 어떤 상황에서도 중립을 지키는 조건으로, 자유롭게 로마가톨릭 신앙 활동을 보장 받았으며, 심지어는 퀘벡 교구장 주교의 임명까지 보장 받았다. 보드레이유가 계산했던 것처럼, 정치적 존재까지 그랬는지는 모르겠지만, 프랑스-캐나다 문화와 정체성은 향후 수 세대가 지나가도록 보전되었다.

볼테르는 캐나다를 가리켜 '몇 에이커밖에 안 되는 눈(雪)'이라고 평가 절하했다. 그러나 캐나다 정복은 영국 제국의 미래와 관련하여 사람들의 인식을 완전히 변화시켰다. 펜실베이니아 의회에서 파견한 대표 자격으로 1757년부터 런던에 거주하고 있던 프랭클린은 소식을 듣고 아주 기뻐했으며, 캐나다 반환에 대한 어떤 의견에도 맹렬하게 비판하는 운동을 펼쳤다. 스코틀랜드를 포함, 나라 전체에 우레처럼 분출된 애국적 기념행사, 모닥불과 타종, 연회, 그리고 데이비드 게릭David Garrick이 가사를 붙인 '떡갈나무의 심장' 연주 등을 가슴으로 받아들이면서, 프랭클린은 아메리카 전쟁의 역사적 정당성을 완전히 확신하게 되었다. '만약에 국민적인 전쟁이라는 것이 있다면, 전 국민의 이해가 직접적으로, 그리고 본질적으로 걸려 있는 이 전쟁이야말로 그런 것의 진정한 예가 될 것'이라고 그는 썼다. 승리에 승리가 거듭되고, 또한 호러스 월폴이 자랑스럽게 말한 것처럼, '연이은 승리를 축하하다 보니 우리 종鐘들이 다 닳아버렸던' 1759년 그 '경이로웠던 해'에 프랭클린은 스코틀랜드로 여행을 갔다. 그곳에서 그는 케임즈Kames 경 헨리 홈Henry Home을 비롯한 학식 있는 귀족들과 정치경제학 및 농업학 학자들과 교유했다. 그는 케임즈 경에게 그동안 일어난 일들에 대해 느꼈던 가슴 벅찬 긍지와 이들 사건이 앞당긴 불가분적인 자유의 제국 실현 가능성에 관한 속마음을 털어놓았다. 그는 '영국인'이라는 의회 청원에 서명한 바도 있지 않았던가. 그는 케임즈 경에게 보낸 편지에서 다음과 같이 썼다. '저는 영국 제국의 미래와 관련하여 그 위엄과 안정성의 토대가 아메리카에 있다는 의견을 오랫동안 견지해 왔습니다. 다른 것들의 토대와 마찬가지로 그것들은 낮고 잘 보이지 않지만, 그럼에도 불구하고 인류의 지혜가 지금까지 세운 가장 위대한 정치적 구조를 지지할 수 있을 만큼 충분히 넓고 강합니다.' 그리고 정확하게 17년 뒤, 그는 아메리카의 독립선언서에 자신의 서명을 날인하게 된다. 과연 그 사이에 무슨 일이 있었던 것인가?

1763년, 평화는 각성을 불러왔다. 올라우다 에퀴아노는 대열을 이룬 거대한 함정들이 화염 속에서 파열을 맞고 있는 동안, 왕립 해군의 전함 위에서 대포에 충전할 탄약을 나르느라 뛰어다니던 소년 중의 하나로 사춘기 시절을 보냈다. 그는 소년들과 병사들이 대포알을 맞고 갈가리 분해되거나, 날카롭게 쪼개진 선박의 나무 늑재肋材 파편에 찔린 채 '영겁 속으로' 드는 것을 목격했다. 벨르 아일Belle Isle 점령 시에는 '60개가 넘는 포탄과 사체들이 동시에 하늘에 있는' 것을 보았다. 공포감과 기독교인으로 세례 받은 기쁨이 교차하는 가운데, 읽기와 쓰기를 배우고 책과 성경을 습득하고 있던 올라우다는 주인 파스칼의 지도하에 이 모든 것을 해내면, 자유인의 한 사람으로서 이 같은 공포와 살육에서 벗어날 수 있을 것이라 믿었다. 그러나 믿었던 주인 파스칼은 그에게 도망치려고 했다는 혐의를 씌웠다. 눈물을 쏟으며 폭발적인 원망을 쏟아낸 그에게 파스칼은 그를 서인도 제도로 끌고 온 선장에게 되파는 것으로 응답했다. '그러므로 나의 노역이 끝날 것으로 기대했던 그 순간에 나는 새로운 노예 상태에 빠지고 말았다.' 파스칼은 그에게서 책과 개인적 소지품, 그리고 그가 어렵사리 얻어낸 자존감의 상징이었던 코트를 빼앗아갔다. 쓰디쓴 고통 속에서 그가 또다시 서인도 제도로 향하고 있다는 것을 알게 되었을 때, 올라우다는 다음과 같이 적었다. '나는 내 운명을 꾸짖었으며, 차라리 태어나지 않았기를 바랐다.'

윌리엄 피트는 올라우다 에퀴아노에 비하면 덜 고통스러운 상황에 놓여 있었지만, 그럼에도 그 역시 대부분의 시간을 화가 나고, 아팠으며, 비참함 속에서 보냈다. 1760년 10월 25일, 삶의 마지막에 이르러서야 마침내 경멸의 시선을 거두고 피트의 진가를 알아보기 시작했던 조지 2세가 심근경색으로 사망했다. 이제 그의 손자가 왕위를 계승하면 좋은 일들만 있을 것이라는 장밋빛 전망이 있었다. 그는 피트의 친구인 스코틀랜드의 부트Bute 경의 지도 아래 볼링브로크의 '애국자 왕'이 제시하는 행동 규범 속에서 교육을 받았다. 어머니 아우구스타Augusta 왕자비의 영향도 그것만큼 분명했다. 조지 3세는 지나치게 하노버 중심적이었던 선왕들과 달리 자랑스럽게, 그리고 공개적으로 '영국이라는 이름을 영광스러워했다'. 누가 보아도 알 수 있는 그의 솔직함은 진정한 '애국자'의 모델처럼 인식되었다. 의심할 여지 없이 그의 흉상은 조만간 스토우 하우스의 만신전에 합류하게 될 것으로 생각되었다. 그러나 너무나 빠른 시간 내에 피트는 이 모든 가정이 불러오는 미망에서 깨어나게 되었다. 친구였던 부트는 비우호적 경쟁자로 바뀌었고, 막중한 전쟁 비용 부담을 놓고 전쟁 정책의 출구를 모색하던 사람들의 편으로 돌아섰다. 단순히 프랑스에 손실을 입히고 굴욕감을 주는 데에서 그치지 않고, 잠재적 제국주의 경쟁자로서의 프랑스의 입지를 완전히 무력화시키고자 하는 피트의 강박적인 투지, 그리고 카리브해에서 스페인 세력을 말살하려던 그의 목표는 점차 비합리적 정책이라고 간주되는 경향이 있었다. 젊은 국왕은 지도교사였던 부트의 의견에 귀를 기울이고 있었고, '미친' 피트라는 그의 견해를 공유하는 듯 보였다. 더 나쁜 것은, 스토우 하우스 후예들의 유대 관계가 깨어지고 있었다는 점이었다. 1761년 피트가 쫓겨났을 때, 새로운 템플 자작이며, 그의 처남 중 하나인 제임스 그렌빌James Grenville도 함께 물러났지만, 또 다른 처남인 조지 그렌빌George Grenville은 그러지 않았을 뿐 아니라, 하원에서 부트와 뉴캐슬 공작의 입장을 충실하게 반영하고 있었다. 피트는 이를 배반으로 간주했으며, 그 이후로 10년간 두 사람은 철저하게 정치적 원수로 지냈다. 1763년 파리 강화조약의 체결과 함께, 마르티니크, 과달루페, 그리고 세인트루시아St Lucia를 프랑스에, 하바나Havana와 마닐라Manila를 스페인에 각각 돌려준 데 이어, 뉴펀들랜드 앞바다의 귀중한 대구 집산 퇴堆에서 프랑스인들의 조업을 허용하고, 또한 그들에게 세인트 로렌스강의 세이트 피에르St Pierre와 미클롱Miquelon의 점유를 통해 그것을 보호토록 한 조치에 대해, 피트는 부트가 제국의 이익을 팔아넘겼다고 믿었다.

그러나 지도를 일견해 보면 – 당시 영국의 정치가들은 일견이 아니라 여러 번 읽었다 – 피트의 분별을 의심했던 견해에 공감할 수밖에 없을 것이다. 자메이카와 바베이도스의 농장주들은 마르티니크와 과달루페산産 설탕이 자신들의 생명줄인 아메리카 시장과 국내 시장에서 자신들의 것보다 더 많이 팔리기 전에, 그 섬들을 영국이 보유할 것이 아니라 원래 위치로 되돌려줄 것을 갈망하고 있었다. 또한 영국이 어업 산업의 독점에 매달린다고 해서, 그것이 프랑스가 최근의 연이은 참패에도 불구하고, 여전히 인구학적으로, 그리고 군사적으로 유럽 굴지의 세력이라는 엄연한 사실을 바꿀 수 있는 것도 아니었다. 패자에게 혹독한 카르타고식 화평 조건으로 고통을 가하는 것은 단지 복수에 대한 욕망을 재촉할 뿐이었다. 정부의 각료들은, 뱅골에서 세네갈, 미노르카에서 몬트리올에 이르는, 새로이 확장된 제국의 엄청난 규모를 바라보면서, 로마가 3세기에 걸쳐서 이룬 것과 비교하여, 영국은 단지 '세 번의 전쟁으로 세계를 제패했다'고 득의양양했지만, 그 득의는 영토를 방어할 비용을 어떻게 감당할 것인지에 대한 깊은 걱정으로 반감될 수밖에 없었다. 9만 명이 넘었던 전시 군 병력은 이제 절반으로 감축되긴 했지만, 그 수준의 병력을 유지하는 비용만 하더라도 매우 심각한 재정 압박을 초래했기에 재무부는 몸을 제대로 가누지 못했다. 평화 시기는 또한 경제적 혼란을 수반했다. 암스테르담에서 일어난 금융위기가 그곳과 긴밀하게 연결되어 있는 런던 금융시장에도 영향을 미쳤고, 이에 따라 신용이 급격하게 경색되기 시작했다. 거기에다 대규모 인원이 군 동원 체제에서 풀려남으로써 고용 압력이 높아졌는데, 이는 전쟁 전 단계로 축소된 노동 집약사업의 상황과 맞물리면서 더욱 악화되었다. 또한 농업 부분의 작황도 좋지 않았으며, 그 결과 식량 가격이 오르고 있었다. 항구와 도시의 민중들이 만들어내는 소란 행위는 통상의 수준을 넘어서고 있었다. 그리고 소비재에 대한 또 한 차례의 소비세 부과 조치는 불붙는 데 기름을 끼얹는 격이었다.

그러므로 매우 인기 없었던 부트 경을 대신하여 (복귀를 노리고 있던 피트에게는 확실하게 실망스러운 일이었지만) 1763년 8월 재무부 장관 자리에 오른 조지 그렌빌은 그가 생각하기에 그만한 능력을 충분히 가지고 있는 아메리카로 하여금 자체 방어 비용을 부담하도록 하는 상당히 도발적인 방안을 집중적으로 모색하고 있었다. 이 방안의 정책적 논리는 이론의 여지가 없는 듯했다. 영국령 아메리카는 전쟁으로 인해 헤아릴 수 없는 혜택을 받지 않았던가? 전쟁 기간 중 모국이 아메리카의 무역과 산업을 위해 거액의 돈을 쏟아붓지 않았던가? 캐나다라는 광대한 영토가 추가됨으로써 아메리카의 전망이 더 밝아지지 않았는가? 그럼에도 몇 가지 따져보아야 할 셈이 있었다. 첫 번째, 식민지들은 본국에 원자재를 공급하고, 반대로 모국에서 생산된 완성품을 소비한다는, 모국에 대한 식민지들의 근본적이고 자명한 의존적 관계는 더 분명하게 천명하거나 보강할 필요가 있었다. 벤저민 프랭클린이 생각한 것이 무엇이었건, 영국이 식민지 제조업의 성장을 본국의 산업과 경쟁할 수 있는 수준까지 용인할 것이라는, 하물며 권장할 것이라는 환상을 가져서는 안 되며, 영국의 잠재적인 경쟁 상대인 외국, 특히 프랑스와 스페인, 그리고 식민지에 대해 호의적인 시각을 가져서는 아니 된다는 인식이 필요했다. 둘째, 아메리카 제국을 방어하는 비용이 걷잡을 수 없는 상황으로 가지 않게 하려면, 정착 지역을 애팔래치아 산맥 동쪽 지역으로 한정할 필요가 있었다. 그 너머 서쪽 지역은 이제부터는 아메리카 원주민을 위해 따로 잡아두는 것이 옳다는 생각이었다. 그들의 선의 없이는 지속적인 고비용 문제가 발생할 것이 확실했다. 셋째로, 영토 방어는

허드슨만

루퍼츠
랜드

포트 라 투레트

포트 니피

뉴펀들랜드섬

세인트 로렌스강

케이프
브레턴섬

루이스버그

퀘벡

아카디아

뉴프랑스

세인트 존

포트 보세주르

노바스코샤

포트 로열

슈피리어호

포트 미셜러매커노

휴런호

몬트리올

포트
프론트낙

포트 샹블리

포트 타이콘데로가

포트 오스위고

미시간호

포트 나이아가라

이리호

콩코드

보스턴

미주리강

백

포트 뒤켄

오하이오강

트렌턴

뉴욕

볼티모어

필라델피아

미시시피강

퀘

캐스캐스키아

샬러츠빌

루이지애나

아칸소강

대서양

샬럿

펄강

포트 툴루즈

내커터시

산마르코스

뉴올리언스

산 카를로스
드 오스트리아

세인트 어거스틴

플로리다

멕시코만

0   200 miles
0   400 km

1758~1763년 전투

✗ 브리튼 승전지

⊗ 프랑스 승전지

**1763년 이전
국가별 식민 지역**

◯ 13개 식민지(브리튼)

◼ 그 외의 브리튼 식민지

◼ 스페인 식민지

◻ 프랑스 식민지

북아메리카 식민지 현황(1758~1783년 무렵)

허드슨만

포트 라 투레트
　● 포트 니피곤

뉴펀들랜드섬

세인트 로렌스강

케이프
브레턴섬

슈피리어호

포트 샹블리
몬트리올

쿼벡

아카디아

포트 보세주르
노바스코샤

포트 미셜러매커노

휴런호

세인트 존

포트 로열

포트
프론트낙

크라운 포인트
포트 타이콘데로가

미시간호

포트
나이아가라

오리스카니

렉싱턴

이리호

보스턴

미시시피강

트렌턴
브랜디와인 ✗

뉴욕

오하이오강

캐스캐스키아

필라델피아

루이지애나

인디언 보호구역

볼티모어

대서양

아칸소강

요크타운

노퍽

레드강

샬럿

내커터시

윌밍턴

찰스턴

파리 강화조약(1763) 이후의 경계선

산마르코스

1763년 이후의 국가별 식민 지역

뉴올리언스
산 카를로스
드 오스트리아

세인트 어거스틴

브리튼 식민지

스페인 식민지

플로리다

멕시코만

1775~1783년 전투

✗ 브리튼 승전지

⊗ 아메리카 승전지

0　　　200 miles

0　　　400 km

1783년 미국 영토 경계선

북아메리카 식민지 현황(1758~1783년 무렵)

그들의 이익을 위해 구성된 것이므로 아메리카 식민지들은 어떤 추가적 예산의 형식을 빌려서 방어 비용을 자체 부담해야 한다는 것이었다.

이러한 예산들을 어떻게 마련할 것인가 하는 문제가 가뜩이나 소심한 성격의 조지 그렌빌을 몹시 불안하게 만들었다. 그는 아메리카의 관세 및 소비세 장부를 들여다보면서 세금 징수에 들어가는 경상 경비가 세입을 훨씬 초과한다는 사실을 발견하고는 깜짝 놀랐다. 그의 결론은 그들을 폐지하는 것이 아니라, 아메리카에서 가장 수요가 높은 수입산 상품에 고율의 관세를 새로이 부과하는 것이었다. 그것은 물론 프랑스인들이 만든 설탕 제품들이었고, 특히 보편적인 식음료로 자리 잡은 럼주 증류에 들어가는 카리브산産 멀래시즈였다. (영국령 카리브해 지역 생산품은 공급이 달렸고, 가격 또한 높았다.) 그렌빌이 제시한 관세는 갤런당 6펜스였다. 반대 목소리가 생겨났고, 특히 럼주를 애호하던 뉴잉글랜드 식민지들에서 그 목소리가 높아지자, 그렌빌은 세율을 절반으로 줄였다. 그러나 집행에 관해서는 공격적이었고, 준군사적 수단까지 동원했다. 7년 전쟁이 최고조에 달했던 1761년, 적과의 교역 행위가 고의적인 경제 방해 행위로 간주되고 있던 상황에서, '지원 영장writs of assistance'이 빈번하게 발부되었는데, 이는 보안관 등의 '지원'을 받아 밀수 혐의자를 수색하고 그들을 해사법원(군사법원)의 재판에 넘기는 데 사용되었다. (식민지 법원들이 그 범죄 혐의자들에게 유죄를 선고하는 것을 꺼렸기 때문에 해사법원으로 넘긴 것이다.) 밀수가 생활 방편 중의 하나였던 보스턴과 뉴욕의 상업 공동체들 사이에서는 분노와 실망의 목소리가 터져 나왔지만, 해사법원들은 평화 시기에도 존속하게 되었다.

그렌빌의 문제는 그가 이 세상에서 가장 '책을 많이 읽은' 밀수업자들을 괴롭히고 있었다는 점이었다. 그들이 읽은 것은 역사책이었다. 그렌빌 자신도 스토우 하우스에서 그토록 천진스레 감탄해 마지않던 바로 그 잉글랜드인들의 역사, 잉글랜드인들의 자유에 관한 서사시적 역사였다. 보스턴과 필라델피아의 독서 클럽들, 그리고 상업 장려 협회들 내부에서는 밀수품 엄중 단속, 세리稅吏들의 혹독한 처리 방식, 해사법원에 의한 특별사법권 행사 등 영국 당국의 행위를 놓고 과거 17세기 악명 높았던 '스타 챔버星廳'의 기억을 소환하고 있었다. 그들은 그런 당국의 행위에 대항하고, 자유롭게 태어난 영국인들이 가지는 불멸의 권리를 지키기 위해 존 햄프던(1594~1643)의 고귀한 유령을 불러들였다. '우리들의 교역에 과세할 수 있다면, 왜 우리들의 땅에는 하지 않는가?' 1764년 봄 스멀스먼 피어오르는 압제의 냄새를 의식하면서 보스턴 타운 미팅의 연설자들은 이렇게 묻고 있었다. '왜 우리 땅의 생산물과, 우리가 소유하거나 이용하는 모든 것에는 왜 과세하지 않는가? 이는 … 우리가 결코 박탈당한 적이 없는, 우리가 영국 태생의 사람들로서 본국의 동료 신민들과 공동으로 소유하고 있는, 영국인들의 특권들을 공격하고 있는 것이다.'

설탕세법(1764)이 그들을 괴롭히고 불평을 토로하게 만들었다면, 그렌빌이 짜낸 두 번째 묘안, 즉 플레잉 카드playing card와 신문에서 시작해서 법률 서류, 대형 신문, 그리고 광고지에 이르기까지 모든 종류의 종이 물품에 세금을 부과하는 인지세stamp tax는 과거 찰스 1세가 노팅엄에서 깃발을 올린 것에 비견될 수 있는 영국 제국사의 등치적 사건이었다. 그렌빌 자신은 인지세라는 기발한 착상에 대단히 만족하고 있었는데, 짐스럽고 거칠기까지 한 수색 과정을 거쳐야 하는 설탕세와 달리, 인지세는 상당 부분 자동 징수의 방식을 택하고 있었기 때문이었다. 인지세는 종이가 어떤 목적으로 사용되는지와 상관없이 사전에 스탬프(인지)를 찍어서 세금을 거두어들이는 방식이었다. 인지세 법안은 1765년 2월 초, (의석이 반쯤 빈) 하원에서 1차 독회를 가졌는데, 그렌빌은 식민지 대표들에게 시간을 주기 위해 이 법이 통과되더라도 11월까지는 효력이 발생하지 않을 것이라고 설명했다. 그 모든 불평에도 불구하고, 대부분의 식민지들이 설탕세법을 받아들였던 전례에 비추어, 그렌빌은 인지세印紙稅법(1765) 또한 받아들여질 것이라고 여전히 자신하고 있었다. 그는 첫해의 인지세 수입을 10만 파운드로 예상했으며, 그 이후에는 더 많은 세입을 올릴 것으로 기대하고 있었다. 그는 자신의 결정이 영국령 아메리카에 대한 종언의 서막을 고하고 있음을 결코 깨닫지 못했다.

그렌빌을 포함한 대부분의 동시대 영국인들, 심지어는 스스로를 많이 읽고, 관용적이며, 또한 많은 여행을 경험했다고 자부하는 사람들조차 아메리카 식민지 현실에 대해 한심할 정도로 아는 게 없었다. 그들이 런던에서 어쩌다 마주치게 되는 아메리카인들은, 굳이 정의하자면 (프랭클린처럼) 영국에 대해 매우 강력한 친연성親緣性을 가지고 있는 사람들이었다. 그리고 보스턴이나 윌리엄스버그Williamsburg에서 그곳 총독들이 공식적 업무 관계로 만나는 사람들은 통상 그들이 듣기 좋아하는 말만 하기 마련이었다. 그들은 사실 최근 전쟁 기간 중 인식하게 된 식민지인들의 불복종과 주제넘는 자유 주장과 관련하여 강경 정책을 취하도록 본국인들을 부추기까지 했다. 런던의 정치인들이 아메리카를 상상할 때면, 그들은 대체로 별다른 말썽 없이 고분고분하게 식민지로 이식된 잉글랜드의 남자들과 여자들을 떠올렸다. 때때로 스코틀랜드인들과 아일랜드인들을 상상하기도 했지만, 그들은 군대에서 제국을 위해 열심히 봉사하고 있었다. 그들은 펜실베이니아의 독일인 8만 명, 뉴욕과 허드슨 밸리Hudson Valley의 네덜란드인 4만 명, 그리고 퀘이커 교도, 유태인, 아프리카 노예 등 다른 많은 인구 집단에 대해서는 거의 생각하지 못했다. 그들은 모두 아메리카를 웨스트민스터에서 상상할 수 있는 것보다 훨씬 더 외생적이고, 훨씬 더 (잉글랜드 일색에서 탈피한) 다양한 문화 공간으로 만든 사람들이었다.

웨스트민스터가 가진 속도감으로는 필라델피아나 보스턴 같은 타운에서 벌어지는 지방 정치가 얼마나 짜릿짜릿하고 격렬하게 펼쳐지는지 상상할 수 없었다. 보스턴에서는 약 1만 6000명에 달하는 전체 인구 중에서 2500명가량이 타운 미팅에서 투표할 권리를 가지고 있었는데, 회기 기간 중의 패늘 홀Faneuil Hall은 열띤 웅변들로 소란스러웠다. 윌리엄 피트와 그와 같은 세대의 사람들은 스스로를 수많은 키케로 중의 하나라고 상상하는 경향이 있었다. 그러나 보스턴은 1760년대 장 자크 루소Jean-Jaques Rousseau가 상상했던 대로, 면대면의 '새로운 아테네 민주주의'에 가장 적합한 규모를 가지고 있었다. 그리고 제임스 오티스James Otis, 새뮤얼 애덤스Samuel Adams, 조사이어 퀸시Josiah Quincy,

그리고 존 핸콕John Hancock 등의 웅변가들은 자신들을 수많은 데모스테네스 Demostheneses 중의 하나라고 생각했다. 그렌빌 같은 사람들과 휘그 정치가들은 자유의 규준이라고 할 영국의 역사가 자신들에게 등을 돌리고, 자신들이 과거 윌리엄 로드 대주교와 조지 제프리즈 판사가 맡았던 악역을 맡게 되리라는 것을, 그리고 어느 날 젊은 버지니아인들이 국왕 조지 3세를 공개적으로 비난하는 고발 목록을 작성하기 위해 1689년의 권리장전을 샅샅이 훑게 되리라는 것을 전혀 상상하지 못했다.

사실, 아직 그날은 멀리 있었다. 그러나 책에 열광하고, 뉴스에 목말라하며, 놀라울 정도로 높은 문해율(남자 80%, 여자 45%)과 습관적으로 시끄러운 논쟁을 벌이는 공간을 가지고 있는 보스턴 시민들이 존재하는 한, 더구나 그들이 세상을 선과 악의 싸움으로 보는 강력한 종교적 성향이 있는 한, 인지세의 불행한 결말은 처음부터 예고되고 있었다. 보스턴 시민들은 중등학교와 대학교, 언론, 그리고 도서관을 포함, 자신들이 향유하고 있는 시민 문화에 대해 자부심이 있었다. 그리고 교육 받은 이 도시의 지도자들은 일반 대중에게 다가가기 위해 의식적인 노력을 기울이고 있었다. 예컨대 존 애덤스John Adams는 ≪보스턴 가제트Boston Gazette≫에 '험프리 플라우자거Humphrey Ploughjogger'라는 필명으로 영국 행정의 오류와 불공평에 관한 글들을 실었다. 그의 글들은 ≪보스턴 가제트≫를 게걸스럽게 읽는 가게 주인 하바틀 도르Harbottle Dorr 같은 사람들에게 더할 나위 없는 낙이었다. 그는 ≪보스턴 가제트≫에 함께 실린 목판 삽화들까지 유심히 살펴보면서, 그를 분노하게 한 이야기들에 대해 방대한 양의 논평을 작성했다. 1만 6000명의 인구와 함께, 보스턴은 정치의 투명성에 높은 가치를 부여할 수 있는 조건을 갖춘 작은 규모의 도시였다. 1765년 존 애덤스는 '인민들은 논쟁의 여지가 없고, 양도할 수 없는 어떤 불굴의 권리를 하나 가지고 있는데, 그것은 세상에서 가장 두려움과 선망의 대상이 되는 대상에 대해, 다시 말하면 통치자들의 성격과 행위에 관해 알아야 할 권리입니다'라고 말했는데, 이는 많은 사람의 견해를 대변한 것이었다. 인지세는 보스턴 시민들에게 단순히 불법적인 세금을 선언한 것에 그치지 않고, 자유로운 정치적 정보의 생산과 유통에 재갈을 물리는 것으로 인식되고 있었다. 그런데 이 모든 이글거리는 불평의 원천에도 불구하고, (줄곧 인지세법의 타당성을 의심하고 있던) 매사추세츠 부총독이자 수석 재판관이었던 토머스 허친슨Thomas Hutchinson을 포함하여, 그 누구도 앞으로 일어날 일에 대해 어렴풋한 눈치조차 채지 못하고 있었다.

허친슨이 1765년 8월 14일 자신의 인형이 '자유의 나무'에서 교수형을 당한 사건에 관해 주의를 기울여야 했었다는 말은 맞다. 그러나 그러기에는 그는 증오를 상징적으로 드러내는 시위에 관해 너무 익숙한 사람이었다. 26일이 되자, 시위대의 행동은 그에게 훨씬 가깝게 다가왔다. 매우 폭력적인 시위의 물결이 보스턴 그의 집을 덮치더니 둥근 지붕을 포함해 우아한 저택을 삽시간에 허물어버렸고, 그의 역사 관련 수기 원고들을 땅에 처박아버렸다. 그가 딸의 필사적인 애원을 받아들여 몸을 피하지 않았다면, 그 자신도 성난 군중에 의해 찢겨버렸을지도 모르는 일이었다. 보스턴에는 시끄러운 무리들이 술 마시고 거리에서 싸움을 벌이는 오랜 전통이 있었는데, 특히 노스 엔드North End와 사우스 엔드South End의 경쟁적 패거리들이 '교황의 날'(11월 5일에 벌이는 반反교황적 행사)에 과격한 연례적 풋볼 시합을 곁들여 축제를 즐기는 날은 더욱 소란스러웠다. 그러나 1765년 교황의 날은 좀 더 특별한 날이었다. 항구 주변에 거주하는 무두장이들, 부두 노동자들, 선원들, 그리고 목수들까지 모두 몰려 나와 아주 분명한 공동의 목표들을 쟁취하기 위해 힘을 합쳤기 때문이었다. 그들의 목표는 허친슨과 그의 동서이자 인지印紙 배급업자인 앤드루 올리버Andrew Oliver 였다. 그 군중은 분명 당시 스물여덟 살의 구두 수선공 에버니저 매킨토시Ebenezer Mackintosh의 부추김을 받은 것이 확실하고, 매킨토시는 '충성스러운 9인 the Loyal Nine'이라고 불리는 비밀 집단의 지시를 받았거나, 혹은 그들의 말에 영향을 받은 것도 확실해 보인다. 그들 '충성스러운 9인'은 오로지 물리적 저항만이 인지세 도입을 중단시킬 수 있다는 방침을 세워놓고 있었다.

'충성스러운 9인'이 행동 개시 시점으로 간주하고 있던 것은 거친 군중 동원자들이 주는 신호가 아니라, 언어가 분명하고 단호한, 그리고 스스로가 하고 있는 일이 무엇인지를 정확하게 알고 있는 정치인들이 주는 신호였다. 보스턴의 그런 정치인들 중에 상인인 제임스 오티스, 그리고 전직 세금 징수관 출신의 맥주 양조업자 겸 맥아 제조업자인 새뮤얼 애덤스가 포함되어 있었다. 극적인 저항을 연출해 낼 수 있는 그들의 타고난 감각은 패트릭 헨리Patrick Henry라는 한 젊은 웅변가의 주도하에 만들어진 '버지니아의 결의들'에 의해 불이 붙었다. 헨리는 인지세 도입을 로마 역사를 통해 가장 부당했던 압제와 비교함으로써 주목을 끌었다. 조너선 메이휴Jonathan Mayhew가 교회 연단에서 행한 그들의 대의명분에 대한 축복 기도, 그리고 아주 멀리 본국 하원에서 인지세 법안 1차 독회가 열렸던 날, 에이브러햄 평원 전투에서 얼굴의 절반을 다친 아이작 바레Isaac Barré가 행했다는 비범한 연설 소식도 도화선 역할을 하기 충분했다. 그날 바레는, 식민지들이 영국에 의해 '이식되고', '양육되고', '보호 받았기' 때문에 영국 의회가 식민지인들에게 세금을 징수할 '의심할 여지가 없는' 권리를 가지고 있다는 찰스 타운센드Charles Townshend를 향해 자신의 남은 한쪽 눈과 훼손된 뺨을 고정시키고는 그의 기를 죽이는 반격의 포문을 열었던 것이다. 그는 '사심 없는 브리튼의 온정주의'를 표방하는 정부의 공식적 견해를 거칠게 부정하고, 이를 모국과 식민지와의 관계에 관한 완전히 다른 역사로써 대체했다.

> 당신들의 배려에 의해 식민 되었다! 아니오! 그들은 당신들의 억압에 의해 아메리카에 식민된 것이오. 그들은 당신들의 압제를 피해서, 당시 개간도 되지 않고 사람 살기도 힘든 곳으로 도망 간 것입니다. … 그들이 당신들의 관용으로 길러졌다? 그들은 당신들이 방치한 덕분에 성장한 것입니다. 당신들이 그들에게 관심을 두기 시작하자마자, 그 관심은 그곳에 사람들을 보내 그들을 통치하는 방식으로 구현되었소. … 그들의 자유를 면밀히 감시하는 … 그들이 당신들의 무력으로 보호받았다? 그들은 지칠 줄 모르고 힘들여 나라를 지키던 와중에도 당신들을 방어하기 위해 당당하게 무기를 드는 용기를 발휘했으며, 그러는 동안 그들의 전

선은 피로 흠뻑 물들었고, 후방은 절약으로 모은 작은 돈들을 그대들의 보수에 보냈소.

브리튼섬의 역사를 통해 가장 신성시되어 오던 자유의 원칙들이 위태로운 상태에 빠졌다는 확신에 진작되어 인지세법에 대한 저항은 거의 모든 식민지로 확산되었고, 이는 인지 배급업자들이 자신들의 임무에 관해 진지하게 재고하게 만드는 압력으로 작용했다. 이는 그동안 보기 힘들었던 식민지들 간의 연대 협력을 촉진시켰으며, 그 결과 1765년 10월 식민지 대표들이 뉴욕에서 '인지세법 회의'를 열고 향후 대책을 논의하기에 이르렀다. 대표들은 물리적 저항 대신, (이미 보스턴에서 거론되고 있던) 영국산 사치품 수입을 거부하는 정책을 채택했다. 매우 불안정한 상황에 놓여 있던 본국 경제에서 많은 사람의 소득원이 걸려 있던 품목들이었다. 사실, 그렌빌 행정부는 ─ 아메리카 위기와 관련 없는 사유로 ─ 이미 실각한 뒤였다. 그들을 대체한 로킹햄Rockingham 행정부는 (토머스 허친슨마저 폐지를 주장하는) 인지세법 폐지를 검토하지 않은 것은 아니지만, 아직 아무런 약속도 내놓지 않은 상황에서 시간만 흐르고 있었다. 1765~1766년 겨울, 의회에서는 영국-아메리카 관계 해결과 관련하여 매우 중요한 의미를 가지는 본격적인 논쟁이 처음으로 벌어지고 있었다.

중앙 무대는 적대적인 처남 매부 사이이며, 지금은 모두 권력에서 밀려난 윌리엄 피트와 조지 그렌빌 두 사람의 것이었다. 피트는 '외부적 조세'와 '내부적 조세'라는, 향후 수년간 매우 중요한 (실상은 임의적인 것이었지만) 의미를 가지게 될 구분법을 제시했는데, 외부적 조세는 식민지 무역을 통제할 수 있는 권리를 의미했으며, (인지세 같은) 내부적 조세는 오로지 그들의 동의에 한해서 세금을 걷도록 식민지 의회에 부여된 권리를 침해하고 있음을 지적하는 것이었다. 그렌빌은 이 구분이 정말로 받아들여진다면, 브리튼은 사실상 주권의 필수적인 구성 요소 하나를 내주게 되는 것이라고 주장했다.

아메리카에서는 그들을 통치하는 정부가 해체되고 있고, 혁명이 일어날 것입니다. … 보호와 복종은 호혜적인 것입니다. 그레이트브리튼은 아메리카를 보호합니다. 아메리카는 복종해야 합니다. 아메리카인들이 언제 해방되었는지, 왜 제게 말씀해 주시 않으십니까? 이 나라는 엄청난 부채 속으로 빠져들고 있습니다. … 그리고 그들은 그러한 공적 비용에 대한 조그만 할당 몫을 기여힐 것을 요구 받고 있을 뿐입니다. … 그들은 당신들의 권위와의 절연을 선언했고, 당신들의 관리들을 모욕했으며, 그리고 내가 감히 말하건대, 공공연한 반란 상태에 있는 것입니다.

그렌빌의 이 말에, 피트는 통풍으로 심각한 고통을 받고 있는 두 발을 딛고 서서 일생의 연설을 했다.

저 신사는 아메리카가 우리에게 완강하다고 말합니다. 아메리카가 거의 공공연한 반란 상태에 있다고 말입니다. 나는 아메리카가 저항하고 있음을 크게 기뻐합니다. 자유에 관한 감각이 무디어질 대로 무디어진 300만 명의 사람들이 노예가 되기를 자청하고, 나머지 사람들까지 노예로 만드는 수단으로서 탄탄한 역할을 해왔습니다. 오늘 저는 자유의 명분을 옹호하기 위한 모든 관점이 담긴 법례와 의회법, 그리고 개의 귀에도 못이 박혔을 법전을 가지고 오지 않았습니다. 만약 그랬더라면 … 저는 … 과거 그 어떤 전횡적인 왕권 치하에서도 의회가 인민의 동의 없이 조세를 부과하는 것을 부끄러워했다는 사실을 보여드렸을 것입니다. … 저 신사분이 물었습니다, 식민지들이 언제 해방되었냐고요? 그러나 저는 그들이 언제 노예가 되었는지를 묻고 싶습니다.

피트는 인지세법이 절대적으로, 전체적으로, 그리고 즉각적으로 폐지되어야 한다고 주장했다. 그리고 그렇게 되었다. 보스턴에 이 소식이 알려지자 존 핸콕은 그가 가진 최상의 마데이라 와인을 파이프로 공원으로 연결해서 시민들이 각자 알아서 마실 수 있도록 배려했다. 그런데 법이 폐지된 이유를 보스턴이 아니라 런던에서 찾자면, 거기에는 벤저민 프랭클린이 있었다. 그는 그렌빌을 포함해서 이해관계가 있는 의원들의 질문에 답하기 위해 하원에 불려 왔었는데, 전문적 지식에 근거한 변론을 눈부신 솜씨로 펼침으로써 의원들의 마음을 사로잡았던 것이다. 식민지들의 전쟁 경비 부담 문제와 관련하여 영국이 그것을 이미 다 변제했다는 그렌빌에 주장에 대해, 프랭클린은 자신이 소속된 펜실베이니아만 하더라도 자원 병력의 장비와 급료 명목으로 지불한 금액은 31만 3000파운드인데, 본국 재무부로부터 보상 받은 금액은 7만 5000파운드였음을 지적했다. 그는 또한 1763년 이전 아메리카인들의 영국에 대한 '심기temper'는 어떠했냐는 그레이 쿠퍼Grey Cooper의 질문에 '세상에 최고였다. 그들은 기꺼이 국왕 정부에 복종했으며, 모든 법정에서 의회 법률들에 복종했다'.

'그러면 지금 그들의 심기는요?'

'오, 매우 많이 바뀌었습니다'라고 프랭클린은 대답했다.

한때 그들은 의회를 자유의 옹호자로 간주했었다. 만약 인지세법이 폐지되지 않을 경우 어떤 일이 생길 것 같으냐는 물음에 대해, 프랭클린은 솔직하게, 그러나 통렬하게 대답하길, '아메리카의 인민들이 이 나라에 품어온 존경과 애정의 총체적 상실, 그리고 그 존경과 애정에 의지해 온 모든 상업의 상실'이 될 것이라고 했다.

이러한 우울한 전망이 프랭클린에게 기쁨을 주었을 리 만무했다. 그는 좋은 친구이자, 스코틀랜드의 선각자 케임즈 경에게 다음과 같은 내용이 포함된 편지를 보냈다. '저는 제 생애의 너무나 중요한 시기를 브리튼에서 보냈고, 너무나 많은 우정을 그 안에서 쌓았기에, 영국을 사랑하고, 진지하게 영국의 번영을 소망하며, 그렇기에 저는 오직 연대를 기반으로 하는, 그래서 그 위에서 안전하게 지켜질 수 있고 세워질 수 있는 그런 유니언을 기원합니다.' 그리고 그는 충격적인 말을 덧붙였다. '그런데 아메리카 입장에서는 그러한 유니언의 이점이 그다지 명백하지 않습니다.' 프랭클린은 시간이 단연코 영국의 편이 아니라고 믿고 있었던 것이다. 미래를 내다보는 그의 시각은 나라의 운명이 물려받은 관습이나 전통이 아니라 지리, 인구, 그리고 사회구조에 의해 궁극적으로 결정된다는 인식에 의해 독특하게 형성된 것이었다. 오로지 케임즈 경, 데이비드 흄, 제임스 퍼거슨James Ferguson, 존 밀러John Millar 등 그런 문제에 대한 인식을 가지고 있던 스코틀랜드 사람들, 프랑스의 몽테스키외와 몇몇 그와 같은 부류의 사람들, 그리고 리처드 프라이스Richard Price 등 '정직한 휘그당'의 진보적 친구들만이 국가의 흥망을 본질적으로 사회학적인 관점에서 바라보는 그의 시각을 이해할 수 있을 뿐이었다. 프랭클린이 직시하고 있던 것은 (영국이 공식적으로 억제하건, 하지 않건, 그와 관계없이 이루어질) 아메리카의 예외적인 확장, 자연적 인구 증가의 활력, 그리고 이민의 견실성, 거기에다 대륙 경제의 팽창이 가져올 엄청난 가능성까지 더해져, 아메리카가 조만간 본국을 능가할 것이라는 점이었다. 프랭클린은 아마도 제임스 해링턴이 그의 책 『오세아나Oceana』의 '코먼웰스' 마지막 부분에서 역사상 처음으로 분명하게 표현한 하나의 원칙, 즉 재산의 배분이 궁극적으로 정치적 권력의 균형을 결정한다는 것에 동의하고 있었을 것이다. 이를테면, 머지않아 아메리카의 자산 목록 자체가 영국인들에게 현실에 적응할 것을 자연스레 요청하게 될 것이었다. 비록 지금은 영국인들이 프랑스와 싸워 이긴 감격에 도취하여 그 같은 결말을 깨닫지 못한다 하더라도 언젠가는 일어날 일이었다. 그것은 하나의 필연이었다. 아메리카의 비범한 미래가 존중과 동의에 입각한 자유의 제국의 일부로 펼쳐지길 원하건, 눈앞의 이익에 눈이 멀어 장기적 이익을 보지 못하게 되건, 결말은 그 순간 통치권을 행사하기로 마음먹은 본국 정부의 위정자들에게 달려 있었다.

프랭클린은 윌리엄 피트를 만나보려 했지만, 유감스럽게도 피트는 날이 갈수록 노쇠해지고, 비관적으로 변해가고 있었으며, 거기에다 몹시 짜증이 늘어가고 있던 터라 만나지 못했다. 그러나 설사 두 사람의 만남이 이루어졌다 하더라도, 아메리카의 유기적 발전이 필연적이라는 프랭클린의 의견을 피트가 받아들였을 가능성은 매우 희박했다. 아무리 그가 한때 아메리카의 '친구'였다

하더라도 말이다. 피트가 인지세를 부당하기 짝이 없는 세금이라며 단호하게 반대하는 입장을 취하고 있지만, 그는 원칙적으로 영국 의회가 식민지들에 대해 논쟁의 여지가 없는 통치권을 가지고 있다는 입장에서도 마찬가지로 단호했다. 이후 영국 행정부들이, 심지어는 아메리카인들의 불만에 상응하는 양보 조치를 취할 때조차, 의회 주권을 정언적 명제로서 되풀이해 천명한 것은 피트와 같은 전제를 가지고 있었기 때문이었다. 인지세는 폐지되었지만, 1767년의 타운센드Townshend 제법諸法 등 다른 상업적 세금들이 도입되었고, 세금 징수 방식은 여전히 강압적이었는데, 특히 파렴치한 밀수업자들이 횡행하는 보스턴 같은 항구들에서는 점점 더 군대식으로 되어갔다. 부유한 젊은 상인이었던 존 핸콕은 가장 뻔뻔스러운 밀수업자 중의 한 사람이었는데, 자신의 범선들 중 하나를 '자유'라고 명명하고 마데이라 해안을 '운행'할 의도를 과시함으로써, 사익을 이데올로기로 포장하는 뻔뻔스러움의 전형을 보여주었다. 언젠가는 전열함戰列艦 '롬니Romney'가 세관 관리들을 지원하기 위해 노바스코샤Nova Scotia의 핼리팩스Halifax로 초치되었는데, 때마침 일어난 부둣가 폭동으로 인해 주어진 과업을 수행하지 못한 일도 있었다.

보스턴이나 뉴욕이 공권력의 협박에 굴하지 않았을 뿐 아니라, 또한 급속히 통제 불능 상황에 빠져든 것이 정규군을 경찰력으로 사용하는 결정을 촉발시킨 것은 엄연한 사실이었다. 식민지 항구들은 1767년의 타운센드 관세요율 집행과 관련하여 영국산 수입품 불매운동으로 대응했다. 불매운동 원칙을 어긴 선적처리업자나 상점 주인들은 맹렬한 비난을 받아야 했고, 겁박을 당하거나 매를 맞았으며, 때로는 타르가 발린 채 깃털로 덮이는 봉변을 당하기도 했다. 결국은 붉은색 외투를 착용한 병력 약 3500명이 게이지Gage 장군 지휘하에 저항의 주요 거점들 중에서도 가장 소란스러웠던 보스턴으로 집결했다. 규모가 작고 사람들이 붐비는 도시에 들어왔으니 그들은 (의도된 것이긴 했지만) 바로 눈에 띌 수밖에 없었고, 야유하는 군중(특히 젊은 견습공들)로부터 '암캐들의 로브스터 아들들'이라는 상습적인 욕설 세례를 받았다. 병사들은 통상 지역 주민들이 소유한 밧줄 제조업체 같은 곳에서 부업을 할 수 있도록 허용되었는데, 이것도 갈등 해소에 도움이 되지 못했다. 1769년 말에 이르러 소동은 일상사가 되었다. 그리고 그 문제는 때때로 통제 범위를 완전히 벗어나고 있었다. 1770년 2월 23일, 열한 살짜리 소년 크리스토퍼 사이더Christopher Seider는 수입업자 티오필러스 릴리Theophilus Lillcy의 가게 밖에서 학생들과 건습공들이 벌이는 소란스러운 시위에 가담했다가, 그곳에서 세관 관리의 총에 맞아 숨졌다. 당시 사격 상황을 묘사한 ≪보스턴 가제트≫의 인상적인 목판 삽화가 사람들의 감정을 불러일으켰으며, 그의 장례식은 대규모 시위로 발전했다. 장례식이 최고조의 눈물바다가 되도록 세심하게 연출한 사람은 새뮤얼 애덤스였다. 조그만 상여를 따라서 500명 가까운 소년들이 두 사람씩 짝을 맞추어 행진했고, 2000명의 어른들이 그들을 따랐다.

3월 5일, 어느 가발 상점의 견습공이 값을 치르지 않았다는 이유로 병사 한명을 세관까지 따라가면서 줄곧 질책했는데, 그 과정에서 결국은 우려하던 재앙이 필연처럼 터지고 말았다. 경비병이 보다 못해 그 청년을 때렸고, 때마침 통상 화재 경보로 사용되는 경종이 울리면서 대규모의 성난 군중이 몰려들었다. 고작 여덟 명밖에 되지 않는 소규모의 부대가 겁먹은 채로 나타나 질서 회복을 위해 나섰지만, 그들은 삽시간에 군중에게 둘러싸였고, 그들이 던지는 돌덩이처럼 단단한 눈덩이를 맞을 수밖에 도리가 없었다. 그들에게 강한 밀침을 당하거나 혹은 그보다 더 큰 일을 당할까 봐 겁이 난 병사들은 극심한 공포 속에서 발포를 시작했다. 흑인인 크리스퍼스 애턱스Crispus Attucks, 그리고 아일랜드 출신 가죽 반바지 제조업자 패트릭 카Patrick Carr를 비롯한 다섯 명이 죽음을 당했다. 다른 여러 명이 부상을 당했다. 토머스 허친슨이 나타나 적절한 법적 행동을 취할 것과 군대를 항구의 캐슬 아일랜드Castle Island로 소개시키겠다고 약속한 것이 그나마 사태가 더 심각한 유혈 참사로 발전하는 것을 막았다. 병사들이 악의보다는 공포로 인해 발포한 점이 인정되었고, 그리고 그들의 행위가 최소한 한 명의 잘 알려진 '애국자' 존 애덤스에 의해 변호되었음에도 불구하고, 그들의 무죄방면은 판화 작가이며 은銀 세공사인 폴 리비어Paul Revere가 제작한 한 장의 판화가 만들어낸 '의도적 대학살'의 이미지를 더욱 확산시키는 데 일조했을 뿐이었다. 그의 판화는 대열을 갖춘 병사들이 무방비의 민간인들을 일제히 사격하는 장면을 담은 것으로 광범위하게 배포되었다. 이 판화는 또한 ≪보스턴 가제트≫의 표지에도 실렸다. 그 표지는 장례식에 어울리는 검은색의 복잡한 세로 단段들로 이루어졌으며, 다섯 개의 관 이미지들을 포함하는 등 결코 평범하지 않은 디자인으로 꾸며졌는데, 개별 관들에는 그래너리Granary 묘지와 캅스힐Copps Hill 공동묘지의 양식을 따른 해골이 그려져 있었다. (존 애덤스의 사촌이기도 한) 새뮤얼 애덤스는 다른 사람들보다 사실관계를 더 잘 파악하고 있었음에도 불구하고, 이 사건을 의회의 강요에 굴복하기를 거부하는 민간인들을 학살하려는 영국 정부의 살인적 의도를 보여주는 증거라고 주장하며, 이를 식민지 전체를 대상으로 널리 알리는 데에 주저함이 없었다.

그러나 이 순간까지만 하더라도 아메리카와 영국의 결별은 불가피한 사건이 아니었다. 대부분의 아메리카 사람들은, 심지어는 영국 정부 및 의회의 경제적·군사적 정책들로 인해 깊은 상처를 입은 사람들조차도, 스스로를 가리켜 종교와 언어, 그리고 역사 문화를 공유하는 뿌리 깊은 영국인으로 간주하고 있었다. 한 걸음 더 나아가 그들은 자신들이야말로 본국에서는 방치되고 있거나, 혹은 포악하고 부패한 과두적 집권층의 인질이 되고 있는 '진정한' 영국 헌법의 상속자라는 것을 가슴으로 느끼고 있었다. 런던을 방문했다가 그곳에서 벌어지고 있는 과도한 사치와 타락에 충격을 받고 돌아온 일부 아메리카인들은 (가끔은 그런 예를 즐기기도 하지만) 자유의 오랜 전통이 유기되어 버린 상황을 통탄하면서, 이를 쾌락주의적 패악에 빠진 유감스러운 타락 상태로 설명하고는 했다. 그럼에도 많은 사람은 여전히 시계가 1763년 이전으로 돌아가기를 바라고 있었다. 1763년은 불공평이 시작된 연도로 어느새 사람들 마음속에 자리 잡고 있었다. 덕스러운 국왕이 사악한 조언에 의해 잘못된 생각을 하게 된 것이 확실하며, 따라서 그가 마음을 바꾼다면 언제라도 구원 받을 가능성이 남아 있었다. 그러므로 웨스트민스터 지도부의 교체는 그런 의미에서 좋은 징조로 받아들여졌다. 악명 높은 관세 제도의 창시자 찰스 타운센드가 죽은 것이었다. 1770년 새로 재무부장관이 된 노스North 경은 위협에 굴복했다는 비난을 걱정할 필요 없이 문제가 되고 있던 대부분의 세금들을 폐지할 수 있었고, 그에 따라 영국산 물품들에 대한 불매운동은 환호 속에 잦아들었다. 1771년 프랭클린은 새뮤얼 쿠퍼Samuel Cooper에게 정치에도 '잠시 멈춤'이 있는 것 같다면서 낙관적인 내용의 편지를 썼다. '만약에 영국 정부가 과거 우리가 인지세 이전에 서 있던 바로 그곳으로 되돌려줄 정도로 온당하고 공정하다면, 우리가 요구를 내세우며 봉기하는 위험은 사라질 것입니다'.

그러나 노스 경은 한 가지 품목에 과한 관세는 유지하기로 하는 지혜롭지 않은 결정을 내렸는데, 바로 차였다. 그 찻잔 속의 태풍이 마침내 영국령 아메리카 전체를 강타하게 될 줄이야!

1773년 5월 차茶법이 의회를 통과했을 때만 하더라도 그것이 정국에 그토록 큰 영향을 미치리라고 내다본 사람은 없었다. 런던의 시각에서 보자면, 그것은 단지 재정적으로 사면초가에 몰린 동인도회사를 곤경으로부터 벗어나게 해줄 의도로 고안된 실용적 방편의 하나일 뿐이었다. 동인도회사는 1600년 엘리자베스 여왕에 의해 특인장을 받았으며, 8년 뒤에는 인도의 서해안 수라트Surat에 첫 번째 교역소를 설치했다. 당시의 원거리 해상 교역이 대부분 그랬듯이, 브리튼의 세련된 완성재를 수출하고, 그 대신에 그곳 특산의 원자재를 잉글랜드로 들여오는 것, 그리고 그것을 유럽 시장에 재수출하는 것이 동인도회사에 대한 일반적인 기대였다. 그러나 인도는 달랐다. 특히 날염 처리가 된 고혹적인 인도의 면직물은 잉글랜드에서 생산되는 그 어느 것보다 훨씬 더 세련되다는 것이 드러났다. 그리고 인도가 필요로 하는 것은, 또는 그 '캘리코Calicoe', 즉 옥양목의 대가로 원하는 것은 오로지 은銀밖에 없었다. 가벼우면서도 뛰어난 패턴을 갖춘 인도산 직물은 처음에는 유행 주도 계층의 마음을 사로잡더니 곧 중간 계층에까지 파고들었고, 이는 의상혁명이라고 부를 수 있는 대유행을 불러일으켰다. 17세기 후반 캘리코가 잉글랜드에 쏟아져 들어오는 것과 동시에 잉글랜드의 은괴는 밖으로 쏟아져 나갔다. 공황 상태에 빠진 잉글랜드 리넨 생산업자들의 아우성만이 수입의 흐름을 그나마 억제하는 유일한 역할을 하고 있었다. 기쁘게도 차가 다른 수입재로 개발되어 18세기 중반 무렵 잉글랜드 수입 실적의 약 40%를 차지하게 되었다.

차가 식품 저장실의 필수 품목으로 자리를 잡은 것은 좋은 일이라고 할 수 있었다. 그러나 아메리카산을 비롯하여 영국 차는 중과세되었기에 네덜란드 밀수 차와 비교하여 찻잎의 수준은 비슷한데도 값은 비쌌다. 1768~1769년 사이 일어난 반反수입운동은 문제를 더욱 악화시켰을 뿐이었다. 1773년 무렵, 펜처치Fenchurch가街와 레든홀Leadenhall가街 사이에 있었던 런던의 동인도회사 창고들 바깥에는 무려 1800만 파운드나 되는 차가 산더미를 이루며 높이 쌓여 있었다. 동인도회사의 주가는 자유낙하를 경험하고 있었고, 그것도 부족하여 회사는 미지급 관세와 교역에 따르는 군사적 보호 비용 등 정부에 상당한 빚을 지고 있었다. 노스 경과 정부는 동인도회사의 미래를 어둡게 보고 있었다. 그런데 마침 스코틀랜드 출신 로버트 해리스Robert Herries가 좋은 생각을 내놓았다. 영국으로 들어오는 모든 차에 대한 관세를 폐지하자는 제안이었다. 그렇게 되면 영국 차는 영국뿐 아니라 유럽과 아메리카 시장에서 네덜란드 밀수품보다 싸게 팔릴 수 있지 않겠느냐는 이야기였다. 노스 경의 대답은 예스였다. 그러나 그는 대對아메리카 식민지 정책과 관련하여 의회가 식민지에 과세할 수 있다는 원칙이 지켜진다는 전제하에 모든 타운센드 제법諸法을 폐지하기로 결정했지만 차만은 예외로 하기로 결정한 바 있었다. 그 때문에 동인도회사를 통해 아메리카로 들어가는 차에는 파운드당 3펜스의 세금이 매겨지지만, 이번 조치로 그 전에 비해 가격이 대폭 절하된 덕분에 아메리카인들은 그 정도 세금에는 그것이 쓰다고는 느끼지 못할 것으로 노스는 생각했다.

그러나 그들은 그것을 알아차렸고 쓰다고 느꼈다. 1773년 차 상자들을 실은 첫 번째 선단이 먼 바다에 나타나자, 뉴욕에서는 경고성 전단이 배포되거나 게

시되고 있었다. 전단의 내용은 사악한 악마의 모습을 교묘하게 감춘 값싼 차에 속아서 또다시 동의 없는 과세를 받아들이라는 유혹에 넘어가면 안 된다는 것으로서, 거기에는 17세기 전반 찰스 1세의 자의적인 세금에 맞서 싸우던 존 햄프던의 서명이 들어 있었다. 조세로 걷힌 돈이 식민지 행정 비용으로 사용될 것이라는 점, 또한 선택된 '수탁인', 즉 차를 받아서 판매하게 될 아메리카 상인들 중 상당수가 보스턴 총독 토머스 허친슨 같은 부류의 사람들과 연결되어 있다는 점 등은 음모론을 더욱 키울 뿐이었다. 실제로 수탁인 두 명은 허친슨의 아들들이었고, 또 한사람은 그의 장인이었다. 순식간에 여러 명의 '햄프던'이 도처에서 다시 태어나고 있었다. 그중 한 명은 필라델피아 출신 의사인 벤저민 러시Benjamin Rush였는데, 그는 영혼이 17세기 선박세를 반대하던 유령(햄프던)에게 홀리고 난 뒤에 '배 안에 실린 악의 상자들은 효력이 느린 독이다. … 죽음보다 더 나쁜 것 — 노예의 씨앗들'이다. 찰스턴Charleston, 뉴욕, 그리고 필라델피아에서는 다시 부과된 세금 징세의 도구로 지목된 수탁인들이 여론의 협박성 압박을 이기지 못하고 차 화물을 수탁하지 않겠다고 약속하며 뒤로 물러나는 상황이 되었다.

차를 실은 범선 4척이 기착지인 보스턴에 모습을 드러냈다. 이 갑작스러운 위기는 영국에 대한 교역 거부운동을 계속해서 벌여나가려는 노력을 경주하고 있었지만 사람들의 무관심이 커가면서 어려움을 겪고 있던 새뮤얼 애덤스에게 뜻밖의 선물이 되었다. 그리고 시기적절한 순간에 허친슨 및 부총독 앤드루 올리버와 영국 정부 각료인 토머스 와틀리Thomas Whateley 사이에 오고간 개인적 서신들을 프랭클린이 발견하여 발간했다. 이 서신들은 애국자들을 비웃는 동시에, 영국 의회와 정부는 식민지들의 교역과 조세를 통제할 권한을 가지고 있다는 원칙을 지키기 위해 최선을 다할 것이라는 희망을 피력하고 있었다. 싼값의 차를 이용하여 순진하고 도덕적인 아메리카인들이 스스로의 자유를 포기하도록 유혹하는 명백하게 기만적인 방식 자체가 이 계획의 '악마적' 본성을 드러내고 있었다. 11월 29일, 그러니까 첫 선박인 '다트무스Dartmouth호'가 상자 114

개에 보히차武夷茶를 싣고 그리핀Griffin 부두에 정박한 바로 그다음 날, 보스턴 시내에는 시민들을 거리로 불러내는 통문이 돌고 있었다. '친구들, 형제들, 동포들이여! 파괴의 시간이냐, 압제의 교묘한 책략에 대한 용맹스러운 저항이냐, 이제 선택의 순간이 그대들 눈앞에 뚜렷하게 다가왔소.'

관심 있는 시민들을 거리의 공개 모임으로 이끄는 종소리들이 울려 퍼지는 순간, 보스턴은 혁명의 온상으로 변했다. 보스턴뿐 아니라, 캠브리지, 우번Woburn, 심지어는 허친슨이 사는 밀턴Milton 마을에서도 사람들이 몰려들었다. 수천 명의 군중이 몰려들어 패늘 홀에서 모두 수용하기가 어려워지자, 멋진 조합교회 건물인 올드 사우스 미팅 하우스Old South Meeting House로 장소를 옮겨 회의를 속개했다. 교회의 높은 창문을 통해 들어온 빛이 흥분한 발언자들과 그들의 무리 위에서 비치고 있었다. 그 '악의 풀'은 하역될 수도 없고, 하역되지도 않을 것이었다. 그 부당한 세금은 징수되지 않을 것이었다. 그것들은 적절한 망신을 준 뒤에 런던으로 되돌려 보내질 것이었다. 그러나 이런 일을 예상하지 못하고 차를 싣고 온 불쌍한 상인들은 일단 본국을 떠난 조세 대상 화물은 규정상 본국 귀환을 허용하지 않으며, 그에 대한 처벌은 압수뿐이라며 애원했다. 화물을 돌려보낸다면 그들은 망할 것이 틀림없었다. 대다수 의견은 그 문제에 대한 안타까움을 표현했다. 한편, 허친슨과 수탁인 직분을 가지고 있던 그의 가족들은 안전한 곳을 찾아 윌리엄William성으로 대피했는데, 그들은 화물을 본국으로 되돌려 보내는 것을 반대하고 있었다. 차 상자들이 부두에 정박한 선박들에 여전히 실려 있는 상황에서, 그들은 사실상 애국자들에 의해 지켜지고 있는 것이나 마찬가지였다. 교착 상태가 이어지는 동안, '비버Beaver호'와 '엘리너Eleanor호' 등 2척의 배가 추가로 도착했다.

12월 셋째 주에 이르러 기한이 곧 닥칠 예정이었다. 그때까지 세금이 납입되지 않으면, 세관 관리들은 (의심할 바 없이 군대의 지원을 받아) 차를 몰수하려고 할 것이었다. 재정적 참사에 직면하게 될 수탁인들로서는 이에 굴복하고 세금을 지불하고 차를 하역하려 들 것이 뻔하고, 애국자들의 조직화를 담당하고 있던 보스턴 교신위원회는 이에 대한 대책을 논의하기 위해 추가적인 회합들을 소집했다. 12월 16일, 올드 사우스 미팅 하우스에 다시 한번 군중이 운집한 가운데, 웅변가들은 찻주전자 하나로 자신들을 노예로 만들려는 정부를 비난했고, 조사이어 퀸시는 보스턴의 적들이 내보이는 '악의와 만족하지 못하는 복수심'을 공격했다. 다트무스호의 선장이 대표로 밀턴의 허친슨에게 가서 배가 출항할 수 있도록 마지막으로 요구했다. 잉글랜드로 가거나, 아니면, 최소한 하버 캐슬harbour castle로 가서 잉글랜드로 갈 채비를 하고 있다는 걸 군중에게 보여주게 해달라는 것이었다. 5시 45분, 햇빛이 거의 사라질 무렵까지 허친슨은 흔들리지 않았다. 새뮤얼 애덤스는 일어서서 나라를 구하려면 더 이상은 좌시할 수 없다고 외쳤다. 그것이 신호가 되는 발언은 아니었다. 그럼에도, 교회의 방청석에서는 인디언의 전투 함성이 울려 퍼졌다. 문 앞에 있던 50여 명의 군중도 함성을 질렀는데, 그들은 얼굴을 검은 석탄 가루로 투박하게 칠하고, 원주민 옷처럼 담요를 둘러 원주민 전사들로 위장하고 있었다. 그들은, 만약 문제가 해결되지 않으면, '모호크족'이 화물을 공격할 것이라고 전단에 써서 경고한 바 있었는데, 그들의 위장은 거기에 맞춘 것이었다. 이제 출정의 길에 오른 위장된 모호크족의 전사들은 곧장 부두로 향했다. 이들 대부분은 구두공 로버트 트웰브스 휴즈Robert Twelves Hewes처럼 지난 4년에 걸쳐서 직접적인 정치적 저항의 세계로 이끌려 들어오게 된 노동자들이었는데, 애국자의 지도부가 의도적으로 이들을 선택한 이유는 이들이 비교적 이름 없는 사람들이라는 데에 있었다. 그들은 지도부로부터 세심한 행동 지침까지 받고 있었다. 그들이 만들어낸 소음은 저녁 차 한 잔을 마시려던 상인 존 앤드루스John Andrews의 행동을 중단시키기에 충분했다. 미팅 하우스 현관에 도착한 그는 함성을 내지르던 군중과 맞닥뜨렸는데, 그들은 가볍게 내리고 있는 보스턴의 비를 맞으면서 부두를 향해 가고 있었다. 그들의 최종 목표는 '다트무스호'와 '엘리너호'였다.

손전등들이 비추는 빛을 따라서 '모호크족 전사들'은 자신들에게 맡겨진 일을 수행하기 시작했다. 모두 9000파운드 상당의 값이 나가는 342개의 차 상자들을 손도끼로 부수는 일이었다. 모두 2400만 잔에 해당되는 총 45톤의 물량이었다. 그들은 차에 최대한의 손실을 안기기 위해 상자들을 널따랗게 풀어헤쳐 놓은 뒤에 바닷속으로 던졌는데, 묶음이 풀린 상당량의 차들이 상자 밖으로 쏟아졌다. 그들의 애국적 열정에도 불구하고, 혹시 그들 중 누군가가 코트나 반바지에 차를 채워 넣는 짓을 할까 봐 조금의 방심도 없이 경계하는 눈들도 있었다. 던져진 차의 양이 워낙 많아서 그들이 일을 채 끝내기도 전에 바다에 빠진 차들이 밀려와서 배들의 양쪽 측면에 밀착되었고, 그 때문에 배들은 마치 보히차 슬러리의 괴기한 흐름 속에 정지해 있는 것처럼 보였다. 다음 날 아침 날이 밝자, 아직도 손상되지 않고 남은 화물들이 있는지 확인하고자 조그만 보트들이 바다로 나갔다. 나무 상자들과 진창 속에 부유하는 내용물들을 노로 밀어내면서 그들이 허섭스레기 속을 헤치며 나아가는 동안, 존 애덤스는 일기에 다음과 같이 적었다. '이것은 참으로 아름답기 짝이 없는 움직임이다. … 내가 매우 존경하는 애국자들이 벌이는 이 필사적 노력 속에는 자존감, 장엄함, 그리고 숭고함이 깃들어 있다. 차를 말살한 행위는 너무나 용감하고, 대담하고, 확고하며, 구부러짐이 없을 뿐 아니라, 또한 이것은 너무나 중요하고 지속적인 결과를 낳을 것이 틀림없기에, 이를 하나의 역사적 신기원으로 간주할 수밖에 다른 도리가 없다.'

그는 옳았다. 보스턴 차 사건은, 그 자체로는 외관상 사소해 보이고 심지어는 비상식적으로 비칠 수 있지만, 궁극적으로는 화려한 스포트라이트를 받으며 국민적 저항이라는 위대한 드라마로 자리 잡게 된 쟁점과 사건의 전형적 사례였다. 이것은 또한 보스턴인들이 은銀 세공사 폴 리비어를 포함한 신속 전달자들의 연결망을 통해 식민지 전체에 배포할 목적으로 만들어낸 '차 사건' 설명서에서 채택한 묘사 방식이기도 했다. 물론 모든 사람이 감명을 받은 것은 아니었다. 많은 사람이, 심지어는 일부 애국자 편에 섰던 사람들까지도 고의적인 재산 파괴 행위에 격분하면서, 이 일에 책임 있는 사람들이 그 손실을 보상해야 한다고 믿고 있었다. 1773년 말과 1774년 초 사이 일부 기간 동안은 차 사건이 다른 식민지들 안에서 반사적인 동조를 얻어내기보다는 오히려 보스턴을 고립시킬 수 있는 가능성까지 보였다. 본국의 노스 정부가 보스턴과 매사추세츠 식민지를 가장 가혹한 방식으로 처벌하기로 결정한 데에는 이런 분위기가 반영된 것이었다. 노스의 결정은 차 사건에 대한 보상이 이루어지지 않으면 보스턴 항구를 폐쇄하겠다는 것이었는데, 항구 폐쇄는 보스턴 상업 공동체의 경제적 파멸과 시민들의 실제적 곤경을 필연적으로 초래할 만한 중대 조치였다. 1691년 매사추세츠에 주어졌던 특인장이 회수되고, 좀 더 질서 있는 통치가 이루어질 수 있도록 내용을 정비하여 재발급 될 예정이었다. 그리고 병영 할당법을 통해 비어 있는 건물들과 헛간들을 군대의 임시 숙소로 수용할 수 있도록 하는 조치를 내렸다.

과거의 모든 선례를 뛰어넘는 이 같은 강압적 조치들은 그동안 합리적이고 선의에 기반을 둔 정부가 아니라 이기적이고 악랄한 압제와 대면하고 있다는 새뮤얼 애덤스의 주장을 반신반의 내지는 회의적으로 받아들이고 있던 사람들로 하여금 그의 생각이 맞았다고 확신하게 만드는 계기가 되었다. 소유 재산의 불가침성이라는 원칙에 천착하고 있던 조지 워싱턴마저 '(우리가 차를 파괴한 행위를 용인하는 것은 아니지만) 보스턴의 명분, 그리고 이에 대한 전횡적 조치들은 지금도 그렇거니와 앞으로도 언제나 아메리카의 명분이 될 것'이라고 적었다. 이후 수 주일, 그리고 수개월이 흐르는 사이, 연대급 부대들이 상륙하고 보스턴 항구 외곽으로 해상 봉쇄가 이루어짐으로써 아메리카의 새로운 창조가 시작되었다. 사우스캐롤라이나처럼 멀리 떨어진 곳의 농장주들은 보스턴으로 쌀을 보냈다. 코네티컷, 뉴욕, 그리고 로드 아일랜드Rhode Island의 농부들은 영국 정부가 행하는 징벌의 죄 없는 희생자가 되고 있는 보스턴 주민들이 식량을 공급 받을 수 있도록 마차 수송대를 조직했다. 가장 의미가 있는 사건은 1774년 9월, 예전에 필라델피아에서 열렸던 인지세법 대책 회의 이후 처음으로 대륙회의가 열린 것으로서, 여기에는 각 식민지 대표들이 참석하여 공동 대응책을 논의했다. 10월, 그 대륙회의가 카펜터스 홀Carpenters' Hall에서 열리고 있을 무렵, 영국 정부가 취한 또 다른 조치들에 대한 소식이 전해지면서 이는 식민지인들의 의심 및 두려움을 가중시키는 역할을 했다. 8월에 통과된 '퀘벡법'도 그중 하나였다. 영국 의회가 캐나다 안에서 프랑스식 민법 체계 보전에 동의하고, 프랑스어권 가톨릭 신자 7만 명이 어떤 불이익 없이 종교의식을 행할 수 있도록 허용하며, 그들의 교회가 십일조에 의해 유지되도록 한 것이 그 내용이었다. 그리고 본국 의회는, 이와는 상당히 대조적으로 신교가 지배적인 아메리카 식민지들에 대해 배심원 없는 재판, 인신보호영장의 사실상의 종료, 그리고 지명된 의회 외에 어떠한 형태의 선출된 의회도 허용되지 않는 아메리카 통치 방식을 예고하고 있었다. 이는 뒷문으로 들어오는 '노예제이며 나막신'이었으며, 더 정확하게 말하자면, 세인트 로렌스강을 올리고 허드슨강을 낮추는 것과 다름없었다. 또한 이것은 조지 3세가 혈통만 다를 뿐, 실제로는 스튜어트 왕조의 왕과 다를 바 없다는 것을 여실하게 보여주는 사건이었다. 놀랍지도 않게, 그는 반다이크Van Dyck가 그린 찰스 1세의 많은 초상화를 윈저Windsor성에 진열하고 있었다.

토머스 제퍼슨Thomas Jefferson은 대륙회의에서 연설하기 위해 작성한 원고 '영국령 아메리카의 권리들에 대한 개요적 관점'에서 왕은 '인민의 최고위 관리'가 되어야 하며, '그가 만약 신민들에 대한 계약적 의무를 이행하는 데 실패한다면, 해고되거나 교체될 수 있어야 한다'고 주장했다. 그러나 제퍼슨은 너무 아파서 필라델피아에 가지 못했고, 회의에 참석했던 다른 급진주의자들은 ─ 그중 몇몇은 시민들이 군사훈련을 시작해야 한다고 주장하기도 했지만 ─ 회의를 주도하지 못했다. 좀 더 침착한 사람들은 의회와 국왕에 청원하여 그들이 아메리카의 정당한 불만을 들을 수 있도록 그들에게 '숨 쉴 공간'을 주자고 주장했다. 그런데 그들이 말하는 숨은 길게 그리고 깊이 들이쉬는 숨을 말하는 것이었다. 그들이 제안한 것은 청원에서 밝힌 자신들의 불평과 관련하여 1775년 9월 10일까지 시정 조치가 이루어지지 않으면, 아메리카는 12월 1일을 기하여 영국과의 모든 교역을 중단한다는 것이어서, 무려 1년 가까운 시간을 주는 것이었다.

그것은 화해를 위한 마지막 소중한 기회였지만, 열매를 맺지 못했다. 그러나 그것은 쌍방 간에 그러한 유예 기간이 다시는 오지 않을지 모른다는 것을 인식하는 정치인들의 수가 적어서 그렇게 된 건 아니었다. 심지어는 노스 경조차도, 만약에 식민지들이 자체 방어를 위해 필요한 경비 총액에 동의한다면, 그들이 각기 의회를 통해 자신들의 방식으로 자유롭게 경비를 조달하게 하는 중도적 방안으로 문제 해결을 모색하고 있었다. 노스는 아메리카 대표 중의 한 사람에게 물었다. 각 식민지들이 그들에게 할당된 비용 분담에 동의할 것이라고 영국 정부를 확신시킬 방법이 있는가? 그들을 확신시킬 방법은 없었다. 그리고 아메리카는 이미 웨스트민스터의 의회가 가지고 있다는 조세권의 원칙마저 수용하기 어려운 지점까지 나아가 있었다. 국왕 입장에서는 어떻게 해서든 모종의 합의를 대충 꿰매서라도 이끌어내 보려는 이 같은 막바지 노력들이, 마치 벌어져 있는 상처 위에 일회용 반창고를 억지로 갖다 붙이는 것처럼 보였다. 조지 3세는 이것저것 따져가며 논쟁을 벌이는 체하는 식민지 이주민들의 가식이야말로 너무나 솔직하지 못한 바보들의 행위임이 명백하지 않으냐고 물었다. 식민지인들이 다 같이 합심하여 의회의 모든 권위를 부정하기 위해 음모를 꾸미고 있는 것도 그에게는 확실한 사실처럼 보였다. 그가 결정해야 할 단 하나의 문제가 있다면, 아메리카인들에게, 한 차례의 싸움도 없이 주권자인 국왕과 의회에 대한 충성의 의무를 스스로 벗어던질 수 있도록 허용할 것인가, 하는 것이었다.

1774~1775년 겨울, 영국 내부의 의견은 격렬하게, 그리고 극도의 흥분 속에서 갈려 있었다. 특히 전쟁이 일어날 경우 재앙에 직면하게 될 상업적 도시들의 경우에는 특히 그러했다. 화해, 또는 반대로 전쟁을 청원하는 경쟁적 집단들이 맨체스터와 브리스톨의 회의장 안에서 격돌했으며, 정비공들과 상점 주인들의 서명을 놓고도 각축을 벌였다. 의회의 기류는 사악하고 은혜를 모르는 대서양 건너 자식들에게 그들이 결코 잊지 못할 체벌을 가해야 한다는 의견이

지배하고 있었다. 1775년 1월 20일, 이제 채텀 백작이 된 윌리엄 피트가 병으로 고통 받고 있는 와중에도 열다섯 살짜리 아들 윌리엄과 벤저민 프랭클린을 대동하여 상원에 출석했다. 그는 마침내 프랭클린과 만났으며, 제국의 자기 파괴를 향한 행군을 멈추게 하기 위해 어떤 조치들을 이행해야 하는지에 관해 진심 어린 대화들을 주고받은 바가 있었다. 프랭클린은 이날 상원에 들어가려다가, 현관 앞에서 귀족의 장자도 아니고 동생도 아니라면서 입장을 거부당했다. 마침 그때 채텀 백작이 들어오면서 자신이 낼 수 있는 가장 큰 목소리로 '이 사람이 내가 들어오라고 했던 프랭클린 박사일세'라고 말했다. 그리고 그는 그날 상원에서 게이지 장군의 부대를 보스턴에서 철수시켜야 한다고, 다른 말로 하면, 전쟁이 시작되기 전에 그것을 막아야 한다는 의견을 피력했다. 상원의 동료 의원들 중 그의 말을 믿는 사람은 거의 없었지만, 그는 그것을 이길 수 없는 전쟁이라고 단정해서 말했다. 그다음에 그가 발언한 내용을 보면, 윌리엄 피트가 이제 제법 나이가 들었지만, 그럼에도 그가 프랭클린의 말을 얼마나 주의 깊게 들었는지를 말해준다. 그는 처음으로 아메리카의 광활한 영토를 거론하면서 그것이 곧 본국인 영국의 패배를 가져올 결정적인 요소임을 확신 속에 주장했던 것이다. '그대들은 타운에서 타운으로 행군할 수 있고, 지방에서 지방으로 행군할 수도 있지요. 일시적인 항복도 강요할 수가 있을 것입니다. … 그런데 그대들은 뒤에 두고 떠난 그 땅의 복종을 어떻게 담보할 수가 있습니까? … 많은 인구와 용기와 자유, 그리고 저항력을 가진, 1800마일의 대륙 영토를 어떻게 지배할 수 있겠습니까?'

그런데 아메리카인들의 만용을 극렬하게 비난한 상원의 귀족들은 대의권에 대한 식민지인들의 완강한 집착이 어디에서 나오는 것이라고 생각했을까? 그들은 근래 들어 거울을 들여다본 적이 있었을까? 그들은 최근에 역사에 대한 양서들을 읽어본 적이 있었을까?

그대들의 임의적 과세 체제에 대한 저항은 예상할 수 있었던 것입니다. … 이는 그곳에서 꽃피고 있는 휘그주의의 정신으로 미루어볼 때 … 명백한 것이었습니다. … 지금 아메리카에서 그대들의 과세에 저항하고 있는 그 정신은 … 잉글랜드에서 과거 선박세에 반대하던 정신과 동일한 것입니다. 모든 잉글랜드를 나라의 지주인 의회로 불러들이고, 권리장전으로써 잉글랜드의 헌법을 옹호했던 바로 그 정신입니다. … 그 영광스러운 정신이 아메리카에 있는 사람들 300만 명에게 … 도금한 족쇄와 비도덕적인 풍요로움보다는 자유가 있는 빈곤을 더 좋아하는 사람들에게 … 자유인으로서의 권리를 죽음으로써 지키고자 하는 사람들에게 … 생기를 불어넣고 있는 것입니다.

그토록 단결된 힘 앞에 어떤 힘이 맞설 수 있겠습니까? 경들이여, 아메리카에 있는 몇 안 되는 연대급 부대들과 본국에 있는 1만 7000명 내지 8000명의 군대! 이것은 경들의 시간을 빼앗기에 너무나 터무니없는 생각입니다. … 양피지 문서 한 장 없앤다고 아메리카를 우리 품 안으로 되돌릴 수 있는 것이 아닙니다. 그대들은 그들의 두려움과 억울함을 없애주어야 하며, 그런 다음에야 그들의 애정과 감사의 마음을 기대할 수 있을 것입니다. … 우리는 궁극적으로 물러설 것을 강요당할 수도 있습니다. 물러나야만 될 때가 아니라, 우리가 할 수 있을 때 물러섭시다. … 그렇게 해서 그 굴욕적이고 수치스러운 일이 불가피하게 다가오는 상황을 미연에 방지합시다. … 화합concord과 평화, 그리고 행복을 향한 제일보를 내딥시다.

그러나 브리튼이 내딛은 제일보는 화합concord이 아니라 매사추세츠 콩코드Concord를 향한 것이었다. 게이지 장군이 '반도叛徒들'이 그곳에서 무기와 탄약을 재어놓고 있다는 보고를 받았기 때문이었다. (이미 영국군 요새 안으로 틈입해 들어왔기에 그들은 반도로 불리고 있었다.) 늦겨울 내내 매사추세츠뿐 아니라 버지니아와 펜실베이니아에서도 교신위원회가 나서서 시민의용대를 주축으로 하는 공동체 방어 체제를 조직화하는 단계를 밟고 있었는데, 영국 정규군뿐 아니라 (악마적 폭정의 무장 하인들이라고 할 수 있는) 외인 용병 부대까지 동원하여 아메리카로 향하고 있다는 소식을 접하면서 준비에 더욱 박차를 가하게 되었다. 1775년 4월 18일, 존 핸콕과 새뮤얼 애덤스는 렉싱턴Lexington에 있었다. 그곳에는 비상시에 즉시 소집될 수 있는 농부들의 민병대인 '긴급소집병minutemen' 부대가 결성되어 탄약 은닉처의 경비를 맡고 있었다. 게이지 장군이 군대를 이끌고 서쪽 렉싱턴으로 진군하여 애덤스와 핸콕을 체포하고 무기를 빼앗으려 한다는 소식은 이미 알려져 있었다. 영국군의 보병들과 해병대 병력들이 사흘 동안 근무에서 벗어나 있었고, 배들이 무언가 채비를 하는 것이 관측되는 것을 보면, 공격 작전을 비밀리에 행할 의도는 없어 보였다. 유일하게 알려지지 않은 정보는 찰스Charles강 건너 소부락들에 대한 그들의 급습이 과연 언제 이루어질 것인가 하는 거였다. 올드 노스 교회 첨탑에 그 유명한 손 신호등을 설치한 것은 바로 그런 이유 때문에 영국군 병사들의 출발을 애국자들에게 알리는 경보를 발하기 위한 것으로서, 신호를 두 번 보내면 육로, 한 번 보내면 수로를 통해 접근하고 있음을 의미했다. 그리고 핸콕과 애덤스에게는 기병 세 명을 보내 그들의 접근 소식을 전하기로 했다. 그중 한 명은 출발하기도 전에 체포되었다. 다른 두 사람, 윌리엄 도스William Dawes와 폴 리비어는 보스턴을 벗어나는 데 성공했다. 리비어는 영국 전함이 겨눈 대포 아래로 배를 저어 찰스강을 건너갔다. 찰스타운Charlestown에서 말 한 마리를 얻어 탄 그는 조금 긴 루트를 택하기는 했으나 렉싱턴 마을 중앙 잔디밭 바로 옆에 있는 조너스 클라크Jonas Clarke 목사의 목사관에 먼저 도착할 수 있었다. 그 시간 달빛 아래 잔디밭은 (지금도 그렇지만) 잉글랜드 마을의 완벽한 보기처럼 보였는데, 영국령 아메리카의 임종 직전 가래 소리가 아니라 영속성을 묘사하고 있는 것처럼 보였다.

리비어는 급보를 콩코드에 전하려고 했지만, 그곳에 닿기 전에 브리튼 순찰대에 체포되고 말았다. 그러나 소식은 전해졌다. 핸콕과 애덤스는 재빨리 우번의 피난처를 향해 출발했는데, 그것은 그날 아침 동틀 무렵 일어난 사건을 아메리카 전 지역에 전하는 긴 여정의 시작이었다. 보스턴의 곳곳에서 경종과 신호포砲들이 소리를 울리고 있었다. 브리튼 군대의 여섯 개 중대가 동트기 직전 렉싱턴에 닿았을 때, 그들은 마을 중앙 잔디밭에서 도열하고 있는 70여 명의 긴급소집병들(민병대)과 맞닥뜨렸다. 장교 한 명이 그들에게 '해산하라, 반도들아!'라고 소리치자, 민병대 지휘관이었던 파커 대위는 부하들에게 물러날 것을 명령했다. 그것은 분명했다. 이런 와중에, 총알 한 발이 발사되었는데, 어느 쪽에서 나온 건지는 아무도 확신할 수 없었다. 영국군의 일세사격이 시작되었다. 연기가 걷혔을 때에는 이미 여덟 명이 죽고 열 명이 부상당한 뒤였다.

콩코드에서 영국군 부대는 자유의 나무를 베어버렸다. 그러고는 만만찮은 총격전을 경험하게 되었는데, 총격은 올드 노스 브리지Old North Bridge 옆 언덕 꼭대기에서 날아오고 있었다. 그들은 메노토미Menotomy를 거쳐서 찰스타운으로 되돌아갔는데, 이들의 퇴각은 곧 악몽 같은 상황으로 이어졌다. 그들은 1000명이 넘는 민병대의 총알 세례를 받고 벌집이 되었는데, 민병대 일부는 담장이나 나무 뒤에 숨어서 사격을 가해왔다. 쉬운 전쟁으로 끝날 것 같지 않았다.

4월 18일과 4월 19일에 일어난 사건들은 '바람의 날개' 위에 실려 식민지들 전역에 퍼졌고, 특히 핸콕과 애덤스가 소식을 퍼뜨리는 데 큰 역할을 한 덕분에, 그들은 게이지 장군이 작성한 사면 대상 제외 반도 목록에 이름을 올렸다. 그들이 맨해튼Manhattan섬에 도착했을 때, 거리거리에는 군중으로 가득 차 있었다. 5월에는 필라델피아에서 제2차 대륙회의가 개최되었고, 버지니아 출신의 조지 워싱턴이 아메리카 방어군 총사령관으로 임명되었다. 보스턴의 전쟁이 이제 아메리카의 전쟁이 되었음을 선언한 것이었다. 영국군은 여름 내내 조야한 식민지들이 만들어낼 것이라고는 생각지도 못했던 규모와 전력을 갖춘 부대에 의해 사실상 포위되어 있었다. 6월 게이지는 찰스타운 하이츠Charlestown Heights의 아메리카 방어군 진지를 공략하기 위해 정예부대를 브리즈 힐Breed's Hill로 보냈는데, 교전 중에 장교 92명과 1000명 가까운 병사들을 잃었다. 전사자들 중에는 피트케언Pitcairn 소령도 있었다. 그는 4월 19일 렉싱턴 전투 현장에 있었는데, 전투 후에 런던으로 '일단 반도들이 날카로운 타격을 입고 나면 … 그들은 굴복하고 말 것'이라는 내용의 편지를 보냈다. 국왕은 그 편지를 읽고 동감을 표했다. 그런데 국왕이 그 편지를 읽고 있을 때 그는 이미 이 세상 사람이 아니었다. 사상자 숫자를 보고 받고 망연자실한 게이지는 전쟁장관 배링턴Barrington 자작에게 서신을 보냈다. 아메리카인들은 '전에 없던 격렬한 분노와 열정으로 전의가 팽배해 있습니다. … 우리는 참기 어려운 손실을 입었습니다'. 이에 대한 응답으로 그의 부대는 대폭 증원되었고, 그 결과 7월 당시 보스턴에는 1만 3500명의 영국군 병력이 주둔해 있었고, 그들 이외에도 수천에 이르는 영국 통치 체제 지지자들이 집결해 있었다. 그러나 이 엄청난 병력을 가지고도 그들은 보스턴을 얼마나 오랫동안 지켜낼 수 있을지 확실하지 않았다.

전쟁은 이미 그렇게 진행되고 있었지만, 아메리카인들은 아직도 어떤 합의된 궁극적 전쟁 목표가 없었다. 제2차 대륙회의 대표자들은 여전히 의견이 갈려 있었다. 만약에 영국 정부가 아메리카를 1763년 이전의 평온했던 시절로 돌려놓고, 자치 과세권을 포함, 광범위한 수준의 자치를 허용한다면, 영국과의 연합을 유지하는 것이 맞을까? 아니면, 이제는 절대적인 독립만이 선택 가능한 유일한 대안인가? 1775년 7월 초, 대륙회의는 '무기를 들어야 하는 명분과 필요성'이라는 선언문을 발표했다. '우리는 그레이트브리튼과 결별하고 독립된 국가를 세우려는 야심 찬 의도를 가지고 군대를 일으킨 것이 아니다. 우리는 영광이나 정복을 위해 싸우는 것이 아니다. 우리는 정당한 이유 없이 적의 공격을 받은 사람들이 벌이는 주목할 만한 광경을 인류에게 보여주려는 것이다.' 이틀 뒤에는 펜실베이니아 출신 존 디킨슨John Dickinson이 초안을 잡은 대륙회의의 '올리버 가지olive branch' 청원서가 식민지의 창설자 윌리엄 펜의 손자의 손을 통해 국왕에게 전해졌다. 이는 아낌없는 충성의 진술로써 시작되었다.

원칙과 애착이 불러일으킬 수 있는 그 모든 헌신으로 폐하, 그리고 폐하의 가족과 정부에 연결되어 있고, 또한 사회를 통합시킬 수 있는 가장 강력한 유대로써 그레이트브리튼과 연결되어 있는 … 우리가 폐하께 가장 엄숙하게 확약할진대, 우리는 그레이트브리튼과 식민지들 사이에 있었던 과거의 조화로운 관계를 회복할 수 있기를 가장 열렬하게 지지할 뿐 아니라, 둘 사이의 화합이 매우 단단한 토대 위에 이루어짐으로써, 이것이 영속화 된 축복 속에서 미래의 어떤 압력에도 굴하지 않고 두 지역의 다음 세대들에게 계승되기를 바라고 있습니다.

이것은 영국령 아메리카를 구할 수 있는 구할 수 있는 마지막이자 가장 좋은 기회였지만, 조지 3세의 각료들은 이를 용인하지 않았다. 어떤 국가나 제국의 운명이 달린 그토록 중요한 순간에 직면하게 되면, 역사가들은 어떤 깊고 정교하며 구조적인 사회-경제적 설명에 도달할 수 있기를 희망한다. 그런데 모퉁이를 돌아가 버린 것, 둘 사이의 재결합을 불가능한 것으로 만들어버린 건, 그런 사회·경제적인 구조 같은 복잡한 문제가 아니라 아주 단순한 문제, 바로 국왕과 정부였다. 그들은 국왕이 반도들의 회의체와는 어떤 대화도 할 뜻이 없음을 알렸다. 8월 23일, 그들은 아메리카인들이 '공개적이고 공공연한 반란' 상태에 있음을 공식으로 선언했던 것이다. 10월 26일, 그들은 그 반란이 '명백하게 독립적인 제국의 창설을 목적으로 진행되고 있다'고 주장했다. 그들의 '반란'을 이야기하고 '독립선언'을 사실상 입에 올린 것은 조지 3세와 그의 자문관들이었다. 1775년 11월까지만 하더라도 영국과의 완전한 단절에 매우 깊은 망설임을 표하고 있던 제퍼슨 같은 인물들조차 이제는 왕을 가리켜 '홀을 든 폭군', 그리고 '우리가 가진 가장 쓰라린 원수'라고 부르고 있었다. 문제는, 가까운 시간 안에 아메리카의 합헌적인 왕으로 추대할 수 있는 인물, 예컨대 과거 잉글랜드의 윌리엄 3세 같은 인물이 가시화되지 않는 점이었다.

1776년 1월 『상식Common Sense』을 세상에 내놓은 토머스 페인Thomas Paine에게는 더 이상 왕이 필요하지 않았다. 그는 시성諡聖된 영국 헌법과 관련하여 더 이상 자신을 속이지 말라고 주장했다. 그것은 엉터리이자 폐허였다. 더 이상 그것과는 관련이 없었다. 이제는 '헤어질 시간'이었다. 페인의 소책자는 놀랍게도 15만 부가 팔려나갔다. 그러나 존 애덤스와 토머스 제퍼슨을 비롯한 미국의 창설자들은 잉글랜드식 자유와 완전히 결별할 수 있는 새로운 민주주의 시대의 사람들이 아니었다. 만약, 그들이 영국 제국과 전쟁을 벌이고 있는 상황이 맞다면, 그것은 제국이 잘못된 길을 걷고 있기 때문이었다. 영국은 더 이상 자유의 제국이 아니었으며, 제국을 받쳐주던 원칙들은 알아볼 수 없을 정도로 훼손되어 버린 것이다. 영국 당국이 보스턴을 소개시켜 놓고도 평화를 회복할 수 있는 어떠한 조건도 입 밖에 내는 것을 거부하는 상황이 이어지자, 1776년 늦봄과 초여름 사이 국가 창설자들은 마침내 펜을 들어 독립선언서 초안 작성에 들어갔지만, 그들은 그때에도 미래를 바라보며 나아가기보다는 본능적으로 자신들의 영웅들이 있는 판테온을 찾았다. 그 영웅들은 코뱀의 스토우 하우스에 있는 영웅들과 동일한 인물, 즉 햄프던, 밀턴, 그리고 윌리엄 3세 같은 사람들이었다. 1774년 본국의 보스턴 강압 조치 소식을 들은 이후, 제퍼슨과 버지니아 시민의회 동료들은 미래 헌법에 관해 생각하는 동안, 찰스 1세와 맞서 싸운 의회의 영웅적 투쟁에 관한 기록들을 모은 존 러시워스John Rushworth의 『역사 자료집Historical Collections』을 샅샅이 훑었다. 그리고 제퍼슨이 마침내 독립선언서 기초를 맡아서 조지 3세의 범죄 혐의에 관한 장문의 목록을 작성할 때조차도, 그가 본을 삼은 것은 제임스 2세의 축출을 정당화했던 1689년의 '권리장전'이었다.

이 상황을 가장 역설적이라고 느낀 사람은 채텀 백작 윌리엄 피트였다. 그는 이미 출발선상에 있는 전쟁을 중지시키고자 했으나 역부족이었다. 그는 1777년 1월 상원에서 영국의 승산이 희박하지만, 만약 이긴다 하더라도 너무나 큰 희생을 치러야 할 것이라고 말했다. 왜냐하면, 영국이 '침략자'이기 때문이었다. '우리가 그들을 침략했다.' 그가 한 말이었다. 그가 만든 모든 것, 심지어는 프랑스를 상대로 싸워 이긴 승리도 없던 일처럼 되어버렸다. 오랜 원수 프랑스는 영국이 언젠가 맞이할 큰 낭패의 순간을 고대하면서 시간을 벌고 있을 뿐이었다. 1777년 10월, 뉴잉글랜드를 다른 식민지들로부터 고립시키는 것을 목표로 삼았던 새러토가Saratoga 작전이 실패하자, 노스 경은 총리직을 사임할 생각에 급급했고, 조지 3세조차 출구 작전을 모색하기 시작했다. 여전히 다리를 절고 있던 채텀 백작은 독립 아메리카와 화의를 추구하는 동시에 새로운 위협이 된 프랑스와의 전쟁을 수행할 수 있는 논리적인 사람이라는 긍정적 평가를 다시 받기 시작했다. 1778년 4월 7일, 그는 상원에 나가서 한때 그토록 이름났던 성대가 파열되고 다리를 절뚝거리는 고통을 참아가면서 연설을 했다. 그는 아메리카와 영국 사이에 모종의 유대가 유지되기를 여전히 희망하고 있었지만, 그러면서도 혹시 이루어질 수도 있는 프랑스, 스페인, 아메리카라는 잠재적인 적대 동맹과 대적할 각오를 해야 된다고 생각하고 있었다. '어떤 상황도 체념보다는 나은 법이니 … 만약, 우리가 떨어질 상황이면, 차라리 뛰어내립시다'라고 그는 말했다. 그때 리치먼드Richmond 공작이 우리에게 해군도, 육군도, 돈도 없다면, 용기가 무슨 소용이 되겠느냐고 물었다. 채텀은 그 물음에 답하려는 듯 자리에서 힘들게 일어나는 순간 잠시 흔들렸다. 그리고 비틀거리며 몇 걸음을 옮기더니 손으로 심장을 움켜잡았고, 가까이 앉아 있던 동료 귀족들의 품 안으로 쓰러졌다. 그중의 한 사람은 스토우 하우스의 주인 템플 경이었다. 채텀 백작 윌리엄 피트는 5월 11일 세상을 떠났으며, 그와 함께 자유의 제국도, 올바른 제국도 사라져버렸다.

* * *

1786년 9월 12일, 제2대 콘월리스Cornwallis 백작 찰스는 함재정에서 내려 콜카타Kolkata 부둣가로 발걸음을 옮기고 있었다. 그는 벵골의 새로운 총독이자, 영국령 인도 역사상 처음으로 귀족 출신의 총독이며 총사령관이라는 신분에 걸맞게 진홍색 제복을 입고 있었다. 그가 5년 전 버지니아의 요크타운Yorktown에서 조지 워싱턴과 프랑스 장군 로샹보Rochambeau 백작에게 항복함으로써 아메리카 전쟁의 운명을 결정지었을 때 입었던 옷도 같은 진홍색이었다. 그것에 신경 쓸 일은 아닌 것이, 어쨌든 그날은 힌두스탄Hindustan을 배경으로 하는 영국

제국을 위한 새로운 날이었고, 콜카타는 땀투성이 축제 기분이었다. 남서 계절
풍이 만들어내는 우기는 지나갔지만 도시는 아직 완전히 마르지 않은 상태였
다. 후글리Hooghly강 표면에 달라붙은 듯이 보이는 무명같이 투박한 엷은 안개
는 습기를 흠뻑 머금었고, 백인 나리들의 장밋빛 살에 구멍 뚫는 방법을 애초
부터 알고 있는 모기 부대는 그득 채워진 수조와 연못을 부유하는 유충들로부
터 부화하고 있었다. 영국인들은 찌는 듯한 더위와 윙윙거리는 해충들을 애써
외면하고 있었다. 마흔여덟 살의 콘월리스는 통통한 체격을 가졌고, 군대식 격
식을 적절하게 차리는 가운데 온화한 성격을 드러내는 사람이었다. 음악과 환
호 소리 속에서, 그는 악단, 깃발, 그리고 장식용 기旗를 둘러친 배들에 의해 환
영 받았다. 그는 상급 장교들로부터 시작해서 하급 장교들, 그다음에는 평의회
구성원들, 원로급 상인들, 젊은 상인들, 외과 의사들, 그리고 종군 사제들에 이
르기까지 참석한 모든 사람과 다정하게 악수를 나누었다. 그리고 챙이 넓고 꽃
으로 장식된 모자를 쓴 숙녀들의 소곤거리는 듯한 환영의 인사를 받았다. 윌리
엄 요새에서 아침 식사를 한 후에는 원주민 금융업자들, 바니안들banians,[8] 카지
들kazis,[9] 판사들, 그리고 세리들로부터 정중한 환영을 받았는데, 그는 그들의
도움 없이는 정부가 할 수 있는 일이 없다는 것을 잘 이해하고 있었다. 그가 보
기에 모든 사람이 매우 협력적인 것 같았다. 그곳에서 일하는 영국인들과 인도
출신 사무원들을 보면서, 이들이 1783년 12월 에드먼드 버크Edmund Burke가 의
회에서 비난하던 바로 그 게걸스러운 '맹금류 철새들'이 맞는가라는 의문이 들
었다. 자신이 여기에 온 까닭은 이들 독수리[10]의 날개를 잘라내기 위함이 아니
던가?

만약 콘월리스가 9월의 그날 아침 리넨 옷 속에서 땀을 흘리고 있었다면, 그

---

8   북서부 인도의 상인 계급의 구성원들을 말한다 — 옮긴이.

9   민사 판사들을 일컫는 말 — 옮긴이.

10   약한 자를 제물로 삼는 욕심 많은 사람들을 빗대어 부르는 말 — 옮긴이.

건 기후 탓만은 아니었을 것이다. 그는 국왕이 부여하려는 임무를 1782년과 1785년 두 차례에 걸쳐 사양하다가 이번에 받아들이기는 했지만, 마음속에 아직도 깊은 불안감이 남아 있는 것은 사실이었다. 그는 젊은 윌리엄 피트(소小피트)와 외무부 장관 카마던Carmarthen 후작(프랜시스 오스번Francis Osborne)이 자신을 벵골 총독에 임명한 의도를 잘 알고 있었다. 그것은 서쪽(아메리카)에서 잃은 것을 동쪽(인도)에서 만회하라는 뜻이었다. 아메리카와의 갈등에 개입함으로써 아메리카 독립전쟁을 필연적으로 만들었던 프랑스는 마치 상처 입은 사자를 와락 덮칠 기회라도 잡은 듯이 인도로 되돌아오더니, 마침 영국과 전쟁을 벌이고 있던 마이소르Mysore의 술탄Sultan을 지원하고 있었다. 그들이 이를 행동으로 옮긴 것은 아메리카 식민지들의 독립을 승인하는 베르사유 조약(1783)이 아직 체결되기도 전이었다. 콘월리스의 어깨는 제국의 추가적 붕괴를 막아야 한다는 책임의 무게를 느끼고 있었다. 그것은 무거운 것이었다.

콘월리스는 자신에게 스스로를 책망할 이유가 있다고는 느끼지 않았다. 다만, 1778년 아메리카로 가지 말라고 눈물로 애원하던 아내 제미마Jemima를 버리고 떠났던 것이 유일한 회한이었다. 다음 해에 그가 성취감과 명예를 가득 안고 돌아왔을 때, 그녀는 또다시 애원했다. 또 다른 부대의 지휘는 맡지 말아달라고. 그러나 그는 또다시 거절하지 못했다. 아메리카에 나가 있는 영국군 장군들이 때로는 무모하게 군대를 움직이다가도 때로는 쓸데없이 겁을 먹는 등 그 자질을 믿을 수가 없었기 때문이었다. 그러다가 그녀가 위독하다는 소식을 듣고는 부리나케 귀국했다. 대서양의 파도와 파도 사이를 헤치며 그 골에 부딪혀 배 앞머리가 물에 잠길 때마다 그의 불안과 죄의식은 점점 더 격해져 갔다. 그녀는 묘비에 아무것도 쓰지 말고 가시나무 덤불을 자라게 해달라고 부탁했는데, 그것은 사실상 명령이나 다름없었다. 그리고 콘월리스는 그 무언의 책망을 받아들였다. 그는 찌르는 듯한 아픔을 아직도 느끼고 있었다.

제미마가 죽어가고 있는 동안, 아메리카도 죽어가고 있었다. 콘월리스는 아메리카와의 결별이라는 파국적 결말을 초래한 역대 정부들의 어리석은 정책을 가장 단호하게 비판하는 사람들 중의 한 사람이었기에, 이를 매우 비통하게 받아들였다. 그는 상원에서 아메리카인의 동의나 대의권 없는 조세 강요에 반대했던 네 명의 귀족 중 한 사람이었다. 적의가 가득한 협박들이 오가는 여러 해가 흐르는 동안, 콘월리스는 강압적 정부 정책의 무용성에 대한 채텀 백작(大 피트)의 생각과 절망감을 공유하고 있었다. 그런데 막상 전쟁이 발발하고 그에게 참전 요청이 들어오자, 그는 자신이 그것에 얼마나 반대해 왔는지를 잊어버리기나 한 것처럼 홀연 그것을 받고 말았는데, 그때 그를 지배하고 있던 것은 의무감이었다. 그가 이 의무를 수행하기 위해 얼마나 노력했는지는 신께서도 아는 일이었다. 심지어는 상관인 총사령관 윌리엄 하우 경과 그의 후임 헨리 클린턴Henry Clinton 경의 우유부단함에 안달하는 와중에서도 그는 최선을 다했다. 그는 화이트 플레인즈White Plains와 브랜디와인Brandywine 등 자신에게 맡긴 전투에서 모두 승리를 거두었지만, 그들은 북부군과 남부군을 산개시켜 놓고 방어에만 몰두할 것이 아니라, 병력을 한데 결집하여 적을 일시에 타격해야 한다는 그의 의견에 귀를 닫았다. 나중 일이지만, 마침내 델라웨어에서 두 병력이 연합작전을 펼치게 되자, 아니나 다를까 그들은 조지 워싱턴의 군대를 끝장낼 수 있을 것 같은 순간을 맞았다. 그것을 막은 것은 때마침 도착한 프랑스군이었다. 프랑스 함대가 체서피크만 입구를 장악하고 병력 수천 명과 보급품을 하선시키기 시작하자, 콘월리스는 영국이 이제 완전히 새로운 전쟁과 마주하게 되었음을 깨달았다. 헨리 클린턴에 이어 아메리카 주둔군에서 두 번째로 계급이 높았던 그는 클린턴에게 연합 작전을 벌일 것을 건의했다. 그의 부대는 캐롤라이나에서 북으로 행군하고 클린턴의 부대는 뉴욕에서 남쪽으로 행군하여 양군이 버지니아에서 만나 더 늦기 전에 적에게 연합 공격을 감행하자는 것이었는데, 클린턴은 움직이지 않았다. 클린턴은 윌리엄 필립스William Philips 장군에게 미미한 병력을 주어 콘월리스에게 보냈지만, 필립스는 도착 즉시 사망하고 콘월리스는 적은 병력으로는 방어가 사실상 불가능한 요크타운의 진지를 사수하라는 명령을 지키는 수밖에 없었다. 1781년 3월 길퍼드Guildford에서 승리를 거두었지만 큰 희생을 감수해야 했던 그의 부대는 이미 지쳐 있었다. 수적 열세로 포위를 당하고, 체서피크만을 막아버린 프랑스 함대에 의해 보급까지 차단된 상황에서도 3주간을 버텨냈다. 그러나 요새의 외곽 보루들이 기습을 당하는 순간이 다가왔을 때, 그는 병사들의 헛된 죽음을 막기 위한 운명적인 결정을 내렸다. 기진맥진한 그의 심신은 암울한 상황으로 빠져들었고, 부대의 운명과 함께 무너져 내렸다. 1781년 10월 19일, 조지 워싱턴을 상대로 공식적인 항복 의식을 수행한 사람은 그의 장군 오하라였다. 그가 부대를 끌고 가는 동안, 부대는 모든 깃발을 접은 채, 북을 치고 백파이프로 (그들이 그렇게 느낄 만도 했을) '뒤집어진 세상'을 연주했는데, 이때 프랑스군은 승리의 훈장이나 되듯이 모욕적일 정도로 산뜻한 흰색 제복에 검은 각반을 차고 요크타운의 시외 도로에 도열하고 있었다.

본국에서는 이 참사와 관련하여 콘월리스에게 나쁜 뜻을 품는 사람을 찾아보기 힘들었지만 클린턴은 아니었다. 사실 콘월리스는 클린턴에게 쏟아지는 여론의 뭇매를 힘들게 방어하고 있었다. 국왕은 콘월리스를 런던 타워의 책임자로 임명함으로써 그에 대한 신임을 표현했다. 그리고 겨우 1년 만에 벵골로 가달라는 요청을 해왔다. 그것이 첫 번째 요청이었다. 영국은 아메리카에서 당한 치욕으로 인해 속이 쓰렸다. 그리고 영국은 여전히 프랑스, 스페인, 그리고 네덜란드로 이루어진 적대적 동맹에 의해 실제로 시달리고 있었다. 아무리 아메리카 전쟁에 반대했던 사람들이라 하더라도 그 결과를 고소하게 생각하는 사람은 아무도 없었다. 오히려 여론은 상처 속에서 스스로를 정당화하는 방향으로 흘렀다. 본국에서 의도했던 선량한 목표들이 아메리카에서는 어떻게 그렇게 왜곡되게 받아들여질 수 있었는지 놀라울 따름이었다. 그들이 아메리카에서 지키려고 했던 것은 '압제'가 아니라, 세계에서 가장 자유주의적이고 계몽된 헌법, 바로 의회 주권의 헌법이었다는 생각이 지배적 여론을 형성하고 있었다. 그리고 마드리드와 베르사유에 앉아서 식민지 반란과 결탁한 유럽의 군주들은 앞뒤를 가리지 않고 저지른 무책임하고 이기적인 기회주의적 행동에 대해 언젠가는 후회하게 될 것이라는 여론도 마찬가지로 팽배하고 있었다.

콘월리스는 영국 제국의 사심 없이 고결한 성격을 재천명할 공적 필요성에 분명하게 공감하고 있었지만, 그럼에도 불구하고 인도가 제국의 깃발을 꽂을 만큼 진정으로 상서로운 땅인지에 대해서는 확신이 서지 않았다. 동인도회사의 인도 지배에 대해 통렬하게 비판하는 사람들에 따르면, 이곳은 부패한 이기주의에 몰입된 곳이며, 비즈니스를 가장한 강탈 행위가 구제 불능의 상태에 이른 곳이 아니던가? 그는 궁금했다. 과연 덕목이라는 것이 열대의 이곳에서 살아남기는 할까? 오렌지가 자라는 곳에서는 폭정이 번성한다는 철학자들의 말은 무슨 뜻이었을까? 그는 이곳에 오렌지가 자라고 있는지에 대해서는 확신하지 못했지만, 동부나 서부를 막론하고 인도 땅에 심어진 자유는 위태로운 상태인 것만은 확실했다. 거대한 재산은 사람들을 자유롭게 한 결과로 이루어진 것이 아니라, 사람들을 굽실거리도록 강요함으로써 이룬 것이었다. 그 땅은 정직이 아니라 부패에 의해 형성된 것이었다. 그것은 그 부를 원주민에게 자애롭고 책임 있게 분배한 결과로 얻은 것이 아니라, 가장 파렴치한 강압과 강탈로써 이룬 것이었다. 노스 경의 정부가 쫓겨난 후, 동인도회사와 관련된 법안 하나가 찰스 제임스 폭스Charles James Fox에 의해 제출되었다. 그의 동인도 관련 법안은 의회 내에 하나의 관련 위원회를 설치하는 조항을 담고 있었다. 이 법안에서 비롯된 개혁 입법은 상업적 행위와 통치 행위를 명확하게 구분하는 것이 목적이다. 통치적 성격을 가지는 동인도회사의 행정 업무는 이제 런던 소재 '통제위원회'의 통제를 받도록 되었으며, 이 위원회에는 추밀원 위원들과 국무장관이 포함되도록 규정되었다. 규제적 성격을 지닌 이 법은, (이 문제에 대해 많은 글을 써오던) 에드먼드 버크가 주장한 바와 같이, 공정한 무역의 장을 확보하겠다는 것을 명분으로 삼았지만 실제로는 권력과 부를 추구하는 사적 제국이 창조된 상황을 억제 내지 반전시키겠다는 의도에서 만들어진 것이었다. 1783년 12월 1일, 인도 문제에 관한 의회 토론에서 버크는 무력하게 학대당하면서도 그저 인내할 뿐인 참을성 많은 힌두스탄 사람들에게 동인도회사와 직원들이 가한 악행들에 대해 수사적 벼락을 내리쳤다.

버크는 동인도회사가 저지른 폭력과 탐욕은 결코 용서 받을 수 없는 행위이며, 또한 그들이 주장하는 바와 같이, 그것이 평화로운 상업 활동을 위협하는 원주민 측의 야만성으로 인해 부득이한 것이었다는 설명 또한 결코 받아들일 수 없다고 주장했다. 왜냐하면, 영국령 인도의 '3000만' 인구는 결코 비루하거나 야만적인 민중이 아니었기 때문이었다.

오랜 세월 동안 문명화된 사람들이며, 또한 우리가 아직 숲에 있을 때부터, 품격 있는 삶의 모든 수단을 갖추고 살아온 세련된 사람들이었습니다. 한때 그곳에는 (지금도 그 흔적이 남아 있듯이) 대단한 위엄과 권위, 그리고 부를 갖춘 군주들이 존재하던 곳이었지요. … 아주 오래되고 공경 받는 사제직과 법률 및 학문의 보고, 그리고 사람들이 살아 있을 때는 삶을 안내해 주고 죽음에 이르러서는 위안을 주는 역사를 찾을 수도 있습니다. 그리고 아주 오래되고 명망 있는 귀족 계급이 있으며, 인구와 교역에서 유럽의 일급 도시들에 못지않은 많은 숫자의 도시도 있습니다. 그뿐만 아니라, 상인들과 자본에서 한때 잉글랜드 은행과 어깨를 나란히 하던 사적인 은행가들도 있지요.

그러나 동인도회사가 침범한 이후 이 참으로 아름답던 문명에 무슨 일이 일어났는가? 만약 이 문명이 허약해져 있었다면, 동인도회사가 이를 좀 더 견고하게 만드는 역할을 했던가? 만약에 이 문명이 내분에 시달리고 있었다면, 동인도회사는 평화를 가져다주었는가? 만약 이 문명이 피폐해져 있었다면, 동인도회사는 번영이라는 축복을 가져다주었는가? 전혀 아니었다. 인도는 단지 성장이 억제된 미성숙자들, 그리고 삼각 모자를 쓴 노상강도들의 추잡한 모험주의와 악의적 학대의 대상이 되었을 뿐이었다.

우리의 그곳 정복은 20년이 지난 지금에도 첫날에 그랬던 것처럼 여전히 상스럽

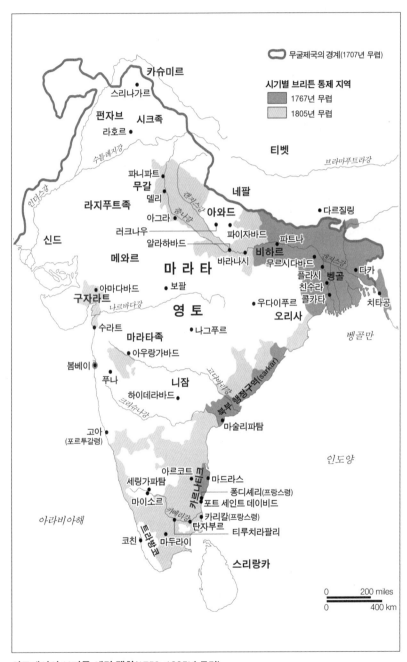

지역/지명 표기

카슈미르

스리나가르

펀자브 시크족

라호르

수틀레지강

티벳

브라마푸트라강

파니파트

무갈

델리 아와드 네팔

라지푸트족 아그라 다르질링

러크나우 파이자바드 파트나

알라하바드 비하르 무르시다바드 벵골 다카

신드 바라나시 플라시

메와르 친수라 치타공

마 라 타 콜카타

구자라트 보팔 우다이푸르

아마다바드 오리사

나르바다강

영 토

수라트 나그푸르

마라타족 벵골만

봄베이 아우랑가바드

푸나

니잠 북부 행정구역(sarkar)

하이데라바드

크리슈나강

고아 마술리파탐

(포르투갈령)

인도양

아르코트 마드라스

세링가파탐 퐁디셰리(프랑스령)

마이소르 포트 세인트 데이비드

카리칼(프랑스령)

탄자부르 티루치라팔리

코친 마두라이

아라비아해

스리랑카

범례

무굴제국의 경계(1707년 무렵)

시기별 브리튼 통제 지역

1767년 무렵

1805년 무렵

0　　　　200 miles

0　　　　400 km

인도에서의 브리튼 세력 팽창(1750~1805년 무렵)

습니다. 원주민들은 잉글랜드 사람들의 잿빛 머리를 본다는 것이 무슨 의미인지 알지 못합니다. (거의 소년에 불과한) 젊은이들이 원주민들과의 어울림도, 그들에 대한 연민도 없이 그들을 통치합니다. 그들은 원주민과 어울리고자 하는 심리적 성향에서 잉글랜드에 사는 사람들과 비교하여 크게 많지도 않으며, 단지 외딴 정착지에서 삶을 영위하며 급하게 돈을 모을 필요가 있을 때 말고는 그들과 어떠한 종류의 교류도 하지 않지요. 그 나이에 가질 수 있는 온갖 탐욕과 젊음의 성급함에 고취되어 그들은 하나둘씩 몰려들고, 물결을 이루어서 들어옵니다. 원주민들의 눈으로 보면, 지속적으로 낭비되는 먹이를 지속적으로 갱신하는 입맛을 가진 맹금류의 철새들이 새롭게 또 새롭게 날아드는, 끊임없는, 그리고 희망 없는 전망일 뿐입니다. 잉글랜드인들이 만들어내는 모든 이익은 인도에게는 결코 돌아가지 않습니다.

잉글랜드인들은 권력을 가졌지만, 그 권력으로 좋은 일을 한 것도 아니었다. (그의 말이 모두 정확한 것은 아니지만) 버크에 따르면 그들은 다리도, 도로도, 저수지도 건설하지 않았다. 그래서 그는 외쳤다. '우리가 만일 오늘 인도에서 쫓겨난다면, 우리의 부끄러운 지배 기간을 통해 이곳이 오랑우탄이나 호랑이보다 나은 족속에 의해 소유되었었다고 말해 줄 수 있는 것이 하나도 남아 있지 않을 것입니다.'

그리고 콘월리스는 무언가 가라앉는 느낌과 함께 자신이 이것을 바로잡아야 할 사람이라는 것을 알고 있었다. 만약에 영국 제국이 동쪽 하늘의 태양처럼 다시 떠오르자면, 힘에 의한 강압이 아니라 정의와 덕성에 의해 이루어져야 한다는 것을 알고 있었다. 그는 동포들이 탐욕을 추구하는 데 편리한 수단으로 이용되는 총독이 아니라 벵골의 진정한 첫 번째 총독이 되어야만 했다. 그는 이 일이 얼마나 힘든 과제가 될 것인지에 관해 어떠한 착각도 하지 않았다. 어쩌면 그것은 불가능한 일일 수도 있었다. 2년 전인 1784년, 그는 다음과 같은 글을 쓴 적이 있었다.

이것을 생각하면 할수록 이것을 받아들일 마음이 그만큼 더 작아진다. 나의 아이들과 함께 할 이승에서의 안락한 삶을 포기하는 것, 그것이 무엇이건 인도의 최고 정부와 언쟁을 벌이는 것, 내게 군대의 모범을 만드는, 혹은 남용을 바로잡을 힘이 부족하다는 것을 발견하는 것, 그리고 마지막으로, 무굴 제국의 통치자들로부터 치욕을 당하고 영원히 수치스러울 수 있는 위험을 무릅쓰는 것 등인데, 내가 이런 전투들을 통해 깨달은 바에 따르면, 이런 것들은 일어날 가능성이 매우 큰 것이지만, 그렇다고 이를 회피한다면 위대한 명성과 눈부신 행운을 기대할 수 없는 것이다.

요컨대, 콘윌리스에게는 또 다른 요크타운도, 또 다른 아메리카도 필요하지 않았다.

그러나 그가 존경해 마지않던 채텀 백작(大 피트)의 스물다섯 살짜리 아들 윌리엄 피트(小 피트)로부터 인도 총독을 맡아달라는 압박을 받고는 결단이 흔들리기 시작했던 것이다. '무언가 하고자 하는 마음이 매 순간 비명을 지른다. "이런 건 생각하지 말자. 왜 네가 자진해서 역병이나 고통을 감당하려 하는가?" 그러면 의무감이 속삭이길, "너는 네 자신을 기쁘게 하려고 이 세상에 보내진 것이 아니야. 섭리의 지혜에 따르면 무엇이건 커다란 행복에 이르는 길에는 넘을 수 없는 빗장을 쳐두는 것이 필요해. … 무언가 쓸모 있는 사람이 되어야 해. 너의 조국과 친구들을 위해 봉사하렴."' (전임자인 워런 헤이스팅스Warren Hastings가 콜카타 자문위원회의 사적 적대감과 정치적 방해로 애를 먹은 것을 너무나 잘 알고 있었던) 콘윌리스는 자신에게 대민 및 군사적 업무 모두에서 최고의 관할권을 주겠다는 정부의 동의를 받고서야 총독직을 수락했다. '나는 어쩔 수 없이 예스라고 말했고, 편안하고 자족한 삶 대신에 공적 신분이 가지는 온갖 역병과 고통을 마주하게 되었다.' 그는 벵골의 보리수나무 밑에서 선량한 로마인 아우렐리우스가 되기로 했다.

그런데 잉글랜드인들이 맨 처음 인도를 목표로 삼았을 때에는 그들은 로마인들이라기보다는 카르타고Carthago인들이었다. 다시 말해서, 그들은 정복자가 아니라 교역자였던 것이다. 의심할 여지 없이 그 젠틀맨들은 1600년 엘리자베스 여왕 특인장에 의해 부여된 '동인도와 교역하는 런던 상인들의 회사와 우두머리'라는 거창한 직함을 즐겼다. 그들은 상업적 모험주의자들이기는 했지만, 다른 한편으로는 사슴 사냥터나 멋지게 금박 입힌 템스강 바지선을 유지할 비용을 찾는 사람들이기도 했다. '동인도 제도East Indies'라는 어구는 의도적으로 애매하게 서술된 측면이 있었는데, 왜냐하면 경제적 지리에 관심 있는 재산 사냥꾼들 중에서 인도에 관심 있는 사람은 찾아보기 힘들었고, 대부분은 더 서쪽으로 나아가 후추, 메이스mace(말린 육두구 씨껍질), 육두구nutmeg, 그리고 정향丁香 등 고가의 귀한 품목들이 생산되는 인도네시아 군도에 눈을 돌리고 있었기 때문이었다. 그러나 인도와 인도네시아 군도 사이, 향신료가 생산되는 섬들은 포르투갈인들과 네덜란드인들이 먼저 차지하고는 문을 걸어 잠가놓고 있었다. 잉글랜드인들은 자바Java섬의 반탐Bantam과 남부 몰루카Molucca 제도의 암본Ambon에 교역소를 설립하려고 애를 썼지만 그들의 화력은 적대적인 네덜란드 함대보다 열세였다. 1622년 네덜란드 원정 부대가 이를 응징하기 위해 그곳에 도착하여 상관商館을 완전히 파괴한 바 있었으며, 1623년에는 자신들의 의도를 좀 더 명확하게 표현하기 위해 잉글랜드 상인 열 명을 처형하기까지 하자, 잉글랜드인들은 더 큰 손실을 줄이기 위해 몰루카 제도를 떠나기로 결정하는 수밖에 없었다. 잉글랜드인들이 뒷문을 통해 인도라는 더 쉬운 선택지에 안주하기로 한 것은 네덜란드의 향신료 독점에 완전히 휘둘리는 상황을 미연에 방지하기 위한 것이었다. 다시 말하면, 배타적 상업 지역을 선제적으로 설정하여 고수하고 있는 지역 술탄들을 상대로 협상을 벌이기보다는, 인도로 가서 무굴 제국 황제의 대리인들과 협상함으로써 포르투갈 및 네덜란드 상인들과 동등한 조건으로 교역할 수 있도록 설득하는 것이 가능할 것이라고 믿었기 때문이었다. 그렇게 되면, 잉글랜드인들은 인도 해안의 교역소 또는 재외상관在外商館을 통해 일부 향신료들을 직접 수입할 수 있을 뿐 아니라, 그곳에서 견직 및 면직물을 획득하여 반탐에서 향신료와 물물 교환하는 데 사용할 수도 있을 터였다. 잉여의 직물들은 언제든지 잉글랜드로 수출하여 유럽 시장에 재수출할 수도 있었다. 이것은 페루의 은광 같은 노다지는 아니었지만, 하나의 시작이었다. 어쨌건 그들은 200여 명의 주주들로부터 투자를 받았고, 그들을 구성원으로 하여 레든홀가에 동인도 회사의 총회를 결성했으며, 매년 공동의 기업을 경영할 이사 24명을 선출하도록 했다.

1608년 동인도회사의 선박 '헥터Hector호'는 서부 인도의 구자라트Gujarat 해안의 번창하고 붐비는 항구 수라트Surat에 닻을 내렸다. 이미 반세기 전부터 그곳에서 멀지 않은 고아Goa에 '상관商館'을 설치하여 운영하고 있던 포르투갈인들의 거친 반대에도 불구하고, 잉글랜드인들은 무굴의 통치자로부터 향료와 의류 교역에 관한 허가를 받아내는 데 성공했다. 그러나 제임스 1세 치하 잉글랜드 젠틀맨-상인들은 좀 더 거창한 목적이 하나 있었는데, 무굴 제국 황제 자한기르Jahangir와 직접 공식적인 조약을 체결하는 것이었다. 1615년 토머스 로우Thomas Roe 경이 제임스 1세의 친서를 가지고 대사 자격으로 그곳에 파견된 것은 그 때문이었다. 수라트의 통치자는 이를 대수롭게 생각하지 않았고, 로우가 자한기르를 알현할 기회를 얻기까지에는 1년이 걸렸다. 황제는 로우가 (모자를 벗고 허리를 굽히는 인사를 고집하며) 공작孔雀 왕좌 앞에 꿇어 엎드리는 무굴식 관례를 거부하는 것을 보고 어안이 벙벙해졌으며, 일개 상인이 먼 곳에 있는 '왕'을 대리한다는 개념 자체도 황당하다고 생각했다. 반면, 황제의 자문관들은 이들에게 제국세를 면제하는 조건으로 교역을 허가하는 칙령을 부여한다고 해서 자신들이 잃을 것은 없다고 생각하고 있었다. 그들이 생각하기에 이들 '백인Feringhis'이 교역의 대가로 지불할 수단이라고는 인도 정부가 바라는 것처럼 국고를 불려줄 대량의 은銀 이외에는 아무것도 없음이 확실해 보였기 때문이었다. 게다가, 인도 입장에서 보면 이들이 맡게 될 직물의 수출은 무굴 제국의 방직공, 표백업자, 그리고 염색업자에게 일자리를 제공해 줄 것이며, 자국민이 가진 화려한 기술들을 세계에 알리는 계기가 될 것이었다. 그렇다면, 이 새로운 교역자들이 혹시나 골칫거리가 될 가능성이 있을까? 그건 분명 전투 코끼리의 뒷몸 근처에서 모기가 내는 윙윙거림보다 사소한 것에 지나지 않을 것이었다.

두 세대에 걸쳐서 동인도회사의 배당금 지불 계획은 레든홀가의 회사 매장에서 발표되어 왔다. 그런데 17세기가 진행되면 될수록, 경쟁자들이나 해적으로부터 회사 재산을 방어하는 비용이 늘어나는 등 과중한 운영 경비로 인해 배당금이 줄어들고 있었다. 1660년 무렵에도 인도 무역의 전망은 불투명했다. 그럼에도 불구하고, 코먼웰스와 호국경 시대에 잉글랜드 함대에 장비를 공급하면서 돈을 번 후, 왕정복고 시대를 맞아 본격적으로 상업적 세계에 뛰어든 조사이어 차일드Josiah Child를 비롯한 회사의 옹호자들은 여전히 낙관적이었다. 다만, 회사의 상업적 활동을 안정적으로 유지하려면, 회사는 언제나 정치적으로, 그리고 군사적으로 대담하게 행동할 필요가 있다는 것을 이해할 필요가 있다는 생각이었다. 1680년대에 이르자, 회사에는 지킬 필요가 있는 상당히 가치 있는 재산들이 생겨났다. 동인도회사는 남동부의 마실리파트남Masulipatnam, 서부 뱅골의 후글리Hooghly 등 여러 곳의 인도 상업 중심지에 자리를 잡았다. 이들 도시에서 회사는 '중매인factor'과 '서기writer'를 위한 업무 공간으로 창고들과 단층짜리 건물들을 지었는데, 이들은 대체로 무굴 제국 요새의 보호막 안에 있었다. 그리고 17세기 후반에는 포르투갈의 왕녀인 브라간사Braganza의 카트린느Catherine가 찰스 2세와의 혼인 지참금의 일부로 가지고 들어온 서부 인도의 봄베이Bombay와 코르만델Coromandel 해안의 마드라스Madras 등이 잉글랜드 영향권으로 새로이 편입됨으로써 다른 근거지들이 추가되었다. 또한 1690년부터는 서부 뱅골의 콜카타도 그들 근거지 중의 하나가 되었다. 회사는 그곳에 요새화된 보루를 구축하고 그 안에 상관商館 건물들을 맞춤식으로 지었는데, 요새는 바다와 면했으며 인도인, 포르투갈계 유라시아Eurasia인, 그리고 다른 유럽인으로 구성된 소수의 회사 소속 경비원들이 배치되어 있었다. 담장 안에 있거나 혹은 경비병들의 보호하에 있던 일군의 단층 건물들은 엉켜 붙은 대마,

벽돌 가루, 그리고 푸카pucca라고 부르는 일종의 석회를 혼합한 재료를 사용하여 건축되었다. 그 건물들과 마주 보고 서 있는 것은 교회였는데, 열주가 있는 현관과 첨탑, 그리고 열대산의 단단한 목재로 제작하여 상자처럼 열을 맞추어 배치한 신자석 등 잉글랜드 양식을 살린 것이었다. 그 뒤에는 교회 묘지가 있었는데, 그곳의 무덤들은 교회의 신자석보다 숫자가 더 많았다. 회사 경내를 일컫는 '화이트 타운'의 담장 너머에는 '블랙 타운'이라고 해서 인도 상인, 서기, 그리고 대부업자가 사는 곳이 있었다. 그리고 항구 근처에는 뱃사공, 항만 노동자, 짐마차꾼, 그리고 어부 등 바닷가 노동자들이 모여 사는 제3의 공동체가 있었다. 그리고 이도저도 아닌 곳에는 중개인 또는 중개상으로 일하는 아르메니아Armenia인들과 유태인들의 작은, 그러나 매우 중요한 공동체가 있었다.

1700년에 이르러, 인도 내 브리튼 출신 사람들에게는 이미 정해진 하루 일과가 있었다. 아침 식사 이전의 격렬한 승마, 목사가 진행하는 아침 기도, 업무 수행, (두세 시경의) 공동 식사, 그리고 중간에 허가를 달래기 위해 가벼운 카레 음식으로 간식 취식, 공동 식사 후에 낮잠, 이후 약간의 추가적 업무 수행, 그리고 또 한 번의 승마, 그다음에 낚시 또는 야생 조류 사냥, 그리고 카드놀이와 가벼운 저녁 식사 후에 취침, 대략 이런 내용이었다. 이것은 어디까지나 공식적인 일과표였다. 그러나 보다 덜 공식적인 보고서에 따르면, 마지못해 인도까지 와서 낮은 급료를 받고 일하는 청년들이 공동체를 이루어 따분한 생활을 영위하는 가운데, 치명적인 사망률까지 감수해야 했던 상황을 대입해 보면, 그들의 행동 양식은 익히 예상 가능한 일이었다. (어느 해인가의 혹서기에는 콜카타 전체 1200명이던 브리튼 인구 중 460명이 사망한 적이 있었다.) 그들은 도박을 심하게 즐겼고, 아라크arrack주酒(쌀, 야자즙 등으로 만든 독한 술)를 말술로 들이켰으며, 동료들과 싸움이나 결투를 벌였다. 또한 인도 여자나 유라시안 여자를 정부로 두거나 블랙 타운에 있는 사창가를 이용하기도 했다. 심지어는 그곳에 탐닉한 대가로 성병을 얻고 치료하기 위해 수은을 복용하는 와중에도 사창가에 들르곤 했다. 표면적으로 이러한 모든 일은 현지 사장의 책임이었지만, 그는 어떤 면에서도 진정한 총독이라고 할 수 없었고, 단지 (연공서열이 엄격한 이 정착지에서) 가장 상급직의 상인일 뿐이었다. 그는 본국의 회사 주인들이 기대하는 실적을 올리고자 노력하면서도, 인도 주재 직원들이 보잘것없는 봉급을 벌충하기 위해 벌이는 광범위한 사적 비즈니스를 눈감아 줄 수밖에 없었다. 현지 사장들은 최소한 양질의 쇼를 벌이는 방법은 알고 있었다. 그들은 무장한 인도 경비병들의 호위, 두 개의 유니언 깃발, 그리고 시끄러운 '국민 음악country musick' 없이는 요새를 그냥 내버려두지 않았는데, 특히 음악 소리가 얼마나 요란했던지, 한 논평자가 말하길, 그것이 원주민들로 하여금 영국인들이 미쳐가고 있다고 믿게 할 정도였다고 한다.

그렇다고 해서, 마드라스나 콜카타에서 그들이 한 일이 모두 나팔이나 허풍인 것은 아니었다. 브리튼의 인도 사업 전망이 유럽에서 일어난 '옥양목 혁명the calico revolution'에 의해 변하고 있었기 때문이었다. 17세기의 마지막 3분의 1에 해당하는 기간 동안, 농촌 빈민들을 제외한 사실상의 모든 사회계층 사람들이 인도산 경량 직물의 존재를 알게 되었다. 부유한 사람들에게는 화려하게 염색되고 무늬가 많이 장식된 비단이, 일반인들에게는 날염되거나, 그림을 칠하거나 혹은 꾸미지 않은 상태의 면직물이 각기 관심의 대상이 되었다. 옥양목, 그리고 비단과 면이 혼합된 좀 더 고가의 친츠chintz[11]는 사람들의 생활을 바꾸었다. 역사상 처음으로 무거운 모직이나 리넨이 아닌 소재로 만든 의류가 거의 모든 소득 계층이 살 수 있는 가격으로 가용해졌다. 옥양목은 대담하게 염색이 되었건, 아니면 순수하게 속이 얇게 비치는 모슬린muslin이건, 강하면서도 부드러웠으며, 거기에다 세탁이 가능하다는 최고의 장점이 있었다. 남자이건, 여자이건, 또는 어린아이이건, 성인이건, 몸 중에서 가장 은밀한 부분을 포함, 어느 한 곳이라도 옥양목에 닿지 않은 곳이 없게 되었다. 한 관찰자에 따르면, '남자, 여자 가릴 것 없이 옥양목 셔츠, 장식용 목도리, 소맷동, 앞치마, 나이트로

---

11   꽃무늬 등이 날염된 광택이 나는 직물로서 커튼, 가구 커버 등으로 쓰임 ─ 옮긴이.

일nightroyl, 가운, 속치마, 후프hoop, 소매, 그리고 인도식 양말 등을 비롯하여 옥양목으로 만든 것을 착용하지 않는 한, 옷을 잘 입었다고 생각하지 않았다' 고 한다. 런던만 하더라도 옥양목 옷이 매년 수십만 점씩 팔려나갔고, 동인도 회사의 주식 가격은 배당금만큼이나 치솟았다. 예상할 수 있는 일이지만, 누군 가의 성공은 다른 누군가의 분노를 낳을 수도 있는 일이었다. 국내의 견직업자 들은 정부에 청원을 하는가 하면, '옥양목 추격꾼들'은 면직물이 가득 실린 짐 마차를 떼로 공격했다. 이에 대한 정부의 대응은 재수출용과 국내에서 가공 작 업이 필요한 평직물을 제외한 나머지 상품의 수입을 금지하는 것이었다. 그러 나 수입금지 조치에도 불구하고 비공식적인 옥양목 교역은 계속되었으며, 유 럽 대륙의 시장을 놓고 보면, 이 사업의 장밋빛 전망이 충분히 실현될 만한 수 요가 확실하게 존재하고 있었다.

유일한 문제는 인도였다. 영토 정복 비용이나 정부 규제에서 자유로운 블루 워터blue-water 상업 제국을 실현하기 위해서는, 또한 전진과 상승 운동이 동시 에 일어나는 상업적 궤적을 구현하기 위해서는, 무굴 제국의 전지적 지배가 제 공하는 안정적이고 호의적인 기업 환경이 전제되어야 했다. 무굴의 황제궁을 방문했던 스튜어트 군주들의 사절들이나 첫 세대의 상인들은 그곳 황제들이 거만하게 으스대는 것에 분개하고, 또한 개인적으로는 그들의 제국이 미개함 과 향락적 타락이 특이하게 혼합되어 있다고 믿기는 했으나, 그럼에도 불구하 고 그들은 다른 유럽 출신 경쟁자들을 견제하고, 또한 터무니없는 것을 요구하 는 지방 토호들로부터 보호받기 위해 황제의 권위를 필요로 했었다. 그러나 역 사적 마인드를 가진 조사이어 차일드 같은 후대인들에게 회사의 재고품은 말 할 것도 없고, 회사의 신뢰 자체를 무굴 정부의 안전 관리에 맡겨두겠다는 것 은 그 정부가 영속적이고 안정적인일 것이라는 전제를 깔고 있다는 점에서 하 나의 망상에 지나지 않았다. 브리튼 제국은 이제 상승 가도를 달리고 있었고, 무굴 제국은 하강 길에 있었다. 중부와 서부 벵골에서 카리스마적 군주 시바지 Shivaji 통솔하에 일어난 힌두 마라타Hindu Maratha족의 반란은 차일드에게 무굴 제국의 쇠퇴는 급격하게 이루어질 것이고 불가역적일 것이라는 생각을 가지게 했다. 그들이 휩쓸고 지나감에 따라 무굴 제국의 구조에는 커다란 구멍들이 만들어질 것이고, 그것들은 원주민이건, 혹은 유럽인들이건, 아무튼 브리튼 출신 사람들의 이익에 반하는 잠재적인 적대 세력에 의해 메워지게 될 것이라는 것이 차일드의 생각이었다. 동인도회사를 위한 그의 결론은 당하기 전에 선수를 치자는 것이었다. 그는 1680년대에 무굴 제국의 서부 지역 통치권이 심각하게 훼손되었다고 확신하면서 섣불리 군사적 행동을 취했다가 낭패를 당했다. 이 전쟁은 무굴 제국의 봉쇄를 촉발시킴으로써 브리튼의 수라트 근거지가 초토화되었을 뿐 아니라, 브리튼이 봄베이를 사실상 포기하고, 아우랑제브Aurangzeb 황제에게 비굴하게 항복하도록 만들었다.

인도에 변화가 일어나고 있다는 차일드의 인식은, 변화가 실제로 일어나고 있었다는 사실 이외에는 모두 매우 잘못된 정보에 기반하고 있었다. 무굴 제국의 상황은 붕괴 직전과는 거리가 멀었다. 무굴 제국이 붕괴된다고 해서, 꼭 극심하게 야만적인 무정부 상태가 이어진다는 법도 없었다. 고대 로마 말기의 훈족처럼 터번을 쓴 어떤 야만족이 인도를 암흑기에 빠뜨릴 수 있는 상황도 아니었다. 티무르Tamerlane와 칭기즈칸Ginghiz Khan 후예들의 지배를 받으면서 인도는 튀르크Turkic족의 기마전사 국가에서 위대한 무슬림 정착 문명 중의 하나로 발전해 있었다. 16세기 후반, 악바르Akbar 1세 황제의 치세 전성기에는 이슬람의 샤리아Shari'a에 기반을 둔 법률 체계와 페르시아Persia어를 공용어로 하는 중앙집권적인 통치 체제를 확립함으로써 사실상 인도 북부와 중부 전체를 지배하고 있었다. 파테푸르 시크리Fatehpur Sikhri궁을 필두로 위대한 궁전들을 세웠고, 아랍 및 페르시아식 궁정 문화는 시와 회화를 만개하게 했다. 무굴 제국의 권위는 상당 부분 기병과 궁병의 무시무시한 무력, 궁정의 광채, 그리고 행정상의 활력과 정직성에 힘입은 바 크지만, 중요한 것은 소수의 무슬림이 힌두교 신자가 주민의 대부분인 광대한 영토를 통치했다는 점이다. 이들이 내부의 불만을 억제하는 데 성공할 수 있었던 가장 큰 요인은 신의 빛이 직접 스며들었다고 전해지는 황제의 전지적 아우라를 중심으로 하는 중앙의 권위와 협력적인 지방 통치자 그리고 일반 신민 사이에 형성된 조심스러운 균형이었다.

그 협력 관계의 열쇠는 수백만 명에 달하는 인도의 농민 및 농업노동자들 생계의 3분의 1과 맞먹는 토지세였다. 황제는 그의 휘하 나와브nawab(지방 태수)들에게 복종과 군사적 협력에 대한 대가로 특정 지역의 토지 수익을 할당했다. 나와브들은 각기 맡은 지방에서 징수한 토지세액 중 황제의 몫을 (대개 은으로) 제국 정부 금고에 바친 뒤, 세액 평가 및 징수에 관한 비용을 지불하고 나면, 나머지는 임의로 처분할 수 있었다. 이와 유사하게, 나와브들은 예컨대 벵골이나 아와드Awadh 지방 같은 곳에서, 제민다zemindar라고 부르는 세습적인 세리稅吏들과 개별 구역에서 징수할 세액과 관련하여 사전에 계약을 맺기도 했다. 제민다들은 그렇게 정해진 계약상 금액과 실제로 경작자들로부터 거두어 들인 세액과의 차액을 차지함으로써 재산을 일굴 수 있었다. 무굴 제국은 이와 비슷한 방식으로 영토 여기저기에 세련되고 차별화된 상업 중심지들이 발전할 수 있도록 고취하고, 그렇게 해서 때로는 벵골산 인디고 염료와 구자라트산 면직물이 주요 간선도로들을 따라서 원거리 도시들의 시장으로 진출할 수 있도록 적극적인 지원을 아끼지 않았다.

이후 한 세기 동안 이는 마치 마술처럼 신기하게 자동으로 작동하는 시스템처럼 보였다. 그러나 호전적인 아우랑제브 황제가 사망한 뒤에는 중앙과 지방권력 사이에 형성되어 있던 미묘한 균형 상태에 결정적인 변화가 일어났다. 더 큰 자율적인 권한이 지방으로 넘어가는 경향이 가속화된 것이 그것인데, 이는 아프가니스탄인들과 카리스마적인 페르시아의 폭군 나디르 샤Nadir Shah가 이끄는 기병들이 제국 안으로 들어와 무자비한 공격을 가해도 이를 제대로 막아내지 못하는 제국의 무능력 때문이었다. 나디르 샤의 군대는 1739년 다분히 의도적으로 끔찍한 잔학 행위를 저지르며 델리Delhi를 기습적으로 약탈했다. 나디르 샤는 도시의 성문 앞에서 왕좌에 앉은 채 사람들의 목이 찢어지고 사지가 훼손되는 것을 지켜보고 있었다. 또한 제국의 군대는 서부 인도에서 마라타족이 세력을 굳히는 것 또한 저지하지 못했다. 그 외에도 다양한 부족이 인도를 습격해 왔는데, 이들의 습격은 나디르 샤의 경우보다도 더 심각한 결과를 초래하기도 했다. 그것은 돌아가면서 인도를 침범한 이들 가해자 집단들이 오직 치고 빠지는 작전을 구사하면서 강탈을 반복할 뿐, (과거 인도에 침입했던 무굴인들과는 달리) 피정복자들 사이에 정착하거나, 다른 긍정적인 무언가를 이루려는 뜻이 전혀 없었기 때문이었다.

이런 상황에서, 제국 모든 지역에서 통치를 책임지고 있던 무슬림 관리와 행정가들은 점차 그들 자신과 측근들을 먼저 챙기기 시작했다. 벵골과 아와드의 나와브들, 특히 무르시다바드Murshidabad와 파이자바드Faizabad에 각기 궁전을 소유하고, 이를 통해 독자적인 예산 및 법률 집행권을 행사하면서, 거기에다 휘하에 자기 병력까지 갖추고 있던 막강한 세력의 알리바르디 칸Alivardi Khan과 슈자-우드-다울라Shuja-ud-Daulah 등은 점차 필연적이다시피 자율적 통치 체제를 갖추게 되었다. 그들은 여전히 자신들이 황제에게 충성하고 있다고 생각했지만, 그럼에도 그들은 황제의 뜻에 관계없이 자신들의 관직을 세습으로 만들고, 측근들을 관리에 임명하고 있었다. 그들은 또한 토지세 수입 중 상납분과 자체 관리분 배분 비율에 대한 제국 정부 예산 당국의 지침을 따르지 않고 배분 비율을 독자적으로 결정하고 있었다.

제국의 지주와 골조가 흔들리기 시작하자, 각기 경쟁자들의 허를 찌르거나 그들을 상권에서 배제하기 위해 골몰하고 있던 유럽인들의 관심은 자연스레 이들 지역 토호들에게 초점이 맞춰지게 되었다. 벵골에서는 후발 주자였지만 나름대로 열성적인 활동을 벌이고 있던 프랑스의 동인도회사는 찬데르나고르Chandernagor에 교역 근거지를 구축하고 있었는데, 야심적인 총독 뒤플렉스Dupleix 후작은 무르시다바드 나와브의 환심을 사서 콜카타에서도 영국에 대한 우위를 도모하고자 했다. 방어를 명목으로 불러들인 양국의 해군 함정은 진용을 갖추기 위해 이동을 시작했으며, (유럽 각국의 동맹 결성 과정에서 영국과 프랑스가 각기 반대 진영에 서게 되었던) 오스트리아 왕위 계승 전쟁이 본격화되는 것과 때를 맞추어 포격을 교환하기 시작했다. 1746년, 프랑스 함정들이 나포된 것에 복수라도 하듯, 베르트랑-프랑수아 라 부르도네Bertrand-François La Bourdonnais 제독 휘하의 프랑스 병력이 퐁디셰리Pondicherry 상관商館에서 출동하여 영국 동인도회사 소유의 보물이라고 할 수 있는 마드라스를 점령하고, 이후 2년간 장악하기에 이르렀다. 이는 후일 엑스라샤펠Aixla-Chapelle 조약에 따라 반환되었는데, 그날 마드라스의 세인트 조지 요새에는 승리를 만끽하는 광경들이 연출되고 있었다. 그러나 소규모 접전으로 시작되었던 사건이 이제 본격적인 갈등으로 확대되고 있었다. 왜냐하면, 뒤플렉스 후작이 이윤의 획득이 힘의 행사에 달려 있다는 조사이어 차일드의 지침을 세상 그 누구보다도 열심히 따르고 있었기 때문이었다.

뒤플렉스가 남부 인도의 내부 정치에 처음으로 관여했을 때, 그는 사실상 프랑스인들이 북아메리카에서 위치를 지탱하고 증강시키기 위해 그곳 원주민 부족들에게 사용하던 관례적인 방식들을 사용하고 있었다. 그러나 인도에서 그 방식을 사용하는 일은 훨씬 더 위험해 보였다. 그 지역에서 가장 큰 세력을 떨치고 있던 하이데라바드Hyderabad의 군주가 죽자, 카르나틱Carnatic의 지배권을 놓고 쟁탈전이 벌어졌다. 뒤플렉스는 오랜 행정 경력을 가지고 있던 찬다 사히브Chanda Sahib를 지원했는데, 그는 이를 위해 프랑스 정규군 병력과 인도인 징모병들을 동원할 준비가 되어 있었다. 쟁탈전의 와중에서 용병의 아들인 무함마드 알리 왈라자Muhammad Ali Walahjah를 밀고 있던 영국 입장에서는, 만약 찬다 사히브가 승리한다면, 마드라스는 물론 그들의 옥양목 사업 자체가 끝장날 판이었다. 뒤플렉스의 행동 중에서 결과적으로 더욱 치명적인 영향을 남기게 된 것은 그가 군사 작전 비용을 지역 토지세 수입에서 충당하려는 계획을 세운 것이었다. 그는 당연히 이를 불안스럽게 바라보던 파리의 회사 이사들을 향해 이 모든 것의 목적은 궁극적으로는 상업적인 것에 있다고 주장했다. 그러나 그의 이런 생각은 프랑스가 아니라 프랑스의 적에 의해 본격적으로 구현될 예정이었다.

처음에는 그 경쟁에서 영국이 승리할 전망은 그리 크지 않았다. 힌두 교도들이 지배적인 남부 지역 주민들에게 그들이 지원한 후보의 통치 자격이 처음부터 마뜩치 않게 받아들여졌기 때문이었다. 무함마드 알리는 그 이름이 말해 주듯 무슬림이었고, 게다가 그의 집안은 북부 인도 출신이었다. 그런데 지금은 유명한 이야기가 되었지만, 1740년대 마드라스에 한 인물이 등장함으로써, 뒤플렉스의 야심만만했던 전략을 졸지에 소심한 것으로 만들어버리고 말았다. 그 의외의 인물은 사실상 자신의 개인적 제국을 건설하는 동안에도 자신은 단지 동인도회사의 충실한 하인임을 자처하게 될 사람이었다. 그의 이름은 로버트 클라이브였다. 그는 태어났을 때는 상업과 아무런 인연이 없었던 사람이었다. 너무 많은 자녀가 과중한 부담이 되어 곤경을 겪고 있던 그의 부모는 슈롭셔의 마켓 드레이턴Market Drayton에서 전혀 통제가 안 되는 아이로 통하던 그를 맨체스터의 친척에게 보냈다. 그는 그곳을 좋아했지만 그곳은 그를 좋아하지 않았다. 다시 마켓 드레이턴으로 돌아온 사춘기의 클라이브는 교회 첨탑 위에서 행인들에게 돌을 던지고, 동네 상점 주인들을 상대로 돈을 갈취하곤 했는데, 그들은 약탈과 파괴로부터 점포를 보호하기 위해 클라이브 패거리들에게 돈을 줄 수밖에 없었다. 그런 그에게는 동인도회사 인도 근무가 제격이었고, 나이 열아홉 살에 다이아몬드 피트Diamond Pitt(윌리엄 피트의 조부 토머스 피트)가 총독으로 있던 마드라스에서 조직 서열상 가장 낮은 서기가 되었다. 땀 냄새 나는 총각 소년들과 동료가 되어 아무렇게나 뒹굴어 자면서 서기 노릇을 했다. '나는 모국을 떠난 이래 단 하루도 행복한 날이 없었다'는 회고담처럼, 그는 인도에서의 매 순간을 싫어하면서 맨체스터를 애타게 그렸다. 그리고 그곳의 일반적인 오락으로 자리 잡은 아라크 주 酒 마시기, 닭싸움, 주먹다짐, 도박으로 무료함을 달랬으며, 아마도 (그가 예외적이지 않았다면) 섹스도 즐겼을 것이다. 그리고 30년 뒤 그의 죽음에 일조했을 것으로 보이는 그의 아편 습관은 그때 그곳에서 시작된 것이 틀림없었다. 찌는 듯한 더위 속에서 고양감과 우울감 사이를 왔다 갔다 하는, 거의 조증에 가까운 기분 변화는 (당시 제국 종사자들에게는 그것이 마치 자격증이나 되는 듯이 흔한 것이기는 했지만) 점점 그 정도가 심해졌다. 그는 두 번이나 권총을 자기 몸에 밀착시키고 모든 것을 끝내려고 했다. 소문에 의하면, 두 번 다 총구가 막혀서 작동이 되지 않았다고 한다.

표면상 프랑스 측이 찬다 사히브, 그리고 영국 측이 무함마드 알리 왈라자를 각각 지원하는 가운데 전쟁이 벌어지자, 클라이브가 지닌 폭력배적 상황 판단과 잔인성이 능력을 발휘할 수 있는 완벽한 기회를 잡게 되었다. 그는 자신을 포함해 사람 목숨을 별로 개의치 않았으며, 도박에 가까운 기회도 마다하지 않았다. 성공한다면 병사들에게 신으로 추앙될 만한 일이었고, 조금만 사리 분별이 있는 사람이라면 결코 생각하지도 않을 그런 도박이었다. 프랑스군이 트리치노폴리 로크Trichinopoly rock의 보루를 직접 공격하는 대신 이를 포위하고 있는 동안, 클라이브는 인도인과 유럽인으로 구성된 자신의 소부대를 역진시켜 아르코트Arcot 요새를 점령하고 프랑스군이 공격하기를 기다렸다. 그들은 그의 유인책에 걸려들었고, 트리치노폴리에서 병력을 빼서 아르코트로 이동했다. 그러나 그들은 두 달이 지나는 동안 아르코트를 취하는 데 실패했고, 클라이브는 그 요새를 수비하면서 단 한 명의 인도 병사조차 잃지 않았다. 이것이 꼭 전쟁의 전환점이 되었다고 말할 수는 없지만, 이것은 매우 깊은 인상을 남긴 강인한 인내의 기록이었으며, 또한 스물다섯 살의 클라이브를 동인도회사의 영웅으로 만들었다. 그뿐 아니라 이 전투는 영국 측 병력이 트리치노폴리를 구출할 기회를 제공했고, 찬다 사히브를 붙잡아서 트리치노폴리의 바위 그늘 안에서 참수할 수 있게 하는 등 영국이 원하는 결과를 낳을 수 있게 했다. 프랑스에서 뒤플렉스의 신뢰는 땅에 떨어졌다. 영국 측은 무함마드 알리 왈라자를 카르나틱의 새 나와브(태수)로 앉혔고, 그렇게 해서 그들의 동남 인도 '지배'가 보장 받게 되었다.

그런데 이는 무엇을 위한 '지배'였던가? 물론 배당금을 위한 것이고, 동인도회사를 위한 것이었을 터이다. 그들이 인도 지배를 통해 얻으려고 한 또 다른 목적들은 없었을까? 클라이브와 동료 병사들은 언제나 자신들이 사용한 무력은 단지 동인도회사가 프랑스 세력에 의해 모든 상업적 영토를 상실하는 것을 예방하는 수준에서 사용되었다고 주장했다. 18세기는 차치하고 20세기 운용 기준에 따르더라도, 자유무역과 완전경쟁이 하나의 공상에 지나지 않는 지역에서, 또한 무력 개입의 자제가 시장을 적에게 넘겨주는 걸 의미하는 곳에서, 세심하게 계산된 수준의 무력 개입은 하나의 훌륭한 사업적 관행으로 정당화될 수 있을 것이다. 그러나 그곳에는 언제나 브리튼 측의 무력에 편승하여 그곳의 브리튼인들을 부와 권력 쪽으로 부추기는 사람들이 있었다는 것이 문제였다. 그들은 경쟁적인 토호, 금융업자, 중개인, 불만을 품은 장군, 그리고 우두머리 세리稅吏들을 비롯한 이해관계가 있는 인도인들이었다. 여기에서 런던의 동인도회사 그리고 인도의 기회주의자들에게 공통적으로 적용되는 위험이 하나 있었는데, 군사적 행동과 정치적 개입이란 일단 한번 발동이 되고 나면, 사업적 기회를 위해 봉사하는 것이 아니라 그 위에 군림하려는 경향이 있다는 것이었다. 이것은 예기치 않았던 문제들을 일으키게 되고, 이는 다시 추가적이고 좀 더 심각한 군사적 교전을 불러들여서, 종국에는 그것이 교역 기회와는 전혀 관계가 없어질 때까지 계속될 우려가 있었다. 이것이 정확하게 벵골에서 일어났던 일이고, 벵골에서 일어난 그 일은 영국을 '잘못된 제국'으로 인도하게 되었다.

아무도 이 일이 다가오고 있다는 것을 알아차리지 못했다. 카르나틱의 승리를 뒤로 하고 잉여의 은으로 주머니를 채운 채 잉글랜드로 돌아온 뒤에, 동인도회사의 강인함을 상징하는 인물로서 명성과 부를 즐기고 있던 로버트 클라이브도 그 점에서는 마찬가지였다. 그도, 동인도회사의 이사회도 프랑스가 전쟁에서 더 많은 것을 잃을 수 있었던 사실에 구애받지 않고, 어쩌면 자신들이 상실한 인도 남부보다 잠재적으로 더 많은 것을 가지고 있을 북동부 교역 지대에서 보상을 구하려고 할 것임을 알고 있었다. 프랑스의 찬데르나고르 상관은 프랑스판 콜카타가 되어가고 있었다. 보강된 프랑스 함대는 벵골만 장악을 놓고 동인도회사 함대와 돛 하나에 이르기까지 치열한 각축을 벌이고 있었다. 그러나 가파르게 상승하는 양측의 경쟁이 남부에서 그토록 큰 피해를 촉발시켰었던 것과는 달리, 벵골에서는 새 나와브 알리바르디 칸Alivardi Khan의 훨씬 강하고 안정적인 정권에 의해 통제 가능한 수준으로 억제되고 있는 것 같았다. 알리바르디 칸은 델리의 무굴 궁정이 제국을 방어할 능력을 상실한 것을 기회로 삼아, 콜카타에서 갠지스Ganges강을 거슬러 약 300마일(400킬로미터) 상류에 위치한 무르시다바드에 근거지를 구축함으로써, 벵골뿐 아니라 남쪽으로는 오리사Orissa, 서쪽으로는 비하르Bihar에 이르는 하나의 작은 무굴 제국이라고 할 수 있는 사실상의 독립적인 왕국을 건설하여 효율적인 통치를 하고 있었다. 그 것은 자립적이고, 거대하며, 경제적으로 역동적인 영토였으며, 거기에다 강어귀의 땅을 매립하고 쌀, 인디고 또는 사탕수수 등을 재배함으로써 해마다 영토가 불어나고 있었다. 친수라Chinsura에 있는 네덜란드인들의 근거지를 비롯하여, 유럽의 교역 공동체들의 활동 범위는 각기 그들의 상관 또는 교역소로 제한되었고, 오지 교역에 관해서는 필요할 때 허가를 받아야 했다. (이는 사실상 날염 면직물과 비단을 구입하기 위해서는 은을 지불할 수밖에 없었음을 의미했다.) 한 국가 안에 어떤 공격적이고 제멋대로 행동할 수 있는 또 다른 무장 국가가 존재할 수 있다는 것은 최소한 1750년대 중반까지만 하더라도 상상할 수 없는 일이었고, 관련된 그 누구에게 바람직한 일도 아니었다.

그러나 알리바르디 칸의 우아한 궁정을 방문했던 사람들은 어떤 확실한 안정감을 느낄 수 있었겠지만, 실제 상황은 안정과는 거리가 멀었다. 알리바르디 칸은 능력 이상으로 일을 벌이고 있었고, 서부 비하르와 서부 벵골을 침입한 마라타족의 공세를 차단하는 데도 어려움을 겪고 있었다. 군대의 무력 증강에 필요한 비용을 충당하려면, 자가트 세트Jagat Seth 가문 같은 전주들로부터 추가적인 대출을 받거나, 제민다, 즉 세리稅吏들을 적으로 돌릴 위험을 감수하더라도 그들에게 무거운 압력을 행사하는 수밖에 없었다. 그들의 수세적 상황은 유럽인들에게도 영향을 미쳤다. 영국과 프랑스 사이에 또 한 차례의 전운이 다가오고 있을 무렵, 두 나라의 동인도회사들은 전략적 보물로 새로이 떠오른 벵골

특산품, 질산칼륨[硝石]을 두고 상호 간에 열띤 경쟁을 벌이고 있었다. 그들이 각기 유리한 위치를 점하기 위해 노력하던 1756년 알리바르디 칸이 죽고, 그의 스무 살짜리 손자 시라주다울라Siraj-ud-Daulah가 그를 계승했다.

(그 옛날 우리 세대의 학생들에게 아직도 '로저 다울러Roger Dowler 경'으로 기억되는) 시라주다울라는 영국 제국 역사상 처음으로 공인된 악당이며, 죄 없는 영국인들을 콜카타 블랙 홀Black Hole의 무덤같이 좁은 감옥 안에 가둔 가학적 악마로 규정된 자이다. 빅토리아 시대는 말할 것도 없고 20세기에 나온 '제국주의 시대 이야기들' 속에도 그를 묘사한 삽화들이 어김없이 등장한다. 희생자들을 흡족한 표정으로 바라보는 괴물 같은 모습은, 그의 마음만큼이나 검고 곱슬곱슬한 콧수염과 함께, 동양적 전제군주에 대한 정형화된 이미지를 담고 있는 것이다. 토머스 배빙턴 매콜리(1800~1859)는 (그의 어린 시절과는 거리가 먼 얘기지만) 그에 관해 다음과 같이 썼다. '어릴 적 방탕이 그의 신체와 정신을 불안하게 만들었다. … 짐승들과 새들에게 심한 고통을 주는 것이 그의 어릴 적 오락이었으며, 성장했을 때에도 그는 여전히 자신과 동류의 피조물들이 고통스러워하는 것을 보다 통렬하게 즐기고 있었다.' 그러나 시라주다울라는 청소년기를 갓 지난 우리가 일반적으로 알고 있는 18세기 인도의 표준적인 군주였다. 충동적이었고, 응석받이로 키워져 무례함이 몸이 배었으며, 과문하고, 거기에다 정치적으로 능력이 떨어지는 사람이었다. 과거 카르나틱에서 일어났던 일을 생각해 보면, 그가 친수라, 찬데르나고르, 그리고 콜카타에 있는 유럽 각국의 상관 또는 교역 거점과 관련하여, 모든 요새를 해체하라고 요구함으로써 그들이 교역 본연의 장에 머물도록 조치한 것을 단정해서 비합리적인 처사라고 말할 수는 없는 것이었다. 네덜란드와 프랑스인들은 그의 요구에 순응했다. 영국인들은 따르지 않았는데, 아마도 콜카타가 이미 단순히 교역 거점 확장의 연장선상에 있다고 보기 어려운, 그것을 훨씬 뛰어넘는 어떤 것이 되어 있었기 때문이었을 것이다. 좁 차르노크Job Charnock(1630~1693)[12]가 당시에도 그랬지만, 그 이후에도 줄곧 전 인도를 통틀어 가장 건강에 좋지 않은 기후를 가졌다고 알려진

후글리강 옆, 자신의 보리수나무 아래 묻힌 이래, 콜카타는 자력으로 인구가 최소 10만 명에 이르는 상당한 규모의 도시로 성장했다. 이것은 단순히 직조 및 어업 공동체들로 이루어진 후글리 강변 마을들의 집합체가 아니라 작지만 강한 경제적 발전소였다.

맞건, 틀리건, 영국인들은 콜카타가 자신들의 창안이라고 느끼고 있었고, 이 도시의 생명은 동인도회사가 본국으로 보내야 하는 (그리고 직원들의 사복을 채우기 위해 교역할 만한, 그러나 그것이 항상 불법인 것은 아니었던) 품목들을 오지에서 구입하는 능력에 달려 있다고 믿고 있었다. 조야하게 지어지긴 했지만, 윌리엄 요새의 존재 자체가 자신들의 무역을 보호하고 확대함에 있어서 필요한 주장을 밀어붙일 수 있는 하나의 협상 카드였으며, 그들은 이것을 젊은 나와브의 접시에 담아 넘겨줄 생각은 없었다. 시라주다울라가 자신의 의지를 관철시키기 위해 콜카타로 행군을 시작했을 때 윌리엄 요새는 방어용 참호 파기 작업을 아직 마치지 못하고 있었으므로 그들의 불복종은 시기적으로 좋지 않았던 셈이다. 시라주다울라는 요새를 힘들이지 않고 점령했는데, 동인도회사의 현지 사장과 대부분의 회사 간부들, 그리고 (450명쯤 되는) 거주민들은 점령을 눈앞에 두고 겨우 대피할 수 있었다. 미처 피신하지 못한 사람들 중에 제퍼나이어 홀웰Zephaniah Holwell이라는 사람이 있었는데, 그는 1756년 6월 20일 다른 민간인들 및 병사들과 함께, 요새 내 범법자들을 구금하는 장소로서 오랫동안 브리튼인에게 '블랙 홀'이라고 알려진, 가로 세로 각각 6미터, 3미터인 감방에 수감되었다. 『블랙 홀에서 질식한 잉글랜드 잰틀맨들과 다른 이들의 개탄스러운 죽음에 관한 진실한 이야기A Genuine Narrative of the Deplorable Deaths of the English Gentlemen and Others who were Suffocated in the Black Hole』는 홀웰이 1년 뒤에 모국으로 귀환하는 여행 중에 쓴 생생한 체험기이다. 이로써 그는 제국주의 역사와 관련한 첫 번째 잔혹성 멜로드라마를 영국 청중에게 내놓은 셈이었는데, 아들

---

12   콜카타의 창립자로 알려진 동인도회사의 현지 경영자 ─ 옮긴이.

들이 아버지의 손을 잡고 숨을 거두는 것으로 완결되는 이 이야기는 섬뜩하고 감성적인 것을 좇는 당대인들의 취향과 완벽하게 들어맞는 것이었다. 홀웰은 모두 146명이 구금되었는데, 오직 43명만이 생존했다고 주장했다. 그러나 완벽한 연구를 거친 최근 증거 자료에 따르면, 구금자 및 생존자 범주 모두에서 홀웰의 숫자는 실제보다 갑절로 부풀려진 것으로 보인다. 그러나 숫자가 반으로 줄어든다고 하더라도 그것이 끔찍하기 짝이 없는 숫자인 것에는 변함이 없으며, 사망자 집계가 수감 전에 이미 사망한 사람들이나 전투 중 사상을 당한 사람들을 포함하고 있다는 수정주의적 연구 결과들도 그런 점에서 마찬가지이다. 그리고 홀웰의 설명 중에는 사실에 부합되는 것들도 있다. 숨 막히는 더위, 평정을 잃은 희생자들, 조금이라도 공간을 더 확보하기 위해 벗어버린 그들의 의복들, 죽어감으로써 다른 사람들에게 숨 쉴 수 있는 공기를 배려한 모습 등이 그것이다. 그럼에도 불구하고 이런 일은 18세기 역사에서 흔한 일이었다. 1746년 칼라일성에 구금되었던 자코바이트들 중에 생존자가 있다면 이를 틀림없이 증언해 줄 수 있을 것이다.

어떤 경우이건, 시라주다울라의 머리 위에 응징이 가해진 것은 분노한 인간애라기보다는 전략적 필요에 의한 것이었다. 마침 인도의 또 다른 지방인 하이데라바드까지 동인도회사의 영향력을 확대하기 위해 마드라스에 불려와 있던 로버트 클라이브는 찰스 왓슨Charles Watson의 함정들과 연합작전을 펼치면서 벵골을 향해 방향을 틀고 있었다. 그들은 1757년 1월, 바다를 통해 콜카타를 장악하는 데 성공했으며, 이에 시라주다울라는 동인도회사의 모든 특권과 무장을 회복시켜 주는 수밖에 없었다. 과거 카르나틱에서 성공적으로 활용되었던 그의 책략이 이번에 벵골에서도 먹혔던 것이다. 시라주다울라 군대의 고위급 장군이었던 미르 자파르Mir Jafar는 시라주다울라의 심통스럽고 터무니없는 행동에 의해 무시당하고 소외당한 것에 화가 난 나머지, 만약 클라이브가 나와브를 실각시키더라도 자신은 크게 슬퍼할 일 없을 것이라며 속뜻을 드러냈다. 거의 같은 시간에, 다른 사람도 아닌, 그의 도움이 없다면 어떤 나와브도 부러진 갈대 신세가 될 정도로 막강한 영향력을 가진 금융업자 자가트 세트 또한 장기적 방향에서 좀 더 자신에게 이득이 될 것이라고 본능적으로 느껴지는 다른 세력, 즉 영국을 향해 눈을 돌리고 있었다. 1757년 6월 23일, 원주민 병사 2000명과 유럽인 병사 1000명으로 구성된 클라이브의 군대가 레드 코트를 입고 플라시Plassey에 모습을 나타냈을 때, 그들은 코끼리 기병대를 앞세운 상대의 5만 병력에 견주어 외관상 절대적 열세에 있는 것처럼 보였다. 그러나 실상 그 차이는 신기루 같은 것이었다. 나와브의 병력 중에 실제로 싸울 준비가 되어 있는 병사의 수는 1만 명 정도밖에 되지 않았기 때문이었다. 미르 자파르와 그의 휘하 지휘관들이 전투를 회피할 의사임이 확실해지자, 자파르의 지휘에 절대적으로 의존하고 있던 전체 병력이 허물어져버렸다. 시라주다울라는 순식간에 살해당했고, 미르 자파르가 그를 대신하여 새로운 나와브가 되었다.

물론 상황이 완전하게 마무리되려면, 영국 측이 제공한 서비스에 대한 계산이 이루어져야 했다. 클라이브는 아마도 전투가 시작되기 전에 청구서를 제출한 것으로 보이는데, 그것은 마음이 약하거나, 주머니 사정이 여의치 않은 자라면 수락할 수 없는 금액이었다. 자파르 장군이 클라이브의 노고와 관련하여 '변제할' 돈은 무려 23만 4000파운드였다. 이는 마켓 드레이턴 출신의 폭력배에 불과했던 그를 브리튼에서 가장 부유한 사람 중의 하나로 만들어주었고, 그에게 '플라시의 클라이브 남작'이라는 별명을 선사해 주었다. 거기에 더해, 그에게는 연간 3만 파운드 가까운 소득을 올려줄 수 있는 세입 토지가 주어졌다. 원래 8000만 파운드가 들어 있는 것으로 알려졌던 시라주다울라의 금고에서 발견된 돈은 150만 파운드에 불과했지만, 그럼에도 이것은 클라이브의 약탈 규모에 별다른 영향을 미치지 못했다.

개인적 약탈 행위라는 기회주의적 행태 너머에는 좀 더 근본적인 질문 하나가 가로놓여 있었는데, 그것은 영국 제국이 전 세계를 무대로 진군해 나아갈 때 계속해서 부딪히게 될 문제였다. 언제나 제국은 단지 원주민 정부를 '도울' 뿐이라고 그 역할을 규정할 뿐이지만, 문제는 그들의 군사력이 원주민 정부를 강화하는 데 사용되는가, 아니면 약화시키는 데 사용되는 것인가, 하는 것이었다. 이는 강력한 인도 정부와 취약한 인도 정부 중 어느 편이 '진정으로' 통상의 제국이자 자유의 제국의 이익에 도움이 될 것인가 하는 문제와 직결되는 것이었다. 레든홀의 동인도회사 이사들과 재정적인 면에서 보수적이었던 로렌스 설리번Laurence Sulivan 의장에 의해 습관적으로 표방된 회사의 견해는 변함없이 '피해 대책', 즉 야기될 피해를 최소화하려는 조치에 초점이 맞추어져 있었다. 이는 인도 정부가 긍정적 교역 환경 조성에 필요한 신뢰할 만한 안정과 평화를 제공할 수 있도록 하는 수준에서 상황을 마무리해야 한다는 의미였다. 플라시 전투 승리 이후, 인도 당국에 대해 콜카타에 대한 면책 특권 행사를 요구한 것은 그러한 목적에 부합되는 조치처럼 보였다. 그러나 항해에 6개월이나 걸리고, 본국에서 1만 5000마일이나 떨어진 곳에 있는 인도 주재 동인도회사의 구성원 중에서 이 같은 자기 충족 방안의 실현 가능성을 높게 평가하거나 신뢰하는 경우는 드물었다. 어떤 이들은 이를 약자의 변辯이라고 생각했다. 클라이브는 1758년 회사의 이사들에게 충고를 던지면서, '회사의 지위 확대를 위해 이 같은 기회는 다시는 없을 것'이라고 말했다.

구체적으로 말해서, 동인도회사는 (남부 인도의 경우처럼) 순응적인 나와브를 원했는가? 아니면, 회사가 스스로 나와브의 역할을 자임하길 원했는가? 회사 내부에서는 무르시다바드의 군대를 없애는 대신 영국 측이 운용하는 병력에 비용을 지불하게 한 것은 1756~1757년의 경험에서 비롯된 자기방어적 반응이라고 말할 수 있었다. 그러나 그들 중 아무리 과문한 자들이라 하더라도 나와브 정부의 정통성은 그들이 가진 무력시위에 결정적으로 의존하고 있다는 정도는 알고 있었다. 단지 코끼리들로 대변되는 무장 행렬뿐 아니라, 필요하다면 제민다, 즉 지역 세금 징수관들에게 달려가서 정부 금고가 아닌 어딘가 옆으로 새고 있을지도 모르는 은의 향방을 수색할 친위 병력과 경찰도 있어야 했다. 그러한 무력이 없다면 인도 정부는 빈껍데기에 불과한 것이었다. 물론, 동인도회사가 이후 24개의 파르가나Parganas[13]를 아우르는 광범위한 지역에서 직접적으로 토지세를 징수하고, 동인도회사 깃발 아래 교역 활동에 종사하고 있는 바니안들banians(중간 브로커)이 별도의 세금을 내는 불편함 없이 오지에서 비즈니스를 수행할 수 있도록 새 나와브 미르 자파르를 압박한 것이나, 혹은 인도 정부의 불안정성 등을 핑계로 이같이 조심스러운 안보 조치가 필요하다고 내세운 것 등은 자기 충족적 예언을 실현하고자 하는 것이었다. 인도 정부의 독자 생존이 어려울 것이라고 판단되면, 영국인들은 이를 붕괴시키는 데 힘을 쏟았다. 미르 자파르는 불가피하게 재정적 의무를 이행하는 데 실패하고, 마라타족까지 포함하여 주변에서 영국을 대신할 대안적 동맹을 찾는 데 필사적으로 매달리다가, 1760년 자신의 사위 미르 카심Mir Qasim에 의해 대체되었다. 그러나 카심 또한 영국인 교역자들을 강압적으로 대하다가 비슷한 방식으로 축출되고 나이 든 장인이 다시금 무르시다바드로 홀쩍 복귀했다.

  나와브들을 불러들이거나 축출하는 것, 벵골의 정부 조직이 해어지고 찢어지고 무너져 내릴 때까지 조종하는 것 등은 모두 영국의 단기적 이해관계에 맞는 조치들이었을 것이다. 클라이브와 동료들은 이것이 동인도회사에 좀 더 광범위한 자유를 부여하는 것이라고 생각했을 것이다. 그러나 사실, 이것은 영국을 개입, 전쟁, 그리고 또 다른 개입이라는 일련의 악순환 속으로 끌고 들어갔으며, 이는 그들이 명시적으로 거부해 오던 상황이기도 했다. 이것은 상업적 제국이 군사적 강압의 제국으로 전환되는 하나의 증후이기도 했다. 인도에는 병사들이 텐트 치기를 극도로 꺼리는 '코튼 그라운드cotton ground'라는 특정한 지형이 있었다. 건조한 날에는 당연히 단단한 땅 표면이라고 생각했던 곳인데, 자는 동안 비가 내리기라도 하면, 처음에는 흙 거품 속으로, 그다음에는 빗물로 움푹 파인 물구덩이 속으로 땅 표면이 가라앉으면서, 급기야는 텐트와 사람들, 그리고 소지품까지 몽땅 빨아들이고는 했다. 그들은 자신들이 하고 있는 일을 무언가의 '기초를 다지는 일'이라고 생각했으며, 또한 자신들의 업적이 언

---

13   여러 개의 읍면으로 구성되는 인도의 행정단위 ― 옮긴이.

젠가는 제국의 역사가들에 의해 그렇게 평가 받을 것이라 생각했지만, 사실은 인도의 클라이브와 동료 '정복자들'은 사실상 그들이 생각하는 그 기초를 '코튼 그라운드' 위에 다지고 있는 셈이었다. 그들이 나와브들을 대수롭지 않게 고용도 하고 해고도 하는 동안, 북동부에서는 훨씬 더 결정적인 드라마가 펼쳐지고 있었다. 1761년 1월 14일, 델리에서 96킬로미터 떨어진 파니파트Panipat라는 작은 타운 근처에서, 허물어지고 있던 무굴 제국의 유산을 두고 두 적대적 경쟁자들 사이에서 엄청난 규모의 전투가 벌어지고 있었다. 한쪽은 브라민 마라타Brahmin Maratha족이 기사군주연합을 통해 규합한 막강한 군대였다. 다른 한쪽은 아흐메드 샤 두라니Ahmed Shah Durrani 지휘하의 아프간 군대였다. 1739년 당시 페르시아 전제군주 나디르 샤Nadir Shah와 마찬가지로, 아흐메드 샤는 북방 도시들을 약탈하려는 매우 전통적인 목적으로 인도를 침입했다. 그랬던 그가 종국에는 아와드의 나와브에 의해 정치적 동기를 가진 무슬림 동맹 속으로 편입되었는데, 이들의 목적은 힌두교를 신봉하는 마라타족에 의한 북부 및 중부 인도 지배를 막겠다는 것이었다. 결국은 마라타족의 기병들이 아프간의 총탄 세례 속에 전멸하면서 전투는 무슬림의 승리로 끝났다. 그런데 일단 승리를 거둔 아프간 군대가 약탈 경로를 따라 북서쪽으로 철군하고 나니, 파니파트 전투는 무굴 제국의 심장부에 커다란 권력 공백을 초래하는 결과를 낳았다. 벵골, 아와드, 혹은 더 남쪽의 하이데라바드까지 망라한 어떤 잠재적 계승자들도 그 공백을 메울 정도로 충분한 힘을 갖고 있지 못했다.

만약, 동인도회사의 전략이 줄곧 그러한 공백 속으로 들어가는 것이었다면, 파니파트 전투 이후 약 10년은 그들에게 믿어지지 않을 정도로 너무나 좋은 환경이었을 것이다. 더구나 동인도회사의 군대가 1764년 아와드-비하르 접경지대인 바크사르Baksar에서 아와드의 나와브 미르 카심을 상대로 승리를 거두었을 때, 이들은 멈출 수 없는 전쟁 기계처럼 보였다. 인도인 병사들에게 그들이 과거 나와브들로부터 받던 통상적 급료보다 훨씬 높은 금액을 정기적으로 지급함으로써, 동인도회사는 바나라스Banaras와 남부 아와드 인근 지역의 전통적인 모병 자원들을 대상으로 세포이들sepoys[14]을 고용하여 레드 코트를 입힐 수 있었다. 아와드의 나와브는 패배 이후 그에게 '보호'를 제공하는 군대, 즉 동인도회사로부터 그에 합당한 비용 지불을 요구 받게 되었다. 이것은 클라이브가 마켓 드레이턴에서 배운 부정한 돈벌이의 연장선상에 있었다. 벵골의 동인도회사 병력은 1765년부터 토지세라는 노다지의 직접적인 수령자가 되었기에 머스킷 총, 대포, 거세한 수소 무리, 그리고 기마용 말들을 갖추고 있었다. 클라이브는 알라하바드에서 열린 즉석 연회에서 샤 알람Shah Alam 무굴 황제에게 '왕좌'를 제공했는데, 이는 자신의 식탁 좌장석에 있는 것과 같은 형태였다. 황제는 이 자리에서 동인도회사에 디와니Diwani, 즉 자신의 이름으로 세금을 걷을 수 있는 권리를 공식적으로 부여했다. 무르시다바드의 나와브가 여전히 형식적으로는 경찰권과 사법권을 가지고 있었지만, 이제는 사실상의 지배권을 가지게 된 동인도회사가 빈사 상태의 무굴 제국 몸 안으로 들어가 기생충처럼 게걸스럽게 갉아먹는 형국이 되었다.

역설적인 것은, 1764년 동인도회사가 클라이브를 인도에 다시 보낸 것은 회사의 세력이나 영역을 넓히기 위한 것이 아니라, 오히려 축소를 주도하라는 뜻이었다. 그리고 윌리엄 피트가 주도하던 제국 통치 시절, 재정적, 그리고 정치적인 비용으로 많은 심적 고통을 겪었던 런던의 임원진으로서는 작금 인도에서 일어나고 있는 일들이 아메리카에서의 경험만큼이나 정신이 번쩍 들게 하는 것이었기 때문이었다. 운 나쁘게 런던에서 동인도회사의 결산 책임을 맡고 있던 사람의 관점에서 보면, 제국의 획득은 어느 모로 보나 실패이며 손해 보는 행위였다. 말할 필요도 없지만, 이마에 승리의 월계관에 씌워졌으며, 그들의 업적이 복스홀 가든에서 공개되는 음악과 그림 속에서 찬양되고 있었던, 또한 인도에서 갈취한 돈으로 금고가 터질 듯했던 '현장의 사람들'은 그렇게 생각하지 않았다. 클라이브를 필두로 영국으로 돌아와 자유롭게 시간을 보내기 시

---

14   유럽인들에게 소속된 인도인 병사들을 일컫는 말이다 — 옮긴이.

작한 그들은 전원주택을 구입했으며, 때로는 글로스터셔의 세진코트Sezincote 같은 곳에서는 주택에 인도 궁정풍의 양식을 가미하기 위해 건축가들을 고용하기도 했다. 그들은 또한 런던에 영향력을 행사하기 시작했고, 자신들의 재력을 의회 의석 확보에 활용하기 시작했다. 이른바 '네이밥nabobs'15으로 불린 그들은 과거 서인도 제도의 농장주들을 대신하여 사람들로부터 가장 선망의 대상이 된 동시에, 또한 가장 미움 받는 금권 정치인들이 되기도 했다.

클라이브는 인도에서 머무르는 2년 동안, 아메리카에서 제기된 바 있었던 제국의 비용 문제와 관련된 논쟁을 예민하게 의식하면서, 상업 회사에서 자생력을 갖춘 군사국가로 변신한 동인도회사의 선택이 재정적으로 최선이었음을 합리화하는 활동을 계속했다. 그는 회사의 임원들에게 '뱅골은 그 자체가 부의 무궁무진한 원천이며, 돈과 식량이 풍부하게 제공될 것임을 믿어도 된다'는 내용의 편지를 썼다. 좀 더 구체적으로는 수입과 지출의 차이, 그러니까 뱅골의 토지세가 확실하게 가져다줄 수입에서 그들을 다스리고 치안을 유지하는 데 들어가는 비용을 뺀 순수익이 아마도 연간 100만 파운드에 이를 것이라는 낙관적인 전망을 제시했다. 그리고 그 수익은 회사가 런던 판매장에서 경매로 판매할 상품들을 사들일 수 있는 충분한 자금을 제공할 것이라고 말했다. 만약, 그의 말을 믿는다면, 이는 꿈이 이루어지는 것을 의미했으며, 그것을 구체적으로 말하자면, 인도라는 거대한 밑 빠진 독에 끊임없이 은을 쏟아붓는 대신, 대등한 조건에서 교역을 할 수 있는 꿈을 이루는 것이었다. 이 계획이 내포하고 있는 자급자족의 정연한 논리는 아메리카에서 겪었던 재정적 악몽과 대비되면서, 더욱더 뿌리치기 어려운 유혹으로 다가왔을 것이다. 아메리카에서는 영국군 군대와 무장한 세관 관리들까지 동원하여 본국 정부가 압제를 실행에 옮기고 있다면서 울분에 차 있는 주민들을 상대로 억지로 세금을 쥐어짜야 하지 않았던가? 동인도회사의 판단에 따르면, 인도에서는 그 누구도 압제 외에 다른

---

15   무굴 제국의 지배층이나 대부호들을 일컫는 말 — 옮긴이.

것을 기대하지 않고 있으며, 그럼에도 불구하고 그들은 앞으로 유니언 잭의 보호 아래 나와브 통치 때와 비교하여 덜 압제적인 상황을 맞게 될 것이었다. 더 좋은 것은, 인도인들은 무굴 제국 건국 이래 해왔던 것처럼 그들 스스로가 징세 업무를 맡게 될 것이었다. 그럴진대, 무엇이 잘못될 수 있을까? 농민들은 계속해서 불평을 해댈 것이다. 그러나 그것은 농민들이라면 으레 하는 일이다. 그들은 결국 돈을 토해내고 말 것이다. 제민다라는 이름의 전통적 세리들은 그들이 과거 황제에게 그랬듯이 동인도회사에 사전에 현금을 건넬 것이고, 징세에 저항하는 촌락이 있으면 언제나 해오던 방식대로 자기 사람들을 내려 보낼 것이다. 벵골의 모든 은혜로운 것이 흘러들어 가고 있는 티크teak제製 궤의 궁극적인 주인이 바뀌는 것일 뿐, 그 밖에는 아무것도 달라질 것이 없었다.

그러나 실제로는 모든 것이 바뀌게 될 시간이 다가오고 있었다. 벵골의 전원 지대를 4인조 가마꾼들이 간선도로를 따라서 불안정하게 들고 가는 팰런킨palanquin이라는 1인승 가마의 원형 의자에 앉아서 바라보거나, 혹은 강물에 떠 있는 바지선 위에 앉아서 플러시plush 천16 사이로 내다본다면, 그것은 정신적 외상에서 자유로울 뿐 아니라, 징벌적 수준의 세금이 주는 충격을 몬순에 내리는 비와 함께 흡수하면서, 여전히 스스로를 먹여 살릴 능력이 있는 것으로 비쳐질지도 모른다. 그러나 몬순 시기의 기후가 사람들이 기대하는 것을 가져다주지 못하면 무슨 일이 일어날 것인가? 북동부 인도를 절망적인 기근 상황으로 끌고 갔던 1769년과 1770년이 바로 그러한 경우였다. 그 2년 동안 벵골과 비하르 인구의 4분의 1 내지는 3분의 1이 죽어갔다. 여행자들은 눈을 부릅뜬 살아 있는 유령들을 보았으며, 살이 다 없어지고 갈비뼈가 드러난 사람들이 앉아서 소멸의 순간을 기다리고 있는 것을 보았고, 밀집한 솔개 떼가 시신들 위로 날아드는 것을 보았다. 이 모든 것이 동인도회사의 학교 그림에 담기에는 부적할 광경이었다. 기근이 그곳 영국 당국의 잘못은 아니었다. 그러나 1760

---

16   실크나 면직물을 우단보다 털이 좀 길게 두툼히 짠 천 — 옮긴이.

년대 영국인들이 벵골 땅에 촉발시킨 혼란과 고통은 이곳의 산하가 기근의 충격을 극복하는 데 도움이 되지 않았던 것은 확실하다.

영국인이건, 인도 원주민이건, 재물을 탐하는 자들은 뼈에 붙은 고기마저 발라먹으려고 난리였다. 마라타족과 프랑스인들이 가해온 위협에 직면하면서 토지세에 대한 압력은 그 어느 때보다 극심해졌다. 콜카타 정부는 징세관들에게 압력을 가했고, 징세관들은 촌락들에 압력을 가했다. 세금이 산출량에서 차지하는 비중이 높아졌고, 이에 따라 농민들이 다음 해 농사를 위해 비축해야 할 종자의 양이 줄어들었다. 만약, 수확할 볏단이 없어서 소를 징세관에게 뺏겼다면, 농민들은 우유와 축력, 그리고 땔감용의 똥 벽돌까지 잃는 것을 의미했다. 어떤 제약도 받지 않았던 영국 상인들은 동인도회사의 깃발 아래 무장한 수행단을 대동하여 직물을 찾아다녔다. 그들은 마음대로 촌락에 난입한 뒤, 방직업자들과 염색업자들을 상대로 일방적인 가격을 강요함으로써, 또 다른 합법화된 갈취를 자행하고 있었다. '인도에서 베틀로부터 직물을 뜯어내거나, 농부들에게서 얼마 안 되는 쌀과 소금마저 비틀어 탈취하거나, 혹은 농민들에게서 자신들의 압박감은 물론 압제자가 누구인지조차 잊게 만드는 아편마저 쥐어짜는 정확하고 꼼꼼한 손'에 대한 에드먼드 버크의 가열하고 격렬한 비판은 과장임이 분명하다. 그러나 모두가 근거 없는 것은 아니다. 버크에 비해 당파적 정체성이 약하고, 또한 자신이 무엇에 대해 이야기하는 것인지도 잘 알고 있었던 리처드 베커Richard Becher는 '사실은 확실하다 … 〔동인도회사라는〕 조세권자가 출현한 이래, 이 지역 사람들의 생활 조건이 더 나빠진 사실 말이다'라고 고백했다.

로버트 클라이브가 1765년에 행한 일은 앵글로-인도의 역사를 급하게 훑고 지나갈 하나의 환상을 심어놓은 것이며, 그것은 장차 영국-인도 제국의 운명을 결정하게 될 헛된 욕망의 추구이기도 했다. 클라이브는 그의 경력이 끝나갈 무렵에 이르러 영국의 통치적 감독권을 무굴 제국 깊숙이 무모하게 확장해서는 안 된다는 의견을 피력하기는 했지만, 과거의 그는 달랐다. 인도에서 약간의 재정적 문제가 있다 하더라도, 그것을 확고하고 용기 있게 다룬다면 순간적인 따끔함에 불과할 것이라는 주장을 흔들림 없이 견지했던 것이다. 그 이후, 그의 주장은 동인도회사의 기대에 대한 응답이 되었으며, 이는 단순히 상업적 수지 타산의 전조일 뿐 아니라 조건이었다. 1800년 무렵, 회사의 재정이 그 어느 때보다도 더욱 짙은 적자를 기록하고 있었음에도 불구하고, 그것은 하나의 확고한 공리로서 굳어지고 있었다. 이는 자유와 무역의 제국 창설자들이 표방했던 모든 원칙과 정반대의 위치에 있었다. 또한, 그것은 스코틀랜드에서 경제학자 애덤 스미스에 의해 성문화된 수칙, 즉 정부의 간섭이 덜할수록 보이지 않는 손이 그만큼 쉽게 본연의 역할을 할 수 있다는 원칙에도 (스미스가 군사적인 만일의 사태 및 인도에서의 '특수한' 상황에서는 예외로 한다는 의견을 천명한 것은 맞지만) 반하는 것이었다. 데번이나 덤프리스 출신으로 콜카타에서 그 시절을 보낸 사람들 중 누구도 그로 인해 더 가난해진 사람은 없을 것이기에, 그런 의미로 본다면 클라이브의 말이 맞다. 마치 영국인과 원주민의 공동 이익을 추구하는 듯 가식을 떠는 동안에도 가장 언어도단적인 방법으로 부당 이득을 올린 사람이 바로 그였다. 의회에서 그의 행위에 대한 질책이 쏟아졌을 때에도 그는 그 유명한 자기방어 논리를 내세우며 늘 그렇듯 뻔뻔하게 행동할 뿐이었다. 플라시 전투 이후, '위대한 군주가 나의 기쁨에 의존하고, 엄청나게 부유한 도시가 나의 수중에 떨어졌습니다. 그곳의 가장 부유한 은행가들이 나의 웃음을 사기 위해 서로들 경쟁을 벌였지요. 저는 양쪽으로 금과 보석이 쌓여 있고, 오직 저에게만 열려진 귀중품 보관실을 그저 가로질러 갈 뿐입니다! 의장님, 바로 이 순간에도 저는 제 자신의 절제에 대해 깜짝 놀라며 이 자리에 서 있습니다.' 그러나 절제는 다른 사람이면 몰라도 그가 사용할 수 있는 단어는 아니었다. 1774년 클라이브는 아편에 무절제하게 빠졌고, 그의 생명은 아편 과다 복용 속에서 끝났다.

역설적으로, 클라이브의 개인적 악명이 있었기에, 그가 주창한 바의 개입주의적인 제국주의 논리는 그에 마땅한 회의론에 봉착하지 않을 수 있었다. 왜냐하면, 영국의 벵골 통치가 세상의 가장 선한 뜻을 가지고도 일반적인 평화와 번영을 가져오는 데 실패했다면, 그것은 오로지, 그의 존재가 상징하듯, 사악하고 이기적인 사람들이 아마도 그곳의 탐욕적이고 이기적인 원주민들에게 잘못 인도된 나머지, 사복을 채우는 일에 그들의 신뢰를 남용했기 때문이었다는 설명을 가능하게 만들었기 때문이었다. 이에 따라 벵골의 영국 당국이 판단한 정책 수정 방향은 클라이브의 명제를 뒷받침하고 있는 가정들의 진위 여부를 면밀하게 검토하는 것이 아니라, 단지 옳은 사람들과 옳은 조치들을 찾는 것에 국한되었다. 이제 인도에서 영국 제국의 남은 역사는 바로 그러한 것들을 행하기 위한 탐색 과정이었다.

만약 동인도회사가 로버트 클라이브가 가진 상스러운 현란함에 대척적인 성격의 인물을 찾고 있었다면, 워런 헤이스팅스보다 더 나은 사람을 발견하지 못했을 것이다. 미래에 대한 대비가 부족했으며, 그 결과 바베이도스에서 생을 마감했던 한 성직자의 아들이었던 그는 처음부터 근엄한 국외자였다. 영리했지만 가난했던 웨스트민스터의 어린 학생은 지나치게 수줍음을 많이 탔지만, 한편으로는 가슴속에 진중한 자존심을 단단하게 품고 있어서, 그를 처음 만나는 사람들의 반응은 때로는 감탄이었고, 때로는 미움이었다. 열일곱 살에 동인도회사에서 서기로 일을 시작한 이래 여러 직책을 거쳤고, 때로는 무르시다바드에서 일하기도 했다. 헤이스팅스는 무르시다바드에서 나와브의 행정 관료들과 판사들, 그리고 금융업자들과 필연적으로 접촉하게 되면서, 회사의 부를 축적하기 위해서는 말기 무굴 제국의 정치뿐 아니라 이곳의 문화 속으로 뛰어들 필요가 있다는 것을 이해하게 되었는데, 이는 동인도회사 사람들로서는 드문 경우였다. 그는 페르시아어, 아랍어, 힌두스탄어, 그리고 벵골어를 익혔고, 그다음에는 힌두와 무슬림의 법규, 그리고 위대한 종교적·신화적 문학 작품들과도 친숙하게 되었다. 그가 다른 잘못을 저질렀을 수는 있지만, 최소한 후세대 재인도 영국인들의 전형적인 특성으로 굳어버린 문화적 우월감만은 워런 헤이스팅스와 관련지을 수는 없다. 그에게는 그런 것이 없었다.

그는 시무룩한 태도로 일관했고, 와인에 물을 타는 등의 행동으로 사람들을 어리둥절하게 만들었다. (콜카타 사회에서는 이를 그가 자신의 도덕적 고결함을 의도적으로 표현한 것으로 보고 비위를 상하기도 했다.) 그랬던 그가 사랑에는 너무나 쉽게, 그것도 절망적으로 빠졌다. 첫 번째 아내가 죽은 후, 자칭 '남작' 임호프 Imhoff라고 하는 독일 예술가의 금발 머리 아내 마리안Marian을 사랑하게 되었고, 그 남작이 마리안을 남겨놓고 유럽으로 돌아가자, 그녀는 1777년 헤이스팅스의 두 번째 아내가 되었다. 이는 그들이 참을 수 있을 만큼 참아냈던 끝에 이룬 연애결혼이었다. 그러나 그에게는 어떤 면에서는 그보다 훨씬 더 운명적으로 사랑에 빠진 대상이 있었는데, 바로 인도였다. 인도의 멋들어진 시골벽적함, 성지와 사원의 고풍스러운 아름다움, 그리고 이 나라의 자극적이지만 향내가 물씬 나는 무질서가 그를 유혹했다. 그는 무굴 사람이 되기를 몹시도 원했고, 적어도 나와브는 되고 싶었다. 그는 동인도회사를 인도적인 것으로 만들고 싶었다. 아메리카 혁명 직전 노스 경 주도로 의회를 통과한 동인도 규제법 (1773)은 그가 마음에 그리던 것을 할 수 있는 권위를 그에게 부여해 준 것처럼 생각되었다. 이 법에 의해 그는 벵골 총독Governor에서 신설직인 벵골의 '총괄총독Governor-General'으로 승진했고, 마드라스와 봄베이에 있는 동료 총독들보다 (그들 입장에서는 원통했겠지만) 상위의 지위를 부여받았던 것이다. 그러나 이 법이 그의 권위를 일정 부분 축소한 면도 있었다. 왜냐하면, 총괄총독(이하 '총독'으로 표기)은 국왕과 동인도회사에 의해 임명되는 위원 네 명으로 구성되는 자문위원회와 협의하여 통치하도록 규정되었으며, 또한 의결에서 그의 표는 다른 위원들보다 우위에 있지 않았기 때문이었다.

이를 표면적으로 보면 통치권의 집중과 분산이 동시에 이루어진다는 점에서 모순적인 결정으로 보일 수 있지만, 사실 이 규정은 (아메리카에서 많은 시험을 거친) 헌정적 견제와 균형에 입각한 새로운 원칙을 따른 것이었다. 어떤 일을 성사시키기 위해서는 우선은 총독과 자문위원회 사이에, 세부적인 차이는 있다 하더라도, 사안에 대한 본질적인 이해의 일치가 선행되어야 했다. 그러나 헤이스팅스와 자문위원회와의 관계는 그들이 처음 조우하는 순간부터 엄청난 재앙 그 자체였다. 그들 중 세 사람은 최소한의 실무 지식도 없이 인도에 도착했다. 헤이스팅스는 콜카타에 도착하는 그들을 21발 예포에 한참 못 미치는 네 번의 일제 사격으로 맞이했는데, 이는 존 클래버링John Clavering 중장처럼 식식거리는 사람들의 기분을 삽시간에 상하게 만들었다. 그들은 직감적으로 이 의전이 자신들에게 약간의 가벼운 모욕을 주기 위해 의도적으로 기획된 것이라고 파악했는데, 그것은 사실이었다. 헤이스팅스는 본국의 회사 이사들에게 이를 매우 '하찮은' 것이라 일소에 부치며 정당화했는데, 그럼에도 자신의 직책이 가진 '권위'를 손상시키지 않으려면 달리 할 일이 없었다고 말하는 걸 잊지 않았다.

콜카타의 백인 사회처럼 폐쇄된 작은 세상에서는 그 같은 모욕이나 무시는 선전포고 없는 전쟁이나 마찬가지였다. (제인 오스틴Jane Austen이 탱크 스퀘어Tank Square를 걸어본 적이 없다거나, 가든 리치Garden Reach의 보리수나무 아래 앉아보지 못한 것은 영어 문학에서 얼마나 큰 손실인가!) 상냥한 난봉꾼 리처드 바웰Richard Barwell만 예외였을 뿐, 나머지 자문위원 세 명은 헤이스팅스를 개인적으로 좋아하지 않는 것으로 그치지 않고, 그의 정책들까지 부정적인 시선으로 바라보았다. 예컨대, 헤이스팅스가 예산 담당자들을 모두 숙청하자, 그들은 헤이스팅스가 그 자리에 측근들을 앉히기 위해 그렇게 한 것으로 믿었다. 또한 헤이스팅스가 아와드의 나와브를 대신하여 아프간의 로힐라Rohilla족을 상대로 전쟁을 일으키자, 그가 수익의 일부를 차지하려고 용병 노릇을 자처한다고 생각했다. 그러다 보니 회사 업무는 개인적 앙갚음의 인질이 되고 말았는데, 개인의 사적 감정들이 가장 격렬하게 부딪힌 공간은 헤이스팅스와 자문위원 필립 프랜시스Philip Francis와의 사이였다. 한 번은 난다쿠마르Nandakumar라고 하는 힌두 계의 뱅골인 예산 담당자가 총독이 뇌물을 수수했다고 공개적으로 증언했다. (아마도 그가 근거 없는 수당을 받았을 수는 있지만, 뇌물수수 혐의는 거짓이 거의 확실해 보이고, 난다쿠마르의 증언 또한 거의 틀림없이 위증이었을 것으로 보인다.) 그러자 헤이스팅스는 난다쿠마르가 죽은 채무자의 재산을 횡령한 혐의로 소추하도록 부추김으로써 이에 반격을 가했다. 난다쿠마르는 체포되었고, 위조죄로 기소되어 콜카타에 새로 세워진 브리튼 최고법원에서 8일간의 엉터리 재판을 받았는데, 결국에는 (힌두법이나 관습과는 아무런 관련이 없는) 조지 2세 치하에서 통과된 브리튼 법률에 따라 교수형을 선고 받았다.

그러나 이렇듯 사법적 정의를 희화화한다는 것은 원주민들의 토착적 법과 제도를 무시하는 것이 아니라 오히려 너무 많은 관심을 기울인다는 비판을 받아온 헤이스팅스 통치 스타일로 볼 때 이례적인 일이었다. 사실, 헤이스팅스의 적들이 그를 향해 가지는 혐오감의 일부는 바로 그가 원주민들에게 다가가려는 열망 속에서, 자신과 회사의 이익, 그리고 자신이 이행해야 할 의무, 즉 인도인들에게 다른 것이 아닌 영국식 통치와 정의를 행해야 한다는 것을 잊어버리는 데에 있었다. 이들 장군들과 판사들, 그리고 필립 프랜시스 같은 부류의 사람들이 진정하게 다원주의적인 앵글로-인도의 세계에 갑자기 끼어들었다고 말하는 것은 아마도 감정적인 과장이 될 것이다. 자매도시인 마드라스, 봄베이와 마찬가지로 콜카타 역시 화이트 타운과 블랙 타운으로 확실하게, 그리고 적극적으로 분리되어 있었다. 인도인들이 가든 리치와 차우링히Chowringhee의 주택들 내부에 있었다면, 그들은 하인 자격으로 그곳에 있는 것이었다. 팰런킨 가마꾼, 정원사, 요리사, 경비원, 식음료 운반자, 청소부, 그리고 문지기들이 그들이었다. 그럼에도 불구하고, (왕족들의 기분을 상하게 한 뒤에 경력 관리차 인도에 왔던) 틸리 캐틀Tilly Kettle과 요한 조파니Johann Zoffany의 그림들을 보면, 20년이라는 짧은 시간의 흐름 속에서 인종과 문화 사이의 경계는 그 전과 후의 어느 때보다도 느슨해지고 탄력적으로 변했으며, 심지어는 상호 공감적인 측면이 늘었음이 명백하게 드러난다. 섹스를 다문화적 관용으로 가는 확실한 길잡이라고 할 수는 없지만, 유럽인 여자가 여전히 상대적으로 희소했으며, 특히 그들이 임신과 출산 시기에 열대성 질병에 매우 취약했으므로, 동인도회사 사람들이 인도 여인을 장기간 정부로 두는 일이 흔했고, 때로는 (지역 무슬림 귀족 출신의 젊은 여자와 정치적으로 위험한 애정 행각을 벌였던 하이데라바드 거주 제임스 아킬리즈 커크패트릭James Achilles Kirkpatrick처럼) 그들과 결혼하는 경우도 있었다. 1780년대와 1790년대 콜카타에 대해 다소 수다스러운 일기를 작성한 법률가 윌리엄 히키William Hickey는 오랜 기간 연인이었던 젬다니Jemdani에 대해서도 애정이 묻어나는 글을 남겼다. 그는 그녀를 위해 후글리 강가에 전원주택을 구입했으며, 그곳에서 두 사람 공동의 친구들을 불러 접대하곤 했다. 그는 다음과 같이 썼다. 그녀는 '보기 드문 명랑함과 쾌활한 성격으로 인해 내 모든 친구로부터 존경 받고 칭찬 받았다. … 일반적인 아시아 여성과는 달리 그녀는 낯선 사람들의 시선으로부터 결코 자신을 감추려 하지 않았고, 오히려 우리 남자들 파티에 아주 기쁘게 합류하여 만개한 즐거움 속으로 들어오곤 했다'. 인종 간 결합에서 태어난 자녀들에게 일어났던 일은 인종적 경계를 초월하는 관계의 가능성과 한계를 동시에 보여주는 것이었다. 그들의 자녀들은 대체로 극진한 보살핌과 교육을 받았지만, 그들의 교육이 잉글랜드와 인도 중 어느 곳에서 이루어질지는 피부가 짙은 색인가, 아니면 옅은 색인가에 달려 있었다.

동인도회사 직원 중에 자신의 정부와 함께 있는 초상화를 주문한 사람은 없었지만, 초상화에 함께 그려질 대상으로 선택한 사람들은 따로 있었다. 그들은 바로 바니안들banians이었다. 그들 중간상인은 동인도회사 직원들을 위해 (공식적 규제를 회피하며) 사적 교역을 담당했으며, 또한 상업적·정치적 정보의 결정적 원천이기도 했다. 상인 존 모브레이John Mowbray의 초상화에 등장하는 바니안처럼 그들 중 상당수는 타고르Tagore 가문을 비롯한 명문가 출신이며, 바드랄로그bhadralog라고 불리는 문화적으로 세련된 벵골의 상류 계층 출신들이었다. 영국에서는 인도에서 돈을 번 신흥 부자들을 속물로 간주하는 경향이 있었지만, 사실은 이들 바니안들의 빈틈없는 사업적 수완 덕분에 그들의 영국 출신 친구들은 시와 신화, 그리고 종교적 텍스트에 몰두할 수 있었다. 그러므로 워런 헤이스팅스가 효율적인 회사 경영을 위해서는 인디고 경작에 필요한 정보를 넘어서는 그 무엇이 필요하다고 느끼게 된 것은 자연스러운 일이었다. 그것은 고전어와 방언을 포함하는 인도 언어, 그리고 종교, 법, 역사, 그리고 정치에 대한 실무적 숙달을 요구하는 것이었다. 1770년 중반부터 1784년 그가 벵골에 아시아 협회를 설립할 때까지, 헤이스팅스는 유럽인들의 인도 연구를 위한 첫 번째 위대한 후원자가 되었다. 그의 후원을 받은 집단의 상당수는 매우 젊은 사람들이었는데, 헤이스팅스가 그들에게 맡긴 임무는 지식에 근거하는 통치, 그리고 객관적인 통치를 위한 초석이 될 연구물을 생산해 달라는 것이었다. 산스크리트Sanskrit 법전의 요약본이라고 할 나다니엘 브라시 할레드Nathaniel Brassey Halhed의 『젠투 법전Gentoo Code』은 1776년에 나왔다. 11년쯤 뒤에는 『영어-힌두스탄어 사전A Dictionary, English and Hindoostannee』이 1787년에서 1790년 사이 스코틀랜드 출신 의사 존 길크리스트John Gilchrist에 의해 2부작으로 출간되었는데, 그는 '서니야시sannyasi(힌두교의 고행자)'처럼 수염을 길게 기르고 '한동안 원주민 옷을 입은 채' 봄베이에서 파이자바드까지 여행하기도 했다. 길크리스트는 언어 교사들munshis에게 골똘하게 귀를 기울이면서 힌두스탄어의 음성학을 연구했으며, 1800년 웰즐리 총독이 세운 포트 윌리엄 칼리지의 첫 번째 힌두스탄어 교수가 되었다.

이 어떤 이야기도 헤이스팅스나 할레드, 길크리스트, 콜부르크Colebrooke, 또는 윌킨스 등의 동양학 연구자들이 인도의 언어들과 법률, 그리고 문학을 유럽의 축적된 지혜와 진정 '동등한 것'으로 믿었다는 뜻은 아니다. 동인도회사가 모국인에게 인도의 문화를 교육시키기로 결정한 데에는, 원주민 정보 제공자들이 그들이 가진 독점적인 지식을 신뢰할 수 없는 목적으로 사용할 수 있다는 우려가 있었다. 다시 말하면, 인도 문화 연구의 부분적인 목적은 그들에 대한 회사의 지나친 의존에서 탈피하는 데에 있었다. 1770년대 동인도회사 통치하에 있던 절대다수의 인도인들이 여전히 의지하고 있는 주된 사법기관이 힌두 및 무슬림 법정이었던 상황에서, 헤이스팅스는 그들 법정을 주재하거나, 최소한 그들의 법적 절차를 이해할 수 있는 유럽인 판사들을 이상적으로 생각하고 있었을 것이다. 그렇다고 여기에서 그의 '오리엔탈리즘'이 지배의 또 다른 수단이었다는 이야기를 하려는 것은 아니다. 헤이스팅스와 동료들은 자신들의 권력을 주어진 것으로 받아들였다. 그들이 원했던 것은 그 권력을 그들이 통치하고 있는 공간과 어떤 교감을 나누는 가운데 행사하는 것이었다. 예컨대, 바가바드-기타*Bhagavadgita*(인도 고대 서사시의 일부)의 첫 영어 번역을 후원했으며, 번역자가 바나라스에서 산스크리트어를 공부할 수 있도록 휴가를 제공할 뿐 아니라, 번역서에 서문을 기고하기까지 하는 행동이 어찌 '오리엔탈리스트'가 상황을 교묘하게 조종하려는 것이 될 수 있을까? 헤이스팅스는 동인도회사 이사회 의장에게 보낸 편지에서 이 번역 작업의 결과물을 자랑스럽게 소개하면서, 그러한 번역의 가치가 단순히 '점령권에 근거하여 우리가 지배권을 행사하고 있는 사람들과의 사회적 소통'에 '유용하다'는 데에 있는 것만은 아님을 확실하게 밝혔다. 그는 설득력 있는 화술을 동원하여 다음과 같은 글을 썼다.

〔이는 또한〕[17] 인간애의 증진입니다. … 이것은 원격 애정을 불러일으키고 어루만져줍니다. 이것은 원주민에게 복종을 강제하는 사슬의 무게를 줄여주고, 우리 국민의 가슴속에 박애에 대한 감각과 의무를 새겨줍니다. 잉글랜드에서조차도 이것의 이런 효과는 매우 절실한 것입니다. 인도의 주민들이 많은 사람으로부터 야만적 삶의 수준을 겨우 넘어선 신의 창조물로 간주된 것이 그리 오래된 일이 아닙니다. 그러한 편견이 많이 약해지기는 했지만 완전히 없어진 것도 아닙니다. 그들의 진정한 품성을 우리 모국에서 경험할 수 있게 해주는 모든 순간이 그들의 자연적 권리들을 향한 좀 더 관용적인 감각을 우리에게 심어주며, 우리들의 척도에서 그들을 평가할 수 있게 도와줍니다. 그러나 그러한 경우는 오직 그들의 저작물을 통해 이루어질 수 있으며, 이런 번역 작업은 인도에서 영국의 지배가 끝나더라도, 또한 한때 영국령 인도가 부와 권력을 산출하는 데 사용했던 자원들이 기억 속으로 사라진다 하더라도, 그 뒤로도 오랫동안 살아남을 것입니다.

17　〔 〕안은 옮긴이가 작성.

6. 잘못된 제국　**639**

레든홀의 수취인 나다니엘 스미스Nathaniel Smith가 이 글이 담고 있는 인간적이고 낙관적인 메시지를 읽어냈는지는 알 수 없다. 확실한 것은 헤이스팅스가 이 편지를 보낸 뒤 수개월 뒤에 잉글랜드에 모습을 나타내게 되었다는 점이다. 그러나 그것은 그가 기대했던 명예로운 귀국이 아니라, 가혹하고 부패한 규율가規律家라는 엄청난 공개적 질책을 받는 처지였다. 1786년 봄 필립 프랜시스의 친구이자 정치적 동반자이던 에드먼드 버크에 의해 작성된 그에 대한 의회 탄핵소추장을 믿는다면, 헤이스팅스는 행정을 지혜롭고 자애롭게 행사하기는커녕, '부족들의 신뢰를 저버리고 엄청난 불법, 잔학 행위, 그리고 위약違約을 범했다'. (여기에서 버크는 아프간의 로힐라스Rohillas 부족을 고결한 기마인들이라고 공상하면서, 그들은 다만 사적 영향력을 확장하려는 헤이스팅스의 꾐에 빠졌을 뿐이라고 주장했다.) 또한 헤이스팅스는 '한때는 비옥한 농경 지대[아와드]를[18] 사람이 살지 않는 사막으로 바꾸어버렸다'는 것이었다. 그뿐만 아니라, 헤이스팅스는 '그가 인도에서의 권력과 엄청난 신뢰의 상황을 악의적으로, 부당하게, 그리고 치명적으로 유해하게 사용함으로써, 그 땅의 오래된 제도들을 엎어버리는 데에' 몰두했었다는 것이다. 버크의 사자후 속에서 지혜로운 부엉이는 어느새 독수리가 되어 있었다.

그곳에서 과연 무슨 일이 일어났는지를 투명하게, 혹은 정직하게 보고자 하는 사람이, 버크를 포함해 아무도 없었고, 또한 제기된 소추상의 혐의가 모두 로힐라 부족과 아와드에 관한 것이었음에도 불구하고, 탄핵재판이 진행되는 동안, 어느새 워런 헤이스팅스는 마치 아메리카를 상실한 혐의로 재판을 받고 있는 것 같은 형국이 되었다. 그 말고 누가 아메리카 상실에 대한 희생양이 된 적이 있었던가? 국왕 조지는 훼손되지 않은 대중적 인기를 발판으로 대서양 제국의 붕괴 책임으로부터 어느 정도 벗어나 있었다. 콘월리스도 아니었다. 그는 헤이스팅스의 자리를 물려받기 위해 콜카타의 임지로 가는 중이었다. 결

---

18 [ ] 안은 옮긴이가 작성.

국 탄핵재판은 인도 사람들에게 자행되었다고 '주장된' 모든 종류의 악행을 앞세워 헤이스팅스를 피고석에 앉힘으로써, 영국으로 하여금 아메리카에서 '실제로' 행해졌던 일에 대한 불편한 양심의 짐을 떨쳐버릴 수 있게 하려는 것이었다. 버크가 헤이스팅스에 대해 말한 것은 사실은 게이지와 허친슨이 아메리카에서 저지른 행위들, 그리고 콘월리스의 부하 버네스터 틸딘Banastre Tarleton 중령이 캐롤라이나에서 범한 흉포한 폭력 행위에 대한 성토나 다름없었다. 헤이스팅스는 심지어 영국령 인도를 거의 상실할 뻔했다는 비난까지 받았는데, 사실을 따지자면 인도는 그가 구한 것이었다. 1780년 그는 마라타족, 그리고 마드라스 탈취를 위협할 정도로 근접해 온 호전적인 무슬림 왕국 마이소르의 술탄 하이다르 알리Haidar Ali, 그리고 프랑스라는 적으로부터 삼중으로 위협 받고 있었다. 영국 제국이 서쪽에서 막 무너지고 있던 그 순간, '아메리카'의 재앙이 동쪽에서도 재현되는 것을 막은 것은 헤이스팅스의 발 빠르고 현명한 전략이었다. 헤이스팅스는 마라타 부족을 매수하여 마이소르와의 동맹이라는 유혹을 뿌리치게 만듦으로써 병력을 남부 인도로 집중 배치시킬 수 있었던 것이다. 그럼에도 영국은 사라토가Saratoga 전투(1777)와 요크타운 전투(1781) 등 아메리카가 남긴 고통스러운 후유증 속에서도 차마 재앙의 실제 책임자들을 비난하지 못하고, 한 사람의 국내산의 ― 어설프고 부패한 ― 동양적 전제군주를 만들어 그를 희생양으로 삼고자 하는 욕구를 떨쳐버리기 어려웠던 것이다. 그 동양적 전제군주가 바로 버크가 '세 개의 꼬리를 가진 파샤Pacha'라고 소추한 밀짚인형이었다. 버크는 탄핵재판에서 '경들은 범죄자를 원합니까?'라고 소리쳤다.

> 누군가의 기소장에 이토록 많은 불법행위가 소추된 적이 있었습니까? … 나는 그 레이트브리튼의 모든 하원 의원의 이름으로 우리 국민의 기개를 훼손시킨 그를 탄핵합니다. 나는 그에 의해 법과 권리, 그리고 자유를 말살 당했으며, 또한 자신들의 땅이 초토화되고 황폐화된 인도 사람들의 이름으로 그를 탄핵합니다. … 나

는 남녀, 나이, 지위, 상황, 그리고 삶의 조건을 가리지 않고 인간을 잔혹하게 학대하고, 손상시키고, 억압한 그를 인간 본성의 그 자체의 이름으로 탄핵합니다.

또 다른 혐의는? 불쌍한 헤이스팅스가 곤궁한 처지와 관련하여 혼란스러워한 것은 이상한 일이 아니었다. 그가 반바지를 입은 칭기즈칸처럼 웃음거리가 되어 피고석에 앉아서 자신의 명예와 삶을 지키기 위해 사투를 벌이는 동안, 요크타운의 항장降將은 콜카타의 총독 관저를 향해 나아가고 있었다. 아무튼 헤이스팅스의 탄핵재판은, 과거 수많은 희생양이 처했던 상황과는 달리, 최소한 졸속 판결까지는 가지 않았다. 아메리카 상실에 대한 맹목적 애국주의자들의 떠들썩한 통곡이 만들어냈던 험악한 분위기가 어느 정도 가라앉고, 영국이 프랑스와 실제적 교전에 들어감에 따라, 그동안 상처 난 국민적 자존감으로 뭇매의 대상이 되어오던 헤이스팅스에게 무죄판결이 내려졌다. 그러나 탄핵재판은 그의 삶에서 10년이라는 세월을 속절없이 앗아갔으며, 그는 그것이 준 충격과 치욕에서 영원히 회복되지 못했다. 꾸밈없는 선의를 가진 콘월리스 입장에서는 인도에서 자신에게 주어진 일을 할 따름이었는데, 그것은 조금은 침체된, 그러나 다시금 되살아나는 영국 제국의 깃발을 기운을 다해서 기운차게 날리는 것이었다.

에드먼드 버크와 피트 내각의 국무장관 헨리 던다스Henry Dundas가 각본을 쓴 전임자의 악행과 관련된 근거 없는 신화는 사실 '아우게이아스 왕의 외양간'[19] 청소부를 자처했던 콘월리스 입장에서는 어느 정도 필요한 것이기도 했다. 그는 진정으로 브리튼적인 것을 인도에 가져오는 사람이 되어야 했다. 인도의 신음 소리를 들어주고, 추락한 전제군주 헤이스팅스가 입힌 상처를 치료

---

19 소 3000마리를 기르면서도 30년간 한 번도 외양간 청소를 하지 않았던 엘리아의 왕 아우게이아스의 더러운 외양간을 헤라클레스가 알페이오스(Alpheius) 강물을 끌어들여 하루 만에 청소를 끝냈다는 그리스의 신화에서 가져온 말이다 ─ 옮긴이.

해야 할 사람이었다. 그리고 예산 부서에 들끓고 있는 기생충들도 일소해야 했다. (그것은 실제로 이루어졌다.) 그리고 정부의 통치가 현지인들의 관습을 살펴서 이루어져야 한다는 난센스도 추방의 대상이었다. 인도인들의 통치 능력에 관한 콘월리스의 입장은 '내가 진정으로 믿는바, 모든 토착 인도인은 부정직하다'라는 말로 대변된다. 인도가 필요로 하는 것은 개혁이라는 이름의 독한 약한 첩이었다. 영국인을 동양화시키는 것이 아니라 동양인을 영국화시키는 것이 그가 말하는 개혁의 요체였다. 총독 관저에 있어야 할 사람은 잉글랜드 태생의 나와브가 아니라, 분별 있는 잉글랜드의 치안판사였다. 또한 관리들을 유혹에 빠지지 않게 만들려면 적절한 봉급이 지급되어야 하고, 그들의 행동 범주가 교역 같은 하찮은 문제들에 의해 오염되어서는 안 될 일이었다. 앞으로는 비즈니스를 할 사람과 행정을 맡은 사람은 완전히 구분할 필요가 있었다. 영국령 인도에 대한 콘월리스의 새로운 사명 의식은 비즈니스에 대한 무관심 내지는 낙인적 관점에서 비롯되는 것이었다. 인도에서 상업을 통해 얻게 된 것이 무엇이건, 은과는 비교할 수 없는 귀중한 것으로 1000배로 갚아줄 생각이었다. 영국의 제도, 정의에 관한 영국인들의 축적된 지혜, 그리고 영국 사회의 건전한 자선이 그것이었다. 그러므로 벵골에서의 토지세라는 핵심적 문제를 바라보면서, 또한 (그곳에 분명히 존재했던) 범죄적 학대, 그리고 강탈과 기근이라는 음울한 파노라마를 쳐다보면서, 콘월리스는 원주민들의 토착 전통에 영합하는 일 따위를 완전히 잊어버리는 것이 가장 우선적으로 해야 할 일이라고 결론지었다. 새로운 시작은 건전한 기본 원칙들에 바탕을 두고 이루어져야만 했다.

그 원칙들은 잉글랜드의 견실한 토지 소유자들이 가지고 있는 바로 그것들을 의미하는 것이었으며, 콘월리스 자신도, 비록 견장과 장식용 단추들을 단 제복을 입고 있지만, 엄연히 그들 중의 일원이었다. 그는 토지를 소유한다는 것이 단지 소유권만을 의미한다고 생각하지 않았다. 그것은 신뢰이기도 했다. 노력의 모든 촌락마다, 잔물결 이루는 모든 밀밭에 새겨져 있는 진보의 과정은

(국왕 조지 3세를 필두로 한) 지혜롭고 독창적인 토지 소유주와 검약하고 진취적인 소작 농부들 사이에 맺어진 호혜적 관계에 힘입은 것이었다. (물론, 그 풍경은 사실, 상당 부분 18세기 인클로저에 의한 악랄한 몰아내기로 완성된 것이었다.) 시골 특유의 정감이 있는 브리타니아에서 자족이라는 경제적 기적을 일군 쌍방 당사자들은 임차권과 조세가 모두 고정되어 있다는 것을 알기에 자신들이 들인 노력의 결과를 거둘 수 있다는 확신을 가질 수 있는 것이다. 그러므로 인도의 농촌도 행복해지려면 이 같은 안정성을 확보하는 조치들이 필요하다는 것이 콘월리스의 생각이었다. 안정성은 말할 필요도 없이 안정적인 사회적 위계질서에서 비롯되는 것이었다. '사회적 지위의 고정적인 서열화는 다른 곳이 아닌 바로 이 지역의 문명사회적인 질서를 고양하기 위해 필요하다.' 그가 쓴 글에 나오는 내용이다. 그리고 말할 필요도 없이 이런 견실한 사회질서는 잉글랜드 젠트리에 상응하는 벵골인들에 의해 닻이 내려져야 하며, 그들은 소작인들에게 과도한 부담을 주지 않고도 정부에 대한 자신의 의무를 다할 수 있다는 신뢰를 얻어야 한다. 콘월리스는 징세관들zemindars이 그런 역할을 할 수 있으리라 생각했다. 역사적으로 그들은 무굴 제국 통치하에서 자신들에게 배당된 토지를 가문 내에서 세습할 수 있었다. 그러나 영국의 경우와는 달리, 그들은 그 땅의 진정한 소유자들은 아니었다. 그들은 귀족이 아니라 제국의 징세관으로서 각기 배당된 토지에서 나오는 조세수입 중 황제 몫을 제외한 나머지를 가질 뿐이었다. 그러나 콘월리스는 명료한 개념 정리가 시급했고, 또한 소유권의 도덕적 고무와 관련하여 지나치게 낙관적이었기에, 이 같은 모호함은 간과되었다. 따라서 징세관들은 배당된 조세를 지명 당일에 정부에 지불한다는 것을 유일한 조건으로 토지에 대한 절대적인 소유권을 획득했다. 잉글랜드에서 후세에게 토지 상속을 확약하는 데에는, 어찌 되었건 토지 개선에 대한 인센티브의 성격이 있었다. 이들 인도의 새로운 '지주들'이 일단 자신들의 조세 의무와 관련하여 상한액의 개념을 가지게 된다면, 그들은 모범적인 농촌 젠틀맨이 되기 시작할 것이다. 다시 말하면, 그들은 '소작인'에게 익년 농사를 위한 씨앗과 가

축들을 위해 재투자할 수 있는 잉여분을 남길 수 있을 정도로만 소작료를 징수하게 될 것이었다. (사실을 따져보면, 그들 '소작인'은 무고한 경작자들이었으며, 그들 중에는 크건 작건 토지를 소유한 사람들도 있었다.) 아무튼, 콘월리스의 계획에 따르면, 이들 '소작인'이 좀 더 생산적으로 변모하게 될 것이고, 그에 따라 이들은 호황을 이루고 있는 타운들의 현금 시장과 면, 인디고, 설탕, 그리고 아편에 목말라히는 수출 시장에 공급하게 될 상품들을 생산하게 될 것이었다. 더구나, 이 모든 일은 정직하고 공정한 정부가 제공하는 평화와 정의의 보호막 아래에서 일어나게 될 것이었다. 이제 잉글랜드 법률에 기반을 둔 법정들은 인도 법정과 더불어 주민의 고충을 심리할 것이며, 정부가 임명한 지역 관리들은 원주민을 착취로부터 보호할 것이고, 징수된 세금이 원래 목적대로 사용되는지를 지켜볼 것이었다.

이렇듯 경이로울 정도로 자화수정自花受精적인 시스템의 보호 속에서 모든 사람이 좀 더 번창하게 된다면, 그에 상당하는 기적적인 변화들이 일어나기 시작할 것이었다. 소박한 소작농들은 영국산 공산품의 소비자가 될 것이고, 벵골의 새로운 젠트리 계층은 도서관으로 몰려들어 유럽의 (다시 말하면, 영국의) 계몽사상이 가진 부인할 수 없는 지혜들에 대해 눈을 뜨게 될 것이었다. 그들의 눈에 껴 있던 비늘 같은 것들이 떨어져 나갈 것이었다. 그들은 지금까지 가지고 있던 역겨운 우상들과 코끼리 머리를 가진 신들에 대한 예찬을 버리고 어쩌면 기독교 복음의 빛을 영접할 수도 있을 것이다. 진정한 문명화의 순간이 바로 코 앞에 있었다. 콘월리스는 이를 확신하고 있었다.

어쨌건 그것은 이론이었다. 만약에 이것이 스코틀랜드에서 잘 작동했던 것이 사실이라면, 그리고 구체적 실무를 담당하게 될 행정관리들과 감독관들 중에 스코틀랜드 출신이 타의 추종을 불허할 정도로 많은 것이 사실이라면, 이것이 벵골, 비하르, 그리고 오릿사Orissa에서 잘 작동되지 않을 까닭이 있을까? 여기에서 한 가지 생각해 보아야 할 것은, 콘월리스의 시스템은 평화와 안정을 전제로 했다는 점이다. 그런데 실제로 일어난 일은 약속된 평화 대신에 마이소르, 마라타족, 그리고 프랑스를 상대로 벌인 거의 끊임없는 전쟁의 연속이었다. 자금 압박에 시달리던 상당수 징세관들은 정부와의 계약 의무를 지키기 위해 빚을 져야 했으며, 무장한 부하들은 한 푼이라도 더 짜내기 위해 소작인들이 있는 촌락으로 보내졌다. 대출과 착취에도 불구하고 정부와의 계약 금액을 맞추지 못한다면, 그들은 토지를 빼앗겼고 다른 사람에게 매각되었다. 잉글랜드에는 채무에 시달리는 젠트리들의 신용을 웬만하면 지켜주려는 은행가들이 존재했지만, 인도에서는 사정이 달랐다. 징세관들의 채권자들 중에는 지체 없이 채무자들의 토지를 접하고 정부와의 계약 자체를 인수하는 경우가 많았다. 허세가 강하던 콘월리스가 가장 신뢰하지 않던 계층이 타고르 가문 같은 콜카타의 전주鐵主들이었는데, 역설적으로 그의 통치 시기 최대 수혜자로서 부유한 토지 재산가로 변모한 자들이 바로 그들이었다. 갠지스강 범람 델타delta를 비롯하여, 이들 전주가 소유하게 된 토지들은 아편, 비단, 면 등 매우 빠른 시간 안에 큰돈을 만들 수 있는 환금작물처럼 취급되면서, 농촌 지역의 자본화가 가속화되었다.

1789년 8월 콘월리스는 자신이 구상한 토지 회계의 '영구적 해결 방안'을 도입하면서, 동인도회사의 이사들에게 그의 계획이 '여러분들의 수익을 확보하고 나아가 증진시킬 것'임을 약속한 바 있었다. 회사와 정부는 새롭게 출범한 콘월리스 체제하에서 발생하는 토지 수입으로 균형 회계가 확립될 수 있을 것으로 기대했겠지만, 그들의 기대는 전쟁이 일으킨 흙먼지 폭풍 속에 묻혀버렸다. 동인도회사의 이사들과 피트 행정부 모두 과거 헤이스팅스의 군사적 모험주의를 비도덕적일 뿐 아니라, 감당할 수 없는 비용을 발생시키는 비효율적 정책으로 간주했었기에, 콘월리스의 계획은 그들의 생각과 일치되는 것이었다. 그러나 인도는 그의 뜻이 실현되도록 가만히 내버려두지 않았다. 헤이스팅스가 마이소르 왕국의 하이다르 알리의 무력적 위협으로부터 자신들을 지켜주는 대가로 마라타족에게 영토적 양보를 하기로 했던 결정은 단지 숨 돌릴 틈을 확보하는 미봉책에 불과했음이 드러났다. 마이소르 왕국의 술탄 하이다르 알리는 힌두 왕조로부터 권력을 찬탈한 지 20년 만에 17세기 비자야나가르Vijayanagar 제국 붕괴 이래 남부 인도에서 가장 강성한 국가를 구축하는 데 성공했기 때문이었다. 그의 통치하에서 도로와 교량이 건설되었고, 농촌 및 시장경제가 융성했다. 그는 여전히 무슬림 군주였지만, 힌두 사원과 성지를 보살폈다. 콘월리스조차 마이소르를 성원의 왕국이라 생각할 정도였다. 최소한, 그가 마이소르 세력의 뿌리를 뽑기 위해 전쟁을 벌이기 전까지는 그렇게 생각했었다.

1782년 하이다르 알리가 죽고 왕위는 나름 카리스마를 갖춘 아들 티푸 술탄Tipu Sultan이 계승했다. 결국은 마이소르의 절멸로 이어지게 될 전쟁 기간을 통해, 그리고 전쟁이 끝난 후에도, 티푸는 영국 사람들에 의해 과거 시라주다울라처럼 불안정하고 피에 굶주린 전제군주로 악마화 되었다. 영국인들은 마치 스스로가 왕조의 정통성을 판단할 수 있는 재판관이라도 되는 양, 습관처럼 그를 가리켜 '오래된 힌두 율법'을 짓밟고 대신 왕위를 차지한 '찬탈자'라고 불렀다. 그럼에도, 인도인을 인도인으로부터 구원한다는 것으로 자신들의 정복을 합리화하는 패턴은 이제 인도와 본국 양쪽에서 잘 확립된 공식이 되었으며, 본국에서는 특히 그러했다. 광적인 인도-무슬림 전쟁 군주보다 더 나쁜 경우가 세상에 있을까? 있었다. 그것은 자신을 프랑스 공화파라고 생각하는 광적인 인도-무슬림 전쟁 군주였다. 모리셔스Mauritius와 레위니옹Réunion 등 전략적으로 의미 있는 인도양 해군기지들에 집착을 보이고 있던 프랑스가 티푸에게 제안들을 보내왔을 때, 그가 이를 반겼던 것은 확실한 사실이다. 또한 그가 프랑스 측의 제안들을 이용하여 인도인 및 아랍계 아프리카인으로 구성된 군대를 유럽인들의 전쟁에 참전시킴으로써 그들을 좀 더 공격적으로 훈련시키고 싶어 했던 것도 사실이었다. 그리고 아메리카 독립전쟁 이래 상승세를 타고 있던 것은 영국 제국이 아니라 프랑스 제국이라고 인식되던 그 시기에, 그리고 그런 유혹에 빠지지 말라는 법도 없었다. 거기에다, 영국의 정책 중에는 그로 하여금 자신이 아닌, 영국이 공격자라고 믿게 만드는 그 어떤 것이 있었다.

그렇게 해서, 1791년 5월 콘월리스는 요크타운 이후 처음으로 전장에 나섰다. 세링가파탐에 있는 거대한 왕궁 요새 앞에서 오래된 악몽이 그를 사로잡았다. 그의 군대는 몬순기의 진흙탕 속에서 달리 어찌해 볼 수 있는 방법을 찾지 못하고 허우적거렸던 것이다. 지나치게 대열이 확장된 탓에 병참선도 끊겨버렸다. 그러나 그런 어려움 속에서도 군대는 대열을 어느 정도 유지하는 가운데 버틸 수 있었고, 덕분에 다음 해 서늘한 날씨가 돌아오는 대로 카베리Kavery의 도서 요새에 대한 새로운 공세를 벌이며 궁극적인 승리를 거둘 수 있었다. 티푸의 패배는 그의 영토 절반을 할양하고, 두 아들을 선의를 담보하는 인질로서 보내야 하는 심각한 결과로 이어졌다. '삼촌 같은' 찰스 콘월리스Charles Cornwallis는 터번을 쓴 작은 친구들의 손을 잡으면서 제국적 자축의 표준적 아이콘이 되었다. 그것은 확고한, 그러나 도량 있는 제국의 모습이었다.

　'착한 삼촌 찰리' 콘월리스는 1793년 인도를 떠났다. 그가 인도뿐 아니라, 제국을 위해서도 긍정적인 일을 했다는 것이 본국의 평가였다. 최소한 그는 제국을 상실하지는 않았다. 그러나 그의 임기 동안 인도의 식민 정부가 교역의 비용 효율성 문제로 인해 제약 없는 영토적 정부로 전환된 귀결과 관련하여, 이에 대해 실망하는 의견 대신, 역사적 정당성과 필연성을 말하는 의견이 대두되는 분위기는 제국의 나아갈 방향과 관련하여 여론의 엄청난 변화가 일어났다는 방증이었다. 클라이브 시절, 블랙 타운 사창가에서 아라크 주酒를 마시고 인사불성이 되기를 거듭하면서, 칠흑같이 어두운 마드라스의 누추한 숙소에서 그런 생활이 언제나 끝날지 초조하게 애태우던 과거의 야비한 서기들은 이제 팰런킨 가마를 타고 지방을 순시하며 경작자들의 복지를 면밀하게 살피고, 때로는 어떻게 하면 과세 상황이 개선될 수 있을지를 고민하며 스코틀랜드의 집단 지성을 참고하는 등, 나름 으스대는 지방 행정관 나리들로 변모되어 있었다. 얼마 전까지만 하더라도, 이동의 자유와 오지 교역자에 대한 처우의 공정성이란 누구에게 뇌물을 주어야 하는지, 혹은 누구를 두들겨 패야 하는지를 구분해서 아는 것을 의미하는 것이었다. 이제 그곳에는 콜카타 또는 봄베이의 법정 판사석에 앉아서 그런 문제에 대한 판결을 내리는 가발 쓴 백인들이 있었다. 한때 동인도회사를 위해 전투를 하는 행위는 독일에서 무력시위를 벌이는 것에 비해 열등한 대우를 받았지만, 이제 이곳은 영웅들의 전장이며, 유명 인사들이 등장하는 무대가 되었다.

아무튼, 카운티 미스County Meath 출신의 (웨슬리Wesley 태생) 웰즐리 삼형제가 1797년 인도에 도착할 때는 그런 것을 머리에 그리고 있었다. 형제 중 가장 나이가 많고 정치 분야에서 두각을 나타냈던 리처드, 사업가인 헨리, 그리고 전장의 신동 아서가 그들 형제였다. 그들이 인도를 떠날 때까지 8년이 흐르는 동안, 인도는 그들에게 성장할 기회를 주었고, 그들은 좋건 나쁘건, (형식적인 명칭만 없을 뿐) 영국의 실질적인 인도 통치 체제the Raj를 만들어냈다. 로버트 클라이브는 단 한번도 5000명 이상의 병력을 지휘해 본 적이 없었다. 1804년 초대 웰즐리 후작이자 인도 총독인 리처드 웰즐리는 19만 2000명에 달하는 병력을 지휘하고 있었다. 이는 몇몇 유럽 최강국들의 병력과 맞먹는 수준이었다. 명목만 아니었지 실질적으로는 영국 정부의 역할을 하고 있던 동인도회사는 인도 아대륙에서 최고의 권력을 가진 존재로서 이에 도전할 세력이 아무도 없었다. 마이소르 왕국은 사라졌다. 무굴 제국은 무기력한 조롱거리에 지나지 않았고, 우두머리인 샤 알람은 영국 출신 관리자들이 보호 중인 눈멀고 힘없는 피부양자에 불과했다. 델리는 힘과 권위의 중재자로서의 지위를 콜카타에 넘겼다. 러크나우Lucknow와 파이자바드 등 위대한 도시들이 즐비한 갠지스강 중류 지방의 국가 아와드는 종속적인 지위를 가지게 되었다. 마라타족은 분열되었고, 만만찮은 세력을 가진 그들의 마지막 남은 족장 홀카르Holkar만 빼면 모두 무력화되었다. 하이데라바드의 니잠Nizam처럼 말썽부리지 않고, 그저 대형 트럭처럼 굴러가고 있는 영국의 무력에 편승한 지방 통치자들은 자리를 지켰다. 그러나 그들 주변에는 그의 정치를 마치 아이 보듯 돌보아주는 브리튼 출신의 '현장 거주인'과 그들이 허튼짓을 할 수 없도록 지켜보는 영국 병력이 있었다. (물론 비용은 그들 지방 통치자의 몫이었다.) 그리고 동인도회사의 채무는 세

배로 늘어났는데, 이는 회사가 더 이상 상업적 회계 장부 또는 그와 유사한 것을 유지할 필요가 없어졌다는 것을 의미했다. 회사는 이제 제도적으로 예산이 지원되는 의무의 대상이 되었다. 웰즐리는 (더비셔에 있는 로버트 애덤 소유의 신고전주의 양식의 캐들스턴Kedleston 홀과 흡사하게 지어진) 콜카타의 으리으리한 관저에 앉아서 자신이 정말로 새로운 아우구스투스나 되는 양 황제의 어투로 말했다. '아시아에서 우리 제국의 기초는 주변 국가들의 평온과 인도 인민들의 행복과 복리 안에 놓여 있다.'

그리고 이것은 댄건Dangan 성에서 태어나고 이튼과 옥스퍼드에서 교육 받은, 그리고 사실상 가문이 소유한 것과 진배없는 부패 선거구를 통해 의회에 진출한 경력이 있는 리처드 웰즐리에게 어울리는 일이었다. 이튼 칼리지에서는 카이사르, 리비우스, 그리고 타키투스의 업적이 반복해서 그에게 주입되었다. 또한 웰즐리는 그 시대 상류층 자제들에게 필수 과정으로 간주되었던 그랜드 투어에 참여했고, 그는 그때 로마 주변을 거닐면서 트라야누스Trajan와 하드리아누스Hadrian 황제의 유령들과 만나 친구가 되었다. 포실립포Posilippo의 베르길리우스의 무덤을 순례할 때에는 웰즐리의 가슴속에서 자신만의 서사시를 쓰고 싶은 절박함이 낭만적으로 명멸하고 있었다. 1798년 5월, 이제는 동인도회사의 하수인 신세가 된 아르코트의 나와브를 만났을 때, 웰즐리의 시선은 '금, 은, 보석으로 치장된 최상급의 덮개와 등 위에 금제의 작은 탑들을 얹은' 호위 코끼리 15마리에게 돌아갔다. 시무룩하고 카리스마적인 아일랜드 사람인 그가 콜카타에 자리 잡은 후, 프랑스 태생의 관능적인 아내 야생트Hyacinthe에게 편지를 보냈는데, 자신이 이 열대의 열기 속에서 얼마나 성적으로 자극되었는지에 관해 이야기했다. 그러나 그는 자신의 정력을 다른 곳에 사용했다. 그것은 정치적·군사적 권위를 요구하고 획득하는 것이었는데, 헤이스팅스나 콘월리스가 생각지도 못했던 방식이었다. 그것의 구실은, 또는 ― 아마도 그가 주장하고 싶어 했을 용어를 빌린다면 ― 그것의 근거는 모국 정부가 극도의 수세에 몰리고 있던 프랑스와의 전 지구적 전쟁이었다. 나폴레옹 보나파르트Napoléon Bonaparte

는 이탈리아에서 잇단 군사적 승리를 거두면서 영국과 동맹국들을 경악하게 만들었으며, 이제 이집트를 향해 엄청난 규모의 원정 부대를 파견하고 있었다. 만약, 그의 작전이 성공한다면, 홍해와 인도 사이의 병참선과 교역이 직접적으로 위협 받게 될 상황이었다. 웰즐리를 포함하여 모든 사람이 프랑스가 콜카타에 이르는 전 지역에 영향력을 발휘하고 대리인을 통해 심각한 손실을 안길 수 있는 능력을 가지고 있다는 엄연한 사실을 인정하고 있었다.

가장 위험한, 혹은 가장 무모한 인물은 티푸 술탄이었다. 그는 한편으로는 영국 당국과 맺은 조약상의 의무들을 지키는 척하면서도, 다른 한편으로는 영국이 자신의 영토와 권력을 옥죄고 있는 상황에서 벗어나기 위해 프랑스와 음모를 꾸미고 있었다. 웰즐리는 언제나 그렇듯이 그의 배신에 기분이 상했으며, 영국 지배의 족쇄에서 벗어나기 위한 티푸의 필사적인 기도를, 작정하고 동인도회사를 무력화시키기 위해 골몰하고 있는 불안정한 공격자의 행위로 간주했다. '가장 우호적인 의향을 천명하면서 … 그는 우리의 전면적 파괴를 꾀할 생각임을 분명하게 드러냈다. … 그는 절멸의 전쟁을 위한 수단과 도구를 준비하고 있다.' 결국은 아서 웰즐리가 지휘하는 엄청난 병력이 세링가파탐까지 박살을 내면서 길을 뚫었으며, 티푸의 시신은 그곳 수문 옆 시체더미 속에서 묻힌 채 발견되었다. 영국에 의해 약탈된 짐수레들 속에는 티푸가 스스로 참칭했던 무굴 황제의 8변형 파디샤*padshah* 왕좌도 포함되어 있었다. 그 왕좌의 덮개는 금빛 호마 새가 장식되어 있었는데, 이 새의 부리는 상감 처리한 보석들로 반짝거렸고, 새의 눈과 꼬리에는 진주가 박혀 있었다. 이 호마는 보는 사람에 따라 수리eagle를 닮았다고도 하고, 혹은 독수리vulture를 닮았다고도 했다. 웰즐리의 전쟁 기계에 대해서도 같은 표현을 할 수 있었다.

티푸의 궁전에서 회득한 물품 중 운반 가능한 모든 것은 처음에는 콜카타로 갔다가 그다음에는 잉글랜드로 보내졌다. (그리고 종국에는 윈저궁이나 런던의 빅토리아 앨버트Victoria and Albert 박물관에 보관되게 되었다.) 그중에는 티푸의 검과 투구, 그리고 기계로 작동되는 호랑이도 있었다. 이 호랑이는 태엽을 감아주면

실물 크기의 영국 측 병사 한 명을 게걸스럽게 먹는 광경을 연출했고, 충분히 구슬픈 희생자의 비명 소리도 나오도록 설계되었다. 정말로 가치 있는 전리품은 25만 두에 달하는 거세한 수송아지와 젖소였다. 이러한 엄청난 병참 자산과 함께, 아서 웰즐리는 이제 시간과 장소를 막론하고 그가 원하는 대로 부대를 움직일 수 있는 완벽한 기동성과 병참 능력을 확보할 수 있었으며, 그만큼 효율적으로 병력을 운용할 수 있었다. 그는 제라드 레이크Gerard Lake 중장과 함께 마라타족과 전쟁을 벌이는 한편, 아와드에도 전쟁 위협을 가했다.

상당수의 전투가 여전히 격렬하게 벌어지고 있는 와중에, 리처드 웰즐리는 대체로 아랍게 혈통으로부터 만들어낸 새로운 세대의 기병용 전마들을 인도로 들여왔는데, 이는 야전포병과 병참 마차가 이미 가지고 있던 전력상의 우위에 더해, 한층 더 강화된 전투 능력을 발휘하는 데 일조했다. 1800년 9월, 총사령관 리처드 웰즐리는 승리에 도취해서 동생에게 다음과 같은 편지를 보냈다. '나는 언제나 적장을 죽였고, 언제나 그 시신들을 확인할 수 있는 행운을 훔쳤다. … 나의 별은 정말 인도에서 상승 중인 것 같다. 내 행운이 바뀌기 전에 이 나라를 떠나야 할 것 같다.' 아내 야생트의 가벼운 불륜을 의심하고 있던 (그 의심은 상호적인 것이었지만) 웰즐리는 아내에게 편지를 쓰면서 마치 인도가 특정적으로 아내에게 감명을 주기 위해, 그리고 그녀가 자기 아닌 그 누구의 침대에 들지 않도록 자신에게 굴복한 것인 양 사춘기 소년처럼 떠벌렸다. '명예로 뒤덮인 나를 보시오. … 나는 [마이소르에서] 콘월리스가 3년이나 걸려서 해낸 일을 두 달 만에 해냈소. 안녕, 사랑하는 영혼이여, 이제 모든 것이 고요하고, 나는 이 정복된 나라의 업무들을 정리할까 하오.' 그는 가터 훈위를 제외한 모든 명예를 포기하고 싶었지만, 그럼에도 불구하고 국왕이 고집한다면, '마이소르의 웰즐리 자작'이라고 불리고 싶었다.

그런데 그것은 약간 시기상조였다. 전쟁 비용의 청구서가 본국에 들어가면 자신이 '레든홀가의 치즈 장수들'이라고 부르는 자들이 발작을 일으킬 것을 웰즐리는 잘 알고 있었다. 그러나 인도의 소식이 본국에 전해질 때까지는 6개월이 소요되었고, 이는 회사의 이사들과 본국 정부를 향해 '기정사실'을 통보할 수 있는 충분한 시간이었다. 그는 수사학적으로 도전하고 또 도전할 생각이었다. 인도에서 영국 세력이 맞서고 있던 진정한 위험 상황에 대해 더 잘 알고 있던 사람은 누구인가? 그곳 현장에 있던 사람들인가? 아니면, 웨스트민스터의 사무실에 앉아서 지도나 열심히 살피고 있던 사람들인가? 그리고 일단 정복 행위가 종료되고, 또 다른 마라타족 장수들의 시신이 수레 위로 내던져진 뒤라면, 그가 해야 했던 일은 무엇이었을까? 영토를 되돌려주어야 했던 걸까? 완파당한 그들에게 권력을 복구시켜 주어야 했을까? 미래의 골칫거리를 만들어야 했을까? 그는 말했다. 인도는 관대함을 그다지 중요하게 받아들이지 않는다. 인도는 사과할 줄 모르는 절대 권력에만 반응할 뿐이라고.

이 같은 본능적인 보나파르트주의에도 불구하고, 웰즐리는 사실 순수한 군사적 모험주의자도 아니었고, 개인적 독재의 환상이 주는 유혹에 약한 사람도 아니었다. (잉글랜드의 지방 대지주들처럼 조그마한 이륜마차를 타고 다니는 걸 선호하던 허풍스러운 늙은 콘월리스와는 대조적으로) 그가 콜카타에서 핼쑥한 얼굴을 하고 열여섯 명의 호위 기병들을 이끌고 행진하는 것을 보고 의아하게 생각하는 사람들이 있었겠지만 말이다. 무엇 때문에 그런 오판을 하게 되었는지는 모르지만, 최고의 자리를 향한 자신의 전력 질주가 장기적 시점에서 만들어낼 경제적 축복으로 인해 정당화될 것이라고 그는 애써 믿고 있었다. 그는 많지 않았던 자신의 의회 연설에서 런던이 '상업적 세계의 왕좌'가 될 것이라고 예측한 적이 있었다. 단기적 재정적 고통은 영국과 인도 사이에 호혜적인 관계를 구축하는 데 필요한, 오늘날로 말하자면, 인프라 기반을 닦기 위해 감당해야만 하는 비용이었다. 만약 그의 전임자들이 방어적 임시변통을 통해 이것을 이룰 수 있다고 생각했다면, 그것은 그들의 착각이었을 뿐이었다. 만약 문제를 일으킬 수 있는 경쟁적인 인도 세력이 존재하는 한, 평화도, 회사의 이윤도 기대 난망일 뿐이었다. 웰즐리는 벵골, 아와드, 마이소르, 하이데라바드 등 좀 더 작고 내부적인 응집성이 있는 지역 국가들에 의해 공유된 인도가 최소한 그가 추구하는 영국의 최고 지배권the Raj 수준의 효율적 통치 체제가 될 것이라고는 한 번도 생각해 보지 않았다. 그것은 카운티 미스 출신의 소년이 네 개의 나라로 이루어진 영국 연방이 아무런 의미가 없다고 생각했던 것과 마찬가지였다.[20] 그는 회계사들에 의해 운영되는 제국에는 관심이 없었다. 파테푸르 시크리 Fatehpur Sikhri[21]와 타지마할Taj Mahal의 유적들은 그에게 인도는 하나의 위대한 권력에 의해 통치될 때 가장 행복했었다고 말해주고 있었고, 그는 이제 영국의 통치 체제the Raj가 악바르와 자한기르[22]의 적통이 되는 세상을 그리고 있었다.

1800년 웰즐리는 새로운 포트 윌리엄 칼리지의 문을 엶으로써 자신의 승리를 표방하는 아치 위에 갓돌을 얹었다. 그가 종종 자랑하듯 말했듯이, 그것은 웰즐리가 가장 내세우고 싶어 하는 자신의 치적이었다. 그곳은 불가역적으로 영국의 통치를 받게 될 여러 인종과 부족의 법과 언어, 그리고 종교를 가르침으로써 새로운 세대의 식민지 총독들을 양성하는 교육기관이었다. 먼시들munshis, 즉 인도 출신 서기 겸 어학 교사들과 더불어, 과거 워런 헤이스팅스의 후견을 받았던 젊은이들 상당수가 이 학교에 자리를 잡게 되었다. 후일 웰즐리가 귀국한 후 이 칼리지는 긴축재정의 희생양이 되어 잉글랜드의 헤일리버리 칼리지Haileybury College에 의해 대체될 운명이었지만, 마지막 순간까지 맡겨진 임무를 착실하게 수행했다. 그것은 무굴 제국의 용인하에 별 볼 일 없는 교역소들을 기반으로 출발했던 하나의 상업적 회사가 어떻게 아대륙 전체를 마음대로 지배하게 되었는지에 관한 공식적 견해를 학생들에게 되풀이해 주입시키는 것이었다. 인도 지배를 향한 혼돈과 걸림돌투성이의 경로들이, 자기기만과 정신적인 자기만족 행위들로 점철되었던 경로들이 웰즐리의 고전적 정부

---

20 웰즐리는 앵글로-아이리시 귀족, 다시 말해서, 오래전에 아일랜드 카운티 미스에 정착했던 잉글랜드 출신의 귀족 가문 태생이었다 ― 옮긴이.

21 무굴 제국의 제3대 황제 악바르가 건설한 도시이며, 한때 짧게나마 무굴 제국의 수도였다 ― 옮긴이.

22 무굴 제국의 제4대 황제 ― 옮긴이.

청사를 종착역으로 하는 넓은 역사적 하이웨이로 재구성되었던 것이다. 그것은 (아마도 인도의 주된 문제였던) 영국을 인도 문제의 한 부분으로 다루지 않고, 그 문제의 해결사로 등장시킨 역사였다. 그것은 운명이었다. 웰즐리는 1804년 '우리가 지금 놓여 있는 위치는 영국인들의 국민적 성격과 우리의 법 원칙, 그리고 우리의 헌법 정신에 부합되는 것이며, 또한 위대하고 강성한 세국의 소중한 가치가 된 자유주의적이고 포괄적인 정책들에도 걸맞은 것'이라고 선언했다. 다시 말하면, 브리튼은 로마가 결코 도달하지 못했던 아대륙에서 새로운 로마를 탄생시키고 있었던 것이었다.

이것이 과연 스토우 하우스에 고딕 양식으로 세워진 자유의 사원에, 자유로운 영국인들을 로마인으로 만들지 않은 신들에게 감사하는, 그 영감적인 명문銘文이 만들어진 지 겨우 70년 만에 일어난 일이란 말인가? 이것이 과연 해양제국의 창시자들이 제국은 정복에 따르는 오만하고 과시적인 요소에 구애 받지 않고, 오직 자유에 의해 유례없는 축복을 받게 될 것이라고 주장한 지 겨우 3세대 만에 일어난 일이란 말인가? 제국의 창시자들이 원했던 것은 미니멀리스트 제국이었다. 대규모의 고비용 상비군도, 다수의 징세관도 없는, 군사적 강제가 아니라 상호 이익에 기반을 둔 비즈니스였어야 했다. 햄프던이나 밀턴도 자기 본연의 비즈니스에 충실한 자유의 제국을 축원했을 것이다.

그러나 제국은 그런 방식으로 운영되지 않았다. 물론 그곳에 비즈니스는 있었지만 그것은 법령과 무력을 수반하는 것이었고, 이는 제국의 창시자들이 런던 메트로폴리스로 들어오는 원자재들의 흐름과 제국으로 나아가는 생산 제품들의 흐름을 상상하면서 마음에 담았던 그 제국과는 전혀 다른 것이었다. 인도는 영국이 제조한 상품을 원하지 않았으며, 지금도 여전히 그런 상태였다. 원면이 봄베이에서 잉글랜드로 운송되고 있었지만, 그 양과 가격은 헨리 웰즐리 같은 부류의 사람들이 자의적으로 결정한 것이었다. 그런데 그 원면으로 직물을 만들어내는 북부 산업 지대의 방적 및 직조 작업장 사람들은 끝도 없이 계속되는 육체노동과 불충분한 임금을 어느 정도 상쇄시켜 줄 수 있는 아시아산

產의 그 무언가를 필요로 하고 있었는데, 그것은 바로 뜨겁고 단맛 나는 설탕을 친 차였다. 그래서 동인도회사의 선박들은 광둥까지 가서 흑색 보히차武夷茶를 싣고 왔으며, 그로 인해 발생한 수익은 15만 세포이 병력의 봉급을 지불하는 데 사용되었을 것이다. (인도의 토지세 수입은 어느새 전설 속 신기루가 되어갔다.) 그러나 차 비즈니스의 수익성은 은銀 이외의 것으로 대금을 받도록 중국인을 설득하는 데에 달려 있었다.

그리고 무언가 다른 것은 인도산 마약이었다. 아편에 대한 매우 엄격한 금지 정책에도 불구하고 청 제국은 밀수를 막을 능력이 없었고, 중국으로 향하는 벵골 아편의 궤짝 숫자는 연간 수백에서 수천 개로 늘어났다. 유명 인사 중에 아편 중독으로 인한 첫 번째 희생자는 로버트 클라이브였다. 아편은 그를 너무나 심각하게 잠식해 들어갔으며, 이는 그의 또 다른 중독 현상이었던 제국주의적 패권을 향한 고공 행진을 압도해 버릴 지경에 이르렀다. 그보다 늦게 영국령 인도에 도착한 사람들 대부분은 이 최초의 갈망을 뿌리치려고 애썼을 것이다. 그러나 영국은 19세기, 심지어는 20세기에 이르기까지, 세계 지배라는 아편 든 약에 어쩔 수 없이 빠져들고 있었다.

옮긴이 _ 허구생

참고문헌[*]

원사료(인쇄본)

Abbott, W. C.(ed.), *Writings and Speeches of Oliver Cromwell*, 4 vols(Clarendon Press 1988).

Bowle, John(ed.), *The Diary of John Evelyn*(OUP 1983).

Bray, William(ed.), *The Diary of John Evelyn from 1641 to 1705-1706* (Gibbings 1980).

Camden, William, *Remains Concerning Britain*(John Russell Smith 1974).

Carlyle, T., *The Letters and Speeches of Oliver Cromwell*, 3 vols, S. C. Lomas(ed.), (Methuen 1904).

Defoe, Daniel, *A Tour of the Whole Island of Great Britain*(1742).

Defoe, Daniel, *Union and No Union*(1713).

Edwards, Paul(ed.), *The Life of Olaudah Equiano, or GustavusVassa the African, Written by himself*(Longman 1988).

Firth, C. H., *The Memoirs of Edmund Ludlow, Lieutenant-general of the Horse in the Army in the Commonwealth of England, 1625-1672*(Clarendon Press 1894).

Gough, Richard, *The History of Myddle*, David Hey(ed.), (Penguin 1981).

Hobbes, Thomas, *Leviathan*(Everyman's Library 1914).

Holmes, G., and Speck, W.(eds.), *The Divided Society: Party Conflict in England, 1694-1716, Documents of Modern History*(Arnold 1967).

Hughes, Anne(ed.), *Seventeenth Century England, A Changing Culture: Primary Sources,*

---

[*]   BM Press - 대영 박물관 프레스; CUP - 캠브리지 대학 출판부; OUP - 옥스포드 대학 출판부; UCL - 유니버시티 칼리지, 런던; UP - 대학 언론.

Vol. 1(OUP 1980).

Laslett, Peter(ed.), *Two Treatises of Government by John Locke*(CUP 1967).

Latham, Robert, and Matthews, William(eds.), *The Diary of Samuel Pepys. A New and Complete Transcription*(Bell & Hyman 1985).

Nichols, John, *The Progresses, Processions and Magnificent Festivities of King James I*(1828).

Petty, William, *Political Anatomy of Ireland*(Irish UP 1970).

Sommerville, J. P.(ed.), *Patriarcha and Other Writings by Sir Robert Filmer*(CUP 1991).

Spalding, Ruth(ed.), *The Diary of Bulstrode Whitelocke*(OUP 1990, for the British Academy).

Taylor, William Stanthorpe, and Pringle, Captain John Henry(eds.), *Correspondence of William Pitt, Earl of Chatham,* 4 vols(John Murray 1838-1840).

Verney, Lady Frances Parthenope, *Memoirs of the Verney Family during the Civil War*, compiled from the letters, and illustrated by the portraits, at Claydon House(Longman 1892-1899).

Walpole, Horace, *Memoirs of the Reign of George the Third*, G. F. Russell-Barker(ed.), (Lawrence and Bullen 1894).

개괄 및 일반 참고문헌

Beier, A. L., and Finlay, Roger, *London 1500-1700: The Making of the Metropolis*(Longman 1986).

Black, J., *A History of the British Isles*(Macmillan 1997).

Bradshaw, B., and Morrill, J.(eds.), *The British Problem, c. 1534-1707*(Macmillan 1996).

Brewer, John, *The Sinews of Power: War, Money and the English State, 1688-1783*(Unwin and Hyman 1989).

Broun, D, *et al.*(eds.), *Image and Identity: The Making and Re-making of Scotland through the Ages*(John Donald 1998).

Cannon, J.(ed.), *The Oxford Companion to British History*(OUP 1997).

Clark, J. C. D., *Revolution and Rebellion*(CUP 1986).

Colley, Linda, *Britons: Forging the Nation, 1707-1837*(Yale UP 1992).

Connolly, S. J.(ed.), *The Oxford Companion to Irish History*(OUP 1998).

Coward, Barry, *The Stuart Age 1603-1714*(Longman 1994).

Davies, N., *The Isles*(Macmillan 1999).

Davis, J., *A History of Wales*(Penguin 1990).

Devine, T. M., *The Scottish Nation, 1700-2000*(Penguin 1999).

Ellis, S. G., and Barber, S.(eds.), *Conquest and Union: Fashioning a British State, 1485-1725* (Longman 1995).

Fletcher, Anthony, *Gender, Sex and Subordination in England 1500-1800*(Yale UP 1995).

Foster, R. F., *Modern Ireland, 1600-1972*(Penguin 1988).

Grant, A., and Stringer, K. J.(eds.), *Uniting the Kingdom? The Making of British History* (Routledge 1995).

Heal, Felicity, and Holmes, Clive, *The Gentry in England and Wales 1500-1700*(Macmillan, 1994).

Hutchinson, Lucy, *Memoirs of the Life of Colonel Hutchinson*(1973).

Hutton, Ronald, *The Rise and Fall of Merry England: The Ritual Year 1400-1700*(OUP 1996).

Kearney, H., *The British Isles: A History of Four Nations*(CUP 1989).

Kishlansky, Mark, *A Monarchy Transformed, Britain, 1603-1714*(Penguin 1996).

Kishlansky, Mark, *Parliamentary Selection: Social and Political Choice in Early Modern England*(CUP 1986).

Langford, Paul, *A Polite and Commercial People: England 1727-1783*(OUP 1992).

Lenman, Bruce, *An Economic History of Modern Scotland 1660-1976*(Batsford 1977).

Lynch, Michael, *Scotland: A New History*(Pimlico 1991).

Mitchison, Rosalind, *A History of Scotland*(Methuen 1982).

Patterson, Annabel, *Early Modern Liberalism*(CUP 1997).

Rosenheim, James, *The Emergence of a Ruling Order: English Landed Society 1650-1750* (Longman 1998).

Samuel, Raphael, *Theatres of Memory: Vol. 2: Island Stories. Unravelling Britain*(Verso 1998).

Scott, Jonathan, *England's Troubles: Seventeenth Century English Political Instability in European Context*(CUP 2000).

Skinner, Quentin, *Liberty Before Liberalism*(CUP 1998).

Smith, A. G. R., *The Emergence of a Nation State: The Commonwealth of England, 1529-1660*

(Longman 1992).

Underdown, David, *A Freeborn People: Politics and the Nation in Seventeenth Century England*(Clarendon 1996).

Wrightson, Keith, *English Society 1580-1680*(Hutchinson 1982).

각 장별 참고문헌(2차 자료)

Chapter 1   브리튼을 다시 발명하기

Amussen, S., and Kishlansky, M.(eds.), *Political Culture and Cultural Politics in Early Modern England*(Manchester UP 1995).

Anderson, M. D., *History and Imagery in British Churches*(John Murray 1971).

Ashton, R., *James I by his Contemporaries*(Hutchinson 1969).

Clarke, Aidan, *The Old English in Ireland 1625-1642*(Cornell UP and MacGibbon & Kee 1966).

Coward, Barry, *The Stuart Age: England, 1603-1714*(Longman 1994).

Burgess, Glenn, *Absolute Monarchy and the Stuart Constitution*(Yale UP 1996).

Cust, Richard, *The Forced Loan and English Politics 1626-1628*(Clarendon 1987).

Cust, Richard, and Hughes, Anne(eds.), *Conflict in Early Stuart England: Studies in Religion and Politics, 1603-1642*(Longman 1989).

Donaldson, G., *Scotland: James V-VII*(Edinburgh UP 1965).

Durston, C., *James I*(Routledge 1993).

Eales, Jacqueline, and Durston, Christopher(eds.), *The Culture of English Puritanism, 1560-1700*(Macmillan 1990).

Farrell, Lori Anne, *Government by Polemic: James I, The King's Preachers, and the Rhetoric of Conformity, 1603-1625*(Stanford UP 1998).

Fitzpatrick, Brendan, *Seventeenth Century Ireland*(Gill & Macmillan 1988).

Hill, Christopher, *A Nation of Change and Novelty: Radical Politics, Religion and Literature in Seventeenth-century England*(Routledge 1990).

Hirst, Derek, *Authority and Conflict, England, 1603-1658*(Arnold 1986).

Holstun, James, *Ehud's Dagger: Class Struggle in the English Revolution*(Verso 2000).

Howarth, David(ed.), *Art and Patronage in the Caroline Courts*(CUP 1993).

Jardine, L. and Stewart, A., *Hostage to Fortune: TheTroubled Life of Francis Bacon*(Phoenix 2000).

Lee, Maurice (Jr.), *Great Britain's Solomon: James VI and I in his Three Kingdoms*(University of Illinois Press 1990).

Lockyer, Roger, *Buckingham: The Life and Political Career of George Villiers, First Duke of Buckingham*(Longman 1981).

McGrath, Alister, *In the Beginning, The Story of the King James Bible*(Hodder & Stoughton 2001).

Nenner, Howard, *The Right to be King: The Succession to the Crown of England, 1603-1714* (Macmillan 1995).

Parry, Graham, *The Golden Age Restored: The Culture of the Court, 1603-1642*(Manchester UP 1981).

Peck, Linda Levy(ed.), *The Mental World of the Jacobean Court*(CUP 1991).

Pocock, J. G. A., *The Ancient Constitution and the Feudal Law: A Study of English Historical Thought in the Seventeenth Century*(CUP 1987).

Russell, Conrad, *The Crisis of Parliaments: English History, 1509-1660*(OUP 1971).

Sharpe, Kevin, and Lake, Peter(eds.), *Culture and Politics in Early Stuart England*(Macmillan 1994).

Smith, A. G. R.(ed.), *The Reign of James VI and I*(Macmillan 1973).

Sommerville, J. P., *Royalists and Patriots: Politics and Ideology in England, 1603-1640* (Longman 1999).

Strong, Roy, *Henry, Prince ofWales and England's Lost Renaissance*(Thames & Hudson, 1986).

Wendorf, Richard, *The Elements of Life: Biography and Portrait Painting in Stuart and Georgian England*(Clarendon 1990).

Willson, D. H., *King James VI and I*(Jonathan Cape 1963).

Wormald, Jenny, *Court, Kirk and Community: Scotland, 1470-1625*(Edinburgh UP 1981).

Zaret, Paul, *The Origins of Democratic Culture: Printing, Petitions and the Public Sphere in Early Modern England*(Princeton UP 2000).

Adair, John, *John Hampden: The Patriot*(MacDonald & Jane's 1976).

Adair, John, *Puritans*(Sutton 1998).

Adair, John, *Roundhead General: The Campaigns of Sir William Waller*(Sutton 1997).

Bennett, Martyn, *The Civil Wars Experienced: Britain and Ireland, 1638-1661*(Routledge 2000).

Carlin, Nora, *The Causes of the English Civil War*(Blackwell 1999).

Carlton, C., *Going to the Wars: The Experience of the British Civil Wars, 638-651*(Routledge 1992)

Cope, Esther, *Politics without Parliaments, 1629-1640*(Allen & Unwin 1987)

Cust, Richard, and Hughes, Anne(eds.), *Conflict in Early Stuart England: Studies in Religion and Politics, 1603-1642*(Longman 1989).

Eales, Jacqueline, *Puritans and Roundheads: The Harleys of Brampton Bryan and the Outbreak of the English Civil War*(CUP 1990).

Emberton, Wilfrid, *The English Civil War Day by Day*(Sutton 1995).

Fletcher, Anthony, *The Outbreak of the English Civil War*(Edward Arnold 1981).

Fraser, Antonia, *Cromwell: Our Chief of Men*(Weidenfeld & Nicolson 1973).

Gaunt, Peter, *Oliver Cromwell*(Blackwell, 1996).

Gough, Richard, *The History of Myddle*(Caliban Books 1979).

Hinds, Hilary, *God's Englishwomen*(Manchester UP 1996).

Hughes, Ann, *The Causes of the English Civil War*(Macmillan 1991).

Hutton, Ronald, *The Royalist War Effort 1642-1646*(Routledge 1999).

Kenyon, John, and Ohlmeyer, Jane(eds.), with Morrill, John(consultant ed.), *The Civil Wars: A Military History of England, Scotland, and Ireland, 1638-1660*(OUP 1998).

Kishlansky, Mark, *The Rise of the New Model Army*(CUP 1979).

Macinnes, Allan, *Charles I and the Making of the Covenanting Movement 1625-1641*(John Donald 1991).

Makey, W. H., *The Church of the Covenant 1637-1651*(John Donald 1979).

Morrill, John S., *The Nature of the English Revolution*(Longman 1993).

Morrill, John S., *The Revolt of the Provinces: Conservatives and Radicals in the English Civil*

War, 1630-1650(Longman 1980).

Morrill, John S., *The Revolt in the Provinces: The People of England and the Tragedies of War, 1634-1648*(Longman 1999).

Pereceval-Maxwell, M., *The Outbreak of the Irish Rebellion of 1641*(McGill-Queen's UP 1994).

Porter, Stephen(ed.), *London and the Civil War*(Macmillan 1996).

Raymond, Joad, *Making the News: An Anthology of the Newsbooks of Revolutionary England* (Windrush Press 1993).

Richardson, R. C.(ed.), *The English Civil Wars: Local Aspects*(Sutton 1997).

Roberts, Jane, *The King's Head: Charles I, King and Martyr*(Royal Collection 1999).

Russell, Conrad, *The Causes of the English Civil War*(Clarendon Press 1990).

Russell, Conrad, *The Fall of the British Monarchies, 1637-1642*(Clarendon Press 1995).

Seaver, Paul S., *Wallington's World*(Methuen 1985).

Sharpe, Kevin, *The Personal Rule of Charles I*(Yale UP 1992).

Stone, Lawrence, *The Causes of the English Revolution, 1529-1642*(Ark 1986).

Tyacke, Nicholas, *The Fortunes of English Puritanism*(Dr William's Trust 1990).

Underdown, David, *Fire from Heaven: The Life of an English Town in the Seventeenth Century*(HarperCollins 1992).

Underdown, David, *Revel, Riot and Rebellion: Popular Politics and Culture in England, 1603-1660*(Oxford Paperbacks 1987).

Wedgwood, C. V., *The King's War, 1641-1647*(Collins 1958).

Wedgwood, C. V., *The Trial of Charles I*(Collins 1964).

Young, John R.(ed.), *Celtic Dimensions of the British Civil Wars*(John Donald 1997).

Chapter 3 리바이어던을 고대하며

Armitage, David, Himy, Armand, and Skinner, Quentin(eds.), *Milton and Republicanism* (CUP 1995).

Aylmer, G. E., *The Interregnum: The Quest for Settlement, 1646-1660*(Macmillan 1972).

Aylmer, G. E.(ed.), *The Levellers in the English Revolution*(Thames & Hudson 1975).

Barnard, T. C., *Cromwellian Ireland. English Government and Reform in Ireland 1649-1660* (OUP 1975).

Capp, B. S., *The Fifth Monarchy Men: A Study in Seventeenth-century English Millenarianism* (Faber 1972).

Danielson, Dennis(ed.), *The Cambridge Companion to Milton*(CUP 1999).

Fitzpatrick, Brendan, *Seventeenth-century Ireland*(Gill & Macmillan 1988).

Gardiner, S.R., *Oliver Cromwell*(Longmans Green & Co 1901).

Gaunt, Peter, *Oliver Cromwell*(Blackwell 1996).

Gaunt, Peter, *The Cromwellian Gazetteer*(Sutton 1994).

Hill, Christopher, *Milton and the English Revolution*(Faber 1979).

Hill, Christopher, *The Experience of Defeat: Milton and Some Contemporaries*(Faber 1984).

Hill, Christopher, *The World Turned Upside Down*(Penguin 1978).

Ingle, H. Larry, *First Among Friends, George Fox and the Creation of Quakerism*(OUP 1994).

Mack, Phyllis, *Visionary Women. Ecstatic Prophecy in Seventeenth Century England*(University of California Press 1992).

Morrill, John, *Oliver Cromwell and the English Revolution*(Longman 1990).

Ohlmeyer, Jane H., *Ireland from Independence to Occupation 1641-1660*(CUP 1995).

Reilly, Tom, *Cromwell: An Honourable Enemy*(Brandon 1999).

Richardson, R. C.(ed.), *Images of Oliver Cromwell*(Manchester UP 1993).

Rogers, G. A. J., and Ryan, A.(eds.), *Perspectives on Thomas Hobbes*(Clarendon Press 1988).

Roots, Ivan(ed.), *Oliver Cromwell: A Profile*(Macmillan 1973).

Schaffer, Brian, and Shapin, Steven, *Leviathan and the Air Pump: Hobbes, Boyle and the Experimental Life*(Princeton UP 1985).

Scott, Jonathan, *Algernon Sidney and the English Republic, 1623-1677*(CUP 1988).

Sharpe, Kevin, and Zwicker, Steven N., *Refiguring Revolutions: Aesthetics and Politics from the English Revolution to the Romantic Revolution*(University of California Press 1998).

Spalding, Ruth, *The Improbable Puritan: A Life of Bulstrode Whitelocke*(Faber 1975).

Stevenson, David, *King or Covenant?*(Tuckwell Press 1996).

Thomas, Keith, *Religion and the Decline of Magic: Studies in Popular Beliefs in Sixteenth- and Seventeenth-century England*(Penguin 1978).

Underdown, David, *Pride's Purge. Politics in the Puritan Revolution*(Allen and Unwin 1985).

Wheeler, J. S., *Cromwell in Ireland*(Palgrave 2000).

Woolrych, A., *Commonwealth to Protectorate*(OUP 1982; Clarendon 1982).

Worden, Blair, *The Rump Parliament, 1648-1653*(CUP 1974).

Chapter 4　미완의 과업

Ashcraft, Richard, *Revolutionary Politics and Locke's Two Treatises of Government*(Princeton 1986).

Baxter, Stephen, *William III and the Defence of European Liberty*(Longman 1966).

Childs, J., *The Army, James II and the Glorious Revolution*(Manchester UP 1980).

Downes, Kerry, *Christopher Wren*(Allen Lane 1971).

Downes, Kerry, *The Architecture of Wren*(Redhedge 1982).

Drake, Ellen T., *Restless Genius. Robert Hooke and Earthly Thoughts*(OUP 1996).

Furst, Viktor, *The Architecture of Sir Christopher Wren*(Somerset 1956).

Harris, Ian, *The Mind of John Locke, A Study of Political Theory in its Intellectual Setting*(CUP 1994).

Harris, Tim, *London Crowds in the Reign of Charles II: Propaganda and Politics from the Restoration to the Exclusion Crisis*(CUP 1987).

Harris, Tim, *Politics under the Later Stuarts: Party Conflict in a Divided Society, 1660-1715* (Longman 1993).

Hutton, R., *Charles II: King of England, Scotland and Ireland*(Clarendon Press 1989).

Hutton, R., *The Restoration*(OUP 1985).

Israel, Jonathan(ed.), *The Anglo-Dutch Moment: Essays on the Glorious Revolution and its World Impact*(CUP 1991).

Jardine, Lisa, *Ingenious Pursuits: Building the Scientific Revolution*(Little, Brown 1999).

Jones, James Rees, *The First Whigs: The Politics of the Exclusion Crisis, 1678-1683*(OUP 1961).

Kenyon, John Philipps, *The Popish Plot*(Heinemann 1972).

Lang, Jane, *Rebuilding St Paul's After the Great Fire of London*(OUP 1956).

Miller, John, *James II: A Study in Kingship*(Methuen 1989).

Ollard, Richard, *Clarendon and his Friends*(Hamilton 1987).

Picard, Lisa, *Restoration London*(Orion 1997).

Platt, Colin, *The Great Rebuilding of Tudor and Stuart England: Revolutions in Architectural Taste*(UCL Press 1994).

Porter, Roy, *London: A Social History*(Hamish Hamilton 1994).

Rosenheim, James R., *The Emergence of a Ruling Order: English Landed Society, 1650-1750* (Longman 1998).

Speck, W. A., *Reluctant Revolutionaries*(OUP 1988).

Western, J. R., *Monarchy and Revolution: The English State in the 1680s*(Blandford 1972).

Whinney, Margaret Dickens, *Wren*(Thames & Hudson 1971).

Chapter 5 브리타니아 주식회사

Black, Jeremy, *Robert Walpole and the Nature of Politics in Early Eighteenth-century Britain* (Macmillan 1990).

Boulton, J. T., *Daniel Defoe*(Batsford 1965).

Brewer, John, *The Sinews of Power. War, Money and the English State 1688-1783*(Hutchinson 1988).

Brewer, John, and Styles, John(eds.), *An Ungovernable People. The English and their Law in the Seventeenth and Eighteenth Centuries*(Hutchinson 1980).

Clark, J. C. D., *English Society, 1688-1832*(CUP 1985).

Cockburn, J. S.(ed.), *Crime in England 1550-1800*(Methuen 1977; Princeton UP 1977).

Daiches, David, Jones, Peter, and Jones, Jean(eds.), *The Scottish Enlightenment 1730-1790. A Hotbed of Genius*(Saltire Society 1996).

Denvir, Bernard, *The Eighteenth Century: Art, Design and Society, 1689-1789*(Longman 1983).

Devine, T. M., *Clanship to Crofters' War: The Social Transformation of the Scottish Highlands* (Manchester UP 1994).

Devine, T. M.(ed.), *Conflict and Stability in Scottish Society, 1700-1850*(John Donald 1990).

Dickson, P.G., *The Financial Revolution in England*(Macmillan 1967).

Douglas, Hugh, *Jacobite Spy Wars*(Sutton 1999).

Gilmour, Ian, *Riots, Risings and Revolutions. Governance and Violence in Eighteenth Century England*(Hutchinson 1992 and Pimlico 1992).

Gregg, Edward, *Queen Anne*(Ark 1980).

Harvie, C., *Scotland and Nationalism: Scottish Society and Politics, 1707-1994*(Routledge 1994)

Holmes, G.(ed.), *Britain after the Glorious Revolution, 1689-1714*(Macmillan 1969).

Houston, R. A., and Whyte, I. D.(eds.), *Scottish Society, 1500-1800*(CUP 1989).

Jones, J. R., *Country and Court, England, 1658-1714*(Arnold 1978).

Lenman, B. P., *The Jacobite Clans of the Great Glen, 1650-1784*(Methuen 1984).

Lenman, B. P., *The Jacobite Risings in Britain, 1689-1746*(Eyre Methuen 1980).

Lynch, M.(ed.), *Jacobitism and the '45*(Historical Association for Scotland 1995).

McKendrick, Neil, Brewer, John, and Plumb, J. H., *The Birth of a Consumer Society. The Commercialization of Eighteenth Century England*(Europa 1980).

McLean, M., *The People of Glengarry: Highlanders in Transition, 1745-1820* (McGill-Queen's UP 1991).

McLynn, F., *The Jacobites*(Routledge and Kegan Paul 1985).

Mitchison, Rosalind, *Lordship to Patronage. Scotland 1603-1745*(Edward Arnold 1983).

Parissien, S., *Adam Style*(Phaidon 1992).

Philipson, N. T., and Mitchison, Rosalind(eds.), *Scotland in the Age of Improvement* (Edinburgh University Press 1970).

Plumb, J. H., *Sir Robert Walpole*, 2 vols(Cresset Press 1956 and 1960).

Plumb, J. H., *The Growth of Political Stability in England, 1675-1725*(Penguin 1967).

Plumb, J. H., *The Making of a Historian: Collected Essays*(Harvester-Wheatsheaf 1988).

Porter, Roy, *Enlightenment: Britain and the Creation of the Modern World*(Penguin 2000).

Prebble, John, *The Darien Disaster*(1968).

Richards, E., *A History of the Highland Clearances*, 2 vols(Croom Helm 1982 and 1985).

Sanderson, M. H. B., *Robert Adam and Scotland*(HMSO 1992).

Scott, P. H., *Defoe in Edinburgh*(Tuckwell 1995).

Scott-Moncrieff, Lesley(ed.), *The '45: To Gather an Image Whole*(Mercat 1988).

Smart, A., *Allan Ramsay*(Yale UP 1992).

Smout, T. C., *A History of the Scottish People*(Penguin 1969).

Spadafora, David, *The Idea of Progress in Eighteenth Century Britain*(Yale 1990).

Speck, W. A., *Stability and Strife, England, 1714-1760*(Arnold 1977).

Chapter 6 잘못된 제국

Anderson, Fred, *Crucible of War: The SevenYears' War and the Fate of Empire in British North America, 1754-1766*(Knopf 2000).

Armitage, David, *The Ideological Origins of the British Empire*(CUP 2000).

Ayling, Stanley, *The Elder Pitt*(Collins 1976).

Bailyn, Bernard, *The Ideological Origins of the American Revolution*(Harvard UP 1992).

Bailyn, Bernard, *The Ordeal of Thomas Hutchinson*(Harvard UP 1974).

Bailyn, Bernard, *Voyagers to the West.A Passage in the Peopling of America on the Eve of the Revolution*(Random House 1988).

Bayly, C. A., *Empire and Information: Intelligence Gathering and Social Communication in India, 1780-1870*(CUP 1997).

Bayly, C. A., *Imperial Meridian: The British Empire and the World, 1780-1830*(Longman 1989).

Bayly, C. A., *Rulers, Townsmen and Bazaars: North Indian Society in the Age of British Expansion, 1770-1870*(CUP 1983).

Bayly, C.A. *et al.*(eds.), *The Raj: India and the British, 1600-1947*(Nat. Portrait Gallery 1990).

Bayly, Susan, *Caste, Society and Politics in India from the Eighteenth Century to the Modern Age*(CUP 1999).

Beckles, Hilary, *A History of Barbados*(CUP 1990).

Blackburn, Robin, *The Making of New World Slavery. From the Baroque to the Modern 1492-1800*(Verso, 1997).

Butler, Jon, *Becoming America: The Revolution before 1776*(Harvard UP 2000).

Canny, N.(ed.), *The Origins of Empire: British Overseas Enterprise to the Close of the Seventeenth Century. The Oxford History of the British Empire, Vol.1*(OUP 1998).

Chaudhuri, S.(ed.), *Calcutta: The Living City, Vol.1: The Past*(OUP 1990).

Cohn, Bernard S., *Colonialism and Its Forms of Knowledge. The British in India*(Princeton 1996).

Conway, Stephen, *The British Isles and the War of American Independence*(OUP 2000).

Cook, Don, *The Long Fuse: How England Lost the American Colonies, 1760-1785*(Atlantic Monthly Press 1995).

Dickinson, H. T.(ed.), *Britain and the American Revolution*(Longman 1998).

Draper, T., *A Struggle for Power: The American Revolution*(Abacus 1997).

Dunn, Richard S., *Sugar and Slaves. The Rise of the Planter Class in the English West Indies 1625-1713*(Norton 1973).

Games, Alison, *Migration and the Origins of the English Atlantic World*(Harvard UP 1999).

George, Dorothy M., *English Political Caricature to 1792*(Clarendon Press 1959).

Greene, Jack P., *The Intellectual Construction of America: Exceptionalism and Identity from 1492 to 1800*(University of North Carolina Press 1993).

Handler, J. S., and Lange, F. W., *Plantation Slavery in Barbados*(Harvard UP 1978).

Harvey, Robert, *Clive: The Life and Death of a British Emperor*(Hodder and Stoughton 1998).

Hibbert, C., *Redcoats and Rebels: The American Revolution through British Eyes*(Avon 1990).

Inikori, Joseph E., and Engerman, Stanley L.(eds.), *The Atlantic Slave Trade: Effects on Economies, Societies and Peoples in Africa, the Americas and Europe*(Duke UP 1992).

James, L., *Raj: The Making and Unmaking of British India*(Abacus 1997).

Keay, John, *The Honourable Company: A History of the English East India Company* (HarperCollins 1991).

Labarée, Benjamin Woods, *The Boston Tea Party*(OUP 1964).

Lawson, Philip, *The East India Company: A History*(Longman 1987).

Maier, Pauline, *American Scripture. Making the Declaration of Independence*(Random House 1997).

Maier, Pauline, *From Resistance to Revolution. Colonial Radicals and the Development of American Opposition to Britain, 1765-1776*(Routledge & Kegan Paul 1973).

Marshall, P. J., *Bengal: The British Bridgehead, Eastern India, 1740-1828*(CUP 1987).

Marshall, P. J.(ed.), *The Eighteenth Century: The Oxford History of the British Empire, Vol.2*

(OUP 1998).

Marshall, P. J., *Trade and Conquest: Studies on the Rise of British Dominance in India* (Variorum 1993).

Mintz, S. W., *Sweetness and Power: The Place of Sugar in Modern History* (Penguin 1985).

Mintz, S. W., *Tasting Food, Tasting Freedom. Excursions into Eating, Culture and the Past* (Beacon 1996).

Moorhouse, G., *Calcutta*(Weidenfeld and Nicolson 1971).

Padfield, P., *Maritime Supremacy and the Opening of the Western Mind*(Pimlico, 2000).

Pagden, Anthony, *Lords of All the World, Ideologies of Empire in Spain, Britain and France* c. *1500-1800*(Yale UP 1995).

Peters, Marie, *The Elder Pitt*(Longman 1998).

Pocock, Tom, *Battle for Empire: The Very First World War, 1756-63*(Michael O'Mara 1998).

Sandiford, Keith, A., *The Cultural Politics of Sugar. Caribbean Slavery and Narratives of Colonialism*(CUP 2000).

Sheridan, R. B. *Sugar and Slavery: An Economic History of the British West Indies, 1623-1775* (Caribbean UP 1974).

Sinha, N. K., *The Economic History of Bengal from Plassey to the Permanent Settlement*, 2 vols(Calcutta 1956 and 1962).

Spear, Percival, *The Nabobs: A Study of the Social Life of the English in Eighteenth-century India*(OUP 1998).

Walvin, James, *Black Ivory: A History of Slavery*(HarperCollins 1992).

Walvin, James, *Making the Black Atlantic: Britain and the African Diaspora*(Cassell 2000).

Walvin, James, *Questioning Slavery*(Routledge 1996).

Weller, Jac, *Wellington in India*(Longman 1972).

Wickwire, F. and M., *Cornwallis: The ImperialYears*(University of North Carolina Press 1980).

Wild, A., *The East India Company: Trade and Conquest from 1600*(HarperCollins 2000).

Young, Alfred F., *The Shoemaker and the Tea Party. Memory and the American Revolution* (Beacon 1999).

Zobel, Hiller, *The Boston Massacre*(Norton 1970).

찾아보기

옮긴이의 글

영국 역사상 가장 결정적이고 또한 최고로 드라마틱한 사건이 무어냐고 묻는다면 사람들은 무엇을 떠올릴까? 어떤 사람들은 지난 세기 크레인 브린튼 Crane Brinton이 자신의 역저 『혁명의 해부_The Anatomy of Revolution_』에서 세계 4대 혁명의 첫 번째 사건으로 자신 있게 꼽았던 '잉글랜드 혁명'을 떠올릴 것이다. 비록 그것의 파장이 절대주의의 억압과 유린에 분연히 맞섰던 의회민주주의의 승리이며 시민적 자유의 역사적 금자탑이라는 빅토리아 시대 휘그 사학자들의 예찬에 미치지 못했다 하더라도, 또는 그것이 부르주아 계급의 첫 번째 승리였다는 20세기 마르크시스트 역사학자들의 주장을 확인시켜 주지는 못한다 하더라도, 그 사건의 역사적 의미는 결코 작지 않다. 20세기 후반, 사회학을 비롯한 관련 학계에서 '혁명'을 정의함에 있어서 사회구조(지배계급)의 변동 등 그 성립 요건을 보다 엄격하게 규정함에 따라 그것은 이제 혁명이라기보다는 '잉글랜드 내전_the English Civil War_'으로 불리는 것이 더 일반적인 경우가 됐지만, 그렇다고 그것이 사건의 중요성 자체를 깎아내리는 것은 아니다.

그렇다면, 오랫동안 개별적이며 독립적인 정치 공동체를 유지해 오던 잉글랜드, 스코틀랜드, 아일랜드가 '그레이트브리튼'으로 통합되는 과정은 어떠한가? 그리하여 그 옛날 전설 속의 아서왕 또는 알프레드 대왕이 꾸었다는 꿈을 실현시키기라도 하듯, 바다로, 바다로 나아가서 마침내 '해가 지지 않는 제국'

을 건설하는 과정 말이다. 혹은 통합 이후 점차 브리튼의 주변부로 전락하여 마치 불모의 땅처럼 간주되곤 하던 스코틀랜드가 18세기에 접어들면서 데이비드 흄, 애덤 퍼거슨, 애덤 스미스 등의 걸출한 인재들을 동시에 배출하면서 어느 날 갑자기 '천재들의 온상'으로 떠오르는 국면은? 어느 것 할 것 없이 하나 같이 놓치기 아까운 명장면들이다. 그것이 다가 아니다. 20세기는 물론 지금까지도 유일무이한 초강대국의 지위를 누리고 있는 미국의 형성 과정은 영국사와 떼려고 해도 뗄 수 없는, 문자 그대로 불가분의 관계가 있다. 아메리카 식민지는 왜, 무엇 때문에 영국과 분리하여 독립하게 되었을까? 그리고 그것은 필연적이었을까? 아니면 그저 우연이었을까? 그리고 영국은 어떻게 막강 무굴제국이 다스리던 아대륙亞大陸 인도를 통치하게 되었는가? 영국의 인도 통치는 그들이 입버릇처럼 내세우듯 자유롭고 정의로웠는가? 제2권에서 샤마는 이 모든 역사적 사건들을 마법 같은 솜씨로 한데 버무리고 양념을 뿌려서 맛있는 밥상을 차려내고 있다.

『사이먼 샤마의 영국사』 제2권이 가지는 미덕은 제1권의 그것과 크게 다르지 않다. 첫 번째는 역시 그만이 가지고 있는 절묘한 균형 감각이 곳곳에서 제역할을 하고 있다는 것이다. 예컨대 잉글랜드 내전과 관련한 대목에서는, 그것이 필연적이었다거나 자유롭고 정의로운 의회민주주의 국가를 향한 직선적 경로였다던가 하는 휘그 역사가들의 견해를 가리켜 "역사를 거꾸로 읽었다"며 일침을 놓는다. 그렇지만 의회 없이 이루어진 찰스 1세의 개인적 통치가 "사심 없는 국왕 정부의 통치가 만들어낸 '평온한 시절'이었다"는 수정주의적 입장에도 동의하지 않는다. 특히 그는 올리버 크롬웰을 전통적 헌정 질서를 믿는 사회적 보수주의자이면서 동시에 열정적인 복음주의 개혁가였다고 평가하면서, "지금도 하원 의사당 바깥에 서 있는 그의 동상을 허허로운 농담의 대상으로 만들어버린" 무력에 의한 의회 강제해산(1653) 같은 그의 돌발적 행동을 그의 내면에서 두 가지 인격체가 빚어내는 갈등과 모순이 외부적으로 표출된 것으로 설명한다. 여기에서 우리는 샤마 특유의 탁월한 심리적 묘사와 함께 크롬웰에 대한 상반된 평가들을 중재, 보완하려는 그의 노력을 엿볼 수 있다.

두 번째의 미덕은 살아 숨 쉬는 것 같은 샤마의 맛깔스러운 내러티브이다. 잉글랜드 내전을 다룬 책들은 셀 수 없을 정도로 많지만, 국왕과 의회에 대한 복잡한 충성의 향배를 놓고 아버지와 아들, 형과 아우가 서로 갈라져 싸우는 비극적 가족사를 샤마처럼 디테일 넘치는 미시사로 풀어나간 경우가 또 있을까? 의회군의 일원으로 전쟁에 참가한 랠프 버니가 적군의 지휘관으로 싸우다가 전사한 아버지 에드먼드 버니를 찾아 헤매는 장면은 읽는 이들의 눈물샘을 자극할 것이다. 1666년의 런던 대화재와 도시 재건설, 그리고 세인트 폴 성당의 재건축 과정은 서양 고건축에 대한 지식이 없더라도 자연스럽게 이야기 속에 빠져들게 만드는 묘한 매력이 있다.

디테일의 또 다른 예는 노예무역을 추적하는 과정에서도 나타난다. 1650년 대에서 1807년 사이의 1세기 반 동안 아프리카인 400만 명이 영국 선박에 실려 아메리카로 끌려갔다. 이는 서구에 의해서 저질러진 전체 노예무역의 3분의 1이 넘는 숫자였다. 올라우다 에퀴아노는 그 노예들 중의 한 사람이었다. 그는 지금의 남부 나이지리아 출신인데, 어릴 때 누나와 놀다가 졸지에 사냥꾼에 포획되어 노예로 끌려갔다. 그의 주인이었던 영국 해군의 장교 마이클 헨리 파스칼은 그에게 글을 가르치고 선원 훈련을 시켰다. 그는 주인을 따라 프랑스와의 7년 전쟁(1756~1763)과 같은 여러 전투에 종군했고, 배에서 대포에 폭약을 장전하는 일을 맡기도 했다. 그러나 그는 결국 주인으로부터 버려져 되팔릴 운명이었고 자유를 찾기까지에는 오랜 시간이 걸렸다. 그 고통스러운 여정이 끝난 뒤, 그는 자신의 기구한 운명을 한 권의 자서전에 담았다. 지옥의 노예선, 치욕적인 인신매매 현장, 주 70~80시간의 농장 노동, 그리고 야만적 폭력이 횡행하고 목숨을 위협하는 위험한 공정이 곳곳에 도사린 노동 현장을 세상에 고발했던 것이다. 샤마는 에퀴아노의 생생한 증언들을 적재적소에 절묘하게 배치하여 이야기를 끌어간다.

BBC가 '텔레비전 영국사'라는 다큐멘터리 프로그램의 해설자로 샤마를 선정한 데에는 여러 가지 이유가 있었겠지만, 그가 유태계 이민자를 부모로 둔 마이너리티라는 것, 그가 20년 가까이 영국을 벗어나 있었다는 것, 그리고 그의 학문적 주제가 네덜란드, 프랑스 등 유럽 여러 나라의 역사와 예술사 분야 등으로 그 외연이 확장되어 있었다는 점 등도 특별하게 고려되었을 것이다. 이러한 점들은 그가 모국의 역사를 보다 더 객관적으로 보고 평가할 수 있을 것이라는 기대를 갖게 하는 요소들이다. BBC가 그에게서 이것을 기대했다면, 그들의 판단은 옳았다. 그리고 그의 객관성이 가장 확연하게 드러나는 대목은 바로 영국 제국의 역사적 경로와 그 결말이다.

영국 제국의 탄생에는 '애국주의'라는 이념적인 배경이 있다. 애국주의는 로버트 월폴 내각(1721~1742)의 실용 정치가 가져온 정치적 부패와 도덕적 타락에 대항하여 일어난 시민적 각성이었다. 코뱀 자작(리처드 템플)을 포함한 애국주의 운동을 선도한 인물들은 안으로는 자유와 정의를 옹호하고 밖으로는 해양 및 상업을 기반으로 하는 '새로운 제국'의 건설을 꿈꾸었다. 이들이 꿈꾸는 '자유의 제국an empire of freedom'은 과거 로마와 같은 역사상의 제국들과는 달리 영토적 확장을 추구하지 않는다는 원칙을 가지고 있었다. 영토적 정복 대신 통상의 기회를 확대하고, 군사적 모험 대신 상업적 모험을 추구한다는 것이었다. 영토적 정복이나 영토 방어를 위한 자원의 낭비를 막고, 본국과 식민지들이 하나의 경제 시스템 안에서 모두에게 이익이 되는 은혜로운 순환 속에 결합되도록 한다는 것이었다.

그러나 그들의 제국은 처음부터 단추가 잘못 꿰어지고 있었다. 아프리카 노예가 문제였다. 샤마는 말이 자유의 제국이지 실상은 아프리카 노예들에 대한 침탈과 강압에 의존해야 했다는 것이 아이러니였다고 꼬집으면서, "그것은 제국의 성공 조건이면서 동시에 원죄였다"라고 일갈한다. 그것은 영국인들이 후일 노예 폐지의 선봉에 섰다는 사실만으로는 지울 수 없는 얼룩이며 상처였다는 것이다. 노예문제만이 아니었다. 점차 영국은 아메리카와 인도에서 다른 유럽 세력들과 영토적 경쟁을 벌이게 되었으며 그것은 군사적 교전으로 이어졌다. 아메리카에서는 감당하기 어려운 프랑스와의 전쟁 비용 마련을 위해 인지세, 차세 등의 강압 정책이 시행되었고, 이는 결과적으로 아메리카의 분리 독립을 가져왔다. 인도에서는 그 비용을 안정적으로 마련하기 위해 주민들에게 토지세를 직접 징세하는 방안으로 기울었으며, 그 결과 영국의 통치적 감독권은 무굴제국 깊숙이 확장되었다. 그것은 제국의 창시자들이 꿈꾸었던 미니멀리스트 제국과는 너무나 거리가 먼 '잘못된 제국'이었다.

이 모든 이야기들이 펼쳐지는 샤마의 영국사 제2권은 낯선 인명, 지명들, 그리고 익숙하지 않은 용어들이 셀 수 없을 정도로 많이 등장한다. 그만큼 섬세하고 꼼꼼한 편집이 필요한 이유이다. 조인순 팀장의 노력이 없었다면 아마도 수많은 오류들이 감추어졌을 것이다. 노고에 감사한다. 끝으로, 이 책의 제1장과 제2장은 손세호가 옮겼고, 제3장~제6장은 허구생이 옮겼음을 밝혀둔다.

허구생, 손세호

지은이

사 이 먼 샤 마 Simon Schama

영국 캠브리지 대학교 크라이스트 칼리지에서 역사학을 공부했으며, 동 대학원에서 석사학위를 받았다. 미국 컬럼비아 대학교에서 예술사 및 역사학 교수로 재직하고 있다. 『시민들: 프랑스혁명의 연대기(*Citizens: A Chronicle of the French Revolution*)』 (1989), 『애국자들과 해방자들: 네덜란드의 혁명, 1780~1813(*Patriots and Liberators: Revolution in the Netherlands, 1780-1813*)』을 비롯한 유럽 역사, 그리고 미술사 및 미술 비평 분야에서 업적을 쌓았다. 특히 텔레비전 방송에서 다큐멘터리 작가 및 진행자로서 두드러진 활약을 펼치면서 'T.V. 역사가'라는 독특한 장르를 성공적으로 개척했다는 평가를 받는다. 1989년 PBS의 〈서양의 미술(Art of the Western World)〉 시리즈로 시작된 그의 방송 분야 작업은 2000~2002년 방영된 BBC 텔레비전 다큐멘터리 시리즈 〈영국사(A History of Britain)〉로 세계적인 명성을 얻었으며, 2006년 미술 특강 8부작 〈사이먼 샤마의 파워 오브 아트(Simon Schama's Power of Art)〉와 2008년 〈미국의 미래 (The American Future)〉, 그리고 2013년 방영된 〈유태인들의 이야기(The Story of the Jews)〉 등의 BBC 후속작들도 주목을 받았다. 2018년 역사학에 대한 그의 공로로 기사(Knight Bachelor)에 서임되었다.

옮긴이

허구생

미국 미네소타 대학교에서 「영국 튜더 시대 빈민법에 관한 연구」로 역사학 박사학위를 받았으며, 서강대학교 국제문화교육원장을 역임했다. 역사학의 대중화에 각별한 관심을 가지고 ≪한국경제≫에 '경제사 다시 읽기'와 '다산칼럼'을 집필하는 등 주요 일간지에 100여 편의 역사, 문화 관련 칼럼을 게재했으며, 세리시이오(SERICEO)의 동영상 강의 '라이벌의 역사'를 70회 넘게 진행했다. 저서로는『빈곤의 역사, 복지의 역사』(2002 문화관광부 우수학술도서 선정),『울퉁불퉁한 우리의 근대』(2013),『근대초기의 영국』(2015, 세종도서 학술부문 선정) 등이 있고, 역서로는『사회복지의 사상: 역사적 기원과 쟁점들』(2003) 등이 있다.

손세호

서강대학교 대학원 사학과에서 「Edward Bellamy의 공화적 사회주의」로 서양사 전공 박사학위를 받았다. 뉴욕 주립대학교(SUNY at Albany)에서 박사 후 연수 과정을 수료했고, 스탠퍼드 대학교 사학과에서 풀브라이트 방문 교수로 미국사를 연구했다. 평택대학교 미국학과 교수와 국제물류대학 학장 그리고 한국미국사학회 회장과 역사학회, 한국서양사학회, 한국아메리카학회 등의 이사를 역임했다. 저서로는『하룻밤에 읽는 미국사』(2019),『여럿이 모여 하나 된 나라 미국 이야기』(2015) 등이 있고, 역서로는『새로운 서양문명의 역사(하)』(2014),『미국 노예, 프레더릭 더글러스의 삶에 관한 이야기』(2011) 등과 「주요 노예제폐지론자의 헌법해석: 개리슨, 필립스, 더글러스」 등 다수의 논문을 학술지에 발표했다.

한울아카데미 2452

사이먼 샤마의 영국사 2

브리튼의 전쟁들

지은이 **사이먼 샤마** | 옮긴이 **허구생·손세호** | 펴낸이 **김종수** | 펴낸곳 **한울엠플러스(주)** | 편집 **조인순**

초판 1쇄 인쇄 **2023년 6월 5일** | 초판 1쇄 발행 **2023년 6월 15일**

주소 **10881 경기도 파주시 광인사길 153 한울시소빌딩 3층**
전화 **031-955-0655** | 팩스 **031-955-0656**
홈페이지 **www.hanulmplus.kr** | 등록번호 **제406-2015-000143호**

Printed in Korea.
ISBN 978-89-460-7452-1 93920 (양장)
     978-89-460-8261-8 93920 (무선)

※ 책값은 겉표지에 표시되어 있습니다.
※ 무선제본 책을 교재로 사용하시려면 본사로 연락해 주시기 바랍니다.

사이먼 샤마의 영국사 1

사이먼 샤마 교수의 내러티브로 풀어낸 영국사
전통적인 역사와 수정주의 사관 사이에서
절묘한 균형을 유지하다

이 책의 시작은 영국 BBC가 기획한 '텔레비전 영국사'였다. 유럽 전반에 걸친 폭넓은 역사 지식을 갖췄으며, 또한 미국 PBS 텔레비전 방송을 통해 예술비평 분야에서 일반 시청자들과 많은 교류 경험을 가지고 있던 사이먼 샤마가 이 다큐멘터리 프로젝트의 작가 및 진행자로 선정된 것은 자연스러운 일이었다.

그러나 이 책이 단순히 텔레비전 시리즈물의 파생 상품이라고 할 수는 없다. 시리즈물의 대본들을 단순하게 글로 옮긴 것이 아니라, 영국 역사의 주제와 쟁점들을 시리즈물보다 훨씬 더 상세하고 구체적으로 다루었기 때문이다.

이 책의 또 다른 미덕은 내러티브(이야기)들이 있다는 것이다. 더구나 그 내러티브들이 사회적·경제적 이슈까지 포괄하고 있기에, 읽는 사람에 따라 읽는 재미가 배가될 수 있다. 전 3권 중 1권인 이 책은 선사시대에서 출발하여, 로마인들의 도래, 노르만 정복과 앙주제국의 성립, 흑사병, 그리고 처녀 여왕 엘리자베스에 이르기까지, 영국사에서 놓치기 싫은 장면들을 흥미로운 내러티브로 풀어나간다.

지은이
사이먼 샤마

옮긴이
허구생

2022년 8월 10일 발행
신국판
528면

짧은 유럽사
페리클레스에서 푸틴까지

**4000년 유럽사의 주요 흐름을
간결하고 명확하게, 단숨에 꿰뚫다
76장의 사진 자료와 11장의 지도로, 읽는 재미와 편의를 더하다**

이 책은 유럽 역사에 관한 개론서이다. 저자 사이먼 젠킨스는 고대 그리스의 정치가 페리클레스에서 지금의 푸틴에 이르기까지 유럽의 지정학적 실체에 대해 비교적 짧고 간단명료하게 이야기하고 있다. 페리클레스, 카이사르, 샤를마뉴, 마키아벨리, 루이 14세, 나폴레옹, 마르크스 등 역사적으로 유명한 인물들로 가득 찬 사이먼 젠킨스의 유럽 역사는 로마제국, 암흑기로 알려진 중세 시대, 종교개혁에서 프랑스 혁명, 두 차례의 세계대전, 소련의 몰락까지 숨 가쁘게 이동한다.

이 책은 정확히 연대순으로 진행된다. 왜냐하면 저자 사이먼 젠킨스는 역사란 시간이 지나면서 원인에 따른 결과를 볼 수 있어야만 의미를 지니게 된다고 믿기 때문이다. 따라서 가능한 곳이면 어디에서나 우회나 역추적 또는 도약을 피했다. 또한 어떤 의미에서 이야기의 핵심을 찌르지 않는 것은 무엇이든 생략했던 반면 이야기에 중요한 사람과 생각에 대해서는 상세히 묘사했다.

이 짧은 내용의 책은 더 긴 내용의 책을 읽을 시간이나 의향이 없는 사람들을 겨냥한 것이다. 저자는 역사를 폭보다 깊이 있게 가르친다고 주장하는 커리큘럼에 동의하지 않는다. 그는 "깊이는 폭을 뒤따라야 한다"고 주장한다.

지은이
사이먼 젠킨스

옮긴이
임웅

2022년 9월 26일 발행
신국판
408면